LIBERALISMO
A VIDA DE UMA IDEIA

LIBERALISMO
A VIDA DE UMA IDEIA

2ª Edição

EDMUND FAWCETT

Tradução
PATRICIA BERLANZA

70

LIBERALISMO
A VIDA DE UMA IDEIA – 2ª Edição

Autor: Edmund Fawcett

Título Original: *Liberalism: the life of an idea*

Tradução: Patricia Berlanza

Diretor da Almedina Brasil: Rodrigo Mentz
Editor de Ciências Sociais e Humanas e Literatura: Marco Pace
Assistentes Editoriais: Isabela Leite e Larissa Nogueira
Estagiária de Produção: Laura Roberti
Tradução: Patrícia Berlanza
Revisão: Gabriela Leite e Luciana Boni

Diagramação: Almedina
Design de Capa: Roberta Bassanetto
Imagens de Capa: Alexis de Tocqueville (Théodore Chassériau); Hermann Schulze (Delitzsch, 1849); James Chadwick (Los Alamos National Laboratory); Richard Cobden (Joseph Fagnani); J. Stuart Mill (Sophus Williams); Abraham Lincoln (A. Gardner); William Gladstone (H. R. Barraud)

ISBN: 9788562938665
Julho, 2022

Dados Internacionais de Catalogação na Publicação (CIP)
(Câmara Brasileira do Livro, SP, Brasil)

Fawcett, Edmund
Liberalismo : a vida de uma ideia / Edmund Fawcett
tradução Patricia Berlanza. – São Paulo : Edições 70, 2022.

Título original: Liberalism : the life of an idea
ISBN 978-85-62938-66-5

1. Ciência política 2. Liberalismo I. Título.

22-112950 CDD-320.51

Índices para catálogo sistemático:

1. Liberalismo : Ciência política 320.51

Cibele Maria Dias – Bibliotecária – CRB-8/9427

Este livro segue as regras do novo Acordo Ortográfico da Língua Portuguesa (1990).

Editora: Almedina Brasil
Rua José Maria Lisboa, 860, Conj. 131 e 132, Jardim Paulista | 01423-001 São Paulo | Brasil
www.almedina.com.br

Para Marlowe,
e em memória de Elias

AGRADECIMENTOS

Para esta crônica do liberalismo, saqueei amplamente as obras de muitos escritores e estudiosos. Estou em dívida com eles e agradeço a todos. Pessoalmente, agradeço de todo o coração a Oliver Black, Donald Franklin, Charles Hope, Howard Naish, Chaim Tannenbaum, Tony Thomas, e David Wiggins, que leram todos ou parte dos rascunhos, encontraram erros e fizeram sugestões valiosas; Catherine Clarke, minha agente, que me encorajou a "contar uma história"; Al Bertrand, da *Princeton University Press*, que me pediu para atualizar a história com as dificuldades atuais do liberalismo nesta nova edição; minha editora, Sarah Caro, e seus colegas sempre prestativos da *Princeton University Press*; Marlowe Fawcett, que compartilhou suas habilidades cinematográficas; e Natalia Jiménez, minha esposa, que me apoiou incansavelmente e nunca se recusou a ler os rascunhos.

PREFÁCIO DA SEGUNDA EDIÇÃO

Para fortalecer um edifício enfraquecido, você precisa entender suas bases. Você precisa entender no que se assenta, por que foi construído e para que serve. Assim é com o liberalismo democrático, ou, como é mais conhecido, a democracia liberal. Ninguém que testemunhou choques políticos recentes e assistiu a sucessos antiliberais na Europa e nos Estados Unidos pode duvidar que a democracia liberal está sendo desafiada em todos os aspectos. Ao passo que as discrepâncias de riqueza e poder aumentaram nas últimas décadas, os cidadãos descontentes questionaram os objetivos e ideais do liberalismo. Uma grande estrutura de proteção e riqueza histórica, que ultimamente parecia ser a inveja do mundo, mostrou fraquezas e falhas. À medida que o orgulho de seus ocupantes cedeu lugar à insegurança, pessoas de todos os lados perguntaram: essas falhas eram reparáveis ou fatais? Em todo o mundo, o prestígio geopolítico do liberalismo foi esmaecido por potências emergentes que ofereciam caminhos não liberais atraentes para a estabilidade e o progresso material. O próprio mundo democrático liberal parecia estar se dividindo conforme os Estados Unidos e a Grã-Bretanha tomavam caminhos antiliberais politicamente e unilateralistas internacionalmente, deixando a França e a Alemanha abaladas como porta-estandartes europeus para a ordem liberal.

A edição original de *Liberalismo: a Biografia de uma Ideia* mencionou, em um capítulo final, sem se estender muito a respeito, as fraquezas atuais da democracia liberal. O objetivo do livro era mostrar o que é liberalismo para poder entender com o que deveríamos nos preocupar.

Esta nova edição atualizada contém uma parte final estendida, escrita após os transtornos de 2016-17, sobre os males atuais do liberalismo e dúvidas sobre suas perspectivas. Uma nova Introdução deixa mais clara a suposição subjacente do livro de que o liberalismo, embora complexo e diversificado, é fácil de reconhecer e distinguir de seus rivais, especialmente em tempos como agora, em que o liberalismo parece estar em perigo e precisa ser defendido.

O liberalismo é uma prática estável da política guiada por objetivos e ideais distintos. Começou no início do século 19, não antes, como alegado muitas vezes, em uma situação anteriormente inimaginável. Em meio à mudança incessante da modernidade capitalista, os primeiros liberais buscaram novas maneiras duradouras de garantir a estabilidade ética e política. Essa busca liberal, tal como agora, foi guiada por quatro ideias amplas: aceitação de que o conflito moral e material na sociedade não pode ser expurgado, apenas contido e talvez, de maneiras frutíferas, domesticado; hostilidade ao poder incontrolado, seja ele político, econômico ou social; fé de que os males sociais podem ser curados e que a vida humana pode ser melhorada; e respeito, apoiado pela lei, pelo Estado e pela sociedade, pela vida e projetos das pessoas, independentemente do que elas acreditem e de quem quer que sejam.

Na Introdução há mais explicações sobre cada uma dessas ideias – resumidamente, *conflito*, *poder*, *progresso* e *respeito*. Elas distinguem o liberalismo de seus principais rivais no século 19, conservadorismo e socialismo; do fascismo e do comunismo no século 20 e de seus diversos concorrentes do século 21: autoritarismo, populismo de direita e esquerda, teocratas e capitalistas de estado unipartidário. Grande parte do conflito interminável entre os liberais que é apresentado neste livro é sobre como pensar a respeito de seus ideais e realizar seus objetivos. Como as ideias orientadoras do liberalismo depositam esperanças tão altas, elas também causam oscilações de humor do triunfalismo ao desespero – e vice-versa. Apesar de sua grande variedade de partidos, campos, interesses, filosofias e caráter dominante, o liberalismo tem mostrado, há dois séculos, um alto grau de coesão e continuidade. Em tempos seguros, a variedade do liberalismo pareceu muito confusa para as pessoas para contar como variação em uma única prática política. Certamente, diz-se, o termo "liberalismo" nomeia práticas diferentes. Certamente, existem muitos liberalismos. Certamente, não há nenhum conceito estabelecido de *liberalismo* ou *liberal*. Embora cativantes quando ouvidas pela primeira vez, tais alegações são muito exageradas e difíceis de pressionar sem levantar a suspeita de que o requerente reconhece o liberalismo bem o suficiente, mas é fixado pela riqueza de diversas maneiras de pensar e falar sobre o liberalismo. O medo da perda, no entanto, aguça a mente. Em tempos inseguros, como agora, os quebra-cabeças de definição são menos preocupantes do que a questão contundente da sobrevivência do liberalismo.

Com o objetivo de ter uma visão mais completa, a história aqui não começa com a liberdade, como os livros sobre liberalismo costumam começar. Não nada contra a corrente para rastrear ideias liberais até um passado pré-liberal remoto. Não isola o pensamento liberal dentro da economia ou da filosofia moral, mas distingue o liberalismo da democracia e descreve o compromisso árduo e sempre negociável que produziu a democracia liberal. Não trata o liberalismo provincialmente como um monopólio britânico e americano, mas dá o devido peso às tradições liberais na França e na Alemanha, tratando todos os quatro países juntos como um núcleo representativo, mas não exclusivo. A energia dos polemistas é desperdiçada ao mostrar que os objetivos e ideais do liberalismo são estritamente ocidentais, iluminados, burgueses-individualistas, pró-capitalistas ou – para usar um termo elegante pejorativo – sem raízes cosmopolitas. Nenhum desses insultos ou rótulos aderem. Nenhuma seita ou partido possui os objetivos e ideais do liberalismo. Eles servem a todas as nações, gêneros e classes. Se isso marca os liberais como universalistas, que assim seja. Eles podem usar seu "U" escarlate com orgulho.

Este é um livro para o leitor comum interessado. Não há notas de rodapé regulares nem notas de fim. A velocidade e generosidade da internet aliviaram a tarefa de verificar fatos ou acompanhar citações. Exceto para livros recentes não traduzidos, os títulos dos trabalhos são fornecidos em inglês com a data de publicação original. Uma lista de obras consultadas e utilizadas pode ser encontrada no final. Os liberais buscam pontos aceitáveis de estabilidade em meio a mudanças atordoantes há 200 anos. Nenhum ponto de estabilidade durou. Novos pontos, como agora, sempre foram necessários. O conflito nunca foi resolvido, apenas atenuado. A busca continua, e os liberais podem se culpar se pararem de procurar. Eles não estão procurando cegamente, pois possuem argumentos, tradições e experiência atrás de si. Eles têm uma história. Essa história é vital para entender o que é liberalismo, por que ele importa e o que, em meio aos choques do presente, corremos o risco de perder. O motivo pelo qual escrevi este livro foi exatamente para isso, para lembrar essa história.

Janeiro 2018

EDMUND FAWCETT

SUMÁRIO

PARTE TRÊS
SEGUNDA CHANCE E SUCESSO (1945-1989)

INTRODUÇÃO

A prática do liberalismo

Se você acha que o liberalismo está em perigo e vale a pena defendê-lo, então é importante ver o liberalismo pelo que ele é. Para ver algo pelo que é, você precisa reconhecer seu tipo. Se você perguntar que tipo de coisa é o liberalismo, é provável que lhe digam que é uma ideologia política, um credo ético, uma imagem econômica da sociedade, uma filosofia da política, uma lógica do capitalismo, uma perspectiva ocidental provincial, uma fase histórica passageira ou um corpo atemporal de ideais universais. Nada disso é estritamente errado, mas tudo é parcial. Cada uma dessas respostas faz de um aspecto do liberalismo todo o liberalismo. Nenhuma coloca o liberalismo em sua categoria adequada. Visto como um todo, o liberalismo deve ser tomado como uma prática política.

O liberalismo não tem mito de fundação ou ano de nascimento. Suas fontes intelectuais e morais remontam até onde a energia ou a curiosidade te levarem, mas surgiu como uma prática política nos anos após 1815 em todo o mundo euro-atlântico e nitidamente em nenhum outro lugar antes. O liberalismo respondeu a uma nova condição da sociedade, cresceu repentinamente com a expansão das populações, energizado pelo capitalismo e abalado pela revolução política na qual, para o bem ou para o mal, a mudança material e ética agora parecia incessante. Nesse cenário desconhecido, os primeiros liberais buscaram novos termos para a condução da vida política que servissem aos seus objetivos e honrassem seus ideais.

As pessoas antes deles não imaginavam um mundo em constante mudança. Os pensadores do Iluminismo do século 18 encorajaram a ideia de que as pessoas poderiam entender e mudar a sociedade. Hume e Kant acolheram a libertação da tutela ética. Adam Smith espiou os primeiros frutos do capitalismo moderno. Ninguém havia experimentado a verdadeira força de nenhum dos dois. Ninguém tinha entendido, muito menos sentido, uma nova realidade em que a sociedade estava mudando as pessoas, muitas vezes a uma velocidade sem precedentes e de maneiras que ninguém entendia. Essa novidade inquieta – bem-vinda de certa forma, desconcertante em outras – defende uma abertura do início do século 19 ao épico liberal. Procurar o liberalismo político antes disso é como procurar o carburador do século 17 ou o *microchip* do século 18.

A vida do liberalismo não é marcada por dinastias, presidências ou revoluções. Quatro períodos difíceis, com datas exatas para maior clareza, se destacam. O primeiro (1830-1880) foi um momento de autodefinição juvenil, ascensão ao poder e grandes conquistas. Em seu segundo período (1880-1945), o liberalismo amadureceu e estabeleceu um compromisso histórico com a democracia. A partir desse compromisso, duramente conquistado e instável como era, o liberalismo emergiu de uma forma mais inclusiva como liberalismo democrático, mais conhecido como democracia liberal. Depois de fracassos quase fatais – excesso imperial, rivalidades globalizadas e guerras mundiais, colapso político, recessão econômica –, a democracia liberal, em 1945, ganhou uma segunda chance com a derrota militar e a ruína moral do fascismo, seu rival do século 20 à direita. Esse terceiro período de sucesso reparador e reivindicação intelectual (1945-89) terminou em aparente triunfo com a rendição do comunismo soviético, rival da democracia liberal do século 20 à esquerda. Em um quarto período (1989 até o presente), a autodúvida retornou em meio a choques atordoantes e ansiosa preocupação de que as muitas reclamações reconhecidas da democracia liberal não pudessem mais ser tratadas por conta própria, mas estivessem ameaçando correr juntas e se tornarem fatais.

Fontes do liberalismo

As quatro ideias amplas que orientaram os liberais em sua história tiveram raízes de vários tipos. A primeira ideia, o reconhecimento da inescapabilidade do conflito, baseou-se em memórias recentes da guerra religiosa e na percepção de que a mudança econômica e a fragmentação intelectual estavam juntas causando grandes reviravoltas em sociedades estáveis. A segunda ideia liberal, desconfiança do poder – seja o poder do Estado, da riqueza ou da comunidade social – baseou-se na velha sabedoria humana de que o poder se tornaria implacável se não fosse verificado, bem como na percepção moderna de que as autoridades indivisas não poderiam comandar sociedades complexas.

A terceira ideia liberal, a fé no progresso humano, surgiu de um impulso humano de melhorar, organizar e reparar, mas surgiu de forma mais imediata e mais articuladamente do despertar religioso e do zelo iluminista nos séculos 17 e 18, cada um uma versão dessa esperança mundana, muitas vezes encontrados juntos em um mesmo liberal. Assim como Kant, os primeiros estadistas liberais como Guizot ou Gladstone tomaram fé e razão como excludentes.

Por fim, o respeito cívico – isto é, o respeito apoiado pela lei, pelo Estado e pela sociedade às pessoas e seus projetos, o que quer que pensassem e quem quer que fossem – tinha raízes no reconhecimento religioso do valor intrínseco das pessoas e na insistência em sua responsabilidade moral por si mesmas. Também tinha raízes na lei, particularmente nas leis de propriedade e herança. As demandas políticas liberais de respeito, no entanto, eram mais amplas em alcance e mais específicas em conteúdo. Os liberais impunham que o poder não se intrometesse na privacidade das pessoas, não obstruísse seus objetivos e não excluísse ninguém dessas duas primeiras promessas, fosse por exclusão ou negligência. Ao fortalecer e ampliar o respeito cívico, os liberais construíram o liberalismo sobre o surgimento moderno da tolerância à heterodoxia, assim como o pensamento ainda mais novo, promovido pela economia política, de que a lei e a tradição não deveriam atrapalhar as inovações frutíferas e as empresas produtivas das pessoas.

Insistir em que o Estado e a sociedade devem respeitar a todos, quem quer que fossem, foi uma semente democrática em um credo antidemocrático. O liberalismo prometeu as bênçãos do poder dividido, do progresso humano e, em seus vários domínios, do respeito cívico. Apenas liberais democráticos insistiram nessas bênçãos para todos. O liberalismo preparou a festa. A democracia fez a lista de convidados. Grande parte da história liberal envolveu uma luta interminável entre liberalismo para alguns e liberalismo para todos. Essa disputa é descrita em seus três domínios – político, econômico e cultural – na Parte Dois (1880-1945). Somente na segunda metade do século 20 os liberais democráticos poderiam afirmar ter vencido. O medo do século 21 era que o sucesso pudesse ter sido uma fase passageira.

Depois que o liberalismo encontrou base e se espalhou, os pensadores liberais partiram de um estado de espírito compartilhado para uma perspectiva mais articulada. Eles misturaram os disputados termos jurídicos, filosóficos e econômicos do momento – direitos, indivíduos, livre mercado – com a linguagem das bandeiras políticas das ruas, notavelmente "Liberdade!" Eles se basearam em precedentes intelectuais que remontam aos defensores da tolerância e do republicanismo antimonárquico dos séculos 16 e 17 através do conciliarismo e do racionalismo ético dos doutores escolásticos da Igreja a argumentos sobre poder, dever e justiça dos antigos gregos, o que deu origem a argumentos incertos sobre quando o liberalismo começou.

Nenhuma versão da perspectiva liberal jamais se tornou canônica. O liberalismo não tinha doutrinários acreditados, nem Congregação para a Propagação da Fé, nem *Marx-Engels Standard Edition*. Nenhuma filosofia respondeu por suas ideias. O utilitarismo milliano e o idealismo hegeliano servem igualmente no século 19 como narrativas justificadoras. No mundo de língua inglesa, depois de 1945, um liberalismo baseado em direitos passou a dominar a filosofia política. Dada essa variedade de termos comuns e reivindicações sugeridas, a perspectiva do liberalismo estava fadada a ser aberta a interpretações e a argumentos incertos. Filósofos liberais se esforçam para justificar o liberalismo. Os rivais do liberalismo se esforçam para derrotar o liberalismo. Os liberais disputam entre si o próprio liberalismo. No emaranhado de ideias liberais, é bom ficar claro qual argumento você está apresentando.

Esperanças e medos em uma situação estranha

O liberalismo começou em uma situação difícil. Os primeiros liberais estavam procurando uma nova ordem política após as convulsões do capitalismo industrial inicial e duas revoluções do final do século 18 – americanas e francesas – lançaram a sociedade em tumultos frutíferos, mas intermináveis. O principal desafio liberal era que a ordem, a partir de então, seria dinâmica, não estática. Quando desequilibrada, a sociedade pode descansar novamente, mas nunca, exceto pela sorte mais remota, em seu antigo lugar. A continuidade da vida imaginada como um reconfortante retorno para casa se foi para sempre. Os liberais, jogados em um mundo desconhecido de uma nômade modernidade, ficaram entusiasmados e horrorizados. Nem o temperamento político nem as ideias políticas dos liberais podem ser compreendidos sem que se perceba o domínio desse entusiasmo e o horror sobre ele ao mesmo tempo. Na busca por uma ordem política aceitável, em um mundo desestabilizado de mudanças incessantes, os liberais tinham, portanto, um sonho esperançoso, um pesadelo e uma imagem diária da sociedade humana, que combinava bons e maus sonhos em uma tensão instável e criativa. O liberalismo desde o início era tanto uma busca pela ordem quanto uma busca pela liberdade.

O sonho esperançoso imaginou um mito da ordem em um mundo sem senhores: um lugar pacífico e próspero sem figuras paternas ou irmandade, chefes ou camaradas, autoridades ou amigos de infância. Era um mito interessante, moldado pela desconfiança de poderes, monopólios e autoridades, pela fé de que os piores males humanos de guerra, pobreza e ignorância eram corrigíveis neste mundo e pelo respeito inabalável pelos empreendimentos, interesses e opiniões das pessoas, quem quer que fossem. Essas convicções atraíram e foram expressas pela primeira vez por homens instruídos, proprietários interessados em progredir e impedir que as elites existentes se mantivessem em seu caminho, mas o apelo das ideias liberais não se limitou a essas pessoas e, em tempos democráticos, o apelo se ampliou sem limites de categoria social. As ideias do liberalismo serviram de guias em um mundo de novidades, em constante mudança, onde os interesses entraram em conflito e a discussão nunca terminava. Liberais não eram sonâmbulos. Eles trabalharam duro para convencer a si mesmos de que suas ideias orientadoras, ambiciosas e exigentes como eram, poderiam se interligar e se reforçar entre si.

Os liberais esperavam por uma ordem *ética* sem apelo à autoridade divina, à tradição estabelecida ou ao costume paroquial. Eles esperavam por uma ordem *social* sem hierarquias legalmente fixas ou classes privilegiadas. Eles esperavam por uma ordem *econômica* livre de interferência da coroa ou do Estado, privilégios de monopólio e obstáculos locais aos mercados nacionais. Eles esperavam por uma ordem *internacional* onde o comércio prevalecesse sobre a guerra e o tratado prevalecesse sobre a força. Eles esperavam, por fim, por uma ordem *política* sem autoridades absolutas ou poderes indivisos, que todos os cidadãos pudessem entender e aceitar sob acordos legais, honrando e promovendo essas outras esperanças.

O pesadelo liberal retratava um mundo em desordem, baseado na experiência direta de revolução e guerra em 1789-1815, bem como na memória coletiva dos conflitos fratricidas dos séculos 16 e 17. Misturava temores de um retorno à intolerância histórica e aos conflitos religiosos, com repulsa pelo terror e contraterrorismo, agitação popular, repressão vingativa, *levée en masse* e guerra ilimitada que recentemente haviam varrido o mundo europeu e atlântico. Os liberais europeus estremeceram com as multidões desenfreadas em cidades em expansão. Os liberais americanos temiam represálias pelas crueldades e maldades da escravidão. Era previsível que sofreriam cada vez mais de pobreza no campo, pois as populações crescentes ameaçavam superar as capacidades agrícolas. Os liberais de todos os lugares temiam que, embora os benefícios do progresso fossem normalmente difusos e percebidos com o tempo, os custos do progresso tendiam a ser locais e sentidos de forma profunda e abrupta.

O liberalismo transformou a esperança e o pesadelo em uma imagem desejável da sociedade como um lugar não fraterno, sem harmonia natural, da qual interesses conflitantes e crenças discordantes nunca poderiam ser removidos, mas onde, com sorte e leis sábias, o conflito incessante pode, no entanto, ser transformado em fins bem-vindos de inovação, discussão e troca. Esse quadro de conflito canalizado para a concorrência pacífica tornou uma sociedade mistificadora, fluida e constantemente surpreendente inteligível para os liberais e, portanto, em certo sentido, justificável ou aceitável.

Razões atraentes existiam para supor que os elementos do sonho liberal poderiam trabalhar juntos e as esperanças poderiam ser alcançadas. A ordem ética se tornaria autorrealizável com a disseminação da educação e da independência material, à medida que as pessoas aprendessem a assumir a responsabilidade, a escolher bem e sabiamente por si mesmas e a respeitar as escolhas umas das outras. A ordem social seria autossustentável, pois os benefícios cumulativos da mudança técnica e econômica superavam suas dispendiosas interrupções. A ordem econômica seria autocorretiva, pois, quando um mercado falhasse, outro mercado poderia fornecer, e quando toda uma economia vacilasse, a prosperidade retornaria, contanto que a economia fosse deixada para se reequilibrar sem interferência duradoura ou ineficaz. Da mesma forma, a ordem internacional se mostraria autoimposta à medida que os ganhos mútuos do comércio e da abertura superassem os despojos da guerra. A ordem política, finalmente, seria autorrealizável, à medida que os súditos se tornassem governantes, o Estado-mestre se tornasse um Estado-servo e as únicas regras que os cidadãos deviam obedecer eram aquelas que, em certo sentido, aceitavam para si mesmos. No que diz respeito às esperanças, essas eram grandes esperanças.

A ambição do liberalismo alcançou seus rivais, desde o início, como extravagante, senão utópica. A esperança de uma ordem sem mestres, entre pessoas satisfeitas, exigia muitos ganhos materiais estáveis, que vieram, mas não de forma constante. Exigia uma tolerância cada vez maior entre cidadãos sensatos dentro das nações, o que era visível nos bons momentos, mas desaparecia com uma velocidade assustadora em momentos ruins. Exigia muito declínio da beligerância entre as nações, o que de fato diminuiu pelos tipos de razões que os liberais deram apenas para retornar à sua consternação em formas cada vez mais destrutivas. Sob novo disfarce, esses mesmos desafios são tão difíceis agora quanto no século 19. A esperança de ordem a partir de inovação sem fim, fronteiras abertas e liberdade social ilimitada demanda muito de pessoas que não compartilham todos os ganhos, que anseiam por estabilidade e que nem sempre querem ser razoáveis ou tolerantes com os vizinhos de quem particularmente não gostam.

Sonho e pesadelo, sucesso e destroços marcam a história liberal e, com eles, grandes oscilações de humor: politicamente, do excesso de confiança à dúvida; intelectualmente, do universalismo ilimitado à limitação de danos mundanos. No topo do ciclo, os liberais sempre podiam ser encontrados espiando a calamidade à frente. No final do ciclo, os liberais sempre puderam ser encontrados lembrando os colegas abalados da reviravolta que está por vir. Como os próprios altos e baixos do capitalismo, as mudanças de humor do liberalismo são reconfortantes apenas até certo ponto. Ciclos na história, como tendências na natureza, podem chegar ao fim.

Quatro ideias orientadoras do liberalismo

A primeira ideia orientadora do liberalismo – conflito – era menos um objetivo ou ideal do que uma descrição da sociedade, embora dificilmente uma descrição neutra. Conflitos de interesses e crenças eram, para a mente liberal, inevitáveis. Se domado e voltado para a concorrência em uma ordem política estável, o conflito poderia, no entanto, dar frutos como argumento, experimento e troca. Ao tratar a sociedade não como uma tribo extensa ou uma família em grande escala, mas como um campo de competição pacífica, os liberais impõem restrições aos ideais prescritivos a serem seguidos. Seus ideais tinham que se adequar a uma sociedade competitiva. Quando os liberais tomaram o conflito como inevitável e a competição, sua forma pacífica, desejável, eles excluíram ou rebaixaram as virtudes sociais que seus rivais políticos favoreciam. Para os liberais, a competição na praça da cidade, laboratório ou mercado incentivou a barganha, a criatividade e a iniciativa, enquanto a harmonia social os sufocava ou os silenciava. Os conservadores, que viam harmonia na tradição, e os socialistas, que viam harmonia na fraternidade, foram rápidos em insistir que os ideais liberais distorceram totalmente o verdadeiro quadro da sociedade. O quadro liberal era, para eles, um retrato pintado para lisonjear a autoimagem do liberalismo, um quadro não de como a sociedade era, mas de como os liberais desejavam que ela se tornasse.

Ao pensar em conflitos, os liberais americanos e britânicos tendem a imitar esperançosamente os economistas, a tratá-los individualisticamente como se se tratassem de dois únicos negociantes ou concorrentes que poderiam, sem distorção, ser ampliados à escala social. Os liberais franceses e alemães tendem a tratar conflitos de forma mais social, como ocorrendo entre mentalidades partilhadas e grupos autônomos. Com esse contraste em mente, será sugerido no final da Parte Um que o liberalismo pode, mas não precisa, ser defendido em termos "individualistas" controversos.

Pioneiros liberais esperançosos, como Constant, Tocqueville e Mill, acolheram a diversidade e desconfiaram da unidade social. Eles viram na fragmentação moderna o brilhante potencial da criatividade material e intelectual. O liberalismo, no entanto, logo teve que lidar com pessoas que preferem lutar a comercializar. Precisava encontrar algo a dizer às pessoas com pouco ou nada para negociar; nada, é claro, do tipo comercializável, que o capitalismo liberal valorizasse caracteristicamente. Diante dessas dificuldades, os liberais posteriores, particularmente depois de 1945, muitas vezes tentaram enganar a si mesmos para crer que a sociedade não estava, afinal, em um conflito inevitável. Com um pouco de má-fé, eles foram tentados a cair na crença de que os interesses e as convicções das pessoas modernas convergiam para os objetivos comuns de paz social e abundância material. Nesse quadro desejável, o conflito na modernidade liberal não foi tanto domesticado como eliminado.

Para os liberais abalados no século 21, não é menos importante que a sociedade moderna confiavelmente transforma o conflito em vantagem líquida ou que o capitalismo liberal alcançou um desejado estado estável de concórdia na discórdia. A visão deles não é a adotada pelos liberais de meados do século 19, de argumentação vigorosa e competição fértil. Tampouco é o liberalismo autoconfiante pós-1945, de convergência econômica moderada apoiada pelo governo em uma sociedade aberta e diversa, mas com uma visão mais sombria de conflito e divisão incessantes, reforçada por dúvidas sobre os fundamentos liberais. Os liberais abalados, hoje em dia, são mais propensos a ver as fraturas intelectuais e materiais da sociedade mais com os olhos de Jean Bodin ou Thomas Hobbes, embora sem o recurso de poderes absolutos, uma solução plausível nos séculos 16 e 17, mas que não é aceitável e nem alcançável na modernidade liberal.

Quanto à segunda ideia orientadora do liberalismo, o poder humano era implacável. Nunca se poderia confiar para se comportar bem. Seja político, econômico ou social, o poder superior de algumas pessoas sobre outras tendia inevitavelmente à arbitrariedade e dominação, a menos que resistisse e fosse controlado. O poder pode impedir que as pessoas façam o que escolheram ou fazê-las fazer o que preferem não fazer. O tipo de poder que primeiro importava na política era o poder público, de Estado sobre cidadão, riqueza sobre pobreza, maiorias sobre minorias. O poder público assumiu uma variedade de formas. O poder pode vir como uma coerção dura e legítima pelo Estado. Pode vir de forma mais suave, como uma pressão econômica dominante no mercado ou socialmente como uma ortodoxia restritiva. Cada forma carregava uma ou mais características, exigindo obediência ao ameaçar, respectivamente, a restrição punitiva, a inflição de penúria ou o ostracismo social.

O poder pode, de vez em quando, ser resistido pela violência aberta ou, no emocionante *grand soir* da imaginação radical, pela revolta popular. Porém, o poder para os liberais só poderia ser resistido de forma pacífica e duradoura por leis e instituições, elas mesmas para sempre contestadas por interesses concorrentes ávidos por alcançar a posição de autoridades legítimas. A resistência liberal ao poder precisava, portanto, estar vigilante em vários domínios. Foi melhor compreendida pelo que excluiu e pelo que foi proposto: excluiu um governo autocrático, mas propôs divisão da autoridade constitucional; excluiu monopólio econômico, mas propôs concorrência econômica; excluiu ortodoxia intelectual, mas propôs livre investigação e argumento aberto.

A resistência liberal convocou de forma exigente os cidadãos, um a um, a não se submeterem a um poder indevido. O cidadão liberal ideal era seguro de si e pronto para responder à autoridade. No entanto, o liberalismo não foi um chamado ao martírio. A resistência efetiva tinha que ser coletiva. Portanto, o liberalismo pedia por um compromisso compartilhado com as leis e instituições que impediam qualquer interesse, fé ou classe de tomar o controle do Estado, da economia ou da sociedade e direcioná-lo para seus próprios objetivos dominadores. Ou seja, a resistência liberal exigia arranjos duradouros que reconhecessem "a ilegitimidade radical de todo poder absoluto", nas palavras de Guizot. Criar instituições, no entanto, foi apenas um primeiro passo na resistência coletiva. A tarefa liberal de enfrentar o poder nunca acabou. A resistência raramente era segura, pois o poder era implacável e astuto.

A primeira defesa contra o poder arbitrário, a lei e o governo foi em si um poder, portanto, um problema permanente para os liberais. O problema os perseguiu no século 19, enquanto se esforçavam para que o governo não se tornasse menor ou mais fraco, como insistia a caricatura posteriormente elaborada, mas mais capaz e menos corrupto. Perseguiu os liberais em meados do século 20, quando eles passaram a aceitar amplas responsabilidades socioeconômicas para o governo, mas a um custo crescente e com demandas indefinidas para que o governo fizesse cada vez mais. Ele perseguiu os liberais do "governo pequeno" no final do século 20, que esqueceram os poderes da riqueza e da ortodoxia e se fixaram no governo como o único poder ao qual resistir. A tarefa de encontrar um equilíbrio entre conter e dar poder ao Estado atormentou as democracias liberais no século 21, quando ficou claro que negar, menosprezar e negligenciar as responsabilidades do governo não as fez desaparecer magicamente.

Ao pensar no nível adequado de poder estatal, os liberais apostaram muito no progresso, sua terceira ideia orientadora, na qual confiaram para tornar a sociedade e seus cidadãos menos indisciplinados. Os primeiros liberais enfatizaram o progresso de várias maneiras, como sua história irá mostrar. Humboldt, Guizot e Mill enfatizaram o progresso possibilitado pela educação. Os economistas Cobden, Marshall e Walras enfatizaram o progresso do avanço econômico e a disseminação da prosperidade. Smiles e Channing viram progresso no avanço pessoal, respectivamente como autoaperfeiçoamento ou elevação moral. Altos funcionários como o benthamita Chadwick procuraram o governo para responder a males sociais e melhorar o bem-estar comum. Essa tradição social de progresso liberal foi retomada e ampliada pelos "novos liberais" Hobhouse, Naumann, Bourgeois e Croly, no início do século passado. O escopo e o momento variaram, mas, depois de 1945, a tradição social do liberalismo – fosse escrita como na França e Alemanha, escrita pela metade como nos Estados Unidos ou não escrita como na Grã-Bretanha – foi constitucionalmente incorporada à política ocidental. O capitalismo de bem-estar (*welfare*), que incluiu educação universal e seguridade social do berço ao túmulo, tornou-se o modelo liberal de progresso humano em todo o mundo atlântico. Nos 70 anos seguintes, parecia muitas vezes que a questão profunda e duradoura na política ocidental era o custo e a sustentabilidade do progresso liberal.

A quarta ideia liberal era que havia limites para como o poder superior poderia tratar e, acima de tudo, não maltratar as pessoas ou excluí-las. Os liberais pediram ao Estado e à sociedade que respeitassem as próprias pessoas, quem quer que fossem, em que quer que acreditassem. Os liberais não estavam apenas repetindo a verdade banal de que talvez não fosse certo agir de outro modo. Eles não estavam inventando a ideia de que existiam restrições morais ao poder nem redescobrindo a máxima antiga de que governantes sensatos devem evitar crueldade, roubo e desrespeito à vontade do povo. Os liberais estavam aplicando uma herança moral e prudencial comum a novas circunstâncias em que um novo tipo de cidadão estava fazendo novas exigências. Como Constant, Tocqueville e Mill compreenderam, os cidadãos modernos exigiam amplo espaço para manobras públicas, juntamente com um espaço privado seguro, e tinham a disposição de pleitear o que queriam.

À medida que as pessoas enfrentavam uma variedade de imposições do Estado e da sociedade, as demandas de respeito cívico vieram em vários domínios e assumiram várias formas. Novamente, elas poderiam ser mais bem colocadas negativamente. Ao estabelecer limites para o que o poder superior de alguns sobre outros não deveria fazer, o respeito liberal insistiu na não intrusão, na não obstrução e na não exclusão democrática de "seja quem for". O poder intrusivo pode se intrometer no mundo privado das pessoas, interferir em suas propriedades ou silenciar suas opiniões. O poder obstrutivo pode bloquear objetivos criativos, empreendimentos empresariais e inovações técnicas. O poder exclusivo pode negar proteções e permissões aos pobres, às mulheres, aos iletrados ou aos heterodoxos. O poder pode negá-los a qualquer pessoa que seja destinada antidemocraticamente a uma cidadania inferior por marcadores de diferença social.

O respeito cívico prometeu às pessoas proteção confiável contra o poder opressivo ou indesejado. "Cívico" pelo fato de que era uma exigência pública, não pessoal, dirigida ao Estado e à sociedade. Exigiu impessoalmente a contenção dos poderes desses "monstros frios": Estado, riqueza e sociedade. Isso estabeleceu padrões elevados sobre o que aqueles gigantes devem a cada um de nós. Não apelou ao poder para gostar, admirar ou ter um interesse pessoal pelas pessoas, uma esperança equivocada como pedir à gravidade para ser boa para nós. Tomado democraticamente, o respeito cívico era exigido a todos, quem quer que fossem. Assim, deveria ser estendido sem as discriminações de favor ou exclusão, de maneira neutra, imparcial e cega às roupagens sociais dadas ou adotadas pelas pessoas, uma exigência de complexidade e ambição, gerando disputa sem fim no pensamento e na prática.

Particularmente depois de 1945, os liberais começaram a pensar nas permissões e proteções oferecidas pelo respeito cívico, menos em termos utilitários de seus benefícios gerais do que em termos de direitos pessoais. A mudança envolveu uma redução conceitual e uma inflação pragmática. Filosoficamente, ao procurar respostas legitimadoras sobre por que o poder deve desistir de se intrometer ou de nos limitar, os pensadores liberais elaboraram novas versões contratuais de antigas doutrinas de direitos naturais. Descrita no capítulo 12, essa busca moderna pelo alicerce sobre o qual apoiar os direitos invioláveis começou nos Estados Unidos, onde o individualismo metodológico dominou as ciências sociais, os tribunais desempenharam um papel importante na política e todo tipo de conflito social poderia ser enquadrado como uma disputa legal entre duas partes, uma delas geralmente sendo uma agência do Estado. A chamada explosão de direitos, no entanto, não se limitou ao mundo universitário da filosofia política nem foi puramente americana. Politicamente, os liberais pós-1945, de todos os lugares, tendiam a adquirir o hábito de tratar qualquer aspecto do que o Estado e a sociedade nos deviam por meio do respeito como uma questão de direitos pessoais que poderiam ser legalmente codificados e, em princípio, defendidos em tribunal, uma sequência inflacionária descrita no capítulo 11 sobre direitos humanos após 1945.

O liberalismo de direitos foi, com o tempo, ladeado por um liberalismo de reconhecimento de base neo-hegeliana. Também envolveu uma redução e uma inflação. Conforme seus intérpretes do século 20 o liam, Hegel descreveu uma disputa entre os não reconhecidos e impotentes contra os reconhecidos e poderosos, até que todos reconhecessem todos em igualdade de aceitação de um Estado governado pela lei. A história, nesse quadro, tornou-se uma luta pelo reconhecimento. A metáfora eletrizou os liberais neo-hegelianos, que compararam o respeito impessoal devido pelo poder às pessoas ao reconhecimento pessoal que as pessoas deviam umas às outras. Foi apenas um passo para tratar toda intrusão, obstrução ou exclusão pública como uma negação de reconhecimento e para uma indefinição da linha, preciosa para os liberais políticos, entre as esferas pública e privada, entre a política e a pessoal.

Intelectualmente, enquanto o liberalismo de direitos socorreu os movimentos de meados do século 20 pela não discriminação e pelos direitos civis, o liberalismo de reconhecimento socorreu um enteado problemático dessas grandes campanhas, a política de identidade. Conforme descrito na Parte Quatro, no capítulo "Nação, Cidadania e Identidade", as campanhas unificadas para acabar com a exclusão e ganhar o respeito cívico para todos se arriscaram ao se tornarem campanhas divisivas para celebrar a diferença. Quando levada adiante dentro de um espírito separatista, a política de identidade, apesar de todas as suas virtudes, dividiu a esquerda, deu armas à direita e enfraqueceu a ideia democrática de cidadania igualitária.

É sobre mais do que liberdade

A tripla estrutura de respeito cívico fez com que fosse irresistível para os liberais simplificar. Diante das intrusões históricas de governantes, oficiais de justiça, cobradores de impostos, censores de livros e padres, a proteção confiável contra o poder indevido era o que as pessoas haviam imemorialmente referido como liberdade. Em suas várias disputas contra o poder descontrolado – político, econômico e social –, os primeiros liberais agarraram-se à ideia de liberdade, emprestada, significativamente, do capital moral do movimento paralelo pela libertação dos escravos. Ansiosos para liberar novos empreendimentos vigorosos de velhas restrições contra barganhas desiguais e salários injustos, advogados e economistas liberais trabalharam arduamente para incorporar ao direito comercial do século 19 a ideia do contrato livre. Ao enfrentar seus rivais do século 20, fascismo e comunismo, a democracia liberal lutou uma disputa bem-sucedida de geopolítica e princípio sob a bandeira polivalente da liberdade.

Os liberais, dizem, acreditam na liberdade. De fato, eles acreditam, mas a maioria dos não liberais também. Defender a liberdade não distingue os liberais ou o que eles acreditam. Quase todos os rivais modernos do liberalismo alegaram estar, de alguma forma, do lado da liberdade. *Le Conservateur,* um jornal francês fundado em 1818 para promover tradição e reação, anunciou seus objetivos como uma defesa ao "rei, religião e liberdade". No *Manifesto Comunista* (1848), Karl Marx e Friedrich Engels esperavam por uma sociedade sem classes na qual "o livre desenvolvimento de cada um é a condição para o livre desenvolvimento de todos". Em 1861, o vice-presidente da Confederação Americana, Alexander Stephens, defendeu o governo recém-formado do Sul escravista, garantindo "todos os nossos direitos ancestrais, franquias e liberdades". A encíclica *Libertas humana*, que o Papa Leo XIII dirigiu aos católicos romanos em 1888, sustentava que moldar a lei humana para que todos pudessem se conformar melhor com "a lei eterna de Deus" compreendia a "verdadeira liberdade da sociedade humana". O programa fundador do Partido Nazista, em 1920, anunciou seu objetivo como "o renascimento da Alemanha no espírito da liberdade alemã". Benito Mussolini descreveu os fascistas italianos como "libertários" que acreditavam na liberdade, mesmo para seus inimigos.

Talvez sim, mas esses não liberais certamente estavam pensando em coisas diferentes das que os liberais pensam quando invocam a liberdade. Essa objeção, talvez reveladora por si mesma, teria mais peso se os próprios liberais concordassem sobre o que significa a liberdade e por que ela importa na política. Mas eles não concordam. Liberdade implica ausência de obstrução ou restrição, que pode ser natural (uma árvore cruzando o caminho) ou social (um policial dizendo "Pare!", uma placa de proibição de intrusão ou uma barreira de passagem). Quando os liberais falam politicamente de "liberdade", eles têm em mente a liberdade do segundo tipo, a social, particularmente a liberdade das proibições e intrusões da autoridade coercitiva. No entanto, mesmo a esse respeito, nem todos os liberais concordam.

Alguns pensadores liberais pediriam mais liberdade na política do que simplesmente a ausência de restrição externa. A liberdade teria pouco valor, aos olhos deles, sem capacidade e recursos para exercê-la ou sem a garantia de que não poderia ser roubada pelo capricho do poder. Outros pensadores empurrariam a liberdade para ainda mais longe, tomando-a como o ideal cívico de um cidadão autônomo e senhor de si que escolhe seu próprio caminho na vida, mas aceita responsabilidades públicas na sociedade à qual pertence. Em qualquer uma das várias concepções de liberdade – negativa, positiva ou republicana, para usar rótulos da filosofia política, ou alguma combinação das três –, a questão democrática permaneceria se as promessas de permissão e proteção do liberalismo fossem consideradas estendidas a algumas pessoas ou para todas as pessoas. O liberal democrático aceitaria as promessas do liberalismo como feitas para todos. Se instados a adotar uma única ideia, os liberais democráticos diriam que a igualdade, não a liberdade, era sua ideia dominante. Outros liberais, recusando-se a serem impulsionados, negariam que o liberalismo tivesse uma ideia, fosse igualdade ou liberdade, que de alguma forma dominaria as outras e sobre a qual o liberalismo pudesse se apoiar.

A liberdade ocupou o palco dos monodramas da história liberal. Em suas variantes hegelianas ou *Whigs*, a história é essencialmente a mesma. A história, como Hegel a imaginava, era uma espécie de superagente para a realização cada vez mais plena da liberdade humana – para o que importasse na prática, isto é, para a extensão dos poderes e capacidades das pessoas, tanto mentais quanto materiais, em sucessivas etapas da sociedade. Como o foco comum do impulso das pessoas pela liberdade, a história no relato de Hegel se moveu passo a passo em direção ao seu fim ou objetivo em uma monarquia constitucional esclarecida e governada pela lei. Somente tal Estado, a seu ver, poderia fornecer a liberdade ordenada de que os cidadãos precisavam para alcançar melhor e mais adequadamente seus objetivos. Um liberal italiano do século 20, Guido de Ruggiero, contou uma história hegeliana do avanço da liberdade em sua clássica *História do Liberalismo Europeu* (1924), embora com um objetivo diferente em vista. Para Ruggiero, a disseminação da liberdade estava tendendo a uma condição da sociedade na qual cada cidadão tinha oportunidades financeiramente viáveis de desenvolver suas capacidades e realizar seus objetivos, uma comunidade democrática, isto é, onde as esperanças e chances de todos na vida seriam igualmente respeitadas.

No épico *Whig* de emancipação, os agentes da liberdade eram bem particulares – primeiros cristãos, habitantes da cidade medieval, protestantes reformadores, parlamentares do século 17, os opositores aos Stuart de 1688, colonos americanos anti-impostos, franceses de 1789 –, afastando uma ou outra barreira para seu avanço, motivado ao acaso pela consciência privada, pelo desejo de ganho ou por um senso expansivo do eu. A liberdade, em tais questões, era uma posse humana comum, sempre em risco de captura hostil e precisando de proteção ou libertação. A *História da Inglaterra* (1848-1961), do protestante Macaulay, celebrou a revolução anti-Stuart de 1688 na Inglaterra como uma restauração das liberdades antigas perdidas para o absolutismo e a intolerância. A póstuma *História da Liberdade* (1907), do católico Acton, rastreou desde a antiguidade até os tempos modernos uma longa campanha pela fé pessoal para repelir a autoridade sufocante. Na disputa medieval pela supremacia entre Igreja e Coroa, que nenhuma delas estava em posição de vencer, Acton observou uma recuperação moderna da liberdade e a criação de um espaço duradouro para a liberdade cívica.

A história impulsionada pela liberdade sobrevive no estilo moderno através de livros que contam o sucesso imparável da modernidade como um feliz *ménage à trois* de livre investigação, novas tecnologias desobstruídas e política liberal. No estilo biológico, tais contos fazem da liberdade uma vantagem reprodutiva para todos os fins na evolução das formas sociais. Eles creditam praticamente todos os aspectos do melhoramento humano e do progresso social, desde que Galileu avistou as luas de Júpiter através de um telescópio artesanal, à partilha altruísta da liberdade de sua recompensa. O conto tem um apelo deslumbrante. Mas as bênçãos da escolaridade universal, do sufrágio democrático e da penicilina são formas ou consequências da liberdade?

Existem versões mais simples da narrativa da liberdade. Elas seguem uma regra memorável de três: a primeira vitória da liberdade política foi a liberdade constitucional (início do século 19), sua segunda vitória foi a liberdade econômica (final do século 19) e sua vitória final foi a liberdade democrática (meados do século 20). Essa sequência ordenada ajuda a si mesma na alegação discutível de que a liberdade é o valor subjacente que as instituições representativas, os mercados livres e a participação democrática incorporam. A história é mais astuta do que permitem as tentativas de capturá-la em uma armadilha. A história se preocupa apenas com a liberdade, não mais do que os liberais. Obviamente, você não pode deixar a liberdade de fora da história liberal. Como o rei no xadrez, a liberdade conquista o seu espaço, mas mais perto do final do jogo. Apesar de todo o seu apelo culminante, a liberdade é o lugar errado para começar.

A palavra com "L"

Uma dificuldade verbal enfadonha deve ser enfrentada. Seria ótimo se todos e apenas os políticos, pensadores, partidos e eleitores liberais se intitulassem "liberais". A própria palavra marcaria, então, quem era liberal e quem não era. A maioria dos liberais, entretanto, se autodenominou de outra forma. Além do longevo Partido Liberal da Grã-Bretanha (1859-1988), a maioria dos pequenos partidos liberais nos países em foco aqui nunca adotou o nome de "Liberal" com L maiúsculo. Além disso, "liberal" não é um termo do tipo "tudo ou nada". Você pode ser mais ou menos liberal. Você pode ser liberal. A palavra, além disso, tinha usos não políticos antes de haver liberais na política. Pode significar generoso, aberto ou tolerante, até demais. Quando usada para o comércio, como por Adam Smith, por exemplo, significava comércio irrestrito. A palavra, por fim, tinha uma etimologia fascinante, ligando "liberal" à liberdade como que por definição, ao passo que a palavra entrou na política mais por acaso.

Os primeiros a adotarem o termo "liberal" abertamente na política foram os *liberales* espanhóis, membros das Cortes ou parlamentos que exigiam o retorno ao regime constitucional. Em 1814, o oscilante rei Bourbon da Espanha suspendeu a constituição de dois anos sob as pressões combinadas da resistência católica, da reação europeia e da revolta colonial contra o domínio espanhol na América Latina. Os *liberales* esperavam que o renascimento da constituição restaurasse as liberdades habituais e persuadisse as colônias a permanecerem espanholas em uma nova comunidade. Eles se contrastaram com os *serviles*, apoiadores submissos, como eles os viam, da coroa. A reação europeia derrotou os constitucionalistas da Espanha, mas, como um rótulo para uma perspectiva emergente, o próprio termo "liberal" sobreviveu. Rapidamente se espalhou da Espanha para a França e assim para toda a Europa.

Para começar, "liberal" caracterizava a oposição constitucional à autocracia. No retorno de Napoleão do exílio, em março de 1815, Benjamin Constant escreveu em seu diário que, por mais "liberais" que fossem as intenções do ex-imperador, os resultados provavelmente seriam "despóticos". Após a derrota final de Napoleão, o termo "liberal" era pejorativo para os conservadores restaurados ao poder. Em 1819, o chanceler da Áustria, o príncipe Metternich, disse ao seu secretário político, Friedrich von Gentz, que o "ultraliberalismo" seria extirpado sem piedade. O secretário de relações exteriores conservador da Grã-Bretanha, visconde de Castlereagh, chamou os defensores *Whigs* de reformas eleitorais e outras semelhantes na década de 1820 de "nosso inglês *libéraux*", como se o francês da palavra fosse suficiente para condenar a oposição parlamentar como desleal e insana.

Em 1830, não havia apenas visões liberais, mas pessoas que abraçavam tais pontos de vista: liberais. Na França, *un libéral* significava vagamente qualquer um, monarquista ou republicano, que favorecesse o governo constitucional e se opusesse a um retorno ao antigo regime [*ancien régime*]. Em *The Charterhouse of Parma* (1839), o romancista francês Stendhal escreveu zombeteiramente sobre seu tirano italiano fictício, Ernest IV, sozinho à noite e com medo, que só tinha que ouvir o barulho do parquete para "pular para suas pistolas, temendo um liberal debaixo da cama".

Os liberais da Alemanha adotaram muitos nomes. Os primeiros liberais se autodenominavam progressistas. Eles se dividiram em Nacionais Liberais de direita e *Freisinnigen* ou Independentes de esquerda, que por sua vez se dividiram em uma União Independente e um Partido do

Povo Independente, antes de se tornarem progressistas novamente em 1910. Na República de Weimar, depois de 1918, os liberais nacionais renomearam-se com orgulho ferido para Partido do Povo Alemão e os liberais de esquerda tornaram-se Partido Democrático Alemão. Depois de 1949, na metade ocidental de uma Alemanha dividida começando a se recuperar da vergonha nacional, os liberais se renomearam Democratas Livres.

O *mainstream* da política francesa na Terceira República (1870-1940), na Quarta República (1944-1958) e na Quinta República (a partir de 1958) era de caráter liberal, embora nunca no nome. Muitos caíram no blefe de Emile Faguet, um crítico literário francês que escreveu, em 1903, que não havia liberais na França e nunca haveria. Elie Halévy, um historiador francês do pensamento inglês, que entendia a política melhor do que Faguet, compreendeu que você poderia ser liberal sem se chamar de liberal. Halévy se descreveu, em 1900, como sendo "anticlerical, democrático, republicano, não socialista, contra a intolerância – em outras palavras, um 'liberal'". Com a redescoberta do liberalismo francês nas décadas de 1970 e 1980, tais quebra-cabeças verbais passaram a parecer menos desgastantes. Uma historiadora francesa de ideias, Cécile Laborde, julgou, em 2003, que "a linguagem dominante da política na França é o republicanismo, não o liberalismo", mas acrescentou o elemento decisivo de que o republicanismo "historicamente ocupou o espaço ideológico do liberalismo". Palavras diferentes podem expressar as mesmas ideias. O mau odor do liberalismo, mesmo assim, nunca saiu. O neoliberalismo, em particular, é amplamente considerado na França como tolo e não francês. A própria palavra "*libéral*" passou a significar um livre mercado sem coração e irracional, mesmo nos lábios do ex-banqueiro e liberal-centrista Emmanuel Macron, que fez campanha com sucesso para a presidência em maio de 2017 com o *slogan* "*Ni libéralisme, ni nationalisme*".

Os principais partidos da política americana evitaram o nome, com as duas exceções dos efêmeros Republicanos Liberais, que acabou sendo derrotado na eleição presidencial de 1872 pelo temível editor de jornal Horace Greeley, e pelo Partido Liberal de Nova York de meados do século 20, uma ala moderada dos democratas locais. Após a década de 1850, duas coligações flexíveis, os Republicanos e os Democratas, cada uma com alas liberais e menos liberais, monopolizaram a nomenclatura da competição partidária.

Em 1945, "liberal", nos Estados Unidos, assumiu um uso local e outro internacional. Quando usado para a política nos Estados Unidos, "liberal" indicava um defensor do *New Deal* e dos direitos civis, normalmente um Democrata. Internacionalmente, "liberal" contrastava um Ocidente liderado pelos americanos com um Oriente Comunista. O termo em uso era intercambiável com "livre"; "aberto" e "democrático". O rótulo "democracia liberal", pouco registrado antes da década de 1930, tornou-se comum, sua cota de ocorrência em publicações aumentando cinco vezes entre aquela época e 1980 e outras sete vezes nas duas décadas seguintes, segundo o *Google Books Ngram.*

A direita conservadora nos Estados Unidos já estava usando "liberal" como um termo depreciativo para quase qualquer um de quem discordasse, e o fim da Guerra Fria logo, ao que parece, roubou o uso "liberal" como um termo de contraste geopolítico. Em parte, como resultado, "liberal" tornou-se dificilmente utilizável em estudos políticos sérios sem asteriscos, qualificações e declarações sobre referentes separados ou sentidos conflitantes.

Nunca perdida de vista, apesar dos quebra-cabeças verbais e conceituais, foi uma prática reconhecida de política para a qual quatro sociedades ocidentais notavelmente variadas serviram como um núcleo exemplar – França, Grã-Bretanha, Alemanha e Estados Unidos –, todas convergindo para ela de forma incontroversa após 1945. Essa prática familiar e estável tornou-se, nas primeiras décadas do novo século, um foco de aflita preocupação, não porque fosse difícil de definir, mas por medo de que não sobrevivesse. A prática merecia um rótulo e o "liberalismo democrático", ou mais convencionalmente "democracia liberal", foi considerado adequado pela maioria das pessoas. As dificuldades com a palavra "liberal" ou com o conceito liberal são tão grandes ou pequenas quanto você quiser. Particularmente em tempos como os atuais, quando algumas pessoas estão obcecadas com as angústias do liberalismo e outras temem por sua vida, todos sabem do que estão falando. O desafio não é identificar o liberalismo, mas descrevê-lo e entendê-lo bem.

Distinção do liberalismo

As quatro ideias orientadoras do liberalismo eram distintas. Tomadas uma por uma, elas distinguiram liberais de não liberais e antiliberais.

Em conjunto, elas se destacaram claramente contra as perspectivas concorrentes dos principais rivais, conservadores e socialistas, do liberalismo do século 19.

Ambos surgiram em reação ao liberalismo, que eles retratavam como fonte e celebração de mudanças cegas e inquietas. Em nome da estabilidade, os conservadores apelaram para a fixidez do passado. Eles consideravam a sociedade harmoniosa e ordeira antes que a modernidade crítica promovesse o descontentamento egoísta e o capitalismo liberal semeasse a discórdia entre as classes. Eles acreditavam na autoridade incontestável dos governantes e costumes estabelecidos. O poder, para a mente conservadora, deveria ser obedecido, não questionado ou feito para se justificar. Os conservadores consideravam as capacidades humanas como amplamente fixas e o escopo da sociedade para melhorias gerais como pequeno ou inexistente. Eles consideraram o respeito liberal pelas empresas e opiniões escolhidas pelas pessoas, especialmente quando assumiam formas indesejáveis ou disruptivas, como prejudicial à ortodoxia e à boa ordem. O respeito cívico, para a mente conservadora, subordinado à vontade humana, superestimava a escolha privada e jogava para escanteio as exigências do dever, da deferência e da obediência.

Os socialistas também discordaram dos liberais, ponto por ponto. Em nome da irmandade, os socialistas apelaram para a fixidez do futuro. O conflito dividia a sociedade no momento, eles aceitavam. Mas o conflito não era duradouro nem impossível de erradicar; pois eles acreditavam que terminaria assim que suas fontes relacionadas à desigualdade material fossem superadas. O socialismo, aqui, representa as muitas famílias de esquerda do século 19, que surgiram do jacobinismo e do radicalismo popular para incluir coletivistas utópicos, fourieristas, marxistas e sindicalistas primitivos. Socialistas, assim como os liberais, acreditavam na resistência ao poder, mas não a todo o poder. O poder da riqueza era seu alvo principal, e, para conter esse poder, os socialistas flanqueavam e se misturavam com movimentos democráticos de extensão do sufrágio e da reforma política.

Em contraste, os socialistas confiavam no poder da sociedade, considerada coextensiva à classe trabalhadora. Os anarco-socialistas consideravam a sociedade auto-organizada, portanto, sem necessidade de proteção de seu próprio poder. Socialistas de mentalidade estatista entendiam o poder estatal como expressão do poder popular, intuído por tribunos eleitos ou autonomeados. Os liberais, por outro lado, desconfiavam de todo poder, incluindo o poder do povo, por mais que se pensasse ou falasse a seu favor.

Como os liberais, os socialistas tinham fé no progresso humano, mas entendida de forma oposta. Para os socialistas, o progresso significou uma transformação radical da sociedade, enquanto os liberais avançaram para uma melhoria gradual dentro da sociedade – como em boa parte o era. Alguns socialistas alcançariam seu objetivo gradualmente pelas urnas, outros em um salto revolucionário. Todos esperavam uma sociedade pós-capitalista de igualdade material efetiva, assegurada pela propriedade comum ou administrada coletivamente. Para os socialistas, por fim, o respeito liberal pelas pessoas individualmente superestimou a privacidade e o interesse próprio em detrimento da camaradagem, lealdade de classe e solidariedade. Tampouco os socialistas foram convencidos de que o respeito liberal operava uniformemente em seus vários domínios. Os liberais, aos olhos dos socialistas, respeitavam as empresas privadas e a propriedade privada acima de tudo e, apesar dos gritos de negação, se mantiveram contra o progresso genuíno.

O início do século 20 foi generoso para a autocompreensão liberal, com a presença de dois "outros" definidores: fascismo e comunismo. Ambos rejeitaram os valores liberais e adotaram, mas desvirtuaram, a promessa democrática de inclusão universal. O fascismo apelou para uma falsa unidade de nacionalidade, particularmente a nacionalidade baseada na ficção da raça. O comunismo apelou para uma falsa unidade de classe, particularmente a unidade da classe trabalhadora, como representativa da humanidade de alguma forma. Para o fascismo, não havia poder maior do que nação ou raça, e, para o comunismo, não havia poder maior do que os trabalhadores. A autoridade mística de cada um, conforme interpretada por um partido de elite, era absoluta. O progresso pessoal foi pensado em termos de modelos socialmente impostos, e não como um crescimento de capacidades ao longo de caminhos escolhidos privadamente. O progresso social era equiparado ao progresso de nação, raça ou classe, de cujos benefícios aqueles na nação, raça ou classe errada foram excluídos. Nem o fascismo nem o comunismo ofereceram referências para o respeito cívico ou mesmo quaisquer linhas claras que a sociedade não poderia ultrapassar em sua busca pelo bem comum. Como os liberais mais atenciosos reconheceram, o comunismo era um extremismo de esperança; o fascismo, um extremismo de ódio. No entanto, eles eram iguais o suficiente nesses quatro aspectos para fornecer ao liberalismo uma imagem cativante de si mesmo em contraste.

A compreensível desgraça do fascismo (1945) e a conclusão da saga do comunismo soviético (1989) deixaram o liberalismo, como parecia, sem um rival global contra o qual competir historicamente ou se definir conceitualmente. Essa sensação de um fim durou pouco. No campo mais amplo do século 21, logo ficou claro que o liberalismo tinha "ismos" concorrentes e atrativos que exageravam no poder, subestimavam o respeito cívico e não reconheciam falhas em nenhum dos dois pontos: autoritarismo de partido único, capitalismo de Estado, nacionalismo democrático, islamismo teocrático e movimentos populistas não liberais de esquerda e direita.

Unidade e forma das perspectivas liberais

As quatro ideias orientadoras do liberalismo podem ser tomadas para respostas liberais a questões difíceis que enfrentam qualquer perspectiva política. O conflito de interesses e crenças na sociedade é inevitável? O poder é implacável e, em caso afirmativo, controlável? A sociedade humana e as capacidades humanas são estáticas ou dinâmicas? Existem limites morais ou prudenciais sobre como aqueles com mais poder podem tratar aqueles com menos? As respostas dão às perspectivas políticas uma característica.

Os liberais aceitaram o fato do conflito, mas desconfiaram do poder e procuraram limitá-lo. Para suportar a ordem, eles contaram menos com o poder de impor controle à sociedade do que com o progresso humano para promover o autocontrole entre os cidadãos. Os rivais do liberalismo, conservadorismo e socialismo, fizeram escolhas mais simples, dadas as suas imagens contrastantes do verdadeiro caráter da sociedade. Para os conservadores, a sociedade era uma harmonia orgânica, o conflito social era uma doença e as pessoas não eram aperfeiçoáveis. Em uma sociedade harmoniosa, o progresso não era necessário para criar ordem e, se temporariamente perdida, a ordem só poderia ser restaurada pelo poder, não pelo progresso. Ou seja, o progresso para a mente conservadora foi desnecessário ou ineficaz. Para os socialistas, a sociedade era uma harmonia fraterna, distorcida atualmente por conflitos resolvíveis, desde que a desigualdade material fosse removida. O progresso radical para os socialistas, ao contrário do progresso gradual para os liberais, significou um salto do conflito para a fraternidade. Uma vez chegados à fraternidade, as pessoas e o poder se fundiriam, removendo qualquer necessidade de proteger um do outro. Havia um padrão aqui. Para as perguntas difíceis sobre conflito entre pessoas e sobre tensão entre pessoas e poder, conservadores e socialistas responderam de maneira a aliviar os fardos da contenção e da resolução imposta à ação política. Os liberais, com suas respostas, tornaram o fardo sobre a política mais pesado.

Não há uma resposta clara para o que tornou liberais as respostas liberais. Se uma definição satisfatória e não circular de "liberalismo" ainda é desejada, nenhuma está disponível. Procurar pelo liberalismo no espaço semântico ou no espaço conceitual é procurar nos lugares errados. Historicamente, as respostas liberais às questões difíceis da política eram aquelas que os liberais forneciam. Além disso, as respostas liberais e a perspectiva que veio com elas marcaram diferenças claras com seus rivais em um mapa ideológico familiar. Nenhum dos pontos satisfará a alguém que exija saber a essência do liberalismo ou obter uma especificação definitiva do tipo cultural *liberal*. A perspectiva liberal pode, no entanto, ser vista como distinta de uma terceira – e mais útil – maneira.

Assim como os liberais não simplificariam as questões difíceis, também não subordinariam algumas ideias orientadoras a outras, apesar de suas tensões internas. Os liberais mantiveram todas elas juntas, sem negligenciar nenhuma. Fosse tomada como uma abertura pragmática de mente ou um pluralismo de tipo mais teórico, essa aceitação de segunda ordem de tensão e conflito entre suas próprias ideias orientadoras era em si caracteristicamente liberal. Os liberais, ao serem liberais, não abandonaram um requisito de sua perspectiva para torná-la mais clara de formular ou mais fácil de seguir. A perspectiva liberal não é uma estrutura coesa como a química de um elemento natural. Algumas partes da perspectiva liberal são coerentes, outras entram em conflito. Tampouco se pode conferir coerência intelectual ou apelo persuasivo à perspectiva, ao reduzir todos os seus requisitos a uma ideia primordial, como liberdade ou igualdade. Os liberais dão coerência à sua perspectiva ao perseguir seus objetivos discordantes juntos e eles não estão agindo como liberais a menos que o façam.

Resistência e respeito cívico reforçavam-se mutuamente entre as ideias norteadoras do liberalismo. Respeito e progresso puxados um contra o outro em tensão. Quanto a esse primeiro par, a resistência e o respeito tiveram uma ligação com a relação adequada entre poder e povo, mas uma relação vista de lados diferentes. A resistência ordenou aos cidadãos que restringissem o poder por lei e instituições e, se isso falhasse, por dissidência. O respeito ordenou o poder de desistir do uso indevido do poder contra os cidadãos. Havia uma peça, mas dois papéis, governantes e governados, cada um com tipos distintos de deveres para com o outro que não refletiam um ao outro, ao contrário dos deveres de contrapartida entre cônjuges ou amigos ou as trocas inversas de compradores e vendedores. O respeito cívico era sobre o que o poder pode não fazer às pessoas. A resistência era sobre como as pessoas juntas poderiam organizar as coisas para que o poder agisse com respeito. Da resistência surgiram arranjos e instituições para restringir o poder: autoridade dividida, eleições representativas com a sanção negativa de remover governos indesejados nas urnas, leis para restringir a riqueza e suprir a necessidade, tribunais independentes para defender o exercício desses arranjos. Do respeito vieram permissões garantidas e proteções do poder com as quais as pessoas podiam contar por direito ou lei.

Quanto à tensão, o respeito conflitava com o progresso. O respeito liberal enfatizou um aspecto negativo do poder humano, os danos que poderia causar às pessoas quando não balanceado. No entanto, o poder humano tinha aspectos positivos. O poder humano, quando expresso como habilidade, excelência ou virtuosismo, era valioso por si só. Além disso, o poder humano, como o poder natural, podia trabalhar e produzir resultados. Poderia trazer benefícios, incluindo benefícios necessários para o progresso social e humano. Para melhorar a sociedade, era preciso poder, impondo aqui, obstruindo ali. Para melhorar as pessoas, particularmente através da educação, alguém precisava moldar ou interferir nos fins escolhidos ou nos de suas famílias, sendo o "alguém", aqui, as conhecidas agências do Estado e da sociedade. Para melhorar o mundo, em suma, você tinha que interferir com o mundo. Os liberais eram sinceros em valorizar a diversidade e a individualidade. Eles foram sinceros em querer deixar as pessoas em paz e protegê-las do poder. No seio liberal, porém, também se encontravam o mestre dominador e o imperialista liberal. Com um tom característico, Lord Acton acertou em cheio a dificuldade em uma carta a um amigo em 1887: "O meu liberalismo admite a cada um o direito à sua própria opinião e me impõe o dever de ensinar-lhe o que é melhor".

Desvios liberais e alianças

A complexidade da perspectiva liberal permitia desvios e alianças. Entre os desvios, o anarquismo no século 19 e seu primo do final do século 20, o libertarianismo, promoveram, por conta própria, o respeito pelas pessoas como um superprincípio, em detrimento das outras ideias orientadoras do liberalismo. Apesar de seu apelo local, nenhuma das ideias era prática para sociedades grandes e complexas. O pensamento libertário, particularmente de um forte tipo de livre mercado, no entanto, marcou as sensibilidades atuais, encorajou a subestimação da necessidade de poderes compensatórios e alimentou a desconfiança da política e do governo.

Uma atração oposta, em direção ao autoritarismo progressista, fomentou o objetivo liberal do progresso social à custa do respeito cívico, especialmente o elemento inclusivo e democrático do respeito. O progresso social perseguido de maneira não liberal muitas vezes tem tentado os liberais como um segundo ideal temporário, como os exemplos do século 19 mostrarão. Em tempos de economia favorável, os economistas liberais do século 20 tendiam a relaxar com o pensamento de que o progresso econômico, qualquer que fosse o custo, com o tempo atingiria outros objetivos liberais.

Como negociadores de mente aberta no centro político, os liberais estavam sempre disponíveis para alianças partidárias à direita e à esquerda. No final do século 19, os liberais de direita se aliaram aos conservadores pró-mercado na defesa da riqueza e da propriedade contra a democracia econômica. Essa tendência para a direita no liberalismo foi notada cedo. Após a derrota dos liberais alemães em sua fracassada revolução de 1848 contra o governo absoluto e o privilégio principesco, Helmut von Moltke, o futuro marechal de campo prussiano e criador do comando geral da Alemanha, escreveu sobre perspectivas liberais em uma carta à sua cunhada. Apesar de toda a sua tempestuosa conversa sobre mudança, Moltke disse a ela que os liberais veriam rapidamente onde estavam seus verdadeiros interesses. Em pouco tempo, ele previu, "o deputado mais radical continuará como um *toff* de monóculo" [1]. Moltke estava certo apenas pela metade. No final do século 19, como será visto, muitos liberais de esquerda embarcaram nos compromissos históricos que levaram, depois de 1945, ao liberalismo democrático. Nesse compromisso, os partidos governamentais de direita logo se juntaram. No entanto, no século 21, uma direita dura, iliberal em seu desprezo por poderes compensatórios e antidemocrática em suas exclusões econômicas, ressurgiu e reafirmou sua distinção.

Quem é liberal e quem não é

Sempre havia uma questão de quem era e quem não era liberal. Todo liberal tinha de se apegar a todas as quatro ideias liberais sem sacrificar umas às outras, mas isso deixava margem para variação, graus de liberalismo e casos marginais. Tocqueville sim, Marx não, embora alguns tenham pensado que ele era um liberal. Ser ou não ser liberal veio em graus. Guizot e Mill eram ambos inequivocamente liberais, mas Mill, que admirava Guizot como pensador e historiador, mas não como político, era mais liberal. Herbert Hoover era um tipo de liberal, mas menos liberal do que Franklin Roosevelt. Muito tinha a ver com quem eram seus aliados. Os liberais com mentalidade empresarial, no final do século 19, eram, como acabamos de observar, muitas vezes, difíceis de distinguir dos conservadores com mentalidade empresarial. Depois de 1945, os liberais de mentalidade social também eram, muitas vezes, difíceis de distinguir de socialistas de mentalidade liberal.

Se exemplos são exigidos, Gladstone e Lincoln foram liberais exemplares no século 19 e Beveridge e Lyndon Johnson no século 20. Mill, Weber e Rawls foram liberais exemplares entre os pensadores. Havia também casos atípicos intrigantes e casos marginais. Entre os políticos do século 19, Richter, na Alemanha, e Laboulave, na França, eram vozes liberais minoritárias em regimes não liberais. Entre os pensadores, nem Sartre nem Oakeshott eram diretamente liberais. Cada um desprezou o

(1) Nota da tradução: Estereótipo depreciativo britânico que se refere a aristocratas e nobres em geral.

rótulo. Mencionar qualquer um deles em um trabalho sobre o liberalismo provocou desaprovação ou acusações de incompreensão dos revisores da primeira edição deste livro. Seria estranho, no entanto, não ouvir algo de liberal na veneração filosófica de Sartre à personalidade soberana ou na suspeita zombeteira de Oakeshott em relação a sistemas e planejamento.

Paixões liberais

Discursos, conversas e ficção têm importado tanto para o liberalismo quanto os tratados. Para acompanhar a história do liberalismo, você precisa de um bisturi para suas ideias, mas também de um ouvido para as paixões, os apegos e os sentimentos morais que deram força a essas ideias. Em *Anna Karenina* (1873-1878), Tolstoi descreveu "o verdadeiro liberalismo" do irmão amável e caótico de Anna, Stiva Oblonsky, como estando "em seu sangue". O liberalismo de Oblonsky não era o liberalismo doutrinário sobre o qual ele leu no clube em seu jornal liberal, mas um conjunto profundamente enraizado de sentimentos morais. Esse liberalismo temperamental, disse-nos Tolstoi, baseava-se em "uma clemência fundada na consciência de seus próprios defeitos" e em um profundo senso de igualdade humana que "o fez tratar todos os homens da mesma forma, independentemente de seu posto ou posição oficial". O poeta americano T. S. Eliot tinha uma visão menos lisonjeira do temperamento liberal. "Ele é um liberal", disse Eliot sobre seu amigo e colega poeta Stephen Spender, "e, portanto, tende à intolerância e a julgar os outros; e ele tende a adotar um tom untuosamente superior com base em uma compreensão muito imperfeita". Há muitos sentimentos no seio liberal.

Sentimentos sociais característicos e emoções morais deram força às ideias orientadoras do liberalismo: ódio à dominação (resistência); orgulho ou vergonha a respeito da sociedade (progresso); indignação por maus-tratos e erros exemplares (respeito); entusiasmo por desafios competitivos (conflito). Nenhum era propriedade liberal. O liberalismo deu-lhes uma voz característica quando tais sentimentos foram trazidos para a política. Esses sentimentos liberais também tinham contrapartes mais sombrias. Os poderes que vinham com força, excelência, riqueza ou esplendor moral provocavam inveja e ressentimento nos liberais. O zelo liberal pelo progresso poderia mascarar um escrúpulo autopunitivo em relação aos males coletivos irrepreensíveis. A insistência no respeito cívico pelas pessoas esteve sempre sujeita às distorções da indignação seletiva. A suave aceitação do conflito pode levar ao seu oposto, o medo indevido da desordem e o desejo ansioso por calma. Os críticos mais afiados do liberalismo à esquerda e à direita – Joseph de Maistre, Karl Marx, Friedrich Nietzsche, Charles Maurras e Carl Schmitt, por exemplo – se aproveitaram desse lado sombrio do sentimento liberal. Os grandes oradores do liberalismo, Guizot, Lincoln e Gladstone; os grandes locutores do liberalismo, Clemenceau e Lloyd George; e os grandes escritores do liberalismo, Orwell, Camus e até o semiliberal Sartre, entendiam os sentimentos liberais, tanto os brilhantes como os sombrios. Para entender o liberalismo, você precisa ter em mente seu temperamento característico e suas mudanças de humor.

Liberalismo como prática

Como prática da política, o liberalismo pode ser considerado, naturalisticamente, como uma adaptação regida por normas às circunstâncias históricas modernas. Como qualquer ampla prática humana, o liberalismo tem uma história, praticantes e uma perspectiva distinta para guiá-los. As práticas são familiares. Elas podem ser vistas como categorias culturais, cujos membros estão abertos à observação e inspeção, assim como às categorias naturais. Direito, casamento, religião e arte são exemplos. Política é outra. Como a política é uma prática, o liberalismo é estritamente uma subprática ou a prática de uma prática. Assim como seus rivais, o conservadorismo e o socialismo, cada um deles sendo formas de praticar uma prática. Uma vez que isso seja compreendido, é mais simples evitar a gagueira e falar do liberalismo como uma prática sem enrolação. Por "praticantes" entende-se simplesmente os liberais, os homens e mulheres que se envolveram, votaram e pensaram sobre política liberal. O termo "prática" pode ser substituído por "tradição", a depender apenas da preferência do público-alvo. Caso se deseje um termo em voga no momento, "ideologia" pode substituir "perspectiva". Falar de uma ideologia liberal em vez de uma perspectiva liberal é inofensivo desde que se lembre que os liberais têm ideias orientadoras, mas que o próprio liberalismo, tomado como uma prática ou tradição estendida no tempo histórico, não pode ser um conjunto de ideias orientadoras, algo abstrato e que precisa de esforço mental para ser traduzido em termos mundanos.

O liberalismo tampouco, para evitar um erro similar, é uma filosofia da política. Tratá-lo como uma envolve uma confusão de níveis entre política e história, por um lado, e filosofia, por outro. O liberalismo político encontrou abundantes justificativas de alto nível para suas ideias orientadoras: kantiana, hegeliana, utilitária, neoidealista, neolockeana, popperiana, rawlsiana, neo-hegeliana e pragmática. Sem primeiro identificar a perspectiva liberal, não se pode analisar ou justificar essa perspectiva filosoficamente; ambas as tarefas são indispensáveis à autocompreensão mais apurada do liberalismo. Para identificar a perspectiva liberal, sem vinculá-la a filosofias particulares, é preciso ver como essa perspectiva orientou historicamente a prática liberal. O mesmo vale para outras tentativas de ancorar a perspectiva liberal em alguma disciplina não política. O liberalismo, como tal, pode, mas não precisa, apelar para a antropologia especulativa, para a metodologia sociológica ou, como o capítulo sobre Spencer irá sugerir, para a biologia evolutiva.

A história liberal

A Parte Um (1830-1880) deste livro relata o advento do liberalismo à argumentação política e sua ascensão ao poder governamental. Após um esboço do cenário histórico, seus primeiros sete capítulos descrevem as vidas e pensamentos dos fundadores do liberalismo, muitas vezes em pares contrastantes para dramatizar uma disputa de ideias. Humboldt, um professor, enfatizou o avanço humano através da educação, enquanto Constant, um *outsider* social, enfatizou o crescimento da individualidade em atividades privadas. Contra o poder iminente da sociedade de massa, Tocqueville promoveu a associação voluntária; contra o mercado de massa, Schulze-Delitzsch promoveu o localismo econômico e as cooperativas. Chadwick trabalhou pelo progresso social pela ação do governo e Cobden, pela expansão dos mercados livres. Smiles usou progresso pessoal para autoaperfeiçoamento, enquanto Channing o usou para elevação moral, cada um deles diferente da ascensão de classes socialista ou da dúvida conservadora de que as pessoas possam mudar significativamente. Mill fez uma tentativa filosófica de conciliar o respeito liberal pelas pessoas com o progresso social entendido como expansão do bem geral. Lincoln e Gladstone, grandes usuários e expansores do governo, exemplificaram ideias liberais no exercício de seus cargos no Poder Executivo.

A Parte Dois (1880-1945) descreve o liberalismo no comando, juntamente com seus sucessos e fracassos ao se comprometer com a democracia. O liberalismo, neste período, percorreu um longo caminho para atingir seus objetivos e honrar seus ideais. Também sobreviveu, por pouco, a calamidades de sua própria criação. Constitucionalmente, o poder estatal foi segmentado e controlado, mesmo com o crescimento do alcance do governo. Capítulos sobre Walras, Marshall e a imprensa empresarial ilustram como se opôs resistência aos Estados em prol dos mercados. O poder do mercado foi atenuado pelo início de um Estado de bem-estar social, como mostrarão as carreiras paralelas dos liberais "sociais", Hobhouse, Naumann, Croly e Bourgeois.

O liberalismo (1880-1945) fez as pazes com a democracia e desse compromisso histórico surgiu a prática do liberalismo conhecida como democracia liberal. O grande acordo entre liberalismo e democracia envolveu escolha política, poder econômico e autoridade ética. Em cada área, os liberais abandonaram quaisquer esperanças de monopólio que um dia possam ter nutrido como uma elite crescente de homens instruídos e proprietários com a intenção de suplantar os regimes anteriores. Os liberais aceitaram a soberania popular nesses três domínios. Em troca, as forças populares aceitaram regras liberais de procedimento, proteções à propriedade e respeito à escolha pessoal. O compromisso não foi suave nem automático, mas relutante e duramente combatido. Muito menos era historicamente inevitável ou conceitualmente necessário. A democracia liberal é contingente e reversível.

Nas décadas após a década de 1880, sob pressão do conflito de classes, os governos promulgaram amplas reformas sociais e deram ao Estado novas tarefas, bem recebidas pela maioria dos liberais como uma aplicação do princípio liberal a novas circunstâncias, embora resistidas por uma minoria não convencida, como um abandono do princípio liberal. A educação e o progresso cultural não erradicaram, em primeiro lugar, o preconceito e a intolerância ou criaram cidadãos razoáveis e desapaixonados com a confiança que os liberais esperavam. Nacionalismo agressivo, imperialismo jingoísta, anticatolicismo, racismo branco, antissemitismo e outros ódios excludentes provaram ganhar votos, aos quais as elites liberais muitas vezes respondiam oportunistamente, quando não ofereciam encorajamento ativo. As carreiras diversificadas do início do século 20 de Bouglé, Alain, Baldwin e Brandeis ilustram os desafios de incorporar o respeito cívico entre todos e proteger a heterodoxia e a diversidade contra as pressões da sociedade, desafios não enfrentados até os movimentos de direitos humanos e de direitos civis após 1945.

Em segundo lugar, a interdependência comercial e econômica não garantiu paz e amizade. Ela trouxe uma rivalidade de imperialismos liberais, ilustrada pelas carreiras paralelas de Joseph Chamberlain e Ernst Bassermann. Em 1914, veio uma inesperada e desconcertante guerra mundial, que muitos marcaram como o fim do liberalismo. Essa guerra introduziu dois novos tipos políticos que ganharam destaque no século 20, o liberal *hawk*, defendendo os valores liberais pela força militar, e o internacionalista liberal, promovendo a negociação multilateral e a cooperação pacífica entre nações concorrentes. Nem, por fim, durante a década de decadência dos anos 1930, os liberais poderiam persistir de forma convincente na doutrina do *laissez-faire* de que, quando os mercados despencam, eles se endireitam. Seus perseguidores fizeram deles profetas em guerra, mas como o capítulo sobre eles deixa claro, Keynes, Fisher e Hayek estavam visando salvar o capitalismo.

A Parte Três (1945-1989) descreve a estabilização e o sucesso do liberalismo. A democracia liberal sobreviveu ao colapso econômico, à guerra mundial e à ruína moral para desfrutar de uma segunda chance depois de 1945. O mundo liberal aproveitou essa chance e teve sucesso além das expectativas. A história começa com os direitos humanos, a democracia liberal restaurada por completo na Alemanha e a expansão do estado de bem-estar liberal. Os pensadores liberais representativos das décadas de 1950-80 ocupam os próximos cinco capítulos, seguidos pela virada dos economistas liberais contra o Estado. Três políticos da esquerda liberal e da direita liberal fecham os anos de 1945-89.

Se 1989 fosse o fim, o arco narrativo seria simples: o liberalismo está em alta, está em baixa, está em alta. Os liberais de 1830-80 traçaram o projeto. Os liberais de 1880-1945 construíram a casa e depois quase a queimaram. Os liberais tiveram sua segunda chance em 1945 e em 1989 o liberalismo era o orgulho do bairro. Isso foi antes.

A Parte Quatro, "Sonhos e pesadelos liberais no século 21", relata as convulsões e decepções da democracia liberal nas duas primeiras décadas do século. Ela lembra o sonho da ordem sem mestres, autorrealizável, com que o liberalismo começou e pergunta o quão almejável o sonho continua sendo em seus vários domínios. Também descreve a ascensão de uma extrema direita, tanto iliberal quanto antidemocrática, dificuldades econômicas, a crescente solidão geopolítica da democracia liberal e a aparente divisão em campos hostis europeus e anglo-americanos, bem como o generalizado desapontamento intelectual, o que abalou a confiança liberal na viabilidade democrática de suas esperanças. A conclusão é sombria, não desesperadora. O livro termina com um apelo para resistir à atração do mecanismo, àquelas narrativas sedutoras que nos dizem que tendências sociais, econômicas, históricas ou mesmo evolutivas irreversíveis garantem que o liberalismo democrático está fadado ao fracasso ou deve ter sucesso. Insta os liberais a aceitarem, em vez disso, a primazia da política, a disponibilidade de opções e o pensamento de que a sobrevivência ou o fracasso da democracia liberal dependem em grande parte de quão bem ela é compreendida e defendida.

Liberalismo democrático

O liberalismo surgiu como uma resposta prática à situação da modernidade capitalista. Oferecia uma ordem eticamente aceitável de progresso humano entre iguais cívicos sem recorrer a um poder indevido. Atraía especialmente pessoas de mentalidade moderna e seguras de si que não seriam controladas ou impulsionadas por um poder superior, fosse do Estado, da riqueza ou da sociedade. O liberalismo se ofereceu para melhorar a vida das pessoas e tratá-las, assim como a seus empreendimentos, com igual respeito. Os liberais consideraram o conflito moral e material na sociedade inevitável, mas esperavam que o conflito pudesse ser frutífero em argumentações, experimentos e trocas. Suas quatro ideias orientadoras – conflito, resistência ao poder, progresso e respeito cívico – fundamentaram e deram destaque aos conhecidos e controversos estandartes do liberalismo, "liberdade", "o indivíduo", "direitos" e "igualdade". As promessas do liberalismo não eram estritamente ocidentais ou burguesas. O apelo deles era universal. Continua sendo uma questão de conflito até que ponto as promessas liberais podem ser cumpridas democraticamente, isto é, para todos, quem quer que sejam.

PARTE UM

A CONFIANÇA DA JUVENTUDE (1830-1880)

1.

CENÁRIO HISTÓRICO NA DÉCADA DE 1830

LANÇADO EM UM MUNDO DE INCESSANTES MUDANÇAS

Em 12 de abril de 1835, Wilhelm von Humboldt – diplomata, linguista, defensor da educação universal e pioneiro liberal – foi enterrado ao lado de sua esposa, Caroline, em um pequeno terreno com vista para uma estátua da Esperança no parque de sua propriedade no lado noroeste de Berlim. Por entre os carvalhos fica Tegelsee, um dos muitos lagos que dão à cidade sua luz cintilante. A uma curta caminhada fica a elegante vila da família, reconstruída com um *design* neoclássico pelo principal arquiteto da Prússia na época, Karl-Friedrich Schinkel. A calma e o isolamento dão pouca pista de que Humboldt viveu em um mundo virado de cabeça para baixo. Ele nasceu em uma família nobre prussiana em 1767, antes de o liberalismo ter sido sequer sonhado. No momento em que ele morreu, as revoluções nas Américas, na República Holandesa e na França haviam abalado o mundo atlântico e o liberalismo estava a caminho de se tornar o que é hoje, uma prática comum de política para sociedades de mercado em movimento permanente.

Na época do nascimento de Humboldt, na corte e quartel da cidade de Potsdam, a sudoeste da cidade, um rei guerreiro iluminado, Frederico o Grande, governava a Prússia, as colônias americanas eram britânicas e a monarquia Bourbon governava, ou tentava governar, a França. A maioria dos europeus vivia e trabalhava na terra perto de onde nasceu, morrendo em geral antes dos 40. A maioria não sabia ler nem escrever. Na Grã-Bretanha, quatro em cada dez homens e sete em cada dez mulheres não podiam assinar seus nomes no casamento. A urbanização, como a indústria, ainda estava longe. No Vale do Ruhr alemão, Düsseldorf era uma pequena cidade e Essen pouco mais que uma vila. A Inglaterra era um lugar de cidades do campo e de mercado, exceto por Londres, Bristol e algumas outras pequenas cidades. Em um lampejo de imaginação científica, James Watt havia entendido como um pistão eficiente poderia funcionar, mas uma máquina a vapor confiável ainda precisava ser aperfeiçoada e aproveitada na indústria. Para satisfazer a um novo tipo social próspero, o consumidor de classe média, a Europa dependia do comércio e dos escravizados vendidos pelos africanos para trabalhar nas colônias do Novo Mundo. O pensamento iluminista elevou a esperança na melhoria humana e também na produção de açúcar, café e tabaco.

A lei e o costume geralmente limitavam onde você poderia trabalhar ou morar, quais associações você poderia formar com amigos ou colegas de trabalho com ideias semelhantes e quais empresas lucrativas você poderia iniciar. A Prússia rural sobreviveu através de um tipo de escravidão, confinando os trabalhadores às suas aldeias. Perto de um quarto dos 2 milhões de americanos subjugados pela Grã-Bretanha eram escravos ou servos contratados que trabalhavam sem pagamento por um período fixo em troca de sua passagem pelo Atlântico e seu sustento. Os não anglicanos não podiam ensinar em escolas ou universidades britânicas, nem se casar legalmente sem a liberação de um vigário. Os católicos não podiam votar ou ter assento no parlamento. Judeus na Grã-Bretanha, na França e na Prússia viviam no sofrimento, sem direitos políticos ou civis. As proteções de manifestações faladas e escritas eram precárias. A censura prévia, onde existia, era irregular e aleatória, mas a ameaça de represália foi suficiente para fazer as pessoas pensarem duas vezes antes de falar o que pensavam. As punições eram frequentemente cruéis e impressionantes, especialmente se você fosse pobre, desafiasse o poder ou desprezasse a opinião ortodoxa.

Esse foi o velho mundo antes do nascimento de Humboldt em 1767. Não foi tão atrofiado ou atrasado quanto os críticos fizeram parecer. O mundo do nascimento de Humboldt não era, acima de tudo, fixo ou insensível, mas um mundo em movimento. Depois de séculos aumentando e recuando, as populações da Europa estavam crescendo muito. Havia pressão para encontrar novas maneiras de alimentar e fornecer comida para mais pessoas. O termo não seria ouvido por mais ou menos 80 anos, mas os primeiros rebentos do capitalismo industrial – investindo em maquinaria produtiva para lucro privado – já eram visíveis. Também havia pressão para encontrar novas formas de fazer o que governantes sábios e eficazes sempre fizeram: ouvir o povo.

Pois vozes estavam sendo levantadas contra os males e os problemas do velho mundo: contra os monarcas absolutos e arbitrários, contra o atraso, o descaso e o analfabetismo, contra a escravidão e a intolerância, contra não poder falar e imprimir o que se queria ou ganhar dinheiro como quisesse, contra não ter voz. Autoridades éticas estabelecidas e modelos aceitos de conduta, outrora tão difundidos e aparentemente sem peso como o ar, de repente se sentiram onerosos e tiveram que se explicar. Havia, muitos então sustentavam, alternativas às práticas e condições antes tidas como naturais ou inamovíveis. Não havia, porém, nenhum movimento de mudança, nenhum foco de oposição, nenhum veículo de progresso. Em particular, não havia liberais. Na juventude de Humboldt, a palavra "liberal" significava generoso, mão-aberta ou talvez tolerante ao extremo. A frase "um liberal" era um erro gramatical e o termo "liberalismo" nem era reconhecido. Na época da morte de Humboldt, em um mundo transformado, uma nova abordagem da política estava surgindo para acolher e, esperava-se, canalizar uma mudança impactante.

Humboldt era muito jovem e distante para testemunhar a primeira grande convulsão social de sua vida, a Revolução Americana, quando as colônias da Grã-Bretanha, então rebeladas, venceram uma guerra de independência em 1783, impuseram-se uma constituição contestada e fundaram uma nova república dividida e experimental, os Estados Unidos. Para os abalos duradouros de outra revolução, a Revolução Francesa, Humboldt esteve presente pessoalmente como um alto funcionário, diplomata e dissidente liberal em um governo prussiano esclarecido, mas autocrático.

No verão de 1789, o jovem Humboldt estava em turnê pela Europa com seu antigo tutor quando chegaram notícias de uma revolução na França. Eles correram para Paris e, três semanas depois de sua queda, visitaram a Bastilha, que os operários estavam começando a demolir. O "túmulo do despotismo", como o tutor colocou solenemente, impressionou os dois, mas a ideia da revolução não abalou o jovem Humboldt. Ele se perguntou o que a revolução faria pelos doentes e pobres da cidade, cujas condições o chocava. Ninguém sabia o que estava por vir. Em Paris, como no resto da viagem, Humboldt viu principalmente pontos turísticos e visitou bordéis, anotando cuidadosamente o que se passou por lá em seu diário.

Humboldt saudou o que considerava os principais objetivos da revolução: o fim do governo arbitrário e uma liberação histórica das capacidades humanas; mas ele achava que os meios, reescrevendo as regras básicas da sociedade, certamente falhariam. Invasão estrangeira, guerra civil, contra invasão e terror liderado pelo Estado – contra inimigos da revolução ricos ou pobres e logo contra qualquer um que murmurasse uma palavra contra o terror – pareciam confirmar os piores medos de Humboldt. Eles o deixaram também com um desafio histórico. Revolução e guerra quebraram a velha ordem política da Europa. A geração de Humboldt e as que se seguiram enfrentaram uma longa busca por uma nova.

Os franceses declararam uma república, executaram seu rei Bourbon por traição, ganharam e perderam novamente o controle da maior parte da Europa – sob o comando de um cabo que se tornou imperador, Napoleão Bonaparte –, viveram 15 anos de reação após sua derrota em 1815 e então sacudiram a Europa pela segunda vez ao derrubar uma restaurada monarquia Bourbon em 1830. Os britânicos e alemães entenderam o clima. Em novembro, os liberais *Whigs* substituíram os conservadores *Tories* no poder depois de quase meio século em oposição e uma era de reforma econômica, social e política começou em Westminster. Nas terras alemãs – a nação foi unificada apenas em 1871 – os príncipes absolutos, despóticos ou esclarecidos, enfrentaram demandas por liberdades civis, governo constitucional e governo representativo. As brutalidades e excessos da velha ordem começaram a ocorrer em todos os lugares. Nos Estados Unidos, uma onda de melhorias na campanha, tanto políticas quanto morais, varreu a frágil nova república. Acolheram muitas causas – temperança, direitos das mulheres e escravidão, a mais controversa de todas –, mas estimular cada uma delas foi uma convicção intensa, muitas vezes religiosa, de que a vida americana na terra deveria ser menos selvagem, mais ordenada e mais reformada.

Na Europa, meio século de tentativas conservadoras de adiar a mudança e de manter ou restaurar a velha ordem estava terminando. Restrições à fala, imprensa, viagens, residência, associação, troca, comércio e prática pública de religião foram desafiadas e suspensas em muitos lugares. Na nova república americana, restrições do mesmo tipo que foram rejeitadas na constituição federal, mas que subsistiram nas leis ou costumes estaduais, também estavam desaparecendo. Foi uma variedade de causas pressionadas por vozes com interesses opostos e prioridades conflitantes. A palavra significava coisas diferentes em bocas diferentes. Mas uma bandeira de conveniência que reuniu muitas dessas causas separadas foi o emblema "liberdade". Um vasto e livre partido do movimento começou a se formar. Seus seguidores começaram a se chamar de liberais.

Em 1835, ano em que Humboldt morreu, o primeiro trem a vapor da Alemanha, o *Adler*, levou ao aumento de um trecho da linha de Nuremberg a Fürth. Naquele mesmo ano, as marinhas francesas começaram a colocar trilhos ferroviários de Paris até o porto atlântico de Le Havre. Samuel Morse desenvolveu um código para encurtar mensagens no telégrafo elétrico recém-inventado e Samuel Colt adotou uma patente para seu revólver. O químico alemão Justus Liebig sintetizou um precursor para o material artificial conhecido como plástico, que em pouco tempo transformaria o que as pessoas usavam, em que sentavam e o que comiam. Espelhos de vidro começaram a aparecer em casas comuns e William Fox Talbot expôs os primeiros negativos fotográficos, dois dispositivos que mudaram a forma como as pessoas se viam e deram estímulos para exigir novas rotinas de autoaperfeiçoamento, bem como para a indústria da moda. O dinheiro estava se tornando um meio de pagamento para todos os fins e um padrão comum de valor. Na França, o banco Laffitte financiou ministérios liberais. O Estado britânico pediu empréstimo aos irmãos Rothschild para pagar £ 20 milhões em compensação pela "propriedade" perdida com a abolição da escravidão do império no ano anterior. As notas do Banco da Inglaterra se tornaram um meio irrecusável de pagamento no comércio e logo se tornaram o único meio legal de pagamentos da Grã-Bretanha. A produção fabril, com seus padrões rústicos, mas em grandes quantidades, estava substituindo o trabalho artesanal. Em 1835 havia menos chapeleiros prussianos *per capita* do que em 1767, ano do nascimento de Humboldt, mas muito mais chapéus novos.

Quando o verão de 1835 terminou, o filho de um comerciante da Renânia entrou na Universidade de Bonn, onde se jogou nos clubes de bebida e jogos. Seu pai logo o infernizou para que ele realizasse estudos sérios na nova universidade que Humboldt havia fundado em Berlim. O menino era Karl Marx e, em pouco tempo, alteraria ideias sobre mudanças históricas. Em setembro, um navio da marinha britânica,

HMS Beagle, carregando um naturalista em uma pesquisa geológica de quatro anos, ancorou nas Ilhas Galápagos. Ele era Charles Darwin e logo alteraria ideias sobre mudanças naturais. O marxismo desafiou o gradualismo liberal inclusivo com uma imagem rival do progresso histórico como uma sequência de classes dominantes superando umas às outras. O darwinismo, embora não o próprio Darwin, estimulou os liberais a pensar na política como uma espécie de biologia.

Em Boston, em 1835, Ralph Waldo Emerson começou uma carreira como palestrante pregando os valores mais elevados do autocultivo em um mundo comercial sujo. Em Paris, Honoré de Balzac, um escritor que declarava odiar os liberais, mas achava seu impulso e senso de liberdade social irresistível, publicou a primeira parcela de *Père Goriot*, seu romance de ambição, traição, poderes ocultos e "egoísmo" em uma sociedade repentinamente fluida. Em uma viagem pela América, o jovem Richard Cobden, o futuro campeão britânico do livre comércio, decidiu que os norte-americanos ambiciosos haviam encontrado o segredo de uma economia forte. Em uma visita alemã igualmente entusiasmada, três anos depois, Cobden não veria nada de estranho em uma carta para seu irmão sobre o governo prussiano. Uma sociedade florescente, pensou Cobden, precisava de ambos. Também em 1835, um jovem nobre do serviço da prefeitura da França, Aléxis de Tocqueville, publicou a primeira parte de *Democracia na América*, suas intrigantes reflexões sobre um novo país onde ele havia visto, em primeira mão, uma sociedade dando as costas à tradição, *status* e privilégio. Lúcido sobre muito mais, a prosa de Tocqueville sobre a escravidão tornou-se opaca, embora o conflito irreprimível da América estivesse se agitando. Em outubro, uma multidão perseguiu William Garrison, o editor abolicionista do *The Liberator*, pelas ruas de Boston.

2.

ORIENTANDO REFLEXÕES DE PENSADORES FUTUROS

CONFLITO, RESISTÊNCIA, PROGRESSO E RESPEITO

i. Humboldt e Constant: liberando as capacidades das pessoas e respeitando sua privacidade

É tentador imaginar como Humboldt teria reagido a esse novo mundo se tivesse vivido como seu irmão mais novo, o explorador e naturalista Alexander, até a década de 1850. Embora alguns tenham tomado Humboldt como um amigo do velho mundo de mente aberta, mas conservador, ele expressou uma convicção que atravessa como uma flecha o pensamento liberal do século 19. Sua ideia principal – lançada em um ensaio juvenil, *The Limits of the Effectiveness of the State* (1792), mas publicado na íntegra somente após sua morte – teve uma cabeça e uma cauda, uma parte positiva e outra negativa: desenvolver as capacidades humanas ao máximo em sua diversidade e individualidade era uma tarefa urgente, mas uma tarefa para a qual as leis, o governo e a regulamentação eram geralmente ineptos.

Para quem não passou do título de seu ensaio, foi fácil perder o que Humboldt estava dizendo. Ele não estava pensando tanto na intervenção do governo nos mercados quanto em como o Estado e a sociedade, que não eram distintos em sua mente, poderiam sufocar o verdadeiro fim da vida humana: encontrar e fazer pleno uso de seus talentos à sua maneira. Humboldt certamente teve uma visão estreita das capacidades do Estado. Tinha um trabalho, escreveu ele, para defender as pessoas ("bem-estar negativo"), mas não para apoiá-las ("bem-estar positivo"). A propriedade do Estado era uma má ideia, pois este estava virtualmente fadado a acabar possuindo demais e não havia futuro em cobrar impostos sobre vendas, que custavam quase tanto quanto eles arrecadavam. Para pagar por tarefas que o Estado poderia e deveria realizar, defesa e justiça, ele poderia, por outro lado, tributar a renda. Ele não deve tentar melhorar a moral e deve deixar a consciência privada em paz, pois Humboldt acreditava que todos deveriam ser capazes de seguir qualquer religião que escolhessem ou nenhuma. Ele tinha a mente aberta sobre constituições. Diferentes constituições combinavam com lugares diferentes. A chave em todos os lugares era ter uma constituição com "a menor influência positiva ou especial possível no caráter dos cidadãos". Seu amigo e contemporâneo Benjamin Constant (1767-1830) ecoou e ampliou o aspecto protetor e negativo da ideia principal de Humboldt. Em *Principles of Politics* (1815), Constant escreveu: "Há uma parte da existência humana que permanece necessariamente individual e independente e que está por direito totalmente além do alcance da sociedade".

Reunidos aqui em comemoração à independência das pessoas encontram-se pensamentos que estão no núcleo liberal. O primeiro é que todos – mas especialmente aqueles com poder – devem respeitar os objetivos e crenças profundos dos outros e não se intrometer neles impondo propósitos e ideais que as pessoas não escolheram para si mesmas. O segundo pensamento é que as pessoas têm dentro de si uma capacidade livre de melhoria e reforma: crescer, melhorar, progredir, com a ajuda ou direção dos outros, se necessário. Constant, um espírito mais descontraído e permissivo, enfatizou mais o primeiro pensamento, não intrusivo. Humboldt, um professor nato, enfatizou o segundo pensamento, mais educativo. Embora ambos os homens vissem um valor único nas pessoas, Constant pensava nesse valor como algo privado que as pessoas modernas agora tinham cada vez mais meios de defender de intrusões; Humboldt a via como uma semente de potencial a ser cultivada e estimulada a crescer. Em teoria, ambas as convicções – tanto respeito à privacidade pessoal, quanto o zelo pelo progresso humano – se uniram em paralelo. Na prática, eles frequentemente ficavam no caminho um do outro, como liberais logo tiveram que se confrontar. Dificilmente um tópico no pensamento liberal do século 19 sobre política não se voltava de alguma forma para a tarefa intrusiva de melhorar a capacidade das pessoas de escolher bem os objetivos da vida por si mesmas – ou seja, a educação pensada em termos mais amplos.

Ambos eram *outsiders* no ciclo interno: Humboldt por temperamento; Constant por temperamento, mas também por nascimento. Constant, o homem, junto com sua defesa da privacidade liberal, aparecerá por sua vez. Precisamos ver primeiro como, ao passar da diplomacia para a educação, Humboldt colocou em prática seus ideais de nutrir o potencial humano.

Após a rendição da Prússia aos exércitos de Napoleão, em 1806, Humboldt perdeu seu cargo de emissário da Santa Sé e logo deixou Roma, onde por seis anos bebeu alegremente e escreveu sobre o passado clássico. De volta à fria Berlin, ele assumiu o comando da seção do Ministério do Interior que criou o primeiro sistema completo de escolas públicas administradas centralmente na Europa e fundou uma universidade que ensinava as disciplinas não técnicas de ciências humanas e direito. Um passo estranho, você pode pensar, para um liberal pioneiro que insistiu que o Estado era um "corpo de leis, não uma escola". Humboldt não viu conflito, pois o que importava para ele era o tipo de escola fornecida pelo Estado. A educação que impunha propósitos e escolhas limitadas deveria ser desencorajada, acreditava ele, particularmente se fossem propósitos de um Estado ou de suas elites. Com isso em mente, tentou, sem sucesso, fechar as Academias militares e as escolas da Prússia reservadas para nobres. Ele também se opôs às escolas vocacionais, que ensinavam principalmente artesanato e negócios. O problema com todas elas, na mente de Humboldt, era que tais escolas visavam a um produto final: soldado, funcionário estadual, artesão. Elas restringiram as escolhas de vida. Elas colocavam ou mantinham as pessoas em caixas. Ele favorecia, em contraste, uma educação "liberal" aberta, não impositiva, rica em grego e latim, do homem inteiro, o que quer que ele viesse a ser – as mulheres ainda não faziam parte da história liberal.

O ideal não foi fácil de perceber. Humboldt estava em seu posto de educação há menos de dois anos. As escolas públicas da Prússia foram rapidamente estratificadas em conteúdo e seleção por classes. As elites liam Homero e Virgílio. Os pobres faziam artesanato. Liberais visitantes como Cobden, na década de 1830, vindos da Grã-Bretanha antiquada, ficaram, no entanto, admirados, mesmo assim, que a Prússia, ao contrário da Grã-Bretanha, tivesse escolas públicas.

Por mais brilhante que fosse, o ideal de humanização integral deixou o liberalismo com uma questão em aberto. Será que perseguir muitos objetivos e interesses sem superespecialização era bom para cada um de nós? Ou que uma sociedade com "diversidade de postos" era mais saudável e criativa? A multiplicidade das pessoas e a diversidade social eram distintas. Os generalistas podem levar uma vida mais rica, mas contribuem pouco para a sociedade. A divisão do trabalho enriqueceu a sociedade, mas estreitou a vida das pessoas. A questão acerca de quem a "individualidade" beneficiava – cada pessoa individualmente ou a sociedade como um todo? – passou para um admirador, John Stuart Mill, que citou Humboldt com entusiasmo em seu ensaio *On Liberty* (1859). Mais tarde, nos tempos democráticos das décadas de 1880 a 1940, os "novos liberais" levantaram uma questão diferente sobre a capacidade das pessoas de crescimento pessoal ao longo do caminho que escolheram para si mesmas. Eles perguntaram: de que servia celebrar essa capacidade, a menos que todos tivessem os meios – a saúde, o tempo, o espaço e o dinheiro – para explorá-la?

Humboldt voltou para a diplomacia como segundo do chanceler prussiano Karl-August Hardenberg nas negociações de paz de 1813-15 em Paris e Viena que terminaram com as Guerras Napoleônicas, mais como ajudante e acompanhante de seu superior quase surdo do que como participante ativo. Ele esperava uma confederação livre de terras alemãs autogovernadas, cada uma com uma constituição representativa adequada ao seu caráter e lugar. Seus argumentos contra o absolutismo principesco não deram em nada imediatamente. Os poderes no Congresso estavam atrás da paz e da estabilidade entre as nações da Europa, não da mudança liberal dentro delas. Quando, em 1819, as autoridades prussianas seguiram as da Áustria na repressão da imprensa e na prisão de radicais, Humboldt se opôs, o rei o demitiu e ele deixou o serviço público de vez.

À sua imagem, jovem ou velho, Humboldt nos encara com olhos arregalados com uma expressão de distanciamento indecifrável. Cartas para suas muitas amigas transbordam de cálidas abstrações ou ansiedades apaixonadas, mas poucos detalhes. Era de alguma forma típico que, enquanto defendia a emancipação dos judeus da Prússia, ele quase não tivesse amigos judeus. No círculo fechado da vida pública prussiana, Humboldt era arrogante e tímido, altivo demais para intrigas e impaciente demais para manobras. Talvez ninguém fosse menos adequado para entender a desordem do comércio que estava transformando seu país e suas elites. Em vez de pedir, ele esperou ser dado. Quando nenhuma oferta veio, ele fez exigências repentinas e inconstantes e ficou surpreso quando seus superiores ou seu amigo, o rei, o recusaram. Após a rejeição final, retirou-se para sua propriedade em Tegel, onde aumentou a sua grande coleção de esculturas clássicas, ampliou uma gama já surpreendente de línguas, incluindo basco e javanês, e elaborou sua imagem notavelmente moderna da linguagem humana como rigidamente governada por regras, porém livre e infinitamente fértil. A criatividade ilimitada dentro de uma ordem confiável não estava longe da imagem sedutora, mas surpreendentemente livre de detalhes, de uma sociedade liberal ideal de Humboldt. Sua reivindicação de se classificar entre os liberais pioneiros reside em sua insistência na necessidade de encontrar e liberar o potencial único em cada um de nós.

A crença de Humboldt na capacidade humana de crescimento foi iluminada pelo sol, filelenismo, e no ar entre os escritores alemães da época, incluindo Goethe e Schiller, que o conheciam e admiravam seu aprendizado. Sua confiança falava de uma classe e de um tempo. A insistência de Benjamin Constant na independência pessoal veio de sua própria personalidade fluida, de sua fé protestante e da observação da vida moderna. Ele foi um apostador ao longo da vida, cata-vento na política do partido e sedutor inquieto de esposas de outros homens. Suas fraquezas e absurdos deram aos oponentes ampla munição para zombaria: duelos ridículos, processos judiciais intermináveis, humilhações frente aos Laffittes e ao rei para pagar suas dívidas de jogo. "*The Weathervane*", uma canção satírica de 1815, insultou Constant por girar em torno de suas atitudes com Napoleão, primeiro inimigo, depois aliado, depois inimigo novamente na derrota final do imperador francês em Waterloo. No final de 1830, Luís Filipe, o "rei cidadão" da França na Monarquia de Julho (1830-48), nomeou o moribundo Constant ao Conselho de Estado em troca de apoio na revolução liberal da França no início daquele ano. Constant, diz a história, aproveitou a oportunidade para sensibilizar o novo rei com uma proposta para pagar suas dívidas de jogo, acrescentando que ele ainda teria que estar entre os primeiros a criticar se o soberano errasse. "Perfeito, perfeito", Luís Filipe murmurou indulgentemente enquanto fez sinal de dinheiro para Constant.

Constant nasceu em Lausanne, na Suíça, em uma família de origem francesa huguenote. Sua mãe morreu logo após seu nascimento. Seu pai, um coronel do serviço holandês, passou grande parte da juventude de Benjamin tentando se livrar da responsabilidade pela morte de um soldado sob seu comando durante uma briga fora de serviço. Se olharmos para seu passado, ele era estranhamente parecido com o oponente silencioso com quem ele frequentemente se via discutindo em suas escritas, outro menino órfão de mãe com um pai fraco, mas afetuoso, que morava perto, em Genebra, e que se transformou em um francês, Jean-Jacques Rousseau. Ambos eram jovens inteligentes, ambos protestantes de fora que adotaram um país católico. Nenhum dos dois era convencionalmente religioso, mas ambos tomaram a fé, em um sentido amplo, como vital para a humanidade e necessária para a sociedade. Ambos transbordavam de erudição sem serem estudiosos, embora, diferentemente do autodidata e polímata Rousseau, Constant tenha tido uma longa educação formal. Em Oxford, ele aprendeu inglês, em Erlangen, a beber e a jogar, e em Edinburgh, uma lição do Iluminismo escocês para prestar muita atenção ao conteúdo humano das ideias morais e ao contexto histórico dos arranjos políticos.

Constant fez dois casamentos de conveniência, mas, possivelmente à procura de uma mãe, teve vários casos com mulheres mais velhas. Uma das primeiras protetoras, *Mme.* de Charrière, compreendia bem seu temperamento. “Assim que ele expressava um sentimento”, disse ela, “significava que estava prestes a desaparecer”. Seu caso mais longo foi com a escritora e ensaísta Germaine de Staël, filha do banqueiro suíço Jacques Necker, que tentou salvar a coroa francesa da falência. Em sua oposição a Napoleão Bonaparte, ela era mais firme do que Constant, mas menos liberal em perspectiva e mais superficial em sua compreensão dos tempos.

Ao contrário de Madame de Staël, Constant não tinha dinheiro próprio. Tampouco tinha raízes no *ancien régime* ou complexidades a respeito de sua morte do tipo que o aristocrata normando Tocqueville nunca perdeu totalmente. O serviço como um lacaio menor na sufocante corte de Brunswick aos vinte e poucos anos convenceu Constant de que a autoridade principesca era desigual aos problemas de seu tempo. Ele não ficou surpreso nem desapontado quando, em setembro de 1792, um exército de soldados e voluntários criado para defender a França republicana rejeitou as forças contrarrevolucionárias e desmotivadas do duque de Brunswick em Valmy.

Em momentos de tumulto, Constant se uniu ao lado da ordem conservadora, apenas para se arrepender logo depois. Em 1799, agora estabelecido em Paris, apoiou Bonaparte e ingressou no Tribunato, a ninharia representativa de um regime autocrático, mas voltou a sair dois anos depois, quando Napoleão aproveitou o limite de mandato do Tribunato e em sua primeira rotação se livrou de seus críticos mais incômodos, incluindo Constant. Passou grande parte dos anos seguintes escrevendo uma concisa história universal da religião, devidamente publicada por sua esposa após sua morte. Em 1814-15, na restauração da monarquia Bourbon, Constant apoiou o renascimento da nobreza, para depois voltar à sua convicção anterior de que não havia lugar para privilégios nobres em um Estado liberal. Ele elaborou uma constituição liberal para Napoleão durante o retorno de 100 dias do ex-imperador na primavera de 1815, embora com poucas ilusões de que Napoleão a cumpriria se derrotasse os inimigos conservadores da França e recuperasse o poder. Durante o Terror Branco contra bonapartistas, republicanos e protestantes que se seguiram à derrota de Napoleão, Constant se manifestou contra os excessos infames. Embora sua saúde tenha desaparecido, ele continuou, na década de 1820, a defender objetivos que davam corpo a seus princípios liberais, objetivos que foram alcançados com segurança na França apenas na Terceira República, após 1870: carreiras abertas a talentos, governo responsável, julgamentos com júri, uma imprensa livre, separação entre Igreja e Estado, tolerância religiosa e escolha de escolas leigas ou religiosas.

Constant acreditava que um novo tipo de sociedade estava surgindo e que estava alterando a política para sempre. Trazia por si só os benefícios do progresso e, assim, reduzia a necessidade de uma reforma ativa. Estava colocando formas mais antigas de governo popular fora de alcance, assim, enfrentando pessoas com tarefas inéditas, restritivas ao poder indevido. Acima de tudo, esse novo tipo de sociedade foi povoado por um novo tipo de pessoa, de caráter desinibido e mais exigente quanto às suas expectativas. Esse novo tipo de pessoa estava mudando o que se esperava do Estado e da sociedade por meio do respeito cívico.

O novo tipo de pessoa que Constant achava que estava mudando a política era notavelmente parecido com ele mesmo: de caráter flexível, para não ser preso a rótulos, preocupado com seu próprio mundo privado. No anti-herói de seu romance *Adolphe* (1816), Constant criou um espécime extremo, sem raízes, objetivos fixos ou apegos duradouros, mas possuindo um senso de si mesmo afiado e distinto. Como um personagem fictício, Adolphe tirou vida e consciência não apenas de sua própria personalidade, mas da observação perspicaz do mundo ao seu redor. Os interesses agora eram diversos, escreveu Constant, e as pessoas estavam se tornando mais difíceis de classificar ou estereotipar. Pessoas de diferentes países, por exemplo, compartilhavam interesses que poderiam aproximá-las mais de estrangeiros do que de seus compatriotas. O mundo, nessa medida, estava se tornando cosmopolita. As pessoas geralmente odiavam interferências de todos os tipos, especialmente se sentissem que isso as separava injustamente. É verdade que as pessoas sempre odiaram interferência. A diferença agora era que as pessoas estavam mais dispostas a reclamar da interferência, a se posicionar contra os que interferiam e a exigir que a interferência acabasse. Mais pessoas tinham dinheiro. Elas sabiam e liam mais. O poder agora tinha que persuadi-las mais do que intimidá-las ou ameaçá-las. As pessoas podiam e de fato contestavam o poder.

Constant olhava para os bastidores onde um novo personagem exigente esperava, o cidadão comum. Ele estava exortando o Estado e a sociedade a respeitar esse personagem e se abster de se intrometer em seus objetivos de vida e crenças mais profundas. Fez seu argumento menos com base em princípios mais elevados do que com prudência. Defesas especulativas de alto nível de *todas* as pessoas e seus direitos passaram a dominar o pensamento liberal muito mais tarde, depois de 1945. A essa altura, os liberais haviam aceitado, muitas vezes com relutância e depois de muita pressão, que todos desfrutavam dos direitos e privilégios comuns que acompanhavam a personalidade humana. Constant estava dizendo algo menos ambicioso e mais limitado: devido à forma como a sociedade estava mudando, velhas formas de interferência nos interesses e crenças das pessoas estavam deixando de ser práticas ou eficazes.

Sobre o progresso, Constant parecia despreocupado. Na nova sociedade que estava surgindo, podia-se contar com o progresso por várias razões. A menos que haja interferência, os benefícios do progresso provavelmente fluirão fácil e naturalmente. A sociedade não precisava muito de reforma, pois estava se reformando por si só. Os grandes obstáculos ao progresso, na mente de Constant, eram as tentativas de pará-lo ou canalizá-lo em direções escolhidas. Para ter detalhes, a experiência sugeria que o conhecimento humano e a vitalidade intelectual aumentavam a menos que interferências entrassem em seu caminho. As formas dogmáticas de pensamento estavam desaparecendo à medida que as pessoas se afastavam das autoridades em assuntos espirituais e morais. A guerra e suas consequências, o despotismo e a construção do império estavam em desacordo com o espírito comercial da época. As formas de vida destrutivas e opressivas diminuiriam à medida que as pessoas se voltassem para o fazer, o comprar e o vender.

A ideia de que mais comércio poderia encorajar a guerra ou que grande movimento de pessoas e o contato com estrangeiros, longe de criar amizade, poderia provocar paixões hostis, deu a Constant uma pequena pausa. O próximo século e meio faria com que a fé liberal na confiabilidade do progresso parecesse excessiva. Em seu entusiasmo, Constant tendia a falar do progresso como automático e autodirigido. Ao escrever como se a sociedade moderna pudesse agora gerar prosperidade e paz por conta própria, como se agora se pudesse contar com a discordância e a competição para obter resultados frutíferos, ele expressou o que se tornou uma falha liberal: subestimou o quanto as pessoas tinham que fazer para trazer os benefícios do progresso e com que facilidade eles poderiam escapar, a menos que se trabalhasse em prol deles.

Ao pensar em como restringir o poder, Constant também partiu de como a sociedade estava mudando. As sociedades estavam se tornando mais complexas. As pessoas estavam menos em contato direto umas com as outras. As linhas de fornecimento entre compradores e produtores estavam se alongando. O alcance do governo estava se ampliando, mas cada vez para mais distante. Tentar conter tais mudanças era inútil, pensou Constant. A questão era encontrar maneiras adequadas de resistir ao poder no novo contexto. O que certamente não poderia mais restringir o poder era a democracia direta. A vasta sociedade de massa estava colocando esse antigo ideal fora de alcance. Constant estava aqui discutindo com aquele seu oponente interno, Rousseau.

A imagem elaborada por Rousseau de pequenas repúblicas onde os cidadãos tomavam parte pessoal na condução de sua vida comum de certa forma atraía os liberais. Em teoria, uma influência direta nos assuntos com concidadãos era uma defesa atraente contra dominação externa e governo tirânico. Sob o rótulo de "republicano", esse ideal de cidadania ativa entre iguais sem um único poder dominador teve defensores em Maquiavel no século 16, radicais ingleses no século 17 e jeffersonianos na América do final do século 18.

Sua convicção de que a sociedade moderna havia colocado o ideal fora de alcance ficou mais clara em seu ensaio *Liberty Ancient and Modern* (1819). Por liberdade antiga, Constant quis significar a influência direta no governo que todos acreditavam que tinham em uma cidade-estado grega. A liberdade deles, sugeriu, era a liberdade de participar e de não sofrer imposições sem tomar parte. A liberdade moderna, em contraste, era a proteção contra a interferência indesejada do Estado ou da sociedade. Cada tipo de liberdade tinha vantagens e desvantagens: uma influência direta com pouca tolerância pessoal sob a ação das liberdades antigas ou pouca influência direta com muita tolerância sob a ação da liberdade moderna. A democracia representativa repousava sobre uma barganha implícita: os cidadãos renunciavam aos poderes diretos sobre suas vidas; e o Estado os compensava deixando-os em paz. Foi uma boa troca? Aqui, novamente, a política na história de Constant acompanhava a sociedade. As pessoas modernas, dizia ele, queriam mais privacidade do que influência direta na vida pública. Esses eram, agora, fatos da vida social que a política liberal deveria levar em conta. Constant viu riscos, sem ter remédios claros, em muito desengajamento da vida pública, uma ideia que atingiu profundamente um colega liberal que a desenvolveu de forma mais completa – Tocqueville.

Constant não era descontente com relação ao poder. Outra de suas sugestões férteis lançadas para os liberais posteriores explorarem lembrava a velha sabedoria de que o despotismo não tinha datas e vinha sob muitas formas. O poder tirânico, sustentava Constant, assumia várias formas e podia ocorrer em qualquer época. Acreditava que a sociedade poderia melhorar, mas o risco do poder excessivo permaneceria. Em outras palavras, não se podia contar com o progresso para excluir o poder indevido. Constant deixou que um historiador e colega político, François Guizot, construísse sobre seus pensamentos a respeito da questão do poder e tirasse uma lição para os liberais: o trabalho de resistir a ele nunca termina.

As obras de Constant estavam fora de moda no final do século 19. John Stuart Mill, um observador atento da política francesa, admirava-o como defensor da imprensa e um verdadeiro liberal entre os "intrigantes". Em um obituário de jornal em 1830, Mill chamou a morte de Constant de "infortúnio para o mundo". As objeções de Constant à autocracia passaram para os liberais franceses posteriores no Segundo Império economicamente liberal, mas politicamente despótico, como Jules Simon e Edouard Laboulaye, que republicaram as palestras de Constant sobre política. Constant era menos lido na Terceira República, não apenas por causa de seu tom do século 18 e pela falta de atenção à economia, mas porque suas ideias sobre poder indevido, imprensa livre e privacidade pessoal foram amplamente absorvidas pela perspectiva liberal francesa. Quando seus escritos foram reeditados e republicados na década de 1980, ele se juntou a François Guizot, Aléxis de Tocqueville e Mill no cânone moderno dos fundadores liberais.

Nem Constant nem Humboldt eram democratas no sentido eleitoral ou amigos do trabalhador. O liberalismo de Humboldt era o de uma elite que esperava governar sem séria interferência de baixo. Constant se opôs ao privilégio e favoreceu uma sociedade aberta ao talento. Ele achava que as pessoas, eticamente falando, deveriam seguir seu próprio caminho. Ele não acreditava nem na igualdade estrita nas urnas nem na democracia industrial. O mundo de Humboldt e Constant estava mudando de maneiras que não eram totalmente compreendidas. Politicamente, pessoas sem a base de Humboldt ou as conexões de Constant queriam ter voz no governo. Economicamente, a luta de classes havia começado entre patrões e trabalhadores. Os liberais que vieram depois de Humboldt e Constant enfrentaram novas lições. Eles aprenderam que o respeito cívico pelas pessoas pode ter que se aplicar a todos, "quem quer que fossem", de uma forma nova e irrestrita – isto é, democraticamente.

No mesmo mês em que Humboldt morreu, abril de 1835, um julgamento em massa de *canuts*, trabalhadores de seda de Lyon e seus apoiadores começou em Paris. Os trabalhadores haviam ocupado suas fábricas no ano anterior em protesto contra os baixos salários e as más condições de trabalho. O ministro do interior da França, Adolphe Thiers, um liberal, enviou tropas para desalojá-los a pedido dos donos das fábricas. Os trabalhadores que sobreviveram ao massacre foram a julgamento e a maioria foi deportada ou recebeu pesadas penas de prisão. Em sua busca por ordem, o conflito entre capital e trabalho deveria preocupar os liberais pelo resto do século e além. O longevo Thiers seria lembrado na esquerda francesa tanto por Lyon em 1834 quanto como o homem que ordenou a sangrenta supressão da Comuna de Paris de 1871, deixando uma imagem, e não apenas nas mentes francesas, do liberal típico como dado à bondade quando conveniente e à carnificina quando necessário.

ii. Guizot: domando o conflito sem poder arbitrário

Se Thiers era o liberal mais odiado da França do século 19, François Guizot (1787-1874) foi, provavelmente, o mais desprezado. Ele, um professor de história que se tornou político, foi o cérebro da Monarquia de Julho, o interlúdio liberal entre a reação Bourbon e o governo autocrático de Luís Napoleão (1848-1870).

Quando a Monarquia de Julho terminou em desastre, em fevereiro de 1848, Guizot se tornou um bode expiatório por seus fracassos. Sua carreira acabou e sua reputação desapareceu. Embora ele possa ser uma figura fraca para leitores britânicos e americanos, Guizot assume o primeiro lugar na história liberal. Em sua época, estava entre os aclamados liberais da Europa. O jovem Tocqueville participou de suas palestras na Sorbonne, no início da década de 1820, tomando muitas notas. John Stuart Mill escreveu, em 1840, que Guizot "agora está diante do mundo como imensuravelmente o maior homem público vivo". Mill mudou de ideia não muito tempo depois sobre Guizot, o político, desapontado, assim como muitos colegas liberais, com os "baixos truques" e sua conduta não liberal no cargo. Para Mill, Guizot, o historiador e pensador, nunca perdeu a estima, e não é difícil entender o porquê.

Guizot explicou para as mentes liberais a ameaça duradoura do poder descontrolado e a urgência de impedir que qualquer classe, fé ou interesse domine a sociedade. Sua compreensão de ambas as ideias era histórica e dinâmica. O poder era sutil, fluido e sempre retornava em novas formas. A política era sobre encontrar para sempre novos pontos de equilíbrio entre interesses conflitantes. Escreveu contra a origem da Revolução Francesa, que havia dilacerado seu país e grande parte da Europa. Ele entendeu que as sociedades não eram harmoniosas, mas dilaceradas pelo conflito. Ele o captou com a vivacidade de pensadores anteriores, como Bodin e Hobbes, abalados pela discórdia religiosa e pela guerra civil no final do século 16 e início do século 17. Guizot agarrou o conflito com uma força que o jovem Marx admirava e que os liberais mais complacentes mais tarde corriam o risco de perder. A resposta de Guizot ao conflito e à desordem, porém, não era o poder, como fora para Bodin e Hobbes e como logo se tornaria dentro do cânone marxista. O poder para ele era o problema, especialmente quando supremo ou não controlado. Para Guizot, a primeira tarefa da política era restringir o poder.

A convicção abrangente de Guizot era, como ele disse, "a ilegitimidade radical de todo poder absoluto". O governo era mais estável e deixava as pessoas mais sozinhas, pensou Guizot, quando o poder não era mantido em mãos únicas e quando os governantes, sábios ou tolos, tinham que ouvir aqueles que governavam, independentemente da sua vontade. O poder absoluto, por outro lado, estava concentrado e tinha apenas que ouvir a si mesmo. O termo "absoluto" era um legalismo e um termo histórico de arte, mas o que Guizot tinha em mente era familiar o suficiente para todos como despotismo ou tirania. Tal poder descontrolado poderia ser, e muitas vezes era, arbitrário, sem resposta e opressivo. O problema não era o que o poder escolheu fazer, mas o que o poder era capaz de fazer. O poder absoluto poderia, como seus defensores argumentaram, ser esclarecedor, benéfico e benigno. Para os liberais, isso não era o suficiente. O poder absoluto também poderia mudar de ideia quando quisesse. Poderia se tornar prejudicial e maligno. As intenções mudaram. As capacidades duraram. O poder não era confiável.

Para sustentar seus pensamentos sobre as diferenças entre bom governo e tirania, Guizot mergulhou profundamente como historiador no passado da Europa. Ao traçar suas lições sobre as formas primitivas obscuras ou eventualmente míticas de governo representativo nos Conselhos Lombardos e no saxão Witenagemot, Guizot tinha um duplo propósito. Para seus ouvintes franceses, ele estava recomendando a reconciliação em uma nação dividida em apoiadores e oponentes da Revolução Francesa. Como a maioria dos primeiros liberais franceses, ele via o bem na revolução, assim como o mal. Ele apelou de acordo com ambos os lados. Às forças reacionárias, com sua veneração pelo passado, Guizot procurou mostrar que o poder dividido e o governo representativo tinham seu lugar na tradição francesa. Às forças do progresso, ele esperava recuperar a história para uso pelos liberais na causa do governo constitucional e da reforma.

A outra lição de Guizot sobre poder se aplicou amplamente e não se limitou à França. O tempo do historiador nos arquivos confirmou o pensamento de Constant de que o despotismo poderia ocorrer em qualquer época e não assumia nenhuma forma constitucional única. Poderia surgir, como os antigos sabiam, do domínio de um, poucos ou muitos. Classificar governos como monarquias, oligarquias ou democracias era adequado, mas superficial. Cada tipo pode ser tirano se o poder for ilimitado. O que importava para os liberais não era quem ou o que governava, mas como. Aqui, para os liberais determinados a resistir ao poder, havia uma lição essencial. Um poder escondia outro. O trabalho de resistência nunca acabou. Sempre foi um trabalho em processo.

Guizot e outros liberais franceses também tiveram as lições de seu passado recente. A remoção de uma monarquia absoluta não havia acabado com o poder desenfreado. Seguiu-se o poder descontrolado dos jacobinos na "má" revolução, depois de 1792, quando o controle da república passou para Robespierre e as seções revolucionárias de Paris falavam através da Convenção em nome do povo; seguiu-se o poder descontrolado de um forte homem militar, Napoleão Bonaparte, que restaurou a ordem em 1799, primeiro como cônsul, depois cônsul vitalício e logo como imperador; seguiu-se, em sua queda em 1815, a restauração da coroa e o poder desenfreado dos reis Bourbon apoiados pelos conservadores vingativos Ultras. Desde quando era um menino pequeno, Guizot tinha visto tudo.

Ele via a política em seu grande movimento, não em escala pequena e pessoal. Até mesmo aliados disseram que ele vivia em seus pensamentos e não tinha imaginação sobre outras pessoas. A direita desconfiava dele tanto quanto a esquerda o desprezava. Seu rosto pálido olhando para longe de nós no retrato de Paul Delaroche (1837) é nobre, sério e desagradável. O esboço dele, feito por Honoré Daumier (1833), agachado e escuro nas bancadas parlamentares com feições grossas e protuberâncias, tal como um boxeador envelhecido como um *éminence grise*, pode estar mais perto da verdade. Ele não tinha um toque leve, respondendo a piadas de oponentes com "suas zombarias nunca atingirão as alturas do meu desdém". Se ele realmente disse isso ou não, ninguém esqueceu o conselho peremptório aos trabalhadores e radicais exigindo o voto nos mesmos termos que os homens de posses que estavam ligados ao nome de Guizot: "Fique rico pelo trabalho e pela economia!". Uma multidão republicana que irrompeu no palácio real nas Tulherias durante a revolução de 1848 teria ouvido um velho papagaio, sem dúvida treinado por um príncipe conservador, gritando "Abaixo Guizot!".

Como primeiro-ministro, Guizot não viu nada disso chegando. No início de fevereiro, em seu salão noturno, sua confidente, Dorothée Lieven, uma aristocrata russa e reputada espiã czarista, estava conversando ansiosamente com o chefe de polícia de Paris sobre a agitação nas ruas. Ligaram para Guizot para pedir sua opinião. "Ah, não se preocupem", ele disse a eles, "vocês não precisam perder o sono por causa disso". Em poucos dias, um rei desnorteado demitiu Guizot, que fugiu disfarçado de lacaio alemão em uma carruagem para a Inglaterra, um inimigo recente da França cujas instituições supostamente bem equilibradas ele, como muitos liberais continentais, admirava sem entender completamente.

Era o segundo voo da meia-noite de Guizot. O primeiro veio quando Guizot ainda era um garotinho. Em abril de 1794, a guilhotina levou embora seu pai, um advogado calvinista na Provença que havia se aliado aos girondinos, os protoliberais da Revolução Francesa, tentando em vão resistir ao poder da Paris jacobina. A viúva de seu pai fugiu para Genebra em segurança com François, de seis anos, e seu irmão mais novo. Lá, François obteve uma excelente educação poliglota e, após seu retorno à França em 1805, rapidamente ganhou eminência como historiador de novo alcance e ousadia. Guizot se juntou a um influente círculo parisiense de políticos, professores e intelectuais que se opunham igualmente ao despotismo dos Bourbons, jacobinos e Napoleões. Eles foram os primeiros liberais da França, embora comumente chamados de *doutrinários*, um nome zombeteiro colocado em circulação por uma revista satírica pró-bonapartista em Bruxelas, a *Yellow Dwarf*. Quando a França foi derrotada nas mãos da Grã-Bretanha e dos impérios reacionários da Áustria, Prússia e Rússia em 1815, os liberais franceses tiveram que decidir entre dois tipos de despotismo. Com exceções, eles escolheram o mal menor, como o viam, e se juntaram contra Napoleão com o rei Bourbon restaurado: o gordo e amável Luís XVIII.

Em teoria, o rei mantinha um equilíbrio entre os liberais no centro e os Ultras à direita. Na prática, seu regime totalmente reacionário tentou sufocar a mudança. Os governos *Tory* na Grã-Bretanha, no poder desde 1783, mas abalados pelas revoluções americana e francesa, tentaram fazer o mesmo, assim como os príncipes alemães, governantes absolutos em seus quase 40 reinos e principados, restaurados para governar pelas potências vitoriosas da Europa em 1815. A França foi a primeira a rachar. Guizot estava no centro da história. Ele e seus colegas liberais tinham uma visão mais flexível da Revolução do que a dos Bourbons franceses, dos *Tories* britânicos ou dos príncipes alemães. Guizot tinha uma visão mais flexível do que a do conservador anglo-irlandês *Whig*, Edmund Burke, cujas *Reflexões sobre a Revolução na França,* em 1790, enfatizavam os perigos de abandonar o costume estabelecido e desconsiderar a sabedoria da tradição sem compensar adequadamente esses perigos contra os benefícios da mudança ou a sagacidade de seus defensores.

Guizot e seus colegas *doutrinários* não eram republicanos nem democratas. Eles acreditavam no governo representativo por consenso em um sistema restrito, com o direito ao voto sendo baseado na propriedade, e em uma divisão constitucional de poderes com um monarca que reinava, mas não governava. Eles acreditavam no controle dividido, com oposição ao poder e disputa partidária. Eles tinham a política, em outras palavras, como uma competição. Eles não acreditavam que as pessoas em massa fossem capazes de participar desse certame.

Tais visões se refletiram no entendimento *doutrinário* da Revolução Francesa como "boa" até que Robespierre e o Terror a tornaram "ruim". Os liberais argumentaram historicamente contra os Ultras de 1815 a 1830. A sociedade francesa seguira em frente e o *ancien régime* não era restabelecido. A revolução de 1789 trouxe ganhos palpáveis que os liberais desejavam manter. Um Estado de direito uniforme e bem administrado agora favorecia a propriedade privada e o comércio, dois pré-requisitos da ordem social e do progresso econômico. A expansão da propriedade de terra com a venda revolucionária de igrejas e propriedades nobres não havia criado uma democracia de propriedade de 20 milhões, como o historiador liberal Jules Michelet afirmou com entusiasmo em seu *History of the French Revolution* (1847-1854). Havia sido entrincheirado um pilar social da França rural do século 19, o rico "campesinato". A "boa" revolução também havia abraçado os ideais iluministas de tolerância religiosa, liberdades civis e liberdade de expressão, para os quais o antigo regime havia dado passos cautelosos e que os extremos da revolução e da contrarrevolução ignoraram ou jogaram fora. Tal era o entendimento comum da revolução de 1789 que passou dos liberais franceses para os liberais em geral.

Quando, durante o final da década de 1820, os Bourbon Ultras pareciam ameaçar esses ganhos da "boa" revolução, a oposição liberal da França recuperou sua coragem. Em 1830, chegou o momento. Em vez de ouvir, um rei obstinado dissolveu precipitadamente a câmara legislativa. A imprensa liberal, liderada por Thiers do *Le National*, irrompeu em protesto. O povo comum de Paris saiu às ruas e persuadiu as tropas a se confraternizar, um episódio fixado em nossa imaginação e vocabulários pela pintura *A Liberdade guiando o povo*, de Eugène Delacroix. Uma vez que as ruas estavam seguras, Guizot e seus aliados varreram o rei e os Ultras e colocaram no trono um postulante orleanista, Luís Filipe, filho do homem que votou em 1793 pela execução de seu primo, Luís XVI.

Os "gloriosos três dias" da França, em julho de 1830, sacudiram a Grã-Bretanha e a Alemanha. Em novembro, os *Whigs* da oposição da Grã-Bretanha – a coalizão livre de proprietários de terras esclarecidos e radicais da cidade que eventualmente alimentaram o moderno Partido Liberal – assumiram sozinhos o cargo em Westminster pela primeira vez em quase meio século. Em todas as terras alemãs, foram ouvidos apelos para substituir o poder descontrolado de reis e príncipes por regras constitucionais e governo representativo. Uma fase liberal na Europa havia sido aberta, com a França e Guizot na liderança.

Não havia a menor aura de majestade na Monarquia de Julho. Daumier retratou Luís Filipe, que ficou apenas um ano no trono, como um Gargântua inerte, boca de caverna, engolindo subornos em grande quantidade. Guizot, Thiers e outros liberais assumiram os ministérios. Para Karl Marx, formado em Berlim e autor, com seu amigo Friedrich Engels, do *Manifesto Comunista*, os professores *doutrinários* e editores de jornais liberais eram uma fachada para o verdadeiro poder: o dinheiro. Marx escreveu, após a queda do regime em 1848, descrevendo a Monarquia de Julho como "uma sociedade anônima para a exploração da riqueza nacional da França".

A Monarquia de Julho trouxe à França escassez de alimentos, corrupção e repressão. Também trouxe maior liberdade de imprensa, escolas públicas para meninos e prosperidade crescente, mas desigual. A revolução de 1848 interessou a Guizot mais politicamente do que socialmente ou economicamente, esgotando-se quase antes de começar. No verão daquele ano, os radicais foram derrotados. O progresso econômico e a ordem social retornaram, embora não fosse uma ordem liberal. Um segundo Napoleão estabeleceu-se como um déspota eleito. Como fez o chanceler Bismarck mais tarde na Alemanha, nas décadas de 1860 a 1880, o novo Napoleão pressionou os liberais politicamente ao cumprir metas liberais de maneira não liberal.

Inquieto no exílio inglês, Guizot recusou uma oferta de cargo de professor em Oxford e retornou à França em 1849. Tentou, mas não conseguiu entrar novamente no parlamento, como outros liberais haviam conseguido. Ele não apenas carregou a culpa pelo fiasco do colapso da Monarquia de Julho, como também traiu no cargo seus mais altos ideais liberais. Ele havia amordaçado a imprensa e impedido Michelet de dar palestras públicas – como os Ultras haviam parado Guizot na década de 1820. Talvez o mais prejudicial de tudo, Guizot tinha dado aos inimigos da esquerda e da direita motivos para considerá-lo não francês. Eterno protestante devoto que rezava todas as manhãs, ele não era nem anticlerical nem ateu no estilo de um filósofo do século 18 e não via conflito entre a fé cristã e os ideais liberais. O cosmopolita Guizot não se limitou a falar com facilidade as principais línguas europeias. Inimigos o atacaram quando ministro das Relações Exteriores por ser brando com a Grã-Bretanha e zombeteiramente se referiram a ele como "*Lord* Guizot", surdos à sua convicção liberal de que a conciliação com um ex-inimigo na causa do comércio era melhor do que a rivalidade armada. Nunca resistiu à acusação da esquerda republicana e pró-napoleônica de que – ao visitar Luís XVIII em 1815, em Ghent, declaradamente para pleitear uma constituição – ele havia traído segredos militares para os inimigos da França. Começou uma longa aposentadoria, escreveu suas memórias e caiu, politicamente, no esquecimento. Resistir ao governo autoritário de um sedutor segundo Napoleão ficou para uma nova geração de liberais franceses.

Guizot, na verdade, amava a França com paixão e expressou esse amor de uma maneira que gerou lições para liberais posteriores, estrangeiros e franceses. Não negou ligações nacionais ou tentou lavá-las com o princípio universal. Em vez disso, ele esperava encorajar um senso de nação francesa que não se baseasse apenas na glória estrangeira, na exclusão de outros ou na proeza militar. Como ministro da educação em 1833, ele supervisionou as reformas centrais que criaram escolas públicas para meninos em todas as comunas francesas, escolas de treinamento para professores em todos os departamentos e o início de um currículo nacional. Nos bancos ásperos de suas escolas, os meninos franceses começaram a aprender que eram franceses, principalmente aprendendo a falar francês. Em segundo lugar, Guizot criou, em 1830, uma inspetoria para identificar e preservar sítios históricos e monumentos nacionais. A frase não ganhou asas por mais um século e meio, mas ele foi um dos primeiros e mais dedicados defensores do *lieux de mémoire* da França – lugares de memória ou lugares onde as pessoas podiam começar a pensar em si mesmas como compartilhando um passado comum e, portanto, até certo ponto, um presente comum.

O lugar de Guizot no pensamento liberal repousa em suas ideias sobre a resistência ao poder absoluto ou indiviso. Ele lhes deu uma expressão clara na sexta e oitava de suas *Lectures on Representative Government*, proferidas em Paris em 1820-1822. Guizot começou essas palestras quando o governo reacionário do conde Villèle apagou as esperanças de mudança constitucional. Suas palestras foram interrompidas e ele foi demitido do Conselho de Estado. Quando autorizado novamente a dar palestras, em 1828, ele continuou: "Você deve se lembrar de que seis anos atrás nós estávamos dizendo..." e os aplausos soaram.

As tarefas de contenção do poder, argumentou Guizot, fluíam do que se sabia sobre o poder da experiência. O poder ilimitado tendia a se perpetuar. Poucos ou nenhum que afirmassem governar por direito compartilhavam seus poderes. O que quer que se insistisse ao contrário, a soberania não pertencia por direito a ninguém. Ninguém era capaz de seu exercício ilimitado, nem reis nem cidadãos. "A soberania não pertence como direito a ninguém", escreveu ele, "uma vez que a apreensão perfeita e contínua, a aplicação fixa e inviolável da justiça e da razão, não pertencem à nossa natureza imperfeita". O que por acaso desejamos em um determinado momento não sustenta decisões justas ou escolhas adequadas nem individualmente, nem juntos. Guizot estava aqui atacando a fraqueza da esquerda e da direita por acreditar nas palavras finais. Ele estava rejeitando a ideia, valiosa, por exemplo, para Rousseau, de que estávamos no comando de nós mesmos e não podíamos ser revogados. Nenhuma, acreditava Guizot, razão e direito estavam no comando, nem os nossos desejos. Idealmente, os desejos das pessoas seriam coerentes e adequados. Mas as pessoas não eram ideais e a política tinha que trabalhar com as pessoas como elas eram. Ao mesmo tempo, Guizot estava atacando legitimistas que se apegavam à doutrina do direito absoluto dos reis. A própria ideia de soberania como o exercício do poder supremo teve que ser abandonada na visão de Guizot. Os únicos soberanos na política eram a lei, a justiça e a razão. As consequências foram importantes. Todo o exercício do poder tinha que ser compartilhado. Os governos tiveram que ser removíveis nas eleições. A imprensa teve que ser irrestrita e reuniões políticas livremente permitidas.

Para Guizot, esse último requisito era o mais importante. O poder precisava ser questionado, ser perguntado "Por que?" e ser obrigado a dar respostas. Sem escrutínio e crítica, a divisão de poderes e a sanção de eleições intermitentes podem revelar-se controles inadequados do poder, pois a lei poderia sustentar a tirania e os eleitores poderiam eleger déspotas. A ideia de Guizot era que ninguém deveria contar com o poder para seguir as regras por si só. O poder precisava de outra voz. Para ele, ser questionado era tão necessário ao poder responsável quanto ao próprio exercício da razão. O contraste com o poder absoluto era claro. Aqueles com poder absoluto podem achar sábio ou conveniente ouvir aqueles por eles governados ou explicar a eles sua conduta, mas não estavam sob nenhuma obrigação. Se assim o escolher, o poder absoluto pode ser opaco, quando deveria ser transparente; místico, quando deveria ser acessível; irracional, quando era obrigado a dar razões. O resultado prático estava menos em instituições ou leis do que em argumentos contundentes e intermináveis. Guizot pensou em mentalidades primeiro, instituições em segundo. Embora Guizot, o político, tenha desconsiderado sua crença no argumento público quando no cargo, Guizot, o pensador, repetiu incansavelmente que as armas mais afiadas de resistência ao poder eram uma imprensa crítica e reuniões públicas que permitissem um debate ilimitado.

Em suas críticas contra o poder absoluto, vemos claramente a primeira diferença entre os liberais e seus rivais, conservadores e socialistas do século 19 e início do século 20. Para esquematizar, os conservadores reverenciavam o poder tradicional ou estabelecido. A autoridade devia ser obedecida e as ordens seguidas sem questionar. Para a mente conservadora, a própria ideia de poder limitado ou soberania dividida envolvia uma confusão, pois a soberania não era mais nem menos do que o poder supremo de comando sem ter que responder "por quê".

Os socialistas eram diferentes. Como os conservadores, eles reverenciavam o poder absoluto e reconheciam a soberania como poder supremo. Ao contrário dos conservadores, eles localizavam o poder absoluto não na dinastia ou na tradição, mas no povo. A voz do povo era suprema e decisiva. Aqui e nas menções que se seguirem, "socialista" é um termo abrangente para a esquerda antiliberal, incluindo republicanos populistas e jacobinos modernos, bem como seguidores coletivistas de Fourier ou Marx. Qualquer que fosse a linha específica que adotassem, os socialistas não tinham uma boa resposta sobre quem deveria intuir ou canalizar o poder popular. De qualquer modo, os liberais insistiram. Suas queixas generalizaram-se em tempos democráticos para incluir populistas de direita e de esquerda. Para a mente liberal, ninguém que pretendesse intuir a vontade popular ou falar pelo "povo" era digno de confiança.

Como liberal, Guizot discordava sobre poder tanto de conservadores quanto de socialistas. Enquanto os conservadores rejeitavam, ele aceitava o poder do povo, embora entendido de forma sutilmente negativa. Enquanto os socialistas tornavam o poder do povo absoluto e conclusivo, Guizot pensava no poder popular como essencialmente disperso e provisório. As pessoas, em sua visão, não deveriam ter a palavra final, pois ninguém deveria. Ele sabia perfeitamente que era preciso tomar decisões. Em vez disso, ele estava dizendo que a discussão pública sobre decisões nunca deveria parar.

A teoria da soberania popular de Guizot assemelhava-se à de James Madison, o constitucionalista americano, por ser profundamente negativa. A soberania popular para Guizot era, na verdade, a não soberania de qualquer setor, classe, fé ou interesse. Nenhum deve dominar ou ter a última palavra. Ninguém deve pretender falar por todos, assim como nenhuma razão deve encerrar uma discussão pública. Para Guizot, o poder do povo, como a própria razão pública, estava justo no horizonte: ambos deveriam ser visados sem ser atingidos, e ninguém deveria alegar ter nenhum deles ao seu alcance.

Da não soberania de qualquer classe, crença ou interesse foi um passo fácil para pensar na política como uma busca de equilíbrio, como encontrar acordo entre interesses concorrentes ou pelo menos impedir que qualquer um deles prevaleça. Olhando para trás na velhice, Guizot viu a França dilacerada pelo conflito entre, como ele disse, "chapéus e bonés, batinas e paletós" – patrões e trabalhadores, padres e prefeitos – que, no entanto, ele ainda esperava que pudessem ser superados ou equilibrados em uma política do que ele chamava de *juste milieu*, o meio-termo feliz.

A frase pesada de Guizot foi tratada com escárnio pela esquerda e pela direita. No entanto, seus pensamentos sobre uma futura ausência de classes eram paralelos aos de Marx. A história revelou que há muitas facções, muitos conflitos e muitos caminhos para um acordo estável. A França, na história de Guizot, tinha uma coroa fraca que se aliava a cidades contra uma nobreza forte. A coroa da Inglaterra, por outro lado, competiu e perdeu contra uma aliança de cidades e nobres.

Um padrão levou à modernidade liberal através do absolutismo, o outro ao mesmo ponto de chegada através do constitucionalismo. A existência de dois caminhos encorajou o erro de pensar que eles levavam a destinos diferentes. As constituições dependiam do equilíbrio e do acordo, não o contrário. Para ele, o ponto de equilíbrio necessário dependeria das forças envolvidas, que mudam com o tempo. Em sua época, a classe era uma força relevante. Nenhum conflito foi mais premente do que aquele entre os pobres, os ricos e os intermediários. Guizot esperava que um dia uma classe média, nem invejosa nem negligente, pudesse manter o equilíbrio. Com o tempo, poderia tornar-se a principal, talvez a única classe, altura em que a sociedade seria, mais estritamente, sem classes.

Chamar de feliz seria demais, mas ao procurar um "meio" social, Guizot vislumbrou a futura forma da França. Ele não colocou as pessoas em caixas partidárias. Ele achava que a sociedade poderia melhorar à medida que as pessoas se tornassem mais tolerantes e acomodadas. Ele tinha orgulho cosmopolita de uma Europa da qual a França era uma parte brilhante, não dominante. Ele acreditava que a diversidade e a tensão traziam força, não fraqueza. A conquista da Europa, ele acreditava, estava em combinar tradições distintas em uma única civilização: direito romano, interioridade cristã e igualdade germânica.

Por mais esplêndidos que fossem seus ideais liberais, a compreensão de Guizot de seu alcance era totalmente antidemocrática. Depois de 1848, ele foi lembrado como um reacionário menos porque ele era um liberal do que porque ele não era um democrata. O liberalismo sobreviveu nas repúblicas francesas e tornou-se, de forma democrática, a corrente principal da política progressista conhecida como "republicanismo". A "extinção" do liberalismo francês, no final do século 19, foi uma extinção verbal, não real. Até então, o "liberalismo" na França havia assumido um sentido restrito como um nome para uma doutrina alienígena e desumana associada à "identidade inglesa", aos grandes esforços dos donos de fábricas da escola de Manchester e à fantasia lockeana de que ser membro da sociedade envolvia um tipo de escolha.

As atitudes liberais em relação ao conflito criaram um segundo ponto de contraste com seus rivais conservadores e socialistas depois do poder. Para os liberais, o conflito sempre esteve presente. Era incessante e indestrutível. Qualquer que fosse a forma que tomasse, sobre interesses, crenças ou modos de vida, o pensamento era que o conflito deveria ser domado, transformado em competição e tornado frutífero no comércio, na experiência e na discussão. Muito poderia ser feito independentemente de os liberais aceitarem o conflito como saudável e produtivo ou de o temerem como perigoso e destrutivo. Eles fizeram ambos. O conflito, para os liberais, era um fato da vida. A política era sobre como o conflito poderia servir a fins úteis e não separar a sociedade.

Os conservadores tiveram uma visão diferente do conflito. Para eles, a sociedade não estava dividida por natureza. A sociedade estava harmoniosa e unificada na raiz. O mito do conflito de classes, em particular, foi criado por agitadores ressentidos e intelectuais descontentes. A diversidade de opinião não foi o resultado bem-vindo de uma conversa interminável entre iguais de mente aberta, mas a lamentável consequência do fracasso da sabedoria em prevalecer sobre a ignorância entre humanos imperfeitos. Não havia muitos caminhos igualmente interessantes na vida para escolher, mas um caminho, o da virtude e tradição. Os olhos conservadores não eram piores do que os olhos liberais. Os conservadores podiam ver divisões na sociedade. Mas, para eles, essas divisões não eram da essência da sociedade. Na medida em que existiam divisões dentro da sociedade, elas representavam para os conservadores uma queda em desgraça, um lapso na modernidade, uma perda da unidade passada.

A atitude da esquerda socialista em relação ao conflito foi diferente novamente. A esquerda concordou com os liberais que o conflito na sociedade era amplo e profundo, não que fosse infinito ou inevitável. Discordou dos liberais também sobre quantos lados estavam envolvidos. Para os liberais, o conflito envolveu muitos, muitos lados e muitos, muitos assuntos. O assunto do conflito, de certa forma, era ilimitado. Para os socialistas, o conflito envolveu apenas dois lados, ricos e pobres, e um tópico, a desigualdade material. Eles sustentavam que o conflito cessaria uma vez que suas fontes de desigualdade material fossem removidas. Os socialistas discordavam dos conservadores de que a sociedade era harmoniosa até que se interferisse nela tolamente. Eles culparam os liberais por se recusarem a ver onde estavam as raízes de um conflito abrangente. Essas raízes estavam para a mente socialista nas diferenças de interesse material entre classes desiguais, diferenças das quais outros conflitos, notadamente de fé e opinião, invariavelmente se originavam. Remover a desigualdade e a harmonia veio em todos os departamentos da vida. Isso, em resumo bruto, era o sonho socialista de emancipação de um golpe. Embora dividida e desnaturada atualmente, a sociedade, para a esquerda socialista, era, por natureza, harmoniosa. Nisso concordaram com os conservadores, embora não sobre estrutura ou tempo. Para os conservadores, a harmonia estava em um passado hierárquico, para a esquerda socialista em um futuro fraterno.

A sociedade para liberais sempre esteve em conflito. Para os liberais, nunca houve e nunca haveria um tempo de harmonia. A melhor esperança era por um quadro de ordem e estabilidade que fosse flexível o suficiente para o ajuste à medida que as forças em conflito mudavam. Tal quadro seria "artificial" e "feito pelo homem". Não seria nem dado por Deus nem natural, mas dependente de interesses comuns em paz, estabilidade e prosperidade. Dentro dele, conflitos privados poderiam ser negociados, não deixando ninguém com arrependimentos purulentos que pudessem ameaçar interesses comuns.

Com sentimentos de preocupação, os liberais olhavam para o conflito interminável com horror estoico. Em momentos mais calmos, eles acolheram o conflito como tranquilo e energizante, o oposto de harmonia estéril e uniformidade maçante. Em tempos tensos, os liberais retratavam o conflito como terror, tumulto e guerra religiosa. Em tempos tranquilos, eles repensaram o conflito como competição, diversidade e individualidade, acolhendo todos eles. Ao ceder à esperança, os liberais retratavam o conflito como domesticado e produtivo, a arena substituída pelo mercado e pelo fórum. Mais tarde, à medida que a terminologia do liberalismo se cristalizou, os liberais de "mercado" persuadiram-se de que o conflito, suavizado como competição, era um bem puro, apenas para ter que reaprender, repetidamente, que eram necessárias regras de ordem intervencionista e um governo confiável para defendê-los afinal. Da mesma forma, os liberais "sociais" persuadiram a si mesmos de que o conflito aberto era um dano evitável, apenas para terem que reaprender vez após vez que o conflito, sob o disfarce de competição, também poderia ser frutífero e sua ausência, estupidificante. Seja qual for o clima liberal, a tarefa de conter e utilizar o conflito e a tarefa de resistir ao poder nunca acabaram. Para os liberais, ao contrário dos conservadores ou socialistas, não havia fuga da política.

iii. Tocqueville e Schulze-Delitzsch: os poderes modernos da democracia de massa e dos mercados de massa

Guizot experimentou o poder arbitrário da monarquia absoluta, dos jacobinos e do homem forte militar. Uma geração depois, Aléxis de Tocqueville, na França, e Hermann Schulze-Delitzsch, na Alemanha, se preocuparam com novas formas de poder. Tocqueville procurou um contrapeso à pressão da democracia de massas. Schulze-Delitzsch procurou por um meio-termo entre o novo poder do mercado industrial e o peso crescente do estado central. Ambos esperavam uma resposta nas coletividades locais e voluntárias da vida pública tornando-se conhecida como sociedade civil.

Embora ligado à sua classe, Tocqueville era um liberal da esquerda na Monarquia de Julho e foi, brevemente, Ministro das Relações Exteriores na República de 1848-1851. Ele era conhecido em toda a Europa por seus escritos sobre política, elogiado por Mill e considerado o introdutor do termo "individualismo" no debate público na França como algo mais do que um termo antiliberal injurioso. Schulze-Delitzsch foi um dos principais membros do liberal Partido do Progresso e fundador do cooperativismo alemão, um vigoroso movimento de financiamento local e autoajuda que se espalhou e sobreviveu até o século 20, especialmente nas cidades alemãs.

Alexis de Tocqueville (1805-59) viu a disseminação da democracia em termos amplos de mudança ética e cultural, e não simplesmente uma questão de votação. A autoridade em questões de crença e gosto estava desaparecendo, assim como a hierarquia estava desaparecendo socialmente. Todo mundo estava se tornando seu próprio árbitro. Foi o que pareceu para Tocqueville. Ele não achava que a democracia, em seu sentido abrangente, pudesse ser interrompida. A sociedade estava evoluindo e com ela perspectivas e atitudes. Havia custos e benefícios e a grande questão era como lidar com os custos da democracia: um estado moderno dominado e uma cidadania moderna inferiorizada. Ambos estavam conectados na mente de Tocqueville e ambos deveriam resistir. Em sua forma mais lúgubre, seu medo era que a sociedade estivesse se transformando em uma massa atomizada de egos obstinados e egoístas que um Estado intrusivo poderia subornar, especialmente um Estado beneficente. O quadro alarmante de

Tocqueville, retocado para novas condições, enfeitiçou muitos liberais do século 20.

De saúde frágil, Tocqueville vivia irritadiço, trabalhando em rompantes seguidos de colapsos frequentes. A calma superficial dos livros, com seus contrastes equilibrados e garantia tranquila, era uma ilusão. Como seu biógrafo britânico Hugh Brogan o descreveu, Tocqueville era menos um analista de cabeça fria do que um romântico impulsivo, capaz de escrever bem apenas quando seus sentimentos estavam envolvidos. Ele temia e detestava a multidão de Paris, adorava sua mansão familiar degradada na Península de Cotentin e amava a França quase como um jingoísta. Ele considerava a crença religiosa absurda no geral, mas – outro eco de Constant – ele assumiu que uma ou outra fé inquestionável era necessária para servir como adesão ética à sociedade. Tocqueville acreditava que o catolicismo romano era familiar e disponível, por isso atendia bem a esse propósito.

Por mais frio que ele possa parecer, Tocqueville era um homem de apegos. Embora lúcido sobre suas falhas, se orgulhava de pertencer aos picos gêmeos seculares da antiga França, à *noblesse d'épée* de proprietários de terras e à *noblesse de robe* de profissionais. Seu pai veio de uma linhagem de escudeiros normandos reivindicando um ancestral guerreiro que navegou para a Inglaterra em 1066 com Guilherme, o Bastardo, para reivindicar a coroa saxã. Seu bisavô materno era Guillaume de Malesherbes, um leão dos advogados de Paris que defendeu Luís XVI por abandonar seu país durante a Revolução Francesa. O Terror eliminou Malesherbes e vários membros de sua família. O pai de Tocqueville, preso com eles, escapou apenas porque a guilhotina alcançou Robespierre primeiro.

O filho respeitava muitas atitudes de sua família, mas desprezava outras. Seu pai, legitimista, floresceu na restauração Bourbon, mas em sua queda, em 1830, o jovem Alexis, então advogado do governo, enfrentou uma escolha. Autoridades tiveram que prestar juramento ao novo rei orleanista. O cínico Etienne Pasquier, que havia dirigido a polícia de Napoleão em Paris, zombou do juramento como um inofensivo "bilhete para o espetáculo". Em questão de honra, muitos legitimistas, que haviam jurado fidelidade aos Bourbons, recusaram. Tocqueville afligiu-se e fez o juramento. Ainda mais ousado para um homem de seu meio, em 1835, ele se casou com uma inglesa que não era nobre, católica ou rica.

As árias de excelência de Tocqueville e as advertências sobre a mediocridade democrática levaram as pessoas a considerá-lo um esnobe, o tipo de pessoa que olha desdenhosamente para a multidão, mas inseguramente para seus supostos superiores. Tocqueville, ao contrário, era um nobre – isto é, um aristocrata – com um forte senso de *noblesse oblige*. O cargo público, embora não mais um privilégio, ainda era para ele um dever. Um pobre orador e um homem do partido sem esperança, Tocqueville foi eleito deputado no segundo turno em 1839 e sentou-se com a centro-esquerda. Em 1848, ele foi, por pouco tempo, ministro das Relações Exteriores e redator de uma constituição republicana que durou apenas um ano.

Seu *Recollections* (1850) registra sua parte na infeliz segunda república da França (1848-52). Durante os sangrentos dias de junho, Tocqueville, membro da Assembleia Nacional com privilégios parlamentares, foi ver as ruas lutando. Não havia dúvida de qual lado ele estava. As forças da ordem, escreveu Tocqueville, "liberaram a nação da opressão dos trabalhadores de Paris e restauraram sua autopossessão". Outros liberais pensaram de forma diferente. Tocqueville se esqueceu de informar que, em sua excursão, ele aparentemente encontrou um pelotão de soldados que tinham acabado de prender o liberal de esquerda exilado, Alexander Herzen, filho de um nobre russo. Herzen também estava observando os eventos, embora com mais simpatia pela causa do povo. O barão russo radical pediu ao conde francês liberal para interceder. Os detidos estavam desaparecendo, explicou Herzen, e muitos estavam sendo baleados. Tocqueville ouviu educadamente seu pedido de ajuda, mas, como Herzen disse, se recusou a intervir, explicando arrogantemente que um membro do poder legislativo não poderia interferir nos negócios do poder executivo. Os soldados levaram Herzen embora. Ele se libertou várias horas de tensão mais tarde, depois de persuadir um capitão da polícia inteligente e simpático de que não era um agitador estrangeiro.

Um liberal com a visão de Tocqueville tinha mais a temer do que as ruas de Paris. Seus temores de que um déspota moderno pudesse manipular o voto popular se tornaram realidade sob o sobrinho de Bonaparte, Luís Napoleão, presidente a partir de dezembro de 1848. Três anos depois, Napoleão fechou o parlamento, fez-se imperador como seu tio havia feito e armou um plebiscito para fazê-lo parecer legítimo. Embora o Segundo Império prometesse estabilidade e prosperidade à França, o preço do despotismo para Tocqueville era muito alto.

Ao se aposentar da política, ele começou uma História da Revolução Francesa, mas terminou apenas a parte do *ancien régime* antes que a tuberculose o matasse aos 53 anos. Tocqueville esperava mostrar que, sob a antiga monarquia, o Estado francês era centralizado, mas fraco, e que a Revolução o manteve centralizado, mas o tornou forte. Tocqueville viu vantagens e desvantagens. Um Estado centralizado com uma administração eficaz sob um Estado de direito favorecendo a propriedade e o comércio criou uma base estável para o progresso econômico. Tal Estado também limitou o controle direto ou local. Mais seriamente, um Estado centralizado aumentou os riscos de um mau governo, pois um Estado liberal e progressista pode cair em mãos antiliberais.

Em *Democracia na América,* Tocqueville criou uma imagem indelével de algo emergindo rapidamente, mas ainda não totalmente familiar: a sociedade de classe média. Ele fez isso especialmente no segundo volume (1840), ao pensar tanto na França quanto na América. Conforme esboçado por Tocqueville, a sociedade de classe média não tinha uma elite nobre com altos padrões e nem uma classe pobre com necessidades não atendidas. Tal sociedade era provavelmente como a Europa seria em pouco tempo. Os americanos eram competidores uns com os outros em pé de igualdade em um concurso que qualquer um poderia ganhar ou perder. As recompensas eram para a conquista, não para a classificação. Como era um concurso de classe média, as apostas eram estritamente materiais e insaciáveis. Eram materiais porque os competidores estavam interessados em riqueza, não em excelência. Eram insaciáveis porque os competidores não eram pobres: eles já haviam suprido suas necessidades materiais e estavam usando a riqueza como símbolo em uma disputa interminável de superioridade social. Para usar os termos atuais, eles estavam se classificando na curva usando dinheiro como padrão comum. Aqui estava uma mudança inquieta criada nos desejos do coração humano. No espírito competitivo da América comercial, Tocqueville pensou ter vislumbrado uma nova forma de conflito duradouro e multifacetado, embora um entre iguais que, em um conjunto adequadamente flexível de leis básicas, poderia ser contido e tornado pacífico e produtivo como uma ordem autorregulada e sem líder. Disfarçado de descrição social e com um nome enganoso, o livro de Tocqueville foi um exercício de louvor cauteloso à modernidade liberal e suas ideias orientadoras: competição interminável, mas pacífica, limitação de poderes e respeito cívico entre cidadãos quase iguais.

A sociedade liberal de classe média teve desvantagens aos olhos de Tocqueville. Como a voz de todos contava, a opinião majoritária poderia sufocar as minorias. Poderia esmagar a voz sábia solitária ou o forasteiro desprezado, mas digno. Além disso, os governos eleitos pelo princípio da maioria oscilavam entre serem excessivamente fortes e fracos, instáveis e inconsistentes. A votação, por outro lado, foi educativa, Tocqueville consentiu. Também encorajou a participação, embora o voto nacional não tenha sido a forma mais importante para os cidadãos deixarem as preocupações privadas para participarem da vida comum da sociedade. Seguindo outra sugestão de Constant, Tocqueville enfatizou o valor de associações voluntárias, governo local e reuniões municipais do tipo que ele tinha visto ou ouvido falar na Nova Inglaterra. Tocqueville pensou que uma sociedade civil vigorosa poderia atuar como uma fonte de resistência às novas tiranias que ele temia que embrutecessem a maioria e os Estados modernos excessivamente fortes. Juntas, essas tiranias poderiam dar muito do que os liberais também esperam – ordem social e prosperidade –, mas ao custo não liberal de silenciar minorias e sufocar a iniciativa.

Hermann Schulze-Delitzsch (1808-83) compartilhava o tipo de esperança que Tocqueville tinha de um meio-termo entre o Estado e o mercado, mas de maneira mais realista. Ele era um juiz comercial de uma pequena cidade saxã perto de Leipzig. Politicamente, sua longa carreira como liberal alemão foi uma busca pelo equilíbrio entre forças que ainda não estavam preparadas para um compromisso duradouro. Seu sonho era uma arca das águas ascendentes da modernidade. Nem grande nem pequena, com poucos ricos ou pobres, seria um lar ideal para as "classes médias douradas" livres de inveja e piedade, vivendo em igualdade de condições. Sua utopia liberal deveria ter grande influência em seus próprios assuntos, um forte compromisso com a autoajuda cooperativa e uma vida voluntária florescente de clubes, sindicatos e associações.

Essa imagem poderosa e atraente de uma sociedade de vizinhança, nem congelada no passado nem lançada incontrolavelmente no futuro, atraiu os liberais do século 19 em quase toda parte. Em seu *Princípios de Economia Política* (1848), às vezes lembrado erradamente como um manual estritamente de livre mercado, a imagem de Mill de uma sociedade desejável, que ele explicou no livro seis, é semelhante. Wendell Phillips (1811-84), o abolicionista americano e radical republicano, pensou que certas cidades da Nova Inglaterra haviam chegado perto de tal ideal em sua infância. Como sonhador e homem prático dos negócios, Schulze-Delitzsch se esforçou para realizar essa visão na Alemanha contemporânea. Embora virtualmente esquecido no século 20, Schulze-Delitzsch foi uma grande figura em sua época, principalmente para a esquerda socialista, que o via como um rival perigoso cujas ideias precisavam ser confrontadas e expostas.

Schulze-Delitzsch entendeu que sua sociedade ideal teria que se alimentar e pagar por si mesma. Não tinha como escapar da produção, do trabalho e do comércio. A experiência profissional, as decepções de 1848 e a leitura cuidadosa dos economistas políticos o convenceram da necessidade de encontrar um caminho cívico entre reação e revolução. O reino da Saxônia dobrou sua população desde 1750. Outrora um lugar de fazendas, estava agora entre as regiões de industrialização mais rápida da Europa, importando mais alimentos do que exportando. Talvez metade da força de trabalho trabalhasse em têxteis ou em algo relacionado – luteranos por confissão, saxões divididos mais por classe do que religião. Leis recentes de inspiração no livre mercado flexibilizaram antigas restrições à circulação de mão de obra e à construção de fábricas. Nas disputas comerciais que entraram em seu tribunal, Schulze-Delitzsch viu a situação de artesãos e pequenas empresas sob pressão de novos fabricantes e grandes empresas.

Ele tirou as lições da fracassada revolução alemã de 1848 em termos de "reinos". Politicamente, a revolução foi uma derrota para os liberais alemães da qual não houve uma recuperação precoce. Eles queriam um governo constitucional e representativo em uma Alemanha pacificamente unida, mas não haviam garantido nenhuma dessas coisas. Economicamente, a tarefa era promover a indústria e o comércio. Esse era um trabalho para negócios, não para política. O crescimento econômico não dependia da reforma política. Os liberais ainda tinham trabalho a fazer. Socialmente, podiam moderar o impacto do trabalho fabril e da aglomeração da cidade. Ao aliviar as dificuldades, podiam desviar as demandas da classe trabalhadora por mais voz no governo.

Schulze-Delitzsch leu os socialistas, do utópico de pequena escala Charles Fourier ao utópico de grande escala Karl Marx. Ele leu os livros populares de livre mercado vividamente escritos pelo liberal econômico francês Frédéric Bastiat. Nem uma economia socialista nem uma economia de mercado poderiam funcionar por conta própria, concluiu Schulze-Delitzsch. O capitalismo veio para ficar. Foi benéfico, mas perturbador. Só poderia florescer se formas coletivas pudessem ser encontradas para conter suas energias turbulentas. As soluções coletivas, se pensadas como soluções centrais, estavam fadadas a fazer mais mal do que bem. A eliminação do Estado por Marx, embora anarquista em seu objetivo, sofreu, como todas as soluções centrais, por tentar fazer demais. As soluções poderiam ser coletivas, acreditava Schulze-Delitzsch, sem serem centrais. A resposta estava no mutualismo. Schulze-Delitzsch criou sua primeira cooperativa comercial em 1849. Esquemas de bem-estar voluntário e bancos mútuos que ele inspirou se espalharam rapidamente. No início do século 20, talvez 5 a 6 milhões de alemães se beneficiaram direta ou indiretamente de algum tipo de cooperativa.

O mutualismo atingiu muitos liberais como uma rota mais atraente e menos dispendiosa para a paz social do que as alternativas socialistas do sindicalismo e da franquia universal. A esquerda socialista tratou o mutualismo como mais um obstáculo ao avanço da classe trabalhadora. Em toda a Europa, ambos os lados, em 1863, seguiram a disputa pública de Schulze-Delitzsch com o principal socialista da Alemanha, Ferdinand Lassalle. O mutualismo presumia uma sociedade de artesãos e autônomos muito distante dos fatos atuais. Não oferecia ao trabalhador industrial alemão um lar durável. Nem lhes prometeu um voto. Schulze-Delitzsch não era um democrata eleitoral. Em 1862, ele disse a uma plateia da classe trabalhadora que tinha vindo para ouvir sobre o liberalismo e que, em vez de pressionar por um voto, eles deveriam se juntar a uma associação de autoajuda de trabalhadores e melhorar sua condição. Uma vez que pudessem andar com seus próprios pés, os partidos liberais os acolheriam, e se trouxessem dinheiro para o partido, melhor ainda. Guizot não poderia ter dito isso com menos delicadeza. O que atraiu os mutualistas afastou os socialistas. Um dos primeiros protegidos de Schulze-Delitzsch foi um fabricante de botões de Leipzig, August Bebel. Com o tempo, o mutualismo lhe pareceu mais esquiva do que ideal. Em 1863, ele estava entre os fundadores do partido que se transformou nos social-democratas alemães. Os liberais tinham um desafiante para a tocha do progresso.

Logo o bem-estar do Estado bismarckiano estava ultrapassando a visão paternal de Schulze-Delitzsch como meio de desviar as demandas políticas da classe trabalhadora. Um alto relevo em um monumento de 1899 a Schulze-Delitzsch, de Hans Arnoldt, no distrito de Mitte, em Berlim, mostra o robusto reformador liberal como um guardião benigno e sólido, inclinando-se sobre um artesão agradecido em um banco, como se quisesse erguê-lo. Ele era, então, uma figura datada. Os negócios e as finanças estavam superando as capacidades de sua arca cooperativa. Uma cultura mais democrática era impaciente com o paternalismo.

Sua visão de uma sociedade liberal equilibrada, mas localizada, ganhou atenção fora da Alemanha. Mill instou um colega liberal britânico, o economista e mais tarde ministro Henry Fawcett, a tomar nota do cooperativismo alemão, embora Mill fosse cauteloso sobre suas perspectivas como uma resposta geral para domar o conflito industrial. O economista francês Léon Walras elogiou o cooperativismo, mas duvidou se o mesmo poderia atender à escala de atividade necessária em uma sociedade moderna. Olhando para trás em seu *History of Economic Doctrines* (1909), o campeão francês do cooperativismo, Charles Gide, elogiou o "progresso magnífico" de Schulze-Delitzsch, mas julgou que seu movimento havia ajudado principalmente "o pequeno lojista, o artesão abastado e o proprietário camponês".

O ideal mais amplo do capitalismo de Schulze-Delitzsch temperado pela atenção às necessidades da sociedade viveu no vernáculo liberal do mercado social que sustentou o sucesso da Europa pós-1945, embora despido de localismo. O outro elemento de sua visão de progresso intermediário, o voluntarismo, também sobreviveu. A adesão tornou-se um elemento forte na política alemã do final do século 19, tanto para a ação local quanto para influenciar o poder no centro. Ministérios, estados-maiores e parlamento não foram os únicos atores na vida pública alemã. Os alemães eram muito participativos. Havia ligas, sindicatos, federações, associações, *lobbies*, grupos de interesse e irmandades de todos os tipos: vocacional, confessional, profissional, conservadora, liberal, de esquerda, pró-marinha e antimilitar. Sobre a unificação alemã, as leis sobre associações formaram uma confusão de permissão e controle. O sistema de Bismarck encorajou grupos de interesse em todo o país, mas desencorajou os partidos nacionais. Depois de 1899, as leis foram harmonizadas e flexibilizadas, permitindo que ambos operassem mais livremente. Para a crescente mas diversificada classe média da Alemanha – e cada vez mais para as classes trabalhadoras –, a vida associativa era parte *hobby*, parte dever, parte mania. Parte disso foi por uma questão sociável, alguns para ganhar favores do governo, outros para administrar o governo. Associação local e partidos nacionais influenciaram tanto quanto competiram entre si.

Os experimentos de Schulze-Delitzsch com o cooperativismo e os pensamentos de Tocqueville sobre as ameaças do Estado e da sociedade de massa sugeriram os pontos fortes e os limites dos "caminhos do meio" liberais. O medo de que as associações voluntárias e a sociedade civil estavam sob ameaça tornou-se uma preocupação liberal, mais forte às vezes, amenizada em outras, mas nunca totalmente dominada. Uma maneira mais equilibrada de os liberais assumirem as esperanças de Tocqueville para a sociedade civil e a promoção do cooperativismo de Schulze-Delitzsch em meio à sociedade de massas era ver que nem o voluntarismo nem o localismo eram um fim em si sós. Os Estados fizeram bem alguns trabalhos. Órgãos voluntários fizeram bem alguns trabalhos. Empresas privadas fizeram bem alguns trabalhos. Não se deveria cogitar que nenhum deles pudesse fazer um bom trabalho permanentemente. Nenhum deles tinha uma licença permanente para o desempenho exclusivo de qualquer tarefa. As descrições de trabalho mudavam com as circunstâncias. O truque era saber qual dos três provavelmente se sairia bem em uma tarefa por tempo suficiente para evitar a necessidade de interferência incessante dos outros dois, mas não o suficiente para impedir o fracasso. Da mesma forma, políticas e soluções centrais foram boas para certos propósitos em certos momentos, soluções e políticas locais para outros em outros momentos.

Na agitação contínua do capitalismo liberal, ficou cada vez mais claro que as instituições da sociedade – Estado, mercado ou civil – e as instâncias de governo e comércio – central ou local – eram, em certo sentido, secundárias. Eram ferramentas sujeitas a aperfeiçoamento técnico, deterioração e reparo. O que não mudou e o que importava para os liberais era avaliar quais arranjos em qualquer período serviam melhor aos ideais liberais de conter poderes de monopólio, promover o aperfeiçoamento humano e mostrar o devido respeito às pessoas.

iv. Chadwick e Cobden: governos e mercados como motores do progresso social

Os primeiros liberais compartilhavam as esperanças de progresso de seus antepassados imediatos do século 18. Havia algo chamado sociedade, acreditavam os liberais. Era inteligível e, uma vez entendida, estava aberta a melhorias. Alguns liberais encontraram força reformadora no zelo cristão, outros na razão iluminista, muitos em ambos. Alguns talvez estivessem simplesmente se adaptando às circunstâncias, colocando um rosto proposital no fato bruto da mudança incessante. O que quer que os tenha impulsionado, os liberais mantiveram a fé no progresso. Eles o viam em termos econômicos e sociais, mas também em termos de capacidades e caráter humanos. Os liberais queriam melhorar a sociedade. Eles queriam, ainda mais, melhorar as pessoas. A reforma progressiva, portanto, teve correntes distinguíveis: reforma da sociedade e reforma de si mesmo. Elas eram difíceis de separar na mente liberal do século 19, mas não eram a mesma tarefa. Ambas merecem exame.

Porém, vale a pena dar um passo atrás para notar, com a reforma progressista, um terceiro ponto de contraste entre os liberais do século 19 e seus rivais conservadores e socialistas, já tendo visto aqueles que têm a ver com poder e com conflito. Os conservadores não acreditavam no progresso. Eles achavam que o espaço para o aperfeiçoamento humano genuíno era pequeno ou ilusório. A reforma social foi, na melhor das hipóteses, uma indulgência tática, e, na pior, uma interferência descuidada em padrões sociais enraizados cujo escopo de mudança era pequeno. As esperanças de melhorar o caráter das pessoas eram igualmente fracas. Os seres humanos eram muito bem o que eram e a média era baixa. Excelência para os conservadores era uma noção absoluta, não relativa. A melhoria social, se viesse, era menos avançada do que recuperar o terreno perdido, uma questão menos de reforma do que de reparação. Os conservadores não eram moralmente cegos ou sem coração. Em sua sensibilidade às injustiças locais e indignações particulares, muitos conservadores alegaram com alguma justiça ser mais modestos, e tão mais bem sucedidos, doutores dos males humanos do que eram os apóstolos liberais da reforma excessivamente ambiciosa.

Os socialistas tiveram uma visão mais brilhante das perspectivas humanas. Eles acreditavam, junto com os liberais, na melhoria social, mas pensavam nisso de forma diferente. O progresso para os socialistas exigia um salto para uma irmandade de iguais; nada menos que isso contaria como uma melhoria genuína. Os socialistas acreditavam na criação de uma nova sociedade, os liberais na melhoria gradual de uma sociedade existente. Os socialistas eram progressistas da transformação. Os liberais eram progressistas da reforma. A crença compartilhada no progresso tornou os liberais e os socialistas potentes aliados, embora a suspeita compartilhada do poder popular na democracia tenha tornado os liberais igualmente potenciais aliados dos conservadores.

Os liberais tinham amplo espaço para discordar entre si sobre a reforma social. Para simplificar, um par de guias espirituais dominava os pensamentos dos reformadores liberais do século 19 e eles nem sempre davam os mesmos conselhos. Um era o interesse público, o outro era o livre mercado. Uma poderosa teoria do primeiro foi o utilitarismo de Jeremy Bentham, e do segundo, a economia política de Adam Smith. Bentham havia questionado se qualquer lei ou arranjo social consuetudinário tinha promovido o maior bem ao maior número de pessoas; Smith havia ensinado que os mercados eram mais produtivos quando deixados por conta própria. A mensagem reformadora para o governo do utilitarismo era a interferência e o controle a serviço de melhorar a sociedade. A mensagem reformadora para o governo da economia política era a não interferência e a remoção de controles a serviço da propagação da prosperidade, maior liberdade para os produtores e maior escolha para os compradores. Esperava-se que as mensagens tivessem convergido. A prosperidade mais ampla, objetivo da economia política, contribuiu para o bem comum. Uma sociedade melhor, o objetivo dos utilitaristas, incluía maior liberdade e mais escolhas. Pelo menos assim parecia, mas as mensagens comumente conflitavam na prática. Conciliar as mensagens do interesse comum e do livre mercado tem ocupado as mentes liberais praticamente desde então.

Um bom exemplo britânico antigo do contraste existe nas vidas e carreiras de Edwin Chadwick (1800-90), um redator benthamita das Leis dos Pobres, de 1834, e representante da reforma vitoriana *top-down* por meio do governo, e de Richard Cobden (1804-65), que liderou a campanha pelo livre comércio na Grã-Bretanha.

Chadwick cresceu no meio benthamita do Radicalismo Filosófico. Seu pai era um jornalista radical, seu avô um pregador Wesleyano.

Educado em particular, ele chamou a atenção de Bentham com um artigo na *Westminster Review* pedindo melhor policiamento e tornou-se seu secretário. Os reformadores *Whigs*, no poder em Westminster desde 1830, estavam criando uma nova cultura administrativa de relatórios, comissões e estatísticas. Eles precisavam de jovens como Chadwick. Em nosso tempo, ele teria sido um tecnocrata ou um *expert* em política. Ele era escrupuloso, trabalhador, impaciente, dogmático e sem um pingo de humor ou diplomacia. Seu medo da desordem era extraordinariamente forte. Ele acreditava que a polícia da cidade era necessária para impedir que o crime urbano se infiltrasse no campo. As crianças em idade escolar, pensou ele, deveriam fazer exercícios militares para prepará-las em caso de incêndio. Ele queria fazer fila nas paradas de transportes para mostrar mais disciplina. Chadwick acreditava que as mulheres proprietárias deveriam ter direito a voto, mas rejeitou as visões mais radicais de Bentham, que incluíam sufrágio universal para todos e limites de mandato para membros do parlamento em uma república pós-monárquica.

Chadwick, no entanto, retratou a sociedade e o governo da mesma forma que Bentham. A sociedade era uma agregação de pessoas que reagiam da mesma forma apenas ao prazer e à dor. Ao fazer malabarismos com incentivos e penalidades, a lei e o governo poderiam gradualmente purgar a sociedade dos maus hábitos e falsas crenças que obstruíam a realização tranquila do maior prazer para o maior número, a compreensão benthamita do bem comum. Após esse trabalho de reforma, o governo pode realmente ficar "quieto". Até lá, o governo precisa interferir com uma ferocidade jamais sonhada. A reputação pessoal de Chadwick como avaliador e intrometido tornou-se tão grande que as pessoas o creditavam como autor de quase todas as reformas. O registro civil obrigatório de nascimentos, casamentos e óbitos, anteriormente uma responsabilidade paroquial, não foi obra de Chadwick. Em um país que estava apenas começando a pensar em si mesmo como uma sociedade em qualquer sentido, as pessoas tomaram o registro como outra de suas reformas centralizadoras e chamaram isso de "ser *Chadwicked*". Conhecido como "ministro prussiano da Inglaterra", ele foi considerado o homem mais impopular do país. Dizia-se que o governo o havia aposentado no início de 1854 porque os colegas não queriam mais trabalhar com ele.

Um homem com cabelos compridos e uma sobrancelha enorme, Chadwick era mais do que um personagem vitoriano. Suas campanhas pelo saneamento urbano fizeram muito para reduzir doenças, economizar dinheiro e prevenir mortes na força de trabalho. Embora os salários reais tenham começado a subir após a década de 1840, eles não foram suficientes para elevar os padrões de vida por conta própria sem uma ação pública do tipo de Chadwick. Sua insistência levou, por exemplo, a uma limitação legal antecipada das horas de trabalho das crianças. Seu medo da desordem tinha um lado neurótico, mas os flagelos que ele combatia eram genuínos. A cólera e o tifo não eram invenções projetivas de uma mente burguesa aterrorizada.

Chadwick exemplificou dois fios condutores na reforma liberal. Eles se repetem sob diferentes disfarces ao longo da história liberal. Um deles foi um conflito entre centralizadores e localizadores. O outro tinha a ver com a moralização da pobreza. Quanto ao primeiro, ele era um centralizador. Com o economista William Nassau Sr., ele elaborou o relatório do governo, em 1834, que levou à substituição do auxílio paroquial por *workhouses* administradas centralizadamente. As novas *workhouses* eram cruéis, mal supervisionadas e administradas corruptamente. Em deferência à teoria não testada, eles substituíram um agrupamento desordenado de ajuda por um sistema rígido sob controle de funcionários remotos fora de contato com as condições locais. Então, os críticos de Chadwick reclamaram. A verdade era mais complicada, nem os sistemas antigos nem os novos eram muito bons. O anterior também era punitivo e aberto a abusos. Frequentemente alterado, seu custo era difícil de controlar, particularmente quando os preços dos alimentos subiram, como durante os longos anos de guerra com a França (1792-1815). Independentemente de a pobreza estar ou não crescendo nos dias de Chadwick, como os historiadores da revolução industrial do século 20 há muito discutiram, políticos e funcionários da época viam com apreensão o pensamento de que os padrões de vida poderiam estar diminuindo. Para uma mente liberal reformadora como a de Chadwick, a pobreza era um problema muito grande para deixar de qualquer maneira para as localidades.

As atitudes centralizadoras de Chadwick ilustram um ponto geral sobre como os liberais voltados para o mercado olhavam para o Estado no século 19. A questão também se aplica na França, na Alemanha e nos Estados Unidos. Essas eram atitudes não para uma coisa, mas para muitas. "O Estado" é um bom termo no pensamento político e em *slogans* políticos. Na prática, os liberais voltados para o mercado enfrentaram não um poder coerente e coercitivo, mas redes mutáveis de autoridades sobrepostas, locais e centrais, consuetudinárias e estatutárias, voluntárias e obrigatórias.

No tempo de Chadwick, o Estado britânico *central* era de fato pequeno e comparativamente bem administrado. Sua mão controladora usou um alto grau de delegação a órgãos voluntários, como escolas, hospitais, orfanatos e sociedades amigáveis, para seguro mútuo. Privados, no início, esses se misturaram com as autoridades locais, que por sua vez foram "coordenadas" pelo uso crescente de estatuto e administração central. A pressão para centralizar veio menos daqueles dois pesadelos dos defensores do livre mercado do século 20, burocratas interessados em aumentar sua influência e pensamento coletivista equivocado, do que de forças legais e econômicas. Primeiro, à medida que as cidades cresciam e se pressionavam nas jurisdições do país, surgiu uma necessidade de julgamento entre as autoridades concorrentes. Segundo, empresas e bancos queriam grandes mercados nacionais. Eles queriam bens públicos, como estradas, canais e ferrovias. Acima de tudo, queriam a uniformidade e a previsibilidade que vinham com padrões comuns e regras nacionais aplicáveis. Práticas locais, medidas discrepantes, julgamentos legais aleatórios e barreiras regionais bloquearam oportunidades comerciais e progresso econômico. O comércio, em suma, queria um mercado único, mas para criar um mercado único foi necessário um Estado centralizador.

Visto de um escritório de negócios em Manchester ou Bristol, criar um mercado único pode muito bem parecer a remoção de barreiras. Era natural apresentar tal criação em termos negativos como a limpeza de obstáculos, uma libertação de qualquer impedimento. Visto das localidades, criar um mercado único comumente parecia mais uma imposição alienígena, como perda de liberdade. Onde quer que você estivesse, tudo estava em movimento. As comunidades humanamente inteligíveis, cuja morte Thomas Carlyle lamentou em *Past and Present* (1843), estavam desaparecendo rapidamente. Desapareceram pontos em torno dos quais as localidades autogeridas poderiam se organizar e se proteger de um tipo que Schulze-Delitzsch ainda esperava na Saxônia. O uso do termo "regulamentação", que surgiu na época de Chadwick, era uma metáfora reveladora, emprestada da engenharia. Implicava uma imagem de nação e mercado tão suave e bem coordenada quanto uma máquina.

Quanto à moralização da pobreza, quando em seu relatório sobre a Lei dos Pobres Chadwick distinguiu os pobres merecedores dos pobres indignos, ele refletiu uma ambivalência que os liberais nunca resolveram. Chadwick argumentou que o padrão de vida na *workhouse* deveria ser "menos elegível", ou seja, mais baixo e menos atraente do que o de um trabalhador remunerado. Caso contrário, a *workhouse* seria uma alternativa melhor ao trabalho honesto. O relatório de Chadwick era claro: "Ao abolir a punição", disse, "nós igualmente abolimos a recompensa". As atitudes liberais em relação à pobreza parecem correr em ciclos de caridade e penalidade, direito e condicionalidade, indulgência e estigma. A distinção entre pobres merecedores e indignos sobreviveu, depois de 1880, entre os "novos liberais" de mentalidade social, como Leonard Hobhouse, mas desapareceu com as reformas de bem-estar de William Beveridge, na década de 1940, quando a ajuda estatal passou a ser vista como um benefício relacionado ao *status* ou ao direito, não à necessidade e à repreensão. Na década de 1970, as atitudes liberais mudaram novamente à medida que os liberais de livre mercado identificaram "a dependência do bem-estar" como talvez não um pecado, mas uma fraqueza ou doença que, por sua vez, precisava da intervenção, correção e cura do Estado. O crescimento da pobreza nas sociedades ricas durante as primeiras décadas do século atual provocou uma contra preocupação entre os liberais, sugerindo outra virada do ciclo. Os liberais mostraram menos prontidão para estigmatizar a pobreza culpando-a nos pobres, mas pouca clareza sobre como a política e o governo deveriam responder.

O pai de Cobden era um fazendeiro de Sussex que saiu para administrar uma loja em Hampshire depois que a fazenda foi à falência. Ele morreu quando Richard era jovem. Ao deixar a escola, aos 15 anos, o garoto trabalhou no armazém de seu tio em Londres e depois montou um negócio próprio de impressão em tecido em Manchester. Suas fortunas subiram e caíram. Cobden, mais interessado em jornalismo e política, passou o negócio para seu irmão. Uma visita aos Estados Unidos, em 1835, foi seu ponto de virada. Em sua viagem à América, quatro anos antes de Tocqueville se preocupar com as pressões deletérias da sociedade de massas, Cobden voltou maravilhado. Ele viu segurança natural, abertura social, terra abundante e uma economia criando riqueza ilimitada. Sua imagem entusiástica da jovem república era para ele o inverso da Grã-Bretanha, guerreira, privilegiada, feudal, agrilhoada. Cobden lançou-se numa vida de campanha contra a velha Grã-Bretanha.

Suas causas formaram um quadrado, de cada lado um dos inimigos do liberalismo os quais enfrentou. Em primeiro, contra a guerra e os gastos militares, inimigos duplos da prosperidade. "O mínimo possível de relacionamento entre os governos, o máximo possível de conexão entre as nações do mundo", escreveu Cobden em 1836. Em segundo, pelo autogoverno local, para acabar com o domínio dos escudeiros do país sobre assuntos da cidade, com o enorme apelo "Incorpore Seu Bairro" em 1837. Terceiro, pelo livre comércio. Acabar com a proteção contra as importações de grãos estrangeiros ocupou-o e a seu colega, John Bright, de 1838 a 1846, quando Robert Peel dividiu os *Tories* concordando em revogar as leis dos grãos. Cobden se tornou um herói popular. Lenços impressos com o rosto dele foram colocados à venda. Em 1860, ele foi festejado nacionalmente como negociador do acordo comercial anglo-francês. Finalmente, a reforma agrária; Cobden acreditava que uma economia próspera não poderia existir sem ampla propriedade de terra. Ele apoiou esquemas de distribuição de terras para quebrar o "poder de posse da terra" da Grã-Bretanha e alcançar sua visão de uma democracia de propriedades.

Por trás de cada um dos inimigos de Cobden havia um único interesse: aristocratas fundiários. Eles persistiram ao invés de negociar, ganhavam com aluguéis urbanos sem trabalhar, mantinham comida barata longe, monopolizavam terras. Cobden, não devemos esquecer, estava travando uma guerra de classes liberal e os aristocratas da terra eram o inimigo. Os liberais foram perfeitamente sinceros ao estabelecer princípios e propostas universais. Eles também queriam ganhar o poder, o que significava tomá-lo daqueles que o detinham. Eles queriam que eles e os deles governassem, e as ideias liberais eram objetos de compromissos de princípios e armas na disputa.

A guerra de classes de Cobden teve sucesso misto. As instituições feudais da Grã-Bretanha, como os liberais militantes gostavam de pensar, travaram uma longa e bem-sucedida retirada do campo de batalha. O livre comércio, por outro lado, tornou-se uma questão de fé oficial e, como portador de alimentos baratos, de devoção popular generalizada. Sobreviveu à virada em direção ao protecionismo durante a década de 1870 na França, na Alemanha e – o mais forte de todos – nos Estados Unidos. A intocabilidade do livre comércio na Grã-Bretanha enfraqueceu à medida que o apoio à preferência do império cresceu na explosão do imperialismo liberal do final do século 19 e cedeu completamente à crise da década de 1930. Tão interessante quanto suas próprias causas, no entanto, foi o legado de Cobden para o debate público.

O gênio de Cobden era dialético. Ele tomou partido e tinha uma posição, mas não argumentou como partidário. Ele argumentou como se fosse para todos, incluindo aristocratas. Para compradores e donas de casa, ele argumentou que as tarifas eram um freio ao consumo que mantinha os preços dos alimentos altos. Para os empresários, ele argumentou que a abertura dos portos britânicos aos grãos europeus aumentaria a demanda continental por manufaturas britânicas. Para os proprietários de terras que cultivam grãos, ele argumentou que a concorrência de fornecedores estrangeiros tornaria os agricultores britânicos mais eficientes, aumentando, assim, o investimento em terras e o valor das propriedades. Cobden estava dizendo, em suma, que todos ganhariam.

Para aqueles que não estavam convencidos, Cobden tinha "armas" em reserva. Para os não economistas, ele argumentou que resistir ao livre comércio era resistir a uma necessidade natural. "Fazer leis para a regulação do comércio", disse ele em 1836, "é tão sábio quanto seria legislar sobre encontrar um nível de água ou matéria que exerça sua força centrípeta". Não foi o conteúdo trabalhista que fixou o valor de mercado de um bem, mas a oferta e a demanda. Ao substituir a teoria da utilidade do valor pela teoria do trabalho de Ricardo, Cobden foi capaz de responder a um dos argumentos mais fortes dos protecionistas: alimentos mais baratos permitiriam que os proprietários pagassem salários mais baixos, o que seria ruim para os trabalhadores e incentivaria a agitação social. Ele explicou que o valor pago a um trabalhador não dependia, como Ricardo pensava, do custo de mantê-lo. A oferta e a demanda por mão de obra fixavam o nível de seu salário. O preço dos alimentos não entrava. Terceiro, para os cristãos – a maioria de seus ouvintes –, Cobden acrescentou que o livre comércio era virtuoso. Em seu discurso inaugural ao parlamento, em 1841, ele argumentou comoventemente que aliviar as dificuldades nas cidades industriais reduzindo as tarifas era uma obrigação para qualquer bom cristão.

Uma proposta que era ao mesmo tempo um benefício para todos, uma necessidade natural e um dever cristão era difícil de resistir. O evangelho do livre comércio na Grã-Bretanha ganhou um apelo amplo e duradouro. O argumento de que "ninguém perde" prontamente se generalizou para outras propostas de livre mercado. Tornou-se uma parte valiosa do arsenal dialético do liberalismo. Rápido, assegurado e apoiado pela experiência, Cobden afiou uma arma recarregável para todos os fins. Sugeriu uma condição ideal de sociedade em que todos eram vencedores ou, pelo menos, como as letras pequenas diziam, havia menos perdedores do que em qualquer pacto social alternativo. Em termos técnicos de sonoridade neutra, esse ideal retornou ao pensamento liberal em muitas formas. Seja na linguagem da época de Cobden ou na linguagem da economia do bem-estar e da teoria dos jogos, "todo mundo ganha" se tornou um porrete para silenciar os perdedores. Encerrou o argumento e preveniu uma questão que se repetia para incomodar a consciência liberal: "O que dizemos aos perdedores?" "Todos ganham" encaixava-se desajeitadamente também com a insistência liberal nas virtudes e benefícios da competição. Se todos fossem vencedores, haveria pouco valor na vitória e escasso custo para a derrota, portanto, na verdade, dificilmente isso seria uma competição.

Com seu temperamento evangélico, Cobden era o João Batista da livre iniciativa. Ele refletiu uma mudança de clima na economia política. Smith estava cautelosamente esperançoso quanto às chances de aumentar a prosperidade. Malthus e, mais cautelosamente, Ricardo haviam assumido a triste visão de que não se podia contar com ela e que a pobreza provavelmente perduraria. Na época de Cobden, a confiança havia voltado. O crescimento econômico, salários mais altos, menos bocas para cada família alimentar e mais investimentos pareciam estar seguindo um ao outro em um ciclo virtuoso.

Embora Cobden tenha criado uma arma para publicitários e dogmáticos, ele não era dogmático. Ele não era um fanático antigoverno e defendeu as escolas públicas, dizendo: "A interferência do governo é tão necessária para a educação quanto sua não interferência é essencial para o comércio". Ele elogiou o absolutismo prussiano como o "melhor governo da Europa" por elevar seus súditos "mental e moralmente". Em minoria entre os liberais britânicos, Cobden apoiou a União na Guerra Civil Americana. Quando as consequências comerciais daquela guerra causaram miséria em Lancashire, Cobden apelou em voz alta à consciência cristã por ajuda pública. Ele argumentou incansavelmente contra as muitas guerras da Grã-Bretanha e apoiou congressos pela paz, embora fosse a favor do uso da força no que veio a ser chamada de intervenção humanitária. A vida eminentemente liberal de Cobden era um aviso para desconfiar de rótulos e tomar cuidado com economistas que, ao contrário de Cobden, alegavam estar argumentando de um ponto de vista neutro.

v. Smiles e Channing: progresso pessoal como autossuficiência ou elevação moral

Por mais difícil que tenha se tornado para os liberais posteriores reimaginarem, quando seus antecessores do século 19 pensaram no progresso humano, eles pensaram em melhorar o caráter humano. Os liberais de meados do século 20 sentiam-se descontentes com algo tão fixo e estereotipado quanto o caráter. Eles se recusavam a interferir nas pessoas para aperfeiçoar algo que as pessoas não possuíam mais. Os liberais dos últimos dias eram tão duvidosos quanto seus antepassados sobre a fibra cultural e moral de seus concidadãos, mas eles enfrentaram essas ansiedades de formas reprimidas e indiretas. Os liberais do século 19 sentiram pouca necessidade de esconder o desejo liberal de ensinar, corrigir e melhorar. Reformar o caráter humano era uma preocupação ardente, por muitas razões.

Alguns se preocupavam com os benefícios que um caráter melhor poderia trazer para a sociedade. Cidadãos autônomos, por exemplo, seriam mais fortes para enfrentar o poder. Os instruídos poderiam ser mais confiáveis com o voto. Pessoas autossuficientes tiravam o peso do apoio dos outros. Pessoas melhores, acima de tudo, causavam menos problemas e permitiam que liberais ansiosos dormissem melhor. Em seu *Autobiography* (1873), Mill baseou suas esperanças ilimitadas de uma transformação progressiva da sociedade em uma "mudança de caráter" tanto "no rebanho inculto que agora compõe as massas trabalhadoras quanto na imensa maioria de seus empregadores".

Outras razões abordam os benefícios que um melhor caráter poderia trazer mais diretamente para as próprias pessoas. Esses podem ser materiais ou morais. A mensagem de autoaperfeiçoamento material era que, por meio de trabalho árduo e bons hábitos, você poderia progredir e se manter financeiramente por conta própria. A mensagem de autoaperfeiçoamento moral focava na elevação do gosto e da consciência. Ensinou que beleza e virtude, em um sentido amplo e mundano, eram os verdadeiros fins da vida e pregavam um evangelho de engajamento social. Samuel Smiles é um defensor britânico exemplar de autoaperfeiçoamento do tipo material. William Ellery Channing, um pregador unitário americano, ilustra o tipo moral de autoaperfeiçoamento.

"A verdadeira liberdade repousa no caráter", escreveu Samuel Smiles (1812-1904), um dos autores mais lidos do século 19 em inglês. Uma das 11 crianças sobreviventes de uma modesta família escocesa de presbiterianos rigorosos, Smiles se levantou e enriqueceu vendendo livros que aconselhavam os outros a fazer o mesmo. "Os maiores trabalhadores surgiram das fileiras", escreveu Smiles em *Self-Help* (1859), o mais conhecido de seus muitos livros. Na época de sua morte, tinha vendido um quarto de milhão de cópias. Hostil ao privilégio e à exclusão, Smiles fez do *Leeds Times*, que ele editou, uma plataforma para causas radicais. Ele apoiou o apelo dos cartistas pelo sufrágio universal masculino, membros pagos do parlamento e sessões parlamentares regulares, embora recuasse do que considerava métodos cartistas violentos. Ele não era socialista, não pregava a solidariedade e nem acreditava que devessem contar com seus companheiros, mas confiar em si mesmos. Foi Smiles quem colocou o neologismo francês "individualismo" na moeda inglesa como um termo de louvor e não, como era até então, um termo pejorativo. Foi, escreveu Smiles, "um forte individualismo que tornou e é o que mantém os ingleses realmente livres".

Smiles pregava um evangelho de trabalho árduo. *Self-Help* elogiou os práticos e realizadores, especialmente engenheiros, cientistas e empreendedores. A falha em seu no evangelho de trabalho árduo não era difícil de detectar. Quase todo mundo trabalhou duro na vida. Poucos eram bem pagos. Muitos ficaram sem a satisfação de um trabalho reconhecido ou que valesse a pena. Poucos conheciam o sucesso no sentido de Smiles. Ganhar era uma questão de sorte e seus prêmios eram prêmios de loteria. Smiles, que desaprovava jogos de azar, viu a dificuldade. Com admirável franqueza, ele adotou a linha dura. Ele pensou que não se podia contar com grandes recompensas e era enganoso prometê-las. Elas eram um bônus imerecido para os poucos sortudos, realmente um bônus altamente improvável. A única recompensa merecida e confiável era o próprio trabalho duro. Smiles foi mais franco do que muitos liberais posteriores que tentaram vender medidas econômicas duras de forma branda no mercado democrático ou defender o pagamento inaceitavelmente alto dos executivos como algo digno ou merecido.

Ao defender as virtudes do trabalho duro por si só, Smiles não mediu esforços para apagar a diferença entre pintar o teto da Sistina, digamos, e esfregar o chão. Shakespeare, afirmou Smiles, preferia dirigir um teatro e manter livros contábeis a escrever boas peças. Como se propósito e talento fossem de pouca importância ao lado de trabalho e aplicação, ele citou com aprovação o julgamento de Beethoven de que Rossini, amante dos prazeres, poderia ter escrito uma grande música se apenas o tivessem açoitado com mais força quando menino. Entre os poetas, Smiles colocava Southey acima de Coleridge porque ele calculou que Southey se dedicava por mais horas. As tentativas distorcidas de Smiles de tratar o trabalho de qualquer tipo como um valor em si, independentemente de qual trabalho produzido, ecoaram a recusa de Bentham em reconhecer a hierarquia nos valores culturais. Também antecipava a abordagem econômica moderna para o trabalho como uma medida neutra de esforço indiferenciado, uma nulidade uniforme para a qual o pagamento em dinheiro era um ganho compensador para todos os fins.

Self-Help é, mesmo assim, um livro notável. As admirações e entusiasmo de Smiles, especialmente por difíceis conquistas técnicas, suavizam seus contornos filisteus. A ideia de ousados vãos de telhado, pontes e linhas férreas trai sua afirmação de que os resultados importam menos do que o trabalho. Smiles lia imensamente e escrevia de forma simples e com boa qualidade. Como editor, ele entendia o ritmo. Sobre negócios e engenharia, escreveu com a experiência de quem havia dirigido uma empresa ferroviária e uma seguradora. Um crente vitoriano no progresso, Smiles estava orgulhoso do que a inteligência e o trabalho duro podiam trazer, para aqueles que os usavam, uma admissão silenciosa adicional de que os resultados também contavam. Ele não estava cego para as falhas de sua época, mas acreditava fortemente que para a maioria das pessoas a vida na Inglaterra era muito melhor do que tinha sido. Em *Thrift* (1875), Smiles contrastou a condição da Inglaterra em seu tempo e um século antes, por volta da época do nascimento de Humboldt, com a qual essa história liberal começou. Ele imaginou aquele mundo do final do século 18 como fétido e carente: sem máquinas a vapor, manufaturas ou carvão, estradas perigosas, aristocratas grosseiros, intermediários corruptos e ordens inferiores imprudentes desviadas por brigas de galos e enforcamentos públicos. "Os 'bons velhos tempos' partiram", escreveu Smiles, "esperamos que nunca mais voltem".

O caráter importava também nos Estados Unidos do século 19, onde era especialmente importante para os liberais. Em termos partidários, os primeiros liberais americanos foram os *Whigs*, que se imaginavam como um movimento de resistência à "tirania" de Andrew Jackson, presidente entre 1829-1937. Socialmente, os *Whigs* emergiram das elites de mentalidade liberal do início da república. Tal como aconteceu com os primeiros liberais da Europa, esses eram homens – e, para começar, com quase nenhuma mulher – para quem a liderança vinha naturalmente. Eles esperavam liderar congregações, dirigir faculdades, administrar negócios e fazer leis. Na década de 1820, no entanto, as qualificações americanas de propriedade para votar estavam desaparecendo rapidamente. Franquias mais amplas estavam lançando líderes como o General Jackson. Para seus inimigos liberais, ele era um valentão com muita popularidade e muito poder que apelava para o tipo errado. Jackson retratou seus opositores *Whigs* como uma elite intrometida defendendo antigos privilégios. Eles responderam que ele era um elitista de primeira geração que defendia novos privilégios. Ambos afirmaram falar em nome do povo, mas eles queriam dizer coisas diferentes com isso. Os *Whigs* queriam melhorar as pessoas para o próprio bem delas. Seus oponentes Jacksonianos queriam tranquilizar as pessoas de que seus objetivos e crenças estavam bem do jeito que estavam.

Culturalmente, a briga de Jacksonianos e *Whigs* era uma disputa entre fronteira e gabinete, *saloon* e salão. Em certo sentido, tratava-se da domesticação de uma sociedade sem raízes. *Whigs* passaram a favorecer a participação das mulheres não apenas na igreja, mas na política. Margaret Fuller, amiga de Emerson e líder do movimento de mulheres em Boston, e Elizabeth Cady Stanton, organizadora do congresso de Seneca Falls pelos direitos das mulheres em 1848, vieram do mesmo meio de ação social protestante liberal. Para os reformadores *Whigs*, o resto da América era marcado por duelos, bebidas, prostituição e tumultos. Na década de 1830, apenas 1 americano em 15 vivia em uma cidade com mais de 8 mil habitantes. Comparadas a Paris ou Londres, as maiores cidades – Nova York, Boston e Filadélfia – eram cidades provincianas sem cultura metropolitana. Como a Alemanha do início do século 19, os Estados

Unidos não tinham um único foco urbano. Ao contrário da Alemanha, não tinham cortes principescas com suas tradições culturais e apenas um punhado de cidades universitárias. Em tal sociedade, reformar o caráter americano significava, antes de tudo, encorajar boas maneiras, moral e civilidade. Na memória popular americana, a reforma do caráter era muitas vezes retratada como uma batalha de lar e mercado contra a selvageria e o isolamento em que os perdedores – o caubói do oeste e o rebelde do sul – tornaram-se heróis míticos.

O principal pregador unitário de seu tempo, William Ellery Channing (1780-1842), foi um excelente representante do protestantismo liberal americano. Ele rejeitou a escuridão do calvinismo rigoroso, pregado anteriormente na Nova Inglaterra, que ensinava sobre um Deus distante, mas vingativo e arbitrário, que deixou o homem sozinho para lidar com sua própria depravação. Channing tinha uma confiança iluminista dinâmica no progresso das pessoas e da sociedade, esperanças democráticas de educação geral e fé na relevância dos evangelhos cristãos. Não havia no relato de Channing nenhuma queda, apenas o homem anterior, nenhum plano divino, apenas a história humana, nenhum pacto do homem com Deus nem contrato social entre os homens, apenas a sociedade na qual todos nascem e onde permanecem.

O próprio Channing nasceu na classe alta de Boston. Um avô havia assinado a Declaração de Independência. Emerson o achou frio pessoalmente, mas elétrico no púlpito. Como humanista cristão, Channing foi pregador, palestrante e educador público. Ele teria se sentido em casa na Alemanha. Como Humboldt, ele defendia o latim e o grego como base de uma educação completa. Ele via a figura de Cristo, assim como os protestantes alemães iluministas, como um exemplo moral com uma mensagem universal, e não mostrava interesse no mecanismo de palco da teologia sobrenatural. Na preleção de que mais se orgulhava, *Self-Culture* (1838), Channing retratou a existência humana como uma espécie de educação adicional em todos os departamentos da vida, durante a qual as pessoas poderiam atender ao crescimento incessante de suas faculdades. Parecia árduo, mas parte do apelo de Channing era fazer com que o autocultivo soasse quase como jardinagem.

Desenvolver o eu não significava para Channing negligenciar a sociedade. A ação cívica era para Channing uma parte vital da autorrealização. Mais um reformador do que um incendiário, sua "fé liberal" era um engajamento em causas sociais em um espírito de tolerância e aceitação, sem punir o zelo moral. Um dos primeiros grupos antiguerra, *Massachusetts Peace Society*, foi fundado na casa de Channing em 1815. O desenvolvimento moral exigia engajamento político. Ele exortou os seus ouvintes a se juntarem às mudanças da época. Channing viveu sua própria mensagem como ativista pela reforma prisional, temperança, direitos das mulheres, educação dos trabalhadores e ajuda aos pobres. Como outros *Whigs*, ele era contra a extensão da influência sulista para o Ocidente e se manifestou contra a anexação do Texas. Embora lento para adotar o abolicionismo absoluto, a partir de 1835, Channing tornou-se uma voz pública de oposição à própria escravidão, para o desconforto dos paroquianos conservadores que desaprovaram a ofensa moral, mas viram, como os sulistas foram rápidos em argumentar, quão proximamente a escravidão do sul e o comércio do norte estavam conectados. Channing organizou a reunião no *Faneuil Hall*, em Boston, em dezembro de 1837, quando o radical Wendell Phillips estabeleceu sua proeminência como orador antiescravista. Uma geração mais jovem do que Channing, Phillips continuou após a Guerra Civil a fazer campanha pela igualdade de direitos para as mulheres e pela democracia econômica. Assim como com Channing, seu engajamento político cresceu suavemente a partir de convicções morais enraizadas em uma fé religiosa moderna. Nosso próximo liberal representa um liberal pós-cristão do século 19 procurando uma nova fé e encontrando-a na ciência.

vi. Spencer: liberalismo confundido com biologia

O longevo Herbert Spencer (1820-1903) merece atenção na história liberal pelas metáforas enganosas, mas sedutoras, que ele costurou no pensamento liberal. Ele tomava a política como história natural e tratou o mercado como o árbitro da justiça social. Começou como um jovem reacionário, colocando máximas do *laissez-faire* em um panfleto de 1843, *The Proper Sphere of Government*. Sua obra mais lembrada, *Social Statics* (1851), continha muitas ideias radicais. Seguiram-se volumosos escritos misturando moral, política e biologia. Com a idade, Spencer voltou a reagir. Suas ideias mais fracas duraram mais, um exemplo contraditório do princípio da "sobrevivência do mais apto", uma frase que Spencer cunhou, mas que muitas vezes é erroneamente atribuída a Darwin. Spencer estava nas bordas do liberalismo, mas ainda era liberal. Ele se transformou em um personagem, como se quisesse mostrar o valor da posse humana que ele mais prezava, a individualidade. Ele enfatizou a natureza multiforme do perigo que, em sua mente, mais ameaçava tal individualidade, ou seja, o poder coercitivo.

"Enquanto os antigos tipos de governo coercitivo estão se dissolvendo", escreveu Spencer em seu *Autobiography* (1904), publicada um ano depois de sua morte, "novos tipos de governo coercitivo estão evoluindo". Sua época estava experimentando "uma escamação social, e a velha casca coercitiva tendo sido descartada, uma nova casca coercitiva está em curso de desenvolvimento". A escamação era a eliminação de uma pele ou uma camada externa de casca, que depois crescia novamente. Spencer estava sugerindo que como o poder de alguns humanos sobre outros é para sempre escamado e renovado, a resistência a ele deve ser sempre vigilante e sem fim.

Spencer era um inventor autodidata, franzino e amador, que procurou patentes para uma vara de pescar telescópica, uma cama de hospital articulada e um "cefalômetro" para medição frenológica. Por vezes indolente e extremamente produtivo, Spencer se interessou pela engenharia civil e trabalhou para companhias ferroviárias no crescimento ferroviário do início da década de 1840. A exposição aos "truques do comércio" o deixou com uma desconfiança de empresários tão cáustica quanto a de Smith. Spencer nos diz que momentos de contentamento olhando para as camadas estratificadas de recortes ferroviários despertaram um interesse pela mudança natural e pela evolução. Em 1848, um tio abastado, que conhecia o editor, ajudou-o a conseguir seu primeiro emprego como subeditor no jornal de livre mercado *Economist*. O editor, James Wilson, disse a ele que o cargo exigia comparecimento diário ao escritório, mas "sem deveres pesados". Em Londres, Spencer caiu facilmente em um círculo de intelectuais progressistas e de mentalidade científica. Quando seu tio lhe deixou um pequeno legado, ele abandonou os rigores do jornalismo semanal para se dedicar à escrita.

Em seu *Autobiography*, Spencer escreve com orgulho que ele havia herdado dos antepassados metodistas de Derbyshire uma aversão à submissão e uma repugnância por todo tipo de autoridade. Semelhanças eram concentradas na rispidez de Spencer: costeletas, olhos vivos e linhas de sorriso profundas rodeando uma boca larga que parecia pronta para fazer uma piada. Ele se recusou a usar roupas formais e, quando em trens, amarrava seus manuscritos a si com metros de barbante grosso. A romancista George Eliot se apaixonou por ele, mas não ele por ela, embora continuassem bons amigos. Certa vez, ela perguntou por que, dado que ele pensava tanto, sua testa não tinha rugas. Spencer disse a ela que era porque nada o intrigava. Quanto ao motivo de ter permanecido solteiro, Spencer disse a um amigo que, quando jovem, não era financeiramente estável o suficiente para sustentar uma esposa e, uma vez estável, era tarde demais. Em 1856, Spencer parece ter sofrido um colapso nervoso completo, cuidando, em seguida, de sua saúde frágil com vegetais, tabaco, opiáceos e compressas de água salgada.

Em *Social Statics* (1851), Spencer imaginou a sociedade à moda benthamita como um aglomerado de unidades humanas independentes e interesseiras. Cada uma dessas unidades, escreveu ele, buscava o prazer e evitava a dor. Os humanos, portanto, compartilhavam um motivo para a cooperação. Spencer chamou sua regra governante de princípio de liberdade igual: "Todo homem tem liberdade para fazer tudo o que quiser, desde que não infrinja a liberdade igual de qualquer outro homem". Em seguida, Spencer adicionou liberdades específicas: não ser intrometido em casa ou interferir no comércio ou no que você diz ou imprime. Os direitos de não interferência se estendiam também a mulheres e crianças, que deveriam ser protegidas da "educação coercitiva" – leis que obrigam os pais a mandar os filhos para a escola. Spencer defendeu o direito à "proscrição voluntária", quando o homem renuncia a "toda conexão com o Estado, incluindo sua proteção". Ele argumentou que todo mundo, mulheres e homens, deveria ter um voto, e que o Estado deveria ter o título de propriedade da terra como monopolista, deixando-a para arrendatários que pudessem usá-la da maneira mais produtiva.

Os escritores clássicos tendiam a tratar o mau governo como uma falha de virtude ou um desequilíbrio de forças sociais. Os pensadores medievais o consideravam como punição divina à maldade humana. Os racionalistas políticos do Iluminismo e os utilitaristas ingleses haviam encorajado as pessoas a pensar no desgoverno como resultado da ignorância corrigível e do erro evitável. Spencer falou de mau governo, como passou a falar de qualquer coisa ruim, como uma espécie de má adaptação: "Todo mal resulta da não adaptação da constituição às condições".

Usando a linguagem da biologia, Spencer juntou a felicidade utilitária, o progresso humano e a inação do governo em uma única história que soava para os incautos como ciência. Ele deu à história um nome irresistivelmente sugestivo, "evolução", que ele colocou em circulação em "*The Development Hypothesis*" (1852). Spencer estava longe de ser o primeiro pensador a igualar "certo" a "natural". Em um *flash* de imaginação, ele viu uma nova maneira de contar uma história muito antiga. Ele deu a uma injunção ética antiga, mas gnômica, um toque moderno, transformando "Siga a natureza!" em "Siga a evolução!"

O rótulo "darwinista social" era falso para Spencer e injusto com Darwin. As improvisações de Spencer sobre biologia basearam-se no trabalho de Jean-Baptiste Lamarck, que, ao contrário de Darwin, acreditava na herança de características adquiridas. Darwin duvidava que consequências morais ou políticas claras pudessem ser extraídas das teorias evolucionistas da mudança natural. Spencer, além disso, tinha uma maneira pseudofactual do século 19 de fazer a distinção do século 18 entre povos civilizados e não civilizados. Sob a supervisão editorial de Spencer, assistentes publicaram volumes de "sociologia descritiva" que dividiam a humanidade com exatidão espúria em raças superiores e inferiores. Muitos liberais da época compartilhavam tais superstições. A especiação da humanidade de Spencer deve ser mantida em mente ao ler suas homilias para "o indivíduo".

Em *Principles of Ethics* (1879-93), Spencer escreveu que todas as formas naturais, incluindo as sociedades e seus ideais morais, evoluíram continuamente sem interrupções. Formas passaram de simples a complexas. As sociedades de caçadores tornaram-se sociedades agrícolas. A guerra abriu caminho para o comércio. Enquanto as sociedades militares eram simples, as sociedades industriais eram complexas. Como a complexidade seguiu a simplicidade na ordem da história e como foi superior mais adiante, Spencer observou que a indústria era melhor que a guerra. O mesmo valia para o caráter humano. As pessoas evoluíram de seres homogêneos em grupos predatórios intercambiáveis para personagens mais individualizados e nitidamente definidos em diversas sociedades. Entre os adultos, Spencer nos diz, "os indivíduos mais bem adaptados às condições de sua existência prosperarão mais" e os "indivíduos menos adaptados... prosperarão menos". Essa era uma "lei que, se não sofrer interferência, implica a sobrevivência do mais apto".

O pensador moral de Cambridge e liberal utilitarista Henry Sidgwick concentrou fogo devastador na história evolutiva da ética de Spencer em um artigo na edição de abertura do jornal filosófico *Mind* em 1876. Ele o seguiu na mesma revista quatro anos depois com um bombardeio pesado ao *Data of Ethics* de Spencer. Para os leitores neutros, Sidgwick deixou o edifício de Spencer sem teto e cambaleante. Primeiro, buscar orientação na ética a partir da "evolução" foi em vão, pois tudo o que a evolução nos disse, escreveu Sidgwick, foi que as normas humanas evoluíram naturalmente, isto é, nenhuma veio com autoridade divina ou sobrenatural. Ainda precisávamos saber qual das muitas normas sobreviventes era a que deveria ser seguida. Todas, em certo sentido, eram antigas. Precisávamos saber qual era a certa. Segundo, o futuro distante também deu pouca ou nenhuma orientação. Dizer "siga a norma mais bem adaptada ao objetivo final da natureza" não fazia sentido. Sem saber o objetivo, não tínhamos nada em que nos mirar. Moralistas mais antigos haviam esboçado uma pessoa ideal contra a qual julgar a conduta e chamaram o ideal de "natural". O ideal natural de Spencer não era uma pessoa imaginária, mas um suposto destino para a parte social da natureza habitada pelo homem, um destino, insistiu Sidgwick, sobre o qual não sabíamos nada.

Outra dificuldade para Sidgwick estava na ética progressiva, da qual a ética evolucionária de Spencer era uma subvariedade. Os proponentes discordavam sobre quais destinos do presente eram melhorias do passado. O filósofo social francês Auguste Comte, por exemplo, aprovava e esperava mais controle social. Spencer, que desaprovava, esperava menos. Como Sidgwick bem colocou, aqueles que fizeram do progresso ético seu critério em ética, geralmente discordavam sobre a "próxima etapa da série". A réplica de Spencer não impressionou Sidgwick. Spencer alegou que a complexidade, que veio depois, era melhor para as pessoas do que a simplicidade, que veio antes, isto é, a complexidade tornava as pessoas mais felizes; mas, objetou Sidgwick, uma marca notável de "complexidade", a divisão do trabalho, contribuiu também para a infelicidade ao substituir habilidade e controle por trabalho monótono, subserviente e repetitivo.

A última ressalva de Sidgwick foi que, ao falar de "mal" como "má-adaptação" e fazer da "adaptabilidade" ou "aptidão" o critério para todos os fins do certo e do errado, Spencer estava nos prometendo nenhum julgamento ou julgamentos errados. Nenhum julgamento se a "inaptidão" se voltasse simplesmente para a banalidade de que, como as coisas são, não precisam ser como deveriam ser; e julgamentos errados sempre que o que era "adequado" ou "adaptado" às circunstâncias atuais fosse visivelmente perverso.

A teoria de Spencer apenas soava darwiniana. Na teoria da seleção natural de Darwin, a mudança evolucionária não tinha propósito. Nem, estritamente falando, tinha direção. "Mais tarde" no darwinismo não significava maior ou melhor, significava simplesmente "mais tarde". A mudança natural era inútil. Em qualquer época, as espécies que existiam, inclusive os humanos, eram, estritamente falando, sobras. Eram espécies que, graças a pequenas vantagens reprodutivas casuais operando por longos períodos de tempo, não morreram. Foi Spencer com seu dom para frases sedutoras que falou, bem antes de Darwin usar tal linguagem, de "sobrevivência" e "competição" como se virtude e intenção estivessem em jogo, não o mecanismo celular. Se Spencer tivesse chamado as espécies posteriores, como os humanos, não de "sobreviventes", mas de "remanescentes", sua união de sobrevivência e sucesso teria soado menos atraente. Tão ferozmente quanto Sidgwick na ética, Thomas Huxley criticou os mal-entendidos de Spencer sobre a evolução e sua tentativa de derivar a política da biologia em sua palestra *Administrative Nihilism* (1871). No entanto, o biologismo no pensamento social ressurgiu e estava a caminho de alcançar a autoridade sacerdotal em certos setores no final do século 20.

A mistura de ética e biologia de Spencer era sedutora. Sua história de justiça oferece um exemplo revelador. A justiça, para Spencer, estava dando ao mérito o que lhe era devido. Sua regra de justiça social era que "o superior terá o bom de sua superioridade; e o inferior, o mal de sua inferioridade". "A superioridade", escreveu ele, "lucra com as recompensas da superioridade". A justiça premiava o mérito. O mérito vinha do que uma pessoa contribuía para a sociedade. As forças de oferta e demanda fixavam o valor de mercado da contribuição social de uma pessoa. Sua contribuição foi fixada por suas capacidades e a natureza as fixou. Spencer havia estabelecido uma ligação suave entre justiça, seleção natural e mercados competitivos, criando assim uma resposta multifacetada às queixas de injustiça no *status quo* social.

"Um salário tão alto não é merecido", você pode dizer. Ou "um baixo salário como esse não é merecido". Não, o spencerianismo poderia responder. A natureza recompensou os fracos e frágeis com inaptidão. Suas capacidades eram menores e produziam menos. A natureza recompensou os inteligentes e fortes com o sucesso. Suas capacidades eram maiores e eles produziam mais. Os mercados recompensavam os improdutivos com baixos salários, os produtivos com altos salários. Como todos receberam seus merecimentos, a justiça foi cumprida. Vencedores imerecidos e perdedores imerecidos – sempre houve muitos de ambos os tipos – foram descartados.

Na velhice e com problemas de saúde, a esperança anterior de Spencer – "O mal tende a desaparecer perpetuamente" – estreitou-se a um conservadorismo defensivo e taciturno. Suas dúvidas sobre os empresários se abrandaram. Ele se juntou ao homeopata Lord Elcho na *Liberty and Property Defense League* (1882). Um exemplo inicial de um *lobby* endinheirado na política democrática, a liga reuniu proprietários de terras, diretores de ferrovias e associações de pagadores de taxas para pressionar por seus interesses contra, como eles os viam, socialistas municipais, conselhos municipais tirânicos e reformadores liberais. Spencer se afastou das heterodoxias da *Social Statics*. Ele agora aceitava que não, as pessoas não eram livres para se tornarem "foras da lei voluntárias", já que ninguém, na prática podia negar a si mesmo a proteção do Estado. Não, a propriedade pública da terra não era certa em princípio nem praticável. Não, as mulheres provavelmente não deveriam votar de uma só vez porque – aqui Spencer recorreu a estereótipos liberais antigos – a natureza animal evolutivamente "inferior" das mulheres prevaleceu sobre seu lado racional "superior" e porque, sendo tímidas e subornáveis, as mulheres tenderiam a votar em figuras despóticas de autoridade.

Esforçando-se como fez para se transformar em um chato reacionário, o patife de Derbyshire em Spencer nunca morreu completamente. Em 1882, Spencer foi homenageado em uma viagem aos Estados Unidos, onde seu anfitrião e patrono lhe deu um jantar "experimental", como ele descreveu, no Delmonico, em Nova York. Ele estava dormindo mal e não gostava de água gelada. Chamado para falar, Spencer disse que os americanos trabalhavam demais. A vida não era para aprender ou trabalhar: ambos eram para a vida. Era necessário um novo ideal, tão diferente do industrialismo quanto o industrialismo era do militarismo anterior. Era, Spencer disse a seus ouvintes assustados, "hora de pregar o evangelho do relaxamento". Não era isso que os admiradores criadores de riqueza de Spencer esperavam ouvir. Spencer ficou menos hostil à religião e até começou a tolerar bebês, uma admissão tardia de um dos aspectos mais básicos da sobrevivência humana.

Em "Reflexões", a seção final de *Autobiography*, ele acrescentou uma qualificação reveladora à sua orgulhosa afirmação de inconformismo familiar. Resistindo aos poderes e autoridades humanos, ele escreveu, presumia que havia uma "norma soberana superior a qualquer regulamentação feita pelo homem". Talvez até seu antissobrenaturalismo estivesse enfraquecendo. Como Sidgwick havia enfatizado, a dificuldade de Spencer era que a biologia restringia o alcance de nossos ideais, mas não nos dizia qual ideal dentro dessa ampla gama de ideais biologicamente possíveis deveríamos seguir. A política de Spencer também estava aberta à objeção de que o liberalismo envolvia mais do que resistir ao poder e desobedecer aos maus governantes. Envolvia criar ordem e não esperar que a natureza criasse ordem por si mesma. Talvez o sistema de aparência científica de Spencer fosse uma fé substituta, criada para preencher uma lacuna em um mundo sem Deus e encontrar um propósito amplo onde não havia nenhum.

vii. J. S. Mill: mantendo as ideias do liberalismo unidas

Ninguém fez mais do que John Stuart Mill (1806-73) para manter unidos os elementos conflitantes do pensamento liberal. Ninguém, desde então, ofereceu uma declaração tão multifacetada ou sincera das pressões conflitantes dentro do credo liberal. Mill conectou-se a muitas tribos liberais, mas não foi capturado por nenhuma delas. Talvez porque sua compreensão das ideias de outras pessoas fosse tão ampla e tão generosa, que muitas vezes foi confundida com concordância. Homens tão diferentes quanto o progressista Comte e o conservador historiador escocês Thomas Carlyle erroneamente tomaram Mill como discípulo. A apropriação unilateral não parou. Defensores do livre mercado e liberais de grandes governos, liberais conservadores e de esquerda, reformadores paternalistas e libertários desinteressados reivindicaram a posse de Mill. Alguns negam que ele fosse um liberal. Outros pensam que Mill, tipicamente para um liberal, evitou escolhas difíceis e nunca decidiu a que campo ele pertencia. Não há uma boa resposta para as pessoas para quem os campos e os rótulos importam mais do que as respostas. Aqui, em vez disso, está um esboço rápido da vida e do pensamento de Mill.

Quando, no final da década de 1860, Mill começou a completar sua *Autobiografia*, ele já era uma figura famosa na Grã-Bretanha e no exterior. Com a ajuda de sua enteada, ele estava respondendo a uma montanha de correspondências semanais enviadas por simpatizantes, pelos que buscavam favores e por críticos de todo o mundo. Sua franqueza era lendária e triunfante. Em um comício eleitoral de 1865, antes de sua breve passagem na Câmara dos Comuns como liberal independente, ele foi perguntado se havia escrito que as ordens inferiores eram, em sua maioria, de mentirosos habituais, embora envergonhados de suas mentiras. Olhando com firmeza para seu questionador, Mill respondeu que sim, e seu público principalmente da classe trabalhadora irrompeu em uma tempestade de aplausos. Sua morte em Avignon, onde viveu aposentado, foi sinalizada na Grã-Bretanha em cartazes nos jornais.

Ele cresceu em um regime feroz de aprendizado desde o momento em que começou a falar, vigiado por um trio de utilitaristas: Jeremy Bentham, Francis Place, um alfaiate radical, e James Mill, seu pai. James Mill era filho de um sapateiro de perto de Dundee, no nordeste da Escócia. Ele chegou a Londres e se casou com uma mulher com dinheiro dos pais dela, que administravam um asilo psiquiátrico em Hoxton, na extremidade de Londres. Ele chamou seu primogênito de John Stuart em homenagem ao patrono escocês em cuja carruagem ele havia viajado para o sul. Mill júnior deveria lembrar que, sob os cuidados de seu pai, ele "nunca foi um menino", mas cresceu na "ausência de amor e presença de medo" sem a proteção de sua mãe. Ela está presente como uma serva fraca e submissa nos primeiros rascunhos, mas totalmente ausente na *Autobiograpia* publicada.

Uma passagem pelo sul da França aos 14 anos e um encontro em um clube de debates em Londres com amigos românticos e conservadores, quase tão inteligentes quanto ele, derreteram um pouco daquela frieza inicial. Seu pai, no entanto, colocou o jovem Mill na causa, organizando os extensos roteiros de Bentham para a imprensa e escrevendo para a reformista radical *Westminster Review*, o terceiro ponto em um triângulo político-literário com a *Whig Edinburgh Review* e a *Tory Quarterly Review*. Seja por excesso de trabalho ou por depressão, seguiu-se um colapso passageiro no "inverno melancólico" de 1826-27, o primeiro de dois divisores de águas na vida de Mill.

Mill registrou seu "estado de nervos monótono" menos em termos médicos do que como uma crise de fé e um ponto de virada intelectual. Bentham e seu pai o criaram com um ideal abrangente. Eles lhe ensinaram o único indicador de certo ou errado, que era até que ponto o que as pessoas fazem ou as leis que seguem acrescentam ou tiram da felicidade humana geral. Aqui estava o ponto principal do utilitarismo: a maior felicidade como um teste primordial para a moral e a sociedade. O apelo da ideia foi eletrizante. Seu desafio às ideias concorrentes de certo e errado foi gritante. O que mais além do bem-estar humano deve guiar nossas vidas, nossas regras morais, nosso senso de justiça? Que outro teste de regras morais ou arranjos políticos poderia servir além de sua "utilidade" – sua contribuição para a felicidade ou bem-estar da humanidade? Não deveres inexplicáveis ou costumes inquestionáveis. Não o bem-estar julgado por guardiões moralistas ou sujeito a padrões exigentes de virtude ou excelência, mas o bem-estar experimentado no "prazer", a busca e a satisfação de nossos objetivos escolhidos, altos e baixos. O jovem Mill aceitara aquele teste com pouca dificuldade. Deu conteúdo e métrica ao ideal liberal de progresso. Deu à aversão liberal à hierarquia e à desconfiança da tradição uma bola de demolição dura como ferro para trabalhar. Ao editar os escritos de Bentham, Mill tinha visto por si mesmo como o Princípio da Maior Felicidade derrubou as justificativas sob leis obstrutivas e costumes inúteis que frustravam e não faziam as pessoas felizes. Assim era o que parecia, mas, uma pergunta terrível o atingiu.

Suponha que seu ideal utilitarista fosse alcançado. Suponha que a maior felicidade fosse alcançada. Isso o faria feliz? A resposta de Mill foi não. Para seu intelecto escrupuloso, as consequências pareciam devastadoras. Se a grande felicidade para muitos não o faria feliz, como se poderia contar com tal conquista para fazer alguém feliz? E se – como Bentham e seu pai supunham – tudo o que poderia ligar qualquer pessoa ao ideal utilitarista de felicidade geral era a confiança de que alcançar o ideal faria aquela pessoa feliz, a percepção de Mill não teria despojado o credo de seu único apelo? Foi-se o laço que deveria unir as pessoas ao ideal de Bentham. Acabou-se o vínculo que deveria prendê-los de fato a qualquer objetivo além de sua própria felicidade – seus próprios interesses imediatos e bem-estar. Uma lacuna que seus professores haviam obscurecido ou encorajado Mill a pensar que não existia havia se aberto entre o pessoal e o político, entre o interesse privado e o público. Mill viu-se puxado entre o progresso liberal e o respeito liberal sem nenhuma maneira de diminuir a tensão. Não seria errado obrigar alguém a buscar o bem da sociedade? Por que, por outro lado, a melhoria progressiva da sociedade deveria se curvar ao capricho privado?

O mundo mental de Mill – o mundo de um reformador liberal – se desfez. Ele começou a tentar reconstruir aquele mundo e com ele a um liberalismo que desse o devido peso à reforma social e ao respeito pelas pessoas. Ele começou a procurar um liberalismo de melhoria social que não se impusesse aos próprios objetivos e crenças das pessoas. Ele começou a buscar um liberalismo de progresso para todos, com proteção para cada um do peso e poder da sociedade de massa. Foi apenas um vislumbre, para começar, mas foi uma ideia que o guiou. Talvez um grande elemento na felicidade humana devesse ser deixado em paz e permitido florescer no sentido de sua própria escolha. Ele levou o resto de sua vida para colocar seu mundo mental em ordem novamente.

O primeiro passo foi marcar o terreno. Em um par de ensaios lúcidos, mas apaixonados, que ainda se leem como se fossem de outrora – *Bentham* (1838) e *Coleridge* (1840) –, Mill imaginou uma grande disputa entre seus professores e seus críticos. De um lado estava o "partido da civilização", isto é, Bentham e os utilitaristas junto com tudo que eles reverenciavam: fatos, racionalidade, sistema, cálculo moral, cálculo frio de benefícios e danos, reforma, intervenção e progresso. Do outro, estava o "partido da independência". Esse era o do poeta-pensador Coleridge e dos conservadores românticos, com tudo que eles reverenciavam: imaginação, intuição, sentimento moral, indignação com erros particulares, costume, tradição, estabilidade. Nenhum dos lados estava totalmente certo nem totalmente errado, pensou Mill. O erro deles foi ignorar um ao outro. Bentham pôde aprender com Coleridge que o certo e o errado não eram tudo o que contava. Imaginação e simpatia, beleza e "sentimento de companheirismo" também importavam. O erro romântico foi colocar a imaginação e a simpatia acima do certo e do errado. O sentimento contava muito na moralidade, mas era a primeira palavra, não a última. O erro de Bentham, como acontece com os moralistas em geral, foi afundar completamente a imaginação e o sentimento de companheirismo.

O objetivo de Mill não era enfraquecer a moralidade, mas fixar seus limites.

Mill se casou com Harriet Taylor, sua companheira de duas décadas, após a morte de seu marido em 1851. Por mais difícil que os escritores posteriores tenham achado aceitar, o longo caso deles, embora escandaloso para os amigos e desgastante para o marido complacente, provavelmente não era sexual. Harriet confidenciou isso em cartas. Carlyle, com seu olho aguçado e sua língua afiada, a apelidou de "platônica". Mill, sempre aberto a reconhecimentos, creditou a Harriet, de mentalidade radical, por empurrá-lo para a esquerda em direção à democracia, ao feminismo e ao sindicalismo. O elogio foi generoso para uma companheira que ele amava. As tendências estavam presentes em Mill desde o início.

Em 1858, veio o segundo divisor de águas da vida de Mill. Em julho, deixou o cargo administrativo que ocupou por trinta e cinco anos. Dada sua produção intelectual, é surpreendente lembrar que ele também tinha um emprego diário na *East India Company*, onde seu pai havia trabalhado. Um dos primeiros exemplos de empresa público-privada, a empresa supervisionou tribunais e aumento de impostos na Índia colonial. À medida que o Império Mongol decaía no século 18, ela preenchia uma lacuna na administração dos estados indianos. A empresa enchera também os bolsos dos acionistas, entre eles Edmund Burke, um pretenso reformador de suas notórias corrupções. Para o pai de Mill (1773-1836), a empresa era, ao contrário, um agente do progresso que se opunha tanto aos ricos proprietários de terras que obstruíam o comércio e a prosperidade quanto às crueldades antigas, como sacrifício de crianças, queima de viúvas e escravidão por dívida.

Mesmo na época do pai de Mill, a posição da *East India Company* estava enfraquecendo. Perdeu seu monopólio comercial em 1813 e a Rebelião Indiana de 1857 acabou com ela. No ano seguinte, o parlamento fechou a empresa e o governo indireto da Índia britânica deu lugar ao governo direto de Westminster no Escritório da Índia. Em certo sentido, a mudança marcou o fim do imperialismo britânico por circunstâncias econômicas e o início do imperialismo britânico pela política liberal. Mill, que havia ascendido a examinador-chefe, se aposentou. Em um *briefing* para seus superiores defendendo a empresa e lamentando seu fim, Mill tentou uma reivindicação do próprio domínio colonial: era uma imposição temporária, para ensinar os indianos a se governarem.

Aqui estava um pensamento milliano para afrouxar a tensão liberal entre reforma social e respeito pelas pessoas: mestres podem ser necessários por um tempo para ensinar autodomínio. Como veremos em breve, Mill pensava algo assim sobre a democracia em casa.

Mais tarde, em 1858, veio um golpe diferente. Enquanto estava no sul da França, em outubro, Harriet contraiu febre e morreu em poucos dias. Aos 52 anos, Mill era viúvo sem emprego. Embora agora estivesse livre para pensar e escrever, ele disse a um amigo que sua "primavera da vida" estava quebrada com a morte de Harriet. Sua filha de 27 anos, Helen Taylor, ocupou rápida e suavemente o lugar de Harriet como redatora de suas cartas, gerente doméstica, secretária de diário e consultora editorial. Com uma perseverança surpreendente e Helen para ajudar, Mill terminou sua obra. Suas três partes estão descritas abaixo, embora fora da ordem de sua publicação.

Em *Utilitarianism* (1861), Mill defendeu e revisou o credo benthamita de seu pai. A objeção mais óbvia ao utilitarismo era a crueza de sua ideia de felicidade como prazer menos dor, onde o prazer era pensado como um alimento básico mensurável, como o açúcar, sem variação significativa de tipo e sabor igual para todos. Mill ampliou essa ideia de felicidade. Primeiro, o caráter humano era variado. Segundo, o prazer está menos em sentir as coisas do que em fazer coisas, isto é, em buscas e atividades. Por último, certos tipos de prazer eram "mais elevados" do que outros. Era melhor ser "um humano insatisfeito do que um porco satisfeito; melhor ser Sócrates insatisfeito do que um tolo satisfeito".

Para a campanha de Mill para reconstruir seu mundo liberal, as lições do *Utilitarism* foram essas. A felicidade era variada e complexa. Cada um de nós teve que persegui-la por si mesmo, à sua maneira. Nessa busca, a educação e a experiência eram vitais, pois sem elas ninguém poderia sequer começar a procurar. Finalmente, a busca importava tanto quanto a chegada, um pensamento romântico de fato. Aqui, Mill soava como se estivesse inclinando-se para uma espécie de rendição à segunda objeção comum ao utilitarismo: ele oferecia a felicidade e fazia da felicidade um indicador da vida, enquanto a felicidade, como a sabedoria e a experiência antigas nos ensinavam, era inalcançável. O jogo de Mill com felicidade, satisfação e necessidade era de fato passível de confusão, mas ele não havia abandonado a fé no progresso e na reforma utilitarista. Com inteligência e vontade, a necessidade poderia ser suprida. "A maioria dos grandes males positivos do mundo são em si removíveis", escreveu ele em uma passagem vibrante. Ele esperava com confiança um tempo em que doenças graves fossem reduzidas e a pobreza "extinta". Com as necessidades satisfeitas, a felicidade também era alcançável, acreditava Mill, desde que as pessoas fossem críticas em seus desejos e a abundância material, uma vez alcançada, fosse reconhecida como abundância, não como uma estação intermediária no caminho para cada vez mais.

A terceira e última objeção ao utilitarismo benthamita foi do próprio Mill. Foi a terrível pergunta no momento de seu colapso. Se a imagem mecânica de Bentham dos humanos como unidades em busca de prazer estava correta, o que nos ligava ao ideal de felicidade geral? O que nos prendia, mais preocupantemente, a quaisquer padrões autoritários de certo e errado, justiça ou moralidade? Sem uma resposta, o utilitarismo parecia, como afirmavam os críticos, uma doutrina de conveniência pura, embora bem-intencionada. Em um capítulo longo e intrincado, "Sobre a conexão entre justiça e utilidade", Mill se esforçou para explicar como, por uma extensão gradual de simpatia e de "sentimento de companheirismo", o interesse próprio poderia crescer em solidariedade com a sociedade.

O argumento foi emaranhado e inconclusivo. Mill estava nos dizendo para sermos mais cuidadosos em questões de justiça ao aplicarmos o critério da maior felicidade? Ou seja, estaria Mill deixando a justiça em subordinação privilegiada ao cálculo dos melhores resultados? Ou ele estava nos dizendo *fiat justitia, ruat caelum* – que a justiça seja feita ainda que os céus caiam? Ele estava dizendo, em outras palavras, que, quando a justiça está em jogo, devemos abandonar completamente o teste utilitarista e dar justiça a uma pessoa – dar o que quer que seja devido –, independentemente da utilidade geral, do bem comum ou mesmo de quaisquer consequências amplas? As duas abordagens levam em direções bem diferentes. Uma olha para trás, para deveres reconhecidos e obrigações aceitas, a outra para a frente, para os resultados esperados. A réplica de Mill de que essas duas abordagens discordantes comumente se juntavam na prática não era nem tranquilizadora em si nem convincente como um guia para reconciliá-las quando elas se chocavam, especialmente em condições novas e desconhecidas –do tipo que a sociedade moderna em constante mudança estava sempre produzindo.

Com *On Liberty* (1859), Mill perseguiu o conflito que preocupava Tocqueville. O conflito estava entre a individualidade, que Humboldt e

Constant valorizavam, e o poder estupidificante da sociedade de massa, que Mill temia por suas pressões de "imitação simiesca" e "piedade intrusiva". Em sua página do título, Mill citou a insistência de Humboldt na "importância essencial e absoluta do desenvolvimento humano em sua mais rica diversidade". Humboldt deixou no ar para quem essa diversidade aberta era boa. Ele quis dizer que ser generalista completo era bom para cada um de nós? Ou que ter uma rica variedade de diversos tipos humanos era bom para a sociedade?

Mill parecia estar dizendo que ambos eram desejáveis. Seja para a sociedade como um todo ou para seus membros um por um, a individualidade e a originalidade deveriam ser valorizadas, não sufocadas pelas forças do conformismo. "Experiências de vida" deveriam ser encorajadas, não proibidas. A única base que a sociedade, o Estado ou a lei tinham para interferência coercitiva nas práticas ou crenças escolhidas pelas pessoas era quando elas ameaçavam prejudicar os outros. Outra questão era por que a individualidade e a originalidade eram boas. Elas eram boas em si? Como utilitarista, Mill parecia comprometido em dizer que apenas a felicidade era boa em si. Talvez, então, a individualidade e a originalidade fossem boas porque negá-las por meio de convenções intolerantes e leis opressivas tornava as pessoas infelizes. Os detalhes e ambiguidades dos argumentos que Mill apresentou para a preciosidade da individualidade não devem obscurecer a força e o alcance da própria afirmação. Em *On Liberty*, Mill estava fazendo mais do que ecoar a ideia de Constant de um reino privado intocável. Ele estava transmitindo aos liberais posteriores uma convicção ética que fortaleceu sua desconfiança do poder e sua insistência no respeito cívico pelas pessoas, fossem elas quem fossem.

Não era apenas que as pessoas diferiam em seus gostos e objetivos. Elas devem ser encorajadas a abraçar e nutrir essas diferenças. As pessoas, sugeriu Mill, não eram como ovelhas, que tinham uma maneira comum de viver. As "fontes de prazer" e até mesmo as "suscetibilidades da dor" das pessoas eram diferentes. Seus objetivos "mais elevados" variavam, e uma sociedade liberal, na visão de Mill, deveria reconhecer essa diversidade. Não estava claro como a promoção da individualidade e da diferença humana por Mill se encaixava na "ciência da natureza humana" que ele esperava em seu *System of Logic* (1843). Ele ainda sustentava que existiam semelhanças entre as pessoas que estavam abertas ao estudo empírico. Em *On Liberty*, ele estava se opondo mais à ideia de que tais semelhanças somavam-se a uma natureza comum do tipo que poderia então ser usada como padrão de natural ou não natural –ou seja, maneiras certas ou erradas de florescer na maturidade. Pensar assim, aos olhos de Mill, era tratar a criação e a educação das pessoas como cuidar de ovelhas ou podar árvores.

Mill foi mais longe e rejeitou qualquer padrão ético que uma pessoa não tivesse de alguma forma adotado para si mesma. Ele argumentava que a escolha de uma pessoa sobre como viver não deveria ser contestada porque não cumpria algum padrão externo de excelência, porque era indigna em si ou porque era desaprovada pela sociedade. A felicidade geral permaneceu para Mill o único padrão ético, mas era uma meta que todos tinham que moldar e encontrar por si mesmos. Se ele estivesse certo e esses dois pensamentos pudessem ser coerentes, as consequências para a sociedade seriam grandes. Mill estava pedindo à sociedade que retirasse as reivindicações de autoridade ética, exceto quando a conduta de uma pessoa ameaçasse prejudicar outra. O princípio do "dano" de Mill possibilitou mostrar onde a autoridade da sociedade deveria parar: "O indivíduo não é responsável perante a sociedade por suas ações na medida em que estas não dizem respeito aos interesses de outra pessoa além de si mesmo".

Seus pensamentos sobre a individualidade tiveram pouco impacto imediato, embora, com o tempo, sua influência na sociedade e no pensamento liberais tenha sido importante. Na época de Mill, o clima ético não era cordial. Conflitos de grupo, de classe e de nação estavam vindo à tona. Entre os progressistas liberais, os *players* que atuavam em grupos eram mais admirados do que os originais. Os agitadores da convenção tendiam a ser modernistas culturais, que eram apoliticamente conservadores ou antiliberais, como Friedrich Nietzsche. Na Grã-Bretanha, a reação mais ruidosa a Mill foi negativa. Uma resposta feroz veio de um colega utilitarista de temperamento antiliberal, James Fitzjames Stephen, o juiz da Bancada da Rainha. Em seu ataque a Mill, *Liberty, Equality, Fraternity* (1873), Stephen aproveitou o círculo aparente no princípio do "dano" de Mill e se preocupou com ele como um cão de caça. "Como o Estado ou o público podem ser competentes para determinar qualquer questão", Stephen rugiu, "se não são competentes para decidir que o vício grosseiro é uma coisa ruim?". Não muito tempo depois, o poeta homossexual preso Oscar Wilde ironizou em *De profundis* (1897) as hipocrisias de uma sociedade supostamente liberal que valorizava a autoconfiança econômica, mas defendia convenções intolerantes. Sua própria ruína, escreveu Wilde, "não veio de um individualismo de vida muito grande, mas de muito pouco individualismo". Wilde estava insinuando que a sociedade liberal tomou a opinião de Stephen sobre a conduta privada, não a de Mill.

Em *On Representative Government* (1861), Mill fez as pazes com a democracia eleitoral. Um novo poder – o povo – deveria ter voz, mesmo que as classes médias fossem monótonas e gananciosas, as classes inferiores mal-informadas e pouco confiáveis. Todos deveriam votar, inclusive as mulheres – excluí-las era tão razoável, escreveu ele, quanto excluir homens ruivos. Porém, acrescentou, cidadãos instruídos com propriedade, que sabem mais dos negócios e têm maior participação na sociedade, deveriam ter mais peso de voto do que as massas sem instrução. A representação proporcional era necessária para trazer as vozes minoritárias ao Parlamento. A legislação era agora muito complexa para deixar para os membros do Parlamento e para as comissões o dever de redigi-la. Os funcionários públicos devem ser profissionalmente competentes e independentes.

Mill estava, aqui, tocando em um ponto sobre o governo do século 19 que os liberais de mercado posteriores acharam fácil ignorar. O governo central, na época de Mill, era pequeno, muitas vezes corrupto, com escassas responsabilidades em tempos de paz e poucos meios para cumpri-las. Para a maioria dos liberais, precisava de modernização e aperfeiçoamento. Nessas últimas recomendações de Mill sobre a escrita e a administração de leis estavam formidáveis novas ferramentas para um rápido aumento dos poderes e capacidades do Estado, como logo seria chamado, principalmente pelos liberais, para travar guerras, administrar um império em crescimento e domar a luta de classes com o bem-estar social. Mill também foi perspicaz ao espionar à distância as fraquezas econômicas que os liberais do século 20 defenderiam contra a democracia: carona, captura de grupos de interesse e ausência de restrições orçamentárias rígidas.

Em 1865, Mill fez um experimento em sua própria vida: entrou para o Parlamento. Ele se recusou a candidatar-se como liberal oficial, mas concordou em fazer campanha como liberal independente, com a condição de que não gastasse nada em sua campanha, não aceitasse subornos e falasse o que pensava, não o que um partido pensasse. Para confusão dos radicais, Mill falou na Câmara por causas conservadoras: por uma defesa forte e pela redução da dívida nacional. Embora tenha argumentado apaixonadamente para evitar o enforcamento de dois fenianos irlandeses que considerava injustamente condenados, ele apoiou a pena de morte. O saldo das intervenções de Mill, porém, foi radical. Ele falou em favor do autogoverno para a Irlanda, confisco de propriedades irlandesas ausentes, asilo para refugiados políticos e direitos das mulheres. Ele queria que o governador Eyre, da Jamaica, que havia punido uma revolta por lá com o enforcamento de mais de 400 pessoas, enfrentasse uma acusação por assassinato. Como Cobden, Mill ficou do lado do Norte na Guerra Civil Americana, incapaz de ver como qualquer liberal poderia estar em dúvida sobre a escravidão. Ele tinha um faro político deficiente. Robert Lowe, um economista liberal e colega de temperamento conservador, definiu um discurso de Mill contra um projeto de compensação agrícola, abordando um ponto sutil sobre custos e preços, como "inteligente demais para esta Câmara". O líder conservador, Benjamin Disraeli, zombando do tom professoral de Mill, chamou-o de "perfeccionista incontrolável". A mente dele, mesmo assim, era do seu tempo. Em suas duas primeiras administrações (1868-74 e 1880-85), Gladstone aprovou um pacote de reformas liberais com um forte selo milliano em cada uma delas: desestabelecimento da Igreja da Inglaterra na Irlanda, reforma agrária irlandesa, leis de propriedade das mulheres casadas, lei da educação e a abolição dos testes religiosos nas universidades.

Após sua tentativa fracassada de reeleição em 1868, ele se retirou para o Sul da França, país pelo qual nutria profunda afeição e cujas tradições liberais admirava. Nesta casa, em Avignon, ele terminou seu ensaio *On the Subjection of Women* (1869) e trabalhou em seus pensamentos sobre o socialismo. Sua simpatia pela emancipação das mulheres era forte, mas caracteristicamente cuidadosa. Durante o debate sobre a reforma eleitoral de 1867, Mill havia proposto, sem sucesso, que a palavra "homem" fosse substituída por "pessoa" – em vigor para conceder o voto às mulheres instruídas com propriedade. Ele discutiu sobre o tópico em seu ensaio de 1869 e argumentou que não havia diferenças naturais de capacidade entre homens e mulheres que afetassem a vida pública e social. O progresso da sociedade sugeria um avanço para uma maior igualdade entre homens e mulheres, trazendo consigo maior felicidade para todos. Casamentos sociáveis eram preferíveis àqueles em que o marido dominava – ele estava pensando, talvez lisonjeiramente, no seu próprio. A exclusão das mulheres da vida pública e profissional reduziu pela metade o conjunto de talentos na sociedade e corrompeu os homens, dando-lhes um *status* artificialmente superior que incentivava o *bullying*.

Mill passou a favorecer os direitos sindicais e tratou o poder do capital sobre o trabalhador como um despotismo que precisava ser moderado pelo poder do Estado. Enquanto observava a intensidade do conflito social, Mill acrescentou detalhes radicais a sucessivas edições da *Economia Política*. Ele abandonou a teoria do "fundo de salário fixo", que afirmava erroneamente que um estoque limitado de dinheiro estava disponível para os salários e que, se os trabalhadores sindicalizados aumentassem seus próprios salários, outros receberiam menos. Ele se opôs a horas extras obrigatórias e foi favorável a impostos sobre terras e heranças, bem como à proposta fracassada de Chadwick de um protótipo de Estado de bem-estar para ajudar os doentes, idosos e necessitados. No final de sua vida, alguns liberais tomaram Mill por um socialista.

Mill estava se tornando um liberal de esquerda do tipo que desempenha um grande papel na próxima parte, quando o liberalismo na Europa e nos Estados Unidos toma um rumo mais ativo e intervencionista. Mill compartilhava muitos dos objetivos mais estreitos dos socialistas sobre moderar a força do capital, mas sem sua conversa sonhadora de fraternidade ou submissão ao poder coletivo, como seu biógrafo Michael St. John Packe bem expressou. Ao mesmo tempo, ele nunca abandonou suas crenças na necessidade da propriedade privada ou nos benefícios do livre mercado como o melhor motor de prosperidade e provedor de progresso social que ele havia explicitado na *Economia Política*.

Em seu quinto livro, ele apresentou argumentos duradouros sobre por que o *laissez-faire* ou a não intervenção deveria ser a prática geral do Estado e do governo. Ele não viu nenhuma razão para retraí-los em edições posteriores e eles serviram à causa do liberalismo econômico desde então, cada um focado em consequências ruins. Eles eram, por sua vez, o *argumento da atrofia*: interferir nas pessoas e restringi-las atrofiava suas faculdades; o *argumento do risco de abuso*: qualquer extensão de poderes somava à probabilidade de abusos de poder; o *argumento de sobrecarga*: adicionar responsabilidades sobrecarregava ainda mais um

Estado sobrecarregado; o *argumento do melhor entendimento*: as pessoas conheciam seu próprio negócio melhor do que o Estado ou o governo; o *argumento da iniciativa*: o governo excessivamente zeloso cedeu a iniciativa e o empreendimento comercial. Quanto às suas razões para não interferir, Mill imediatamente acrescentou exceções onde ele achava que o Estado ou o governo deveriam intervir: fornecimento de bens públicos em falta de provisão privada; proteção de crianças, menores e "animais inferiores"; regulamentos sobre horas de trabalho, apoio à legislação para apoio aos pobres, proteção para compradores contra *marketing* injusto e domínio colonial, uma exceção ao *laissez-faire*, mas justificável por benefícios na educação e criação de povos subjugados. Em ambas as listas, Mill estava dando razões ou considerações que pesavam de uma forma ou de outra, não declarando regras rígidas, uma distinção que os fanáticos do livre mercado tendem a ignorar.

Esse progresso dependia da prosperidade, reconheceu Mill, mas ele não confundiu os dois. No livro 4 de *Economia Política*, ele retratou um "estado estacionário", quando uma economia, tendo atingido um amplo nível de riqueza, deixa de crescer. Em um estado equilibrado da sociedade, sem ser muito rico ou muito pobre, mesmo que a própria prosperidade material deixasse de crescer, o florescimento humano poderia continuar a avançar, ele sugeriu, de forma mais completa e aberta do que antes. Esse ideal atraiu não só Wendell Phillips e Schulze-Delitzsch, como, na verdade, muitos liberais que estavam começando a pensar não apenas em como produzir mais riqueza, mas em como ela poderia ser melhor compartilhada e melhor usada. Esse mesmo ideal reuniu muito do que importava para Mill na prática do liberalismo: progresso social, equilíbrio social e respeito pelos objetivos próprios das pessoas, ao mesmo tempo em que elevava suas visões.

A ideia de Mill de um "estado estacionário" em que a satisfação material permitia buscas mais elevadas estava presente no pensamento de Adam Smith, cuja visão toda pressupunha uma estabilidade ética que sustentava o progresso comercial e lhe dava propósito. A ideia de que o progresso comercial poderia desacelerar ou parar alarmou os economistas políticos posteriores, preocupados com a superpopulação e a escassez. O pensamento, em contraste, atraiu Marx, que buscava uma fuga para a sociedade do crescimento irrefreável do capitalismo. O pensamento de que a prosperidade poderia vacilar ou desaparecer assombrou os economistas do pós-guerra após a queda mundial do estado estacionário de Mill na crise da década de 1930, voltando a ser um tema no final do século 20, quando os liberais começaram a perguntar: "Basta para nós?" e "É demais para o planeta?"

3.

LIBERALISMO NA PRÁTICA

QUATRO POLÍTICOS EXEMPLARES

i. Lincoln: os muitos usos da "liberdade" na terra da Liberdade

Abraham Lincoln (1809-65) é um dos gigantes políticos que pairam sobre esta primeira parte da história. Outro gigante é William Ewart Gladstone (1809-98). Cada um moldou e liderou um partido em governos de longa duração: os Republicanos, nos Estados Unidos, e o Partido Liberal, na Grã-Bretanha. Sem eles, a história pode perder o controle das palavras que moveram os liberais. Uma prática de política precisa não apenas de uma perspectiva com ideias, mas também de uma oratória para dar força a essas ideias. Lincoln e Gladstone apelaram aos sentimentos liberais observados na Introdução: ódio à dominação, orgulho e vergonha da sociedade, indignação com maus-tratos, entusiasmo no esforço e ação e desejo de tranquilidade. Pregadores eficazes, eles jogaram também no lado mais sombrio e menos edificante de tais sentimentos: inveja e ressentimento, escrupulosidade autopunida, indignação seletiva, interferência na imprudência, juntamente com o medo indevido do risco. Ambos os homens apontaram adiante para o liberalismo de 1880-1945, Lincoln na criação de um estado de guerra e o longevo Gladstone no desafio da política de massas ao liberalismo.

Com Lincoln, não é mais possível falar sobre liberalismo enquanto se finge ignorar a liberdade. Pois com Lincoln estamos na terra do dólar da Liberdade e do Sino da Liberdade; a terra da Liberdade Iluminando o Mundo com sua tocha e livro de leis no Porto de Nova York; e da

Liberdade Armada com sua espada e escudo, enfrentando um Sul rebelde na cúpula do Capitólio em Washington, D.C. Estamos na terra onde a "liberdade" representava algo – uma virtude, uma posse natural, uma causa – que era sagrada o suficiente para morrer por ela. É a terra de "Dê-me liberdade ou dê-me a morte" e "Como ele morreu para santificar os homens, vamos morrer para libertar os homens".

"Temos um gênio pela liberdade", escreveu o sóbrio pregador e abolicionista Theodore Parker em *The Political Destination of America* (1848) e poucos políticos americanos correram o risco de negligenciar ou abusar de uma ideia que parecia tão perfeita para capturar o espírito nacional. Em *Liberty and Freedom* (2005), David Hackett Fisher fez uma pesquisa magistral sobre o lugar em que aqueles gêmeos não idênticos atuaram na oratória americana e no simbolismo político. Sem aproveitar e controlar o *slogan* "Liberdade!", Fisher escreveu, nenhum movimento sério jamais se impôs nos Estados Unidos por muito tempo. Poucos, se é que algum, prosperaram depois que os rivais os mancharam como inimigos da liberdade.

O *slogan* "Liberdade!" evocou coisas diferentes nos Estados Unidos em momentos diferentes. Abraham Lincoln, que conhecia o poder e a maleabilidade das palavras, enxergou a questão. Ao consagrar um cemitério militar em Gettysburg em 1863, Lincoln falou dos Estados Unidos como "uma nova nação, concebida em liberdade". Com sua clareza habitual em um discurso em Baltimore no ano seguinte, ele acrescentou o piloto revelador: "Todos nós declaramos liberdade, mas ao usar a mesma palavra nem todos queremos dizer a mesma coisa".

Jefferson imaginou a expansão da América para o Oeste como estendendo "um império de liberdade" e, em línguas jeffersonianas nas duas primeiras décadas da "liberdade" do século 19, evocou um idílio espaçoso de fazendas independentes e pequenos governos. Na longa dominação republicana desde a Guerra Civil até a década de 1890, "liberdade" significava principalmente emancipação, progresso nacional e liberdade para que as empresas não tivessem que ouvir as demandas de seus trabalhadores ou as reclamações de seus clientes. No auge do liberalismo democrata, de 1932 a 1980, a "liberdade" apontou para o que o governo estava tentando garantir para todos os cidadãos: um balanço econômico mais justo e uma voz mais igualitária na política. Após o realinhamento republicano de 1980, as palavras novamente evocaram a liberdade do governo, especialmente no sentido seletivo de impostos mais baixos e menos burocracia.

"Liberdade" evocou coisas contrastantes ao mesmo tempo. No nascimento da nação, os rebeldes americanos queriam se libertar da campanha do parlamento britânico para pagar pelas guerras da Grã-Bretanha tributando as colônias. Os rebeldes queriam estar livres dos credores britânicos que emprestaram dinheiro para pagar a guerra de independência. Com a vitória, os americanos queriam ficar livres das tentativas britânicas de restringir a apreensão de propriedades legalistas e proteger as terras indígenas nativas, nas fronteiras do noroeste, da captura de colonos americanos. Esse impulso de fronteira continuou a dar à "liberdade" uma feição americana. Para os seguidores de Jackson na década de 1830, "liberdade" significava liberdade para uma jovem nação expandir-se com seus escravos pelas terras indígenas e para o México. Significava liberdade para os homens *self-made* de progredir no mundo custe o que custar. Para os oponentes de Jackson, os primeiros liberais americanos conhecidos como *Whigs*, o termo tinha outras associações. Para os *Whigs*, "liberdade" evocava autodomínio, liberdade da guerra com os vizinhos da nação e, por mais difícil que os *Whigs* achassem para chegar a uma, uma resposta ao flagelo da escravidão.

Em 1860, à beira da Guerra Civil, todos os quatro candidatos presidenciais falaram de "liberdade". Para John Bell, o suposto reconciliador *Whig* das seções, "liberdade" significava ordem pública e respeito pela Constituição. Para Stephen Douglas, que ainda esperava que a extensão da escravidão ao Ocidente pudesse ser deixada à decisão popular nos novos territórios, "liberdade" significava escolha democrática. Para John Breckinridge, o candidato do Sul, "liberdade" significava o direito natural ou constitucional – faça a sua escolha – dos Estados de ficarem em paz. Para os radicais *Wide Awakes*, que lideravam desfiles pró-Lincoln à luz de tochas nas cidades do Norte, "liberdade" significava a emancipação dos escravos do Sul e libertar-se da obstrução sulista à legislação progressista no Congresso. Na eleição de 1912, entre quatro candidatos – Taft, o republicano conservador; Debs, o social-democrata; Roosevelt, o rebelde republicano progressista; e Wilson, o democrata com a campanha pela "Nova Liberdade" –, cada um teve sua própria visão distinta para o país sob o *banner* de "Liberdade". Exemplos se multiplicaram. Depois vieram a "liberdade ordenada", de Herbert Hoover, as "Quatro Liberdades", de

Franklin Roosevelt, e a esperada nação de Martin Luther King "finalmente livre, finalmente livre" das lesões do racialismo.

Os americanos não estavam discutindo uns com os outros em incompreensão mútua. Pensar isso é baratear e mistificar disputas de substância em mal-entendidos grosseiros, mas persistentes. A confusão deles não era verbal ou conceitual. Eles podiam entender a gramática lexical de "livre de" e "livre para". Eles podiam ver a diferença entre ser livre (como quando um rio desbloqueado está livre para fluir) e estar em liberdade (como quando uma pessoa não é parada ou inibida por autoridades). Suas diferenças eram pragmáticas. Os americanos não estavam em conflito sobre os significados dos termos ou o conteúdo de uma ideia. Eles não estavam, sem perceber, implantando ideias diferentes. Seus conflitos se baseavam mais no foco político da mesma ideia e nos diversos usos com que essa ideia poderia ser colocada em argumentos públicos. Os americanos não concordaram com quais liberdades mais importavam. Eles diferiam na urgência, franqueza e saliência de uma variedade de liberdades políticas. Em particular, dois conjuntos de liberdade contrastantes se destacaram no tempo de Lincoln. Um era o da liberdade soberana da União perante potências estrangeiras em oposição à liberdade dos Estados da União. O outro era o da liberdade dos escravos contra a liberdade de manter escravos.

Antes de nos voltarmos para o próprio Lincoln, no entanto, vale a pena fazer uma reflexão final sobre a liberdade na argumentação política americana. A linguagem de liberdade encorajou uma imagem sedutora, mas preguiçosa, da política americana emoldurada por uma coleção de ausências. Quantas vezes ouvimos falar do que a nova república estava livre: terra densamente povoada; direitos de propriedade consuetudinários; laços feudais; deficiências religiosas; uma igreja estabelecida; padrões, tradições e heranças de uma longa história nacional; hierarquias sociais; hábitos de deferência; um movimento operário radical; conflito de classes de um tipo para moldar a política nacional.

Um exemplo clássico de tal pensamento *tabula rasa* foi *The Liberal Tradition in America* (1955), de Louis Hartz. Hartz argumentou que a América era liberal ao surgir e permaneceu liberal desde então. Nunca feudal, não criou nem uma esquerda com consciência de classe nem uma direita com consciência de *status* defendendo seus privilégios e reformando a sociedade paternalisticamente. Os americanos não procuraram ajuda do governo ou do Estado para tirar uma velha classe dominante do caminho. Eles não tinham nobres da corte ou do país, não tinham exército orgulhoso da tradição, nem igreja estabelecida, nem patronos generosos. Os *Whigs* paternalistas e progressistas e os radicais Jacksonianos agrários eram para Hartz todos liberais que aplicavam a doutrina de autogoverno de Locke, quer percebessem ou não, em uma terra virgem. Hartz não apenas borrou a diferença entre liberalismo e democracia; a dele era uma explicação de classe da história americana, só faltava a classe.

Quer os Estados Unidos fossem ou não, como afirmou Lincoln, "concebidos em liberdade", a terra americana e a sociedade americana eram tendenciosamente retratadas como sem fronteiras, vazias e sem mobília e "livres", esperando para serem preenchidas à escolha. Nada vem de nada, no entanto. Permita – uma concessão ampla e puramente temporária – que o conhecido catálogo de ausências acima seja historicamente justo e correto. Depois de listar os fardos e a desordem do Velho Mundo do qual o Novo Mundo estava providencialmente livre, ainda precisaríamos de uma história sobre o crescimento e a resistência da poderosa presença em torno da qual a política americana se transformou em grande parte e da qual os liberais americanos, com Lincoln na liderança, fizeram muito para moldar: lei e governo.

Ele é uma figura imponente, mas intrigante, um grande liberal e um guerreiro-unificador, um Gladstone americano e um Bismarck americano combinados. Para muitos americanos, Lincoln é o reconciliador nacional que acabou com a escravidão e preservou a União. Para outros, ele é o grande desagregador que, ao salvar a república, perpetuou suas divisões mais nítidas. A maioria pode concordar que, gostem ou não, Lincoln resumiu os objetivos e ideais do liberal americano em menos palavras do que qualquer outra pessoa. Em Gettysburg, ele descreveu os Estados Unidos como dedicados à ideia de que "todos os homens são criados iguais" e declarou sua missão como sendo de preservar uma nova forma de política, "governo do povo, pelo povo, para o povo". Em seu Segundo Discurso Inaugural, ele anunciou com a feroz gravidade de Cromwell que uma causa justa e piedosa, até mesmo a guerra, deve ser perseguida até o fim.

Seu discurso de Gettysburg insistiu, com efeito, no peso que os americanos deveriam dar à não exclusão de ninguém do respeito cívico ou da preocupação social, pois as pessoas os mereciam, não importa quem. Sob a pressão da guerra, Lincoln silenciou suas dúvidas sobre a viabilidade de americanos negros e brancos viverem juntos na mesma sociedade e chegou a uma grande conclusão: todos tinham a voz e a proteção da cidadania plena, fossem eles quem fossem. Foi uma reivindicação abrangente, carregada de promessas e decepções, mas ajudou a definir um novo horizonte para o escopo cambiante do princípio liberal e abriu o caminho da Europa para um compromisso com a democracia plena. Se trabalhadores negros iletrados pudessem ser cidadãos americanos, com que argumento os liberais assustados poderiam conter as reivindicações de mulheres e trabalhadores? Na segunda posse de Lincoln, ele invocou o dever de perseguir esses objetivos em nome de Deus com uma espada, se necessário. Lincoln, em Gettysburg, apontou para o que acreditar e almejar. Nos degraus do Capitólio, em março de 1865, ele falou de como manter e perseguir tais objetivos – "com firmeza no certo, como Deus nos dá para enxergar o certo". O respeito liberal era devido a todos, mas para aqueles que discordavam, o progresso liberal prometia não apenas a sala de aula, mas o campo de batalha.

Em seu escopo, o liberalismo de Lincoln era democrático. De onde quer que Lincoln começasse, ele chegou a tempo de pensar democraticamente nos ideais do liberalismo, ou seja, como se aplicar a todos. Seu liberalismo não era democrático em um sentido majoritário mais restrito. Ele não era um populista. Ele não achava que maiorias sociais ou eleitorais tivessem a última palavra. Nos debates de Lincoln de 1858 com seu concorrente republicano por uma vaga no Senado antes da guerra, Stephen Douglas argumentou para deixar a questão de se a escravidão deveria ser permitida nos novos territórios ocidentais para os eleitores de lá. Não, argumentou Lincoln, havia critérios mais elevados de certo e errado do que o que a maioria decide ser certo ou errado: os critérios de justiça e moralidade.

Simples e humilde no estilo exterior, Lincoln foi ambicioso desde o início. Nascido no estado escravista de Kentucky e criado na fronteira entre Indiana e Illinois, ele refreou a vida na fazenda trabalhando para um pai semialfabetizado. Duas viagens em uma lancha pelo Mississippi até Nova Orleans teriam lhe mostrado as realidades de mercado da escravidão, embora as conclusões que o jovem Lincoln tirou sejam incertas. Aos 22 anos, ele deixou a fazenda da família para um município próximo, onde, em 1834, conversou e brincou até chegar a um assento na legislatura de Illinois em Springfield. Um chefe *Whig* viu seu talento, instou-o a ler alguns livros de direito e, em 1837, tendo obtido sua licença, Lincoln passou a praticar com seu patrono.

Os *Whigs* eram um partido daqueles que se saíam bem ou esperavam se sair bem na economia de mercado. O partido reuniu protestantes brancos em ascensão social, funcionários da cidade e aqueles em ocupações especializadas, bem como agricultores próximos ao transporte que os amarrava aos mercados da cidade. No topo, os *Whigs* eram banqueiros e *insiders*. No Norte, seus oponentes democratas reuniram artesãos cujas habilidades estavam sendo descartadas com a expansão da indústria, católicos que se ressentiam da interferência dos *Whigs* em seus salões e escolas e fazendeiros do interior que não gostavam de banqueiros e capangas da cidade.

Lincoln rapidamente absorveu os valores progressistas da elite *Whig*. Em 1842, casou-se com Mary Todd, filha de um rico banqueiro do Kentucky que possuía escravos, mas desaprovava a instituição. O próprio Lincoln não era um incendiário. Na década de 1850, ele era uma estrela próspera da Ordem dos Advogados de Illinois, ganhando isenções fiscais para a ferrovia Illinois Central e defendendo-a contra reclamações de acidentes. Embora a escravidão fosse errada, ele disse em 1854, era politicamente "uma necessidade". Ele se opôs à sua extensão para o Oeste, mas não podia ver uma maneira imediatamente prática de terminá-la no Sul. Tampouco Lincoln era infenso aos preconceitos comuns dos nortistas brancos, que em muitos lugares estavam inscritos nas leis locais antinegras. Até a Guerra Civil, Lincoln brincou com a emancipação compensada e a "colonização", que significa expatriação, como forma de acabar com a escravidão.

O novo Partido Republicano, que ele liderou a partir de 1860, assumiu os *Whigs* como a voz do comércio e da indústria. Como líder, Lincoln favoreceu "melhorias", ou seja, gastos do governo em transporte e obras públicas, mas era contra uma presidência forte e ativa. Em seus discursos pré-guerra, Lincoln enfatizou continuamente os direitos constitucionais dos estados de decidir suas próprias questões. Na Casa Branca, Lincoln presidiu, no entanto, uma expansão maciça dos poderes do governo federal. Livre da obstrução do Sul pela retirada dos membros secessionistas, o Congresso da guerra, em 1861-65, criou os elementos americanos de um Estado moderno. Ele praticamente doou terras públicas para colonos do Oeste e aumentou um imposto de renda. Forneceu terras federais para as empresas construírem as primeiras ferrovias intercontinentais e para os estados abrirem faculdades gratuitas de engenharia e agricultura, canteiros públicos de inovação e prosperidade.

Lincoln não estava querendo lutar uma guerra civil. Ele entrou no Congresso, em 1846, entre os *Whigs* que se opunham à guerra com o México. Na década de 1850, ele se opôs à crescente violência entre as forças pró e antiescravagista, e pensou que John Brown, o saqueador abolicionista do Norte, havia sido enforcado com justiça. Após a eleição como presidente em 1860, na véspera do conflito, Lincoln ofereceu ao Sul garantias constitucionais para a preservação da escravidão, embora não sua expansão para o Oeste. Quando a guerra chegou, Lincoln usou as forças do Estado com um propósito sombrio. Ele atormentou generais intimidados pela guerra, chocados com o massacre industrial forjado pelo armamento moderno. Ele impôs a lei marcial em estados frágeis da União e suprimiu a resistência ao projeto da União de 1863 pela força. À medida que o fim se aproximava, ele soltou o general Sherman para se vingar de um Sul teimoso, mas derrotado.

Se Lincoln, com seu assassinato, não tivesse se tornado um mártir liberal em 1865, o que ele poderia ter feito? É irresistível perguntar, mesmo que realmente não haja resposta. Como o abolicionista Wendell Phillips, ele poderia ter buscado o respeito e a preocupação liberais por todos de uma maneira mais profunda e exigente, atendendo às queixas econômicas dos agricultores e dos trabalhadores industriais ocidentais, ou seja, buscando a democracia econômica? Ele poderia ter buscado tratamento semelhante na lei para todos, isto é, igualdade legal, como os republicanos liberais Carl Schurz, seu apoiador germano-americano, e Salmon Chase, seu colega rebelde a quem ele tornou chefe de justiça? Lincoln poderia ter mudado sua intenção original de buscar uma paz conciliatória e cedido aos republicanos radicais? Eles queriam destruir a ordem plantocrática do Sul e refazer a região como um Norte tardio? Não podemos ter certeza. Por instinto e prática, Lincoln era um equilibrador, um jogador de interesses conflitantes. Em abril de 1865, havia muitos futuros Lincolns.

O que pode ser dito é que, ao manter o Sul na União, Lincoln mudou as opções para o liberalismo americano. O Sul fez a convergência americana para a democracia liberal mais tarde, mais difícil e menos completa do que na França ou na Grã-Bretanha. Desempenhou um papel não muito diferente da retrógrada Prússia Oriental na Alemanha Imperial. No século seguinte, o poder do Sul no Congresso resistiu aos votos das mulheres, aos direitos civis dos negros e à humanização da punição americana. Em 1946, em conjunto com a *American Medical Association*, os conservadores do Sul sufocaram as esperanças de Truman por um esquema nacional de seguro de saúde obrigatório que a maioria dos americanos favoreceu. Quando os democratas formaram uma maioria no Senado, os sulistas sentaram-se imóveis como presidentes de comitês, e quando os democratas eram uma minoria no Senado, os sulistas exploraram os poderes de bloqueio sob as regras do Senado com disciplina e habilidade consumadas. A obstrução dos democratas do Sul, em aliança com os republicanos antiliberais em todo o país, garantiu que os Estados Unidos chegassem mais tarde e menos completamente às proteções garantidas pelo Estado contra os riscos de vida que os europeus liberais incontestavelmente logo esperariam como referências de progresso social e expressões públicas de respeito cívico por todos.

ii. Laboulaye e Richter: testes para liberais em regimes semiliberais

O progresso humano e o respeito cívico pelas pessoas juntam-se frequentemente, mas não há necessidade de o fazerem. Existem formas não liberais de prosseguir a reforma social. Existem formas não liberais de mostrar preocupação pelas necessidades das pessoas, o que muitos liberais acreditam ser uma contrapartida material ou mesmo um pré-requisito de igual respeito. Um Estado pode cuidar de pessoas em seu benefício, ao mesmo tempo que se intromete indevidamente em suas vidas, negando-lhes uma palavra, escolhas, voz. Para pôr as coisas em termos mais modernos, os Estados podem fazer o bem sem fazer o certo. Os liberais, que são muito exigentes, acreditam nisso. A reforma autocrática enfrentou os liberais do século 19 com escolhas difíceis.

Na França, o autoritário Segundo Império (1852-70) confrontou os liberais franceses com o dilema de trabalhar ou não com um autocrata reformista. O "império" foi uma calamidade para os liberais franceses em muitos aspectos, surpreendentemente bom para eles em outros. A maioria de votos roubada por Luís Napoleão parecia confirmar tudo o que os liberais temiam do sufrágio universal e do que Thiers chamava de "a vil multidão". Os agentes do Segundo Império fecharam jornais. Eles esmagaram outras liberdades civis pelas quais os liberais vinham pressionando desde a década de 1820. O imperador cortejou o direito implacável, gravemente ferido, mas despreparado para morrer. Ele virou as costas para o anticlericalismo liberal, menos porque ele acreditava do que porque ele havia sentido o vento do reavivamento religioso em seminários católicos e salões da moda. O catolicismo voltou às escolas. Tentativas liberais de restabelecer o divórcio, abolido em 1816, foram abandonadas. Embora amplamente populares, os empreendimentos estrangeiros (México) e guerras (contra a Áustria na Itália e a Rússia na Crimeia) de Luís Napoleão irritaram os liberais pacíficos que não gostavam de grandes orçamentos militares.

Como seus críticos liberais mais desdenhosos tiveram que admitir, o Segundo Império fez maravilhas, por outro lado, para os bancos e a indústria francesas. Apoiou o mercado livre, promoveu o *Crédit Mobilier* e outros bancos de investimento que levantaram capital para novas indústrias. Em 1860, a França fechou um acordo comercial com seu antigo inimigo, a Grã-Bretanha, seguido, dois anos depois, de um outro com a Prússia. Entre 1863-1867, a legislação incorporou a sociedade anônima na lei francesa, permitindo uma explosão de formação de empresas. Não só trouxe prosperidade, como os liberais franceses poderiam ser gratos ao Segundo Império por restaurar a ordem e silenciar a "rua" urbana. Durante sua estadia em Paris em 1851-52, o jovem Walter Bagehot, mais tarde editor da *Economist,* testemunhou as revoltas de dezembro por lá e se entusiasmou com artigos publicados sobre o golpe de Estado de Luís Napoleão como uma vitória para o comércio e a calma.

Um liberal francês exemplar em tempos não liberais foi Edouard Laboulave (1811-83), professor francês de direito público, ativista antiescravista e americanófilo, mais lembrado como o promotor do tributo republicano da França aos Estados Unidos: a Estátua da Liberdade no Porto de Nova York. Ao contrário de Tocqueville, atormentado por hesitações aristocráticas, Laboulaye admirava a democracia americana com pouca reserva. Ele traduziu os escritos do reformador liberal Channing para o francês e ficou maravilhado com as escolas públicas de Massachusetts. Ele admirava Lincoln, apoiava a União e, ao contrário dos bonapartistas franceses, abominava a causa sulista. Em *The Liberal Party*

(1861) Laboulaye expôs suas ideias para um liberalismo democrático. Ele viu vantagens no sufrágio universal, apesar de todo o abuso "cesarista" dos napoleões: a democracia de massa permitia às minorias derrotadas a esperança de se tornarem as maiorias de amanhã e fornecia uma sanção negativa na remoção pacífica de governos indesejados. Laboulaye defendeu a liberdade pessoal, a conciliação social e a descentralização do poder para quebrar o controle dos chefes de Paris e de Napoleão III.

Vozes liberais como a de Laboulaye foram pouco ouvidas no início, embora no final da década de 1860 tenham ganhado confiança e força. Em 1867, um liberal chamado Émile Ollivier tornou-se ministro da educação e primeiro-ministro dois anos depois. Apesar de seus apelos, Ollivier ainda não conseguiu persuadir o imperador a libertar a imprensa. A França não estava "madura" para tais liberdades, disse-lhe Napoleão. Ollivier nem podia conter os falcões de guerra da França que olhavam com alarme através do Reno para o crescente poder da Prússia, onde os liberais também se encontravam em um regime reformador, mas semiliberal.

Um liberal alemão exemplar que enfrentou tais dificuldades foi Eugen Richter (1838-1906), uma pedra progressista no sapato do chanceler Bismarck. Richter era um Cobden alemão. Ele tinha uma barba como uma sebe de teixo e uma carranca de teimosa ferocidade. Sua visão do Estado e seus limites eram severos. Pedante, mas íntegro, liderou a oposição parlamentar a Bismarck primeiro como líder dos Progressistas e, depois da divisão do partido, como líder dos Independentes. Richter denunciou a abordagem expedita e manipuladora do chanceler ao poder como "socio-autocracia". Bismarck retribuiu o elogio com desdém de classe, ridicularizando Richter como "o galo mais barulhento do monte de esterco progressivo.

Para entender Richter é necessária uma palavra sobre os liberais de Guilherme, bem como sobre o bicho-papão de Richter, o Chanceler de Ferro. As divisões e recombinações liberais eram intrincadas, mas a posição ampla era bastante simples. Em 1861, os liberais formaram o Partido Progressista, empenhado na extensão das liberdades cívicas e, sobretudo, no controle parlamentar do orçamento prussiano. Seis anos depois, os progressistas se dividiram definitivamente em direita e esquerda, grandes e pequenos negócios, pró e anti-Bismarck. Os Liberais Nacionais (1867) se reuniram ao chanceler, à unidade alemã através da guerra, ao sufrágio universal nas eleições do *Reichstag*(2) e, em pouco tempo, ao protecionismo comercial. A esquerda liberal, que manteve o rótulo progressista, incluía fiéis puristas de livre comércio e antimilitarismo sob Richter, bem como liberais sociais preocupados com o bem-estar. Os puristas de esquerda e os liberais de bem-estar de esquerda concordaram que o domínio dos proprietários de terra sobre a assembleia prussiana deveria ser reduzido e que os ministérios do *Reich* deveriam ser responsáveis. Eles discordaram sobre expandir as tarefas do Estado. A oposição a Bismarck os manteve juntos por um tempo e, em 1884, liberais desiludidos com Bismarck se juntaram aos progressistas separatistas no renomeado partido *Freisinnige* (Independente). Após a demissão de Bismarck como chanceler em 1890 pelo jovem Kaiser Wilhelm II, os liberais de esquerda da Alemanha voltaram ao seu padrão, dividindo-se e recombinando-se em agrupamentos cada vez menores à medida que os partidos Católico e Socialista cresciam.

Otto von Bismarck (1815-98) acumulou poder porque tinha uma reputação de poder, como ele mesmo compreendeu. As pessoas o usaram como um marco em um nevoeiro institucional. Ele não era uma aranha em uma teia fina ou o piloto de um navio bem administrado. As instituições e finanças centrais do *Reich* alemão unificado eram uma confusão nova e improvisada de dinastia e federação, representação democrática e decreto executivo. O fato de ter funcionado deveu-se muito ao profissionalismo dos funcionários permanentes operando sob um Estado de direitos moderno e razoavelmente aberto. Um monarca hereditário, ao mesmo tempo imperador e rei da Prússia, escolheu um chanceler que dirigia dois conjuntos de ministérios, o *Reich* e o Prussiano. Dois parlamentos, o *Reichstag*, eleito por toda a Alemanha por sufrágio universal masculino, e o parlamento da Prússia, cuja câmara baixa eletiva foi escolhida por meio de uma franquia de três classes, completaram o emaranhado.

O *Reichstag* dominado pelos liberais propôs reformas e se opôs a Bismarck. O *Landtag* prussiano dominado pelos conservadores apoiou o chanceler e se opôs às reformas. Em tal sistema, atribuir responsabilidade política era perigoso. Os inimigos de Bismarck, no entanto, compartilharam seu próprio mito e o creditaram por praticamente tudo

(2) Nota da tradução: Prédio usado pelos membros do parlamento federal alemão para exercerem suas funções.

de bom ou ruim que aconteceu na Alemanha das décadas de 1860 a 1880. O mito continuou depois que ele se foi: Bismarck era o coveiro do liberalismo alemão, um líder carismático que não ensinou nada a um povo, um conservador cego que legou aos seus sucessores uma economia extremamente produtiva distorcida pela política fraturada de classes, o desestabilizador da Europa, o precursor de Hitler.

Os mitos ganharam nova vida em 1918 e novamente depois de 1945, mas começaram na vida de Bismarck. Enquanto seu assessor e editor de longa data, Lothar Bucher, lia rascunhos de *Memoirs* (1898), o *best-selling* do chanceler, ele suspirou: "Ninguém conta além dele". Outros no livro geralmente apareciam como tolos, canalhas ou nulidades. Friedrich Naumann, um liberal de esquerda da geração seguinte, repreendeu Richter por cair no mito de Bismarck. Naumann julgou que Richter permitiu que uma hostilidade de princípios em relação ao poder se transformasse em uma obsessão, tornando-se, em suas palavras, "um oponente típico de tudo o que Bismarck fez, mesmo quando o resultado não era particularmente antiliberal".

Filho de um enfermeiro de Düsseldorf, Richter formou-se em direito, se interessou pelo Jornalismo e ganhou fama com uma campanha para flexibilizar a regulamentação estatal das tavernas. No parlamento desde 1867 como um dos primeiros políticos em tempo integral da Alemanha, ele se manifestou contra a guerra e pelo comércio exterior, mercados irrestritos, orçamentos apertados e liberdades civis. Esse credo, enraizado na hostilidade ao poder estatal e ao engrandecimento nacional, colocou-o em rota de colisão não apenas com Bismarck. Os colegas liberais de Richter no parlamento estavam quase todos prontos, quando solicitados, a descartar os princípios do livre mercado se outros princípios prometessem poder e prosperidade alemães de forma mais rápida e confiável. Contra a promessa distante de vantagem comparativa, abertura internacional e governo pequeno, eles seguiram Bismarck no aqui e agora da força nacional, tarifas e grandes marinhas. Richter inconvenientemente manteve a fé.

Os liberais de Wilhelmine eram uma coalizão estranha e, com o encorajamento travesso de Bismarck, as questões divisionistas logo os separaram. Em cada questão, Richter estava de um lado, Bismarck do outro. O primeiro foi a rota do campo de batalha de Bismarck para a união alemã. Todos os liberais alemães queriam a reunificação alemã. Nem todos queriam isso a qualquer custo. Antes da derrota de 1848, um líder dos liberais de Baden, Carl von Rotteck, havia gritado: "Prefiro liberdade sem reunificação a reunificação sem liberdade. Eu não quero unidade sob as asas das águias prussianas". Richter pensou da mesma forma sobre a proeza militar da Prússia. Era um fardo para os contribuintes, desviou os esforços das pessoas da indústria e do comércio e fortaleceu os elementos menos progressistas da sociedade prussiana: oficiais militares e nobreza proprietária de terras. Outros liberais alemães viram a força prussiana de forma diferente. Para eles, valia a pena lutar pelos benefícios da reunificação – para o comércio e para o poder alemão no exterior –, e se a Prússia pudesse conquistar a unidade no campo de batalha, melhor ainda. Garantido o apoio dos falcões liberais, Bismarck manobrou a Prússia em guerras vitoriosas contra a Dinamarca (1864) e a Áustria (1866). No ano seguinte, um grande bloco de liberais, ansioso por reunificação e farto de lutas orçamentárias inconclusivas, deixou Richter e os progressistas para formar os liberais nacionais pró-Bismarck.

Os liberais alemães também discordaram sobre as leis antissocialistas de Bismarck e a reintrodução de tarifas. Em 1878, lutando para conter as demandas da classe trabalhadora, Bismarck propôs proibir e prender social-democratas. No ano seguinte, ele propôs abandonar o livre comércio. Após a recessão da década de 1870, grande parte do mundo, com exceção da Grã-Bretanha, começou a levantar barreiras comerciais. A Alemanha respondeu da mesma forma. Richter se opôs a ambas as medidas, sem sucesso.

Richter não tinha tempo para os socialistas, a quem ele via como colocando classe contra classe. Em sua sátira, *Pictures of the Socialist Future* (1891), é difícil distinguir o que revoltou mais Richter, socialismo ou democracia. O pequeno livro de Richter, escrito em resposta às *Socialist Bebel's Women under Socialism* (1879), imaginou uma sociedade da qual as classes médias fugiram, empapelando seus baús com laços governamentais inúteis. O estado distribuiu moradias por sorteio e dispensou comida em cozinhas públicas. Os criminosos foram a campos de trabalho para pagar suas dívidas com a sociedade e apenas socialistas poderiam escrever para *Onwards*, o único jornal diário. Serviços públicos, teatros e concertos tornaram-se comunitários. O racionamento levou à escassez. As taxas de trabalho exigidas nas fábricas estaduais aumentaram. Rebeliões se espalharam pelo campo. Os ferreiros de

Berlim atacaram. A polícia foi reforçada. Aproveitando sua chance, a França enviou tropas para reocupar as fronteiras alemãs. O experimento socialista terminou em fracasso e derrota nacional.

O livro de Richter sugeriu um desrespeito por aqueles que não haviam crescido tanto quanto ele. Embora hostil como liberal aos social--democratas, Richter era contra a supressão do radicalismo da classe trabalhadora por proibições e prisões. Para ele, isso estava errado por princípio e era improvável de funcionar, como adivinhou corretamente. Depois que Bismarck se tornou chanceler, em 1890, as leis antissocialistas foram deixadas de lado. Em 1912, os social-democratas eram o maior partido do *Reichstag*, com 110 cadeiras, mais de um quarto do total.

Mesmo na deprimida década de 1870, Richter resistiu às tarifas, pois elas desencorajavam o comércio e baixavam os padrões de vida em todos os lugares. Politicamente, as tarifas na mente de Richter fortaleceram uma aliança reacionária na Alemanha de "ferro e centeio", suas indústrias mais antigas e seus *Junkers* prussianos. Sobre o anticatolicismo, a repressão da social-democracia e um retorno às tarifas, a maioria dos liberais nacionais apoiou Bismarck. A minoria, afligida em suas consciências e desiludida com o culto à força de Bismarck, se separou e retornou em 1880 a Richter e seus progressistas.

Uma quarta questão entre os liberais da Alemanha era o seguro social compulsório e garantido pelo Estado para trabalhadores homens e mulheres. Foi estudado, admirado e, mais tarde, imitado, com variações, na Grã-Bretanha e na França. Para Richter, qualquer seguro social era "comunista" e seus liberais anti-Bismarck o seguiram ao votar contra os projetos de assistência social.

Em termos de resultados imediatos, o liberalismo de Richter foi um fracasso. Ele perdeu cada uma de suas grandes batalhas. No entanto, ele defendeu o que acreditava. Um liberalismo de princípio que o colocava em desacordo não apenas com os liberais nacionais, sempre flexíveis, do setor bancário e da grande indústria, mas com os anticatólicos intolerantes entre os progressistas. Em uma visão mais ampla, Richter atribuiu crédito liberal para o futuro. No mesmo espírito de Cobden, ele se manifestou contra o militarismo, o jingoísmo e o colonialismo. Na tradição liberal de tolerância e respeito, ele alvejava o antissemitismo, um transtorno que ele tratava como uma afronta aos valores humanos e uma ameaça maior à ordem liberal do que o espectro do socialismo. Ele discursou contra a exclusão e o privilégio, duplos pilares de uma sociedade injusta e desigual, contra a abordagem autocrática e instrumental de Bismarck ao poder e contra a busca cega dos "ultra conservadores" pela força nacional, juntamente com a adoração impensada de seus totens. Em vão, Richter alertou os alemães sobre os perigos de uma corrida armamentista naval com os britânicos – que muito poucos o ouviram, não significou que ninguém ouviu. A desconfiança de Richter em relação ao poder subcontrolado e superconcentrado ressurgiu na constituição da República de Weimar e depois novamente na constituição da República Federal Alemã em 1949.

Laboulaye e Richter oferecem lições sobre o liberalismo do século 19. Era uma igreja ampla, com muitas seitas, falando por muitos interesses. Não era peculiarmente britânico ou americano, mas tinha fortes tradições na França e na Alemanha. Os dois políticos nos lembram também que o compromisso e a retirada não eram o único caminho para os liberais em regimes autocráticos ou semiliberais. Os liberais também poderiam manter vivos os ideais liberais para tempos mais receptivos.

iii. Gladstone: capacidade do liberalismo e a política de equilíbrio

William Ewart Gladstone (1809-98) não estava na reunião de Londres, em junho de 1859, que criou o Partido Liberal da Grã-Bretanha. A entrada, caracteristicamente rápida, para aquele dia no diário que ele manteve ao longo da vida não menciona o evento. No entanto, como líder do partido desde 1867 e primeiro-ministro quatro vezes, Gladstone deu ao liberalismo britânico, talvez ao liberalismo em geral, um foco e um senso de caráter. Gladstone por família e origem, tocou cada um dos principais meios liberais britânicos: aristocracia *Whig*, comércio do norte e reforma das cruzadas. Seu pai era um homem rico de Liverpool, sua mãe uma cristã evangélica. Ele foi para Eton e Oxford e se casou com a nobreza anglicana galesa. Começou como um *Tory* determinado a defender a Igreja da Inglaterra, dominou o Partido Liberal em seu apogeu parlamentar reformador, nas décadas de 1860 a 1880, e se reinventou na velhice adaptando-se à nova política de campanha como o carismático "William do Povo".

Como chanceler da tesouraria quatro vezes – duas quando também era primeiro-ministro – Gladstone respeitou o credo do livre mercado de livre comércio e orçamentos apertados. Ao mesmo tempo, ele criou no Tesouro uma ferramenta formidável do governo moderno. A tesouraria do século 17 era um acessório da Coroa. No século 18, tornou-se um comitê fiscal dos ministérios. Gladstone recentralizou a tesouraria no Tesouro propriamente dito, um local de controle financeiro tão confiável que, com o tempo, provou ser tão bom em aumentar quanto em restringir os gastos públicos. Os princípios superficiais das finanças gladstonianas eram simples. As receitas tinham que ser pequenas, pois ambos os tipos de tributação eram prejudiciais. Impostos e tarifas indiretos prejudicam os pobres ao aumentar os preços. Os impostos diretos desencorajavam a iniciativa. Como a confiança, na forma de crédito financeiro, era vital para o governo por consentimento, os empréstimos governamentais não podiam ser grandes. Os gastos, portanto, também tinham que ser pequenos. Na prática, a doutrina era uma espécie de racionalização das incapacidades do governo no século 19. Na verdade, a indústria capitalista estava esperando que as habilidades do governo se recuperassem. As finanças gladstonianas eram menos uma medida de probidade fiscal para todos os tempos do que um expediente temporário, como a ordem administrativa que uma economia bem-sucedida exige que seja estabelecida. Em pouco tempo, o Estado liberal britânico cresceria.

A tentativa fracassada de Gladstone de ganhar a autonomia política do *Home Rule* para a Irlanda dividiu os liberais e os distraiu das reformas sociais. No entanto, expressava uma convicção – assustadora, mas inevitável para a mente liberal – de que as pessoas, no final, devem governar a si mesmas – um pensamento impulsionado por um número pequeno, mas barulhento, de liberais anticoloniais. Gladstone falou pelo direito internacional, arbitragem de disputas e autodeterminação dos povos. Ele era, em teoria, contra a expansão do império colonial da Grã-Bretanha, mas aceitou a anexação do Egito. Depois que o projeto de Reforma de 1867 dobrou o eleitorado para cerca de um terço dos homens com mais de 20 anos, Gladstone adaptou-se rapidamente a uma franquia ampliada e tornou-se um campeão de causas. Na campanha de Midlothian de 1879-80, ele fez 48 discursos instigando a indignação com a opressão otomana nos Bálcãs.

O zelo de campanha de Gladstone e seu charme popular alcançaram novos eleitores, deram vida nova à festa. Também colocaram a trindade liberal de paz, contenção e reforma sob pressão. A reforma gladstoniana foi um tipo de limpeza que removeu obstáculos e aboliu a corrupção, não visava a curar diretamente os males sociais e custou pouco aos pagadores de impostos. Livre comércio, fim de impostos sobre jornais, impostos mais baixos – como chanceler na década de 1880 ele ainda sonhava em abolir o imposto de renda por completo –, desestabelecimento da Igreja da Inglaterra na Irlanda, votação secreta, abertura das universidades para não conformistas e exames competitivos para o serviço civil doméstico: tais reformas, com uma exceção, do primeiro, mais longo e mais bem sucedido ministério de Gladstone (1868-74), vieram com pouca despesa pública. A exceção foi a Lei da Educação de 1870.

Ao fim das contas, e muito depois da Alemanha, com a qual começavam a contrastar desfavoravelmente seu país, os liberais britânicos começaram a ouvir o que os radicais cobdenitas há muito lhes diziam: o governo deve seguir a França e a Prússia no pagamento das escolas. A lei de 1870 previa, com efeito, que os conselhos locais administrassem escolas primárias pagas por impostos sobre a propriedade. A escolaridade dos 7 aos 12 anos tornou-se obrigatória, em teoria não confessional – como na França, a questão do apoio estatal ao ensino religioso foi punida em vez de resolvida – e, a partir de 1891, gratuita. Naquela época, as escolas estaduais custavam quase tanto quanto a Marinha Real Britânica. Os liberais haviam pisado a ponte em direção a um liberalismo mais novo e mais caro.

Os inimigos de Gladstone o julgavam melhor por parecer íntegro do que por ser íntegro. Sincero e argumentativo, Gladstone era para os céticos o tipo de político que poderia encontrar uma razão plausível para quase tudo e apresentá-la no tom mais grave. Além de um dom para a casuística, ele tinha um senso de teatro e era incapaz de não chamar atenção. Aos 80 anos, ele celebrou o centenário da Revolução Francesa com um discurso no convés superior da recém-inaugurada Torre Eiffel. Ele foi lembrado pela disciplina, energia e temível personificação do ideal vitoriano de autodomínio. Seu cérebro – o primeiro em Oxford em estudos clássicos e matemática – e seus apetites, especialmente apetites sexuais, eram prodigiosos. Seu ritmo de trabalho era como uma máquina: cada bocado mastigava 32 vezes, leu a *Ilíada* em grego três dúzias de vezes, 21 mil outros livros devorados e muitos deles anotados, aproximadamente dois a cada três dias, durante 80 anos.

Gladstone achou difícil separar religião e política. Uma nação tolerante não poderia impor a fé ou a moral. No entanto, a política sem visão moral era para ele ininteligível, assim como a moral sem religião. Sua visão combinava os ditames igualitários do Sermão da Montanha, com uma devoção homérica à nobreza inflexível e, quando necessária, implacável. A noção de que sua fé pode não ser a fé de toda a humanidade lhe era estranha e ele permaneceu inabalável naquela mistura caracteristicamente liberal de Iluminismo e Universalismo cristão. Em 1888, ele disse à escritora e sufragista Sra. Humphry Ward que lhe restavam duas tarefas: levar a cabo a *Home Rule* e provar a conexão íntima entre as revelações hebraica e olímpica. O ideal de Gladstone de uma comunidade liberal virtuosa era um estado cristão, não imposto por lei, mas surgido em espírito e povoado por Heitores modernos.

Como tinha sido para Guizot, o equilíbrio era a chave para a política liberal na mente de Gladstone. Ele era um mediador, reunindo em um único partido aristocratas *Whigs* e radicais batistas, pragmáticos de mente aberta e fanáticos do livre mercado, laxistas e rigoristas, libertinos e ativistas da temperança. Ele uniu a elite e a política democrática. O voto, para ele, era uma confiança, não um direito. À zombaria de Ruskin de que ele era "um nivelador", Gladstone retrucou dizendo que ele era "um total desigualitário". Ele nunca vacilou de verdade em sua convicção, anunciada em um discurso sobre o orçamento de 1853, de que uma maneira melhor de ajudar os pobres do que a tributação redistributiva era deixar os ricos guardarem seu dinheiro para poupança e investimento. O mundo patriarcal de Gladstone era povoado por tipos contrastantes de caráter: por um lado, ativo, autoconfiante e racional; por outro, passivo, dependente e impulsivo. No entanto, ele era um progressista "desigualitário". Embora as desigualdades permanecessem, dada a educação, ele achava que as pessoas poderiam melhorar. Sob pressão, ele deu seu apoio às extensões de direito ao voto de 1867 e 1884.

Gladstone contrastou favoravelmente as massas com as "classes". As pessoas eram o tronco de uma árvore. Elas davam energia e força. As elites no topo eram mais fracas e sujeitas à exaustão. Imaginemos, então, que a sociedade era a estrutura viva da vida comum. O respeito pela posição e a reverência pelos valores compartilhados uniu as pessoas de todas as posições. Os valores compartilhados começaram na família e na igreja e se espalharam para fora, através dos municípios para a nação, e daí para a "humanidade comum". Embora estivesse nadando contra uma maré centralizadora e até certo ponto contra sua própria prática, Gladstone expressou seu apoio à democracia local e ao poder local. Em uma disputa em um distrito de carvão em 1892, ele disse que, se a comunidade desejasse menos horas de mineração, o dono da mina deveria ceder. O governo não pode curar os males humanos. Ele pode ajudar as pessoas a se ajudarem. Cada um de nós era um nobre moral, mas existindo apenas na família, na igreja, na cidade e na nação.

Tais oposições eram o material do pensamento liberal de Gladstone. Ele falava uma linguagem de direitos, mas também uma linguagem de simpatia. A sociedade era, para ele, um todo vital, crescendo para fora da célula doméstica, e um campo de combate dilacerado pela busca egoísta do interesse seccional. O progresso traz mais riqueza, mas a riqueza encoraja o egoísmo. O trabalho de um político era administrar e moderar o conflito. Talvez não houvesse divisão que Gladstone não achasse que pudesse ser superada. A clássica gangorra de seus pensamentos contrastantes expressava bem como ele imaginava a política e a sociedade: "A boa governança depende do equilíbrio de forças". Ao evitar a dominação de um poder, ele estava ecoando Madison e Guizot.

Gladstone era um cristão devoto e um político consumado. Para ele, o mundo em que vivia estava longe de ser o que deveria ser. Não se sabe o quão profundamente ele viu o porquê. O capitalismo industrial havia mudado seu mundo. Longe de se despedaçar, como as críticas marxistas sugeriram, o capitalismo estava trazendo benefícios para a Grã-Bretanha vitoriana, e não apenas para os ricos, mas também para as classes médias e, cada vez mais, para as classes trabalhadoras. Ao mesmo tempo, o capitalismo industrial estava criando bolsões de miséria. Estava quebrando velhas proteções, frustrando expectativas e afrouxando laços sociais mais rápido do que Gladstone podia compreender. O mesmo aconteceu na França, Alemanha e Estados Unidos. Os liberais, nos últimos 20 anos da longa vida de Gladstone, tiveram que pensar novamente sobre os tipos de tarefas que seus objetivos e ideais exigiam deles.

4.

O LEGADO DO SÉCULO 19

LIBERALISMO SEM CARICATURA

i. Respeito, "o indivíduo" e as lições de tolerância

Tornou-se natural para os liberais falar do tipo de respeito devido aos homens e mulheres pelos poderes do Estado, mercado ou sociedade em termos de estima e defesa dos indivíduos. Parece então natural falar do liberalismo como caracteristicamente individualista. Indo mais a fundo, é fácil falar do próprio liberalismo como uma espécie de individualismo político, assim como o constitucionalista britânico A.V. Dicey fez ao olhar para trás em seu *Lectures on Law and Public Opinion in England in the Nineteenth Century* (1898), onde ele sugeriu que os dois termos de uso comum se tornaram virtualmente intercambiáveis. Uma vez que as pessoas lhe digam que dois "ismos" difíceis de definir são nomes para a mesma coisa, é melhor parar e perguntar sobre o que está sendo falado.

A primeira parte deste livro apresentou um liberal do século 19 que valorizava a abertura das capacidades humanas (Humboldt), um que enfatizava o caráter absoluto da privacidade das pessoas (Constant), bem como liberais que exortavam as pessoas a mostrar iniciativa e assumir responsabilidade por suas vidas, seja materialmente pela inventividade e trabalho duro (Smiles) ou moralmente pelo engajamento cívico e compromisso com grandes causas (Channing). Descreveu um liberal que pedia experimentação de mente aberta de modos de vida que valessem a pena e na promoção da individualidade (Mill) e um liberal preocupado com a forma como o poder descontrolado pode crescer para dominar, a menos que seja contestado por críticos com opiniões estranhas e crenças não ortodoxas (Guizot). Incluiu liberais preocupados com a forma como as regras obstrutivas ou obsoletas podem interferir nas inovações e objetivos comerciais das pessoas (Cobden), como as pressões das maiorias podem comprometer a busca da excelência (Tocqueville) e como o duplo crescimento das grandes empresas e do governo centralizador pode esmagar as pequenas empresas e o controle local (Schulze-Delitzsch). Todos esses liberais estavam, de alguma forma, defendendo o valor dos projetos e capacidades humanas e da necessidade de protegê-los do poder limitador ou controlador. É natural, em contraste, perguntar em qual dessas tarefas, e de que maneira, esses liberais estavam todos defendendo os indivíduos, sem falar se, e em que sentido, eles eram todos individualistas. É natural verificar se não há maneiras mais claras e menos conceitualmente carregadas de falar sobre o respeito às pessoas que o liberalismo exigia do poder.

Ao colocar o respeito pelas pessoas no centro da política, os liberais basearam-se amplamente na experiência histórica de tolerância religiosa, no reconhecimento de opiniões diversas em meio à disseminação da alfabetização e em uma aceitação cada vez maior da liberdade de expressão e associação. Essa herança da modernidade esclarecida dependia de três profundas convicções morais com um *pedigree* longo, embora não incontestável, na tradição comum. Todo mundo tinha valor moral, qualquer que fosse sua posição social. A ligação de cada um com o divino ou – para colocar um pensamento paralelo em termos seculares – com o que, em última análise, importava na vida era estritamente sua. Em terceiro lugar, todos tinham a capacidade de assumir a responsabilidade moral por si mesmos. Essas convicções não foram inventadas pelo liberalismo nem exclusivas dele. No entanto, os liberais as levaram para a política de novas maneiras, com consequências importantes.

Indivíduos levaram tempo para entrar na escrita política. As traduções, particularmente no século 20, estavam repletas de um uso anacrônico de "indivíduos" que, estritamente falando, nunca estiveram lá. O direito privado romano dizia respeito ao *utilitatem singulorum.* Uma tradução francesa de 1803 teve isso como *les intérêts de chacun.* Uma tradução para o inglês de 1932 era "os interesses dos indivíduos". Hobbes escreveu em inglês sobre "pessoas individuais"; Locke sobre "indivíduos", sendo que "pessoas" ficou subentendido. No século 18, "indivíduo" estava sozinho. Estava ficando banal, mas perdendo sua inocência. O termo não serviu mais apenas para separar uma pessoa de outra. Servia para separar cada um de um todo maior implícito – uma propriedade, uma corporação, o público, a sociedade. Servia para favorecê-los com uma espécie de primazia moral ou constitutiva. "Os únicos fundamentos verdadeiros e naturais da sociedade", escreveu o teórico jurídico William Blackstone em 1753, "são as necessidades e os medos dos indivíduos".

O termo "indivíduo" estava assumindo camadas de descrição moral e filosófica emprestadas da omitida "pessoa", ela própria implicitamente restrita em alcance a homens capazes e proprietários. Um termo distributivo adquiriu usos genéricos furtivamente. Uma figura curiosa, em parte particular, em parte universal, apareceu: "o indivíduo". Os liberais começaram a falar em defender o indivíduo tanto quanto hoje se fala em proteger o planeta, como se os indivíduos fossem simultaneamente muitas coisas e uma só. Um charme do "indivíduo" era que a palavra ocultava suavemente sobre quem ou o que os liberais estavam falando. Somente depois de 1945, quando as sociedades democráticas liberais finalmente reconheceram os direitos civis de cada homem ou mulher, os liberais poderiam reivindicar defender "o indivíduo" sem provocar risos.

No início, o termo "individualista" na política era polêmico. Entrou em discussão pública no início do século 19 como uma ferramenta de abuso a ser empregada pelos primeiros conservadores contra os primeiros liberais. O termo sugeria egoísmo, deslealdade ou desafeto. Atribuiu aos liberais uma imagem de conto de fadas da sociedade como um clube do tipo junte-se-se-quiser, manchando-os com os vícios arrogantes do egoísmo antissocial e da autocelebração arrogante. Wilhelm von Ketteler, bispo de Mainz e padrinho intelectual da democracia cristã posterior, culpou os liberais em *The Labour Question and Christianity* (1864) por uma imagem ruinosamente equivocada da sociedade que tomava as pessoas como "átomos de coisas" a serem "pulverizados" e "soprados sobre a terra".

Os socialistas adotaram o termo na longa disputa sobre o caráter do progresso social em que se opunham ao tipo "individualista". A disputa colocou o trabalho contra o capital, os radicais sindicais contra os conservadores de mentalidade empresarial, os defensores contra os oponentes da intervenção do governo. A disputa era comumente tratada como sendo entre coletivistas e individualistas. Nenhum dos lados achava que estava discutindo sobre a constituição subjacente da sociedade ou o *status* metafísico das pessoas humanas. Tais argumentos vieram mais tarde. Os dois lados estavam discutindo sobre salários e impostos, sobre como os chefes não deveriam maltratar os trabalhadores e sobre quem deveria controlar a fábrica. Quando em *The Elements of Politics* (1891) o filósofo Sidgwick definiu "individualismo", ele o tomou não como um método de pensamento, mas como um princípio para fixar "a natureza e os limites da interferência governamental". Baseando-se na noção de contrato livre do século 19, ele definiu o individualismo como a afirmação de que "o que um adulto sensato é legalmente obrigado a prestar aos outros deve ser meramente o serviço negativo de não interferência, exceto na medida em que ele se comprometeu voluntariamente a prestar serviços positivos". O "princípio socialista", em contraste, era que "um adulto sensato, além de contrato ou reivindicação de reparação, deve contribuir positivamente com dinheiro ou serviços para o sustento de outros". Nesse entendimento, para ser sincero, os socialistas, não os individualistas, acreditavam em impostos para fins sociais. Como Mill, Sidgwick se colocou judiciosamente no meio, não sendo socialista, mas, politicamente falando, também não sendo individualista dogmático.

A leitura das posições políticas do individualismo econômico não foi mais fácil. Os economistas marginais Léon Walras e Alfred Marshall reformularam a economia "individualisticamente", retratando as economias como resultado de simples trocas entre agentes anônimos, isolados e conscientes dos custos. Ambos patrocinaram a economia "individualista" do capitalismo liberal. Mas Walras tinha uma mentalidade social e Marshall uma mentalidade de mercado. Walras acreditava, ao contrário de Marshall, na propriedade pública da terra. Walras desconfiava dos grandes negócios, enquanto Marshall via benefícios em consolidação e escala. Walras era a favor, enquanto Marshall desconfiava dos sindicatos.

A ideia ainda era nebulosa quando Albert Schatz, um teórico jurídico francês, escreveu um estudo inovador, *L'individualisme économique et sociale* (1907). Schatz traçou as raízes intelectuais do que chamou de liberalismo democrático em variedades de individualismo no pensamento social, político, econômico, religioso e moral desde Thomas Hobbes e Bernard Mandeville. Na década de 1920, o novo enfoque da sociologia estava na procura de cartas de crédito teóricas e o individualismo, como defendido, por exemplo, por Max Weber, logo foi amplamente, embora não universalmente, adotado entre os pensadores liberais como um método adequado de estudo social. Os fenômenos sociais, sustentava Weber, deveriam ser explicados pelas ações das pessoas uma a uma e suas ações deveriam ser compreendidas em termos de suas intenções. Como doutrina do método, o individualismo tornou-se uma arma popular liberal de resistência a visões que faziam das forças impessoais os agentes da mudança histórica, notadamente o Marxismo. À medida que o liberalismo político e o individualismo teórico andavam juntos, uma aliança profana estreitava o vínculo. Os liberais que a consideravam verdadeira esperavam usar o individualismo teórico contra marxistas, socialistas e outros coletivistas. Os conservadores que consideravam falsa a doutrina individualista, esperavam desacreditar o liberalismo atrelando-o a uma imagem equivocada das pessoas e da sociedade. Depois de 1945, quando um liberalismo de direitos substituiu o utilitarismo como filosofia favorita do liberalismo, a ligação individualista foi ainda mais estreita.

Contra esse contexto turvo, Steven Lukes em *Individualism* (1973) se ofereceu para esclarecer quais variedades de individualismo importavam ou não para o liberalismo. Ao redigir o livro, Lukes se gabou a um amigo de Oxford, Isaiah Berlin, de que havia encontrado 11 variedades distintas. Berlin respondeu: "Tão pouco?". Na publicação, Lukes diminuiu sua lista para seis doutrinas individualistas. Três se referiam abertamente ao liberalismo. Cada uma era melhor compreendida através do que fomentava ou protegia nas pessoas. O individualismo religioso defendia a santidade da consciência pessoal. O individualismo econômico promoveu mercados livres e propriedade privada. O individualismo político insistia no governo por consentimento "individual", uma ideia dupla que requeria tanto a representação das pessoas uma a uma, não em classes, corporações ou propriedades, quanto a atenção do governo ao que as pessoas queriam para si mesmas, não ao que o governo queria que elas quisessem.

O individualismo ético atravessava uma divisão entre o que importava e o que não importava para o liberalismo político. Era um conjunto de reivindicações semelhantes, mas distintas: a pessoa humana, tomada separadamente e por conta própria, era portadora do valor final, a fonte de valor ou o árbitro de valor. Os liberais políticos poderiam concordar alegremente com o primeiro, mas discordar das interpretações errôneas comuns dos outros dois. Isto é, os liberais poderiam seguir a tradição moral ao insistir na santidade intocável da pessoa humana sem negar valor não instrumental aos bens coletivos, compartilhados, e sem cair no erro subjetivista de pensar que cada um de nós escolhe ou cria seus próprios valores.

Os dois últimos individualismos de Lukes – epistemológico e metodológico – foram do tipo teórico. Cada um tratava de como pensar sobre a sociedade e a vida comum em um alto nível de abstração. Nenhum dos dois era necessário para o liberalismo político. Cada um, em seu campo – conhecimento e linguagem, por um lado, sociedade e história, por outro –, deu à pessoa isolada, ou "indivíduo abstrato", uma espécie de primazia constitutiva ou autoridade explicativa. Paralelos existiam entre as reivindicações do liberalismo político – não interferir nas crenças religiosas das pessoas; contar as opiniões na política uma a uma; respeitar a propriedade privada – e as reivindicações do individualismo teórico: o conhecimento do mundo depende da experiência distinta do mundo; a sociedade é composta de pessoas separadas tomadas uma a uma. As afirmações teóricas se apoiavam fortemente em uma imagem de pessoas isoláveis com seus próprios pontos de vista e espaços privados. Ao fazer suas reivindicações políticas, no entanto, os liberais podiam, mas não precisavam, adotar essa imagem. Ao defender suas reivindicações sobre o que o poder não deve fazer com as pessoas, os liberais não precisavam começar com o suposto isolamento uns dos outros e a singularidade de pontos de vista, como os oponentes conservadores e socialistas alegavam que eles faziam. De fato, as tentativas, desde então, de encontrar base para a perspectiva do liberalismo nesses tipos teóricos de individualismo ou em variedades subjetivistas de individualismo ético não trouxeram convicção. A luz sobre o respeito cívico pode, no entanto, ser lançada de maneira mais baixa e menos ambiciosa, vendo com mais detalhes quais proteções prometia às pessoas em relação ao poder.

O respeito exigido era cívico de várias maneiras. Era uma relação impessoal entre os cidadãos e os poderes públicos do Estado, do mercado e da sociedade. O respeito não exigia o poder de gostar, admirar ou mesmo se interessar pessoalmente por ninguém, sendo seletivas essas atitudes que as pessoas tomaram umas com as outras. Ao contrário do respeito pessoal, o respeito cívico era incondicional. É verdade que poderia ser limitado ou retirado, de infratores condenados, por exemplo, tanto quanto o respeito poderia ser perdido ou retirado entre colegas, amigos ou cônjuges. No entanto, enquanto o respeito pessoal entre as pessoas nunca precisa surgir para começar, o Estado, o mercado e a sociedade não poderiam escolher quem respeitar. Ao contrário do respeito pessoal, devia-se o respeito cívico às pessoas cega e anonimamente. Foi para essa característica impessoal que os liberais apontaram ao falar de respeito "igual". O respeito era necessário para as pessoas, quem quer que fossem. O respeito liberal era, finalmente, cívico devido principalmente aos cidadãos "ativos", pensados como tendo deveres de contrapartida para a sociedade e limitados, para começar, aos homens brancos proprietários.

Das três promessas de respeito cívico, não intrusão era não comprometer a segurança das pessoas. Primariamente legal, impôs um conjunto de restrições ao Estado, ao mercado e à sociedade contra a interferência na privacidade das pessoas. O segundo elemento no respeito cívico, a não obstrução, era relativamente novo e falava com um mundo em rápida mudança. Principalmente social e econômica, a não obstrução apelava para a expansão das capacidades das pessoas e a produtividade de seu capital. Ela ordenava uma libertação de caminhos, uma remoção de barreiras e um levantamento de inibições que, para a mente liberal, atrapalhavam o progresso social e o florescimento pessoal. A terceira, não exclusão, estava na raiz moral. No fundo, exigia o reconhecimento do valor intrínseco das pessoas, independentemente de suas roupagens sociais. Ninguém, para colocar a ideia em outros termos, deveria ser excluído da comunidade moral humana. Da esfera da religião e fortificada pela aceitação gradual da tolerância, a ideia moral de não exclusão entrou na política do século 19, onde os liberais ampliaram entusiasticamente seu conteúdo, limitando inicialmente seu alcance.

A não intrusão tinha a ver com proteger as pessoas e suas propriedades de governantes extrativistas, senhores dominadores e vizinhos gananciosos. Era uma velha ideia protetora e, em seu alcance cada vez maior, primariamente legal. Ela assumiu a forma inicial em direitos e liberdades locais executáveis. A ideia traçava um círculo de inviolabilidade em torno de uma pessoa, de sua casa, de suas coisas e, à medida que a discussão pública se espalhava junto com a alfabetização e a imprensa, de suas opiniões. Constant, Mill e Tocqueville invocavam a imagem de um círculo ou esfera pressionado por forças externas indesejadas e oferecendo um perímetro de abrigo. Mill, em *Economia Política*, escreveu que "sob quaisquer instituições políticas em que vivemos, há um círculo em torno de cada ser humano individual que nenhum governo, seja de um, de poucos ou de muitos, deve ter permissão para ultrapassar". A não intrusão incluía antigas proteções de pessoas e bens contra apreensão, prisão e busca arbitrárias. Quando as pessoas levavam sua vida privada para a esfera pública, a não intrusão incluía liberdade de expressão, publicação livre de censura, reunião e associação.

A segunda promessa do respeito liberal, a não obstrução, foi dinâmica e expansiva. Baseava-se em uma imagem de pessoas como centros de energia e ação, como pontos de movimento com propósito e iniciativa que o costume, a lei e a sociedade ameaçavam sufocar ou bloquear. Os liberais acrescentaram à imagem reconfortante de um lar privado a ser acolhido e protegido uma imagem estimulante de caminhos para o desconhecido que devem ser desbravados e mantidos abertos. Eles adicionaram uma imagem de escadas para alturas sociais que qualquer um poderia subir. Eles acrescentaram uma imagem de dinheiro criando mais dinheiro enquanto dormiam e uma imagem de sementes de potencial, em todos, que poderiam crescer e florescer se devidamente nutridas. Essas imagens promoviam iniciativa, abertura e originalidade.

Experimentadores, engenheiros e empreendedores estavam fazendo coisas em uma escala que ninguém havia feito antes. Eles estavam fazendo descobertas, aproveitando invenções, contratando mão de obra, criando riqueza e fazendo coisas de maneiras anteriormente inimagináveis. As velhas elites estavam desmoronando ou sendo abertas a novos membros. A alfabetização e a educação estavam se espalhando para além das pequenas minorias. As oportunidades de as pessoas superarem a categoria em que nasceram, de serem diferente de seus pais e de fazerem algo novo de si mesmas estavam se multiplicando e se espalhando. Um pensamento liberal abrangente que prometia trazer ordem e justificação a esse fermento era tal que tudo o que obstruía esses felizes desenvolvimentos deveria ser eliminado. As virtudes sociais associadas à inovação, mobilidade ascendente e desenvolvimento humano deveriam ser valorizada : ousadia, iniciativa, espírito empreendedor e autocontrole. Preguiça mental, falta de ambição, inveja e passividade eram correspondentemente reprovados como vícios sociais. "Eu seria um impostor", escreveu Samuel Smiles em 1859, "se prometesse a qualquer classe que eles avançariam se fossem imprevidentes, negligentes e ociosos".

Socialmente, a não obstrução incluía a igualdade de oportunidades, o ideal sem fronteiras de remover as barreiras ao avanço social.

Economicamente, a não obstrução encontrou expressão em volumes da legislação que derrubou velhas barreiras comerciais em meados do século 19. Da década de 1850 à década de 1860, novas leis incorporaram a liberdade de interferência em suas operações cotidianas para coletividades como empresas comerciais e, a tempo, para sindicatos. Os advogados estavam menos preocupados do que os filósofos ou os metodologistas sociais para saber se tais coletividades eram indivíduos ou não. O pensador social britânico Ernest Barker observou ironicamente ao olhar para trás, a partir de 1915: "Se somos individualistas agora, somos individualistas corporativos", escreveu ele. "Nossos indivíduos estão se tornando grupos".

Para o terceiro elemento do respeito cívico, a não exclusão, os liberais poderiam recorrer à insistência da tradição moral comum sobre o valor incontestável da pessoa humana. As pessoas podem ser excluídas de muitas coisas por uma boa razão. Todos, exceto você, podem ser razoavelmente excluídos de sua propriedade. Todos, exceto o vencedor, podem ser excluídos do prêmio. Todos, exceto os necessitados, podem ser excluídos da ajuda aos necessitados. Não existiam boas razões para excluir alguém do reconhecimento devido ao valor humano. Importar essa ideia para a política teve grandes consequências. Politicamente, a não exclusão sustentava os direitos iguais dos cidadãos "ativos" de votar e ocupar cargos, por exemplo, bem como a igualdade perante a lei: a recusa da ideia de que fé, posição ou riqueza pudessem ser boas razões para pessoas serem tratadas de maneira diferente de outras perante um tribunal. Com o tempo, a não exclusão tornou-se uma arma contra negar respeito igual a qualquer pessoa por causa de seu *status* pessoal ou roupagens sociais.

O respeito cívico foi contestado em cada um de seus elementos pelos rivais do liberalismo do século 19, socialismo e conservadorismo. Para os socialistas, prometer não se intrometer na privacidade ou desencorajar a individualidade subvalorizava a ponto de negar as reivindicações que a solidariedade de classe tinha sobre a lealdade e os deveres dos trabalhadores. Os conservadores pensavam que a privacidade e a individualidade minavam os vínculos e o respeito ou as hierarquias locais. Para ambos os oponentes, a não intrusão liberal parecia protetora, mas na verdade era corrosiva.

Quanto à não obstrução, para os socialistas, tais mudanças promoveram desigualdades e comprometeram a irmandade. Uma queixa socialista comum era que o capitalismo industrial, a inovação mais saliente da época, estava virando a sociedade e a moralidade de cabeça para baixo. Como o liberalismo favorecia a inovação e não atrapalhar as pessoas, o liberalismo merecia a culpa. Para os conservadores, a inovação, a iniciativa e a remoção de barreiras às pessoas ameaçavam o costume e a tradição, um grito romântico contra a modernidade liberal que nunca morreu.

Sobre a não exclusão, socialistas e liberais eram aliados e rivais, como eram com o progresso. Ambos esperavam uma sociedade sem divisões exclusivas de hierarquia, classe, propriedades ou seções. Os liberais retratavam uma sociedade tão indivisa como sem classes. Os socialistas a imaginavam como composto de uma única classe "universal". Para usar os termos da Revolução Francesa, a sociedade indivisa para os liberais era uma sociedade de igualdade cívica, para os socialistas, de fraternidade da classe trabalhadora. Os liberais viam o fim da não exclusão como diversidade, os socialistas como solidariedade. Apesar de toda a sua grande conversa sobre respeitar as pessoas, deixando-as seguir seu próprio caminho, os liberais, aos olhos socialistas, tratavam as pessoas com mesquinhez, pois, incluir todo mundo era vazio, insistiam, a menos que as pessoas tivessem meios, especialmente meios materiais, para fazer uso das proteções e permissões do respeito cívico.

Como conservadores, socialistas e liberais acreditavam no valor da personalidade, a disputa deles não era uma disputa moral como tal, mas uma disputa sobre as implicações políticas de uma convicção moral compartilhada. Os conservadores suspeitavam que os liberais apresentavam presunção e hipocrisia. Os liberais não inventaram o valor humano. Com respeito a isso, os conservadores tinham fundamento para sua afirmação de que eles eram mais inclusivos, melhores em defender as pessoas comuns e mais experientes em tratá-las adequadamente do que os liberais de coração duro e obcecados pelo comércio, com suas fábricas punitivas e reformas disruptivas. Para a mente conservadora, não havia problema em reconhecer a dignidade moral de todos. Importar a ideia para a política para que ela corresse livremente pareceu-lhes um absurdo. Poucas pessoas, para a mente conservadora, eram capazes de participar ativamente da vida pública, quanto mais governar. Isto é, as pessoas podem merecer respeito moral, quem quer que sejam, mas não respeito cívico.

Apesar da oposição, a afirmação liberal de que as pessoas mereciam respeito inquestionável do poder ganhou aceitação em sociedades onde cada vez mais pessoas exigiam tal respeito e tinham os meios para se fazerem ouvir. Ao pressionar a reivindicação, os liberais poderiam recorrer também a uma tradição moral comum que todos compartilhavam igualmente em valor humano, bem como a experiência histórica recente de perseguição religiosa fracassada e de colapso da ortodoxia.

Apesar de todo o seu apelo, não era fácil trazer o valor humano igual para a política. Um aspecto tinha a ver com o conteúdo, o outro com o escopo. Eles ficaram, de certa forma, em uma relação recíproca. O valor humano tinha que ser o tipo de coisa que todos compartilhavam para fazer seu trabalho não-exclusivo. O que quer que todos compartilhassem, dadas suas diferenças manifestas, tinha que ser algo tão singular e difícil de definir quanto o valor humano. Quanto maior o escopo, menos tangível o conteúdo. Quanto mais tangível o conteúdo, mais problemático o escopo. Essa tensão nunca deixou o pensamento liberal.

O conteúdo de valor igual pode ser colocado de várias maneiras. Por exemplo, as pessoas importam por si mesmas. Elas não são criaturas ou ferramentas. Filósofos a partir de Kant visavam a sustentar tais convicções com argumentos seculares. A própria convicção era antiga, estando presente nas tradições judaica, cristã e islâmica. A ideia do valor humano como algo resgatável nesta vida já deveria ter caído no pensamento cristão medieval e sido redescoberta com um estrondo na Renascença, popularizada na Reforma e ganhado voz democrática logo depois. Seja isso historicamente adequado ou preciso, o valor intrínseco dos humanos tornou-se um marcador organizador do pensamento político durante os séculos 17 e 18, mesmo quando a crença na divindade de suas origens começou a desaparecer. Difundiu-se a ideia de que o valor intrínseco era algo que nem a sociedade nem os governantes deveriam ignorar e tornou-se uma maneira de dividir os pensadores políticos, para usar um contraste trabalhoso, em idealistas, que acolheram a moralidade na política, e realistas, que esperavam manter a moralidade em seu lugar. No lado idealista, Kant fez da não instrumentalidade das pessoas uma peça central de sua ética e política, ligando uma ideia intimamente à outra, ou seja, a capacidade de dar e receber razões. Em *Groundwork to the Metaphysic of Morals* (1785), ele escreveu: "O homem, e em geral todo ser racional, existe como um fim em si mesmo".

O outro aspecto do valor humano foi sua distribuição. Todo mundo, o pensamento avançou, tinha o que quer que fosse que desse valor à vida. Para expressar o pensamento negativamente, a ninguém pode ser negada a comunhão em valor humano. Nada disso era fácil de colocar de forma coerente. A ideia tomou muitas formas. Os pensadores dos direitos naturais diriam que ninguém era naturalmente mestre ou naturalmente escravo. Os cristãos diriam que todos eram iguais aos olhos de Deus. Alguns liberais, ecoando Rousseau, poderiam dizer que todos compartilham igualmente a dignidade humana, isto é, o tipo de dignidade que impunha respeito inquestionável não era uma marca de posição social, capacidade pessoal ou realização mundana. Outros, apoiando-se na ligação de Kant entre o valor pessoal e a capacidade de julgamento sólido, mas independente, podem equiparar dignidade com racionalidade – uma afirmação que os críticos de Kant, tanto liberais quanto não liberais, suspeitavam que, nas mãos erradas, facilmente se tornaria uma espada de exclusão e desigualdade. Hegel combinou um conto conceitual e histórico ao tratar as reivindicações da dignidade humana e a luta pelo reconhecimento como diferentes aspectos do progresso humano.

Em um modo menos filosófico, os puritanos ingleses colocam o pensamento de igual valor grandiosamente. O Arcanjo Miguel diz a Adão em *Paraíso Perdido*: "Homem sobre os homens ele não fez senhor, tal título sendo reservado a Si mesmo". Os puritanos também o colocam com veemência. O *leveller* Rumbold no andaime em Edimburgo, em 1685, após a fracassada Rebelião de Monmouth contra James II, declarou: "Eu tenho certeza de que nenhum homem nasceu marcado por Deus acima de outro; pois ninguém vem ao mundo com uma sela nas costas, nem botas e esporas para montá-las". Embora esses não fossem estritamente o mesmo pensamento, seu objetivo era o mesmo. Todos eles apontaram para a ideia de que há algo valioso para si em cada vida humana que não pode ser explorado ou transgredido sem dano moral.

Ao levar a não exclusão moral para a política, os liberais importaram uma ideia de ambição desanimadora, cujas consequências democráticas eles, a princípio, espiaram apenas vagamente. Pensada democraticamente, a ideia de não exclusão passou a se aplicar ao respeito cívico como um todo. Pois o próprio respeito cívico poderia ser tomado de forma inclusiva, para quem quer que seja, ou exclusivamente, para uns poucos privilegiados. Um eleitorado limitado ou uma casta legalmente protegida poderiam, como um clube exclusivo, tratar seus membros igualmente, enquanto tratam os membros excluídos de forma desigual. O respeito cívico, quando tomado democraticamente, não permitia tal exclusão.

Pelo contrário, o respeito exigia que as garantias costumeiras de não intrusão, as novas permissões de não obstrução e a segurança contra a discriminação oferecida pela não exclusão fossem devidas sem discussão a cada pessoa, por mais humilde, estúpida ou aparentemente inútil para a sociedade. Como será visto em breve, honrar essa exigência abriu uma longa disputa entre liberalismo e democracia não resolvida até meados do século 20 e sempre aberta a retrocessos e renegociações.

Voltando a olhar para um segundo apoio ao respeito cívico, a história da tolerância deu aos liberais o duplo encorajamento de razões e precedentes. A imagem liberal do passado sem dúvida exagerava sua união, mas era suficientemente crível para servir à autocompreensão dos liberais como arautos do novo. A imagem deles era mais ou menos essa. No caminho para a modernidade, passou-se a aceitar que a ordem social não exigia uma fé comum. O poder secular e espiritual, antes disso, se misturava em controle compartilhado e uniforme. A ordem social, como dizia a palavra de ordem da coroa francesa, exigia "um rei, uma lei, uma fé". A lei coercitiva respaldou as normas religiosas e a autoridade da igreja sancionou a lei coercitiva. Como lei e religião eram, de fato, uma coisa só, a heterodoxia religiosa equivalia à dissidência política. Com a modernidade, essa coerência sufocante desapareceu. A autoridade do Estado e a força de suas leis eram justificadas em termos seculares de imparcialidade e utilidade para os vários propósitos das pessoas. A autoridade moral que as igrejas tinham, ou alegavam ter, não merecia respaldo na lei. Os objetivos da vida, amplos ou estreitos, eram para que todos descobrissem e testassem por si mesmos, e não impostos pela autoridade social.

Entre a unidade pré-moderna e a diversidade moderna veio uma ponte de tolerância. A travessia foi lenta, com muito apoio. A tolerância equivalia primeiro à não perseguição. Em meio a conflitos confessionais estimulados pela rivalidade dinástica, os governantes do século 16 passaram a ver que a paz exigia que eles desistissem do apoio unilateral de uma fé dominante. Com frequentes retrocessos, os governantes católicos pararam de atormentar os luteranos, os governantes luteranos pararam de atormentar os calvinistas e os governantes calvinistas pararam de atormentar os anabatistas. O anseio pela paz social sustentou a trégua religiosa de Augsburgo (1555) e o Tratado de Vestfália que pôs fim à Guerra dos Trinta Anos (1648).

Ao pregar e panfletar a tolerância, seus eruditos defensores apoiaram-se fortemente nos dois temas organizadores da ignorância e da perversidade. Os perseguidores, eles argumentaram primeiro, nunca sabiam o suficiente para eliminar os réprobos com justiça ou sucesso. Magistrados seculares e autoridades da igreja em um mundo caído ignoravam os desígnios mais profundos de Deus. A tarefa da coroa era proteger os salvos e os condenados, e só Deus sabia qual era qual. Assim argumentara o protoprotestante inglês William Wycliffe no final do século 14. Esse argumento da ignorância foi condensado por Nicolau de Cusa em uma etiqueta do século 15: "Uma fé, muitos ritos". Deus, a implicação dizia, poderia ser honrado de muitas formas, e nenhum príncipe ou sacerdote sabia o suficiente para dizer com autoridade qual caminho agradava ou desagradava a Deus mais do que outros. A perseguição, em segundo lugar, era perversa. Seja prática ou moralmente, ela era autodestrutiva. Praticamente, a coerção não funcionou. Torturadores podem fazer as pessoas sofrerem, mas não mudarem de ideia, e a coerção geralmente endureceu a dissidência. Moralmente, a perseguição feriu por sua crueldade e arrogância os princípios cristãos pelos quais alegou lutar.

Esse duplo argumento contra a supressão da não ortodoxia, da ignorância e da perversidade era bem conhecido e ganhou ampla aceitação no final do século 16. Os grandes defensores do livre pensamento e da liberdade de consciência que se seguiram no século 17 – Milton, Spinoza, Bayle e Locke – abandonaram o duplo argumento liberalmente. Como razões contra permitir que o poder tentasse monitorar o que as pessoas pensavam, esses pensadores posteriores ampliaram, mas não expandiram muito, a invencível ignorância das autoridades que não sabiam o que proibir ou a perversidade moral e prática de tentar monitorar a mente das pessoas.

A tolerância tendia a se estender ao longo da linha do que poupava as pessoas. A tolerância se espalhou de não queimar ou aprisionar hereges ao levantamento de multas pela prática de crenças não ortodoxas, ao reconhecimento legal em pé de igualdade com a ortodoxia e, finalmente, a dar ao não ortodoxo os mesmos direitos cívicos de que o ortodoxo desfrutava. Essa sequência da não perseguição através da descriminalização e da legalização até a igualdade cívica não foi uma grande marcha ininterrupta. A própria existência de etapas permitiu compromisso e atraso. Na França, o Édito de Nantes (1598) deu aos huguenotes apenas liberdade religiosa limitada, e sua concessão de direitos cívicos foi retirada na década de 1620, bem antes da revogação do próprio édito. Garantias de tolerância mútua para luteranos, calvinistas e católicos na Paz de Vestfália (1648) foram feitas entre a Suécia e o Império, embora não com a França. A Lei de Tolerância Inglesa (1689) aboliu certos critérios religiosos e colocou anglicanos e não conformistas em pé de igualdade em algumas áreas da vida pública, mas excluiu católicos e unitários, aceitou *quakers* apenas condicionalmente e excluiu todos, exceto anglicanos, de muitos cargos. Católicos e não conformistas na Inglaterra não ganharam direitos iguais como cidadãos até 1829, judeus não até 1858. Somente à distância essa sequência do controle à não intrusão poderia parecer rápida, suave ou irresistível.

Mesmo assim, observou-se um mecanismo que encorajou a esperança de que a tolerância, uma vez adotada, se tornaria irreversível e, em seguida, rapidamente autoabolida. O mecanismo era a indiferença. Foi muito apreciado, especialmente na Inglaterra. Em 1700, após quase dois séculos de violento conflito religioso, as paixões da fé estavam em declínio. Em 1694, um adventista que pregava a iminente segunda vinda de Cristo não foi levado ao tronco ou enviado à forca, mas instado a procurar cuidados médicos. Em sua *Letter on Enthusiasm* em *Characteristics* (1711), o patrono de Locke, o conde de Shaftesbury, recomendou o ridículo como a resposta adequada aos sectários religiosos. Durante sua estadia na Inglaterra, iniciada em 1729, Montesquieu captou o que considerava o espírito da época. Quase ninguém assistia às orações regulares que abriam as sessões do Parlamento, relatou Montesquieu, se a religião fosse mencionada quando em companhia, todos caíam na gargalhada. Uma linha paralela veio de Daniel Defoe (1660-1731), um dissidente perseguido por juízes anglicanos que se tornou mais conhecido por *Robinson Crusoe* (1719). Em críticas e ensaios, Defoe insistiu em sua convicção de que as disputas sobre religião estavam abrindo caminho para a competição no comércio à medida que o interesse pela fé diminuía, o ganho de dinheiro tornou-se uma preocupação e a mudança fez bem a todos. Um dístico de Defoe em *The True Born Englishman* (1701) captou perfeitamente essa desconfiança mundana do sectarismo religioso: "Onde quer que Deus erga uma casa de oração / O Diabo sempre constrói uma capela lá".

A confiança no mecanismo de crescente indiferença baseou-se na própria forma da tolerância como uma ideia. Como uma ponte estreita e fortemente trafegada entre a proibição e a aceitação, a tolerância não era um lugar para parar. A tolerância abrangia uma lacuna entre o que era legalmente proibido e o que era moralmente aceitável. Se tudo o que fosse reprovado fosse proibido, ou igualmente, se tudo o que fosse permitido fosse aceitável, a tolerância não seria necessária. Estritamente, não seria possível. A lacuna que atravessava desapareceria. A tolerância só era possível quando certas ofensas morais eram legalmente permitidas. Se uma ofensa moral era forte ou amplamente sentida, o argumento a favor da proibição legal crescia. Se a ofensa moral fosse fraca ou sentida por pouco, o argumento a favor da aceitação franca crescia. No meio, a tolerância era instável, pressionada pelo rigorismo e restrição de um lado, pelo laxismo e permissividade do outro. O Estado poderia reduzir o que era permitido proibindo mais. Ou a sociedade poderia reduzir o que achava inaceitável, opondo-se a menos. À medida que o equilíbrio entre essas pressões mudou historicamente em diferentes áreas da vida, o espaço de tolerância nessas áreas cresceu ou reduziu.

Na esfera religiosa, a mecânica da tolerância trabalhava na direção de uma aceitação crescente. À medida que a indiferença religiosa se espalhou, a fé tornou-se privada, a sociedade foi "secularizada" e o espaço de inaceitabilidade encolheu. Havia cada vez menos para tolerar, pois as pessoas se importavam cada vez menos com a religião umas das outras. Para a mente liberal, essa indiferença secular foi um triunfo bem-vindo da modernidade esclarecida, que pode fornecer um modelo para a indiferença de princípios a outras distinções sociais, escolhidas ou não, em domínios não religiosos.

Na década de 1880, grande parte do conteúdo, embora ainda não tenha todo o escopo, do respeito cívico liberal estava incorporado na lei ou na prática social. No século 20, o poder público deixou as pessoas seguirem cada vez mais, já que suas roupagens sociais passaram a importar cada vez menos aos olhos da lei e em termos de eficiência econômica. Aqui estava algo para os liberais se orgulharem. Por outro lado, como o próximo período do liberalismo mostrará amplamente, paixões excludentes e ódios seccionais não morreram com a modernidade iluminista e o capitalismo liberal. A crescente indiferença à religião, entre algumas pessoas, coexistiu com o zelo religioso renovado, entre outras.

A educação se espalhou, como Humboldt e Mill esperavam, mas o cidadão autogovernado confiantemente permaneceu evasivo. A sociedade cresceu mais na classe média, como Hegel, Constant e Tocqueville previram, mas os conflitos materiais entre ricos e pobres permaneceram. A sociedade como um todo tornou-se mais próspera, mas a falta natural de sentimento de companheirismo que Hume havia descrito e contra a qual Mill havia lutado não se corrigiu no mesmo ritmo. Não havia, segundo os liberais, mecanismos de aceitação mútua entre as pessoas. As proteções que o respeito liberal prometia às pessoas em relação ao poder do Estado, da riqueza ou da sociedade nunca foram seguras. O trabalho de fortalecer o respeito cívico pelas pessoas e mantê-lo em reparo nunca terminou.

ii. As conquistas que deram confiança aos liberais

A primeira parte da história liberal mostrou que tomar o liberalismo do século 19 como uma campanha pela liberdade obscurece-o com um rótulo excessivamente generalista e que tomá-lo como uma campanha para governos pequenos é uma caricatura anacrônica. Quando os liberais do século 19 falaram pela liberdade, nem todos defendiam as mesmas coisas. O governo na década de 1880 estava crescendo de maneiras que os primeiros liberais mal podiam imaginar e os liberais fizeram muito para concretizar os novos poderes do governo. Ao defender "o indivíduo", os liberais estavam realizando muitas campanhas distintas. O liberalismo no século 19 era mais do que o credo econômico de uma burguesia em ascensão.

Eticamente, Wilhelm von Humboldt e Benjamin Constant tomaram uma posição de abertura sobre aspectos contrastantes do respeito cívico pelas pessoas: nutrindo suas capacidades e honrando sua privacidade. Politicamente, o sonho liberal da ordem sem senhores tomou forma na pessoa de Guizot, historiador, pensador e primeiro-ministro. Suas ideias sobre a necessidade de conter o poder e impedir sua monopolização eram paralelas ao constitucionalismo americano, expressas claramente no Madison pré-liberal e no Calhoun não liberal. Socialmente, Tocqueville articulou uma ansiedade liberal duradoura sobre o poder cultural sufocante da democracia de massa. O liberal alemão Schulze-Delitzsch expressou uma preocupação, em contrapartida, sobre o poder centralizador do governo e dos mercados de massa. William Ellery Channing e Samuel Smiles ilustraram dois caminhos contrastantes de progresso pessoal: aperfeiçoamento moral e independência material. Economicamente, as vidas do reformador utilitarista Edwin Chadwick e do defensor do livre comércio Richard Cobden cristalizaram um argumento duradouro, "Estado *versus* mercado", entre os liberais sobre os meios mais confiáveis de progresso social. Herbert Spencer imaginou uma ordem política liberal como o resultado natural, mas bem-vindo, do progresso evolutivo. Intelectualmente, John Stuart Mill deu o maior reconhecimento às tensões no pensamento liberal entre promover o progresso social e promover a individualidade humana, entre a busca do bem comum e o respeito pelas pessoas uma a uma, por suas propriedades e seus objetivos. Abraham Lincoln e William Ewart Gladstone personificaram a capacidade do liberalismo e demonstraram o poder das palavras liberais. Cada um mantinha grandes partidos combinando muitas correntes liberais. Edouard Laboulaye, na França, sob o autoritário Napoleão III, e Eugen Richter, na Alemanha bismarckiana, ilustram o desafio que o liberalismo enfrenta quando a busca pela ordem e o aperfeiçoamento humano é conduzida de maneira não liberal.

Os liberais de 1880-1945 herdaram um ideal atraente de uma ordem eticamente aceitável de progresso humano entre iguais cívicos sem recorrer ao poder indevido. O progresso material, a disseminação da educação e a aceitação dos valores de moderação e compromisso da classe média convenceram os liberais de que seu sonho de ordem sem mestres poderia, afinal, ser realizável.

Os liberais ainda precisavam aceitar que seu sonho deveria ser realizado democraticamente. No período seguinte, passaram a aceitar que o que o liberalismo prometia aos homens proprietários e educados era devido a todos, quem quer que fossem. Politicamente, eles passaram a aceitar o sufrágio universal. Economicamente, passaram a aceitar ações mais justas. Eticamente, desistiram das reivindicações de autoridade tutorial.

Um elemento comum que os liberais posteriores notaram em seus antepassados do século 19 foi a confiança. O tom era mundano, mas claro, em Guizot, palidamente vitorioso em Tocqueville, obstinado em Richter e adamantino em Mill. Era bíblico em Lincoln e homérico em Gladstone. Em seus diferentes tons, todos expressaram uma confiança que os liberais posteriores ouviram com inveja.

Os liberais do período seguinte aprenderam que a educação universal e o progresso cultural não garantiram a razoabilidade humana. Eles aprenderam que as economias modernas nem sempre se estabilizariam sozinhas. Eles aprenderam que o comércio internacional e o intercâmbio financeiro não garantiam a paz. À medida que avançavam para o século 20, os liberais descobriram que sua nova ordem emergente poderia voltar à guerra e à barbárie em uma escala que os próprios sucessos do capitalismo liberal haviam feito muito para tornar possível.

PARTE DOIS

LIBERALISMO NA MATURIDADE E NA LUTA COM A DEMOCRACIA (1880-1945)

5.

CENÁRIO HISTÓRICO NA DÉCADA DE 1880

O MUNDO QUE OS LIBERAIS ESTAVAM CRIANDO

Em 20 de maio de 1880, um jovem professor da Universidade de Cambridge, na Inglaterra, pediu em casamento uma aluna sua de 19 anos por quem estava apaixonado. Para seu deleite, ela aceitou. Ele era Neville Keynes, professor de economia e filosofia. Ela era Florence Brown, filha de um ministro congregacional de mentalidade liberal e uma das primeiras ganhadoras do declínio do preconceito contra as mulheres no ensino superior. O casal logo se casou e, em junho de 1883, nasceu seu primeiro filho, John Maynard. Neville passou a escrever livros sobre lógica e método econômico. Florence, que fez campanha pela reforma dos tribunais juvenis e por oportunidades para as mulheres na vida pública, tornou-se a primeira vereadora de Cambridge e, com o tempo, prefeita. Sete décadas depois, no inverno de 1945, o filho, agora membro da Câmara dos Lordes da Grã-Bretanha e o economista mais famoso do mundo, relutantemente assinou termos para um empréstimo americano ao seu país em dificuldades. A Grã-Bretanha queria US$5 bilhões incondicionalmente, conseguiu US$3,75 bilhões com condições desagradáveis, e os três meses que levou para conseguir isso, para Keynes, pareciam mais uma mendicância do que uma barganha. Ele deixou Washington frustrado, exausto e doente. Em quatro meses, ele estava morto.

Como Wilhelm von Humboldt, que começou essa história liberal, Maynard Keynes viveu em um mundo virado de cabeça para baixo. Ambos os homens testemunharam avanço econômico incomparável e deslocamento econômico sem precedentes, guerra em uma nova escala de destruição, ascensão e queda de classes, elites e nações, bem como mudanças radicais na lei e na política. Humboldt nasceu em um mundo pré-liberal e morreu enquanto o liberalismo se enraizava. Keynes viveu em um mundo que era totalmente liberal, mas que, para começar, era pré-democrático em muitos aspectos. Ele testemunhou que algumas de suas ideias ajudaram a garantir o longo e relutante compromisso que o liberalismo atingiu com a democracia, economicamente, politicamente e eticamente. Ele morreu quando uma versão mais estável do que emergiu desse compromisso histórico, a democracia liberal, deu ao liberalismo uma segunda chance.

Os liberais no tempo de Humboldt eram uma oposição de homens e mulheres em ascensão, confiantes em sua crença de que os erros da sociedade pertenciam aos outros, enquanto corrigir esses erros pertencia a eles. Os liberais da época de Keynes não eram mais uma oposição. Eles administravam os governos e dominavam os estabelecimentos de sua época. As ideias liberais agora eram ortodoxias. A política de caráter liberal cresceu onde os liberais não estavam realmente no poder. Os liberais possuíam os sucessos e fracassos das décadas de 1880 a 1940. Como havia muitos de ambos, o liberalismo democrático que surgiu depois de 1945 foi reforçado e repreendido.

Assim como 1835, ano da morte de Humboldt, 1883, ano do nascimento de Keynes, oferece um recorte de tempo revelador para o período. Foi cheio para os economistas além de Keynes. Joseph Schumpeter nasceu em fevereiro e, no mês seguinte, Karl Marx morreu. Em junho, o *Reichstag* alemão aprovou uma lei de seguro de saúde obrigatório com base no conhecimento de uma nova geração de especialistas sociais, como Gustav Schmoller, fundador do principal *think tank* econômico da Europa. Nos Estados Unidos, o jovem Irving Fisher estava estudando para entrar na Universidade de Yale, onde passaria sua carreira como especialista monetário e estudante de falhas de negócios. Em Lausanne, o economista francês Léon Walras refinou e defendeu sua descrição matemática do equilíbrio de mercado, o sonho do liberalismo de uma ordem autoestabilizadora renderizada em equações simultâneas. Na Inglaterra, o futuro professor de Keynes, Alfred Marshall, estava trabalhando em um rascunho inicial de seu "estudo da humanidade nos negócios comuns da vida", *The Principles of Economics* (1890).

Politicamente, liberais e socialistas estavam começando a vislumbrar que, ao competir pela coroa do progresso, eram aliados em sua causa.

Em agosto de 1883, o líder trabalhista americano Samuel Gompers disse a um comitê do Congresso em Washington que os sindicatos mantinham sob controle "os elementos mais radicais da sociedade". No exílio suíço das leis antissocialistas de Bismarck, Eduard Bernstein estava pedindo aos social-democratas alemães que abandonassem as esperanças de um salto revolucionário para a fraternidade e transformassem o capitalismo por meio de uma reforma gradual.

Em 1883, os liberais estavam sob o desafio de aceitar que seus altos ideais cívicos poderiam se aplicar a todos. A escritora de Berlim Hedwig Dohm abriu uma campanha para o voto feminino. As distinções sociais de gênero repousavam, argumentou ela, não em diferenças naturais, mas em convenções mutáveis e prejudiciais. Em uma turnê pelo leste dos Estados Unidos, um chefe de Omaha, Standing Bear, pediu proteção legal dos nativos americanos, então excluídos como não cidadãos. O Estado de direito foi cruel em suas exclusões de negros americanos. Em outubro, a Suprema Corte dos EUA derrubou a Lei dos Direitos Civis de 1875, que proibia a barra de cores em "acomodações públicas" – locais para comer ou beber, ônibus, balsas, trens e teatros.

Intelectualmente, o ideal ético de autoconfiança racional do liberalismo estava sob escrutínio. Em 1883, Friedrich Nietzsche publicou as duas primeiras partes de *Thus Spake Zarathustra*, mais um passo em sua campanha equívoca para demolir, como alguns entenderam, a fé moralista no progresso liberal ou, como outros o leram, para encontrar uma ética humanamente viável em um mundo ímpio e sem sentido. Em uma clínica psiquiátrica em Viena, o jovem doutor Freud estava começando a pensar em um quadro segmentado da mente humana que abalaria a confiança no pensamento reconfortante de que o conteúdo da mente era transparente para nós e, dada a vontade, controlável. As palavras *société, society* e *Gesellschaft* deixavam de significar salões onde se podia ou não ser bem-vindo e começavam a figurar na política como objeto de uma nova disciplina, nomeada pela primeira vez na França, *sociologie*. Concentrava-se menos em propósitos privados e independentes do que em fenômenos irredutivelmente sociais, como imitação, ritual público e conduta de multidões. Nós éramos menos livres do que imaginávamos, sugeria o estudo da sociedade, e cedíamos a pressões coletivas das quais mal estávamos cientes.

Economicamente, a década de 1880 foram os anos de recuperação entre pânicos perturbadores de 1873 e 1893. Por mais alarmantes que fossem esses ciclos curtos, eles ocorreram dentro de uma longa recuperação do final do século 19. De 1869 a 1913, a renda média na França aumentou em dólares ajustados de US$ 2 mil por ano para US$ 3.500, na Alemanha de US$ 1.900 para US$ 3.600 e na Grã-Bretanha de US$ 3 mil para US$ 4.900. Somente nos Estados Unidos, entre 1870 e 1890, a renda real *per capita* quase dobrou. Mesmo para os pobres, a vida melhorou. A partir da década de 1880, os rendimentos reais aumentaram à medida que os preços se estabilizaram ou caíram, as famílias ficaram menores e a medicina e o saneamento urbano melhoraram. Nem todo mundo ganhou igualmente. Devedores, agricultores, artesãos e pequenas empresas sofreram como grupos mais do que outros. A riqueza se espalhava de forma desigual. O padrão de desigualdade da Alemanha era típico: em 1913, um décimo das famílias alemãs recebia 40% da renda total, dois quintos ficavam com outros 36% e metade do país se contentava com 25%. Os trabalhadores responderam, em legítima defesa, exigindo uma parcela mais justa de uma economia em expansão. De 1890 a 1913, a proporção da força de trabalho não agrícola nos sindicatos aumentou na Grã-Bretanha de 10% para 25%, na Alemanha de menos de 5% para 25% e nos Estados Unidos de 2% para 10%.

Narrativas progressistas rivais competiram, portanto, nas décadas de 1880 a 1940. Para usar uma frase do historiador econômico americano Thomas K. McCraw, uma narrativa socialista falava de uma Casa do Ter contra uma Casa do Desejo. Falava de uma máquina burguesa exploradora pisando os trabalhadores e os pobres na terra, que logo seriam substituídos por uma ordem social mais estável e equitativa. Uma narrativa liberal amenizadora falava do capitalismo liberal gradualmente amenizando os conflitos materiais que causava à medida que as economias cresciam e a prosperidade se espalhava. No retrovisor da história, fica claro qual história venceu. Os liberais nas décadas de 1880 a 1940 raramente tinham certeza em qual história econômica estavam, conflito aberto ou acomodação gradual, especialmente quando seu mundo econômico se abalou na década de 1890 e entrou em colapso na década de 1930.

Embora ninguém soubesse disso na época, em 1883, a revolução do transporte de carvão a vapor estava terminando e uma revolução da engenharia química-elétrica estava começando. Em janeiro, a Ferrovia do Pacífico Sul foi aberta do Golfo do México ao Oceano Pacífico. Em setembro, a conclusão do Pacífico Norte havia ligado os Grandes

Lagos ao Noroeste Americano. As grandes empresas americanas agora tinham um único mercado nacional. Em Berlim, Emil Rathenau fundou a empresa de engenharia alemã AEG para colocar em prática as descobertas eletromecânicas da década anterior. Em Ohio, John D. Rockefeller combinou 40 pequenas empresas em uma empresa gigantesca, a *Standard Oil*, que refinava o petróleo para iluminar e aquecer residências. Em um galpão de máquinas em Mannheim, Karl Benz estava mexendo no primeiro automóvel sem vapor. Em breve, a *Standard Oil*, para surpresa de Rockefeller, estaria refinando petróleo para abastecer carros. A imprevisibilidade da mudança técnica, que veremos no final desta parte, foi uma peça central do ataque de Karl Popper às teorias da "marcha da história", especialmente as teorias que alegavam que a história estava deixando o liberalismo para trás.

A empresa e o consumidor estavam descendo rapidamente a Rua Comercial de braços dados em 1883. Ao emancipar as empresas privadas, leis pioneiras das décadas de 1850 a 1870 na Grã-Bretanha, França, Alemanha e Estados Unidos criaram um novo e expansivo agente de criatividade e mudança. As empresas foram registradas sem aprovação estatal onerosa. A responsabilidade dos investidores, quando uma empresa quebrava, era limitada à sua participação pessoal. As empresas foram libertadas desde o início do favoritismo, interferência estatal e subornos. Elas foram libertadas em vida do medo inibidor do risco.

À medida que a riqueza começou a se espalhar, nem todos os centavos foram gastos em necessidades. Pela primeira vez, em qualquer escala, as pessoas tinham escolhas materiais. Elas tinham decisão econômica. Economistas começaram a chamar as pessoas de consumidores e a atender às suas escolhas. A demanda finalmente entrou no pensamento econômico como uma contrapartida igual e ativa do fornecimento. Os consumidores eram vitais para as empresas, que os cortejavam e bajulavam. Consumo de massa, publicidade em massa e jornais de massa juntos ajudaram a promover a democracia econômica e a cultura democrática.

À medida que a riqueza continuou a se espalhar, nem todo último centavo foi gasto. Mais pessoas foram salvas e de novas maneiras. As ações ficaram populares. Em novembro de 1883, um repórter da *Wall Street*, Charles Dow, iniciou uma página de dicas, *The Customers' Afternoon Letter*, precursora de seu índice de ações *Dow-Jones*. Os hábitos plutocráticos se espalharam rapidamente. Em 1900, meio milhão de americanos possuíam ações diretamente, cerca de 1 pessoa em 150. Em 1950, a participação havia crescido para cerca de 1 em cada 12. Se incluísse os fundos de pensão das empresas, um número muito maior de americanos naquela época tinha motivos para assistir ao coração de *Wall Street* e se considerarem capitalistas de uma só vez.

Descendo também a Rua Comercial, em 1883, veio um novo veículo pesado, o Estado moderno. Os gastos governamentais na década de 1880 representaram cerca de 10% a 15% da produção nacional nos países em foco aqui. Em 1945, o nível em tempo de paz havia se estabelecido em 40% a 50%. Empresas e consumidores reclamaram sem parar, mas usaram o Estado quando conveniente, recorreram a ele em necessidade e se sentiram abandonados quando não foram ajudados. Como Adam Smith havia percebido, os negócios queriam indulgência do governo, não negligência. Embora o Estado moderno tenha crescido mais visivelmente na guerra, como os Estados sempre tiveram, fatores de tempo de paz também estavam em jogo. O governo nas décadas de 1880 a 1940 tornou-se menos corrupto, menos uma ferramenta de elites exclusivas ou extrativistas, mais previsível e mais eficaz. À medida que os eleitores e as empresas exigiam mais do governo, ele se tornava mais capaz e, à medida que suas capacidades cresciam, mais era pedido.

Tudo isso, finalmente, estava acontecendo em um campo estabelecido de autoridade nacional. Um Estado moderno mais ou menos integrado presidia a uma nação mais ou menos unificada. As divisões seccionais persistiram. Socialmente falando, a Alemanha Imperial dividiu-se em um Oriente rural atrasado e um Ocidente industrial e progressista. Os Estados Unidos se dividiram de maneira semelhante ao longo de um eixo Sul-Norte, com a complicação adicional da cor. Após guerras de unificação em 1861-70, os dois países tinham uma única autoridade nacional que presidia os estados componentes comprometidos em resolver diferenças internas sem violência. Embora sua autoridade estatal tenha sido comparativamente centralizada, o Reino Unido, para dar à Grã-Bretanha seu nome próprio, foi de certa forma o menos unido. A autoridade indiscutível não se estendeu aos pobres, principalmente à Irlanda católica, que representava um quinto da população do Reino Unido. Em comparação, a França, embora despojada da rica Alsácia-Lorena industrial, perdida para a Alemanha em 1870, era coerente e, na Terceira República (1870-1940), finalmente encontrou uma ordem liberal estável. Esse "mais ou menos" acima precisa ser enfatizado. As incoerências nacionais permaneceram fortes o suficiente ao longo de 1880-1945 para ameaçar o sonho liberal de ordem. Ainda mais profundas estavam as incoerências do império liberal, com seu emaranhado de *status* diversificado e autoridades conflitantes e seus muitos desafios ao princípio liberal.

Em 1880, os liberais estavam sob pressão para chegar a um acordo duradouro com a democracia, politicamente, eticamente e economicamente. Nada estava fadado e a divergência era possível, mas, no final do século 19, todas as quatro nações começaram a convergir para a prática comum da política que chamamos de democracia liberal. Esse compromisso histórico é o tema desta segunda parte das décadas de 1880 a 1940.

Politicamente, envolveu a aceitação liberal de que seus objetivos e ideais se aplicavam não apenas a uma elite digna e proprietária, mas a todos, independentemente de quão humildes, inúteis ou pobres pareçam para a sociedade. Em particular, significou aceitar a democracia eleitoral. A classe trabalhadora e as forças populares foram pressionadas em troca a reconhecer os limites liberais da autoridade da vontade do povo, a abandonar as esperanças de uma revolução para libertar as pessoas da mudança capitalista impiedosa e a aceitar os procedimentos constitucionais liberais, o Estado de direito e o respeito pela propriedade. À medida que a autoconfiança liberal diminuiu, a democracia liberal passou a ser vista menos como o credo governante de uma elite progressista do que como um conjunto de procedimentos neutros para intermediar conflitos e administrar barganhas de grupos de interesse.

Eticamente, os liberais foram pressionados a se comprometerem com a sociedade democrática. Isso significava aceitar que o desprezo pela posição e a recusa da deferência poderiam se voltar contra os próprios liberais e não apenas contra as elites anteriores às quais os primeiros liberais se opuseram e em grande parte suplantaram. Significava ver que a indiferença à tradição e o desprezo pelo tabu poderiam desmistificar ideais e totens que os próprios liberais prezavam. Significava renunciar à tutoria e substituir a promoção do caráter responsável e autoconfiante como objetivo ético do liberalismo pela celebração da escolha. Na longa disputa do século 19 entre visões liberais concorrentes de emancipação pessoal, o eu imprevisível, mas vigilantemente autêntico de Constant começou a prevalecer sobre o ideal clássico de Humboldt de civilidade humana e independente.

Economicamente, o compromisso com a democracia foi um preço que o liberalismo enfrentou para salvar o capitalismo. Na década de 1880, os contornos de tal barganha estavam se tornando evidentes. Se os poucos fossem compartilhar com os muitos, os muitos deveriam aceitar a existência dos poucos. Se aceitasse que o capitalismo estava aqui para ficar, o trabalho ganharia uma voz mais igualitária com o capital, salários mais altos e emprego mais estável. Se o capital aceitasse que uma classe trabalhadora mais rica, mais satisfeita e mais ativa era boa para os negócios, poderia parar de temer pela sobrevivência do capitalismo. Esboçar tal barganha não foi difícil. Atingi-lo em condições estáveis levou, na prática, até depois de 1945. No pensamento liberal, o problema dominante tornou-se menos princípio do que custo: o liberalismo poderia se dar ao luxo de permitir a democracia? Murmurada em Mill, interpretada por Schumpeter e Hayek, essa pergunta perturbadora ancorou a ansiedade econômica do liberalismo sobre a democracia.

Ao revisar o segundo livro de Tocqueville sobre a América, Mill o repreendeu por encerrar o sufrágio universal, o nivelamento cultural e o comércio moderno em uma única ideia e chamá-la de democracia. Mill teve um justo "o que você quer dizer?" como ponto de vista, mas Tocqueville também estava no caminho certo. A expansão do poder de compra e a aceitação gradual de diversas vozes éticas foram tanto uma emancipação democrática quanto a extensão do voto. No final do século 19, os liberais enfrentaram todas as três demandas democráticas. Eles se comprometeram e o liberalismo sobreviveu, mas os liberais nunca acalmaram suas ansiedades sobre os danos que a democracia estava causando ao bom senso político, ao vigor econômico e à saúde ética da sociedade.

Da década de 1880 a 1940, os liberais perderam aquela sensação de confiança juvenil de que seus antecessores do século 19 haviam desfrutado. Eles enfrentaram decepções desconcertantes que testaram suas ideias e abalaram sua moral. A educação, as liberdades cívicas e o progresso material não acabaram com o preconceito, a intolerância ou os ódios seccionais. As finanças e o comércio internacional não substituíram a guerra. As economias de mercado desequilibradas não se corrigiram. Depois de 1945, a democracia liberal ganhou uma segunda chance. Foi bem-sucedida, principalmente por causa das lições aprendidas nas décadas de 1880 a 1940.

6.

OS ACORDOS QUE NOS DEU A DEMOCRACIA LIBERAL

i. Democracia política: resistência liberal à extensão do sufrágio

Se você excluir trabalhadores e mulheres da política por falta de instrução, escreveu Condorcet em 1790, em breve as únicas pessoas admitidas serão aquelas com diplomas de direito público. O ponto de seu sarcasmo era que os direitos cívicos não deveriam depender da "capacidade" cívica, ou seja, da educação ou da propriedade. Todos, por implicação, devem poder votar e concorrer a cargos. Um defensor pioneiro do sufrágio universal, Condorcet, estava identificando uma dificuldade que perseguiria os liberais durante grande parte dos próximos 150 anos. Em *What Is the Third Estate?* (1789), o aliado de Condorcet, o abade Sièyes, pediu a remoção da posição nobre e do *status* clerical como barreiras políticas aos homens burgueses. Nos debates constitucionais de 1793, Sièyes e Condorcet deram um grande passo além, exigindo que cada pessoa tivesse *status* cívico igual. Embora tenham se afastado dos votos para as mulheres, suas propostas eram radicalmente democráticas para a época. Os primeiros liberais eram, por outro lado, retardatários democráticos. Bem no século 19, os liberais engenhosamente destacaram razões pelas quais seus companheiros menores não tinham capacidade para a cidadania plena. Só com relutância o liberalismo passou a tratar a cidadania como um direito.

No que diz respeito ao voto naqueles que deveriam governá-los, os Estados Unidos assumiram a liderança democrática em nome dos cidadãos "livres", isto é, dos homens que não eram americanos nativos nem escravos. Membros de tribos indígenas foram excluídos da cidadania. Para a distribuição de assentos na câmara baixa do Congresso, a Constituição federal de 1787 contava escravos como três quintos de uma pessoa. Além disso, a nova Constituição se silenciou sobre quem poderia votar, deixando as regras eleitorais para os estados. Constituições estaduais, redigidas após a independência de uma mistura de velhas regras e novos princípios, refletiam uma sociedade colonial estratificada. Os direitos políticos em muitos estados foram limitados pela religião, cor ou propriedade. As Carolinas, para as quais Locke havia elaborado uma carta colonial inicial, negavam aos não protestantes o direito de ocupar cargos e negavam aos não crentes o direito de votar. Massachusetts obrigou os cidadãos do sexo masculino a se filiarem a uma igreja, o que significava na prática a igreja Congregacionalista, até a década de 1830. Após o fim da segunda guerra anglo-americana, em 1815, à medida que a república se estabilizava e se espalhava para o oeste, tais restrições começaram a afrouxar e desaparecer. A pressão por uma democracia eleitoral plena veio, como na Europa, de baixo, mas também da impraticabilidade de manter uma franquia estratificada em uma fronteira em expansão. O populismo jacksoniano representou pressões ascendentes e externas. As elites liberais nas cidades temiam energias populares não escolarizadas, mas cederam à mudança. Na década de 1830, os homens brancos nos Estados Unidos, com poucas exceções, podiam votar e ocupar cargos, quem e onde quer que fossem, por mais pobres e sem importar no que acreditavam.

Para os liberais franceses do século 19, a "boa" constituição revolucionária de 1791 acertou. Os requisitos fiscais filtraram a franquia excluindo cerca de 40% dos franceses de votar em eleitores, cerca de 70% de serem eleitores e mais de 80% de ganhar cargos. A constituição revolucionária "ruim" de 1793 errou. Abriu direitos cívicos a todos os homens com mais de 21 anos e a qualquer estrangeiro que vivesse e trabalhasse na França por um ano. A França já estava em guerra e a constituição democrática de 1793 nunca foi aplicada, o que aos liberais era tão bom quanto. Em 1830, sob um "rei dos franceses" orleanista comprometido com o governo constitucional, os liberais não confiavam o poder ao povo. Requisitos fiscais limitaram o voto a cerca de 1 francês em 170. Quando na república de 1848 a votação foi finalmente estendida a todos os homens, o autocrático Luís Napoleão manteve a prática, mas debochou de seu espírito. Uma votação plebiscitária por maioria em 1851 deu legitimidade popular ao seu golpe despótico, confirmando os medos liberais do subornável eleitor comum.

Na Prússia, o chanceler Bismarck tomou nota. Em 1867, ele persuadiu o rei e o parlamento prussianos a adotar o sufrágio universal para votar no parlamento da Federação do Norte da Alemanha. Quatro anos depois, com a unificação alemã, uma regra semelhante foi adotada para as eleições para o parlamento alemão, o *Reichstag*. Entre os partidos progressistas, a democracia de massa serviu bem ao Centro Católico e aos social-democratas, mas causou problemas duradouros aos partidos liberais.

Na Grã-Bretanha, a Lei de Reforma, de 1832, estendeu o voto para cerca de 7% das pessoas com mais de 20 anos, uma parcela maior na época do que na França; mas, quando a França voltou ao sufrágio universal masculino em 1848, a Grã-Bretanha tornou-se o retardatário da democracia. Em 1866, os liberais de bancada derrubaram o governo Russell por causa de um segundo projeto de lei eleitoral. Liderando a revolta estava Robert Lowe (1811-1892), político dos empresários e inimigo dos sindicatos que elaboraram a Lei da Empresa de 1856. Ele acreditava que poucas pessoas, especialmente pessoas da classe trabalhadora, entendiam a economia mais simples. Foi Lowe, como observado anteriormente, quem alertou Mill para não superestimar a inteligência de seus colegas deputados. Estender a votação, pensou Lowe, prejudicaria os negócios, colocaria em risco o contrato livre e colocaria os direitos de propriedade em risco. Sua revolta foi pouco mais do que um atraso, embora tenha dado à oposição conservadora, que assumiu brevemente o cargo, uma abertura. Em 1867, um projeto de lei bem-sucedido dos *Tories* ampliou o eleitorado para 2,2 milhões, aproximadamente um homem em cada três. Lowe não se reconciliou. Ele advertiu o parlamento de que agora devem "prevalecer sobre nossos futuros mestres para aprender suas letras", repetido como "devemos educar nossos mestres". A observação de Lowe sintetizava as dúvidas liberais do século 19 sobre o lugar da democracia popular no sonho de uma ordem sem tutores.

As dúvidas liberais tiveram fontes antigas atualizadas pela experiência recente. O mais óbvio era o medo das massas. A tradição clássica ensinava que a multidão não era confiável. Meio século de violência popular parecia confirmar essa lição. Memórias lúgubres incluíam as rebeliões

"*No Popery* [Sem Papismo]" de Londres em 1780, a rebelião de Shay de fazendeiros endividados em Massachusetts em 1787, a destruição da máquina agrícola do Capitão Swing em Kent e a apreensão de fábricas por trabalhadores de seda de Lyon na década de 1830, não esquecendo do assassinato de dois deputados liberais constitucionalistas durante a revolta de Frankfurt em setembro de 1848. Cristalizando todos os outros medos liberais, estava a democracia jacobina, acusada de aterrorizar a França entre 1792-94. A tradição clássica também oferecia um corolário: o governo popular normalmente terminava em caos, quando cidadãos aterrorizados imploravam a um déspota que restaurasse a ordem. Os Napoleões, tio e sobrinho, pareciam confirmar essa segunda lição.

A oposição liberal a um sufrágio democrático foi, no máximo, uma operação de contenção. À medida que as populações cresciam, a riqueza se espalhava e a alfabetização aumentava, a pressão dos números tornava inoportuno resistir à democracia eleitoral. De modo argumentativo, como defensores do governo por consentimento e igualdade de oportunidades, os liberais estavam mal posicionados para negar a outros os benefícios e capacidades cívicas que reivindicavam para si mesmos. Vimos como com respeito cívico generalizado um liberal "o quê?" incitou um "quem?" democrático. A luta pelo sufrágio pode ser pensada como um caso especial da pergunta "quem?". Os liberais não tinham uma boa resposta para a acusação implícita por trás das palavras em um cartaz que o grande progressista americano do século 20, John Dewey, certa vez pegou alegremente sem ler ao participar de um desfile de sufrágio feminino na Quinta Avenida em Nova York: "Os homens podem votar, por que eu não posso?".

A concessão liberal à democracia foi grande. A administração pública e a diplomacia política exigem da mente liberal não apenas conhecimento além do alcance do cidadão comum. Eles tomaram dons de decisão e hábitos de comando além da capacidade de qualquer grande grupo de pessoas. Com o tempo, os liberais silenciaram, sem abandonar, tais dúvidas sobre a democracia de massa. Eles cederam ao sufrágio universal em um longo e estratégico recuo e aceitaram relutantemente que muitos governariam, embora nunca tenham abandonado a busca por limites sobre como os muitos podem governar. Um primeiro elemento desse recuo estratégico foi estabelecer uma compreensão liberal da soberania popular. O governo do povo, como os liberais o viam, tinha que ser particularmente limitado pelas restrições de *representação, articulação, burocratização e isolamento.*

Qualquer que fosse a afeição que eles guardassem pelo ideal clássico da democracia direta, a maioria dos liberais seguiu Madison e Constant ao aceitar que, nos Estados modernos de qualquer tamanho, a participação direta não era prática nem desejável. Madison esboçou argumentos negativos em favor da democracia representativa no *Federalist X*. Ele via na *representação* uma difusão da vontade popular e uma proteção contra a dominação de um único interesse ou poder. Constant havia acrescentado um pensamento mais positivo em *Liberty Ancient and Modern*: "Homens pobres cuidam de seus próprios negócios; homens ricos contratam administradores". Constant estava sugerindo que delegar a política a outros era um afortunado subproduto do progresso e da prosperidade. Sua apreciação da administração moderna negligenciou sua complexidade, no entanto, e subestimou o pouco que os cidadãos modernos tinham a dizer sobre seus "administradores". Delegação, por sua conta, soava mais como abandono. Constant percebeu, mas não ficou profundamente perturbado com a dificuldade. Sua opinião era que os cidadãos modernos tinham maneiras melhores e mais divertidas de passar o tempo do que na política. Prestígio e excelência agora podiam ser obtidos sem governar ou ocupar cargos. As pessoas modernas estavam adquirindo uma autoconfiança enraizada na propriedade e na educação para enviar outros para cumprir suas licitações. Se suas licitações não fossem feitas, os administradores poderiam, nas eleições, ser destituídos. Nas condições atuais, concluiu Constant, a única forma crível de democracia era a representativa.

Alguns tipos de representação fizeram muito pouco para *articular* a vontade popular. Elas se basearam em uma falsa equação da vontade popular com a vontade da maioria. Notável como um modelo negativo aos olhos liberais foi a democracia jacobina da "má" Revolução Francesa. Na república de 1792, a Convenção Nacional popularmente eleita havia, em teoria, expressado a vontade do povo. Na prática, um pequeno Comitê de Segurança Pública, atormentado pelas seções radicais de Paris, tomou decisões sob Robespierre, o que uma Convenção tumultuada com sorte confirmou. A democracia jacobina teve descendentes populistas. Para os liberais, a democracia jacobina ou populista era um vale-tudo entre falsos iguais ou uma tirania executiva que alegava agir pela maioria. Minorias, localidades, propriedade, dissidência e ordem pública foram deixadas em ambos os casos sem defesa contra o poder não canalizado de maiorias inarticuladas ou subornadas.

O ideal liberal contrastante de soberania popular era uma forma "republicana" de representação que articulava e refreava a vontade da maioria. A representação republicana exigia complexidade constitucional. Exigia a supremacia da lei supervisionada por tribunais independentes e limitada por proteções cívicas fortalecidas. Os liberais aceitaram a votação por maioria como um método prático para tomar decisões coletivas. Nenhuma maioria real, por outro lado, deveria ser capaz de se aprofundar, muito menos de se tornar suprema. A minoria de hoje deve ter boas esperanças de ser a maioria de amanhã.

Essa compreensão "republicana" da soberania popular parecia a seus críticos um truque. Tornou a voz do povo suprema, mas passou por tantos filtros, reais ou teóricos, que o que saiu se tornou irreconhecível. Os liberais, dizia a acusação, apoiavam o governo por consentimento desde que o consentimento fosse diluído, tácito ou hipotético. Seu ideal deu a voz a pessoas, contanto que não fossem ouvidas.

Em resposta, os liberais insistiram que a noção de vontade do povo tinha que ser entendida da maneira correta. A ideia republicana de soberania popular era essencialmente negativa. Dizer que o povo era supremo era dizer, na verdade, que ninguém era. Em tal quadro, o poder supremo, e com ele a responsabilidade final, deve estar além do horizonte. Se o poder supremo fosse localizado, ele poderia ser tomado e, uma vez tomado, inevitavelmente seria abusado. Tais pensamentos guiaram Madison e Guizot em sua busca por maneiras de resistir à dominação de um único poder. Constant expôs a ideia negativa com seu brio característico em *Principles of Politics* (1815): "Numa sociedade baseada na soberania do povo, a soberania não pertence a uma pessoa ou classe... O povo como um todo é soberano no sentido de que nenhum indivíduo, nenhum partido e nenhum grupo pode reivindicar soberania para si". O sonho liberal da ordem sem tutores tomou forma política nessa dupla ideia de poder disperso e não localizável e responsabilidade impessoal.

Quais arranjos incorporavam melhor os requisitos "republicanos" deixava espaço para discussão. Muitos dos primeiros liberais alemães admiravam, sem compreender totalmente, a constituição da Grã-Bretanha. Carl Welcker, um liberal de Baden e coeditor de uma *Encyclopedia of Politics* (1845-49) com vários volumes, chamou-a, sem ironia aparente, de "a mais gloriosa criação de Deus e da natureza e, simultaneamente, a mais admirável obra de arte da humanidade". Outros liberais continentais seguiram mais Kant. Ele julgou astutamente a constituição da Grã-Bretanha, com seu parlamento dominador de proprietários de terras e comerciantes ricos, como oligárquica e despótica. Vistos como um povo, conta-se que Kant disse, os ingleses eram os melhores do mundo. Vista como um Estado, a Inglaterra era, na visão de Kant, o "mais destrutivo, egoísta, despótico e belicoso" de todos. Esses liberais seguiram o grande pensador prussiano em sua admiração por um Estados Unidos mais jovem e esperançoso. Em 1861, não muito antes de Laboulaye pedir o liberalismo democrático na França, Mill deu boas-vindas ao sufrágio universal. Podia, pensava ele, combinar um governo eficaz com edificação cívica, desde que os eleitores instruídos tivessem mais peso eleitoral e os partidos minoritários pudessem ganhar assentos.

O ano em que a Guerra Civil eclodiu entre o Norte e o Sul na principal democracia do mundo dificilmente foi o melhor momento para dissipar as dúvidas liberais sobre o sufrágio universal. A democracia de massa, no entanto, parecia inevitável, especialmente depois que a União ganhou. Em 1881, o historiador liberal britânico Lord Acton escreveu a Mary Gladstone, filha do primeiro-ministro, sobre uma proposta de extensão adicional na Grã-Bretanha além da franquia de 1867. "Somos forçados em equidade", disse Acton, "a compartilhar o governo com a classe trabalhadora". Acton deu várias razões para sorrir diante do inevitável: um sufrágio mais amplo era justo; promoveu a paz econômica e a prosperidade nacional ao fortalecer o trabalho, fonte de riqueza nacional; deu voz a opiniões originais que de outra forma não seriam ouvidas; e diminuiu as chances de dominação por qualquer seção, classe ou interesse. Acton concluiu, em um eco de Constant, que não era que a classe trabalhadora fosse incapaz de governar: "Toda classe é incapaz de governar".

Laboulaye, Mill e Acton juntos apresentaram um conjunto de razões que os liberais poderiam escolher ao se reconciliar com a democracia de massa na pólis: não perpetuidade de maiorias, não dominação por maiorias, inclusão de minorias, mudança pacífica, engajamento cívico, tranquilidade trabalhista, voz pela heterodoxia e, geralmente, pela justiça. Em trajes mais técnicos, esses argumentos retornaram em alguma combinação ou outra desde então.

Aceitação não significa acolhimento. As dúvidas liberais permaneceram. O historiador jurídico britânico Henry Sumner Maine, um independente das simpatias liberais, reclamou em *Popular Government* (1885) que a democracia produzia um impasse legislativo. Como a "monarquia invertida", encorajou golpes. Em *Democracy and Liberty* (1896), o historiador irlandês W.E.H. Lecky temia que a democracia nivelasse demais os termos do conflito de classes. Ele se preocupou que a representação sindical minou a liberdade de contrato e encorajou a interferência na indústria. O poder, escreveu Lecky, estava caindo nas mãos dos "mais ignorantes", levando uma classe média aterrorizada a clamar por "ordem despótica". A democracia de massa era imparável, pensou Lecky, mas poderia ser moderada por câmaras altas não democráticas. Um medo paralelo foi a consequência fiscal da extensão do voto. Ainda em 1913, o estatístico do governo britânico, Bernard Mallett, colocou o assunto de forma ordenada. Em uma democracia eleitoral, ele previu, os gastos seriam amplamente controlados pelas classes "mais pobres", enquanto a receita seria obtida principalmente de uma minoria de pessoas mais ricas. Por implicação, se todos tivessem um voto, então a minoria da classe média que paga os impostos exigiria que a maioria não tributada da classe trabalhadora pagasse sua parte dos impostos.

Estudantes liberais de democracia na França e na Alemanha viram menos representação de massa do que *burocratização* sob a orientação das elites. Sociólogos e cientistas políticos franceses e alemães analisaram como a democracia realmente funcionava, no espírito de Guizot, que havia escrito a um amigo em 1851: "Você pode fazer um motim com soldados e garantir uma eleição com camponeses", mas para governar, ele acrescentou, "você precisa do apoio das classes superiores, que são naturalmente as classes governantes". Guizot não estava pensando em uma casta exclusiva nascida para governar, mas em elites abertas e de classe média com propriedades ou cérebros. No final do século, os estudantes de política estavam colocando a imagem amarga de democracia eleitoral de Guizot em uma base mais factual. Em vez de comparar a democracia de massa com uma imagem ideal, eles descrevem sua mecânica real, suas fontes de poder e seus meios de controle. Em vez de uma *ágora* ateniense ou uma praça de cidade suíça, tais observadores viam organização, oligarquia e burocracia. Na bancada de Birmingham de Joseph Chamberlain e nas máquinas da cidade americana administradas pelo chefe, Moise

Ostrogorski observou com pesar um declínio da responsabilidade pessoal na política e sua substituição por forças grandes e descontroladas. Em *Political Parties* (1911), o cientista político alemão Robert Michels propôs uma "lei de ferro da oligarquia": para o bem ou para o mal, a burocratização e a tomada de decisões pelas elites diluíam a vontade democrática. As pessoas em massa, julgou Michels, não faziam as escolhas centrais. A "democracia", escreveu ele, "caracteristicamente prefere a resolução autoritária de questões importantes". Embora o ensaísta liberal francês Alain não compartilhasse a visão elitista da democracia, ele a resumiu com um epigrama característico: "Dificilmente existe um salão onde a soberania popular é levada a sério".

Os liberais que aceitavam aquela imagem não exaltada da democracia liberal "real existente" enfrentaram uma escolha. O professor de Michels, Max Weber (1864-1920), escolheu a esperança cautelosa. Nem os elementos liberais nem os democráticos eram, em sua opinião, uma farsa. Eles tinham que ser vistos pelo que eram. Em vez de recitais do Sermão da Montanha, a vocação da política envolvia "perfuração lenta e forte através de tábuas duras", escreveu Weber em 1919. O poder de fato estava sendo centralizado. Executivos dominavam os parlamentos. Os partidos estavam se tornando máquinas. Método e processo estavam prevalecendo em toda parte. Sobre essas inevitabilidades, ele insistiu. No entanto, Weber, um liberal de longa data, equilibrou essa imagem com pensamentos menos desesperadores. A crítica parlamentar ainda era um corretivo vital para o poder. A sanção negativa de expulsar ministérios desacreditados fez do voto mais do que uma farsa indulgente. De fato, o primeiro dever dos políticos era seguir uma "ética da responsabilidade", com a qual ele queria dizer: uma atenção metódica às consequências. Quando os tempos exigirem, acrescentou Weber, os políticos devem estar igualmente prontos para assumir uma posição de princípios e dizer: "Não posso fazer outra coisa".

Uma alternativa à aceitação cautelosa de Weber foi a rejeição raivosa, o rumo tomado por Georges Sorel (1847-1922), engenheiro francês da *École Polytechnique* e ex-liberal desiludido. Em *The Illusions of Progress* (1908) e *Reflexions on Violence* (1908), Sorel criticou a democracia liberal como uma farsa sufocante. Era uma farsa ao mascarar as verdadeiras fontes de poder e vitalidade. Mascarou a irracionalidade com procedimentos, o mito com o argumento e a força com a fala. Ela sufocou abafando a energia e a violência populares, que por si sós eram fortes o suficiente para quebrar a farsa. As alegações de Sorel tinham dificuldades para caminharem juntas. Não ficou claro em seu trabalho como uma farsa liberal poderia ser tão eficaz. Sorel enfrentou a dificuldade de qualquer teoria do tipo eu-posso-ver-melhor-do-que-você-pode que transforma o resto de nós em tolos. Enfrentou a dificuldade de qualquer teoria supostamente progressista que tratasse a razão pública e a moralidade política como uma negação ou supressão da irracionalidade fundamental das pessoas. A história de Sorel da democracia liberal como uma máscara para enganar os cretinos e anestesiar as massas nunca perdeu seu apelo. Persistiu como uma carga elétrica em antiliberalismos do século 20, com efeito calamitoso. Michels, um liberal desiludido que, como Sorel, desprezava o compromisso histórico, acabou na Itália como defensor do fascismo.

A crítica econômica da democracia liberal ocorreu em paralelo. Era mais calma e menos fervorosa. Também provou ter uma vida mais longa, sobrevivendo à catástrofe moral para a qual a rejeição irracionalista dos valores liberais e democráticos amplamente contribuiu depois de 1918. O expoente mais formidável da crítica econômica da democracia foi o historiador econômico Joseph Schumpeter. Um austríaco nascido na República Tcheca que assumiu a cidadania americana, Schumpeter lançou as bases de uma vida de trabalho que começou antes da guerra de 1914-18 e culminou em *Capitalism, Socialism and Democracy* (1942). A ideia central de Schumpeter era que as necessidades do capitalismo liberal e as demandas da soberania popular não se encaixavam suavemente.

A frase de Schumpeter "O capitalismo pode sobreviver? Não, acho que não" é bem conhecida. Menos repetida é sua qualificação imediata. O capitalismo democrático poderia sobreviver, acrescentou Schumpeter, sob certas restrições: favorecer a perícia na elaboração e administração de leis, promover a contenção dos partidos da classe trabalhadora ao incluí-los no governo e, acima de tudo, isolar as áreas de decisão econômica da supervisão popular. Os críticos econômicos da democracia liberal temiam, em particular, o peso crescente dos impostos e dos gastos do Estado. Nas condições modernas, como os críticos viam, interesses concorrentes conquistavam favores do Estado sem atender aos limites superiores de suas demandas como um todo. À medida que favores eram dispensados a todos os lados, os gastos do Estado aumentavam e a inflação monetária ameaçava fugir do controle. O bastão de Schumpeter passou, como veremos, para Hayek e, assim, para teóricos da escolha pública como James Buchanan e o economista monetário Milton Friedman, um trio de pensadores que moldaram o levante neoliberal dos anos 1970.

Por mais que os liberais tentassem limitar o voto, aumentar seu custo ou deflacionar seu valor, as pessoas sem voto continuaram a exigir o voto. Os liberais da cidade se opuseram desde o início a um viés que deu aos eleitores rurais, homem por homem, mais voz do que os eleitores da cidade, mas eles resistiram a estender os votos a mulheres, não brancos e trabalhadores pobres. Os eleitores elegíveis tornaram-se a maioria da população adulta da Grã-Bretanha apenas em 1918, quando as mulheres com 30 anos ou mais, bem como os homens da classe trabalhadora anteriormente excluídos, elevaram a proporção de eleitores para 74%. Votos duplos para certos graduados universitários, um antigo símbolo de desconfiança liberal para as massas iletradas, não foram abolidos até 1948. As mulheres alemãs obtiveram o voto em 1918, as mulheres britânicas com 21 anos ou mais em 1928, mas as mulheres francesas apenas em 1944. Os negros americanos no Sul foram emancipados por lei federal após a Guerra Civil, mas negou-se o voto a eles por ardil e intimidação defendida nos tribunais estaduais até a década de 1960. Tanto na Europa quanto nos Estados Unidos, a compra direta de votos diminuiu, tornando as eleições menos corruptas, embora o peso do dinheiro de *lobby* na política tenha crescido cada vez mais. A manipulação dos distritos e os compromissos envolvidos em qualquer escolha do sistema de votação frustraram as tentativas de aperfeiçoar a representação eleitoral. No entanto, de qualquer forma, no papel, Grã-Bretanha, França, Alemanha e Estados Unidos haviam convergido amplamente em meados do século para o ideal de "uma pessoa, um voto" e conquistado o direito de se chamarem democracias eleitorais sem um asterisco.

Um aspecto em que os temores liberais do século 19 do sufrágio universal provaram ser justificados foi que os partidos liberais declinaram à medida que a política de massas se espalhava. Na Alemanha, na primeira eleição do *Reichstag*, em 1871, os dois principais partidos liberais ganharam pouco menos de 40% dos votos em um eleitorado de mais de 7 milhões. Em 1912, seus votos haviam caído para 25%, em um eleitorado quase duas vezes maior. Na República de Weimar, os dois partidos liberais juntos, o partido das grandes empresas Democratas

Alemães e o Partido Popular Alemão, de esquerda liberal, foram os vencedores mais fortes no início, tendo quase um quarto dos votos na primeira eleição do *Reichstag* em 1920. Em novembro de 1932, quando até mesmo os liberais de esquerda entraram em colapso, convertendo-se em um partido de lei e ordem receoso, os dois remanescentes liberais da Alemanha conseguiram, respectivamente, 1% e 2% dos votos.

A derrota do século 20 foi tão repentina e severa para os liberais britânicos. De 1831 a 1885, a coalizão de *Tories*, *Whigs*, radicais e reformadores de livre comércio, que adotou o nome Liberal em 1859, ficou fora do cargo por apenas 12 anos e perdeu o voto popular em apenas 2 das 14 eleições, em 1841 e 1874. Na década de 1860, os liberais podiam contar com 60% dos votos e em 1900 ainda com 50%. Na década de 1930, ultrapassados pela esquerda pelo Partido Trabalhista, os liberais divididos da Grã-Bretanha estavam ganhando menos de 10% dos votos. Após a vitória trabalhista de 1945, quando os liberais conquistaram apenas seis cadeiras, o ministro da Saúde do Trabalho, Aneurin Bevan, brincou que para chegar à Câmara dos Comuns o Partido Liberal agora poderia pegar um táxi.

As razões para esse colapso foram muitas. No espírito progressista, os liberais estavam mais próximos dos partidos de esquerda do que dos de direita. Economicamente, os liberais empresariais, por outro lado, estavam em desacordo com a esquerda dominada pelos sindicatos. Socialmente, os partidos liberais estavam fora de sintonia com a cultura de massa. Os *notáveis* radicais da França, os liberais *Honoratioren* da Alemanha e os grandes *Whigs* da Grã-Bretanha estavam abrindo caminho para políticos mais novos, mais profissionais, que fossem hábeis em organização e publicidade. A política para os novos políticos era menos domínio que *marketing*. Mesmo na Alemanha, os liberais começaram a perder suas bases urbanas do século 19, à medida que pequenas empresas e pequenas lojas, uma força central, declinaram diante da crescente escala industrial e comercial. Um "proletariado de colarinho branco" emergente – citadinos em lojas e escritórios – tinha excitações mais vicejantes do que causas sociais sinceras e noites de discussão liberais. Em *Setting the People Free: The Story of Democracy* (2005), o teórico político John Dunn citou H. G. Wells, aquele escarnecedor da consciência liberal, que provocou uma pequena reunião em Londres de reformadores fabianos em 1910:

> Meça com seus olhos este pequeno salão: olhe para aquela pequena banca de setores não muito poderosos: pense nos membros dispersos, um aqui, um ali. Então saia para a Strand. Observe o tamanho dos prédios e locais de negócios, observe o brilho dos anúncios, observe a abundância de tráfego e as multidões de pessoas. Esse é o mundo cujas próprias fundações vocês estão tentando mudar. Como fica essa pequena gota de atividades então? (DUNN, 2005).

Alguns liberais se adaptaram melhor do que outros à agitação das multidões da cidade e ao brilho dos anúncios. O temperamento desempenhou o seu papel. Winston Churchill, que primeiro ocupou o posto de liberal e afirmou em espírito sempre ter permanecido um, escreveu um ensaio revelador sobre Lord Rosebery em *Great Contemporaries* (1937). Rosebery, que liderou brevemente o Partido Liberal da Câmara dos Lordes durante a década de 1890, nunca teve que lutar contra uma eleição. Churchill viu aqui uma lição para os liberais modernos. "Seja o que for que se possa pensar sobre o governo democrático", escreveu Churchill, "é de qualquer maneira positivo ter experiência prática de seus fundamentos ásperos e péssimos. Nenhuma parte da educação de um político é mais indispensável do que a luta eleitoral". Não foi difícil discutir com uma multidão contratada pelo palco. Um político democrático precisava da "experiência agitada de uma candidatura parlamentar, com suas reuniões desordenadas, suas oposições organizadas, suas pequenas reuniões hostis, sua multidão zombeteira, seu fluxo de perguntas desagradáveis e muitas vezes tolas". A lição de Churchill parece óbvia agora. Os liberais tinham que aprender ou passar a tocha para aqueles que tinham aprendido. Com suas finas distinções, seriedade e alta sensibilidade, o liberalismo sempre seria um gosto minoritário.

Se não para os partidos liberais, no final do século 19 a democracia de massa prometia uma certa compensação para o próprio liberalismo. À medida que os partidos da oposição foram atraídos para o governo, os mais adeptos da política de massa absorveram e adaptaram as ideias liberais. Assim como o liberalismo cedeu à democracia, a democracia cedeu ao liberalismo. Nesse dar e receber, o liberalismo ganhou muito mais do que perdeu. Pois no centro do compromisso histórico estava o compromisso de se comprometer. Com o triunfo do liberalismo, a ideia da política como uma disputa pelo controle total foi empurrada para as margens. Essa ideia perdurou ansiosamente em uma imagem socialista rival de ordem através da fraternidade e ressentidamente na imagem conservadora de ordem através da unidade social. A direita moderna demorou a se ajustar. Os interesses pelos quais falava tinham mais a perder do que os apoiadores despossuídos da esquerda. A direita combateu ferozmente as ações de retaguarda. Depois de 1945, ela também voltou. Por fim, tanto a direita moderna quanto a esquerda moderna aceitaram a convicção liberal de que o poder dominador era uma fantasia ultrapassada, a ser resistida e refletida.

Existiam razões para supor que um espírito liberal de compromisso poderia prevalecer. Hábitos e atitudes sociais estavam crescendo entre a classe média em um sentido mais amplo. Às virtudes pessoais do trabalho duro, sobriedade e educação foram agora adicionadas, na lista de excelências burguesas, virtudes organizacionais do escritório de colarinho branco: método, negociação, legalismo, instruções escritas e desacordo sem animosidade. Hegel, em *The Philosophy of Right* (1821), identificou um novo tipo de cidadão que não cresceu nem fez coisas, mas que serviu aos interesses universais da sociedade como administrador, facilitador ou intermediário. Guizot olhou de forma semelhante ao homem burguês intermediário, que estava em uma classe "sem classe" de potenciais reconciliadores, como o governante natural da modernidade. Tocqueville viu um futuro europeu sem classes na América que imaginou: menos aristocrático, menos *top-down*, menos hierárquico. O que lhes havia ocorrido em uma dimensão conceitual parecia que agora estava realmente acontecendo historicamente. Em ritmo cada vez mais intenso, a divisão do trabalho estava dissolvendo as lealdades de grupos próximos e tornando todos mais dependentes de estranhos. A sociedade como um todo estava se tornando mais coesa em suas interdependências, mas para cada um de seus membros ela se tornava mais aberta, menos fixa e menos estratificada. Cérebro, organização, paciência, barganha – as virtudes burguesas de agentes e intermediários por excelência – estavam, portanto, em conformidade com um prêmio. No julgamento perspicaz de Weber, Marx havia contado essencialmente a história certa da modernidade, só que ele havia escolhido a classe "universal" errada.

O exercício moderno do poder estatal estava mudando em etapas. Os governantes não eram mais um ou alguns no topo de uma pirâmide. O campo de autoridade estava começando a se parecer menos com uma cadeia de comando militar do que com uma malha urbana com policiais de trânsito nos cruzamentos. Embora a capacidade de violência do Estado tivesse crescido assustadoramente em escala, a violência contra seus próprios cidadãos – aqueles em um ritmo que não desafiava as regras emergentes do jogo – foi mais ameaçada do que usada e mais aberta à negociação. Constant havia adivinhado corretamente que pessoas ocupadas e muito seguras de si tolerariam cada vez menos maneiras imperativas. Ameaça e comando estavam dando lugar a incentivo e persuasão.

As palavras não seriam ouvidas por um tempo, mas uma imagem liberal da política de grupos de pressão em uma sociedade pluralista estava tomando forma, mesmo na Alemanha Imperial semiliberal, com seus sindicatos, ligas e associações. O discurso e o procedimento liberais eram menos emocionantes do que o fascinante teatro da esquerda marxista ou a oratória sagrada da direita ferida. A imagem do liberalismo de uma ordem aberta, mas estável, onde interesses concorrentes e crenças conflitantes eram incessantemente equilibrados ou negociados, estava sendo reconhecida no final do século 19. Garantir e sustentar tal ordem era outra questão. Nada do que os primeiros liberais tinham visto à distância era conceitualmente necessário ou historicamente inevitável. Pouco ou nada do progresso liberal era automático ou irreversível.

ii. Democracia econômica: o "novo liberalismo" e novas tarefas para o Estado

Um primeiro desafio foi encontrar um teto comum para a Casa do Ter e a Casa do Querer para evitar o que muitos liberais temiam estar se transformando em uma guerra civil econômica. Esse desafio foi enfrentado pelos governos na década de 1880 e décadas imediatamente depois por meio de legislação social, reforma urbana e tributação em nova escala, bem como pela remoção de barreiras constitucionais a iniciativas tão radicais. Intelectualmente, os liberais reagiram de forma divergente. Os liberais do livre mercado argumentavam que tais interferências eram erradas por si sós ou que não funcionariam. Eles diziam que o capitalismo podia cuidar de si mesmo. Os chamados novos liberais da Europa e seus primos progressistas nos Estados Unidos insistiam que a mudança radical não era apenas correta por si mesma e eficaz em seus objetivos, mas necessária para que o capitalismo liberal sobrevivesse e prosperasse. Para ancorar esses argumentos em suas épocas, um esboço pode ajudar nas mudanças fiscais e legislativas pendentes e seu contexto.

Assim como no pensamento liberal, a França chegou primeiro na prática liberal-democrática. Na Terceira República (1870-1940), a França encontrou a normalidade moderna. Uma vez protegida da reação no final da década de 1870, fixou-se em uma forma liberal-democrática de vida pública que persiste até hoje. Os elementos eram a empresa capitalista, um Estado eficaz e profissional, a democracia multipartidária com sufrágio sem classes e uma ordem jurídica que protegesse as pessoas e a propriedade. O termo francês para esse quadro era *démocratie républicaine*. Uma tradução justa para o inglês é o termo posterior "*liberal democracy* [democracia liberal]". Os liberais franceses praticaram o liberalismo sem reconhecê-lo, mas o praticaram. O liberalismo no discurso político francês havia adquirido uma associação inquebrável com uma doutrina econômica desprestigiada, o *laissez-faire*, e uma imagem fantástica da sociedade como constituída por escolha de indivíduos dispersos. Os liberais franceses falaram, em vez disso, de republicanismo e radicalismo. Símbolos e termos à parte, os partidos dominantes da França eram liberais em perspectiva e prática. Eles refletiam o fato de que, embora de forma hesitante e incompleta, os conflitos morais e materiais estavam se tornando menos amargos e que a sociedade francesa estava se tornando mais de classe média. Depois de 1880, a direita monarquista era mais um incômodo do que um perigo institucional. A esquerda protocomunista oferecia uma forma protetora de vida minoritária, mas nunca esteve perto do poder. Por 60 anos, duas famílias liberais – republicanos à direita, radicais à esquerda – se alternavam ou se juntavam no governo. Os socialistas da França cantavam canções revolucionárias, mas roubavam roupagens liberais e assumiam cargos em ministérios "burgueses". Quando o líder socialista Jean Jaurès desafiou o radical Georges Clemenceau a dizer o que os radicais sempre flexíveis defendiam, Clemenceau rebateu: "Você sabe perfeitamente. Está no seu bolso. Você roubou de mim".

Embora os 108 governos da Terceira República em sete décadas lhe tenham conquistado uma reputação imerecida de ineficácia e frivolidade, suas conquistas foram genuínas e duradouras. As escolas secundárias estaduais foram abertas a todos e o direito à reunião foi estatuído em lei (1881). As uniões tornaram-se legais e o divórcio foi autorizado novamente (1884). A Igreja e o Estado firmaram um pacto de não agressão estranho, mas viável, que mantinha, em teoria, pelo menos, o Estado fora da religião e a religião fora das escolas estaduais (1905). Um imposto de renda progressivo foi aprovado em lei (1914). Entre 1900 e 1940, elementos obrigatórios de uma dimensão social do Estado – compensação de trabalhadores, benefício infantil, pagamentos por incapacidade, aposentadorias – foram enxertados em práticas mútuas e caritativas de assistência social. O governo da Frente Popular de Léon Blum (1936-38) acrescentou férias pagas obrigatórias de duas semanas e uma semana de trabalho de 40 horas, embora seus benefícios logo tenham sido reduzidos novamente sob pressão da austeridade. A reforma veio de todo o espectro liberal: dos republicanos Pierre Waldeck-Rousseau e André Tardieu, do radical Joseph Caillaux e do socialista Alexandre Millerand. A tecnocracia desempenhou um grande papel nas figuras de Etienne Clémentel, pai do planejamento regional e do crédito agrícola; Louis Loucheur, o patrocinador de habitação de baixo custo treinado pela elite, e Pierre Laroque, gerador da *sécurité sociale* pós-1945, uma racionalização das reformas previdenciárias anteriores feita aos poucos. Uma razão pela qual era difícil vender "antiestatismo" aos liberais franceses era que o Estado francês era comparativamente limpo, prestigioso e bem administrado.

A Grã-Bretanha liberal estava logo atrás. Confirmados no governo pela avalanche de 1906, os liberais embarcaram em uma onda de legislação radical que as divisões sobre a Irlanda e quase 20 anos na oposição haviam adiado. Era um novo Partido Liberal, em grande parte despojado dos grandes *Whigs* que formaram o maior grupo individual nos gabinetes liberais até a década de 1880. A extensão do sufrágio de 1884 abriu o partido para vozes mais novas e orientadas para a cidade. Depois de 1910, 40 parlamentares do crescente Partido Trabalhista apoiaram as reformas liberais que, como na França, criaram a base moderna para a política.

Essa onda de legislação liberal incluía refeições escolares, inspeções médicas escolares e reforma da punição juvenil (1906-08); pensões estatais para maiores de 70 anos (1908); seguro-desemprego em estaleiros e indústria pesada (1908), estendido à indústria como um todo (1911); auxílio-doença estatal (1911); trocas de trabalho (1909); planejamento urbano e rural (1909); feriado de meio dia dos trabalhadores das lojas (1911); pagamentos aos parlamentares (1911); e salários mínimos nas minas (1912). Para pagar tudo isso e cobrir um déficit crescente, o "Orçamento do Povo" de David Lloyd George, de 1909, aumentou os impostos sobre os ricos, que a Câmara dos Lordes antirreforma rejeitou. Após uma disputa de autoridade constitucional que durou um ano, o orçamento foi aprovado e os poderes dos Lordes foram restringidos. Ao todo, entre 1888 e 1913, os gastos sociais aumentaram seis vezes, as alíquotas máximas do imposto de renda triplicaram e o imposto sucessório mais que dobrou, chegando a 20%. As reformas de Lloyd George fizeram de dois britânicos em cinco beneficiários diretos do Estado, uma proporção que logo cresceu para incluir todos. Para os ricos, foi uma revolução social da qual não havia como voltar atrás. A prática de intervenção social do Estado britânico, tanto local quanto central, foi alvo de reclamações, mas não abandonada pelos gabinetes conservadores subsequentes, vastamente ampliada pelo governo trabalhista de 1945 e não seriamente desafiada até a década de 1980, quando grande parte da prática tinha se tornado muito habitual e popular para ser mudada.

Uma onda semelhante de ação social e legislação seguiu nos Estados Unidos. Em 1880, o Norte havia abandonado sua tentativa de impor a "reconstrução" a um Sul branco e resistente e a trégua que se seguiu entre os setores sociais facilitou uma explosão surpreendente de acumulação de capital e progresso industrial. Como na Alemanha, o início tardio do crescimento econômico foi rápido e abrangente em seus efeitos, bons e ruins. Quase todos ficaram mais ricos. Algumas pessoas ficaram estupendamente ricas, formando uma plutocracia presunçosa aos olhos dos críticos. As últimas décadas do século 19 ficaram conhecidas como a Era Dourada, um rótulo tirado de uma sátira popular de 1873 à ganância e corrupção que Mark Twain havia escrito com um amigo. Em vez de alardear o bem, os reformadores liberais se concentraram em corrigir o mal: cidades sujas e crescendo caoticamente, fábricas inseguras, remédios não testados, alimentos perigosos e corrupção na política, tanto municipal quanto nacional. O objetivo, como na Europa, era salvar e moderar, não substituir o capitalismo.

A causa reformista dividiu-se politicamente em reforma progressista feita de cima e reforma populista feita de baixo. Os progressistas eram liberais e de classe média, embora não limitassem suas atenções à sua própria espécie. Eles incluíam Alice Paul, ativista pelos direitos das mulheres, Ida B. Wells, uma das primeiras militantes da Associação Nacional para o Progresso de Pessoas de Cor, H. W. Wiley, um químico do governo que fez campanha por alimentos e remédios seguros, e John Haynes, um defensor da democracia direta que obteve a iniciativa de votação e o referendo colocado na constituição da Califórnia em 1911. Nenhum era socialista. Todos acreditavam na empresa capitalista. Muitos eram cristãos, movidos pela fé moral, como Walter Rauschenbusch, que pregava um "evangelho social". O progressismo cruzou as linhas partidárias. Dois presidentes, Theodore Roosevelt, republicano, e Woodrow Wilson, democrata, seguiram políticas progressistas.

Os populistas eram democráticos e da classe trabalhadora. Sua Plataforma Omaha, de 1892, exigia taxas de juros baixas, remonetização da prata para elevar os preços agrícolas por meio do barateamento do dinheiro, controle público de ferrovias e uso social das terras públicas. Seu campeão foi William Tennings Bryan, um advogado antibebida interiorano com uma língua escaldante e talento para a organização política. O populismo carregou o Partido Democrata, que três vezes de 1896 a 1908 escolheu Bryan para presidente, tendo ele perdido em todas. Como a própria Reforma, nem o progressismo nem o populismo tinham um objetivo, uma prioridade ou uma voz. Como humores e movimentos, ao mesmo tempo, eles tinham unidade suficiente para torná-los reconhecíveis na política americana.

Nas eleições de 1910, o controle antirreforma da Câmara dos Representantes foi quebrado, abrindo caminho para uma onda de mudanças legislativas que nem mesmo um Senado obstrutivo poderia bloquear. Dois anos depois, a ascensão de Roosevelt como progressista independente dividiu os republicanos e colocou Wilson na Casa Branca. Wilson, ex-professor de política e presidente de Princeton, havia gostado da política como governador de Nova Jersey. Seu *Congressional Government* (1885) havia argumentado que o Congresso era muito forte, a presidência muito fraca. Como presidente, Wilson decidiu cumprir suas palavras de que o chefe do Executivo deveria ser "livre para ser o maior homem que puder". Com o impasse no Congresso resolvido, Wilson assinou reformas abrangentes que reduziram as tarifas, introduziram um imposto de renda federal, criaram o *Federal Reserve System* e estabeleceram regras antitruste que isentavam parcialmente os sindicatos, permitindo que os trabalhadores industriais se organizassem sem medo de ações legais. As agências de comércio e trabalho foram reorganizadas em departamentos que se tornaram pontos de *lobby* para grandes empresas e trabalhadores. A regulação do comércio e da indústria cresceu. Os dois mandatos de Wilson como presidente (1913-21) marcaram uma mudança histórica de poder para o poder executivo.

Para aprender suas próprias lições, os reformadores liberais do exterior correram para a Alemanha Imperial, incompletamente liberal como era. Em rápida sucessão durante a década de 1880, o *Reichstag* aprovou os esquemas de Bismarck para seguro de doença (1883), cobertura de acidentes industriais (1884) e seguro de velhice estatal (1889). Todos eram compulsórios, uma característica que Lloyd George copiou na Grã-Bretanha e a que os liberais americanos resistiram até a década de 1930 e os liberais franceses até depois de 1945. Os custos na Alemanha eram divididos em dois terços pelas empresas e um terço pelos trabalhadores, embora o Estado pagasse um terço para pensões. Os motivos, como em outros lugares, eram mistos. Comprando socialistas, racionalizando uma colcha de retalhos de esquemas existentes, melhorando a força de trabalho, fortalecendo a nação e honrando a justiça, tudo isso desempenhou um papel. Bismarck também viu uma chance de dividir os liberais. Richter e seus liberais das pequenas empresas se opuseram, como vimos, em princípio. Os liberais nacionais das grandes empresas aceitaram em princípio, reclamaram dos custos e apoiaram relutantemente as propostas de Bismarck no *Reichstag*. A redação foi de Theodor Lohmann, consultor econômico de Bismarck. Uma forte influência intelectual veio dos professores de economia da União de Política Social, o imperialista liberal Gustav Schmoller e o anglófilo liberal Lujo Brentano, dois reformadores ironicamente conhecidos como "socialistas titulares".

A admiração dos liberais estrangeiros pela Prússia era mista. A administração pública alemã foi amplamente tratada como modelo. Cobden, vale recordar, era entusiasmado sobre suas escolas e seus funcionários públicos. Na guerra franco-prussiana, muitos liberais britânicos ficaram do lado alemão. Mill escreveu a Henry Fawcett, em 1870, que os britânicos poderiam fazer bem em lembrar contra quem os alemães estavam lutando: o despótico Napoleão III e não o povo francês. O "novo liberal" britânico Leonard Hobhouse lembrou-se do *pub* da sua aldeia, comemorando as notícias da vitória prussiana em Sedan. No entanto, a admiração pela Alemanha esfriou na década de 1880, à medida que as dúvidas entre os liberais estrangeiros cresciam. As potências centrais da Alemanha eram muito fortes, seus objetivos imperiais muito amplos, o temperamento de Bismarck muito agressivo e a oposição liberal muito fraca. Em termos econômicos, os liberais alemães eram ou de princípios, mas ignorados, como Richter, ou quase liberais, como o neomercantilista Schmoller. As críticas estrangeiras eram fáceis de entender e depois se tornaram inatacáveis. A história alemã do século 20 não confirmou amplamente seu "déficit liberal" do século 19? As coisas, na verdade, eram mais complicadas.

A Alemanha guilhermina era semiliberal, incompletamente liberal ou irregularmente liberal, não iliberal ou antiliberal. Graças à pressão liberal das décadas de 1860 a 1890, a Alemanha obteve mercados abertos, Estado de direito, ensino público leigo, emancipação cívica dos judeus, escrutínio do governo pelo parlamento e pela imprensa e muitas liberdades civis, incluindo liberdade de associação. Após a queda de Bismarck em 1890, os liberais ganharam um imposto de renda prussiano, embora ainda não um imposto de renda totalmente alemão. Eles não conseguiram quebrar o poder de bloqueio de uma assembleia prussiana antidemocrática. Ambas as mudanças tiveram que esperar, assim como a democracia liberal propriamente dita, até 1918. Até então, o trabalho de base havia sido feito, pelo qual os liberais poderiam reivindicar muito crédito.

A ênfase excessiva no "déficit de liberalismo" da Alemanha guilhermina repousava, além disso, em padrões artificiais de pureza liberal. Em certos aspectos, a Alemanha da época era mais liberal do que seus vizinhos. De 1890 a 1900, estava gastando menos de sua renda nacional em defesa do que seu velho inimigo, a França, e muito menos do que seu rival oriental rapidamente industrializado, a Rússia. Começou uma corrida naval, em 1898, em grande parte porque, como observou Schmoller, a Grã-Bretanha de livre comércio monopolizou os mares e não estava disposta a abrir mão de seu monopólio. Os liberais britânicos aumentaram o imposto de renda para pagar os navios de guerra, bem como as pensões. Pouco antes da Primeira Guerra Mundial, a Grã-Bretanha liberal praticamente nacionalizou a companhia petrolífera anglo-persa para fornecer combustível para sua crescente frota de batalha, agora convertida em petróleo a partir do carvão. Em 1900-10, as tarifas de manufatura da Alemanha eram de 13% em média, notavelmente mais baixas do que os 20% franceses ou os proibitivos 44% americanos. Quanto à concentração industrial, outro marcador de impureza liberal comumente usado, apenas

16 empresas alemãs do pré-guerra tinham mais de 2 milhões de libras em capital – cerca de 1,5 bilhão de libras em dinheiro de hoje – contra 41 na Grã-Bretanha, das quais esse herói do liberalismo de livre mercado, o empreendedor independente, estava desaparecendo.

Antes de 1914, a Alemanha foi politicamente menos excepcional do que a culpa de guerra disputada em 1918 e a ruína moral indiscutível em 1945 fez aparecer. É verdade que a tomada de decisão central do *Reich* carecia de freios parlamentares fortes e testados. Os poderes de prerrogativa do imperador e chanceler eram grandes. A influência do exército e dos estados-maiores navais estavam sem a devida supervisão civil. Tampouco era uma fantasia a imagem da Alemanha como um poder expansivo em mãos propensas à guerra que se desenvolveu entre os liberais na Grã-Bretanha e na França depois de 1871. A insistência defensiva sobre o "poder" e o desdém pelos princípios em nome do realismo por parte de políticos e intelectuais alemães alarmaram seus os vizinhos da Alemanha e começaram a convencer até os próprios presunçosos. Tudo isso era verdade. Mas a máquina estatal alemã estava tão confusa e sobreposta que era necessária mais barganha do que comando para tomar decisões. Os planejadores militares da Grã-Bretanha e da França também eram difíceis de serem controlados por políticos civis. As muitas ligas, associações e grupos de pressão da Alemanha desempenharam um papel maior na vida pública do que seus pares na Grã-Bretanha e na França.

Nem em outras pontuações a Alemanha foi tão retardatária do ponto de vista liberal. O estudante americano contemporâneo de política John Burgess julgou no *Comparative Constitutional Law* (1890) que as garantias alemãs de liberdade pessoal eram mais fortes do que as que prevaleciam na França, onde o Estado era praticamente controlado, e que as da Inglaterra, onde o parlamento controlado pelo governo era todo poderoso. O governo da cidade alemã, a inveja do mundo, esteve principalmente em mãos liberais até 1914 e além.

Muitos alemães achavam seu país mais civilizado, mais avançado e menos beligerante do que a França ou a Grã-Bretanha. Dessa forma, eles até se sentiam mais liberais. Quando a guerra chegou, em 1914, um cartaz de propaganda alemão desenhado pelo artista gráfico Louis Oppenheim perguntou: "Somos bárbaros?". Uma tabela de números no cartaz declarava que a Alemanha gastou 20 vezes mais do que a Grã-Bretanha em apoio social e três vezes mais em escolas, publicou quatro vezes mais livros, emitiu seis vezes mais patentes industriais e teve quatro vezes mais ganhadores do Prêmio Nobel. Outro cartaz, "Quem é o militarista?" observou que a Grã-Bretanha havia lutado três vezes mais guerras do que a Prússia desde 1700 e estava gastando 50% mais do que a Alemanha em armamentos.

O desafio que os partidos de massa representavam para os liberais alemães não era único. Os liberais da Grã-Bretanha, como vimos, também desapareceram após a década de 1920. Nem foram os *Junkers* da Prússia Oriental da Alemanha os únicos remanescentes feudais do mundo liberal. Um poder de bloqueio conservador permaneceu no Senado francês dominado pelos rurais, que os liberais da Terceira República nunca quebraram totalmente. Os senadores dos Estados Unidos não foram eleitos diretamente até 1913, mas escolhidos por legislaturas estaduais não representativas. Mesmo assim, a câmara superior continuou a adiar a reforma liberal sob a habilidosa obstrução dos democratas sulistas recalcitrantes. Por último, diferenças de atitude, estrutura e processo não devem obscurecer grandes semelhanças de resultado. Os rivais liberais da Alemanha guilhermina eram mais imperialistas, rápidos no uso da força e igualmente super indulgentes com seus próprios fanáticos e nacionalistas. A complicada Alemanha pertencia ao interior, não ao exterior, de um complicado mundo liberal.

iii. Democracia ética: libertando-se eticamente e a persistência da intolerância

Os liberais do período tinham mais com que se preocupar do que os conflitos econômicos e fiscais, como reconheceu o pensador social francês Célestin Bouglé. Ele viu que a sociedade democrática moderna tanto fomentou quanto ameaçou os ideais éticos dos liberais. A aceitação dos outros estava crescendo à medida que os ódios excludentes se espalhavam. Ao libertar as pessoas da autoridade dos estereótipos, a modernidade parecia dar nova força ao preconceito. Bouglé (1870-1940) foi colaborador do sociólogo Émile Durkheim e professor de uma geração mais jovem de liberais franceses, incluindo Raymond Aron. Estrela acadêmica antes dos 30 anos, especialista em castas na Índia e depois diretor da *École Normale*

Supérieure, ele foi um dos fundadores da *Revue de Métaphysique et de morale* e editor sob Durkheim da *Année Sociologique.* Como um liberal de esquerda, Bouglé foi ativo em causas radicais e um dos primeiros defensores da Liga dos Direitos Humanos da França (1898), fundada em resposta à campanha anti-Dreyfus. Para liberais desiludidos como Sorel, o lapso na parcialidade e na intolerância era estimulante, um reconhecimento da paixão autêntica e uma fuga da hipocrisia liberal. As simpatias de Bouglé estavam inteiramente do lado da abertura e da aceitação. No entanto, ele compreendia a força do preconceito e da exclusão, dos quais, como ele observou, os liberais não estavam imunes.

Em um trabalho brilhante e perspicaz, *Egalitarian Ideas* (1899), Bouglé apontou uma característica marcante da pessoa atual como a prontidão para misturar seus papéis à vontade. Bouglé indicou que os estereótipos de casta, classe e religião eram antitéticos a uma compreensão moderna das pessoas. Um requisito liberal desejável era, por implicação, a disposição de mostrar respeito cívico às pessoas, não apenas quem quer que fossem, mas quem quer que escolhessem ser. Estado e sociedade, nesse esboço idealizado, estavam sendo solicitados a se desprender das pessoas de maneiras novas e, para muitos, perturbadoras. Ao fazê-lo, os liberais enfrentaram um desafio para o qual não estavam totalmente preparados. E se as pessoas modernas optassem em grande número por ser intolerantes e racistas?

Bouglé voltou-se para essa questão em *A Crise do Liberalismo* (1902). A persistência da intolerância foi uma surpresa. Durante anos, escreveu ele, os liberais usaram “a conspiração das circunstâncias” como um “travesseiro” para adormecer. Sem complacência indevida, os primeiros liberais foram capazes de tratar a intolerância, conceitualmente e historicamente, como mais ou menos resolvida. As tentativas de retificação permaneceram, mas a vitória estratégica foi conquistada. No início do século 19, muitos liberais pensativos assumiram que uma ordem social moderna não precisava nem de um credo abrangente nem de uma lealdade tribal unificadora. As recaídas dogmáticas ou sectárias pareciam, na pior das hipóteses, desvios temporários e insustentáveis do caminho feliz da modernidade liberal. As tendências recentes acordaram os liberais com um sobressalto. Eles estavam perdidos. Eles devem tolerar abertamente a intolerância ou usar os poderes do Estado para reduzir o preconceito racial e confessional? Os liberais sonhavam com a harmonia cívica em meio à desarmonia ética. A sociedade moderna não estava se transformando dessa maneira.

Para iniciar sua carreira, Bouglé fez o que qualquer aspirante sério em sua profissão, europeu ou americano, tinha que fazer. Ele foi para a Alemanha estudar reforma social. Ele retornou sabendo muito sobre seguro-desemprego, mas também com uma lição mais profunda. As desigualdades materiais não foram a única fonte de conflito. Diferenças éticas e culturais podem, com o tempo, ser ainda mais difíceis de superar. A riqueza crescente não parecia afastá-los. Pelo contrário, em todos os lugares que Bouglé olhava, o oposto parecia verdade. Os alemães tinham acabado de viver uma campanha de divisão contra a Igreja Católica, a *Kulturkampf*. O antissemitismo explodiu na França. Embora Bouglé não se concentrasse neles, nem a Grã-Bretanha protestante, com seus preconceitos anti-irlandeses, nem os Estados Unidos brancos, com seu racismo endêmico, estavam isentos. Liberais em todos os lugares tendiam a compartilhar uma presunção imperial de que seus países tinham lições de tolerância para ensinar ao resto do mundo. A confiança de que suas próprias sociedades estavam mais longe do preconceito e da exclusão do que a humanidade mais atrasada era tão difundida a ponto de ser virtualmente invisível, inclusive para os liberais.

Os liberais não eram simplesmente tolos ou hipócritas. Seu sonho de paz cívica em meio à desarmonia ética era genuíno e atraente. Moralmente, o sonho deu forma política a sentimentos de respeito pessoal expressos em máximas sobre a proteção da igualdade e dos direitos das pessoas. Historicamente, o sonho teve apoio em uma atraente história de dois estágios, já descrita, de respeito cívico crescendo a partir da tolerância religiosa. Se a descrição de Bouglé da modernidade social era adequada, os liberais estavam agora enfrentando um terceiro estágio nessa sequência. A fase atual era ainda mais libertadora, mas também mais desafiadora. As pessoas não eram mais prisioneiras de categorias estereotipadas impostas por um acaso de nascimento ou por exigências de nós-ou-eles de outros para integrar sua equipe. As pessoas podiam escolher quem ser. O respeito liberal pelas pessoas agora parecia exigir um desapego muito mais amplo por parte do Estado e da sociedade. Isso também era bem-vindo. Havia pouco de errado com o sonho. O erro foi pensar que perceber seria como uma catraca ou mecânica e não uma questão de encontrar para sempre novos pontos de equilíbrio.

No final do século 19 e início do século 20, muitos liberais estavam errando na balança. Na Alemanha, os liberais apoiaram Bismarck nas leis anticatólicas de 1871-74, que proibiram a pregação política, fecharam a ordem jesuíta, colocaram as igrejas sob supervisão do Estado, instituíram o casamento civil e ameaçaram padres que instavam os católicos a adotar resistência passiva com a expatriação. *Kulturkampf*, o nome cunhado para a campanha por um distinto epidemiologista e político liberal, Rudolf Virchow, era muitas coisas. Foi uma reação a uma reação da Igreja Católica Romana contra a modernidade secular e a perda de sua influência ética. Era parte, ainda que mal concebida, da construção de um Estado nacional, uma tarefa que invariavelmente encoraja um impulso para limitar ou extinguir poderes compensatórios. Mais prejudicial para os liberais, o *Kulturkampf* expressou desprezo progressivo pela superstição "camponesa", que deveria ser erradicada, como disse um liberal alemão, como "filoxera, o besouro do Colorado e outros inimigos do *Reich*".

Embora alguns liberais alemães, notadamente o formidável Eugen Richter, tivessem se oposto ao *Kulturkampf* por princípio, os liberais alemães em geral o apoiaram, apenas para lamentar seu erro. A campanha provou ser um erro histórico. Os liberais alemães não conseguiram persuadir os eleitores católicos de que os padres os estavam enganando e explorando. Em vez disso, os católicos tendiam a tratar os liberais como mistificadores e exploradores, pregando sobre a liberdade enquanto oprimiam impiedosamente os pobres. Católicos de mentalidade liberal, embora contrários à hierarquia reacionária de sua própria igreja, ressentiram-se do ataque. Logo, quatro em cada cinco católicos estavam votando no Partido do Centro Católico. Como se estivessem cegos a esse primeiro erro, muitos liberais na década de 1880 apoiaram as leis antissocialistas de Bismarck, novamente com Richter como um honroso defensor do princípio liberal contra o mau uso do poder estatal. Em parte, como resultado, a corrente progressista da política alemã havia se dividido na década de 1890. Os liberais no meio formavam um núcleo histórico, mas cada vez menor, espremido entre o maior e mais bem organizado movimento trabalhista do mundo e o maior e mais bem organizado Partido Católico do mundo. As esperanças liberais de que a religião de alguma forma desapareceria da política para a privacidade dos lares e das consciências pareciam apaixonadas, se não abandonadas.

Para os liberais franceses, a questão religiosa era mais simples. A França tinha uma igreja líder, não duas. Mais nitidamente do que na Alemanha, o progresso, a esquerda e o anticlericalismo se igualaram na França contra a reação, a direita e o catolicismo. Por outro lado, a igreja romana na França estava determinada, como na Alemanha, a recuperar a autoridade perdida. O anticlericalismo francês foi uma reação a uma reação, uma resposta aos medos e ódios clericais à mudança. Em tom familiar aos conservadores morais de hoje, a reação católica protestou contra o Iluminismo, a revolução e a "decadência" em nome da temperança, disciplina e obediência. A pressão pela piedade veio de cima, por exemplo, dos militantes antimodernos Assuncionistas, instigados pelo jornal católico ultrarreacionário de Louis Veuillot, *L'Univers*. Também veio de baixo em expressões genuí-nas da fé popular, como peregrinações devotas e o testemunho de aparições milagrosas. O anticlericalismo francês marcou a esquerda de forma desigual. Para os guesdistas protocomunistas, focar na religião confundia sintoma com doença – exploração de classe. No outro extremo do espectro anticlerical, militantes, como Clemenceau, queriam que a religião fosse expurgada das escolas e da política. No meio havia notas de tom anticlerical e agendas de compromisso. O anticlericalismo francês prevaleceu fazendo concessões. Embora a Igreja Romana não fosse mais a voz ou guia do Estado francês, muito de sua autoridade cultural permaneceu – certamente demais para os anticlericais mais militantes. Ao travar suas batalhas, os anticlericais da França muitas vezes se comportavam de forma não liberal. Como Bouglé observou, alguns críticos lamentaram que as intrusões liberais estivessem transformando o Estado francês em uma autoridade semelhante à da Igreja.

Bouglé não tinha dúvidas sobre de qual lado estava, mas não era um ultra antirreligioso. A fé, como o patriotismo, não era para Bouglé um sinal de nanismo mental. Ele distinguiu entre crenças e maquinações políticas feitas através de crenças. Bouglé sentia que os anticlericais militantes corriam o perigo de imitar o clericalismo militante invadindo a esfera privada das pessoas. Em vez de protestar contra a superstição, ele achava que os liberais deveriam defender os "princípios de 1789", sob ataque venenoso da extrema direita nacionalista. Eles deveriam concentrar suas energias não nas supostas superstições dos fiéis, mas em militantes clericalistas, chauvinistas e antissemitas. Eles deveriam reunir as pessoas para um patriotismo republicano.

Em *Teaching Patriotism* (1904), Bouglé retratou lealdades como estando em algum lugar entre o apego involuntário e o compromisso escolhido. O patriotismo saudável que Bouglé esperava se baseava na memória, no sentimento e nos ideais. Estava na linha de descendência da fidelidade de Guizot ao princípio liberal e à reverência imaginativa pelo passado francês. O senso de nação de Bouglé estava entre o apego "concreto e real" à França como terra e povo e o compromisso idealista com os ideais republicanos. A escolha sobre onde encontrar a linha ocupou os liberais europeus depois de 1945 e, com mais sorte do que a geração de Bouglé, eles encontraram uma resposta notável e original que equilibrava orgulho regional, cidadania nacional e unidade europeia.

Outra das contribuições previdentes de Bouglé foi o ensaio *Polytelism* (1914). O ensaio afirmava que os objetivos, crenças e esperanças das pessoas proliferavam e se diversificavam. Ele chamou isso de "politelismo", multiplicidade. A condição plural da sociedade moderna que Constant gesticulou brilhantemente e que Mill defendeu com menos detalhes descritivos estava na maneira sociológica francesa apresentada por Bouglé como um dado social. Ele sugeriu que para chegar a uma ordem social viável, seria demais esperar um acordo duradouro quanto aos objetivos fundamentais da vida. O melhor a esperar era um acordo sobre princípios justos e comuns da sociedade que deixassem as pessoas livres e capazes de perseguir seus objetivos. Ou seja, a política deve ser como um edifício com muitos usos. Os pensamentos de Bouglé sobre como as pessoas que discordavam profundamente sobre os fins da vida poderiam coexistir em meio a leis básicas enraizadas no reconhecimento mútuo e tolerância olhavam para frente e para trás. Com notável clareza, seus pensamentos anteciparam linhas de princípio seguidas e expandidas particularmente pelos liberais americanos e alemães depois de 1945.

7.

OS PODERES ECONÔMICOS DO ESTADO MODERNO E DO MERCADO MODERNO

i. Walras, Marshall e a imprensa de negócios: resistindo ao Estado em nome dos mercados

Na década de 1880, um conjunto de ideias que podemos chamar de liberalismo do livre mercado, ou talvez mais adequadamente de liberalismo comercial, formava um triângulo. Em um ponto, era a economia de mercado, consolidada pelos teóricos do marginalismo no final do século 19. Em outro, o individualismo legal, encapsulado na doutrina da liberdade contratual. Em terceiro, era a imprensa de negócios, que popularizou a economia de mercado e a transformou em uma arma de argumentos públicos.

Dois excepcionais expoentes do marginalismo foram Léon Walras (1834-1910) e Alfred Marshall (1842-1924). Walras era um francês que ensinava como professor em Lausanne. Marshall, um inglês, ocupava a cadeira da presidência da economia em Cambridge e fundou o *Economic Journal*. Walras foi pioneiro na matematização da economia, Marshall em sua redomesticação como estudo das pessoas nas tarefas cotidianas de comprar e vender. Ambos procuraram tornar a economia mais científica tornando-a menos histórica. Eles procuravam libertar a economia das variações de período e de localidade, encontrando constâncias e padrões para todos os âmbitos. Walras tomou emprestado dos fluxos e das estabilidades da engenharia para expressar o equilíbrio de compensação de mercado em conjuntos de equações. Marshall colocou a matemática em um apêndice e explicou os cálculos dos mercados através de exemplos vívidos. Para nenhum deles a economia era uma grande marcha de etapas históricas ou um confronto terminal entre as classes sociais. O tópico deles era mais exótico e mais familiar, tópico esse que cresceu de compradores individuais e empresas "representantes", como Marshall os chamava, fazendo escolhas materiais uma a uma. Os dois insistiam que, para adentrar a economia de forma inteligente, era preciso começar com simples trocas entre agentes isolados e conscientes dos custos. Se era possível fazê-lo com dois, era possível fazê-lo com vários. Se era possível fazê-lo sem suposições sobre os outros objetivos e preocupações de seu par consciente dos custos, era possível isolar aquilo que era especificamente econômico em seu comportamento.

A maioria das ideias-chave de Walras e Marshall encontrou voz nos escritos de outros economistas antes da década de 1870, como Johann Thünen, Antoine Cournot, Hermann Gossen e John Stuart Mill, embora de forma dispersa ou ainda encasulada. A morte de Mill, em 1873, serviu como um útil ponto de virada, pois as ideias marginais agora eram explicitadas e organizadas. Walras e Marshall não estavam sozinhos. Stanley Jevons, na Grã-Bretanha, e Carl Menger, na Áustria, fizeram trabalhos paralelos no início da década de 1870. Embora a prioridade fosse disputada, Walras e Marshall fizeram o máximo para moldar *insights* isolados em um corpo de pensamento coerente. Já na década de 1880, a economia estava se tornando um programa de pesquisa, uma profissão e um corpo de pensamento que alimentava o argumento público.

O avanço marginalista especificou o caráter da escolha econômica, isolou onde essa escolha ocorre e sugeriu como diferenciar as boas escolhas econômicas das más. O marginalismo ensinava que a escolha econômica funcionava por substituição. Envolvia trocar uma coisa por outra, fossem bens, dinheiro, trabalho, tempo ou prazer. Toda escolha econômica envolvia negociação, mesmo que consigo mesmo. Pensada como uma troca igualitária na qual você perde para ganhar e ganha para perder, a escolha econômica propriamente entendida era menos sobre a satisfação de desejos do que sobre seu rearranjo. A escolha, além disso, ocorria, nas palavras de Marshall, "à margem da dúvida" sobre se tal negociação valia a pena. Essa margem de incerteza se estendia a um ponto impossível de melhorar, onde ganhar um pouco menos sobre algum bem deixaria uma pessoa insatisfeita e ganhar um pouco mais a deixaria satisfeita demais.

Os marginalistas, então, generalizaram essa ideia de encontrar um imelhorável ponto marginal de menor arrependimento, em uma regra multifacetada de tomada de decisão econômica prudente: continuar fazendo qualquer coisa – fazer, comercializar, comprar, vender – até que o mínimo benefício extra de continuar seja igual ao mínimo custo extra de fazê-lo, e então parar. Se, como os marginalistas se empenharam em mostrar, você fizer isso com cuidado em todas as transações, você se sentirá materialmente ou monetariamente mais satisfeito. Você, em linguagem econômica, "maximizaria a utilidade" ao ponto em que, independentemente do que estivesse negociando ou transacionando, o benefício marginal seria igual ao custo marginal. Se compradores e empresas fizessem isso sem impedimentos em mercados livres, governados apenas pelas escolhas dos envolvidos, as esperanças e arrependimentos materiais de todos se equilibrariam exatamente no mesmo instante.

Em *Elements of Pure Economics* (1874 e 1877), Walras expôs a ideia de um equilíbrio momentaneamente satisfatório entre consumidores e empresas dentro de uma sociedade de mercado em termos matemáticos sucintos. Suas equações mostravam com precisão o que fixava os preços de produtos de consumo, aluguéis, salários, equipamentos de capital e capital de investimento. Consumidores, assumia Walras, visavam a maximizar a utilidade ou a satisfação geral. Empresas visavam a maximizar o lucro. Empresas recorriam a fatores de produção, trabalho e capital. Os mercados de bens compensavam quando a demanda do consumidor por bens igualava a oferta de bens das empresas. Os fatores de mercado compensavam quando as demandas das empresas por agentes se igualavam à oferta de fatores dos consumidores, ou seja, mão de obra. Quando ambos mercados, de bens e de fatores, eram compensados, a economia estava em equilíbrio. Walras descrevia a compensação de mercado para os preços relativos de um bem em termos de outro e então para todos os bens em termos de dinheiro. A concorrência, por fim, minimizaria os custos dos produtores e maximizaria a satisfação dos consumidores. Em suposições grandes e simplificadoras, ninguém poderia estar melhor. Em tal equilíbrio, escreveu Walras, todos "podem obter a maior satisfação de seus desejos". As provas imperfeitas de Walras foram posteriormente corrigidas e refinadas. Embora muitos tenham rejeitado sua abordagem matemática da economia, considerando-a abstrata demais, com o tempo ela se tornou o vernáculo da disciplina. A profissão do século 20 seguiu

Walras ao tratar as economias como os engenheiros tratam os sistemas fluidos ou mecânicos, descrevendo seu funcionamento em grupos de equações relacionando taxas de variação. A um mundo liberal em constante movimento, Walras oferecia a emocionante promessa de uma ordem inteligível e mensurável.

Como Mill, antes, e Keynes, depois dele, Walras era filho de um economista. Diferente deles, ele era um estudante rebelde e um desenvolvedor tardio. Entrou na escola de engenharia mais importante da França, a *École des Mines*, mas saiu antes de seus exames finais, poupando-se, assim, de uma carreira convencional no topo do funcionalismo francês. Ele trabalhou como funcionário de uma ferrovia, escreveu artigos para revistas, se interessou pelo setor bancário e escreveu um romance. Em uma caminhada de verão em 1858, Walras se lembrou, mais tarde, que seu pai lhe dissera que duas grandes tarefas intelectuais permaneciam em seu século. Uma era tornar a história científica. A outra, que ele pressionou o filho errante a cumprir, era fazer o mesmo com a economia. Aquele momento, relatou Walras, foi "decisivo". Ele se dedicou à tarefa e, embora a aceitação profissional tenha sido lenta, em 1870, conseguiu um lugar na cadeira de economia em Lausanne, apesar das suspeitas de que ele era socialista. Walras ensinou lá até 1892, publicando nada menos que o seu *Elements*. Como demonstração analítica de como alcançar uma economia idealizada de uma só vez, esse único trabalho sozinho já bastava para várias carreiras. Aos olhos de Schumpeter, Walras havia enfrentado o desafio comteano de seu pai de tornar a economia rigorosa e por isso ele o considerava o maior dos inovadores econômicos.

Em 1906, veio um episódio final revelador. Walras deixou amigos proporem-no para o Prêmio Nobel da Paz. Suas palavras de ordem – livre comércio e livre concorrência – encorajavam a paz, argumentavam, enquanto tarifas, interferência do governo e mercantilismo encorajavam a guerra. O comitê do Nobel não ficou impressionado. Viu pouca conexão comprovável, tão querida aos liberais esperançosos de Constant e Cobden em diante, entre o livre mercado e a paz. Vencedores anteriores, afinal, incluíam o fundador da Cruz Vermelha e o ativista pela paz alemão. O prêmio foi para Theodore Roosevelt pela mediação na Guerra Russo-Japonesa.

Outro aspecto do avanço marginalista foi a carga doutrinária que ele descartou. O marginalismo abandonou a preocupação unilateral da economia política com a oferta, os custos de produção, a superpopulação e a subsistência. Com eles, foi o preconceito ricardiano, agarrado à tradição marxista, de que somente o trabalho dava aos produtos um valor econômico genuíno. Os marginalistas não tratavam nem os aluguéis da terra como uma recompensa imerecida à ociosidade nem os lucros dos negócios como uma extração forçada de "mais-valia" de trabalhadores sem poder. Os ganhos de qualquer fator – trabalho, terra ou capital – se equiparavam, no quadro marginalista, a um equilíbrio de demanda (o que cada um pode agregar às vendas) e oferta (o que cada um custa ao fornecimento de seus ofertantes). Em particular, a demanda e a oferta fixavam o preço do trabalho (salários). A demanda e a oferta fixavam o preço do capital (taxas de juros).

Essa mudança mental, implícita em Walras e explícita em Marshall, ocorreu em um cenário de abundância crescente. A de Adam Smith não era uma "ciência sombria". Smith havia pensado que os salários reais poderiam um dia subir além dos níveis de subsistência. Marshall, que regularmente comparecia para pagar registros e declarações de impostos, podia ver que os salários estavam subindo. O poder de compra estava crescendo. Os trabalhadores estavam se tornando consumidores. Dentro do pensamento econômico, a demanda clamava por sua parte igual na fixação de preços e o marginalismo respondeu. Era tão sensato perguntar se era a oferta ou a demanda que determinava o preço, escreveu Marshall, quanto perguntar qual lâmina da tesoura corta o papel. O pensamento e a imagem eram de Mill, mas Marshall lhes deu nova ênfase. Segundo o relato de Marshall, qualquer história puramente do lado da oferta ou puramente do lado da demanda na economia estava fadada a ser incompleta.

Ele nasceu em Bermondsey, perto das docas no sul de Londres, filho da filha de um açougueiro e de um caixa do Banco da Inglaterra. Sua inteligência e sensibilidade para a economia apareceram cedo. Na aula de grego na escola, ele se recusou a usar sotaques, reclamando que eles não compensavam o tempo que levavam. Aos 17 anos, ele fez para si um voto precoce de trabalhar em intervalos curtos de 15 a 30 minutos e de nunca usar sua mente "a não ser quando estava fresca". Em Cambridge, seu pai queria que ele estudasse teologia, mas o talento de Marshall para a matemática prevaleceu. Tornou-se economista e, com a morte em 1884 de Henry Fawcett, assumiu ali a cadeira da economia política, que ocupou pelos

24 anos seguintes. Mais obstinado do que robusto, Marshall sofreu ao longo de sua carreira com lapsos de problemas de saúde. Ele era sensível às críticas, evitava controvérsias e escrevia com uma lentidão perfeccionista que dificultava a compreensão de seu grande livro como um todo. Na oitava edição, em 1920, pouco antes da morte de Marshall, ele havia acrescentado 12 apêndices. Em Cambridge, seu pupilo Keynes o considerou um palestrante inspirador, mas caótico.

Marshall é lembrado com justiça como um dos fundadores da economia moderna. Sua obra *Principles* não apenas legitimou a demanda e a oferta como forças soberanas que governam todas as transações econômicas. Ela estava repleta de ferramentas conceituais que, quando não eram novas, Marshall mostrou claramente pela primeira vez como especificá-las e colocá-las em uso: a resposta ao preço da demanda (elasticidade); economia de custos para uma única empresa em crescimento ou melhorias em seu setor (economias externas); ganho de uma compra abaixo do preço máximo (excedente do consumidor); um aumento de preços que te leva a produtos diferentes (efeito substituição) ou deixando você com menos para gastar em outras coisas (efeito renda). Ao distinguir períodos durante os quais os preços se ajustam – mercado, curto prazo, longo prazo e secular –, Marshall apontou maneiras de resolver um problema que confundia Walras: os ajustes de preços, na prática, nunca são suaves ou instantâneos, mas ocorrem em períodos mais longos ou mais curtos durante os quais as condições mudam. O equilíbrio estava sempre fora de vista.

Um terceiro aspecto do marginalismo era sua aspiração à neutralidade política. Esquerda e direita consideraram o marginalismo mais como arma do que como ferramenta, embora não fosse assim que Walras e Marshall vissem as coisas. Se o marginalismo fosse tão politicamente carregado como os críticos alegavam, seria difícil explicar por que o pensamento dos dois homens convergia em economia, mas divergia em tantas outras coisas. Walras era mais voltado para o social, Marshall, mais voltado para o mercado. Walras acreditava, e Marshall não, na propriedade pública da terra. Walras desconfiava dos grandes negócios, enquanto Marshall via benefícios em consolidação e escala. Walras sentia mais simpatia pelos sindicatos do que Marshall. Apesar de tais diferenças de opinião, ambos os pensadores foram capazes de concordar com os princípios centrais do marginalismo: a soberania, gêmea da oferta e da demanda, e a fecundidade da concorrência. Eles foram capazes de fazer tudo isso em grande parte porque ambos entendiam em quanto da vida, incluindo a vida política, a economia marginal não podia se pronunciar.

Walras reconheceu o que sua prova geral de que a competição maximizava a satisfação econômica não mostrava. Para a questão de ganho teórico, sua prova fez suposições artificiais que eram altamente contestáveis quando confundidas com pontos de repouso éticos. A prova pressupunha uma distribuição arbitrária de renda, cuja justiça ou injustiça era explicitamente deixada de lado. Walras se importava com a iniquidade e a desigualdade, mas ele não achava que a teoria econômica como tal as abordasse. Ela nos falava sobre a melhor forma de equalizar os custos de produção e os preços dos bens, não como pagar os trabalhadores de forma justa ou distribuir a riqueza. Walras estava fazendo uma distinção, esboçada em Mill, agora falada como aquela entre eficiência e equidade.

Os princípios que regem os direitos e deveres da vida social, escreveu Walras em *The Theory of Property* (1896), eram justiça, associação e fraternidade. Cada um era necessário para a saúde social e nenhum podia ser reduzido a nenhum dos outros. O raciocínio econômico – que se referia à troca e às obrigações recíprocas – era relevante para os dois primeiros, não para o terceiro. A justiça, a entrega do devido, era obrigatória e recíproca. A associação – a celebração de contratos, a formação de clubes, a realização de seguros mútuos – era recíproca, mas voluntária. A associação enriquecia a sociedade, mas a própria sociedade baseava-se em mais do que associação voluntária. Dependia de laços mais profundos de humanidade. Tais vínculos impunham atenção e cuidados com os necessitados que nem a justiça nem a vantagem mútua exigiam por si mesmos.

Embora otimista sobre o capitalismo, Marshall testemunhou suas rupturas e estava preocupado com a pobreza. Ele tinha amigos socialistas e sindicalistas, incluindo líderes da grande Greve das Docas de Londres, de 1889, a quem admirava em quase tudo, exceto em suas compreensões sobre economia. As atitudes de Marshall eram menos contraditórias do que poderia parecer. Já que aliviar a pobreza era urgente, ele achou necessário entender e promover a economia de mercado. Em sua prateleira, Marshall mantinha um esboço a óleo de um homem indigente a quem ele chamava de "santo padroeiro", mas ele estava silenciosamente murchando sobre o que ele considerava não soluções para más condições de trabalho e pobreza, como cooperativas de produtores, regulamentação governamental e nacionalização.

As fronteiras entre ética e economia, no seu pensamento, não eram mais claras do que para Walras. Para cada um deles, a ambiguidade pairava sobre se a competição maximizava a satisfação de todos nós ou de cada um de nós. Para ambos, não estava claro como seus agentes econômicos integravam o sentimento de solidariedade humana com o cálculo mecânico de custo e vantagem. Os contrastes eram agudos em Marshall. Com uma mistura característica de calor e zombaria, Keynes, em seu ensaio memorial a Marshall no *Economic Journal* (1924), pensou que dentro dele havia um "diabrete" com a voz de um "moralizador evangélico". Marshall favoreceu os mercados competitivos não apenas porque eram economicamente mais eficientes, mas na esperança de que encorajassem as virtudes sociais do esforço, consciência e prudência. Ele pensava, como Mill, que nós não éramos os juízes finais de nossas satisfações. "Um padrão de vida verdadeiramente alto", escreveu Marshall, "não pode ser alcançado até que o homem tenha aprendido a usar bem o ócio". Nas primeiras páginas de sua obra *Principles*, ele afirmou uma dificuldade que o pensamento econômico sozinho nunca resolveu. A economia era sobre pessoas na "área comercial" da vida, escreveu Marshall. Mas, acrescentou, qualquer pessoa que "valha alguma coisa" carrega uma "natureza superior" para os negócios, onde seria influenciado por "suas concepções de dever e sua reverência por altos ideais". Isso era otimista, para dizer o mínimo. De seus jeitos diferentes, Walras e Marshall enfatizaram que existiam limites ao escopo da tomada de decisões econômicas. Eles ofereciam orientação universal para fazer escolhas econômicas. Eles não tornaram o pensamento econômico universalmente aplicável a todas as escolhas.

Um segundo ponto no corpo de ideias que formava o triângulo do livre mercado era a doutrina jurídica da liberdade contratual. A doutrina ganhou terreno entre os advogados e tribunais de meados do século 19 na tradição do direito consuetudinário da Grã-Bretanha e dos Estados Unidos. Terminologia à parte, a liberdade de contrato "individualista" passou a prevalecer também na tradição continental ou romana do direito privado do século 19. Um contrato livre estava livre principalmente de dois tipos de impedimentos anteriores. Um tipo era a liberdade de conteúdo quanto à tradição ou ao costume. O outro tipo era a liberdade das partes quanto à categoria social.

Quanto à primeira liberdade, fazer barganhas e fazer contratos eram "não livres" naquele uso, e a lei limitava onde e como você poderia concordar em trabalhar e o que, especialmente quais terras, você poderia concordar em vender. Os tribunais podem se recusar a manter acordos julgados desiguais, injustos ou muito distantes da prática comum. Sob a liberdade de contrato, por outro lado, as partes tinham a liberdade de concordar, dentro da lei, sobre o que quisessem. A vontade de Deus, a vontade da maioria, a tradição, a equidade e o interesse público não entravam mais nisso. Sobre o conteúdo dos acordos, as partes, em certo sentido, eram soberanas. Desde que o conteúdo fosse lícito, não precisava mais ser costumeiro, justo, íntegro ou moral. Quanto ao segundo aspecto, as roupagens sociais das partes deixaram de contar. Os contratos tornaram-se impessoais. Rico ou pobre, inteligente ou estúpido, já não importava. Os tribunais começaram a tratar as partes de um contrato válido como adultos responsáveis que chegavam ao mercado de olhos abertos. Isto é, as partes tornaram-se iguais perante a lei. Que essa liberdade de contrato se tornasse um peão legal nas batalhas políticas era inevitável. Entre trabalho e capital, as partes não eram iguais. Assim, os "novos" liberais de mentalidade social argumentaram em apoio à legislação social para limitar os contratos em nome das partes mais fracas. Nas palavras do social liberal britânico R. H. Tawney, "Liberdade para o topo" era "tirania para o peixe pequeno".

O terceiro ponto do triângulo era a imprensa de negócios. Bem antes do marginalismo, nas décadas de 1830 a 1840, havia surgido uma tradição viva de popularização do mercado, na qual a imprensa de negócios do final do século 19 foi capaz de se basear. Frédéric Bastiat (1801-1850), na França, e Harriet Martineau (1802-1876), na Inglaterra, escreveram livros altamente populares promovendo ideias de livre mercado por meio de fábulas divertidas e exemplos caseiros. A petição dos fabricantes de velas de Bastiat para remover um concorrente desleal apagando o sol e as histórias de Martineau sobre a vila de Brooke enriquecida por invólucros foram um modelo de como transmitir ideias de mercado em termos caseiros. Os elencos mistos de Martineau de andares de cima, andares de baixo e andares intermediários ofereciam uma amostra central da sociedade inglesa apresentada em diálogos simples e cotidianos, de um tipo que ainda parecia novo quando o rádio e a televisão adotaram o estilo dos dramas populares do dia a dia um século depois.

Mill ridicularizou o límpido "resumo de princípios" com o qual Martineau terminara seus contos educacionais, talvez com um toque de ressentimento autoral. Sua obra *Political Economy* vendeu apenas 3 mil exemplares nos quatro anos de sua primeira edição. Na publicação, entre 1832-34, os livretos mensais de Martineau venderam um total de 10 mil. Marx e Engels se saíram ainda pior do que Mill, cuja grande obra, embora lenta, mostrou-se bem no trecho. *O Manifesto Comunista* correu rapidamente por três edições alemãs durante o ano revolucionário de 1848, antes de praticamente desaparecer de vista até a década de 1870, quando trechos foram lidos no tribunal em um julgamento de social-democratas alemães. Sua redescoberta levou a novas traduções, mas o *Manifesto* ganhou mais do que um círculo de leitores somente depois de 1917, quando o governo soviético patrocinou grandes tiragens em mais de duas dúzias de idiomas. Para qualquer um no mercado com inclinação para *insights* sobre o capitalismo liberal, fábulas palatáveis de livre mercado, uma árdua ascensão ao Monte Mill e um conto de moralidade marxista promovido por bolcheviques pressionados pela guerra, cada um tinha seus atrativos e recompensas. Leitores com investimentos a fazer, pedidos a fazer e economias para mudar voltaram-se para notícias e informações práticas de uma imprensa de negócios em crescimento.

Na Alemanha, um liberal anti-Bismarck, Leo Sonnemann, fundou o *Frankfurter Zeitung*, um jornal de negócios, em 1867. Colega de Schulze-Delitzsch, Sonnemann acreditava em mercados livres, direitos dos trabalhadores e um Estado ativo, mas não era socialista. Seu *slogan* "Nenhum ditador, nem Bismarck nem Marx" custou a Sonnemann seu assento no *Reichstag* em 1884, quando Bismarck instruiu seu direito de votar em seu oponente socialista, que venceu. Como muitos liberais da época, Sonnemann era ativo na política de Frankfurt e, com o historiador de arte Ludwig Justi, fundou o Museu *Städelsches* da cidade. Nos Estados Unidos, Charles Dow e colegas transformaram sua pequena *Customer's Afternoon Letter* em um jornal completo, o *Wall Street Journal*, em 1889, e começaram a entregar notícias de mercado aos investidores por telégrafo.

A Grã-Bretanha liderou a criação de uma imprensa semanal de negócios com a *Economist*, fundada em 1843. Na França, foi seguida, em 1862, por *L'Economiste français*. Seus editores mais conhecidos, Walter

Bagehot (1826-1877) e Paul Leroy-Beaulieu (1843-1916) fazem um estudo em paralelo. Nenhum deles contribuiu para a economia como Mill, Walras ou Marshall. Bagehot era mais um ensaísta brilhante do que pensador sistemático. Leroy-Beaulieu era professor de economia no *Collège de France*, mas seu tratado de economia política de 1893 era uma antiguidade na publicação. Ambos os escritores contribuíram muito para a política liberal. Eles relataram o funcionamento do capitalismo liberal, colocaram questões econômicas no centro da política e afiaram ferramentas conceituais neutras em armas dialéticas. Bagehot, Leroy-Beaulieu e seus pares na Alemanha e nos Estados Unidos foram tão vitais para a criação do liberalismo de livre mercado quanto Walras, Marshall e seus colegas universitários.

Walter Bagehot (1826-1877) nasceu de um banqueiro de *West Country* com uma biblioteca bem abastecida. De temperamento dissidente, o pai enviou seu filho talentoso para a Universidade de Londres em vez de Oxford ou Cambridge para evitar seus testes doutrinários anglicanos. Uma estrela na universidade, o jovem Bagehot encontrou carreiras abertas para ele. Apesar de não comandar fisicamente, ele era sedutor em sua fluência e entusiasmo. Bagehot tentou a advocacia, o que o entediou, e passou rapidamente para a política e o jornalismo. Em dezembro de 1851, durante uma estada na França, testemunhou o golpe de Napoleão III, episódio que aos 25 anos o compôs para a vida e lhe deu, para um liberal, um respeito indevido pela ordem estabelecida. O primeiro dever de uma sociedade era defender-se contra tumultos e desordem, escreveu Bagehot em artigos de imprensa sobre o golpe. A liberdade e a representação podem ter que ser sacrificadas para evitar a revolução, pensou ele, especialmente em um país como a França, que ainda não estava maduro o suficiente para ambos. Jovem como era, Bagehot entendeu algo que nem todo fanático pelo mercado sempre entendeu: empresas e bancos anseiam por estabilidade e previsibilidade. Ele não tinha vontade de radicalizar a vida e virar a sociedade de cabeça para baixo por causa de uma ideia libertária. Ele entendia que negócios eram sobre ganhar e manter dinheiro, não pureza doutrinária ou a melhoria da moral. Era um exemplo incomparável dessa grande e vital subcategoria entre os liberais de mercado: o liberal dos negócios, eticamente de mente aberta, mas com uma vertente conservadora de deferência ao poder costumeiro e à ordem estabelecida.

Depois de Paris, Bagehot retornou ao *Stuckey's*, o banco da família, fundado pelo tio de sua mãe e administrado por seu pai. Lá, ele descobriu que o setor bancário era "um negócio vigilante, mas não trabalhoso", dando-lhe tempo para o jornalismo, para o qual ele tinha talento excepcional. Seus canais incluíam o *Economist*, cujo editor, James Wilson, o contratara. Em 1858, Bagehot se casou com Eliza, a filha mais velha de Wilson; ele foi nomeado diretor e, com a morte de Wilson em 1861, Bagehot tornou-se editor. Bagehot tinha senso de expressão, gosto por contrastes organizados e o dom da economia mental. Ele escreveu sobre uma "era do costume" pré-moderna quando o poder era exercido "por tradição" e uma "era de mudança" moderna, na qual o poder era mediado "por discussão". Ele escrevia fluentemente sobre bancos e comércio, a partir de experiência direta, em termos que as pessoas que trabalhavam neles pudessem entender. Desconfiava das abstrações e admirava Adam Smith principalmente, como ele dizia, por impressionar "os homens práticos por seu aprendizado, ao mesmo tempo em que os conquistava por sua lucidez e os assegurava por sua confiança". A economia, pensava Bagehot, estudava episódios e arranjos reais. Deveria ser mais histórica do que exortatória. Walras e Marshall procuraram mostrar o que a economia não poderia nos dizer sobre como viver. Bagehot lutou para dar atenção a essa mesma lição, embora achasse irresistível tirar lições do que a economia dizia.

Não naturalmente democrata, Bagehot temia a plebe e a classe trabalhadora iletrada. Como monarquista, ele acolheu o ar fictício da tradição da coroa britânica como uma distração digna para as massas de onde realmente estava o poder: entre as partes "eficientes" do governo, como ele as chamou na Constituição Inglesa (1867). Suas esperanças de ordem estavam na racionalidade e eficácia das elites financeiras e administrativas. Sua ênfase nos elementos teatrais da política e no mascaramento do verdadeiro poder era legal, até mesmo cínica. Embora expressa em termos mais suaves, sem nem uma pitada de raiva ou violência, a baixa visão de Bagehot da capacidade de julgamento da pessoa comum era pouco diferente do "realismo" de elite de Marx e Weber ou do irracionalismo de Sorel. Bagehot pensava que a democracia eleitoral era inevitável ao mesmo tempo em que esperava que seus efeitos perniciosos pudessem ser silenciados ao se garantir que a classe trabalhadora tivesse mais escolas, melhor moral e maior conforto. Na década de 1870, ele passou a aceitar o voto da classe trabalhadora, bem como os votos para as mulheres, cujo trabalho e capacidades ele acreditava que os pensadores políticos geralmente subestimavam.

"Desejo poder, influência", disse à noiva, mas perdeu três eleições e nunca entrou no Parlamento. Em vez disso, Bagehot influenciou opiniões através do que sabia e escrevia. Seu domínio sobre o banco era inigualável. Gladstone o julgava "um chanceler suplementar do tesouro". Em *Lombard Street* (1873) Bagehot instou o Banco da Inglaterra a reconhecer que era um banco central e agir de acordo com seus deveres, reduzindo dinheiro em tempos bons e inundando os mercados com liquidez nos maus.

A reconciliação de Bagehot entre o liberalismo e a tradição se baseava em estabilizadores sociais costumeiros que estavam desaparecendo enquanto ele escrevia. Ele desconfiava do presidencialismo do tipo americano e valorizava o governo parlamentar, mesmo quando o crescente poder executivo dos Estados modernos dificultava o trabalho de supervisão dos parlamentos. O Estado moderno era a preocupação de Paul Leroy-Beaulieu, o homólogo francês de Bagehot, que viveu o suficiente para enfrentar dificuldades que o liberal inglês apenas vislumbrara.

O pai de Leroy-Beaulieu era um liberal notável na Monarquia de Julho, um amigo de Guizot comprometido com os interesses de uma burguesia educada e abastada. O velho Leroy-Beaulieu possuía terras na Normandia, tornou-se prefeito de Lot e, depois de 1848, passou sem dificuldade ao serviço ininterrupto do Estado francês como um defensor conservador de Napoleão III. O filho Paul era um advogado, jornalista e economista formado na Alemanha. Como Bagehot, ele se casou no negócio. Sua esposa era filha de Michel Chevalier, o primeiro professor de economia na *Collège de France* e um adepto do livre comércio que negociou o tratado comercial anglo-francês de 1860 com Richard Cobden. Em 1878, Leroy-Beaulieu assumiu a cadeira de seu sogro.

Ao escrever sobre política e economia, Leroy-Beaulieu tinha um novo tom e abordagem: frio, seguro, factual. Ele não tinha uma grande narrativa histórica, exceto, talvez, pelo capitalismo liberal agora já em um horizonte além do qual ninguém mais podia ver. Ganhou dinheiro nos mercados e investiu em novas marcas, padronizando especialidades locais como o queijo *Roquefort*. Inclinou-se a títulos e ações, incentivando os investidores a abandonarem uma antiga preferência francesa por casas e terrenos. Aqueles que o escutaram ganharam muito dinheiro com títulos governamentais e ferroviários, embora tenham sido brutalmente punidos pela inflação pós-1914, caso não tenham saído a tempo. Quanto à democracia parlamentar, ao contrário da presidencialista, Leroy-Beaulieu tinha a mente aberta ao ponto da inconstância, embora aprovasse o sufrágio universal e, como Bagehot, acreditasse em votos para mulheres. Como um julgador de fora, Leroy-Beaulieu via o parlamento da Terceira República como incuravelmente corrupto, embora tenha abrandado ao finalmente ganhar um assento depois de muitas tentativas e algum suborno, em 1899.

Em *The Modern State*, Leroy-Beaulieu aceitou que a democracia e o Estado moderno haviam vindo para ficar. O desafio para os liberais era lidar com seus poderes. O aumento nos gastos do Estado foi alarmante e lastimável, julgou ele, mas em uma suposição aflita, pensou que atingindo 10% a 12% do produto interno bruto, os gastos do estado estavam chegando a um limite natural. Como Bagehot, ele não tinha tempo para "anarquistas econômicos" que pensavam que as economias se organizavam e se estabilizavam por conta própria, e ridicularizava "niilistas de governo" que sonhavam com um Estado mínimo. O pensamento puro aqui era de pouca ajuda, ele acreditava. Os Estados eram bons em algumas coisas, ruins em outras.

O poder do Estado moderno era novo e perturbador de duas maneiras, pensava ele. O governo já não era mais razoável e competente do que aqueles a quem governava. Estava aberto a paixões e modismos. Atendia mais a interesses especiais do que ao bem comum e seus funcionários não tinham interesse pessoal no sucesso ou fracasso do governo. Ou eles se tornavam cínicos e negligentes ou viravam a política para seus próprios fins. O Estado moderno era novo, segundo, em não ter concorrentes. Sem concorrentes para afiá-los, os Estados faziam mal muitas coisas. Aqui estava a teoria da escolha pública em embrião: a ação do Estado tendia invariavelmente a ser parcial, egoísta ou inepta.

Onde a máxima "criar riqueza!" não dera respostas, Leroy-Beaulieu estava em grande parte em perda. Aumentar a taxa de natalidade da França? Maior coesão social? Declínio nacional? Leroy-Beaulieu exercitou-se sobre todos eles. Um imperialista ardente, ele acreditava que o poder nacional estava nas colônias: "A nação que mais coloniza é a nação principal", escreveu ele em *Colonization in Modern Nations* (1874), "e, se não for hoje, será amanhã". No entanto, preocupado com os custos, ele se perguntou como as colônias deveriam ser defendidas e pagas. Leroy-Beaulieu encerrou *The Modern State* admitindo tacitamente limites ao seu liberalismo empresarial, sem ter certeza de onde eles estavam. Ele recorreu à conhecida panaceia liberal de melhor caráter. A civilização não era apenas a disseminação de conhecimento e tecnologia, escreveu ele. A verdadeira civilização exigia bons hábitos de iniciativa, atividade voluntária, parcimônia e responsabilidade. Falavam aqui Humboldt e Samuel Smiles, mas décadas atrasados. Para os "novos liberais", para quem a história agora se volta, aquela velha mensagem liberal não era mais crível. A educação levara muito tempo. O caráter era muito elusivo e não confiável. Os desafios da sociedade eram muito urgentes. Algo novo era necessário e os novos liberais descobriram isso no Estado.

ii. Hobhouse, Naumann, Croly e Bourgeois: resistindo aos mercados em nome da sociedade

Na Grã-Bretanha, falavam de "liberdade positiva", na Alemanha, de "liberalismo social", nos Estados Unidos, de "nova democracia" e na França, de "solidariedade". Seus *slogans* ou *banners* variavam, mas suas causas eram as mesmas. Descritos coletivamente como "novos liberais", eles venceram o argumento liberal entre 1880 e 1914 sobre o apelo ao poder do Estado para domar o poder do mercado. Como os puristas do livre mercado denunciaram os novos liberais como não liberais, os "novos liberais" se esforçaram para enfatizar sua continuidade com a tradição. Ao libertar o pensamento liberal de uma compreensão limitada da liberdade e das armadilhas conceituais do individualismo, eles esperavam mostrar o que era necessário para defender as pessoas e suas liberdades nas condições de rápida mudança da vida moderna. Economicamente, os novos liberais acreditavam que as sociedades eram agora suficientemente ricas para transformar um crescente "excedente social" em usos públicos. Politicamente, eles pediam a construção de pontes, grandes alianças e caminhos intermediários no espírito do novo liberal alemão Friedrich Naumann, que gostava de dizer: "Na política, não há amigos ou inimigos absolutos".

A inspiração na Grã-Bretanha veio do filósofo T. H. Green (1836-1882), de Oxford, um professor de gerações de estudantes que absorveram sua ética de responsabilidade social. Os alunos de Green incluíam vários futuros políticos liberais – Herbert Asquith (primeiro-ministro), Edward Gray (secretário de Relações Exteriores) e Alfred Milner (governador colonial na África do Sul) –, bem como vários altos funcionários do governo e intelectuais liberais. O objetivo de Green era desmitologizar o cristianismo, reter suas mensagens morais mais pacíficas e caridosas e aplicá-las à política de maneiras que apelassem tanto aos imperativos latentes nos fatos sociais quanto à pregação exortativa. A palestra de Green "*Liberal Legislation and Freedom of Contract*" (1881) deu uma expressão vívida a uma ideia sobre os requisitos de liberdade que serviram aos novos liberais de mentalidade social como uma espécie de chave-mestra em seus argumentos contra o liberalismo de Estados pequenos. A ideia era esta: a menos que as pessoas tivessem a capacidade de usar a liberdade para a busca de fins que valessem a pena, era difícil dizer quanto, e se, a liberdade valia alguma coisa.

Historicamente falando, o liberalismo na narrativa de Green havia enfrentado incumbências negativas e positivas. As incumbências negativas – resistir ao poder e privilégio absolutos e remover as restrições à produção, ao trabalho e ao comércio – foram agora amplamente alcançadas. A incumbência positiva de capacitar as pessoas permaneceu inacabada. A questão para os liberais, acreditava Green, não era mais: "O Estado e a sociedade me deixam sozinho?" mas sim "Eles ajudam ou prejudicam a realização do meu potencial?". O Estado, argumentava ele, deveria criar "condições de liberdade", isto é, condições para o livre exercício das capacidades das pessoas. As restrições sociais à liberdade eram muitas: embriaguez, más moradias, escassez de trabalho e terra subutilizada. Se o Estado ficou parado e não removeu tais obstáculos, foi uma vitória da negligência, não da liberdade. Com liberdade, escreveu Green, "não queremos dizer apenas liberdade de restrição ou compulsão". A liberdade incluía sim "um poder positivo ou capacidade de fazer ou desfrutar de algo que valesse a pena fazer". A liberdade de contrato, o elemento legal do liberalismo anti-Estado, era para Green "valioso apenas como um meio para um fim". Liberdades, ele estava dizendo em suma, tinham pouco valor em si mesmas sem a capacidade de exercê-las.

Green pretendia ganhar o reconhecimento da existência de deveres comuns para promover as capacidades das pessoas, fossem elas quem fossem. Como os liberais do *laissez-faire* há muito objetavam que tais deveres interferiam na liberdade, Green teve que responder às suas queixas. Sua resposta foi que esses deveres comuns não interferiam na liberdade propriamente entendida. Os liberais podiam invocar a noção de "liberdade" de muitas maneiras, e nenhuma delas dominava, embora pudesse ofuscar. Os pensamentos de Green sobre os usos liberais ofuscantes do conceito de liberdade foram amplamente compartilhados. Em *Individualism and the Intellectuals* (1898), Émile Durkheim reclamou de uma compreensão constritiva e negativa sobre liberdade. Naumann, na Alemanha, expressou a mesma ideia em termos mais simples: "Você só pode ser livre quando sabe como sobreviverá ao longo do mês". Diferentes visões existiam entre os liberais sobre até que ponto o Estado e a sociedade tinham responsabilidades de ajudar os cidadãos e não simplesmente sair de seu caminho. Isso "sloganizou" em vez de esclarecer questões para colocar essa disputa como um argumento sobre o verdadeiro caráter da liberdade.

O liberal britânico que melhor popularizou o *ethos* do "novo liberal" foi Leonard Hobhouse (1864-1929). O liberalismo era de família. Seu avô era um lorde da lei gladstoniano. Em Oxford, estudou e ensinou brevemente filosofia, mas a achou demasiado distante da política para o seu gosto. Em seguida, ele escreveu, editou e revisou para o liberal *Manchester Guardian* – 322 longas peças em um ano, afirmou. Ele se restringiu igualmente ao jornalismo, uma profissão, lamentou ele, que "pode ser exercida por pessoas de meios independentes ou por pessoas sem convicção". Ele finalmente se estabeleceu, em 1907, na *London School of Economics* como professor de sociologia, uma disciplina nova na Inglaterra, e lá permaneceu até o final de sua carreira. Alto e atarracado, Hobhouse usava um bigode de morsa desgrenhado o suficiente para esconder o menor traço de sorriso. Ele tendia à depressão, estava frequentemente doente e escrevia, prolificamente, sobre seus nervos. Ele desprezava a caça, um emblema do excesso aristocrático, e detestava os carros, valorizando a liberdade econômica da bicicleta.

As atitudes eram típicas de alguém preso entre épocas. Intelectualmente, os volumosos escritos de Hobhouse flutuavam inquietos entre a ousada síntese do século 19 e a cuidadosa análise do século 20. Em *Liberalism* (1911) sua experiência como jornalista serviu-lhe bem. Deu uma declaração curta e oficial de novas ideias liberais, com seus pontos fortes e fracos. Hobhouse superou a disputa "individualista *versus* coletivista". Na medida em que a disputa marcou um desacordo sobre ética, os liberais, sugeriu ele, certamente eram ambos. Uma sociedade saudável importa apenas porque isso importa para as pessoas nela, escreveu ele. Por outro lado, os liberais eram individualistas. Muito do que importava para as pessoas, por outro lado, era social. Todos tinham ou passaram a ter interesse na sociedade. Os liberais, nessa medida, eram coletivistas. Em outras palavras, reconheciam valores privados e públicos. Nem todos os coletivistas o fizeram. O socialismo, pensava Hobhouse, ia longe demais ao dar prioridade indevida aos valores públicos e coletivos.

Quanto à liberdade, Hobhouse a considerava uma aquisição histórica. O liberalismo surgiu em sua narrativa em resistência à "ordem autoritária", seja ela religiosa, política, econômica ou moral. A bandeira da liberdade havia voado sobre a resistência em nove lutas distintas: igualdade perante a lei; proteção contra tributação arbitrária; liberdade pessoal de movimento, pensamento e religião; igualdade de oportunidades; as liberdades econômicas de estabelecimento, emprego e comércio; proteção das crianças e da família; independência nacional do controle de outras potências; ordem mundial de estabilidade e paz; e, finalmente para o governo, por consentimento, com uma voz por todas. Sem se deixar intimidar por tal variedade, Hobhouse escreveu que, em cada desafio, a liberdade havia removido um obstáculo ao "florescimento pessoal". Liberdade e não liberdade importavam, argumentava Hobhouse, porque, respectivamente, possibilitavam e frustravam a busca de objetivos valiosos na vida.

Ao vasculhar o passado, Hobhouse julgou o *laissez-faire* do liberalismo da escola de Manchester, embora influente na imprensa de negócios, uma influência menor no pensamento liberal sério. O utilitarismo mais sutil de John Stuart Mill ofereceu a Hobhouse um possível ideal no bem comum – o que, também, ele rejeitou, pois a busca do bem comum oferecia a cada cidadão individual muito pouca proteção cívica, o que liberal nenhum poderia permitir. O próprio ideal de "florescimento pessoal" de Hobhouse levantou uma dificuldade oposta. Por que meu florescimento pessoal deveria importar para você? Tipicamente para a época, Hobhouse invocava metáforas orgânicas nebulosas da sociedade em que o todo dependia do florescimento das partes. Ele escreveu muito sobre evolução social, mas, ao contrário de Spencer, não eliminou a política com a biologia. Hobhouse esperava, assim como Mill, pelo surgimento gradual do sentimento de companheirismo. Na vantagem mútua em que a sociedade repousava, Hobhouse viu potencial para o crescimento de uma harmonia ética mais profunda.

Hobhouse achava que a regulação estatal e a intervenção social eram desejáveis, embora devesse haver pouca ou nenhuma propriedade pública e nem os governos devessem tentar dirigir as economias. Ele considerava o socialismo "oficial" dos Fabianos e dos Webbs não liberal, antidemocrático, intervencionista, paternalista e tecnocrático. Quanto à forma como o "excedente social" de uma economia rica deveria ser tributado, Hobhouse manteve a distinção moralizada de Ricardo e Mill entre dinheiro suado e ganho preguiçosamente. Altos lucros, heranças e valores crescentes de terra estavam ao alcance do fisco, não porque agravassem as desigualdades, mas porque não representavam trabalho. Ele não perdoava mais a ociosidade dos pobres. Adotando a dura distinção de Chadwick, Hobhouse pensava que o Estado deveria ajudar apenas os pobres "merecedores" e que a preguiça autocompassiva dos "pobres indignos" deveria ser desencorajada. Politicamente, Hobhouse saudou a cooperação liberal com o novo Partido Trabalhista, que já havia começado em Westminster. Ele via o Trabalhismo como um professor veria um aluno, com pouca noção de quão cedo o Trabalhismo seria o mestre. O Trabalhismo, por outro lado, fazia pouca ideia de como adotaria completamente as ideias de Hobhouse.

Nos Estados Unidos, a voz intelectual do progressismo foi uma revista pequena, mas influente, a *New Republic.* Seu núcleo editorial foram Herbert Croly, Walter Weyl e o longevo Walter Lippmann (1889-1974). O editor da revista, Herbert Croly (1869-1930), era filho de dois jornalistas do pensamento livre. Sua mãe escreveu uma coluna popular sobre temas femininos. Admiradores de Comte, o casal "batizou" o jovem Herbert na "religião da humanidade" e o criou com atenta liberdade, ensinando-o a discutir quase mesmo antes de ele saber falar. Demorou até o final dos 30 anos para Croly se encontrar, mas ele o fez com estrondo ao escrever um livro que falava com sua época e fez seu nome, *The Promise of American Life* (1909). Ele fora adotado por um casal de anjos liberais, Willard Straight, um banqueiro de investimentos autodidata, e sua esposa Dorothy, filha do democrata reformista William Whitney, um dos homens mais ricos do país. Theodore Roosevelt era amigo, apoiador e fornecedor das ideias de Croly. Com dinheiro dos Straights, Croly, em 1913, lançou a *New Republic.* A revista era mais política algumas vezes, mais literária em outras. Inclinou-se para a esquerda e inclinou-se para a direita. Seja qual for o seu tom exato, a *New Republic* foi um tornassol da opinião liberal esclarecida.

The Promise of American Life visava, como Hobhouse, ao individualismo desenfreado. Com isso, porém, Croly se referia a uma atitude econômica, não ética. Croly considerou o individualismo tanto quanto Henry Sidgwick em *The Elements of Politics* (1891) por uma suspeita constante do governo hiperativo. Tal hostilidade era apropriada na época de Jefferson, escreveu Croly. Em meio à harmonia inicial, os ideais americanos de democracia, liberdade e prosperidade tomaram forma em espírito pioneiro, governo limitado e confiança na promessa de uma nova vida. Os ideais atuais eram os mesmos, mas em um mundo de grandes cidades, grandes corporações e indústria pesada, a forma de realizá-los, escreveu Croly, seria diferente. A iniciativa privada e o governo passivo por si só não eram mais suficientes. A nação precisava de uma orientação vigorosa de Washington para promover a ciência, a eficiência, a realização pessoal e a justiça social. O governo tinha que ser tanto democrático quanto eficaz: monitorado nas urnas, mas executado por pessoas extraordinariamente capazes, santos e tecnocratas combinados. O que deveria acontecer se os eleitores rejeitassem as melhorias em suas vidas de sua aristocracia de mentalidade social, Croly não disse. Não sendo um imperialista fervoroso, como Roosevelt e os Straights, ele demorou muito para descobrir se o resto do mundo desejava ser banhado pela generosidade liberal da América.

A fraqueza de Croly era um tom de censura elegíaca conhecido como "mais Croly que você". Mais próximo do chão e da reforma política estava Walter Weyl (1873-1919), um entusiasta precoce contratado por Croly. A mente analítica de Weyl estava imersa no método alemão e na cultura alemã. Ele pensava em política economicamente, estudando companhias ferroviárias, imigração e trabalho. Seu pai, um judeu da Renânia, veio para os Estados Unidos em 1851 aos 16 anos. O jovem Weyl se formou em administração e visitou a Alemanha, cujas escolas e universidades o impressionaram, assim como Cobden. Ele observou até que ponto os salários reais haviam subido e concluiu em *Labour Conditions in France* (1896) que os marxistas estavam errados ao prever o empobrecimento progressivo.

Weyl resumiu suas próprias ideias em *The New Democracy* (1912). Nas sociedades ricas havia agora um "excedente social" utilizável para criar uma sociedade mais justa e equilibrada. Ao contrário de Hobhouse ou Croly, Weyl achava que isso era plausível de acontecer não por causa de uma mudança ética profunda e improvável, mas por causa da nova forma da sociedade. A pressão para mudar veio de 50 milhões de americanos médios. Acima estavam 20 milhões ricos demais para se importar e abaixo 20 milhões pobres demais para agir. Como um palpite sobre onde a América média encontraria seu centro de gravidade nas décadas de 1930 a 1980, Weyl tinha uma visão ampla. Economicamente, seu apelo pela "socialização da indústria" caiu previsivelmente em ouvidos surdos em uma nação onde o apoio indireto, mas maciço e sistemático, do governo aos negócios não ousava falar nisso. Em contraste, as outras causas de Weyl – regulamentação, reforma tributária, "moralização dos negócios" e limites ao poder do dinheiro na política – eram uma parte incontestável do convencional progressista. Assim como um americano mais conhecido, Thorstein Veblen, que se queixou da dependência da economia do "consumo conspícuo" em *The Theory of the Leisure Class* (1899), Weyl se preocupava com as compras inúteis a que as sociedades ricas eram propensas. Tal "elefantíase" era defletora porque o excesso de dinheiro era muitas vezes mais bem gasto em bens públicos como parques e escolas da cidade, bem como prejudicial porque o dinheiro de sobra também encorajava hábitos não saudáveis, como fumar, beber em excesso e comprar compulsivamente. Os liberais, pensava Weyl, deveriam encontrar maneiras não coercitivas de desencorajar as pessoas de se prejudicarem e de mudar a sociedade de maneiras que não escolheram totalmente. A *New Democracy* de Weyl permanece notavelmente atual.

Na própria Alemanha, um pastor que se voltou para a política liberal, Friedrich Naumann (1860-1919), foi um conciliador incansável, incapaz de ver um desacordo que não tentasse mediar. Ele trabalhou para uma grande aliança progressista unindo a Alemanha corporativa e a classe trabalhadora que separaria os grandes empresários liberais nacionais sob Ernst Bassermann de seus aliados conservadores e os uniria aos social-democratas sob August Bebel. Um núcleo menor de liberais de mente aberta, sem vínculos próprios, arbitraria no centro de uma coalizão "de Bassermann a Bebel". Isso provou-se um sonho apaixonado, mas as esperanças de Naumann por um liberalismo de mentalidade social nunca desapareceram totalmente, ressurgindo na Alemanha depois de 1945. Ele pregava simpatia pelos pobres, mas parecia acreditar em uma "luta pela existência" social-darwiniana. Seus compromissos gerais incluíam democracia e monarquia, liberalismo e imperialismo. Na década de 1880, Naumann defendia a ajuda social cristã. Na década de 1900, ele clamou por um *Reich* liberal e democrático. Em 1915, ele ansiava por uma federação pós-guerra na Europa Central sob liderança alemã.

As primeiras fotografias de Naumann mostram um jovem pálido e sério, com olhos penetrantes e sobrancelhas perturbadas. Em um estudo a óleo para um retrato de Naumann por volta de 1909, o pintor berlinense Max Liebermann captou essa mesma mistura de ansiedade e determinação. Ele nasceu em 1860, em uma família de devotos luteranos em Störmthal, uma aldeia à beira de um lago arenoso a sudoeste de Leipzig. Fugiu para a universidade, estudou teologia e tornou-se pastor. Perturbado, como muitos como ele, pela pobreza urbana, Naumann fez trabalhos de caridade na *Rough House* de Hamburgo, um equivalente do norte da Alemanha ao *Toynbee Hall* de Londres e à *Settlement House* de Chicago. Como pastor, ele ganhou um nome pela franqueza luterana de sua língua e pena de escrever. Irritou-o que os liberais de classe média, em sua dureza, ajudassem menos os pobres do que os conservadores paternais e as igrejas tradicionais. Ele gostou e deixou de gostar de Adolf Stöcker, um pregador da corte que perseguia os judeus e que explorava o socialismo cristão. Naumann fundou uma revista, *Die Hilfe*, promovendo ideais semelhantes expurgados do antissemitismo. Naumann então conheceu e fez amizade com Max Weber, que o convenceu de que na política o poder nacional e a escala econômica importavam tanto quanto a ética.

Weber ensinou Naumann a pensar, como ele, de forma realista em termos de interesses econômicos, tanto de classe quanto nacionais. Para Weber, a paz social entre as classes dependia da prosperidade nacional, que por sua vez dependia da segurança alemã e do poder internacional. A Alemanha estava para trás no mundo, pensava Weber, porque uma classe fundiária "atrasada" dominava a política. Os negócios e o trabalho eram agora os líderes naturais da Alemanha, embora Weber estivesse desanimado com suas chances de trabalharem juntos e enfrentarem as tarefas históricas da nação. Naumann era mais esperançoso. Em *Democracy and Empire* (1900) ele propôs uma grande aliança entre negócios e trabalho, vigiada por um *kaiser* benevolente que deveria personificar não dinastia ou casta, mas igualdade cívica e um senso democrático de nação. Esse era um tipo limitado de liberalismo. Naumann aceitou os fatos do conflito na Alemanha guilhermina. Suas esperanças de que o conflito pudesse ser contido dentro da sociedade alemã tal como estavam eram ilusórias. Algo semelhante afetou os pensamentos de Naumann sobre a nacionalidade alemã e sua posição no mundo.

Sua terceira busca, como a de Bouglé na França, foi uma fuga de tipos vingativos de patriotismo. A nacionalidade para os liberais alemães de 1848 tinha sido uma ideia positiva: baseada em princípios, inclusiva e progressiva. Depois de 1871, a direita alemã apoderou-se da ideia de nação, tornando-a atávica, exclusivista e antimoderna. Para os liberais da época de Naumann, estava se tornando difícil ser patriota sem se tornar um imperialista comercial, se não um fanático belicista. Naumann exemplificou esse problema de pequenas e grandes maneiras. Um onívoro intelectual, Naumann tinha um forte interesse em arte e *design*. Em 1907, ajudou a fundar a *Werkbund* alemã, uma associação de empresários e *designers*. O objetivo era dar aos alemães um *design* melhor. Os críticos antinacionalistas tiveram pouca dificuldade em virar os objetivos do *Werkbund* de cabeça para baixo e ridicularizá-lo como uma campanha chauvinista para tornar o *design* alemão melhor. Uma inversão equivalente ocorreu em maior escala em *Mitteleuropa* (1915), de Naumann, que antecipava um patriotismo alemão do pós-guerra. Tal nacionalismo positivo seria, esperava Naumann, liberal e inclusivo, não chauvinista ou dominador. O livro previa uma Europa central de livre comércio, federalizada por tratado sob a liderança democrática alemã. Como um palpite sobre o que se seguiria à dissolução do Império Austro-Húngaro, o livro de Naumann interpretou mal as aspirações nacionais dos vizinhos orientais alemães e não conseguiu avaliar o ressentimento eslavo pela presunção de superioridade alemã, assim como os liberais britânicos tendiam a não ouvir os ressentimentos dos súditos coloniais da Grã-Bretanha. A *New Europe* (1917-1918), do estadista tcheco Tomas Masaryk, com seu apelo à autodeterminação das nações eslavas como um baluarte contra a "germanidade", era um guia mais seguro para as reivindicações conflitantes e a turbulência divisória da Europa Central do pós-guerra. Na década de 1930, a visão de Naumann foi compreensivelmente, mas injustamente, descartada como "a luz do hitlerismo". A dominação e a conquista não eram, porém, o propósito de Naumann. Despojada de suas falhas e virada para o Oeste, não para o Leste, a *Mitteleuropa* pode ser tomada como um esboço alemão inicial da União Europeia.

Se uma palavra capta o que os reformadores franceses estavam trabalhando era "solidariedade". Um termo cômodo, roubado e esticado do direito romano, solidariedade reunia igualdade jacobina, caridade cristã e fraternidade socialista em um ideal moderno útil. Marx havia renovado a moeda progressiva do termo na década de 1850, persuadindo a Associação Internacional dos Trabalhadores a usar "solidariedade" em vez de "fraternidade", o que parecia a Marx confuso e sentimental. Os liberais de esquerda franceses adotaram a "solidariedade" como o marcador de um meio-termo entre a militância da classe trabalhadora e a reação conservadora. O pequeno livro verde do movimento foi *Solidarité* (1896), escrito por um primeiro-ministro radical, Léon Bourgeois (1851--1925). Seu pensamento principal, na verdade seu único pensamento, era bastante simples: "O homem nasce em dívida para com a sociedade humana", escreveu Bourgeois. Cada criança vinha com um rico kit de ferramentas de capacidades e utilidades: linguagem, cultura, civilização, segurança, proteção. Grande ou pequenas, as realizações singulares de qualquer pessoa tiravam lucro desse estoque comum de capital humano. Por direitos, o realizador devia algo em troca: ele ou ela deveria quitar sua dívida. Bourgeois usou essa metáfora de débito e crédito para justificar o que os reformadores liberais estavam fazendo para promover o bem-estar social, a paz trabalhista e as proteções cívicas.

Bourgeois era um homem do meio em mais do que nome. Filho de um relojoeiro, nasceu entre a margem esquerda e a margem direita de Paris, na Île Saint-Louis. Produto inteligente da meritocracia republicana, Bourgeois, aos 36 anos, era prefeito do Tarn, um departamento do Sudoeste envolvido em conflitos entre Igreja e Estado, patrões e trabalhadores. Ele demitiu um prefeito católico que apoiava padres recalcitrantes. Quando os donos de minas em Carmaux – mais tarde distrito eleitoral de Jaurès – pediram que a polícia acabasse com uma greve de mineiros, Bourgeois recusou e, em vez disso, arbitrou. Como primeiro-ministro, em 1895, Bourgeois entrou em conflito com um Senado conservador, assim como Lloyd George na Grã-Bretanha e os progressistas nos Estados Unidos. A câmara alta recusou a proposta de Bourgeois de um imposto de renda progressivo, que teve que esperar na França mais 20 anos. Outros pensadores franceses atraídos pelo liberalismo social incluíam Durkheim, que tinha uma noção de sociedade "orgânica" mais sutil e mais elaborada do que a de Bourgeois, baseada nas interdependências que surgem para cada um de nós da moderna divisão do trabalho; o historiador econômico e defensor do mutualismo, Charles Gide, bem como o jurista Léon Duguit, que promovia uma ideia do Estado não como poder supremo e decisivo, mas como servidor público.

Por mais ardente que soasse a disputa entre liberais a favor e contra o Estado, um grande equalizador tomou conta de suas disputas. Ele tomou conta dos apelos sutilmente diferentes feitos pelos novos liberais de mentalidade social. O empate foi dinheiro. No final do século 19, a Casa do Querer e a Casa do Ter chegaram a um acordo sobre a necessidade de um teto comum. A questão mais difícil era como pagar por isso. Reforma social significava reforma tributária, e reforma tributária significava que alguém teria que pagar mais. Esses conflitos básicos de impostos e gastos para liberais, antigos ou novos, foram semelhantes na Grã-Bretanha, França, Alemanha e Estados Unidos. Em sua forma geral, eles mudaram pouco até hoje.

Os conflitos podem ser colocados como um trilema. Os liberais poderiam ter livre comércio, impostos diretos baixos e governo pequeno. Essa era a opção gladstoniana. Eles poderiam ter tarifas altas, impostos diretos baixos e governo grande. Essa foi a opção de Bismarck e das grandes empresas americanas. Ou eles poderiam ter livre comércio, altos impostos diretos e governo grande. Essa era a opção do "novo liberal" europeu e do progressista americano. Ninguém poderia ter tarifas baixas, impostos diretos baixos e grande governo por qualquer período sem incorrer em dívidas insustentáveis.

A opção gladstoniana não era mais uma escolha séria. A velha sabedoria fiscal do liberalismo, antecipada por Adam Smith, repetida por Mill e observada, mais ou menos, por Gladstone, era a ausência de impostos diretos e orçamentos equilibrados. No final do século 19, essa sabedoria já não pagava mais as contas, pois os gastos haviam crescido. Como na Grã-Bretanha, também na Alemanha, as empresas queriam ajuda do Estado para apoiar o lucro e proteger o capitalismo do trabalho. A classe trabalhadora queria ajuda do Estado para sustentar os padrões de vida e proteger o trabalho dos capitalistas. Todos, exceto os pacifistas, queriam armas e navios de guerra. A própria ideia do liberalismo de pequenos governos como quintessencialmente do século 19 é, em grande medida, uma polêmica invenção do século 20. Praticamente todos os grandes interesses queriam um governo mais forte e eficaz no século 19. Foi só no final que o governo se tornou capaz de oferecer o que os interesses queriam. A briga residia em quem pagaria. As escolhas orçamentárias do final do século 19 restringiram-se às tarifas ou ao imposto de renda. Os ricos odiavam impostos diretos e compartilhavam a preferência com os agricultores por tarifas. Os pobres da cidade odiavam tarifas, pois significavam comida cara, e procuravam o imposto de renda para encharcar os ricos.

Ao confrontar essas escolhas, a Grã-Bretanha liberal tinha um Estado mais forte e mais ativo do que a Alemanha semiliberal e de Estado fraco. Graças a um tesouro centralizado e à confiança pública nos impostos, a Grã-Bretanha era mais capaz do que a Alemanha de apurar seus conflitos fiscais. As finanças britânicas na década de 1890 estavam mais equilibradas. Embora tenha gasto de forma mais absoluta, apenas 40% do orçamento central da Grã-Bretanha foi destinado à defesa, em comparação com mais de 90% do orçamento do *Reich* na Alemanha. Cerca de 30% dos impostos britânicos eram diretos, enquanto o *Reich* praticamente não tinha impostos diretos. Pior, o *Reich* tinha que compartilhar os recibos tarifários imperiais com os estados. Quando veio a guerra, a Grã-Bretanha pagou por ela não apenas tocando em *Wall Street* por dinheiro, mas taxando seu próprio povo. A Alemanha pagou pela guerra quase inteiramente com empréstimos. Criou assim um fardo de dívida pública que prejudicou a nova república depois de 1918. Levou tempo para os liberais, novos e antigos, entenderem o ponto. Os argumentos difíceis e interessantes sobre Estado e mercado não levam a lugar algum quando conduzidos em termos gerais, de "ou um ou outro". Praticamente toda tentativa de transformar questões de "Estado *versus* mercado" em uma questão de princípio começa com uma resposta preferida a "quem paga?". Na prática, as questões Estado *versus* mercado giram em torno da estrutura e do ônus dos impostos, reais ou imputados, que, uma vez implantados, as democracias liberais acham muito difícil mudar.

Essa lição sobre escolhas fiscais incômodas e multifacetadas pode ser generalizada. O impulso mais profundo do novo liberalismo era que o pensamento polar – por exemplo, "individualismo *versus* coletivismo", "mercado *versus* Estado" e "liberdade *versus* intervenção" – não era uma maneira frutífera de pensar sobre como realizar objetivos liberais-democráticos. Os novos liberais poderiam oferecer opostos polares – liberdade negativa *versus* liberdade positiva, patriotismo inclusivo *versus* exclusivo, reforma de cima para baixo *versus* reforma de baixo para cima – assim como qualquer um. No máximo, os polos lhes diziam, inutilmente, para se orientar entre eles, mas não para onde. Abandonar o pensamento polar foi a conquista mais profunda do novo liberalismo. Um contra-ataque ao novo liberalismo começou, como veremos, no final da década de 1930. Ganhou força na década de 1970 e começou a prevalecer na década de 1980. Esse novo ataque usou um movimento de pinça que contribuiu para seu sucesso. Um impulso foi colocar contrastes polares – Estado *versus* mercado, indivíduo *versus* sociedade – de volta ao centro da discussão política. O outro foi fazer com que resistir a eles soasse como uma fraqueza intelectual e moral.

8.

IDEAIS DANIFICADOS E SONHOS QUEBRADOS

i. Chamberlain e Bassermann: imperialismo liberal

O mundo liberal das décadas de 1880 a 1940 era um mundo imperialista. Como o próprio termo "imperialista liberal" passou a soar autocontraditório, seria bom que os liberais atuais tratassem os impérios liberais do século 19 como um legado deixado para herdeiros relutantes, assim como Schumpeter o tratou quando, em 1919, chamou o imperialismo de indesejada "herança do Estado monárquico absoluto". Afinal, os liberais resistem ao poder e se ressentem da dominação, enquanto o imperialismo envolve a dominação de um povo por outro. Quão mais fácil para os liberais atuais suporem que o império ofendeu a prudência e pesou na consciência liberal desde o início. Quão mais fácil supor que um Ocidente liberal teria abandonado o império mais cedo se as guerras do século 20 e a depressão econômica não tivessem atrapalhado. Quão mais fácil, mas quão errado. Na verdade, os liberais criaram ou estenderam os impérios coloniais do final do século 19. Eles os defenderam, quando necessário, com força implacável. Eles os abandonaram depois de 1945, em grande parte por excesso de extensão e exaustão, embora não sem sangrentas guerras de retaguarda contra movimentos de independência determinados – e igualmente implacáveis.

Há, no entanto, uma segunda verdade sobre o império liberal. A colonização não foi tudo rapina, dominação e troca desigual. Não foi apenas "despotismo com roubo como objeto final", nas palavras de George Orwell. O império liberal também trouxe progresso e modernidade na forma de escolas, medicina, ciência, comércio e prosperidade crescente. O império liberal trouxe o domínio da lei moderna e dos direitos de propriedade. Trouxe os objetivos humanizadores dos missionários cristãos com seu evangelho de respeito pessoal. Ou seja, o império trouxe coisas em que os liberais acreditavam. Que essas coisas pudessem ter vindo de maneiras não imperiais não significa que, porque vieram de maneiras imperiais, elas não vieram de jeito nenhum. Nem tais benefícios foram invariavelmente impostos a destinatários relutantes ou incompreensíveis. Os benefícios liberais da modernidade eram frequentemente procurados e bem-vindos pelos povos colonizados, um ponto significativo que introduz uma terceira verdade. A própria imagem de imperialistas ativos e obstinados e sujeitos passivos e desnorteados é paternalista e desatualizada. O imperialismo envolvia dar e receber em ambas as direções. Sociedades colonizadas não eram uma massa inerte e uniforme. Seus povos não viviam em igualdade primitiva. Seus mestres pré-coloniais eram comumente mais cruéis, mais exploradores e mais dominadores do que os imperialistas. Comerciantes de escravos, será lembrado, eram africanos. As elites pós-coloniais após 1945 consideraram a independência nacional uma bênção. As não elites pós-coloniais muitas vezes consideravam a independência nacional uma tirania. Para entender as ligações entre liberalismo e imperialismo, precisamos de termos mais sutis do que "contradição".

Um começo é reconhecer anseios rivais no peito liberal. Os anseios são por casas distintas nas quais os liberais possam praticar sua política e perseguir seu sonho de ordem. Uma casa é nacional, a outra global ou universal. Os liberais, por um lado, querem uma casa nacional segura e tranquila para que seus direitos sejam protegidos, onde o dinheiro possa ser feito e para onde o capital que enviaram para o exterior possa fluir de volta, uma casa para as pessoas se orgulharem e, quando necessário, se sentirem envergonhadas. Eles anseiam por um todo unificador sem hierarquia ao qual todos possam sentir que pertencem igualmente. Eles querem um lugar para "nós" sentirmos união suficiente para podermos resolver as diferenças por argumento e negociação, em vez de uma guerra que divide um "nós" familiar em "eles" combatentes. Tal lar é a nação liberal, um cenário útil e indispensável para a realização de ideais liberais, mas sem valor distintivo por conta própria. Essa ideia da nação inspirou os federalistas americanos na década de 1780 e os republicanos franceses de 1789. Inspirou os liberais alemães de 1848 que queriam a unidade alemã em paz e – alguns deles, pelo menos – em democracia.

Liberais, por outro lado, também são andarilhos. Eles querem estar livres de laços domésticos, ir a qualquer lugar sem serem molestados, ser bem-vindos para negociar, se estabelecer ou sair como quiserem e enviar dinheiro sem controles para onde quiserem. Eles querem estar em paz com todos e que todos estejam em paz com eles. Eles querem, acima de tudo, que as pessoas possam levar seus deuses, apegos e ideais com elas para onde quer que vão e não os abandonar junto com o resto que deixam para trás. Ao mesmo tempo, eles querem que as pessoas sejam capazes de cortar suas raízes e adotar deuses e apegos estrangeiros como imigrantes assimilados em novas terras livremente escolhidas. Ou seja, liberais querem que todos estejam em casa em qualquer lugar de um mundo sem lar. O sonho do andarilho liberal de uma casa universal é um sonho muito antigo. Era um sonho romano e um sonho cristão. Não era um sonho grego, para quem o lar era o *demos*, a cidade. Se você tomar o sonho judaico de um lar nacional como metáfora para um santuário contra o ódio e o preconceito, então o sonho do andarilho liberal também era um sonho judaico.

O império liberal foi uma criação por acaso de missionários, professores, aventureiros bucaneiros e capitalistas, sem dúvida; mas sobre sua criação imprevisível e improvisada flutuaram aqueles sonhos contrastantes: de uma casa universal e uma casa nacional. Uma vez que esses sonhos são distinguidos, o constrangimento com o imperialismo liberal do final do século 19 se torna mais claro. Para um universalista liberal, *liberal* e *imperial* combinam bem. O estresse que separa os liberais está entre *imperial* e *nacional*, entre casas universais e nacionais. O constrangimento é menos com o império *liberal* do que com o Império *Francês*, o Império *Britânico*, o Império *Alemão*.

Embora o termo "imperialismo" seja frustrantemente solto, reconhecemos os impérios terrestres quando os vemos: os Impérios Romano ou dos Habsburgos, por exemplo. Nós permitimos semelhanças, reconhecendo quase-impérios, como quer que os chamemos. O alcance global de um tipo comercial e cultural que cruza as fronteiras nacionais apoiado pelo formidável poder estatal e pela influência normativa – pense nos Estados Unidos do final do século 20 ou na China de agora – tem aspectos imperiais sem se somar estritamente ao império. Por volta de 1900, escritores liberais e marxistas deram crédito à ideia do imperialismo econômico. Eles trataram o aspecto administrativo e territorial do império colonizador como secundário ou dispensável. A essência do imperialismo econômico em suas mentes era a capacidade do mundo rico de exigir vantagem comercial indevida.

É apenas um pouco resumido dizer que, embora a Grã-Bretanha e a França tivessem extensas possessões coloniais anteriormente, o imperialismo liberal no sentido expansivo e administrativo aqui começou a sério apenas em meados do século 19. O alcance colonial da Grã-Bretanha incluía controle ou soberania em Cingapura (1824), Hong Kong (1841) e Baixa Birmânia (1852). A responsabilidade administrativa direta pela Índia foi finalmente empurrada para Westminster após o Motim Indiano de 1857, que encerrou a *East India Company* e custou a John Stuart Mill seu cargo como supervisor de Londres. As colônias de açúcar das Índias Ocidentais, fornecedoras de capital e estimulantes da demanda por uma nascente indústria britânica no século anterior, estavam se tornando economicamente marginais, ameaçadas por novos canaviais na Índia e na Austrália, bem como pela produção europeia de beterraba, queda dos preços do açúcar e condições mortais nas plantações ex-escravistas. Ao Norte, a Grã-Bretanha havia perdido suas colônias americanas inferiores em 1783, um golpe inesperado de fortuna que permitiu que ela se concentrasse na indústria em vez do comércio atlântico. Em 1868, o prédio do *Foreign Office* e do *Italianate Home*, de George Gilbert Scott, foi inaugurado perto do parlamento ao lado de *St. James Park*, uma estrutura tão imponente que era difícil para quem viu não supor que as pessoas nela tinham um império imponente para administrar. Na verdade, o Canadá, cujas tensões franco-inglesas, bem como o seu tamanho, tornaram difícil governar a partir de Londres, tinha conquistado o autogoverno no ano anterior. As seis colônias da Austrália administravam seus próprios assuntos, supervisionadas à distância de Londres com um prazo de meses de retorno de correspondência. A Colônia do Cabo, da Grã-Bretanha, ameaçada de irrelevância comercial quando o Canal de Suez abriu para navios com destino à Índia em 1869, foi salva pela rápida exploração das descobertas de diamantes pouco antes e pelas descobertas de ouro da década de 1880 no Transvaal, a vizinha república bôer.

Por parte da França, seus governadores coloniais lutaram para impor a ordem na Argélia décadas depois que as tropas francesas ocuparam o país em 1830. O regime militar foi levantado com o tempo, mas reimposto após uma revolta argelina em 1839. Em uma visita dois anos depois, Tocqueville reclamou do derramamento de sangue – "eles,", disse ele sobre os árabes, "não nós, são os civilizados" – em grande parte porque a repressão armada não foi eficaz para estabelecer um controle francês incontestável, que ele aprovava plenamente. Enquanto se acovardava em seus métodos, Tocqueville apoiou fortemente a expansão colonial francesa, que, como nacionalista francês, ele considerava vital para acompanhar os britânicos. A pacificação francesa da Argélia levou três décadas. O vão apoio de Napoleão III a um império mexicano conservador sob influência francesa terminou humilhantemente em 1867. Os elementos mais bem-sucedidos de sua política externa se concentraram menos na expansão colonial do que na política de poder europeia, resistindo aos russos na Crimeia e aos austríacos na Itália e estabelecendo acordos comerciais com a Grã-Bretanha e a Prússia. A presença francesa na Indochina era até então pequena. Na unificação, em 1871, a Alemanha não tinha colônias sobre as quais falar. Nem o alemão tinha uma palavra própria para elas. Uma língua hostil aos latinismos desde a Reforma e sempre engenhosa com as alternativas germânicas não teve tempo de inventar sua própria palavra e usou a importada *Colonie*. Os Estados Unidos, recuperando-se da Guerra Civil e mal estabilizados como uma nação, estritamente falando, não tinham colônias.

A mudança imperial foi repentina e rápida. Em 1870, a Argélia foi dividida em três *départements* e incorporada à França. Deputados franceses argelinos sentaram-se no Parlamento em Paris, embora os muçulmanos argelinos tenham tido negada a cidadania francesa. A França rapidamente espalhou sua posição colonial pela Indochina, bem como pela África Ocidental e Central. Léon Bourgeois queria que o imposto de renda, em 1896, pagasse parcialmente pela ocupação de Madagascar, onde as tropas francesas removeram com brutalidade evitável, mas característica, uma monarquia local proprietária de escravos. Em 1882, a Grã-Bretanha assumiu o controle do Egito, agora estratégico para a Índia britânica. Intimidado por impulsionadores coloniais alemães, Bismarck aceitou, em 1884, que a Alemanha deveria se juntar à "luta pela África". Uma potência mundial, os impulsionadores gritaram, exigia colônias. Bismarck estava em dúvida, mas cedeu porque as colônias africanas lhe pareceram um espetáculo paralelo acessível ao principal jogo da política de poder na Europa. Após a demissão de Bismarck em 1890, as dúvidas desapareceram, os políticos exigiram o próprio "lugar ao sol" da Alemanha e, no final do século, *Weltpolitik* ou expansão imperial em pé de igualdade com Grã-Bretanha, França, Rússia e Estados Unidos tornou-se política alemã. Em 1898, os Estados Unidos anexaram o Havaí e, após a vitória na breve Guerra Hispano-Americana daquele ano, estenderam sua proteção a Cuba, Porto Rico e, brutalmente, às Filipinas. Na década de 1900, o controle ocidental, através de colônias ou protetorados, se estendia até a África, Indochina, América Central e Pacífico. Na China, as quatro potências estenderam e defenderam os direitos comerciais exigidos a partir da década de 1860. O império liberal ganhou seu nome.

Os acertos e erros do novo imperialismo se cravaram entre os liberais, empurrando alguns para a direita, ao verem o apelo de massa do patriotismo jingoísta, e outros para a esquerda, em uma mistura de inquietação humanitária pelos povos subjugados e ansiedade de que o colonialismo fosse uma distração das preocupações sociais em casa. Fossem a favor ou contra o colonialismo, todos os liberais ficaram de olho em seus crescentes custos fiscais. Os anticolonialistas liberais incluíam seguidores britânicos de Cobden, como o Bagehot da *Economist* e o liberal alemão Richter, que compararam *Weltholitik* em uma nação à megalomania clínica em uma pessoa. Dois jovens radicais, Georges Clemenceau e David Lloyd George, também estavam entre os primeiros críticos, embora ambos os homens tenham abraçado o império uma vez no cargo. O protesto moral contra o imperialismo foi sincero, mas não generalizado. Concentrou-se no dano humano de guerras repressivas e massacres coloniais. A impropriedade do próprio domínio estrangeiro foi uma preocupação posterior. Uma miscelânea de ensaios de liberais britânicos da década de 1920 incluía essas palavras de autossatisfação sobre a agitação na Índia de Sir Hamilton Grant, que julgou que havia pouca necessidade de olhar para o futuro, que as agitações de Mahatma Gandhi "tornaram-se chatas" e que a Grã-Bretanha em seu dever poderia continuar a manter a Índia "não pela espada, mas pela integridade" expressa em "justiça e eficiência desinteressada". Poucos liberais falaram do direito dos povos coloniais à autodeterminação até que os povos coloniais os obrigaram. Em sua visão da paz do pós-guerra, o democrata progressista Wilson defendeu a autodeterminação para os povos do Império Habsburgo, mas não para os povos "atrasados" do mundo, nem mesmo para os cidadãos negros do Sul nativo de Wilson.

Quando o republicano liberal francês Jules Ferry disse, em 1884, que "as raças superiores têm o dever de civilizar as raças inferiores", ele estava afirmando o que muitos liberais consideravam uma banalidade. Eles tinham como certo que os povos "civilizados" deveriam, se pudessem, elevar povos "atrasados", e, para eles, essa missão educativa justificava uma tutela temporária. Mill havia defendido o controle britânico na Índia como um exercício de autoabolição na educação política. Quando uma revolta nacionalista inicial, sob o comando do oficial do exército Urabi Pasha, eclodiu no Egito, Gladstone relutantemente emprestou seu peso a uma aquisição britânica, em 1882, com o pensamento de que a ocupação britânica seria uma lição passageira de respeito ao bom governo e à ordem.

Se a educação política envolvesse aprender fazendo, a lição tendia a não incluir instrução em cidadania. Nas colônias "não brancas" da Grã-Bretanha, a maioria das pessoas permaneceu súdita da coroa ou "povos protegidos", nenhum dos quais tinha os direitos políticos dos súditos britânicos. A França ofereceu aos povos coloniais cidadania francesa no papel, embora apenas com a condição de que passassem nos testes culturais de "assimilação", incluindo saber falar francês. As regras eram mutáveis e sua aplicação variava muito. A vaga, mas prática, frase francesa "missão civilizadora" ganhou autoridade, no entanto. Em *Does Germany Need Colonies?* (1879), o impulsionador colonial alemão Friedrich Fabri aprovou o jingoísmo francês de Leroy-Beaulieu e escreveu admiravelmente sobre o "poder cultural" da Grã-Bretanha. Ao espalhar seu espírito nacional para o mundo, Fabri pediu aos alemães que não ficassem para trás. Rudyard Kipling, em seu poema *White Man's Burden: The United States and the Philippine Islands*, que apareceu na *McClure's Magazine* em 1899, pediu aos americanos que se juntassem à missão da Europa: "Assuma o fardo do Homem Branco, / E colha sua antiga recompensa: / A culpa daqueles que ajudas, / O ódio daqueles que guardas". Todos eles estavam repetindo, à sua maneira, o que o liberal Lord Macaulay dissera em 1833 ao pedir à Grã-Bretanha que melhorasse seu governo na Índia: "Por um bom governo, podemos educar nossos súditos para a capacidade de um governo melhor". Macaulay poderia estar falando de reforma do sufrágio. A atitude liberal-imperial em relação aos povos "atrasados" era pouco diferente da deles para com os eleitores iletrados e sem propriedade em seus próprios países, embora com um campo de visão mais amplo. A "capacidade" de ambos precisava ser melhorada e coube aos liberais conduzir a reforma.

Na tutela liberal e na crença no progresso em que se baseia, os críticos passaram a ver o pecado original do liberalismo. Eles insistiam que o tutor colonial do progresso humano não podia deixar de se tornar um tirano. O liberalismo e o imperialismo não estavam em contradição. Longe disso. O liberalismo implicava o imperialismo, e em seus aspectos mais cruéis. Pois os alunos se rebelarão e os professores devem puni-los por se rebelarem. Os liberais poderiam responder que não havia necessidade aqui, que alguns colonialistas eram piores do que outros, que os benefícios superavam os custos e que os súditos nativos que os liberais puniam com tanta severidade em suas guerras coloniais muitas vezes se comportavam tão mal, se não pior, com seus vizinhos. Talvez sim. Mas como alguém poderia pesar tudo isso, como se estivesse somando um livro de contabilidades?

O fato é que, ao erguer os povos atrasados e inundá-los com as bênçãos da modernidade, os governos da civilização liberal mataram-nos ao mesmo tempo em dezenas de milhares. Entre 1871 e 1900, estima-se que a pacífica Grã-Bretanha liberal se envolveu em 22 guerras coloniais de escala significativa. Guerreiros zulus que resistiam às tropas britânicas na África do Sul, em 1879, caíram perante armas de fogo modernas em número horripilante. No Sudão, em 1898, de acordo com estimativas contemporâneas, vários milhares de seguidores do falecido Mahdi, Muhammad Ahmad, um profeta antibritânico, morreram em uma manhã. Uma testemunha do massacre foi um jovem jornalista-político aventureiro, Winston Churchill, que o chamou de "assinalado triunfo" pelas "armas da ciência sobre os bárbaros". A pacificação deslizou facilmente para a aniquilação. Na África Sudoeste Alemã, em 1904, o general Lothar von Trotha ordenou a "extirpação" ou "extermínio" dos rebeldes Hereros que recusaram ordens para se estabelecerem em reservas estéreis. Estima-se que 30 mil morreram, talvez o primeiro genocídio do século 20. Na África Oriental Alemã, entre 1905-07, a resistência às exigências de plantio de algodão levou a uma guerra de pacificação na qual, segundo um relatório do *Reichstag*, 75 mil africanos morreram. A campanha antiguerrilha de 1899-1902 pelos Estados Unidos nas

Filipinas custou a morte de cerca de 20 mil combatentes da independência. Cerca de 4 mil soldados americanos morreram, a maioria por doenças, enquanto milhares de mulheres e crianças pereceram em campos de concentração americanos. A indignação liberal contemporânea era feroz, mas rara. Os social-democratas e o Partido Católico se opuseram à política alemã no Sudoeste da África, mas seus protestos não foram páreo para uma imprensa conservadora, que assustou os eleitores de direita na eleição "*Hotentote*" de 1907 a preferir a segurança dos "vermelhos" em casa à justiça e à humanidade para os africanos. As guerras coloniais da França, a guerra da Grã-Bretanha contra os bôeres na África do Sul e a guerra americana pelas ex-colônias da Espanha também foram guerras populares. Elas se tornaram impopulares menos pelo dano causado a "eles" do que pelo custo a "nós".

Certas vozes liberais se ergueram contra brutalidades coloniais. Emily Hobhouse, irmã radical de Leonard, liderou protestos contra a alta taxa de mortalidade nos campos de concentração britânicos na África do Sul. O jornalista e funcionário de navegação franco-inglês Edmund Morel expôs a gestão genocida do Congo Belga. O brado deles foi um reconhecimento inicial dos fatos da crueldade colonial e, com isso, um despertar de consciência que não se expressou totalmente na doutrina liberal até depois de 1945. Esse reconhecimento junto com o despertar também foi o prelúdio de uma mudança na sensibilidade filosófica após 1945, do conforto com o utilitarismo ao desconforto e a uma atitude mais amigável em relação aos direitos. À medida que as violências do século 20 se acumulavam, surgiram dúvidas sobre a obviedade da alegação moral de que grandes benefícios para muitos superavam os danos graves ou terminais a alguns.

Poucos liberais se opuseram ao colonialismo apenas por motivos humanos. A maioria questionou se o novo colonialismo valia a pena para os colonizadores. Eles discordaram sobre como pagar pelo serviço de colônias e protegê-las com grandes marinhas oceânicas. Deveria ser por imposto de renda ou tarifas? Eles discutiram se o livre comércio não estava desatualizado. Os imperialistas liberais queriam que o livre comércio fosse substituído pela promoção estatal da riqueza nacional, assim como o *laissez-faire* estava sendo substituído pela promoção estatal do bem-estar social. Os acampamentos nunca foram arrumados, mas os livres-comerciantes liberais travaram um jogo perdido contra o neomercantilismo liberal. Demorou até depois de 1945 para os livres comerciantes liberais prevalecerem mais uma vez.

Entre os economistas liberais alemães, Gustav Schmoller adotou uma linha revisionista sobre os benefícios universais do livre comércio. Schmoller (1838-1917), que fundou a União para a Política Social em 1872, foi um defensor da economia histórica. Em *The Mercantile System and Its Historical Significance* (1883), Schmoller argumentou que a Inglaterra havia alcançado o "ápice de sua supremacia comercial em 1750-1800", não graças ao livre comércio, mas às "tarifas e à guerra naval". Era uma ironia, acrescentou Schmoller, que a Grã-Bretanha então pregasse um estreito *laissez-faire*, dizendo ao mundo que "apenas o egoísmo do indivíduo" era justificado e que nem o Estado nem a nação contavam. Schmoller estava elevando um padrão neomercantilista. A "doutrina mercantil" era o termo de Adam Smith para políticas nacionalistas destinadas a fortalecer os produtores domésticos, promovendo as exportações e limitando as importações. Smith e Ricardo foram levados a furar e afundar a doutrina mercantilista para sempre. Smith, mesmo assim, acreditava fortemente no poder naval britânico. Ele aprovou as Leis de Navegação do século 17 que exigiam que o comércio britânico usasse navios britânicos, que duraram até a década de 1840. Doutrinas afundadas tendem a ressurgir. Após o breve interlúdio europeu de livre comércio nas décadas de 1850 a 1870, o neomercantilismo estava ganhando terreno e não apenas na Alemanha.

O experimento da França de meados do século com o livre comércio estava sob escrutínio. Nos Estados Unidos, um dínamo econômico estava sendo construído atrás de um muro de altas tarifas. Mesmo na Grã-Bretanha, onde o livre comércio era uma causa popular, um lema liberal e um artigo de fé econômica, o livre comércio era questionado. Um exemplo interessante foi o amigo e colega de Leonard Hobhouse, do social-liberal *Rainbow Circle*, J. A. Hobson. Como outros "novos liberais", ele se voltou para o Estado para melhorar o bem-estar da nação. Ele era neomercantilista ao questionar o livre comércio. As economias dependentes do comércio eram vulneráveis a rivais de comércio não livre, pensou ele. Elas também eram estruturalmente fracas, pois a competição por mercados estrangeiros tendia a deprimir o comércio interno e a baixar os salários – um argumento feito pelos antiglobalistas hoje em dia. Ele se separou do neomercantilismo ao rejeitar o imperialismo. Ele argumentou que exportar os problemas de uma nação para o mundo em colonização e a troca desigual era uma má solução.

Em *Imperialism* (1902), Hobson descreveu "a raiz econômica do imperialismo" como a necessidade do capital de saídas estrangeiras. Ele escreveu que era "o desejo de interesses industriais e financeiros fortes e organizados" desenvolver, às custas públicas e com a proteção da "força pública", mercados privados para seus "bens excedentes e seu capital excedente". Hobson estava dizendo que o imperialismo era o sintoma externo de uma crise interna. As pessoas estavam gastando muito pouco. O capital empresarial tinha poucas saídas lucrativas na Grã-Bretanha. Ele estava sendo impulsionado para o exterior por uma fraqueza do consumo. A ideia do imperialismo como necessidade do capital para saídas estrangeiras foi habilmente roubada por Vladimir Lenin, que a reutilizou em *Imperialism: The Higher Stage of Capitalism* (1917) como mais uma evidência do colapso iminente do capitalismo. Enquanto culpava Hobson por confundir poupança e investimento, Maynard Keynes mais tarde o elogiou por reconhecer uma doença anteriormente insuspeita, o subconsumo. Uma vez estabelecida, uma economia não poderia se curar, mas exigia ajuda do Estado. O caso econômico de Hobson ofuscou suas preocupações políticas. Ele também escreveu sobre as "raízes políticas" do imperialismo: desejo nacional de poder, falta de democracia e desigualdade econômica doméstica.

Ele via o imperialismo como uma ameaça à paz, um dreno militar nas finanças nacionais e uma ameaça tirânica às "instituições de autogoverno popular". Embora suas esperanças tenham escurecido depois de 1914-18, Hobson foi inicialmente otimista. Uma edição posterior do *Imperialism* (1905) até moderou suas dúvidas sobre livre comércio e investimento no exterior: se perseguidos em termos justos e acordados e apoiados pela democracia, eles poderiam juntos espalhar prosperidade para credores e mutuários de capital. A visão de 1905 de Hobson era, à sua maneira, uma versão global de *Mitteleuropa* de Naumann. Tais perspectivas foram frustradas na ruína liberal de 1914-45, mas revividas depois. Tais argumentos ainda são relevantes. Se o compromisso inquestionável com o livre comércio se tornar um pouco de liberalismo econômico, então muitos dos políticos e pensadores de 1880-1945 que se consideravam liberais – como defensores progressistas do capitalismo, isto é, que não eram conservadores nem socialistas – devem ser julgados como tendo se iludido. Um curso mais simples e menos dogmático exclui menos da tenda liberal e se ajusta melhor aos fatos históricos e biográficos. O livre comércio era um meio privilegiado para o fim liberal de maior riqueza para mais pessoas – um meio a ser julgado, como qualquer outro instrumento econômico, por quão bem em qualquer período ele realmente atingia esse objetivo.

Dois liberais que foram imperialistas comprometidos e opositores do livre comércio são Joseph Chamberlain (1836-1914), na Grã-Bretanha, e Ernst Bassermann (1854-1917), na Alemanha. De muitas maneiras, eles eram contrapartes. Ambos eram empresários-políticos. Chamberlain foi líder da ala radical dos liberais antes de se juntar aos conservadores como um defensor do domínio britânico na Irlanda e defensor do *Empire Free Trade*. A partir de 1898, Bassermann foi líder parlamentar dos Liberais Nacionais. O seu partido era o partido dos grandes negócios, que apoiara Bismarck em 1867 e agora formava uma coalizão do *Reichstag* com os conservadores alemães. Ambos pensavam em termos práticos sobre economia e poder nacional. Ambos viam o imperialismo como um alívio das tensões sociais internas, assim como Hobson, embora sob uma luz mais favorável. Hobson via o imperialismo como uma distração para enfrentar o conflito social; Chamberlain e Bassermann olharam para isso como uma via de libertação. Chamberlain havia começado como prefeito de Birmingham, um defensor liberal do "socialismo municipal". Bassermann liderou um partido que desmentia seu fraco perfil nacional ao administrar muitas das grandes cidades da Alemanha. Ambos esperavam inutilmente a cooperação entre seus países, cientes dos riscos de tensão crescente, mas sem vontade de abandonar a busca de rivalidades nacionais.

Chamberlain começou na esquerda liberal. Em 1885, ele colocou seu nome no Programa Radical, o trabalho de um grupo do Partido Liberal que chocou os tradicionalistas gladstonianos. O Programa Radical combinou as velhas reivindicações do Partido Liberal (reforma agrária, escolas gratuitas, igualdade religiosa e reforma do governo local) com novas políticas voltadas para as cidades (realojamento, limpeza urbana, reavaliação de terras tributáveis). Uma ideia particularmente popular era que as autoridades locais adquirissem terras para arrendamento como lotes agrícolas. O mais surpreendente para os liberais mais velhos foi o apelo do programa por um imposto de renda licenciado para pagar a assistência social aos pobres, doentes ou desempregados. Chamberlain, um fabricante muito rico de Birmingham, achava que outros como ele poderiam pagar o imposto e não teve escrúpulos em envolver o governo no progresso de sua cidade.

Como prefeito liberal, Chamberlain assumiu empresas de água, limpou favelas e construiu estradas melhores. O "socialismo municipal" de Chamberlain não era único. Falar de "liberalismo de governo pequeno" na Grã-Bretanha do século 19 é um equívoco. Nas autoridades locais que floresceram após a Lei dos Municípios (1835), o liberalismo britânico criou mais governo do que a maioria dos britânicos já havia experimentado. Um dos objetivos era tirar a administração das cidades dos escudeiros *Tory* que possuíam terras na cidade. Outra era que o governo da cidade fizesse mais à medida que as necessidades urbanas aumentassem. Os gastos do governo central, como parcela da economia britânica, mal cresceram entre 1840 e 1890. Os gastos do governo local, no entanto, cresceram rápido, absoluta e relativamente. No final do século, o governo local respondia por quase metade dos gastos públicos britânicos. Chamberlain não era dogmático. Se houvesse um trabalho a fazer e somente o governo pudesse ou quisesse fazê-lo, então as teorias não deveriam atrapalhar.

Chamberlain tinha a desconfiança dos homens de negócios em relação a ideias exageradas e faro para detalhes. Na Grande Exposição de 1851, ele viu uma máquina americana de fabricação de parafusos melhor do que qualquer coisa encontrada na Europa e a comprou na hora. A produtividade em suas fábricas aumentou e ele diminuiu sua semana de trabalho. Chamberlain mediu e precificou tudo – peças, tempos, descontos. Ao entrar no parlamento em 1876, ele adotou a mesma abordagem em relação às políticas. Eles entregaram? Pagaram a preço de custo? Em uma visita obrigatória à Alemanha bismarckiana, Chamberlain viu a prosperidade em ação e concluiu que a prosperidade não dependia, como insistiam os liberais doutrinários, de um governo limitado e mercados abertos.

Chamberlain proferiu uma frase radical. Ele falou da pobreza e das escolas inadequadas como uma praga que impedia a Grã-Bretanha de seguir adiante. Até certo ponto, ele quis dizer isso, assim como os conservadores, atingido pela preocupação paternalista ou atraído pelo evangelho da "eficiência nacional". Estava se tornando comum entre políticos e empresários de direita, particularmente grandes empresários, que os trabalhadores fossem um recurso nacional a não ser negligenciado, desperdiçado ou presumido. No radicalismo de Chamberlain, houve cálculo, bem como evangelismo. Ele não precisava das metáforas tendenciosas dos solidários franceses ou dos sermões idealistas dos novos liberais britânicos para entender que o *laissez-faire* não funcionava e nunca havia funcionado. Era uma doutrina, veiculada principalmente por publicitários, com pouca relação com o que dava dinheiro aos empresários e mantinha seus empregados no trabalho. Como os liberais de Bismarck da Alemanha e os progressistas da América, ele acreditava que salários mais altos e melhor bem-estar eram bons para os negócios. Ele assustou os ricos chamando a reforma social, em tons bismarckianos, de um "resgate" que eles têm que pagar para manter sua riqueza. No entanto, sobre a questão de se pagar pela reforma tributando a renda dos ricos ou tributando todos por meio da restauração das tarifas, Chamberlain mudou de ideia. Ele parou de flertar com a ideia de tributar a renda e ficou do lado dos ricos. Ele abandonou o livre comércio, defendendo, em vez disso, fronteiras comerciais abertas dentro do Império Britânico e barreiras tarifárias contra todos do lado de fora.

Não sendo um homem de partido, ele queria o emprego de Gladstone e ficou feliz em dividir os liberais ao meio. *Home Rule* para a Irlanda, pelo qual Gladstone pressionou e a que Chamberlain se opôs, foi a causa imediata de sua violação. A divisão foi mais profunda. Eles diferiam em sua visão do liberalismo. Gladstone uniu *Whig* e Radical, o patrício esclarecido com o homem *self-made*. Não havia nenhum *Whig* em Chamberlain. Sem latim, grego, terra do campo ou facilidade metropolitana, ele criou seu próprio polimento social. Ele gastava extravagantemente e se vestia ostensivamente com monóculo e orquídeas, um ponto fraco dele, cultivadas em uma de suas grandes estufas de Birmingham.

Chamberlain era um novo tipo de liberal britânico em outros sentidos. Ele compreendia as necessidades da política de massa. A organização de base, e não a oratória, era a chave para ele. Como Gladstone, ele entendia a emoção na política, mas de uma maneira mais fria e abertamente manipuladora. O senso de convicção de Gladstone comovia as pessoas, mesmo que elas não entendessem completamente o que ele estava dizendo. Chamberlain ficou feliz em apelar para o jingoísmo nos eleitores antes de apelar para suas melhores naturezas. Enquanto Gladstone era ambivalente e estava com a consciência pesada sobre o Império Britânico, Chamberlain não era nem um pouco complexado por isso.

Com visão característica, Chamberlain usou o império para resolver várias equações em uma: conflito de classes, fraqueza econômica e declínio nacional. A Grã-Bretanha seria o núcleo de um império fortalecido e expandido de nações, algumas colônias, algumas autônomas, que negociariam livremente entre si, mas manteriam fora os bens de todos os outros com altas tarifas. As receitas deveriam pagar por reformas e navios de guerra. Os ricos escapariam do imposto de renda. As pessoas comuns obteriam comida barata do império. Sem império, Chamberlain previu o deslizamento da Grã-Bretanha em direção ao *status* de "uma potência de quinta categoria, existindo com o sofrimento de seus vizinhos mais poderosos". A visão de Chamberlain era estratégica, mas exagerada, muito voltada para os negócios e muito conveniente. Ele abandonou o Partido Liberal, mas seus novos aliados *Tories*, cientes da popularidade duradoura do livre comércio, rejeitaram o *Empire Free Trade*. Chamberlain, então, rompeu com os *Tories* novamente, dividindo seu apoio. Em 1906, os *Tories* foram derrotados de forma calamitosa. Libertado, o governo liberal minoritário tornou-se uma maioria formidável que em poucos anos reformulou e modernizou a política britânica. Sem Chamberlain, mas com Lloyd George e Winston Churchill, os Liberais dispuseram em lei ideias radicais que o empresário instável de Birmingham havia primeiro abraçado e depois abandonado.

Ernst Bassermann (1854-1917) era um conciliador e não um ativista. O partido dele era o liberal que Bismarck havia conquistado, usado, manipulado e manobrado. No entanto, Bismarck se foi em 1890 e os liberais nacionais, como os católicos, eram agora um poder oscilante, inclinando-se em um momento para a esquerda, no outro para a direita. Bassermann tinha uma visão pragmática do liberalismo fazendo o que é preciso em um mundo de conflito e incerteza. Ele e seu partido formaram uma ponte instável entre o liberalismo e o bismarckismo, entre o Oeste industrial da Alemanha e o Leste *Junker*, entre reforma e reação. Seu rosto cansado do mundo refletia suas baixas expectativas do que era possível da política. O liberalismo para Bassermann foi menos progresso ou reforma do que a contenção de conflitos e a intermediação de interesses. Bassermann tinha uma estratégia tripla, não muito diferente da de Chamberlain, para conter o socialismo: bem-estar garantido pelo

Estado nacionalmente, "intervenção do governo municipal" nas cidades e imperialismo no exterior.

Bassermann vinha de uma família culta e de mentalidade liberal que enriquecera no final do século 18 com vinhedos e pomares em Mannheim e arredores, uma cidade no meio do Reno presidida por uma corte ilustrada e amante da música. Seu pai era um delegado de Frankfurt de 1848 que se suicidou logo depois, em desespero, alguns alegaram, com a derrota dos liberais alemães. Gustav Stresemann, a esperança liberal da República de Weimar, era o protegido de Bassermann. Bassermann pertencia a uma geração em movimento do liberalismo constitucional de 1848 para uma democracia liberal emergente e muito contestada.

Um político em tempo integral em 1893, quando entrou no *Reichstag*, Bassermann fez parte de vários conselhos de administração da empresa e falou por interesses comerciais no Oeste industrial da Alemanha. Como um cosmopolita Rhinelander, ele achou o mundo duro e rural do típico *Junker* prussiano culturalmente estranho. Bassermann, no entanto, preferiu os *Junkers* como aliados ao Partido do Centro Católico ou aos social-democratas. A esperada coalizão de Naumann "de Bassermann a Bebel" faria muito pelo pequeno grupo de liberais inteligentes e orientados por ideias de Naumann, concluiu Bassermann, mas pouco pelos seus homens de negócios liberais, banqueiros e diretores de empresas. Nacionalista alemão, Bassermann defendeu uma grande frota oceânica, a extensão das colônias da Alemanha e a expansão dos territórios alemães no Leste e Sudeste da Europa. Como liberais de mentalidade nacional em outros lugares, ele via o mundo em geral como um campo de libertação das perigosas pressões da urbanização e da democracia interna. A rápida urbanização foi a mudança social mais visível na Alemanha Imperial e coube aos liberais, particularmente aos Liberais Nacionais, administrar o governo da cidade e gastar dinheiro nos problemas que a urbanização estava causando.

Há motivos para esquecer as gradações mais sutis e chamar Bassermann sem rodeios de conservador. Os liberais nacionais se inclinaram para a direita tanto por motivos eleitorais quanto por razões de política. As eleições do *Reichstag* tinham dois turnos. Nos distritos eleitorais das cidades, os socialistas poderiam impedir os liberais nacionais de uma vitória definitiva. Para prevalecer no segundo turno, os liberais nacionais precisavam de votos conservadores. Como líder de seu partido no *Reichstag*,

Bassermann teve uma dificuldade cômica para encontrar assentos seguros para si e sabia por experiência pessoal sobre os problemas liberais nas urnas. Como homem de negócios, ele compartilhava plenamente a desconfiança de seu partido em relação aos social-democratas. As grandes empresas alemãs estavam dispostas a pagar pela paz social, embora em seus próprios termos. Era contra dar aos trabalhadores uma opinião sobre como as fábricas funcionavam ou permitir que os social-democratas aumentassem os impostos. No entanto, Bassermann foi completamente liberal em seu compromisso com as liberdades civis e a tolerância. Na década de 1890, os conservadores tentaram novamente suprimir a social-democracia por meio de proibições e prisões. A hábil resistência de Bassermann no *Reichstag* matou a tentativa. O preconceito, especialmente contra os judeus, o revoltava. Bassermann era conservador com "c" minúsculo, com certeza, mas um *liberal* conservador.

A principal dificuldade de Bassermann era a crescente tensão de manter juntas as partes "nacional" e "liberal" de sua perspectiva. Ele enfrentou o problema liberal de querer um lar nacional e universal. A tensão que a geração de liberais de 1848 de seu pai sentia sobre a nacionalidade havia piorado. Pois o peso do "nacional" na Alemanha havia mudado. Anteriormente, era indiscutivelmente bom ser nacional. Ser nacional significava ser pela união, progresso e igualdade jurídica em uma terra compartilhada. No final do século, no entanto, "nacional" estava começando, internamente, a significar algo totalmente diferente, mais defensivo, exclusivo e potencialmente punitivo. Os conservadores, outrora hostis à nação, agora acenavam à bandeira contra as forças que pediam mais igualdade, mais voz e menos comandado de uns por outros. Externamente, "nacional" estava passando a significar uma extensão do poder, comércio e reputação da Alemanha no exterior. Bem antes, no final da década de 1870, durante o primeiro ataque contra os social-democratas, o principal jornal da direita conservadora, o *Kreuzzeitung*, havia acumulado venenosamente aqueles elementos de um nacionalismo menos exaltado e mais agressivo, jogando religião e antissemitismo por precaução. O socialismo foi o resultado natural do liberalismo, escreveu o editorialista do jornal. O anticlericalismo liberal havia minado a fé religiosa, que unia a nação. À medida que a religião declinava, o materialismo crescia. Quem melhor explorou os valores materiais? Judeus nas finanças e no comércio. E, dadas as suas lealdades divididas – eles eram uma fé ou uma nação? –, judeus não eram alemães confiáveis. Seja um liberal se você desejar; mas para ser um alemão liberal você deve primeiro abandonar seus amigos: os social-democratas internacionalistas e os judeus não alemães. O escritor da *Kreuzzeitung* havia desenhado um quadro deliberadamente cruel da falta de moradia liberal dentro da nação alemã, tal como concebida pelo direito de exclusão. O quadro se tornaria mais cruel com o tempo.

Bassermann foi um pioneiro na Alemanha, mas seu chauvinismo não era antissemita. Sua esposa judia era filha de um proeminente banqueiro de Mannheim. Seus primos se casaram com judeus de classe alta da Europa. Não, a crença de Bassermann na necessidade de expandir o poder alemão não era racial, mas geopolítica. Como muitos alemães nos negócios e na política, Bassermann temia o cerco nacional. Romper se tornou uma preocupação. Em uma carta ao chefe do escritório das Relações Exteriores em 1911, Bassermann escreveu que, à medida que outras nações fecham seus mercados para a Alemanha, a nação deve "se expandir se não quiser sufocar em seu próprio excedente populacional, a ponto de a guerra permanecer como a única saída". Ele acrescentou que esse era "o sentimento dos círculos de pensamento da nação". Quando chegou, Bassermann, como Georges Clemenceau, na França, e David Lloyd George, na Grã-Bretanha, pressionou pela guerra até o fim. Não fez bem ao liberalismo na Alemanha do pós-guerra que muitos alemães pensassem em 1914-18 como uma guerra liberal, sem esquecer a odiada paz liberal que se seguiu. Tampouco os danos da guerra às esperanças liberais e à virtude liberal ficaram confinados à Alemanha.

ii. Lloyd George, Clemenceau e Wilson: falcões liberais de 1914-1918

Verdun e Somme não estavam no cardápio do liberalismo. Uma ordem liberal pedia, certamente, por invenção e produção, compras e ordem doméstica, governo econômico, pequenos exércitos, companheirismo internacional e paz. Comércio e abertura estavam estimulando a cortesia entre as nações. A paixão pelo seu país em formas exclusivas e destrutivas provou ser uma fase passageira que grandes e prósperas nações comerciais estavam superando. Juntamente com a democracia, o liberalismo estava se mostrando uma alternativa mais atraente à guerra de classes ou à ordem autoritária. As nações liberais estavam aprendendo a negociar suas diferenças com espírito semelhante. Assim, em agosto de 1914, não era totalmente cego ou complacente que europeus e americanos acreditassem nisso. Em novembro de 1918, era urgente perguntar quanto disso ou se algo era verdade.

A guerra pertencia ao pesadelo liberal em sua forma mais atroz. A guerra era desviante e excepcional, um retrocesso irracional sem lugar na ordem iluminada que eles esperavam criar. John Bowring – um liberal britânico antigo, livre-comerciante cobdenita e unitarista – não tinha entendido isso na década de 1840 ao proclamar que a paz era "o estado normal, o estado natural da sociedade humana"? Para os liberais acreditarem nisso em 1914, era preciso, é verdade, ignorar 70 anos de violência imperial, mas as colônias estavam longe, para trás e fáceis de ignorar. Significava ignorar também uma guerra civil americana na qual 620.000 haviam morrido, mas esse conflito também não contou no acerto de contas liberal, sendo uma guerra de unificação nacional, assim como as guerras da Alemanha de 1864-71, que também descoloriram o meio século de paz do liberalismo. Os liberais ainda poderiam limpar a violência armada de sua imagem do mundo competitivo, mas pacífico, que estavam criando, dizendo a si mesmos que as nações modernas progressistas, uma vez estabelecidas e estabilizadas, não lutavam entre si, pois tais nações tinham canais pacíficos para onde direcionar seus espíritos combativos. Aqui era um lugar de repouso sensato onde os valores liberais e a persistência do conflito poderiam encontrar a reconciliação. Portanto, parecia razoável acreditar nisso tudo em 1914, o que tornou ainda maior o choque do que se seguiu. Em *War Graves*, um verso curto zombeteiro sobre a afronta do conflito à fé liberal, um historiador britânico, Godfrey Elton, repetiu o epitáfio grego clássico para os mortos espartanos: "Diga aos professores, você que passa por nós / Eles ensinaram economia política / E aqui, obedientes à sua lei, nos encontramos"(3).

O fato de que tal guerra pudesse ser travada chocou os liberais. A eclosão da guerra entre nações modernas e progressistas em que ambos os lados proclamaram que estavam lutando por prosperidade e

(3) Godfrey Elton, "*War Graves*", de *Winter of the World*, editado por Dominic Hibberd and John Onions, Constable & Robinson, London, 2008. Reproduzido com permissão da editora.

civilização foi bastante surpreendente. Um choque ainda mais profundo para a autoconfiança liberal foi que, entre os combatentes ocidentais, em certo sentido, o lado errado venceu. Em sua propaganda de guerra, a Grã-Bretanha, a França e os Estados Unidos liberais se posicionaram como menos autocráticos, menos militaristas e mais pacíficos do que a agressiva Alemanha Imperial. No final, tendo esquecido até que ponto sua propaganda repousava na deturpação do inimigo e no autoengano sobre sua própria beligerância, eles conspiraram para culpar a Alemanha pela guerra.

Liberais mais atenciosos perceberam que havia muito a explicar. A guerra de 1914-18 forneceu provas abundantes de que os Estados liberais eram bons na guerra moderna, talvez os melhores. Eles mobilizaram seu povo. Concentraram o poder executivo e exploraram a alavancagem financeira. Eles reuniram uma imprensa obediente para falar alto e eloquentemente com reivindicações de moralidade e direito. Não menos importante, eles encontraram líderes notáveis capazes de prosseguir com a guerra com a ferocidade e a crueldade exigidas: David Lloyd George, Georges Clemenceau e Woodrow Wilson. Cada um deles começou suas carreiras com uma verdadeira aversão à guerra, mas descobriu em si mesmo, quando chamado, um guerreiro liberal implacável. Talvez as virtudes cavalheirescas e comerciais não fossem tão diferentes, afinal. Talvez o próprio Marte, deus da guerra, fosse um liberal.

David Lloyd George (1863-1945) entrou na política como um radical galês antielitista e pacifista. Advogado de uma família simples de classe média, ele se posicionou como um forasteiro representando o "pequeno homem" contra a igreja estabelecida, a elite fundiária e o que ele chamou de "pavões da realeza". Para o público trabalhista, ele se apresentou como classe trabalhadora. Para os liberais, ele disse que ele e seu rival, Herbert Asquith, eram de "ambiente semelhante", embora Asquith fosse filho de um dono de fábrica educado em Oxford com uma carreira ascendente como advogado em Londres, enquanto Lloyd George foi direto da escola para o escritório de um advogado provincial. Como um jovem deputado em Westminster, a partir de 1890, Lloyd George promoveu causas galesas: contra cervejeiros e destiladores *Tories* em nome da temperança e contra a ajuda estatal a escolas anglicanas e católicas que desfavoreciam o metodismo galês. Enfrentando *hooligans* pró-guerra que o ameaçavam com violência, ele se manifestou contra a Guerra dos Bôeres.

A avalanche liberal de 1906 trouxe Lloyd George para o gabinete, primeiro como reformador em tempo de paz, como vimos, e depois, em 1914, como chanceler em tempo de guerra, chefe de munições, ministro da Guerra e, finalmente, primeiro-ministro. No Tesouro, ele aumentou os impostos para pagar a guerra. Para garantir suprimentos de guerra, ele trouxe homens do estilo "empurrar e ir", comandou a economia e subordinou os sindicatos. No escritório de guerra, ele atormentou os generais "*châteaux*" para repensar suas táticas custosas e assassinas. Em 1916, quando a febre da guerra passou e o voluntariado estava diminuindo, os liberais se dividiram em relação ao recrutamento. Asquith caiu como primeiro-ministro e Lloyd George tomou seu lugar. Ridicularizando os apelos por uma paz negociada como "restos de chocolate", ele buscou uma "luta até o fim". Quando chegou o fim, Lloyd George se posicionou nas negociações de paz em Paris como uma ponte entre o obstinado Clemenceau e o idealista Wilson.

Lloyd George era charmoso e não se incomodava com detalhes. Ele se cercou de especialistas cujos cérebros ele sugou e cujos conselhos ele frequentemente ignorava. Grande parte do mundo era um borrão em sua mente. Na conferência de paz, quando seu ministro das Relações Exteriores o corrigiu por confundir Ancara com Meca, ele disse: "Lord Curzon é bom o suficiente para me advertir sobre uma trivialidade". Ele sempre manteve o quadro maior em sua mente. Observadores tão diferentes quanto Keynes e Churchill ficaram impressionados com sua profundidade de discernimento. Lloyd George compreendeu o poder da opinião pública e usou a imprensa com habilidade, trabalhando não através daqueles que escreviam jornais, mas daqueles que possuíam jornais. De uma maneira antiquada, ele continuou ao mesmo tempo a tratar seu trabalho como o de um líder e não o de um ouvinte. Ele era menos social, mais profissional e mais político em tempo integral do que os liberais anteriores. A ruptura com Asquith, que dividiu o partido e começou seu declínio, foi em parte social. O estilo pessoal de Lloyd George refletia um declínio mais amplo da deferência, nivelamento de classe e afrouxamento da inibição. Asquith poderia passar por um grande liberal, o leão de uma dinastia político-intelectual como os Russells ou os Lytteltons. Os amigos de Lloyd George eram empresários que jogavam golfe e não escritores, advogados de alto nível ou estudiosos. Em Westminster, Lloyd George viveu abertamente com sua amante e conselheira,

Frances Stevenson, enquanto sua esposa levava sua própria vida no País de Gales.

Juntamente com seu secretário de gabinete em tempo de guerra, Maurice Hankey, e seu "Subúrbio de Jardim" de conselheiros particulares, Lloyd George criou na *10 Downing Street* uma nova máquina executiva. Isso tornou o gabinete do primeiro-ministro britânico mais presidencial, embora sem o incômodo controle de um Congresso obstinado ou de uma Suprema Corte interferente. Os críticos podem culpá-lo por esse afastamento do ideal liberal de poderes divididos, mas Lloyd George estava agindo em uma longa tradição britânica de prerrogativa incontestada e direção centralizada que nenhum primeiro-ministro posterior tentou seriamente remediar uma vez nos controles – um exemplo importante de onde os fatos britânicos ficaram aquém da ficção comum de que as instituições britânicas eram um epítome liberal.

Para muitos, Lloyd George era um conspirador sem princípios. Margot Asquith reclamou que ele não conseguia ver um cinto sem bater abaixo dele. Seu amigo, e editor do jornal, Max Beaverbrook brincou que não se importava para onde estava indo, desde que ele estivesse dirigindo. Uma maneira mais ampla de ver Lloyd George é como representante de uma nova política liberal-democrática: mais confusa, menos exortativa, mais econômica e menos partidária. Era uma política de amplo meio-termo, buscando um acordo, mas ciente das pressões dos francos. "Você não vai fazer socialistas dos agricultores, comerciantes e profissionais deste país num instante"., Lloyd George disse em 1906, "mas você pode assustá-los para reagirem". Embora talvez não ideológica, sua política não era sem ideias. Após a guerra, ele "trouxe ideias de volta para os liberais", promovendo um novo pensamento sobre gestão econômica, bem-estar, habitação, cidade e planejamento do país. Como um velho leão na casa dos 70, ele se fez de bobo por causa de Hitler em uma visita a Berlim em 1936, chamando-o de "o George Washington da Alemanha". Mas Lloyd George estava longe de ser o único entre os liberais estrangeiros em admiração por um ditador que, por mais lamentáveis que fossem seus métodos, havia encerrado as lutas de rua, trancado comunistas, domado os sindicatos alemães e, como eles ingenuamente acreditavam, silenciado seus próprios extremistas.

Clemenceau não teria cometido o erro se tivesse vivido para ver a ascensão de Hitler. A suspeita da Alemanha organizou sua visão do mundo, que se estendia longamente através do Canal da Mancha e do Oceano Atlântico, mas se concentrava em grande parte no rival da França do outro lado do rio Reno. Resistente à autoridade por origem e temperamento, Clemenceau usou o poder do Estado, uma vez no cargo, incansavelmente. Embora uma geração mais velho, Georges Clemenceau (1841-1929) era, em muitos aspectos, o gêmeo francês de Lloyd George. Ele vinha de uma antiga linhagem de escudeiros do sertão da Vendée, orgulhosos de sua independência, condicionados em sua lealdade ao poder real e francamente hostis à autoridade da igreja. Um tio-avô havia votado pela morte de Luís XVI e o próprio Clemenceau mantinha um busto de Robespierre em sua lareira. Ele sabia o quanto a Revolução Francesa havia feito por homens profissionais de propriedade como seu pai e seu avô, e desprezava a hipocrisia liberal, como ele a via, de acolher uma revolução "boa" enquanto estremecia de horror com a "ruim". Ele estava ansioso por uma reforma social, mas ria dos sonhos socialistas de revolução. Um forte crente no capitalismo, ele estava feliz em agradar as grandes empresas, mas hostil às forças antimodernas e menos conscientes do dinheiro na direita francesa: clericalismo, monarquia e xenofobia. Apesar de todo seu apego romântico ao solo do Oeste da França, Clemenceau via o futuro da França não nas fazendas e no campo, mas nas cidades e na indústria. Leitor incansável e escritor abundante com muitos amigos intelectuais e artistas, ele tinha uma mente muito cética para sermões liberais sobre a educação como uma cura para todos os males sociais e era muito astuto para engolir reivindicações socialistas para falar pelas classes trabalhadoras.

Baixo, forte e compacto, ele se exercitava todas as manhãs e andava no *Bois de Boulogne.* Uma pintura a óleo mostra-o na casa dos 40 anos nos palanques, com cabelos ralos e bigode revelador, tão forte e ágil quanto um peso leve no ringue. Ele era astuto e mal-humorado e gostava de desconcertar os homens mais dóceis com uma língua terrena e sarcástica. A respeito de um socialista prolixo na Assembleia, ele resmungou: "Se eu pudesse mijaria no jeito que ele fala!". "Todos os regimes", dizia ele, "terminam em porcaria". Ele tinha muitas amantes e adorava comida e pintura. Juntos no *Louvre* na década de 1920, um dia ele e seu amigo Monet jogaram "O que você levaria se pudesse?". Monet escolheu *Embarkation for Cythera,* de Watteau, por sua luz brilhante. Clemenceau escolheu o friso sombrio de Gustave Courbet de uma cidade do interior, ricos e pobres, reunidos em um cemitério na encosta de uma colina, *The Funeral at Ornans.*

Clemenceau treinou, como seu pai, para medicina, mas em vez de entrar na prática, foi para os Estados Unidos por três anos, onde se maravilhou com o progresso e a democracia americanos. Ele aprendeu inglês, traduziu a crítica de John Stuart Mill ao positivismo comteano e se casou com uma esposa americana, Mary Plummer. Ele era habitualmente infiel e obteve o divórcio assim que foi legalizado novamente, em 1884, embora não antes de tê-la "vendido" às autoridades por seus próprios adultérios. A admiração de Clemenceau pelo mundo "anglo-saxão", uma característica dos liberais franceses erguida contra eles por seus inimigos, tinha poucos limites. Ele se vestia com roupas inglesas e comprou seus móveis na *Maples*, uma loja popular de Londres. Ele estava continuamente frustrado em suas esperanças de que a Grã-Bretanha ficasse do lado da França em suas disputas com a Alemanha.

Ao retornar à França dos Estados Unidos, Clemenceau entrou na política como radical, um termo que ele definiu como "o superlativo do liberal". Seu batismo foi a Comuna de 1871. Como vereador em Montmartre, ele procurou mediar entre a multidão irritada de Paris e a tola autoridade vingativa do governo oficial sob Adolphe Thiers. Quando, em maio, Thiers desencadeou tropas do governo em uma cidade faminta da qual muitos dos ricos haviam fugido, Clemenceau mal escapou com sua vida, passando por postos de controle ocidentais sob o disfarce de um americano. Na década de 1880, ele pressionou por reformas sociais radicais e se opôs à expansão colonial francesa, uma distração, segundo ele, da maior preocupação da França com a Alemanha. Um escândalo empresarial em 1893 provocou um dos vários duelos que ele travou durante uma vida combativa; ele perdeu seu assento na Assembleia e quase encerrou sua carreira.

O retorno de Clemenceau começou com Dreyfus. Em 1894, sua primeira reação ao caso foi perguntar por que um tribunal militar favoreceu um capitão traiçoeiro com mera prisão quando um cabo imbecil em um caso desconexo foi para a guilhotina por insultar um oficial. Quando a família Dreyfus começou a ganhar apoio, Clemenceau tornou-se seu cavaleiro. Ele colocou seu jornal, *L'Aurore*, à disposição de sua campanha para provar a inocência de Dreyfus. Clemenceau tornou-se novamente uma figura nacional, assumindo o cargo de ministro do interior e primeiro-ministro entre 1906-09. A esquerda socialista e a direita reacionária o detestavam muito. Ele apoiou os mineiros de *Carmaux* em sua campanha por melhores salários e condições mais seguras e pediu um imposto de renda. Ele ganhou um nome ao mesmo tempo que o "principal policial" da França ao enviar a polícia nacional de choque, uma orgulhosa inovação sua, para reprimir greves. Ele demitiu os carteiros em greve e proibiu os professores de realizarem uma ação sindical sob a alegação de que a greve dos funcionários do Estado equivalia a traição. Socialistas como Jaurès, na opinião de Clemenceau, entendiam pouco de economia ou governo moderno e em sua adoração ao poder popular, que eles confiavam em intuir e controlar, eram pouco melhores do que "jesuítas vermelhos". Acima de tudo, os socialistas de Clemenceau eram fracos em relação à Alemanha, sendo pacifistas por inclinação e ainda mais iludidos por sua fé no internacionalismo da classe trabalhadora. Nos anos anteriores a 1914, Clemenceau fez campanha para aumentar o prazo de recrutamento para três anos (reduzido para dois em 1902), enquanto Jaurès e os socialistas pediam o desarmamento e uma força de defesa semelhante à da Suíça.

Em julho de 1914, Clemenceau, agora no Senado, votou pelo direito de aprovar um projeto de alistamento de três anos. "Quando nossos soldados marcham em direção ao inimigo", explicou ele, "os republicanos marcham com os reacionários". Clemenceau, o mediador de 1871, renasceu como um falcão liberal. Agora em seus 70 anos, ele foi reenergizado pelo conflito. Em mais um de seus muitos jornais, *L'homme libre*, ele atormentou o alto escalão militar em nome de soldados comuns. Sua reputação de ficar do lado deles falou por ele quando seu momento chegou no final de 1917. A vontade francesa havia vacilado. As tropas estavam se recusando a avançar. Uma ofensiva de primavera francesa falhou ao custo de 150.000 baixas. Pombas liberais como Aristide Briand, Joseph Caillaux e René Viviani juntaram-se aos socialistas pedindo uma paz negociada. Os falcões liberais temiam que um país gravemente danificado pela guerra, e movendo-se para a direita e não para a esquerda, não aceitasse uma paz com a Alemanha que não reconquistasse a Alsácia-Lorena. Confiando que ele era o homem para levar a guerra até o fim, o presidente nomeou Clemenceau primeiro-ministro.

Ele levou, embora tenham sido os fracassos alemães no final do verão de 1918 e a chegada final das tropas americanas que trouxeram o fim.

Os apoiadores mais barulhentos de Clemenceau eram, agora, a direita nacionalista e seus críticos mais severos, pombas liberais e socialistas. Ele foi implacável com o "partido da paz" e apoiou descaradamente a acusação por traição de seu líder, Caillaux, um ex-aliado radical e pai do imposto de renda da França. O medo liberal do bolchevismo que tomou conta da Europa do pós-guerra completou a guinada de Clemenceau para a direita. Ele favoreceu a ajuda francesa para os brancos antibolcheviques na Guerra Civil da Rússia, mesmo depois que os britânicos deram a causa contrarrevolucionária como abandonada. Esse radical anticlerical e zombador da igreja morava em Passy, um bairro muito burguês de Paris, em um apartamento com vista para o pátio de um colégio jesuíta. Seu túmulo no cemitério próximo é uma laje de pedra convencional, embora uma lenda rapidamente tenha se espalhado de que ele pediu para ser enterrado em pé e de frente para a Alemanha.

A hostilidade intransigente de Clemenceau à Alemanha foi responsabilizada pelo tratado de paz apresentado aos alemães em maio de 1919. O tratado, reclamaram seus críticos, era muito fraco em sua provisão para implementação para ser tão severo em seus termos. Os britânicos retratavam Wilson como um sonhador e Clemenceau como um encrenqueiro obstinado, com eles mesmos, como sempre, mediadores desinteressados e práticos. Na verdade, Lloyd George e os britânicos perseguiram os interesses nacionais tão ferozmente quanto Clemenceau. Cada um dos aliados perseguiu seus próprios objetivos: Clemenceau para conter uma Alemanha enganada e vingativa, Lloyd George para defender uma posição imperial enfraquecida da Grã-Bretanha, Wilson para impor sua visão ambígua de "uma nova aliança entre as nações" em "um mundo seguro para a democracia" que sua recém-poderosa nação credora iria policiar e arbitrar.

Os críticos do tratado de Versalhes se concentraram no tratamento severo da Alemanha e no utopismo de Wilson. A paz tirou o território e as colônias alemãs, limitou severamente as forças armadas alemãs e impôs reparações punitivas. Maynard Keynes, agora um jovem conselheiro econômico do Tesouro britânico que participou da conferência, escreveu uma avaliação condenatória que popularizou seu nome. Wilson, aos olhos de seus detratores, era um inocente americano pregando para europeus astutos e egoístas: eles ouviram pacientemente seus sermões e depois fizeram o que pretendiam fazer, perseguir a *realpolitik*. Wilson, além disso, não tinha apoio em casa. Na verdade, as coisas eram mais complicadas, assim como o próprio Wilson.

Woodrow Wilson (1854-1924) era alto e ossudo, usava óculos de professor e tinha dentes falsos desajeitados que lhe davam uma careta e tornavam seu sorriso alarmante. Obstinado, seguro de si mesmo e pobre em escolher suas lutas, ele foi, nas palavras de Hugh Brogan em seu *History of the United States* (1985), difícil de gostar, mas fácil de odiar. Um sulista, com os preconceitos de sua formação, ele cresceu na Geórgia, onde seu pai presbiteriano dirigia um seminário feminino. Na faculdade de elite de Princeton, ele se viu como um estranho entre os filhos dos ricos do Sul. Embora não fosse dotado para bolsa de estudos, ele adotou os livros como uma fuga. Pavimentou seu caminho e começou a publicar artigos acadêmicos. Em 1902, tornou-se o primeiro chefe não clerical de Princeton. Ele democratizou os clubes, mas perdeu uma briga inútil sobre a localização de uma nova escola de pós-graduação. Para um homem que deu seu nome a uma de suas tradições, a diplomacia era estranha ao temperamento de Wilson. Mesmo depois de deixar a vida universitária em 1910, ele estava mais feliz no púlpito do que na mesa de negociações. Encorajado por seu amigo e assessor de longa data, Edward House, Wilson concorreu a governador de Nova Jersey. A lealdade regional fez dele um democrata. Sob o populista Bryan, o partido, no entanto, mudou. Era mais aberto, mais nacional, menos concentrado no Sul. Os democratas incluíam agricultores da pradaria e trabalhadores fabris do Norte. A mudança abriu a política nacional para os sulistas progressistas. Wilson ganhou a casa do estado de Nova Jersey e ganhou a reputação de governador em reforma.

Wilson estabeleceu sua perspectiva liberal em *The New Freedom* (1913), extraída de discursos de campanha. Ele acreditava que nenhum poder deveria dominar e o governo não deveria ser subjugado por uma classe ou entregue a um único interesse. "A América", escreveu ele, "foi criada para quebrar todo tipo de monopólio". A ênfase liberal no respeito pelas pessoas ecoou em sua preocupação de que a sociedade e o governo se tornaram "grandes preocupações impessoais" e em sua convicção de que os conflitos trabalhistas surgiram da "perda de intimidade". Ele favoreceu a liberdade de um tipo "positivo" bem como "negativo", ecoando a distinção de T. H. Green. Um crente na empresa individual, Wilson, no entanto, lamentou a falta de "concerto" e "mentalidade comunitária" que veio com a competição capitalista em uma democracia de massa. A ordem era tão vital quanto a competição para sua mente. Como outros liberais americanos, Wilson estava preocupado com a ausência de elites autoritárias em uma nação de "fronteira". Tanto para a criação de políticas sábias quanto para manter o governo honesto, a abertura e o argumento público inteligente e bem informado eram essenciais.

Os Fundadores Americanos, escreveu Wilson, levantaram "uma luz de encorajamento para todas as nações do mundo". Seu objetivo não era para si mesmos, mas para "servir à humanidade". A compreensão de Wilson de seus princípios retumbantes era rica em ambiguidade. Ele era contra o voto para mulheres ou negros americanos no Sul e não disse uma palavra contra a segregação lá. Ele enviou tropas americanas para o México e a América Central justificando as intromissões dizendo: "Vou ensinar as repúblicas sul-americanas a eleger bons homens". Apesar de toda a sua conversa sobre enfrentar o poder, Wilson usou todo o alcance do Estado em tempo de guerra contra seus próprios cidadãos, invocando as Leis de Sedição, Espionagem, Comércio com o Inimigo para espionar os encrenqueiros e suprimir a dissidência.

Quando a América entrou na guerra em abril de 1917, Wilson a apresentou ao Congresso como uma causa nobre, para "tornar o mundo seguro para a democracia" e, mais hiperbolicamente ainda, para "tornar o próprio mundo finalmente livre". Ele insistiu que a América não estava sob ataque e não estava em busca de conquista. Então, como agora, uma guerra de escolha por uma democracia liberal precisava ser justificada como uma campanha moral para a defesa de ideais. Tais pensamentos se estendiam à paz vindoura. Quase quando os Estados Unidos entraram na guerra, seu amigo House montou uma grande equipe conhecida como *Inquiry* para pensar nos objetivos do pós-guerra. Incluía o precoce Walter Lippmann, graduado em Harvard, que ajudou a elaborar o que se tornou os "Quatorze Pontos de Wilson". Oito diziam respeito a ajustes territoriais e autodeterminação de nacionalidades. Seis estabeleceram princípios para uma nova ordem mundial: diplomacia aberta, liberdade dos mares, livre comércio, redução de armas, "ajustes" coloniais e uma Liga das Nações. As intenções de Wilson eram difíceis de ler para os europeus. Foi para fazer um mundo melhor ou para estender o poder americano? Para Wilson eram as duas coisas. Os Estados Unidos precisavam ser fortes para fazer o bem no mundo. Um mundo melhor precisava que os Estados Unidos fossem fortes. Esses objetivos eram difíceis de separar em sua mente.

No Senado americano, o principal oponente da Liga era um republicano austero e erudito, Henry Cabot Lodge. Wilson teve azar em ter tal inimigo. Lodge não era a favor de manter a América fora do mundo. Ele próprio já havia proposto uma Liga para Impor a Paz. De uma antiga linhagem de carregadores de Boston, Lodge não era isolacionista. Ele estava tão comprometido quanto Wilson com o internacionalismo liberal, mas de um tipo unilateralista, não multilateralista. Lodge favoreceu compromissos estrangeiros quando necessário – em termos americanos. Ele era mais um estudioso do que Wilson, a quem ele julgou intelectualmente de segunda categoria e cuja presunção ele detestava. Lodge era um odiador e Wilson era seu maior ódio. Wilson, no entanto, poderia ter seu tratado alterado para dar margem de flexibilidade aos Estados Unidos ao vir ou não em auxílio de um membro, se ele tivesse concordado com os compromissos oferecidos por Lodge. Em vez disso, Wilson pediu ao Senado que aceitasse o tratado, pois os desafiava a "rejeitá-lo e quebrar o coração do mundo". A mistura de estilo bombástico e erro de cálculo de Wilson está lutando até agora na imagem de um estadista de tal calibre a quem europeus gratos aplaudiram e por quem choraram. Em sua vã campanha pelo país para ganhar apoio popular para o tratado no outono de 1919, Wilson sofreu um derrame paralisante e viveu os 16 meses de seu mandato como um presidente-sombra, por quem falavam seu chefe de gabinete e sua esposa.

A rejeição do Senado à participação americana na Liga das Nações forneceu aos historiadores uma das grandes incertezas do início do século 20. Se os Estados Unidos ativos e engajados tivessem se juntado à Liga, uma ordem internacional liberal poderia ter sido restaurada na década de 1920? Dentro ou fora da América, o mundo liberal enfrentou muitos futuros prováveis em 1919. Uma questão mais tratável é quais futuros os liberais pensavam enfrentar. Suas respostas dependiam de como eles compreendiam a guerra. Foi intencional? Um acidente? Uma fraqueza da ordem internacional? Cada resposta tinha seus adeptos.

Com muita má-fé, os aliados vitoriosos se comprometeram com a primeira explicação: a guerra havia sido intencional. O artigo 231 do Tratado de Paz, que obrigava a Alemanha a pagar pelos danos da guerra, implicitamente culpou a agressão alemã pelo conflito. As ligas patrióticas da Alemanha, os primeiros publicitários alemães escrevendo sobre a inevitabilidade da guerra e o próprio imperador alemão instável soavam de fato assustadoramente belicosos às vezes nos anos pré-guerra. Os jingoístas imperiais da Grã-Bretanha e os revanchistas na França também. Desde 1912, os quadros alemães planejavam a guerra. Mas o planejamento de guerra é o que os quadros militares fazem e, embora as intenções possam envolver planos, os planos em si não são intenções. As tensões entre as três nações ocidentais estavam diminuindo em 1913. Então, talvez eles tenham calculado mal e a guerra tenha sido acidental. É verdade que os diplomatas confiaram, como os diplomatas desejam confiar, que a guerra poderia ser evitada até a última hora. Quando os generais asseguraram aos políticos que a guerra poderia ser curta, os políticos ouviram que a guerra seria curta. Os soldados se prepararam para o pior, que quando chegou surpreendeu até eles. No entanto, o erro de cálculo é plausível ao explicar o erro passageiro de dois ou três poderes. Se tudo foi um erro, por que a guerra se espalhou tanto e durou tanto? Quando o campo de visão foi ampliado para incluir os combatentes iniciais, Áustria-Hungria, Rússia, Sérvia e Turquia, as causas tiveram que ser mais profundas, em uma fraqueza da própria ordem internacional.

Tais questões eram matéria-prima para uma nova disciplina acadêmica que surgiu após 1918: relações internacionais. Mesmo antes de os pacifistas terem deixado Paris em 1919, estava claro para os liberais pensativos que o tratado, desprovido até mesmo de suas loucuras, era na melhor das hipóteses um primeiro esboço rudimentar. Era necessário um novo pensamento sobre como garantir a ordem internacional. O *Carnegie Endowment for International Peace*, em Washington, DC, fundado em 1910 e que forneceu quatro conselheiros a Wilson em Paris, voltou-se para a promoção do direito internacional e da arbitragem. Em 1918, um rico liberal britânico e defensor da Liga, David Davies, dotou a primeira cadeira em relações internacionais na Universidade de Gales em Aberystwyth. Com o mesmo propósito, o *Royal Institute of International Affairs* abriu em Londres (1920), o *Institut des Hautes Études Internationales* em Paris (1921) e o *Council on Foreign Relations* em Nova York (1921).

O pensamento liberal sobre a ordem internacional estava então, como agora, dividido. Alguns pensadores liberais da política externa sustentavam uma versão do "estado natural de paz" de Bowring. No ponto de vista deles, Estados liberais de livre comércio não lutavam entre si. Guerras surgiram porque as autocracias retrógradas não conseguiram resolver seus conflitos internos. Schumpeter insistiu em uma ideia semelhante em *The Sociology of Imperialism* (1919), onde argumentava que o capitalismo liberal era essencialmente pacífico. Outros pensadores aceitaram a normalidade da guerra, porém menos confortavelmente. Talvez os humanos fossem, por natureza, tolos e agressivos. Talvez, apesar das esperanças liberais anteriores, o escopo para mudá-los pela educação e pelo progresso material fosse pequeno. Talvez, mesmo que as nações liberais fossem pacíficas, autocracias e outros Estados politicamente "atrasados" tenham sobrevivido para causar guerra. Talvez qualquer Estado, liberal ou autocrático, tenha que lutar quando o equilíbrio de poder penda contra ele exageradamente. Quaisquer que sejam as causas mais profundas da guerra, os pensadores liberais se concentraram em como promover a paz. Os chamados idealistas, nos moldes de Wilson, olharam para o direito internacional, para instituições regionais e globais e até mesmo, com o tempo, para o governo mundial. Seus rivais, os realistas, buscavam a restauração de um equilíbrio de poder entre nações soberanas mantidas afastadas umas das outras em coalizões inconstantes por medo mútuo. Um terceiro grupo eram os cosmopolitas. Assim como Constant e Cobden, os cosmopolitas liberais depositaram esperanças de paz em laços crescentes entre os povos, especialmente laços comerciais e culturais, que corriam abaixo e ao redor das relações Estado-Estado.

Idealistas liberais, realistas e cosmopolitas foram todos obrigados a enfrentar um novo fato de relevância duradoura para a paz e a guerra. As reivindicações do Estado se fortaleceram, não apenas em responsabilidades mais amplas e orçamentos maiores, mas na urgência com que o poder do Estado era exercido e justificado. Entre 1914-18, europeus e americanos tiveram sua primeira visão completa do estado de guerra liberal. Seu perfil caiu nas décadas de 1920 e 1930, mas depois voltou para sempre na Segunda Guerra Mundial. Após 1945, os cidadãos liberais viviam em estado de alerta semipermanente, governados por Estados armados sempre prontos para a guerra em defesa da democracia liberal. Legislaturas, jornais, público e tribunais liberais agora consentiam com pouca dúvida às reivindicações de um estado de segurança nacional. Mesmo antes da Primeira Guerra Mundial, a aquiescência para uma mudança radical no poder do Estado estava se instalando. O clima foi bem capturado por um momento durante o debate de 1911 sobre a proposta do governo liberal de uma Lei de Segredos Oficiais na Grã-Bretanha. Quando um membro, chocado com o perigo para os direitos civis, objetou que o projeto de lei "perturbava a Magna Carta", a Câmara começou a rir. Nos Estados Unidos, o senador progressista Hiram Johnson resumiu o espírito por trás da Lei de Espionagem (1917) e da Lei de Sedição (1918): "Você não deve mais criticar nada nem ninguém no governo ou irá para a cadeia". A zombaria de Johnson não impediu a passagem deles.

Para liberais dedicados, tudo era muito intrigante. Uma guerra terrível que o liberalismo pacífico em grande parte trouxe sobre si mesmo contribuiu para uma grande expansão desse poder estatal incontestável. Os falcões liberais justificavam a guerra como uma cruzada por valores liberais ou democráticos, assim como Lincoln tinha feito primeiro pelos valores nacionais e depois pelos valores emancipacionistas. Por uma estranha dialética, também estimulou a dissidência liberal, bem como os defensores liberais da dissidência no tribunal.

iii. Alain, Baldwin e Brandeis: dissidência liberal e o estado de guerra

Em setembro de 1914, um pacifista francês, Emile Chartier, ofereceu-se como soldado para lutar em uma guerra que ele considerava imoral. Outros pacifistas estavam se recusando a se alistar ou se juntar como não combatentes no corpo médico. Chartier serviu por três anos, primeiro na artilharia e, depois de aleijar-se quando um tornozelo ficou preso na roda de uma carreta, como meteorologista em Verdun. Para seus leitores de jornais franceses e seus alunos inteligentes no *Lycée Henri IV* em Paris, Chartier (1868-1951) era mais conhecido como "Alain", um renomado professor e escritor de opinião sindicalizado nacionalmente. Hoje em dia, ele seria chamado de intelectual público. Em sua época, Alain era o mais famoso da França. Seus *Propos* ou pequenos artigos de reflexão incitavam os leitores a desafiar a autoridade, a desconfiar do foco de "importância" em detalhes e a evitar "ismos" doutrinários, dando-lhes, talvez inevitavelmente, um deles. "Alinismo", como era conhecido e escrito, era uma desconfiança liberal cotidiana do poder, um apelo à obstinação e à teimosia. Alain gostava de dizer que "pensar é recusar". Quando a guerra chegou, ele viu uma escolha difícil entre recusas concorrentes que o puxavam para caminhos opostos: ir contra suas crenças pacíficas ou decepcionar seus companheiros. Ele escolheu o primeiro. Alain pensou que outros iam lutar e, portanto, não era da sua conta colocar a consciência privada acima do dever cívico.

Em outubro de 1918, um ativista americano pelas liberdades civis, Roger Nash Baldwin, compareceu ao tribunal federal de Nova York para responder às acusações de se recusar a se registrar para o alistamento. O Congresso havia aprovado a Lei de Serviços Seletivos a pedido do presidente Wilson no ano anterior. Ela introduziu a primeira convocação militar americana desde a Guerra Civil. Jogando em termos, Wilson chamou o alistamento "de forma alguma um recrutamento dos relutantes", mas sim uma "seleção de uma nação que se voluntariou *en masse*". Como assistente social, oficial de condicional e advogado formado em Harvard, ele rejeitou tais evasivas. "Recrutamento de vidas", disse ele ao tribunal, era "uma contradição total de todos os nossos ideais de liberdade individual, liberdade democrática e ensino cristão". Embora comovido pelo apelo de Baldwin, o juiz o mandou para a prisão por um ano.

Alain e Baldwin representavam aspectos distintos da dissidência liberal. Ambos se opuseram ao que o poder estava fazendo, mas cada um respondeu de forma diferente. Para Alain, o poder, especialmente o poder militar, era implacável. O poder era exótico. Alain sentiu fidelidade à sociedade, entendida como local, colegial e não ameaçadora, mas desejava pouca ou nenhuma parte no poder. Baldwin desconfiava do poder, especialmente do poder militar, mas achava que poderia ser verificado e domesticado através da legislação e dos tribunais. A esse respeito, a desobediência exemplar poderia testar e melhorar as leis sob as quais o poder funcionava. Alain, o professor e moralista do povo, pregou. Baldwin, o advogado, organizou e argumentou no tribunal. Na desmobilização, Alain voltou a lecionar e a escrever, onde seu antimilitarismo e sua política de "crítica e resistência" marcaram gerações de alunos que se dirigiam aos principais institutos e universidades da França. Ao sair da prisão, Baldwin lançou a União Americana pelas Liberdades Civis.

De ações "rústicas", contundentes e normandas, Alain desprezou posições, honras e fama. Embora fosse um guru para os admiradores, ele tinha uma visão quase inteiramente negativa da autoridade. Ele exortou os leitores a não serem enganados pelo "personagem importante", seu termo para a máscara humana de poder que reaparece continuamente em diferentes formas. Ele exortou os leitores a não se deixarem deslumbrar por especialistas, administradores e técnicos, a se envolverem em assuntos locais, a se associarem a associações locais e a enfrentarem o governo central. Ele fazia oposição às invasões do Estado, à arrogância das elites e às imposições sufocantes das igrejas estabelecidas. Os negócios e o Estado não eram tanto forças opostas aos olhos de Alain, eram expressões de arranjos sociais desumanizados que só podiam ser respondidas por engajamento pessoal e participação direta. A mensagem negativa de Alain para manter a tecnocracia e o grande governo afastados dialogou bem com os eleitores radicais na França, não operários nem grandes empresários, mas "pequenas" pessoas no meio, desconfiadas da Igreja Católica, socialmente progressistas e pró-empresas privadas.

Sua mensagem positiva da política como vida associativa em comunidades pequenas e coerentes o suficiente para compartilhar propósitos comuns era igual ao ideal de Rousseau que Constant rejeitou e Schulze-Delitzsch, na Alemanha, tentou realizar. A mensagem apelava mais pelo tom do que pelos detalhes. Você deve trazer um ou outro "monarca" diante do tribunal do público todos os dias, escreveu ele, pois, ao tirar uma pedra diária da Bastilha, você se salvou do trabalho de derrubá-la. O pensamento dá certo sentido à decisão de Alain de se alistar. Em 1914, todas as opções eram ruins aos seus olhos. Ele escolheu a menos ruim. A questão era que os cidadãos agissem de pequenas maneiras para evitar enfrentar a si mesmos com nada além de escolhas horríveis. Hábitos de resistência silenciosa poderiam evitar o inaceitável ou da matança mútua ou do automartírio.

Alain era vago sobre quais deveriam ser esses hábitos de resistência. Os dois alunos mais famosos de Alain tiraram lições opostas do seu ensino. Simone Weil (1909-43) levou a sério o personalismo radical de Alain. Ao terminar a *École Normale Supérieure*, ela lecionou nas escolas secundárias, conforme exigido dos graduados franceses para isentá-los de uma educação estelar. Weil então se dedicou a enfrentar a injustiça social por meio de ações diretas pelos direitos dos trabalhadores. Ela trabalhou na linha de uma fábrica da *Renault* e participou de greves de fome para desempregados. Ela viveu e prejudicou sua saúde frágil, perseguindo um código pessoal de sacrifício pelos outros e compromisso com a correção de erros particulares.

Raymond Aron (1905-1983), que se tornou uma voz inabalável do liberalismo francês depois de 1945, adotou uma linha mais severa com a lição de Alain sobre rebelião silenciosa. Aron culpou seu professor por encorajar o desdém imerecido da autoridade e por contribuir para uma separação prejudicial das elites pensantes da França da vida pública. Os altos padrões éticos de Alain eram, na opinião de Aron, espúrios e presunçosos. Eles incitavam as pessoas à retirada e não ao engajamento. Aron acreditava que, em uma democracia liberal, um cidadão não poderia ter em relação ao poder legítimo as mesmas atitudes que teria em relação a um tirano em um regime despótico. A crítica de Aron a seu professor se aguçou quando, em 1934, com o crescimento da ameaça do nazismo e do fascismo, Alain organizou uma liga pacifista francesa.

Roger Baldwin, uma vez livre em julho de 1919, tornou-se diretor do recém-formado Conselho Americano de Liberdades Civis, que surgiu de uma aliança de advogados que defendiam objetores de consciência na guerra de 1914-18. Baldwin, filho de um fabricante de Boston que reivindicava antigas raízes puritanas, era um leitor entusiasmado de Thoreau sobre desobediência civil e um admirador das causas libertárias da anarquista Emma Goldman, embora não de seu apoio a métodos violentos. Goldman, que foi deportada devido ao seu trabalho, era uma das muitas progressistas que faziam campanha por causas impopulares – voto feminino, contracepção facilmente disponível, aceitação da homossexualidade – que os liberais democratas agora facilmente consideram como algo incorporado em nossas sociedades como que por direito. Baldwin compreendeu que as coisas não eram tão simples. O que uma pessoa poderia, em um sentido abstrato, reivindicar com razão era uma coisa. O que a sociedade e suas leis aceitariam era outra. Baldwin concluiu que, em uma democracia liberal, o caminho para acertar e aceitar um melhor alinhamento estava nos tribunais. Os tribunais eram onde você podia discutir não apenas o que a lei era, mas o que deveria ser.

Baldwin e a União Americana de Liberdades Civis (ACLU) tiveram muito contra o que argumentar. Em um clima pós-guerra de racismo branco revivido e preconceito xenófobo, as autoridades estavam prendendo radicais e deportando estrangeiros. Os tribunais federais apoiaram a autoridade incontestada do Estado em segurança nacional. Os tribunais criminais estaduais, se assim o desejassem, poderiam ignorar as garantias constitucionais dos direitos dos réus. As proteções legais para sindicatos, privacidade sexual e liberdade de expressão eram fracas ou inexistentes. Nesse contexto, Baldwin e a ACLU forneceram conselhos e ajuda para inúmeras causas liberais célebres. Defenderam os radicais processados durante as "Ameaças vermelhas" de 1919-20 do governo Wilson; o editor do Ulysses, de James Joyce; o professor John Scopes, do Tennessee, processado em 1925 por violar uma lei estadual contra o ensino do darwinismo; e os imigrantes italianos Nicola Sacco e Bartolomeo Vanzetti, em seu esforço fracassado de sete anos para evitar a execução pelo assassinato em 1920 de dois funcionários de Massachusetts. A resistência social à tolerância ética foi um elemento que Baldwin teve de enfrentar para mudar a compreensão americana da lei e do que a Constituição deveria proteger. O medo político de um flagelo mal definido conhecido como "anarquismo" era outro. Atento a ambas as ansiedades, Baldwin explicou que o objetivo da ACLU era dar vida legal às proteções cívicas declaradas na Constituição. Ele disse que, ao fazê-lo, era preciso lembrar que a Declaração de Direitos protegia as pessoas que você "temia tanto quanto aquelas que admirava".

O anarquismo radical do qual Sacco e Vanzetti eram suspeitos e pelo qual Emma Goldman foi deportada não era o anarquismo teórico que tentou certos liberais. O anarquismo radical se baseou nos pensamentos de Sorel sobre a força mobilizadora da violência aleatória e nas esperanças de Peter Kropotkin de fontes de ordem mais fraternas e menos coercitivas do que a máquina estatal opressiva que a sociedade existente tinha a oferecer. O anarquismo que tentou os liberais era, ao contrário, mais teórico, um ponto de partida hipotético em um exercício intelectual de justificação política.

A verdadeira linha de separação entre anarquismo e liberalismo estava entre literalidade e metáfora. Os anarquistas acreditavam na realidade passada ou futura da sociedade sem um Estado moderno. Os liberais acreditavam que, de fato, o Estado e a sociedade eram inseparáveis: você não poderia, na prática, ter um sem o outro. No entanto, uma poderosa corrente do pensamento liberal continuou a explorar a velha metáfora filosófica de uma sociedade sem Estado devido às informações que lhe fornecia sobre os limites da autoridade coercitiva, sobre a independência moral das pessoas e sobre a legitimidade da dissidência.

O libertário americano Lysander Spooner (1808-87) foi, nos termos acima, um literalista. Ele escreveu a um amigo em 1882 que toda a

Constituição dos EUA era uma "fraude total" sem um pingo de autoridade, porque "nunca havia sido submetida a eles, como indivíduos, para sua aceitação ou rejeição voluntária". Spooner acreditava que ninguém estava vinculado a deveres com os quais não consentiu. "Se um homem nunca consentiu ou concordou em apoiar um governo, ele não quebra a fé em se recusar a apoiá-lo", escreveu ele em *No Treason* (1867). Com aquela única lâmina fina de "sem contrato, sem obrigação", Spooner desfiou porções inteiras do mapa sociopolítico familiar. Grandes governos eram todos bandos de ladrões reunidos com o propósito de saquear. Toda tributação sem consentimento direto era "claramente roubo". A confiança e a desconfiança de Spooner em relação aos especialistas tinham raízes profundas e longos ecos no "anti-intelectualismo" que o historiador Richard Hofstadter identificou à direita e à esquerda na política americana. Spooner foi um lembrete de que o anarquismo anti-Estado era em si neutro e que o libertarianismo pode vir em variedades de esquerda ou de direita. Spooner juntou-se a Marx na "Primeira Internacional dos Trabalhadores". Ele odiava a escravidão, fazia campanha pela abolição, apoiava os sindicatos e clamava, em 1880, pela revolução como "o único remédio para as classes oprimidas da Irlanda, Inglaterra e outras partes do Império Britânico". Spooner era interessante tanto por si mesmo quanto por tentar responder de uma só vez a perguntas elusivas de consentimento – "Por que devo obedecer à lei" – com perguntas prementes de dissidência – "Quando devo desobedecer à lei?".

A anarquia e a dissidência desafiam o poder, mas funcionam de maneira diferente. O anarquista se recusa a aceitar a existência de autoridade com a qual não consentiu. O dissidente aceita a existência de autoridade, mas se opõe moralmente ao que a autoridade faz. Um apela à vontade pessoal, o outro à consciência pública. O anarquista não está preocupado principalmente com o certo ou errado com o qual o poder age, mas com a legitimidade de sua autoridade. O dissidente não está preocupado principalmente com a legitimidade do poder, mas com a justiça ou injustiça do que ele faz. O anarquista diz sobre o Estado e a sociedade: "Eu não sou parte disso e eles não têm poder sobre mim". O dissidente diz: "Eu sou parte disso e não posso ficar de lado".

A postura da dissidência reflexiva, muito parecida com o anarquismo, é uma posição purista e os liberais quando agem de maneira liberal evitam o purismo. A queixa de Aron contra o antiautoritarismo de Alain é igual à crítica de Naumann ao "oposicionismo" de Richter na Alemanha. Tanto Aron quanto Naumann objetaram que a dissidência estava sendo levada ao extremo ou transformada em hábito. Alain, na opinião de Aron, fez um programa de dissidência, assim como Richter, aos olhos de Naumann, olhou para o que Bismarck estava fazendo e fez o contrário. Transformar a dissidência em uma política tornou-se, na opinião deles, difícil de distinguir da insistência anarquista no consentimento prévio. Tornar a dissensão um hábito arriscava fazer da dissidência uma forma de desengajamento que poderia realmente fortalecer o poder indevido. Pois, em vez de enfrentar o poder, a dissidência habitual tornou-se cegamente reativa e deixou o poder controlar a agenda. Por outro lado, poderia ser levantado contra Aron e Naumann que a dissidência precisava ser exercitada para não perder o tom, que os dissidentes deveriam permanecer na prática e que, sem o exercício da dissidência, os ideais liberais de independência pessoal e a autoconfiança eram eles próprios tênues e abstratos.

Para os cidadãos das democracias liberais atuais, é uma sorte viver em sociedades onde a questão mais saliente da obrigação para com o Estado é considerada "por que devo obedecer?" em vez de "tenho a coragem moral de desobedecer?". Quando comumente colocada em tais sociedades, a questão da obrigação política geralmente é feita com a presunção de que o Estado em questão é razoavelmente justo e que sua legitimidade não está seriamente em dúvida. O ponto teórico de perguntar "por que obedecer ao Estado?" é encontrar razões pelas quais você deveria e não questionar se deveria. Como colocado na sala de aula, "por que obedecer ao Estado?" é colocado no espírito do oficial de recrutamento que, para testar a lealdade e a vigilância, perguntou ao camponês: "Por que você deveria se juntar ao exército?" em vez do espírito pragmático do camponês relutante, que respondeu: "Sim, por que eu deveria?".

Para aqueles de forte consciência do século 19 como Thoreau, era um dever desobedecer quando a lei os obrigava a agir imoralmente. Não que a dissidência fosse permissível quando o consentimento estava ausente. Em vez disso, a dissidência era obrigatória quando o Estado estava errado. A autoridade legislativa pode ser totalmente legítima. Pode até ter sido, em algum sentido teórico, consentida. A autoridade legítima ainda poderia impor leis perversas.

> Quando um sexto da população de uma nação que se comprometeu a ser o refúgio da liberdade é de escravos, e um país inteiro é injustamente invadido e conquistado por um exército estrangeiro e submetido à lei militar, eu acho que não é cedo demais para homens honestos se rebelarem e revolucionarem (THOREAU, 1849).

Thoreau escreveu em Desobediência Civil (1849) acerca da guerra americana contra o México. Ele acreditava que o princípio superior exigia que os cidadãos desobedecessem quando a autoridade legítima impunha leis perversas.

Como todos os liberais esperam por uma ordem estável sem recorrer ao poder indevido, eles são obrigados a discutir sobre quando a dissidência é necessária. Um pensamento a ter em mente é se você está pensando como cidadão ou adotando o ponto de vista do governo. Os liberais radicais, que favorecem mais dissidências, tendem a pensar como cidadãos, enquanto os liberais conservadores, que preferem menos dissidências, pensam como os governos. Apesar da frase mágica "governo do povo", governantes e cidadãos nas democracias liberais ocupam papéis diferentes com prioridades diferentes. Os governos governam os cidadãos. Os cidadãos controlam os governos. Eleições regulares são a forma mais visível de controle. A dissidência – seja protesto público, objeção de consciência ou desobediência civil – é igualmente vital. Qualquer que seja a dose de dissidência que os liberais prefiram, quase todos agora concordam que a dissidência merece a proteção da lei. Nem sempre foi assim. O acordo sobre o que agora parece fazer parte do núcleo do liberalismo demorou muito para ser alcançado e foi duramente combatido.

Um notável defensor americano da dissidência foi o liberal Louis Brandeis (1856-1941). Como advogado particular de sucesso, ele ganhou um bom dinheiro enquanto trabalhava no serviço público e apoiava causas progressistas, particularmente a proteção legal de homens e mulheres trabalhadores. Como juiz da Suprema Corte de 1916 a 1939, Brandeis defendeu os direitos de protesto contra a guerra, liberdade de expressão e privacidade contra as reivindicações intrusivas do Estado e da sociedade.

Ele nasceu em Kentucky, filho de liberais judeus que apoiaram a revolução de 1848 na Áustria e fugiram para os Estados Unidos para evitar a repressão e a reação antissemita que se seguiram à sua derrota. Passou os anos escolares em Dresden e, ao voltar, tornou-se o primeiro de sua turma na *Harvard Law School.* Ele era um trabalhador feroz, descrito na aparência como "alto, magro, robusto, levemente curvado". Como "advogado do povo", ele lutou sem ser remunerado por causas de interesse público, mas ganhou cerca de US$ 75.000 por ano – uma renda equivalente a talvez US$ 10 milhões em dinheiro de hoje. Para Brandeis, não havia conflito entre o ganho privado e o dever público. O dinheiro para ele era uma fonte de independência, não prazer ou ostentação. Ele era simples em seus hábitos e austero em suas maneiras. Pessoalmente, muitos acharam Brandeis distante e exigente.

As crenças liberais de Brandeis eram exemplares. Ele era negativo sobre poder, positivo sobre o potencial humano. Qualquer um encarregado de poder arbitrário e descontrolado era obrigado, ele pensava, a abusar dele: "Nem nossa inteligência nem nossos caráteres", escreveu, "podem suportar por muito tempo a tensão do poder irrestrito". Entre as principais tarefas do direito, ele pensou, estava defender aqueles com menos poder contra aqueles com mais, sejam eles agentes de negócios ou governamentais. O objetivo positivo de toda ação pública, ele acreditava, era "fazer homens e mulheres que fossem livres e respeitáveis membros de uma democracia". A realização do potencial humano e o aperfeiçoamento pessoal sem limites eram objetivos primordiais, sobretudo por meio de uma educação "ampla e contínua". As palavras poderiam ter vindo de Humboldt ou Mill.

Brandeis mostrou também uma linha oposta no pensamento liberal. Não só as pessoas devem ser levantadas. Brandeis acreditava fortemente em deixar as pessoas em paz. Em um artigo inicial, *The Right to Privacy* (1890), Brandeis e um colega analisaram várias leis que proibiam intrusões de um tipo ou de outro na vida das pessoas. O que os mantinha juntos, eles argumentavam, era um "direito básico de ser deixados em paz" pelos concidadãos, pela lei e pelo governo. Essa ideia também percorreu a carreira judiciária de Brandeis. Em *Olmstead v. US* (1927), Brandeis escreveu que as escutas telefônicas do governo eram uma intrusão injustificável no "direito mais valorizado pelo homem civilizado": ser deixado em paz. No cenário da lei americana, as decisões de Brandeis e juízes com ideias semelhantes eram um elo de ligação entre as insinuações de Constant sobre a necessidade de privacidade moral e a "permissividade" dos anos de 1960, 1970 e além. Só então o liberalismo reconheceu na lei que questões morais anteriormente policiadas pela sociedade, especialmente questões sexuais, não eram assunto da sociedade, mas dos próprios homens e mulheres.

Em 1916, quando Woodrow Wilson nomeou Brandeis para a Suprema Corte, um ex-presidente e futuro chefe de justiça, William Howard Taft, declarou-o um *muckraker* (jornalista sensacionalista) e socialista, lançando o insulto antissemita de que ele era "sem escrúpulos" e de "infinita astúcia". Brandeis defendeu a regulamentação governamental do seguro dos trabalhadores, expondo as ineficiências e práticas anticompetitivas das seguradoras privadas. Ele também acreditava que, se o trabalho não fosse forte o suficiente para barganhar por si mesmo, a regulamentação estatal de horas e salários era necessária. Ele acreditava na liberdade de contrato, mas não considerava essa liberdade absoluta ou insuperável. Os fatos aqui foram o ponto de partida de Brandeis. Em *Muller v. Oregon* (1908), Brandeis argumentou perante a Suprema Corte por uma lei estadual limitando as horas de trabalho das mulheres sob contestação dos empregadores como uma interferência em suas liberdades contratuais. Brandeis apresentou mais de 100 páginas de evidências indicando que longas horas de trabalho prejudicavam a saúde das mulheres. Seu argumento era, na verdade, que um princípio legal de outra forma convincente – a liberdade de contrato – deveria ser julgado, entre outras coisas, pelas prováveis consequências sociais de aplicá-lo no caso em questão. O Tribunal concordou com ele. Esse tipo de argumento, que ficou conhecido como "o *briefing* de Brandeis", impulsionou a lei americana em uma nova direção mais social e deu-lhe um tom progressista e protetor.

Uma vez na Suprema Corte, em 1916, sua fama estava na "dissidência de Brandeis". Em menos de um ano, a América estava em guerra. Embora o Congresso tenha cortado as piores intrusões dos projetos de espionagem e sedição de Wilson, ele aprovou os dois e os poderes do governo para interferir com a imprensa e limitar a liberdade de expressão foram indevidamente ampliados. Wilson montou um escritório de propaganda, o Comitê de Informação Pública. Vários juízes de primeira instância, incluindo o civil-libertário Learned Hand, rejeitaram as condenações mais absurdas, mas muitos que falaram contra a guerra foram para a cadeia. Quando os casos chegaram à Suprema Corte, Brandeis flanqueou o grande dissidente Oliver Wendell Holmes Jr. (1841-1935) ao defender os apelantes. Especialmente na guerra, acreditava Brandeis, um cidadão adulto e responsável deve discutir abertamente sobre os objetivos da guerra, sua conduta e seus acertos e erros. Ele se opôs a uma lei de Minnesota que proibia a defesa do pacifismo. Ele se opôs ao esforço contínuo de seu patrono, o presidente Wilson, para domar e calar a imprensa. Sempre desconfiado do poder, Brandeis não via razão para que, em tempos de guerra, os patriotas americanos se unissem sem questionar ao seu presidente. Seja para mudar a lei ou para manter o poder da lei existente, Brandeis considerou a dissidência como legal e vital. Como Alain e Baldwin em seus diferentes modos, Brandeis reconheceu que a dissidência estava na força vital do liberalismo.

iv. Stresemann: democracia liberal em perigo

A enormidade do que veio depois torna, ainda hoje, muito difícil pensar na Alemanha em 1918-33 através dos olhos daqueles que viveram na época. Muitos alemães estavam ansiosos ou aflitos. Poucos se sentiam predestinados. Quase todo mundo que pensava nessas coisas temia que a Europa pudesse se voltar contra si mesma novamente. Deixando de lado uma minoria de revanchistas, a maioria dos alemães saudou os pactos internacionais de meados da década de 1920 com alívio e alegria. Quaisquer que fossem suas esperanças ou medos, ninguém sabia que estavam vivendo entre duas guerras ou à beira de um abismo moral. Relembrando sua juventude em Weimar décadas depois, o historiador alemão Golo Mann escreveu: “Em retrospecto, tendemos a pensar que previmos a ‘história’ pelo menos em geral. Na verdade, não previmos nada”. Como ele explicou, “nós crescemos em uma república parlamentar e tomamos sua existência como certa”. Ele admitiu que um olho mais aguçado poderia ter detectado perigos que ele não percebeu, mas sugere que sua visão plácida era a mais típica. Considere quatro testemunhas fictícias, os jovens berlinenses em *People on Sunday*, um filme mudo rodado dentro e ao redor da cidade no verão de 1929.

Os dois homens e duas mulheres estão de férias do trabalho. Se eles estão pensando no futuro, é sobre quem vai acabar com quem. Interpretados por atores não profissionais, os quatro vão para um passeio de domingo a *Nikolassee*, um belo lago com praias arenosas na borda oeste da cidade. Eles brincam, flertam, fazem piquenique, discutem – um quebra, com ciúmes, o disco de gramofone favorito do outro –, assistem a um clube de ginástica e andam de barco. Os 75 minutos inteiros falam de satisfações cotidianas inocentes. Não há presságios, nem pressentimento. Quando Robert Siodmak e Edgar Ulmer gravaram o filme, a república tinha se estabilizado. Os mercados de ações não caíram, os bancos não falharam, nem as barreiras tarifárias cortaram o comércio. O estadista liberal Gustav Stresemann (1878-1929) estava no auge de sua reputação como uma força de compromisso e aparentemente com boa saúde. As coisas na Alemanha ainda podiam ter dado certo. Isso não quer dizer que a mensagem do *People on Sunday* fosse de esperança. Esse não era de modo algum um filme para propagandear uma mensagem. Tinha um tom de voz, uma simpatia silenciosa pelas rotinas cotidianas, decepções e excitações. O filme termina com um intertítulo: "E na segunda-feira, está de volta ao trabalho". A tela não escurece, nenhuma catástrofe iminente. Como no final de um conto de Chekhov, a vida continua.

Embora tenham deixado de lado novamente, ao aceitar a República de Weimar, a maioria dos alemães acolheu a democracia liberal. Alguns aceitaram isso com entusiasmo, alguns de má vontade, outros quase não o fizeram. A constituição de 1919, embora mais tarde criticada e fortemente culpada pelo que veio depois, representou o compromisso fundador da democracia liberal: os liberais alemães reconheceram a democracia e os socialistas alemães aceitaram o liberalismo. A constituição varreu a máquina de classe da representação guilhermina e deu sufrágio universal a todos os homens e mulheres com mais de 20 anos. Ela dividiu os poderes do Estado e proclamou, embora sem entrincheirar totalmente na lei, as liberdades pessoais e civis. Ao aceitar tais princípios liberais, os socialistas estavam concordando, de fato, que as reivindicações em nome da classe trabalhadora da Alemanha – impostos, bem-estar, capitalismo regulador, propriedade pública – teriam que ser defendidas, votadas e exercidas de acordo com as regras da lei. Ao aceitar uma voz plena no governo para maiorias anteriormente excluídas, os liberais aceitaram a democracia moderna.

Falar a esse respeito de um "compromisso fundador" é mais do que metáfora filosófica. No final de 1918, quando o antigo *Reich* se dissolveu no caos, os conselhos de esquerda liberal assumiram o comando nas grandes cidades alemãs. Em dezembro, seus representantes se reuniram em Berlim para decidir a forma da nova república. Era para ser soviética ou parlamentar? Os representantes – uma mistura de protocomunistas, social-democratas e liberais de esquerda – votaram por mais de três a um para estabelecer uma república parlamentar e para eleições nacionais antecipadas para uma assembleia para elaborar uma constituição. As massas alemãs nunca antes tiveram uma chance de decidir que forma de política queriam, nem em 1848 nem em 1871. Dada a escolha em 1918, os representantes em Berlim votaram por uma maioria esmagadora pela democracia liberal em vez do bolchevismo.

O que, em detalhes, os socialistas e os liberais alemães esperavam extrair da democracia liberal não era o mesmo. Os conflitos de interesse profundos permaneceram. Nenhum lado confiava no outro. Muitos liberais apoiaram as leis antissocialistas de Bismarck. Os socialistas buscavam uma expansão do bem-estar social. Os liberais falaram em nome dos seus apoiadores nos negócios, os social-democratas falaram em nome dos sindicatos. Extremistas – comunistas à esquerda e nacionalistas conservadores à direita – incitaram ambos os lados a abandonar o compromisso e buscar a dominação. Um terceiro partido "pró-Weimar", o Centro Católico, ampliou o meio-termo, mas acrescentou a complicação das divisões confessionais da Alemanha. Embora simpatizantes dos socialistas em questões de bem-estar social, os católicos não podiam esquecer o apoio dos primeiros socialistas ao anticlerical *Kulturkampf* do liberalismo. Muitos liberais, cuja força central residia em uma classe média educada que era em grande parte protestante ou judia, achavam o Partido Católico, dependente como era de camponeses e pequenos produtores, socialmente e intelectualmente irritante.

Apesar desses conflitos multifacetados, todos os partidos pró-Weimar concordaram com regras liberais-democráticas para prosseguir a disputa política. Durante a maior parte da década de 1920, uma grande maioria dos alemães queria que fosse assim. Nos seis anos após 1923, quando a república se estabilizou, os social-democratas e o Partido do Centro Católico dominaram as eleições e os governos. As forças anti-Weimar outrora ameaçadoras na extrema esquerda e extrema direita se tornaram mais cansativas do que perigosas. A democracia liberal, ao que parece, estava se enraizando e nenhum político alemão simbolizou sua força crescente mais do que a figura reconfortante de Stresemann. Quando a calamidade econômica se estabeleceu no final da década, para milhões, de repente não havia mais "segunda-feira, de volta ao trabalho".

A correlação de forças mudou rapidamente para pior e a democracia liberal da Alemanha foi novamente posta em dúvida. A essa altura, Stresemann estava morto devido a um derrame aos 51 anos, deixando os historiadores com uma pergunta incômoda do tipo que eles desaprovam, mas acham irresistível perguntar de qualquer maneira: se Stresemann tivesse vivido, ele poderia ter feito a diferença?

Ao saber da morte de Stresemann em 3 de outubro de 1929, o faz-tudo alemão e homem do mundo Harry Kessler, então em Paris, escreveu sobre a reação popular na cidade. Ele disse que era como se o maior estadista francês tivesse morrido. Aristide Briand, o primeiro-ministro liberal de esquerda francês e aliado de Stresemann na reaproximação franco-alemã, murmurou: "Peça um caixão para dois". O choque e o desânimo foram ainda maiores na Alemanha. Estima-se que 200 mil pessoas compareceram ao cortejo fúnebre em Berlim. Para muitos alemães, Stresemann passou a representar a sobrevivência de valores liberais e civilizados em um mundo político que parecia estar em perigo de perdê-los. De acordo com um biógrafo recente, Jonathan Wright, quando visto passeando sem guarda-costas pelas ruas da capital, Stresemann apresentava uma face de autoridade não ameaçadora, até mesmo vulnerável, e que dizia fazer as pessoas se sentirem mais seguras.

Embora depois de sua morte Stresemann fosse elogiado como uma voz liberal de persuasão e conciliação, em vida ele era uma figura notavelmente menos direta. Suas ambiguidades iluminam os conflitos sobre democracia e nacionalismo dentro do liberalismo alemão, assim como iluminam aqueles conflitos dentro do liberalismo em geral. O quão inteiramente Stresemann abandonou o passado imperial alemão e abraçou a democracia liberal de Weimar? O quão genuína foi sua busca pela paz com os vizinhos da Alemanha?

A acusação anti-Stresemann tinha um argumento forte. Os cartunistas gostavam de mostrá-lo em uma corda bamba sobre um abismo ou lutando para equilibrar uma gangorra balançando. As imagens tornaram-se adequadas, mas Stresemann tinha uma distância a percorrer da direita antes de chegar até mesmo a essa precária posição intermediária. Em 1914, ele apoiou a entrada alemã na guerra, pediu anexações alemãs, exigiu uma guerra submarina total e, em 1917, ficou do lado do Alto Comando contra uma paz negociada. Como seu mentor Bassermann, Stresemann acreditava fortemente no império colonial da Alemanha. Como líder dos liberais nacionais de direita após a morte de Bassermann em 1917, Stresemann fez pouco para impedir que o partido votasse contra o armistício, a paz de Versalhes e a constituição republicana. Após a abdicação do *kaiser* em 1918, Stresemann flertou por alguns anos com a fantasia de restaurar a monarquia e, embora sua esposa fosse de origem judaica, ele era capaz de insultos antissemitas quando os considerava políticos.

Os partidos liberais continuaram a competir e Stresemann compartilhou a culpa por seu fracasso em se unir, o que enfraqueceu a solidez das forças pró-Weimar. As negociações para uma junção fracassaram quando liberais de esquerda e de direita cederam às suas fraquezas históricas de falta de disciplina e superabundância de líderes. Os liberais de esquerda se reagruparam como o Partido Democrata Alemão (PDA). O partido atraiu as estrelas intelectuais: não apenas Max Weber, mas também Hugo Preuss, um dos principais redatores da constituição de Weimar; Walter Rathenau, o industrial e ministro das Relações Exteriores, prestes a ser assassinado por bandidos de direita; Friedrich Meinecke, editor do principal jornal histórico da Alemanha; e Georg Bernhard, que dirigia o liberal de esquerda *Vossische Zeitung*. Em uma ponta do PDA estava seu porta-voz mais eloquente, Theodor Wolff, o francófilo, editor internacionalista do *Berliner Tageblatt*. Ele desconfiava de Stresemann e via os socialistas como aliados naturais. Do outro lado do PDA estava o venerável Friedrich Naumann, ainda sonhando com uma grande coalizão que unisse socialistas, liberais e a direita conservadora não extrema. A elite empresarial liberal gravitava em torno de Stresemann, cujos liberais nacionais agora levavam o nome de Partido Popular Alemão (PPA). Também tinha esquerda e direita. Os Jovens Liberais queriam bem-estar social e buscavam aliança com o PDA e os socialistas. A direita, liderada pelo líder do *caucus* do PPA no *Reichstag*, buscou aliados entre os conservadores.

Os céticos da esquerda liberal poderiam resumir o argumento contra o liberalismo de Stresemann alegando que a guerra e Weimar haviam mudado muito pouco nele e que ele não havia aceitado a democracia. Como Bassermann, Stresemann tratou a reforma social e a expansão imperial como formas de conquistar a classe trabalhadora para o *Reich*, da mesma forma que usaram o orgulho nacional para conquistar a classe média conservadora, amenizar a controvérsia religiosa e os temores silenciosos de uma revolta radical.

A fraqueza da visão de que Stresemann não era um democrata liberal é que ela o culpou por seu passado e parou em 1923. A verdade é que os acontecimentos mudaram a perspectiva de Stresemann. Assassinos nacionalistas em 1921 mataram Matthias Erzberger, o político católico que assinou o armistício. Um ano depois, assassinos de direita mataram Rathenau a tiros em seu carro. Depois de 1923, o ano de todas as crises, até Wolff e Stresemann se reconciliaram parcialmente. A extrema esquerda, encorajada pelo *Komintern*, encenou revoltas em várias cidades. Tal violência uniu liberais de esquerda e de direita. A força dos acontecimentos transformou Stresemann e liberais como ele em defensores pragmáticos de uma república democrática em apuros. Sob a chancelaria de Stresemann, de agosto a novembro, a república de alguma forma sobreviveu a um outono em que, após o não pagamento das reparações alemãs, as tropas francesas ocuparam o Ruhr; o governo alemão pediu e subsidiou a resistência passiva, ajudando a causar uma hiperinflação; os comunistas ascenderam na Saxônia e na Turíngia; e fascistas tentaram um golpe em Munique. Preso entre os extremos domesticamente, o meio liberal-democrático tinha poucas alternativas a não ser tentar destrui-los. A não ser outra guerra, conversar com a França e seus aliados era o único caminho visível aberto internacionalmente.

Stresemann nasceu na classe média baixa de Berlim, onde seu pai tinha um bar e um pequeno negócio de entrega de cerveja. Ele era o mais novo de sete. Na escola, ele era melhor em redação do que em matemática e pensava em se tornar um jornalista. Na Universidade de Berlim, em uma pesquisa do cenário político para um jornal estudantil em 1898, Stresemann não encontrou um espaço adequado para um liberal de mentalidade social. Ele era contra a intolerância dos conservadores e antissemitas em relação aos judeus, dos protestantes com os católicos e dos socialistas com os não trabalhadores e não alemães. Ao contrário dos liberais nostálgicos, Stresemann não tinha problemas com grandeza. Em uma tese universitária sobre a indústria de cerveja engarrafada em Berlim, sua resposta às ameaças dos grandes cervejeiros a pequenos entregadores como seu pai foi juntar-se e construir sua própria cervejaria. Stresemann, não sendo inimigo da vida moderna acelerada, observou com aprovação como a *Berlin Weißbier*, uma bebida para saborear, estava abrindo caminho para a cerveja bávara, uma bebida para engolir, assim como o cachimbo de queima lenta estava dando lugar a charutos e cigarros feitos em fábrica. Stresemann também não lamentou que as lojas de departamentos estivessem mudando os pequenos comércios. Na mudança inquieta, havia um equilíbrio de prós e contras. Ele concluiu que a regulamentação não era a resposta às invasões das grandes empresas. Em vez disso, as pequenas empresas devem se organizar e competir. Stresemann seguiu adiante. Primeiro, ele organizou os fabricantes de chocolate saxões em uma liga. Então ele fez o mesmo nacionalmente. Ele fez seu nome politicamente. A aceitação realista de Stresemann de uma economia de escala marcou uma diferença do esperançoso utopismo do localismo e cooperativismo de Schulze-Delitzsch. Ao entrar na política, Stresemann representou um novo tipo de figura, o representante de interesses especiais, o lobista. Isso tornou sua transição para estadista nacional ainda mais difícil.

Os discursos de Stresemann ao *Reichstag* e os relatórios ao seu partido oferecem indicadores de seu crescimento político. Seu discurso no *Reichstag* de novembro de 1923 defendeu seu histórico como chanceler ao impor um estado de emergência, depor o governo saxão e estabilizar a moeda em termos que envolviam desconforto para devedores e credores. Seu lema era: "Não à restauração e não à contrarrevolução, mas evolução e cooperação". Ele disse que dificilmente qualquer país foi tão atormentado pela divisão quanto a Alemanha. A recuperação e a estabilidade poderiam ser alcançadas somente unindo os alemães. Não havia nada para colocar no lugar da república, nem fascismo nem bolchevismo. Houve, no entanto, uma crise do partido, uma falha de coalescência no meio. O discurso revelador de Stresemann contra o nacionalismo autoritário e a revolução social não o salvou. No dia seguinte, a direita nacionalista, os comunistas e os social-democratas apresentaram moções de desconfiança e, quando veio a votação, Stresemann perdeu. "O que o fez derrubar o chanceler será esquecido em seis semanas", teria dito o presidente Ebert a seus colegas socialistas, "mas vocês sentirão as consequências de sua estupidez por dez anos".

No final de 1926, em sua mensagem ao seu partido, Stresemann falava com otimismo cauteloso. Ele, agora ministro das Relações Exteriores, foi capaz de olhar para trás em suas conquistas diplomáticas, embora provisórias: a revisão pacífica de Versalhes e a reconciliação com a França. A Alemanha entrou na Liga das Nações e recuperou a soberania operacional entre elas. Apesar da intimidação da direita, seu partido assumiu a responsabilidade e tomou decisões. Nem tudo estava certo. Ainda havia poucos empregos. No entanto, a economia havia se estabilizado e a "crise psicológica" da república havia passado.

Em 1929, Stresemann fez um balanço mais rígido. Uma aliança franco-alemã parecia mais distante, dada uma curva à direita na França. Os socialistas e seu partido não chegaram a um acordo sobre como pagar o aumento do seguro-desemprego. As economias decorrentes do plano *Young* para reprogramar as reparações alemãs não preencheriam o crescente déficit orçamentário. À direita, o extremismo nacionalista, impulsionado e promovido pelo magnata da imprensa Alfred Hugenberg, tentava novamente se fazer ouvir. A mensagem final de Stresemann ao *caucus* do *Reichstag* de seu partido foi clara: "Devemos trabalhar com a esquerda, porque partes da direita enlouqueceram".

Em 1929, a política de Stresemann oferecia um conjunto de alternativas claras ao veneno da direita nacionalista e aos objetivos obscuros do agora comunismo stalinizado: revisão pacífica de Versalhes apoiada democraticamente pela autoridade parlamentar com apoio popular contra a revogação pelo *diktat* alemão após a supressão das instituições republicanas; igualdade internacional na Europa contra a dominação alemã; comércio e cooperação contra a autarquia nacional; antirracismo e tolerância contra a intolerância antissemita; persuasão e incentivo contra demonização, ameaças e força; compromisso equilibrado; e respeito mútuo contra o maximalismo e a exclusão.

Na época da morte de Stresemann, em 1929, a extrema direita estava de fato enfraquecendo. Um referendo antieuropeu convocado por Hugenberg e seus aliados extremistas contra a aceitação do plano *Young* falhou miseravelmente em dezembro. Por outro lado, as tensões para encontrar um acordo entre liberais de mercado e socialistas sobre orçamentos e assistência social estavam crescendo. O sentimento nacional ofendido foi forte mesmo entre os liberais. Nas eleições parlamentares e regionais, os eleitores liberais assustados estavam se deslocando para a direita. Com todos os seus dons de manobra e persuasão, Stresemann teria achado difícil superar essas divisões, mesmo antes da crise econômica de 1931. Ele provavelmente não poderia ter feito a diferença. O fato de a pergunta ter sido feita mostra o perigo que a democracia liberal alemã corria, pois nenhuma democracia liberal está em bom estado se procura a sua sobrevivência em uma voz forte, por mais liberal que seja.

Embora as forças pró-Weimar não tenham salvado a república, seu fracasso não foi inevitável. Um fator que aumentou as chances contra elas foi uma mudança social que afetou particularmente os partidos liberais. Enquanto os partidos liberais falavam mais diretamente com os autônomos, a Alemanha era agora uma sociedade de empregados de fábricas e escritórios. A audiência natural de um dos três principais defensores de Weimar estava diminuindo. Isso colocou um peso extra de defesa nas outras forças pró-Weimar, os católicos e os social-democratas. Um desconfiava do outro. E ambos foram perseguidos – pelos nacionalistas à direita, pelos comunistas à esquerda.

Outro fator foi econômico e afetou todos os partidos pró-Weimar, assim como afetou os partidos liberais-democráticos em outros lugares. O Estado estava agora materialmente envolvido na vida das pessoas como nunca antes. O Estado veio menos como gendarme, recrutador ou espião, e mais como oficial de impostos, recenseador e assistente social. As pessoas temiam menos o Estado, mas dependiam mais dele. O maior risco para a autoridade do Estado era menos desafeto ou rebelião do que expectativas exageradas e desilusão. O Estado não era apenas onipresente. Agora ele poderia falhar com as pessoas, e quando isso aconteceu, as consequências políticas ameaçaram ser graves. Na crise da década de 1930, os governos falharam com o povo na França, na Grã-Bretanha e nos Estados Unidos, onde políticos e intelectuais também se preocupavam com a possibilidade de suas sociedades não se manterem unidas e sua forma de política não sobreviver. Nesses países, a democracia liberal tinha tido mais tempo e circunstâncias menos onerosas para se incorporar. Na inexperiente Weimar, a crise econômica tornou-se uma crise para a própria república.

v. Keynes, Fisher e Hayek (i): economistas liberais em queda

Na década de 1930, as decepções econômicas do liberalismo eram graves. A confiança nos mercados livres e no governo limitado foi seriamente abalada. Foi preciso muita coragem em 1936 para concordar com Maynard Keynes que o capitalismo, embora dado a "severas flutuações", não era "violentamente instável". Keynes provou estar correto, mas para os crentes no sistema a lacuna entre turbulência e autodestruição parecia ter diminuído de forma alarmante. A crise da década de 1930 estava em uma nova escala. Os eventos estavam destruindo os chavões liberais. As economias não estavam se endireitando quando conturbadas. Os mercados livres não estavam trazendo paz social.

A crença liberal na economia do *laissez-faire*, nunca pura ou sincera, já havia enfraquecido no final do século anterior. Os "novos liberais" dos anos de 1900 moderaram a economia de livre mercado e de governos pequenos com seguros e assistência social de um tipo limitado, embora expansível, de modo a amenizar os efeitos sociais deletérios do mercado. Ao vencer a batalha pelo imposto de renda progressivo, eles quebraram um tabu contra a redistribuição de riqueza do governo. Exceto na Grã-Bretanha, o livre comércio não era mais considerado uma marca semirreligiosa do princípio liberal, mas tratado como uma ferramenta de política entre outras, a ser julgada pelos resultados. Juntos em cooperação em tempo de guerra, empresas e governo descobriram afinidades produtivas de escala e organização que nenhum deles suspeitavam, encorajando a ideia de que ambos poderiam trabalhar juntos também em tempos de paz.

Essas foram mudanças significativas na perspectiva econômica do liberalismo. No entanto, elas ainda não se somavam em uma nova visão coerente. Na década de 1920, grande parte da antiga fé "sem intervenção" voltou. De fato, por um tempo, o curso dos eventos causou um pequeno desafio sério à velha fé. A queda pós-guerra de 1920-21 na Grã-Bretanha e nos Estados Unidos foi breve. As finanças da Alemanha se estabilizaram após a hiperinflação de 1923 com velocidade surpreendente. A França na década de 1920 prosperou amplamente. Internacionalmente, um padrão-ouro revisado apareceu para restaurar a ordem pré-guerra.

A crise da década de 1930 quebrou o feitiço. O liberalismo não havia enfrentado nada parecido antes. Não só a amplitude e a profundidade da recessão econômica foram sem precedentes. O liberalismo, em seus infortúnios, agora enfrentava sérios concorrentes políticos. Entre 1929-32, a produção americana em termos monetários encolheu 40%. O desemprego em 1932 era de 15% na Grã-Bretanha, 17% na Alemanha e 22% nos Estados Unidos. Enquanto os parlamentos liberais lutavam sem respostas, o bolchevismo e o fascismo pareciam alternativas atraentes. Mesmo antes da queda, democracias recém-nascidas ou incipientes na Rússia (1917), Itália (1922), Polônia (1926) e Lituânia (1926) desmoronaram em um partido único ou liderança política autoritária, ou como a Grécia, oscilaram entre democracia e ditadura.

Uma defesa convincente da ordem vigente necessitava, portanto, de uma parte econômica e outra política. A primeira tinha que mostrar que ainda se podia contar com o capitalismo para cumprir suas promessas: que um retorno à prosperidade crescente e compartilhada continuaria a sustentar a democracia liberal. A defesa política tinha que mostrar que a ordem social e a estabilidade que os liberais almejavam ainda eram possíveis em termos liberais. Tinha que mostrar que os benefícios da prosperidade e da paz social podiam ser conquistados sem concessões ao poder dominador e à tirania dos últimos dias. A implicação política e a defesa da democracia liberal ocupam grande parte da próxima parte deste livro após 1945, com um prelúdio antitotalitário nos últimos capítulos desta parte. A defesa econômica, tema do presente capítulo, preocupou uma nova profissão na qual se destacaram as vozes de Irving Fisher, Maynard Keynes e Friedrich Hayek.

Cada um tinha seu próprio diagnóstico e cura para a crise econômica. Keynes tratou a queda como uma crise de subutilização. O colapso da produção e o aumento do desemprego eram, aos seus olhos, um fracasso da "demanda efetiva" ou do poder de compra, particularmente os gastos com investimentos. A única resposta imediata foi a intervenção do Estado para reativar a bomba e compensar o déficit de gastos. Fisher acreditava que a causa e a cura da depressão eram principalmente monetárias. As más decisões dos bancos centrais transformaram a desaceleração dos negócios em uma queda. As pessoas que haviam tomado empréstimos baratos para especular durante o *boom* pré-1929 estavam falindo e entrando em inadimplência, pois a queda dos preços agora aumentava suas dívidas em termos reais. Fisher pensou que a resposta era uma reflação monetária para aumentar os preços novamente e reverter uma espiral descendente potencialmente catastrófica. Hayek concordou com Fisher que a causa da depressão estava em distúrbios monetários, mas não acreditava que a ação do governo pudesse ajudar. Pelo contrário, como o dinheiro artificialmente barato havia levado ao "superinvestimento" em primeiro lugar, a reflação monetária, na visão de Havek, só pioraria as coisas. O mesmo se aplicava a ele quanto aos gastos do governo em obras públicas. Tanto a prescrição de Keynes quanto a de Fisher, na visão de Hayek, acumulavam problemas inflacionários pela frente. A melhor resposta era esperar que os mercados se corrigissem, principalmente permitindo que os salários caíssem.

Os governos, vale lembrar, estavam improvisando em novas circunstâncias sem ideias claras ou respostas prontas, exceto para fazer o que haviam feito antes. A noção de "gerenciar" ou "resgatar" economias em tempos de paz era nova na década de 1930. Políticos, funcionários do Tesouro e banqueiros centrais se viram com responsabilidades que nem eles nem os eleitores esperavam. Eles recorreram a economistas em busca de conselhos, mas os conselhos dados eram conflitantes ou simplesmente novos demais para serem entendidos. Em *Booms and Depressions* (1932), Fisher listou 15 teorias distintas do ciclo de negócios. Confrontados com conhecimentos tão conflitantes, é compreensível por que alguns formuladores de políticas confiaram no precedente e outros, como Franklin Roosevelt, na improvisação.

Na década de 1930, a influência de Keynes, Fisher e Hayek foi indireta. Keynes lecionou, publicou, transmitiu e deu provas a comitês, mas não moldou estritamente as políticas, exceto talvez na Suécia, precursora do compromisso econômico entre liberalismo e democracia e pioneira do Estado de bem-estar social do século 20. Apenas Fisher, ao enfatizar o perigo da queda dos preços, deu aos formuladores de políticas uma justificativa geral para a escolha entre uma série de opções discordantes, mas, principalmente nos Estados Unidos, suas soluções mais específicas foram amplamente ignoradas. A influência dos três economistas tornou-se um fator na formulação de políticas mais tarde, e depois em uma escala que jogou uma luz exagerada sobre seu impacto na década de 1930. As ideias de Keynes para a estabilização econômica pelo governo triunfaram nas décadas após 1945 e o anti-intervencionismo de Hayek prevaleceu na década de 1980. A visão de Fisher sobre os riscos depressivos dos *booms* financeiros moldou as ações contradeflacionárias de criação de dinheiro do *Federal Reserve* após o *mini-bust pontocom* de 2000 e o colapso financeiro de 2008.

Keynes, Fisher e Hayek são frequentemente tratados como concorrentes. Seus defensores em disputas posteriores emparelharam cada um deles contra os outros. Quando tomadas em conjunto, as disputas formavam um círculo confuso: Hayek e sua tese de que não se deve fazer nada contra o intervencionista Keynes; o interventor fiscal Keynes contra o interventor monetário Fisher; interventor monetário Fisher contra

Hayek e sua tese de que não se deve fazer nada. Houve diferenças genuínas de foco explicativo e sérios desacordos sobre a política. Em um nível mais profundo, todos eles estavam fazendo a mesma coisa: procurando maneiras de limitar as instabilidades disruptivas do capitalismo sem ferir os princípios liberais, uma amplitude de propósito compartilhado que vale a pena ter em mente.

Eles cresceram em um clima de ideias econômicas do final do século 19 que eram amplamente essas. Dentro das nações, a prosperidade era melhor garantida quando o governo central era eficaz, mas pequeno, os mercados eram abertos e competitivos e os patrões e trabalhadores estavam livres de interferência legal para concordar com salários e termos. Entre as nações, os economistas liberais pensavam que o comércio e o investimento deveriam fluir livremente através das fronteiras e as pessoas em todos os lugares olhavam para o padrão-ouro para fornecer dinheiro estável e auxiliar. Para a compreensão dos fundamentos do intercâmbio econômico, Walras e Marshall ofereceram uma linguagem matemática afiada para lançar a idealização explicativa de mercados competitivos "compensando" em equilíbrio quando oferta e demanda se equilibram. No entanto, o domínio da profissão sobre toda uma economia era nebuloso. As estatísticas econômicas nacionais eram rudimentares. A palavra "macroeconomia" não era conhecida e a gestão da demanda era desconhecida. A noção de especialistas e ministérios diagnosticando e dirigindo uma economia em tempos de paz impressionou qualquer um que conhecesse o mundo real da tributação, do comércio ou do sistema bancário – sem falar da condição inepta, fraca e, nos Estados Unidos, corrupta do governo – como apta para teorização utópica, não econômica.

Aquele mundo mental em que Keynes, Fisher e Hayek cresceram foi abalado em 1914-18 e mudou para sempre na década de 1930. Goste ou não, os governos se viram economicamente responsáveis durante o tempo de paz de maneiras que não esperavam e para as quais não estavam adequadamente preparados. Embora dificilmente no controle, os governos agora eram responsabilizados. Eles se voltaram para os economistas em busca de conselhos e descobriram que os economistas tinham pouca coisa pronta ou relevante a oferecer. Em certo sentido, os economistas estavam tendo que reinventar seu tema. Eles tinham que reconhecer o problema em suas equações em particular, pois uma coisa que não havia revertido à tradição do *laissez-faire* com o fim da guerra era o tamanho e o peso do governo. Particularmente na Europa, os gastos do governo estavam agora muito além dos 10% da produção do que o defensor do livre mercado francês Leroy-Beaulieu havia considerado um limite "natural" na virada do século. O gasto médio do governo como parcela da economia na França, Grã-Bretanha e Alemanha aumentou de 15%, em 1913, para 26%, em 1920. Era apenas 12% nos Estados Unidos, mas isso era quase o dobro do valor pré-guerra. Com alguma urgência, os economistas foram chamados a dizer aos governos o que fazer com esse peso econômico e como atender ao clamor das empresas e das pessoas: "Façam alguma coisa!".

Keynes e Fisher representavam uma linha distinta de reinvenção econômica. Keynes enfatizou as tarefas fiscais do governo de tributar e gastar. Fisher enfatizou as tarefas monetárias do governo de aumentar os preços em uma crise e depois manter os preços estáveis. Hayek, posicionando-se como o guardião de uma fé idealizada do século 19, insistiu que o curso governamental mais antigo e limitado estava certo: nenhuma reinvenção era necessária, pois nenhuma era possível. A ideia de governos entenderem ou diagnosticarem economias inteiras era, para Hayek, uma ilusão presunçosa e cheia de riscos.

Esses debates da década de 1930 permanecem frescos porque envolveram diferentes entendimentos do compromisso econômico do liberalismo com a democracia. Aqueles na escola de livre mercado e de "não fazer nada" estavam pedindo ao trabalho para assumir o ônus do ajuste a um problema de superinvestimento, como eles o viam, pelo qual o ajuste monetário do governo era o principal responsável e o capital em grande parte inocente. Keynes convocou o governo, o que significava os contribuintes de uma só vez, para assumir o ônus do ajuste a um problema de subconsumo causado igualmente pela relutância dos trabalhadores em aceitar salários mais baixos e pela perda cíclica de coragem do capital. Em termos de ônus de ajuste, Fisher estava mais próximo do "todos pagam" de Keynes do que do "trabalho paga" de Havek. As autoridades monetárias, acreditava Fisher, deveriam reverter a queda dos preços e gerenciar a inflação para resgatar os devedores. Os credores perderiam à medida que o valor real de seus ativos fosse corroído, mas perderiam ainda mais, raciocinou Fisher, se os devedores não os pagassem. Keynes, Hayek e Fisher estavam todos tentando salvar o capitalismo. Eles não estavam recomendando que todos fossem solicitados a pagar um preço equivalente pela recuperação.

Após sua morte, Maynard Keynes foi transformado em ídolo, bode expiatório, flautista, homem confiante, salvador e sábio. Na vida, ele não era nenhuma dessas coisas. Sua família exemplificou a alta mentalidade vitoriana, trabalho duro e mobilidade ascendente. Seu *background* era um inconformismo de "capela e comércio" desta fé mundana, do autoaperfeiçoamento através da educação e da desconfiança de estabelecimentos, sociais ou intelectuais. Um avô era um horticultor em Salisbury, uma avó ensinava na escola. A mudança da família Keynes para Cambridge representou o surgimento de uma nova elite, a classe média instruída da Grã-Bretanha, diversificada e ainda pequena, mas de crescente confiança e senso de autoridade. O filho deles, Maynard, tinha os dois ao máximo.

Sustentando sua segurança e autoafirmação estavam o cérebro, o charme, o foco e a energia, além de um temperamento devastador. Aluno em Eton, ele era estudioso e atlético, o primeiro sinal do que se tornou quase uma campanha pessoal para refutar a lei dos excluídos da vida: práticos *ou* teóricos, comerciais *ou* estéticos, gays *ou* heterossexuais, esquerda *ou* direita. Depois de Cambridge, onde Keynes brilhou, ele combinou muitas vezes simultaneamente o trabalho de funcionário público de Whitehall, professor de Cambridge, investidor financeiro, conselheiro do governo e negociador monetário internacional, ao mesmo tempo em que editava o *Economic Journal* e buscava interesses artístico-literários em um amplo círculo de intelectuais e amigos, particularmente os membros do grupo pacifista e anti-imperial de Bloomsbury.

As teorias econômicas de Keynes surgiram de uma perspectiva mais ampla. Ele era desencantado, de bom senso e cético em relação aos princípios racionais universais, mas não sem princípios no sentido comum. Sua própria ética centrava-se em prazeres civilizados, estreitas relações pessoais, independência financeira e serviço público. Ele enfatizou a incerteza dos assuntos humanos e, em alguns momentos, a intratabilidade do próprio raciocínio econômico. Em uma tentativa de encapsulamento em 1937, ele sugeriu que a mensagem principal de seu trabalho era enfatizar nossa inevitável ignorância sobre as taxas de juros e lucratividade futuras. Apesar da deturpação hostil de uma intenção radical frívola de minar a individualidade e destruir o empreendimento, Keynes estava ansiosamente preocupado em salvar o capitalismo e preservar os padrões humanos. Ele insistiu que essas eram tarefas distintas. A prosperidade, distribuída equitativamente, era uma pré-condição para o aperfeiçoamento humano, mas não deveria ser confundida com o próprio aperfeiçoamento. Como Mill e, de fato, os pensadores mais sérios da tradição liberal, Keynes achava que havia mais em uma boa vida do que abundância material. Melancolicamente, ele ansiava por uma época em que a economia seria menos importante em assuntos públicos do que ele e sua geração estavam ajudando a fazer.

Politicamente, Keynes enfatizou cautela e conveniência. Ele se via como um liberal tanto no sentido amplo de combinar reforma progressiva com respeito pelas pessoas quanto no sentido político-partidário britânico. Na década de 1920, ele foi um dos principais homens de ideias que Lloyd George trouxe de volta ao Partido Liberal. Na época, o partido perdia definitivamente sua posição eleitoral, mas ganhava a batalha intelectual por um meio-termo. Usando a palavra de Mill, Keynes tratou os conservadores como o partido "estúpido": hereditário, defensivo e intolerante. Eles não lhe ofereceram "nem comida, nem bebida" e ele achou terrível a ideia de 20 anos de governo sob eles. Em uma palestra de 1925, "*Eu sou Liberal?*", reimpressa em *Essays in Persuasion* (1931), Keynes disse que a cidade e os conservadores eram "incapazes de distinguir novas medidas para proteger o capitalismo do que eles chamam de bolchevismo". Os Trabalhistas, em contraste, eram o partido "bobo". Ele simpatizava sinceramente com a paixão do Partido Trabalhista pela justiça social, seu senso de serviço público e sua resistência em fazer do lucro o objetivo final da sociedade. Ele não gostava, por outro lado, de seus ressentimentos antielitistas, que ele acreditava obstruírem o progresso ao encorajarem uma reação hostil. Keynes queria subir de nível, não descer. Embora o Partido Trabalhista tivesse uma ala sensata com a qual os liberais pudessem trabalhar, era "flanqueado pelo partido dos catastrofistas", os "jacobinos, bolcheviques ou comunistas", que acreditavam que o sistema capitalista era violentamente instável e substituível por algo bem diferente, que não conseguiam descrever. Ele duvidava que o sensato "elemento intelectual" do Partido Trabalhista algum dia exerceria o controle adequado e acreditava que seu caminho continuaria a ser decidido por aqueles que "não sabem *nada* do que estão falando".

Ele pensava que entre os conservadores e trabalhistas havia espaço para um Partido Liberal "desinteressado entre as classes". Suas políticas internacionais devem ser "pacifistas ao máximo", com um compromisso cauteloso com a arbitragem e o desarmamento. Deve ter como objetivo "controlar e dirigir as forças econômicas no interesse da justiça social e da estabilidade social", mas também descentralizar o governo, bem como acabar com as leis "medievais" sobre divórcio, contracepção e "anormalidades" sexuais. Ao procurar rótulos, alguns tomaram Keynes como um "novo liberal", comprometido com a justiça social e a democracia econômica, outros como um elitista tecnocrático e de governo. Ele era realmente um *Whig* moderno, um liberal de mentalidade moderna preocupado com o equilíbrio social e ávido para que a lei e o governo fiquem fora da vida pessoal das pessoas. Em outro ensaio, *The End of Laissez-Faire* (1926), Keynes resumiu sua atitude em relação ao papel adequado do governo na economia. Sua "não agenda" – na qual o governo não deveria interferir ou tentar melhorar – era o que as próprias pessoas já estavam fazendo. Sua "agenda" – o que o governo deveria fazer – era o que ninguém faria a menos que o governo o fizesse. Não eram atitudes de uma mente dogmática ou frívola, mas máximas práticas de um homem experiente do mundo.

Como jovem funcionário econômico do Tesouro desde 1915, Keynes aconselhou o governo britânico a pagar pela guerra. A extensão prática de seu pacifismo de Bloomsbury era ficar do lado dos liberais do governo contra o recrutamento que foi imposto sobre suas objeções em 1916, à medida que as baixas aumentavam e o recrutamento voluntário caía. No entanto, Keynes encontrou seus limites nas negociações de paz de Paris, onde as exigências francesas e britânicas feitas à Alemanha o chocaram. As reparações que eles estavam pedindo não eram pagáveis, ele acreditava, e junto com outros termos punitivos estavam destinadas a provocar a vingança alemã. Keynes renunciou em protesto e colocou suas acusações em *As Consequências Econômicas da Paz* (1920).

O livro foi um *best-seller* e Keynes fez seu nome. Suas afirmações centrais sobre os erros evitáveis da paz do pós-guerra tornaram-se para muitas pessoas sabedoria convencional. Expôs, ao que parecia, a loucura e a fraqueza dos políticos eleitos, ajudando de uma forma pela qual Keynes não pretendia totalmente minar a confiança no governo liberal. O livro combinava uma compreensão das finanças internacionais, um dom perverso para observar grandes homens de perto e a convicção de que os pacificadores estavam preparando o terreno para outra guerra.

Olhando para trás, após a ascensão de Hitler ao poder na Alemanha em 1933, as afirmações de Keynes realmente pareciam proféticas. Os historiadores mais distantes enfatizaram o oceano de contingências europeias em 1919-33, tornando difícil traçar um curso direto entre Versalhes e Hitler. Eles minaram principalmente a principal reivindicação financeira de Keynes de que a Alemanha não poderia pagar as reparações exigidas pelo tratado, uma soma muito maior do que as reparações renegociadas que a Alemanha realmente pagou.

A fama de Keynes poderia ter ficado ali sem a queda da década de 1930. A crise econômica o levou a reunir, em um livro radical, seus pensamentos de duas décadas sobre dinheiro, empregos e política. Como a *Riqueza das Nações* de Adam Smith, a *Teoria Geral do Emprego, do Juro e da Moeda* (1936) de Keynes foi escrita para combater uma tradição, mudar mentalidades e traçar um novo curso de política. Como Smith, Keynes não escondeu as dimensões morais e políticas de seu pensamento econômico. Isso se mostrou em um par de ideias que preocupavam Keynes desde a mini queda de 1920-21. Uma era que o desemprego era um dano moral primordial, e muito difícil, e decisões imediatas eram necessárias para evitar seus riscos. "É pior em um mundo empobrecido", escreveu ele em *A Tract on Monetary Reform* (1923), "provocar desemprego do que decepcionar o rentista". Uma segunda preocupação, expressa no mesmo livro, era a pura inutilidade da doutrina convencional em orientar os formuladores de políticas. "Em estações tempestuosas", escreveu ele, tudo o que a economia clássica poderia nos dizer era que "quando a tempestade passa, o oceano fica plano novamente".

Na visão de Keynes, a escola de livre mercado e "não fazer nada" estava pedindo aos trabalhadores que assumissem o ônus do ajuste aceitando uma queda em seu poder de compra, seja por meio de empregos perdidos ou salários mais baixos. O desemprego, nessa visão, era voluntário: qualquer um poderia encontrar trabalho se estivesse disposto a receber um corte no salário real. O mercado de trabalho, como os mercados de qualquer coisa, seria compensado pelo preço correto – no nível dos salários ajustados pelo preço, ou seja, onde a oferta e a demanda de trabalho se igualassem. Keynes achou essa resposta "clássica" inaceitável. A resposta de "não fazer nada", no entanto, veio de uma história coerente e amplamente aceita de como as economias funcionavam. Keynes, portanto, teve que encontrar seu caminho para dentro e para fora de uma densa construção técnica.

O argumento de Keynes em *A Teoria Geral* funcionou por exclusão. Os clássicos estavam errados ao dizer que a resposta estava em salários mais baixos, pois os salários em dinheiro eram "aderentes". Não só os trabalhadores resistiriam aos cortes salariais. Mesmo que os salários monetários caíssem, a queda não terminaria, pois a queda dos salários monetários significaria menos gastos e lucros menores para as empresas. Aqui Keynes introduziu o segundo participante em seu drama: o investimento empresarial. As quedas se originaram em um colapso da confiança empresarial e uma queda concomitante nos gastos com ativos de capital. As empresas investiram como regra quando o retorno provável era maior do que o custo do empréstimo. Em uma queda, as empresas aceitaram taxas de juros ainda mais baixas como um sinal de queda de preços e lucros em colapso, não como um convite para assumir dívidas baratas. Nos bons tempos, o dinheiro que sobrava do consumo – em outras palavras, poupança – era canalizado para investimentos de capital. Em condições sombrias de recessão, as economias eram acumuladas em uma "armadilha de liquidez". Com os salários estagnados, as empresas com medo de investir e as poupanças ociosas como dinheiro, os gastos do governo eram a única variável ativa que restava.

Cada um desses passos contrariava o que Keynes apresentava como sabedoria tradicional. A cadeia inteira, de fato, funcionava ao contrário do pensamento "clássico". A cadeia de Keynes começava a partir de uma evaporação de "espíritos animais" que impulsionavam o investimento e o consequente colapso dos gastos de capital, que resultavam em uma queda na produção e perda de empregos. A cadeia "clássica" de seus oponentes, como ele a descreveu, ia de superinvestimento e superemprego a uma correção repentina com produção em declínio e, então, a uma queda nos gastos e nos preços. Nesse quadro mais antigo, o valor da produção oferecida para venda era igual ao valor dos bens que as pessoas comprariam, qualquer que fosse a quantidade de emprego. Mudanças nos gastos ou "demanda" eram efeitos, não causas. Menos gastos vinham porque havia menos trabalho e havia menos trabalho quando os salários subiam de acordo com os custos das empresas. Em tais condições, a lucratividade caiu e os empréstimos comerciais para investimento diminuíram. Entretanto, a máquina se corrigiria se os custos do negócio caíssem: isto é, se os mercados de trabalho e dinheiro pudessem funcionar livre e suavemente. À medida que menos fossem contratados, os salários cairiam e, à medida que a demanda por empréstimos caísse, as taxas de juros também cairiam. Uma vez que os custos principais do negócio tivessem caído, a contratação poderia recomeçar. A produção aumentaria. É verdade que essa autocorreção levava tempo. A máquina, no entanto, não poderia se acomodar em "inatividade" onde os recursos, sobretudo a mão de obra, não fossem utilizados. O chamado desemprego involuntário não era mais possível do que o "subconsumo".

Keynes rejeitou toda essa parte de oferta. De forma mordaz, ele escreveu sobre a doutrina de que "a demanda não pode deixar de atender à oferta" de que havia "conquistado a Inglaterra tão completamente quanto a Inquisição espanhola conquistou a Espanha". À velha lei econômica de que "a oferta cria sua própria demanda", Keynes ofereceu uma nova: "A despesa cria sua própria renda". Logo atrás do alvo econômico de Keynes estava uma doutrina ética à qual todo o seu ataque foi dirigido. Ele estava questionando as virtudes cardeais do liberalismo econômico como então entendido, moeda forte e poupança. Ele acreditava que, seguidas nas circunstâncias erradas, tais virtudes se tornaram vícios. Ele acreditava que arriscar dinheiro, não o salvar, impulsionava o capitalismo. "Se a empresa está adormecida, a riqueza decai, qualquer que seja a poupança", escreveu ele no *A Treatise on Money* (1930), pois "o motor que impulsiona a empresa não é a poupança, mas o lucro". Os críticos de Keynes reclamaram, com alguma razão, que seu adversário clássico era, até certo ponto, sua invenção, criada para fins dialéticos. O economista Arthur Pigou, por exemplo, era mais clássico em sua mecânica do que Keynes, mas concordava com a necessidade de ação do governo. Uma crítica mais profunda foi ao tratamento dos salários por Keynes.

Seu argumento em *Teoria Geral* dependia da "aderência" dos salários, na suposição, em outras palavras, de que mesmo em uma crise, os salários não caem. Essa suposição pode ser ouvida de diferentes maneiras. Keynes estava dizendo que os salários não caem ou que não deveriam cair? De qualquer forma, abriu-se uma linha de crítica à qual Keynes e seus seguidores keynesianos permaneceram vulneráveis. A primeira era política: Keynes era muito gentil com o poder monopolista dos sindicatos. Ele simplesmente considerou que os sindicatos resistiriam a cortes nos salários em uma crise e que resistir aos sindicatos não era politicamente prático nem humanamente aceitável. Uma subvariante dessa queixa era que Keynes era paternalista ao atribuir às pessoas, especialmente aos trabalhadores e trabalhadoras, uma "ilusão do dinheiro". Ele estava sugerindo que eles não conseguiam *entender* que se os preços caíssem, digamos, 10% e os salários caíssem 5%, seu padrão de vida aumentaria? A segunda acusação foi econômica: Keynes minimizou os riscos da inflação. Na época, ele teve uma resposta reveladora a ambas as queixas. Em primeiro lugar, em uma queda de preços, a confiança empresarial evapora, independentemente do que esteja acontecendo com os salários monetários, o desemprego aumenta, piorando o ciclo. Em segundo lugar, na década de 1930, o desemprego em massa, não a inflação ou o poder sindical, era a urgência do momento. Ambas as respostas keynesianas tornaram-se menos reveladoras quando as condições mudaram. Na década de 1970, os termos do argumento haviam mudado. O poder sindical era uma questão política e a inflação, não o desemprego, era considerada o maior perigo econômico.

Logo após o aparecimento da *Teoria Geral*, John Hicks, em 1937, comprimiu o argumento de Keynes em um modelo mais claro, tornando os casos "clássico" e keynesiano especiais, não gerais. Isto é, ambos fizeram suposições particulares sobre taxas de juros e investimentos que podem nem sempre se sustentar. Os clássicos enfatizavam as condições em que, ao aumentar as taxas de juros, o investimento do governo excluía o tipo privado e não aumentava a produção. Keynes enfatizou as condições em que o investimento do governo aumentou a produção sem aumentar as taxas de juros. Na década de 1930, quando lidaram com o baixo índice de emprego, Hicks julgou a suposição de Keynes mais relevante para a política.

Ao enfatizar a incerteza das taxas de juros futuras e dos níveis de lucratividade, o ponto de vista de Keynes foi em parte filosófico, em parte histórico. Probabilidades confiáveis, que ele considerava uma conexão lógica entre evidência e previsão, eram racionais e calculáveis em teoria, mas evasivas na prática. Por mais desejável que fosse, o risco mensurado era muitas vezes inalcançável, deixando-nos lidar apenas com a incerteza. O ponto histórico era retrospectivo, embora não nostálgico. Keynes pressentiu que, no século 19, os investidores haviam demonstrado uma confiança mais firme no futuro. Ele dizia que, goste ou não, aquela confiança invejável se foi e os nervos capitalistas estavam agora notavelmente mais fracos. Ele não estava dizendo que eles não poderiam se recuperar, o que de fato aconteceu depois de 1945 em uma das ascensões cíclicas do capitalismo.

Embora os argumentos econômicos técnicos sobre o keynesianismo nunca tenham parado, o keynesianismo imprimiu seu caráter à política liberal moderna de maneiras mais amplas. Sua ênfase nos gastos do consumidor como motor das economias pode ser tratada como o aspecto econômico do compromisso do liberalismo com a democracia. O liberalismo havia concedido que todos deveriam ter voz no poder político. O keynesianismo exigia o reconhecimento explícito de uma extensão correspondente do poder econômico. Falando sem rodeios, salários altos eram o equivalente keynesiano ao sufrágio universal. A mensagem keynesiana estava próxima do que os empresários prospectivos já haviam vislumbrado: salários altos eram bons para os negócios, pois significavam mais gastadores e mais gastadores significavam maiores lucros. O liberalismo chegou a um acordo com a democracia dos eleitores. Keynes estava insistindo para que se aceitasse a democracia do consumidor, que, uma vez que trabalhadores e consumidores eram realmente a mesma coisa, significava democracia operária. Isso era distinto. Liberais como Schumpeter fizeram do risco empresarial o espírito do capitalismo. Keynes acrescentou o zelo material do trabalhador-comprador, sem o qual o empresário não teria lucros pelos quais lutar. Homens de negócios americanos, como Henry Ford, tinham entendido a questão. Eles ofereciam altos salários e trabalho estável em troca de tomar o controle da fábrica dos sindicatos e entregá-lo diretamente à administração.

Em segundo, a vida e a obra de Keynes exemplificaram uma nova mudança na compreensão liberal das tarefas do governo. Foi muito além da visão dos "novos liberais" do governo como regulador, reserva e válvula de segurança. Seu biógrafo magistral, Robert Skidelsky, expressou bem a questão em *John Maynard Keynes: Hopes Betrayed* (1983), tomando como ponto de virada a Conferência de Paz de Paris de 1919. A responsabilidade dos políticos perante os eleitores pela condição da economia foi confessada abertamente pela primeira vez. "A ideia", escreveu Skidelsky, "de que a criação de opulência era a principal tarefa dos governantes nasceu em 1919, embora tenha amadurecido somente após a Segunda Guerra Mundial". O "desempenho" econômico tornou-se um padrão mínimo pelo qual os liberais mediram o progresso social. O governo foi feito o guardião desse padrão e foi responsabilizado quando o desempenho falhou – para alguns liberais porque ele interferiu muito pouco, para outros porque interferiu demais. Com base na autoridade do próprio padrão, ambos os tipos de liberais concordaram.

Os primeiros sinais do keynesianismo oficial na Grã-Bretanha vieram no "*Livro Branco sobre a política de Emprego*" (1944), que comprometeu o governo a manter o emprego "alto e estável". Nos Estados Unidos, o Congresso, em 1946, comprometeu a administração legal a buscar o pleno emprego, definido como desemprego adulto de não mais de 4%. Os Planos franceses da década de 1960 e a Lei de Estabilização Alemã de 1967 foram elaborados com objetivos keynesianos semelhantes. Foi um compromisso simultâneo com altos salários. Perseguir ambos os objetivos – pleno emprego e altos salários – levou com o tempo a uma inflação insustentável, como previram os primeiros críticos de Keynes. Esses conflitos de política e técnica não devem obscurecer o maior e incontestável legado keynesiano da década de 1930: esquerda ou direita, monetarista ou fiscalista, gastadores ou cortadores de orçamento, reguladores ou desreguladores, os governos das democracias liberais eram agora responsabilizados pela performance econômica de uma nação. Os eleitores continuaram a responsabilizar os governos nacionais pelo desempenho econômico mesmo depois que a globalização, a partir da década de 1970, começou a minar a capacidade dos governos de determinar o curso das economias nacionais. No final do século 20, esse descompasso entre capacidade econômica e responsabilidade política colocou uma pressão crescente sobre um compromisso liberal-democrático de boa aparência.

Durante a Grande Depressão nos Estados Unidos, a primeira influência na política foi Fisher, não Keynes. Franklin Roosevelt, um improvisador instintivo, ganhou a presidência em 1932 com a promessa de apertar o orçamento, não como ele é frequentemente lembrado como um gastador de déficit keynesiano.

Os "planejadores" de esquerda do governo Roosevelt logo perderam o argumento para moderados pragmáticos prontos para tentar qualquer coisa que pudesse trazer de volta o capitalismo liberal. Se os moderados tiveram alguma ideia orientadora, foi o pensamento de Fisher de que a prioridade era impedir que os preços caíssem. Esse objetivo estratégico sustenta as principais linhas de ação do *New Deal*: apoio aos preços agrícolas, proteção sindical (para apoiar salários mais altos), menor rigidez da quebra de confiança (para permitir fixação de preço através do cartel) e abandono do padrão-ouro (dólar mais barato fez bens mais caros). Todos esses, como veremos, foram extensões de resgates experimentais tentados pelo desprezado predecessor de Roosevelt, Herbert Hoover. As obras públicas e a previdência social do *New Deal* podem ser mais bem lembradas. Como cura para a depressão econômica, elas eram uma parte menor da história.

A visão ampla de Fisher era que o superinvestimento e a compra especulativa de ativos não precisavam ser ruins por si sós, mas se tornavam um risco calamitoso quando financiados por dinheiro emprestado. Sua história de quedas começou com a inovação schumpeteriana, que impulsionou um *boom*. Quando o *boom* acabou, a recessão subsequente poderia se transformar em depressão quando as pessoas tomassem empréstimos para comprar ativos financeiros na expectativa de ganhos contínuos. Em uma "dívida-deflação", argumentou Fisher, as pessoas correram para cortar dívidas e liquidar, ou seja, manter suas economias em dinheiro. As rendas e as garantias encolheram e, à medida que os preços caíram, o peso real da dívida aumentou, o que levou as pessoas a reduzir ainda mais, empurrando os preços e a produção ainda mais para baixo.

Fisher culpou a depressão pós-1929 por uma contração inoportuna da oferta monetária. No final de 1928, Benjamin Strong, chefe do *Federal Reserve* de Nova York, que Fisher conhecia e admirava, morreu inesperadamente aos 55 anos. Sua orientação fez falta, pois o banco central posteriormente errou ao manter as taxas de juros muito altas enquanto os negócios e os preços caíam, elevando as dívidas reais. Em 1933, em "*The Debt-Deflation Theory of Great Depressions*", Fisher descreveu o ciclo depressivo de "venda de emergência, preços de ativos em queda, taxas de juros reais crescentes, mais vendas de emergência, velocidade de queda, patrimônio líquido em declínio, falências crescentes, corridas bancárias, redução do crédito, bancos se desfazendo de ativos, crescente desconfiança e entesouramento".

A fama anterior de Fisher como economista monetário baseava-se em sua formulação de uma "teoria quantitativa" do dinheiro. De acordo com essa teoria, a quantidade de dinheiro em uma economia afetava o nível geral de preços, mas não os preços relativos de, digamos, capital e trabalho e, portanto, não o nível de produção. O dinheiro, em um sentido técnico, era neutro: afetava quantidades nominais, não reais. A experiência mostrou a Fisher como o dinheiro, sobretudo o dinheiro emprestado, afetava a economia real. Isso o tornou um intervencionista, embora do tipo monetário.

A solução natural para a depressão, escreveu Fisher, era "falência cruel desnecessária, desemprego e fome". Sua alternativa para deter ou prevenir a depressão era pela "medicação científica" da reflação: elevar os preços por injeções de dinheiro até o nível médio de preços onde as dívidas existentes eram contraídas e depois manter esse nível estável. Fisher ofereceu várias sugestões sobre como isso deveria ser feito, porém nenhuma delas foi rigorosamente seguida. Pelo pouco que o governo Roosevelt estava fazendo, Fisher elogiou-o pela "perspectiva" de uma política ativista, fornecendo gráficos para apoiar sua esperança, falsa como se revelou, de que em 1933 o pior já havia passado. A economia americana se recuperou, mas um segundo colapso – atribuído pelos defensores de Roosevelt ao subinvestimento das empresas e por seus críticos à interferência do governo – durou até que os preparativos de guerra, em 1940, reiniciaram o motor do emprego e do crescimento.

Fisher era um democrata, um homem de Roosevelt já em 1920 e um entusiasta do início do *New Deal*, enquanto permanecia um inimigo da alta tributação. Apoio à interferência do governo nos mercados não era algo que se esperava de sua formação. Filho de um ministro da Congregação, Fisher foi para a Universidade de Yale, ganhou a eleição para o clube de elite *Skull and Bones* e se formou como o melhor de sua classe. Yale ofereceu-lhe um emprego e ele ensinou economia lá pelo resto da vida. Em 1893, Fisher casou-se em uma família rica e seu sogro construiu para o novo casal uma bela casa em New Haven. No prazo de cinco anos ele se tornou professor.

Suas atitudes eram as de um progressista liberal abastado, diferente em conteúdo daquelas de seus colegas conservadores, mas compartilhando sua presunção de responsabilidade e autoridade. Um crente na reforma *top-down* [de cima para baixo], Fisher sustentou que "o mundo consiste em duas classes – os instruídos e os ignorantes – e é essencial para o progresso que se permita que a primeira domine a segunda". Como "os árbitros lógicos da luta de classes agora começando", ele acreditava que os economistas tinham o dever de participar da discussão pública sobre políticas. Em 1930, Fisher estava entre os 1.028 economistas que pediram em vão ao presidente Hoover que vetasse o projeto de lei de aumento de tarifas Smoot-Hawley, que aprofundou a crise do comércio mundial.

Aos 32 anos, Fisher quase morreu de tuberculose, uma doença que havia matado seu pai. Para o resto de sua vida, ele permaneceu um maníaco por saúde. Ele fez amizade com J. H. Kellogg, o fabricante original de *Corn Flakes*, fez campanha por ar fresco e militou contra bebidas fortes. Um livro de dicas de saúde de Fisher, *How to Live*, tornou-se um *best-seller*. Sua preocupação com a melhoria social se estendia à eugenia e à melhoria "da linhagem racial". O flerte com a eugenia era um lado mais obscuro, embora difundido, da preocupação liberal com o progresso humano, uma versão do "menos, mas melhor" de Lênin, agora comumente subestimado no épico liberal. As quatro grandes causas de Fisher, anunciadas por ele em 1925, eram o fim da guerra, das doenças, da "degeneração" e da instabilidade do dinheiro. Ele é lembrado pela última, que implicou um trabalho de uma vida inteira de tentar entender o dinheiro, com sua dupla capacidade de criar e destruir fortuna.

Como professor e teórico econômico, Fisher se esforçou para evitar três perigos: o darwinismo social de seu professor William Graham Sumner, que ameaçava transformar a economia em uma pseudociência para interesses comerciais; um foco excessivamente estreito em uma compreensão matematicamente exata das condições de equilíbrio; e a insistência desencorajadora da escola austríaca na ignorância econômica e na indefinição do equilíbrio. Fisher encarou a economia com otimismo como um reduto a ser tomado por pensamento astuto, meios flexíveis e força superior. Ele acreditava na medição de valores bem definidos e na declaração quantitativa precisa de relações-chave. Fisher, um pioneiro das estatísticas econômicas, mais tarde começou, com Joseph Schumpeter, uma sociedade dedicada aos seus estudos e, em 1933, lançou a revista *Econometrica*. Fisher prestou atenção igual à lei, às instituições e à história, influenciado pelos economistas americanos formados principalmente na Alemanha que, em 1885, fundaram a *American Economic Association*.

Fisher tinha um dom para a exposição e uma sensibilidade para a imagem reveladora. Em uma visita aos Alpes, ele admirou uma cachoeira enchendo um lago da montanha. Ocorreu-lhe que o capital, como o lago, era um estoque, uma quantidade sem dimensão temporal, enquanto a renda era um fluxo, uma quantidade dividida por um tempo. Além disso, o capital dependia da renda, assim como o lago dependia da cachoeira. Sem a cachoeira, o lago logo secaria. Sem a entrada de renda, um estoque de capital diminuiria rapidamente. O capital, como Fisher passou a tratá-lo, era uma expectativa de renda futura descontada pelo custo do empréstimo – a taxa de juros. O preço das ações nas empresas refletia, assim parecia, as apostas sobre a receita futura de uma empresa e não os palpites sobre o valor de revenda de instalações e ferramentas. Aqui estava um *insight*, amplificado em *The Nature of Capital and Income* (1906), que levava o estudo do capital além dos quebra-cabeças do século 19, sobre como o capital era economicamente produtivo (em oposição ao inativo, como o aluguel) ou eticamente aceitável (em oposição a uma exigência dominadora do fraco pelo forte). Retornando com sua visão, Fisher construiu no porão de sua casa em New Haven um modelo hidráulico de uma economia de tubos e potes de vidro de várias formas e tamanhos através dos quais a água fluía em diferentes doses.

Nos Estados Unidos do século 19, o dinheiro não era apenas uma questão técnica para chanceleres e banqueiros, mas um tópico que colocava classe contra classe e setor contra setor. Logo após a Guerra Civil, os Estados Unidos desinflacionaram a moeda retornando ao padrão-ouro e desmonetizando a prata. Uma longa deflação dos preços agrícolas a partir da década de 1870 desencadeou a campanha liderada por Bryan para remonetizar a prata – para reinflar a moeda expandindo a base monetária. A queda dos preços sobrecarregou os agricultores ocidentais com uma dupla carga de queda na renda e aumento da dívida em termos reais. Fisher simpatizava com a causa de Bryan, mas a resposta, em sua opinião, não era aumentar a oferta de dinheiro remonetizando a prata, mas tornar a oferta de dinheiro menos volátil. A estabilidade de preços para Fisher era fundamental.

Fisher, como Keynes, era um praticante de dinheiro, assim como seu professor. Ele inventou um sistema de classificação por cartões, vendeu-o lucrativamente para a empresa que se tornou a *Remington Rand* e acumulou uma fortuna estimada, em 1929, em US$ 10 milhões. No outono de 1929, pouco antes do *crash*, Fisher falou de ações como tendo atingido um "platô permanentemente alto", uma decisão baseada em fatos incontestáveis de altos lucros corporativos e relações entre preço e lucro razoáveis e com a qual praticamente todos os investidores concordaram, mas uma decisão, no entanto, pela qual Fisher foi ridicularizado como um exemplo de ignorância professoral e loucura de mercado. O *crash* acabou com ele. Ele havia comprado em margem e devia US$ 11 milhões. Com patrimônio líquido negativo, Fisher era seu próprio exemplo de deflação da dívida.

Ele convenceu Yale a comprar a casa da família e alugá-la de volta para ele por toda a vida. Fisher logo ficou atrasado com o aluguel, enviando, em vez disso, notas promissórias, que uma universidade indulgente, orgulhosa de sua estrela, concordou em perdoar em 1939.

A reputação de Fisher foi ofuscada depois de 1945 pelos keynesianos e depois na década de 1970 por monetaristas posteriores como Milton Friedman, preocupados em domar a inflação de preços. Os economistas começaram novamente a se interessar por Fisher durante o *boom* de ativos da década de 1990. O economista James Tobin escreveu sobre Fisher que, se ele tivesse juntado seus muitos elementos, ele teria sido o Keynes americano. O presidente do *Federal Reserve* (Fed), Ben Bernanke, estudou Fisher de perto. Três anos após a crise de 2008, o balanço do Fed triplicou. Em termos leigos, o Fed de Bernanke inundou a economia americana com liquidez na esperança, devido a Fisher, de que uma Grande Recessão não se transformasse em uma segunda Grande Depressão.

Friedrich Hayek (1899-1992) foi economista, polemista e pensador social em uma única longa vida, razão pela qual ele aparece em três capítulos diferentes desta história liberal. Como economista técnico, nas décadas de 1920 e 1930, ele desenvolveu uma teoria distinta dos ciclos econômicos e uma política de inação do governo durante as recessões, o que o afastou dos keynesianos, embora não de Keynes. Em 1944, tornou-se famoso por um ataque popular ao "coletivismo" econômico, *O Caminho da Servidão.* Das décadas de 1950 a 1970, ele produziu um quadro abrangente do liberalismo de direita em *The Constitution of Liberty* (1960) e *Law, Legislation and Liberty* (1973-79), rivalizando com a grande obra de John Rawls, *A Theory of Justice* (1971), na sua seriedade e ambição. Hayek, o economista, é o tema aqui.

Hayek nasceu em Viena dentro do século ao qual, como ele disse uma vez, ele pertencia. Ele nunca perdeu uma conexão profunda e nostálgica com um imaginado "mundo perdido" que ele sempre contrastava com o mundo real em que se encontrava. Ele viveu as grandes crises do liberalismo – duas guerras mundiais, depressão econômica e guerra fria. Testemunhou o colapso do sistema internacional liberal em 1914, a ascensão e a queda do fascismo e do comunismo, o fim do império europeu, a ascensão da América ao domínio, a criação de uma União Europeia, a dissolução da União Soviética e o surgimento de uma China capitalista. Durante todo o tempo ele se agarrou ao seu sonho liberal de uma ordem espontânea, não planejada e autossustentável, que buscou com rara persistência. Uma testemunha hostil, notando o horror e a desordem do século em que Hayek viveu, poderia concluir precipitadamente que ele não tinha visto nem entendido nada. Hayek, pelo contrário, deve ser levado a sério porque ele viu tudo e não abandonou seu sonho liberal.

Seus pais eram conservadores abastados e de mentalidade liberal. Seus antepassados de ambos os lados eram das terras católicas tchecas, mas nenhum deles foi à igreja ou reconheceu suas doutrinas e o filho absorveu seu ceticismo urbano. Hayek não brilhou na escola, embora os professores perspicazes percebessem uma originalidade rebelde. No último ano de guerra, aos 18 anos, alistou-se e lutou na frente italiana. Ele voltou doente de malária com histórias cômicas do tipo que os veteranos contam a civis sem experiência de guerra. Quando estilhaços cortaram um pedaço de seu crânio, ele notou o buraco apenas alguns dias depois. O barulho do fogo de artilharia o ensurdeceu quando ele se esqueceu de desconectar os fones de ouvido. Hayek mais tarde invocaria o episódio em um pedido de desculpas simulado por não ouvir o que os outros disseram. Estudou direito e economia na universidade, especializando-se em ciclos de negócios e dinheiro. De Carl Menger, o oponente de Schmoller e fundador da escola austríaca de economia, Hayek tomou a ideia de ordem espontânea: que resultados econômicos desejáveis poderiam surgir sem que ninguém os procurasse.

Como estudante, Hayek tornou-se, em suas palavras, "um socialista moderado" por exclusão. Pelo que ele podia ver, três vertentes de irracionalidade ameaçavam uma Áustria tosquiada e empobrecida, todas as quais ele detestava: os nacionalistas, que provocaram um conflito desastroso e destruíram o Império Habsburgo; os bolcheviques, que por trás de suas doutrinas e *slogans* eram um pouco mais que bandidos oportunistas; e uma direita católica implacável que era autoritária, iliberal e antissemita. A social-democracia era o único caminho razoável. Tendo feito sua escolha, Hayek conheceu Ludwig Mises, chefe da Câmara de Indústria da Áustria. Mises era um purista do livre mercado e 19 anos mais velho que Hayek. Ele colocou o jovem na linha e mostrou-lhe uma alternativa.

Mises se estabeleceu politicamente na fronteira entre liberalismo e libertarianismo. Os liberais de mentalidade social não eram, na sua opinião, liberais. Mises foi um dos primeiros de um novo tipo de intelectual: *think tankers* pagos por interesses especiais. Em seu tempo na Universidade de Nova York, apoiadores ricos, notadamente a Fundação *Volker*, pagavam o salário de Mises. Antes e depois de sua estadia em Londres, o mesmo aconteceu com Hayek, que havia absorvido várias lições mundanas sobre o combate de ideias de seu mentor: os socialistas, especialmente os moderados, eram inimigos; a tepidez de opinião foi um erro; e o individualismo liberal, como qualquer credo polissilábico, nunca "venderia sua verdade" sozinho, precisava de apoiadores. Em 1924, os amigos de negócios de Mises pagaram para Hayek iniciar seu próprio *think tank*, o Instituto Austríaco de Pesquisa de Ciclos Econômicos. Hayek, o diretor, tinha uma equipe de duas secretárias. Graças a Mises, ele estava no caminho.

O estudo de Hayek sobre os ciclos econômicos e sua convicção de que os governos podem piorá-los, mas não os atenuar, chamou a atenção de Lionel Robbins, chefe de economia da *London School of Economics*, que em 1931 ofereceu-lhe um emprego. Hayek acreditava que as recessões surgiam do excesso de investimento incentivado pelo crédito fácil concedido de forma tola ou estendido maliciosamente pelos bancos centrais. Uma vez em uma recessão, havia pouco para os governos fazerem a não ser parar de baratear o dinheiro, mesmo correndo o risco de ter mais empregos perdidos. O ciclo tinha que se resolver sozinho.

O contraste das ideias econômicas de Hayek com as de Keynes era óbvio; com as Fisher era mais sutil. Tanto ele quanto Fisher fizeram do dinheiro barato um vilão, mas de maneiras diferentes. A mente de Fisher era multifatorial. As recessões de negócios não foram todas iguais. Elas aconteceram por vários motivos. O motivo pelo qual o dinheiro barato importava para Fisher era que transformava recessão em crise. A causa original da recessão não era o ponto. As economias funcionavam naturalmente e bem, a menos que fossem perturbadas por choques externos, alguns inevitáveis, outros evitáveis. A causa dos choques evitáveis foi o governo. A perturbação evitável que causou as crises foi o dinheiro barato do governo.

A história detalhada das depressões de Hayek era diferente. O dinheiro barato encorajou as empresas a mudar de investimentos de bens de consumo de curto prazo para o tipo de capital intensivo de longo prazo que exigia empréstimos mais pesados. Como o dinheiro foi extraído do consumo para o investimento, as pessoas foram forçadas a poupar.

Em cada contagem, juros artificialmente baixos distorceram os ritmos naturais da economia. As empresas mudaram-se para grandes projetos de capital porque os empréstimos estavam temporariamente baratos, não porque esperavam fortes lucros futuros de seus investimentos pesados. A demanda dos consumidores foi frustrada porque as baixas taxas de juros desviaram dinheiro para investimentos, interferindo no equilíbrio preferido dos consumidores entre poupar e gastar. A quebra veio quando a demanda reprimida do consumidor levou as empresas a uma corrida em direção à produção de curto prazo e uma luta dolorosa se seguiu para abandonar o superinvestimento em bens de capital de longo prazo. A narrativa de Hayek tornou-se padrão entre os fiéis economistas da escola austríaca. Poucos outros o adotaram. As implicações para a política – parar de mexer nas taxas de juros e depois não fazer nada – foram consideradas pela maioria das pessoas como irrelevantes para a crise da década de 1930. Como construção teórica, apesar dos *insights* de Hayek sobre os ritmos do investimento empresarial, a mecânica explicativa parecia para a maioria dos economistas muito fraca e obscura para sustentar a certeza de sua narrativa mais ampla: a natureza econômica funciona a menos que o governo interfira.

Uma incompatibilidade semelhante de ambição dialética e meios argumentativos pairava sobre os pensamentos de Hayek sobre a ignorância econômica, tentadoramente esboçada em *Economics and Knowledge* (1937). Era seu manifesto contra o caminho que a economia dominante estava tomando: em direção à modelagem matemática das condições sob as quais os principais agregados de uma economia inteira – renda, consumo, investimento – se equilibraram. Tal equilíbrio era uma ficção economicista na visão de Hayek. Tudo o que "equilíbrio" quis dizer foi que os planos de todos de gastar e poupar eram teoricamente coerentes. As economias nunca estiveram em tal estado ou, pelo menos, ninguém nunca soube o suficiente para ter certeza de que estavam, e todo esforço para descrever economias em equilíbrio, por mais tecnicamente brilhante que fosse, foi desperdiçado. O que alguns tomaram por sabedoria profunda soou para outros como uma epistemologia ruim mascarando a exaustão intelectual. Apesar dos avisos de Hayek, a profissão tomou o caminho da macroeconomia.

"Por que", perguntou certa vez o conservador americano William Buckley em falso desespero, "o lado deles tem economistas que escrevem como Keynes e o nosso lado tem economistas que escrevem como Hayek?" Dado que ambos concordaram tanto com os pontos fortes e com as virtudes do capitalismo liberal, é difícil não pensar no estilo como parte do motivo pelo qual seus seguidores formaram campos tão hostis e facilmente reconhecíveis. A escrita de Hayek é lenta e pedante, apagada por uma imagem ou frase para chamar a atenção e salvar o leitor do torpor. A prosa de Keynes é afiada, rápida, espirituosa e, até mesmo em seus trabalhos técnicos, iluminada por imagens vívidas. Embora Hayek admirasse o equilibrado David Hume, ele não conseguiu absorver o espírito mundano de Hume. Os hábitos mentais de Hayek refletiam mais as influências do idealismo alemão do século 19, embora mais com o faro de Marx para os inimigos do que o senso de conciliação de Hegel. Essas influências se mostraram no gosto de Hayek por abstrações nitidamente opostas – natureza e artifício, ordem espontânea e ordem imposta, individualismo verdadeiro e falso – das quais ele escolheu seu lado favorito, excluindo o outro. Keynes aprendeu com G. E. Moore, filósofo de Cambridge, a analisar muito e questionar suposições aparentemente seguras. Hayek não achou a homossexualidade de Keynes chocante, ele não era um puritano e, além disso, como um marido que forçou o divórcio de uma esposa relutante, estava em uma posição fraca para pregar aos outros sobre conduta privada. O que chocou Hayek na perspectiva ética de Keynes foi seu desrespeito pelas convenções e regras e sua correspondente confiança em seu próprio julgamento e no de seus amigos.

Hayek se considerava um vitoriano e considerava Keynes um homem do século 16. Hayek disse certa vez que Keynes não gostava do século 19 porque o achava feio. Para Hayek, o século 19 era lindo. Ele suspeitava que Keynes achava o comércio sórdido, embora necessário. Keynes, de fato, tinha muito mais experiência em dinheiro e mercados, talvez uma razão pela qual os exaltasse menos do que Hayek costumava fazer. Havia uma maneira, curiosamente, em que Hayek era mais keynesiano do que Keynes, pelo menos mais um verdadeiro democrata econômico. Keynes era um esteta eduardiano talentoso e abrangente. Ele esperava uma democracia econômica sem uma cultura econômica. Hayek, em contraste, acolheu as dimensões morais e estéticas do comércio. Fazer compras, para Hayek, era uma forma de vida admirável e até bela.

vi. Hoover e Roosevelt: liberal esquecido e grande liberal

Na memória histórica americana, a Grande Depressão vem em duas formas. Uma é uma crise prolongada e multifacetada de 1929 a 1941, muito mais longa do que a da Europa, cujas causas e curas ainda estão em disputa. A crise veio da subutilização. Ela veio de distúrbios monetários. A intervenção do governo salvou o dia, piorou as coisas ou não fez diferença. Existem defesas contrastantes em profundidade por economistas e historiadores para cada uma dessas visões.

Em um segundo disfarce, a Grande Depressão tem a simplicidade do drama moral, uma disputa entre virtude e vício liderada por heróis e vilões. Os presidentes americanos da época, Herbert Hoover, republicano, e Franklin Roosevelt, democrata, seguiram linhas de política difíceis de distinguir a essa distância. No entanto, logo se alojaram na mente das pessoas como defensores de "filosofias" opostas cujas cores eram puras e claras: Hoover pelo voluntarismo e contenção executiva; Roosevelt por um governo expansivo e um estado intervencionista. A partir dessa disputa, como se imaginava, formaram-se campos rivais na política americana. Eles soaram tão hostis e tão zangados uns com os outros quanto os sulistas e nortistas após a Guerra Civil. Eles existem até hoje, chamados, em uma versão local da linguagem, "conservadores" e "liberais", embora esses termos disfarcem semelhanças ocultas, bem como diferenças patentes.

Hoover e Roosevelt eram liberais no sentido amplo: crentes no progresso social, bem como na cunhagem legal do respeito cívico – direitos pessoais e propriedade privada. Cada um esperava reestabilizar o capitalismo americano em termos defensáveis para negócios e trabalho. Cada um improvisou pragmaticamente em resposta a uma conjuntura econômica sem precedentes. Ambos contribuíram para uma transformação na estrutura econômica. A mudança foi mais óbvia no crescimento de escala e de responsabilidades para o governo federal. Esse crescimento, por sua vez, refletiu uma mudança mais profunda que, embora menos mensurável, foi tão real quanto. Hoover e Roosevelt presidiram uma enorme mudança ascendente nas expectativas do governo.

A lenda Hoover-Roosevelt obscureceu suas semelhanças. Os partidários de Roosevelt difamaram Hoover por não fazer nada à medida que a crise se aprofundava. Eles reverenciavam Roosevelt como um salvador cujo *New Deal* resgatou uma nação do desespero. Do lado de Hoover, essas execrações e comemorações foram revertidas: Roosevelt destruiu a confiança ao incitar eleitores amedrontados contra os negócios, conduziu a nação a partir das virtudes do trabalho e da poupança e, por meio de intromissões frívolas e ignorantes, piorou a crise. A impopularidade pessoal de Hoover em 1932 ampliou o mandato de Roosevelt. Amargurado pela derrota e abandonado pelos republicanos, Hoover culpou o "furacão econômico" por seu descrédito. Sua posição caiu. O mesmo aconteceu com o prestígio das ideias que cada um deles foi levado a defender. O sucesso americano na guerra desempenhou um papel significativo ao emanar um brilho retrógrado no *New Deal*. Se Roosevelt tivesse saído no final de seu segundo mandato no início de 1941, sua posição teria sido mais disputada. Os partidários admiravam-no como um defensor de homens e mulheres trabalhadores. Os detratores viam nele um guerreiro de classe irresponsável. Para muitos americanos no meio, Roosevelt era um improvisador engenhoso que havia evitado o desastre graças a uma grande dose de sorte. Na verdade, morrendo em 1945 como um grande líder de guerra, assim como Lincoln no momento da vitória, Roosevelt entrou no panteão americano.

Um de seus conselheiros, Rexford Tugwell, disse a um entrevistador muito tempo depois, em 1974, que "praticamente todo o *New Deal* foi extrapolado de programas iniciados por Hoover. Se você permitir que o exagero de Tugwell conforme seu ponto de vista, havia muito nisso. Hoover tentou aumentar os preços agrícolas. Roosevelt tentou novamente. Para impedir que a queda dos salários, Hoover instou as empresas a fazer um acordo com os sindicatos. Para impedir que os preços caíssem, ele pediu às empresas que se reunissem em "associações". Roosevelt perseguiu os mesmos objetivos por meio de leis e regulamentos. Hoover tentou inundar com dinheiro os bancos esvaziados. Roosevelt também tentou. Hoover exortou os governos locais, que em 1929 estavam gastando o dobro do que o governo federal, a realizar obras públicas e aliviar as dificuldades. Como as receitas caíram, Hoover forçosamente teve um déficit orçamentário não republicano. Roosevelt, que fez campanha por um orçamento equilibrado, esperou até 1935 para estender o alívio federal em qualquer escala. A verdade é que nenhum dos dois sabia o que fazer.

Isso não quer dizer que durante a Grande Depressão um composto chamado Hoosevelt ocupou a Casa Branca. É verdade que ambos eram liberais no sentido amplo. No entanto, suas concepções mais refinadas de liberalismo não eram as mesmas. Nem o tom deles. As diferenças apareciam menos no que cada homem fazia do que no que dizia, como dizia e, em particular, para quem parecia estar dizendo. Hoover usou o púlpito soberbo da Casa Branca para dizer ao país o quão pouco o governo podia fazer. Roosevelt usou isso para dizer às pessoas o quanto o governo poderia fazer. Hoover, um engenheiro acostumado a calcular probabilidades, entendia que os prováveis benefícios do sucesso do governo deveriam ser compensados com os custos prováveis do fracasso do governo. Roosevelt, que compreendia melhor os elementos do medo e da confiança, percebeu o que as pessoas esperavam ouvir. Hoover, além disso, parecia estar falando principalmente com patrões e banqueiros. Roosevelt falou como se fosse para todos ou pelo menos para todos menos para os americanos mais ricos.

Essas diferenças surgiram em parte do tempo, em parte do temperamento e em parte das ideias. Hoover tornou-se presidente em março de 1929. O mercado de ações caiu em outubro. Nem ele nem ninguém viu claramente o que essa queda traria. A exploração polar preocupou o *New York Times* nos últimos dias de dezembro e, em uma previsão de Ano Novo, as páginas de negócios do jornal julgaram as perspectivas financeiras "brilhantes" e as condições industriais "boas". Na primavera, ficou clara a profundidade da crise devido ao desemprego e às filas de pão. Sem diagnóstico consensual ou cura pronta, Hoover experimentou. Ele tentou muitas coisas desconexas sem dar uma narrativa aos negócios, trabalhadores, bancos ou fazendeiros. Em junho de 1930, ele assinou o calamitoso projeto de lei de aumento de tarifas Smoot-Hawley. Uma passagem de dois anos pelo Congresso o havia prejudicado com taxas exorbitantes sobre mais de 800 mercadorias, um sinal péssimo para o comércio internacional em um momento de perigo econômico. O fracasso de Hoover em vetar o projeto de lei foi um erro incontestável, extraordinário em um homem de vasta experiência no exterior cuja empresa de mineração global havia construído 40 escritórios em todo o mundo.

Por outro lado, o tempo funcionou para Roosevelt. O tempo criou urgência e vontade de correr riscos. Em março de 1933, quando assumiu o cargo, um em cada quatro americanos estava desempregado e os bancos faliam. Roosevelt não sabia o que fazer mais do que Hoover. Ele sabia o que dizer. Ele tinha que convencer um país abalado de que algo poderia ser feito. Roosevelt era bom nisso. O fogo se alastrava atrás deles. A ponte à frente era insegura. Hoover, que sabia sobre cargas e tensões, disse a verdade, proclamando: "Não posso garantir que esta ponte seja segura". Roosevelt persuadiu as pessoas a atravessar e a ponte resistiu.

Eles diferiam em temperamento. Hoover era frio e distante, Roosevelt extrovertido e quase artificialmente alegre. Hoover cresceu como filho de *quakers* de Iowa em cuja igreja sua mãe estrita e temente a Deus era uma ministra ordenada. Morou com um tio no Oregon após a morte de seu pai. "Bert" Hoover estava determinado a fazer o bem. Ele ganhou um lugar na nova universidade de Stanford, formou-se em engenharia e, depois de trabalhar em uma mina, montou sua própria empresa de engenharia. Uma de suas especialidades era consertar desastres em minas. Espionando os talentos de Hoover, o presidente Wilson pediu-lhe, em 1917, para supervisionar o fornecimento de alimentos em tempos de guerra. Ele conseguiu cumprir a tarefa sem recorrer ao racionamento. Seus talentos como comissário do pós-guerra para socorro na Europa salvaram inúmeras pessoas da fome. Como secretário de Comércio na década de 1920, ele transformou o departamento em uma câmara de compensação de informações econômicas e uma corretora para o que as empresas queriam do governo. Poucos que trabalhavam com Hoover gostavam de seu jeito intimidador. Quase todos admiravam sua eficácia. Hoover era um executor, já que era um gestor essencialmente apolítico que pensava em soluções e trabalhava por comandos.

Roosevelt, por outro lado, era um ouvinte. Ele se cercou de conselheiros de diferentes pontos de vista, todos os quais diziam com um sorriso encorajador: "Sim, sim, sim". Ele nasceu de pais ricos no Norte de Nova York. Além de sua vida de ociosidade cultivada, os personagens dos romances de Henry James parecem trabalhadores ansiosos. Depois de uma passagem agradável e sem distinção pela Harvard e pela Columbia *Law School*, onde não conseguiu se formar, Roosevelt entrou na política estadual como um democrata antimáquina. Louis Howe, um jornalista, ensinou-lhe técnicas e derrubou seus tiques patrícios mais irritantes. Wilson descobriu Roosevelt, como descobrira Hoover, e o nomeou subsecretário da Marinha. Em 1921, o encanto da vida de Roosevelt terminou com uma poliomielite incapacitante. Sua mãe insistiu para que ele se aposentasse. Howe e sua esposa, Eleanor – sobrinha de Theodore

Roosevelt e prima em quinto grau de Franklin – o encorajaram a permanecer na política. Ele nunca mais andou, mas aprendeu subterfúgios suficientes, nos quais sua equipe cooperou e que a imprensa respeitou com cortesia, para que o público não soubesse. A doença de Roosevelt o fortaleceu. Encorajou um talento inato para dissimular, tornou-o mais consciente do sofrimento e alertou-o para a pergunta: "O que falamos aos perdedores?".

O temperamento, porém, importava menos no final do que as diferenças entre as ideias de Hoover e Roosevelt. Hoover expôs sua visão da política e do governo em *American Individualism* (1922) e em discursos que tirou do livro, particularmente "*Rugged Individualism*", proferido em Nova York seis anos depois. Esses títulos, mais lembrados do que o conteúdo, eram enganosos. Os liberais, como vimos, queriam dizer tantas coisas diferentes por "individualismo" que qualquer um que usasse o termo estava destinado a enganar alguém. Hoover pregou no discurso de Nova York por justiça social, oportunidades mais amplas e menos desigualdade econômica. Individualismo, ele disse aos ouvintes, não significava *laissez-faire* ou "quem perde são sempre os mais fracos", mas "responsabilidade local descentralizada". Não havia nada de errado com o governo como tal. Ele tinha amplas responsabilidades. Os que poderiam ser foram mais bem tratados localmente. Por exemplo, as obras públicas e os transportes. Ele sugeriu que os municípios podem até ter sucesso em negócios como serviços públicos, porque os municípios "são locais e próximos das pessoas". Defesa, pesquisa médica – uma preocupação especial de Hoover, que criou os Institutos Nacionais de Saúde – e terras públicas naturalmente precisavam de um governo central. Lá Hoover enxergou um limite. O governo não deveria interferir diretamente nos negócios, na "produção de mercadorias". Hoover soava como um progressista wilsoniano, o que em certo sentido ele era. Resumindo um catálogo bastante confuso de "fazer e não fazer", Hoover apelou para a ideia liberal central de não dominação por um único interesse ou poder: "A própria essência da igualdade de oportunidades e do individualismo americano", concluiu ele, "é que não deve haver dominação por nenhum grupo ou combinação nesta república". Hoover acreditava mais ou menos no que os capitalistas americanos esclarecidos acreditavam e no que Keynes acreditava: salários altos e sindicatos bem administrados eram bons para os negócios.

O maior problema de Hoover quando foi presidente foi que as pessoas achavam difícil acreditar em tal imparcialidade, e havia uma razão. Com naturalidade típica, ele disse aos visitantes de negócios da Casa Branca: "Quando eu era secretário de Comércio, eu me dedicava aos seus interesses e, agora que me tornei líder da nação, devo ter a visão de todas as pessoas". Hoover foi sincero em pensar em si mesmo como o presidente de todos. Poucos o consideravam como tal. Ele nunca abalou sua reputação como lobista de grandes corporações. Outra dificuldade foi que Hoover contrastou o governo ineficaz, distante e intervencionista com a iniciativa pessoal local, diretamente conhecida. Ele próprio havia saído do nada e não via por que os outros não deveriam fazer o mesmo: "Um homem que não ganhou um milhão de dólares aos 40 anos não vale muito". Tais contrastes – ação local *versus* ação centralizada, iniciativa privada *versus* interferência governamental – eram tão antigos quanto o liberalismo. Hoover os pressionou demais. Os tempos haviam mudado. O equilíbrio de contraste precisava ser ajustado, pois um novo termo complicava as coisas. O subsídio era necessário para empresas gigantes de âmbito nacional que ofuscavam o esforço local e a iniciativa individual.

Hoover não ignorou a dificuldade, como deixou claro no discurso "*Business Ethics*" (1928). Os negócios, ele admitiu, muitas vezes eram administrados de forma ruim e às vezes de forma corrupta. Uma melhor gestão e uma supervisão mais rigorosa eram necessárias. Aqui, novamente, ele enxergou um limite. A regulação deve ser voluntária, não forçada. Hoover pensou que a resposta para o poder das corporações gigantes eram associações de empresas menores, assim como seu colega liberal de negócios, Stresemann, havia criado na Alemanha. Hoover não defendia a inação, mas a ação voluntária antes da ação estatal, a autorregulação antes da regulação estatal. Os liberais tinham como postura teórica sempre preferido a primeira à segunda. No entanto, mesmo como Hoover poderia admitir, empresários e banqueiros não eram mais honestos ou avessos ao parasitismo que outras pessoas. Além disso, há muito tempo havia evidências de que os voluntários raramente ou nunca tinham suprimento adequado. Na época de Hoover, essa evidência era avassaladora. As crescentes expectativas democráticas criaram demanda por ação. A ação do Estado americano – ineficiente, mal-informado, perverso em suas consequências – foi sugada para a lacuna deixada pelo fracasso do "voluntarismo". O liberalismo estava novamente renegociando termos em seu compromisso com a democracia.

Roosevelt não pensava nem falava em ideias tão gerais, mas conhecia pessoas que sim. Para um discurso no *Commonwealth Club* em São Francisco, em 1932, ele pediu a seus conselheiros, liderados por Adolf A. Berle, que escrevessem algo que fosse, na verdade, uma resposta silenciosa ao "*Rugged Individualism*" de Hoover. Berle foi coautor de um estudo inovador, *The Modern Corporation and Private Property*, publicado no mesmo ano. O livro descrevia uma mudança histórica no caráter da empresa capitalista. Os proprietários-gestores "individuais" já não administravam grandes empresas. A propriedade estava espalhada entre os acionistas. A administração caiu nas mãos de empregados, embora mãos com cada vez mais poder. Hoover, pode-se dizer, sabia sobre mineração. Berle sabia sobre capitalismo. Ele deu a Roosevelt um discurso que oferecia uma nova visão do "individualismo liberal".

O Estado moderno, disse Roosevelt a seus ouvintes, originou-se na tentativa de domar os barões da Europa. Não havia barões para domar nos Estados Unidos, mas Alexander Hamilton clamou mesmo assim por um Estado forte para promover o comércio e os bancos. Seu oponente, Thomas Jefferson, defendia um Estado mais fraco para que pequenas propriedades e "competências pessoais" – liberdade de expressão, de pensamento e assim por diante – pudessem criar raízes e crescer. Jefferson ganhou o argumento em 1800. Nascia o individualismo americano. Ele floresceu na fronteira aberta. A abundância geral estava em perspectiva com a chegada da indústria. O governo se dispôs a ajudar a realizar o sonho. No entanto, esse sonho tinha uma sombra: os titãs da indústria, "sempre implacáveis, muitas vezes esbanjadores, frequentemente corruptos". Seu crescimento e poder destruíram o antigo equilíbrio, criando "desigualdade de oportunidades". As grandes empresas agora apelam ao grande governo: "O mesmo homem", disse Roosevelt, "que nos diz que não quer ver o governo interferir nos negócios... é o primeiro a ir à Casa Branca e pedir ao governo uma tarifa proibitiva sobre seu produto". Nas novas condições, era preciso fazer uma "reavaliação dos valores". A regulação e a ação governamental eram um último recurso. Eles eram necessários mesmo assim "para proteger o individualismo.

Uma vez na Casa Branca, Roosevelt aperfeiçoou uma maneira mais direta, com menos palavras longas e mais falas. Suas conversas informais no rádio, que ele disse que levavam quatro ou cinco dias para serem preparadas, eram pequenas obras-primas de um novo gênero. Tanto elas quanto seus discursos mais formais, feitos em voz alta e potente, se destacaram por suas frases memoráveis: "o homem esquecido", "um terço de uma nação mal alojada, mal vestida, mal nutrida" e "realeza econômica" que "criaram novas dinastias". Discursos posteriores se destacaram por suas perspectivas abertas de promessa: as "quatro liberdades" de expressão, de adoração, de carência e de medo, "em qualquer lugar do mundo" (1941); "uma segunda declaração de direitos" prometendo a todos os americanos um "emprego útil e remunerado", uma casa decente, cuidados médicos adequados e segurança contra a pobreza na velhice, doença, acidente e desemprego (1944).

Nada disso soava extravagante. Parecia possível. Extraordinariamente, talvez excepcionalmente, muito disso foi feito. Ao olhar para trás, para aquele mundo liberal mais esperançoso, é bom lembrar que Roosevelt, o ouvinte, estava menos criando do que respondendo às expectativas. Para entender o liberalismo americano no século 20, é fundamental ver esse arco crescente de expectativa e suas decepções subsequentes. Muitos americanos que dizem que são contra o governo são filhos ou netos desapontados de pessoas que os ensinaram, com razão, a esperar tanto dele.

9.

PENSANDO O LIBERALISMO NAS DÉCADAS DE 1930-1940

i. Lippmann e Hayek (ii): liberais como antitotalitários

Em 1926, ano em que um tribunal italiano prendeu o marxista Antonio Gramsci, bandidos fascistas espancaram o jornalista Giovanni Amendola, um liberal antifascista. Foi sua terceira surra. Sua culpa foi atacar o ditador da Itália em *Il Mondo*, o jornal liberal que Amendola havia fundado. Para descrever a conduta de Mussolini pelo domínio da sociedade, Amendola colocou em circulação um novo termo, "totalitário". Em busca do controle abrangente, o "totalitário". Amendola sugeriu o uso do poder do Estado para suprimir partidos rivais, fechar todos os jornais menos os submissos e promover a lealdade doutrinária nas escolas. Amendola morreu com a última surra, mas o termo por ele cunhado continuou vivo. Em breve tempo, os liberais em toda a Europa estavam usando "totalitarismo" como um único termo para abranger o fascismo, o hitlerismo e o stalinismo, indistintamente.

Sua equivalência como regime tirânico tornou-se uma ideia banalizada. O teórico do nacionalismo Hans Kohn expôs detalhadamente a ideia em *Ditadura Comunista e Fascista* (1935). Comparando as ditaduras, Leon Trotsky escreveu sobre "fenômenos simétricos" em *A Revolução Traída* (1937). Uma dificuldade com uma equação de outra forma apelativa era que o capitalismo era compatível com o fascismo e o hitlerismo, mas não com o stalinismo. A dessemelhança também não era teórica. O dinheiro dos negócios financiou Mussolini. As grandes empresas industriais alemãs contiveram os controles nazistas e as consolidações forçadas, mas rapidamente aceitaram que a cooperação era o melhor caminho para a sobrevivência e o crescimento corporativo. A economia hitlerista não era coerente. Mas então, na década de 1930, quais eram? O aluno de Schmoller, o ministro da Economia Hjalmar Schacht, era a favor de uma economia civil. Outros consultores queriam uma economia de guerra. Em 1938, o partido da guerra havia vencido. A Alemanha não tinha mais capitalismo liberal, mas era capitalista.

Se os pensadores liberais das décadas de 1930 e 1940 deixaram esse constrangimento de lado, a sombra do totalitarismo lhes deu uma história bem-vinda em negativo para contar de sua própria doutrina. A história invocava uma via negativa, um argumento que oferecia alternativas exclusivas e depois refutava uma delas sem oferecer argumentos positivos para a outra. O argumento veio em inúmeras variedades, mas sua forma comum era a mesma. A via negativa deu o tom para uma reunião de cinco dias, em Paris, de europeus preocupados, incluindo alguns bravos alemães antinazistas, no final de agosto de 1938. Juntando-se a eles, vindo dos Estados Unidos, estava o colunista e escritor de jornal Walter Lippmann. Ele estava em Paris para promover a tradução francesa de *The Good Society* (1937), seu tão falado livro sobre o tema em questão. O encontro foi batizado, em sua homenagem, de Colóquio Lippmann. Ele há muito tinha deixado a Nova República e encontrou um público de leitores em todo o país como colunista na imprensa diária. Entre jornalistas, Lippmann foi talvez a principal voz do liberalismo americano, ocupando um lugar intelectual na centro-direita semelhante ao do filósofo progressista John Dewey na centro-esquerda.

Por mais amplo que fosse, dentro de *The Good Society* havia um diagnóstico sucinto do que ameaçava o liberalismo de fora e o que o afligia de dentro. O inimigo externo do liberalismo era o coletivismo, que tinha variantes ruins e menos ruins. Os maus eram os totalitários fascistas ou comunistas. Os menos maus foram os gradualistas e os reformadores bem-intencionados que embarcaram em uma perigosa inclinação em direção ao mau coletivismo. O liberalismo estava com problemas em si mesmo, acrescentou Lippmann, porque havia atingido um beco sem saída intelectual. Aderindo a uma doutrina purista do *laissez-faire*, ele permitiu que os coletivistas tomassem a tocha do progresso. O desafio dos liberais era tomá-la de volta.

A maioria dos participantes do Colóquio de Lippmann concordou com a ideia principal de Lippmann de que o liberalismo doutrinário estava acabado e era necessário um novo liberalismo. Como nome da alternativa, o colóquio adotou a sugestão do alemão Alexander Rüstow, "neoliberalismo". Quanto ao caráter do que estava sendo chamado de neoliberarismo, não houve acordo. Neoliberalismo significava coisas diferentes em lábios diferentes. A reunião incluiu estatistas liberais tecnocráticos, como Ernest Mercier e Louis Marlio, e dois líderes empresariais franceses. Incluía os puristas do livre mercado Mises e Hayek. No meio deles estavam Lippmann e os pioneiros alemães do modelo social de mercado do pós-guerra. O manifesto final representou uma trégua razoável na interminável disputa familiar liberal entre um pouco mais ou um pouco menos de Estado. Não havia nenhuma orientação principiológica perceptível nem orientação prática sobre onde deveria estar a divisa entre o Estado e o mercado. Os intelectuais liberais precisariam de mais do que o Manifesto do Colóquio para retomar a tocha do progresso.

Os participantes eliminaram o fantasma de um "Outro antiliberal", o qual Hayek logo transformou brilhantemente em um panfleto anticoletivista, *O Caminho da Servidão* (1944). Longe, na Nova Zelândia, onde conseguiu um posto de professor, o amigo de Hayek e colega austríaco Karl Popper começou a pensar em como empurrar a via negativa do liberalismo para o novo território.

A obra mais conhecida de Hayek, *O Caminho da Servidão*, misturava temas de debate – socialismo gera fascismo, intervenções econômicas levam inexoravelmente ao controle totalitário – com alegações duráveis e poderosas: o planejamento central não funcionará melhor do que os mercados; a liberdade política requer ordem econômica. Até os simpatizantes lamentavam a fraqueza de Hayek pelos exageros e por enveredar por terrenos perigosos. No entanto, foram precisamente essas qualidades que atraíram a imaginação dos leitores e chamaram a inesperada atenção para o livro, especialmente nos Estados Unidos, onde se tornou um *best-seller* e foi encurtado e publicado em séries pela *Reader's Digest.*

Um clássico sombrio impregnado de ansiedade, *O Caminho da Servidão* foi de seu tempo. Hayek, liberal aguerrido e incompreendido, anda por caminhos perigosos de um mundo coletivizado, em parte como Philip Marlowe, ou como Winston Smith, ou, ainda, como Bernard Rieux. Em muitos lugares, a prosa chega à eloquência. Hayek a escreveu em inglês, levou três anos, começando em 1941. Foi a primeira vez em que ele encontrou uma voz inglesa que não soasse empolada, professoral ou irritantemente vienense. Ele disse que leu os primeiros capítulos várias vezes para si mesmo para aperfeiçoar os ritmos. Você não precisa achar seu ponto convincente para reconhecer *O Caminho da Servidão* como uma obra-prima de retórica e persuasão na grande tradição de Ignatius Loyola, Leon Trotsky e Winston Churchill. Grande parte do segredo é que Hayek fala abertamente do coração. Com sentimentos desnudos, ele se mostra um utópico, um homem perdido na sociedade de massa, ansiando pelas civilidades de seu amado século 19 liberal.

Como os panfletos das cruzadas fizeram, *O Caminho da Servidão* divulgou uma luta pela alma humana. Entre o anjo mau do coletivismo e o anjo bom do individualismo, não poderia haver escolha, Hayek advertiu os leitores. "É necessário agora afirmar a verdade intragável que é a Alemanha cujo destino corremos o risco de repetir", escreveu ele. Os leitores do tempo de guerra, acreditando ingenuamente que a luta então acirrada opunha democratas contra fascistas, teriam lido isso com um sobressalto. Mas não, explicou Hayek: mais sutil que o fascismo é um vilão de muitas máscaras, algumas gentis, outras cruéis e que espreitam por dentro. Seu nome era socialismo ou coletivismo e a chave com a qual capturou a alma das pessoas foi o planejamento econômico. O fascismo e o comunismo foram as formas mais duras dos vilões, mas ambos eram emanações do mesmo espírito maligno que agora ameaçava a Grã-Bretanha e seus aliados.

As doutrinas do liberalismo do século 19, admitiu Hayek, se dogmatizaram, abrindo caminho para o coletivismo, primeiro como socialismo, depois como a Rússia bolchevique e a Alemanha nazista. No entanto, a redenção não estava em abandonar a velha fé, mas em restaurá-la para uma nova vida. Em algumas páginas deslumbrantes, Hayek preparou uma astuta armadilha retórica que lhe serviria pelo resto do livro: as falhas e ineficiências da super regulação econômica ameaçavam nos levar, direta e irremediavelmente, à ruína moral e à perda da liberdade. Ao abordar o tópico inocente, embora controverso, das intervenções reformistas na economia britânica, Hayek agora podia contar com os leitores para pensar em Gosplan, os trabalhadores escravos de Speer, os campos nazistas e os *gulags* de Stalin. O impacto do livro, deve-se dizer, dependia de mais do que uma associação lúgubre. Hayek deu argumentos, ou sementes de argumentos. Eles anteciparam temas claramente declarados e fundamentados que ele construiu em *The Constitution of Liberty* (1960): a inescapabilidade da ignorância econômica, a necessidade de um Estado de direito, o vínculo intrínseco entre dinheiro e liberdade, a necessidade de igualdade perante a lei, mas não igualdade de resultados e as tensões entre ordem e liberdade, bem como entre liberdade e democracia.

No final, Hayek advertiu os leitores de que as más ideias podem destruir as sociedades liberais. Hayek mostrou pouco da confiança desassombrada de Mill em uma vigorosa e aberta disputa de opinião. As dúvidas de Hayek sobre a capacidade das sociedades democráticas de defender a "liberdade" contra crenças corrosivas cresceriam com o tempo. Aqui ele se contentou em identificar as crenças mais subversivas. Uma delas era uma rejeição utópica à ideia de que a escassez e a insegurança estariam em alguma medida sempre conosco. A segunda era uma fé arrogante de que poderíamos saber o suficiente para guiar a mudança social. Ambos os erros se basearam, ele sugeriu, em uma recusa "racionalista" de "se submeter a qualquer regra ou necessidade cuja lógica o homem não entende". Era o esboço de uma agenda intelectual para o liberalismo de direita pós-1945 inspirar-se.

Os críticos queixaram-se da história tendenciosa de Hayek, particularmente seu relato de como o fascismo se firmou. O caminho para o nazismo em sua Áustria natal, como Hayek sabia, passava por autoritários, antissemitas e antidemocratas mais do que por sindicatos tolos e exigentes. Os críticos acharam seu apelo aos caminhos tortuosos indigno e sua equação do coletivismo suave e governado pela lei da Grã-Bretanha com a violência caótica e improvisada do fascismo e do comunismo, como beirando o absurdo. Keynes caracteristicamente acertou em cheio a principal dificuldade em uma carta amigável e respeitosa. Ambos concordaram, sugeriu Keynes, que era preciso traçar uma linha entre a livre iniciativa e o planejamento. Mas, Keynes reclamou com Hayek: "Seja como for, você não nos dá nenhuma orientação sobre onde desenhá-la".

ii. Popper: o liberalismo como abertura e experimento

A Sociedade Aberta e seus Inimigos (1945), de Popper, também defendeu a sociedade liberal-democrática ao longo da via negativa atacando seus inimigos, embora de uma maneira inovadora. O livro de Popper deu vazão à disputa cada vez mais obsoleta entre mais Estado e menos Estado, concentrando-se em métodos críticos e hábitos mentais. Ao fazer a história das ideias parecer politicamente relevante, vivificou a leitura de alguns textos muito antigos. Adequado para uma era tecnocrática, oferecia uma analogia atraente e sofisticada entre a ciência experimental e a política liberal de mente aberta. Ele atacou as teorias "deterministas" da história, especialmente as que formam adeptos da doutrina de Marx que prediziam a destruição final do capitalismo liberal, com base no fato de que a história é sensível à mudança técnica e a mudança técnica é inerentemente imprevisível.

O livro de Popper, que ele dedicou ao esforço de guerra, era grande e urgente. Falava menos em termos liberais clássicos sobre as tensões de ordem e liberdade do que de uma disputa entre ordens rivais fechadas e abertas. O pensador francês Henri Bergson usou "fechado" e "aberto" para descrever perspectivas éticas contrastantes em *Two Sources of Morality and Religion* (1932), mas o uso dos termos por Popper foi muito mais ousado. Suas ordens rivais eram tanto padrões de pensamento quanto formas de sociedade. O partido da ordem fechada era formado por Platão, Hegel e Marx, embora o drama de Popper tenha começado apropriadamente para um liberal com Heráclito e mudanças incessantes. Em um prólogo revelador, Popper de fato dividiu o mundo em espíritos abertos e de mente liberal que aceitavam a mudança, a incerteza e o caráter provisório da vida e do conhecimento, e espíritos fechados e iliberais que ansiavam por mesmice, fixidez e segurança. Boas sociedades vieram da primeira, más da segunda.

Carregando argumentos de um par de artigos seus que Hayek publicou na *Economica*, *The Poverty of Historicism* (1936) e *Piecemeal Social Engineering* (1944), Popper prosseguiu em sua via negativa atacando os inimigos do liberalismo. A crítica "historicista" deles estava equivocada no método e, portanto, inconsistente em sua conclusão de que o liberalismo foi historicamente liquidado. Os inimigos do liberalismo também se enganaram ao imaginar o progresso social como um salto para a utopia e não como a aceitação de uma melhoria gradual na reforma passo a passo. Eles estavam errados, por último, em sua imagem "holística" da sociedade como sendo de alguma forma coletivamente maior, mais capaz e mais valiosa do que seus membros componentes.

A culpa do historicismo aos olhos de Popper era "o sonho da profecia". Os historicistas, como ele os caracterizou, negavam que houvesse leis universais na História do tipo encontrado, digamos, na física, e como eles aceitavam que as normas morais se alterassem com as condições históricas, sua negação das leis históricas chegou perto de negar as leis universais. Os historicistas afirmavam detectar tendências na história, até mesmo direções e objetivos. Para Popper, isso piorou as coisas. Aqui havia uma dupla falha de relativismo moral e arrogância preditiva. Ao contrário das leis, as tendências podem durar por um tempo e depois deixarem de existir. Novas tecnologias acabaram ou desviaram tendências de maneiras que nos surpreenderam de forma consistente e descobertas e invenções futuras eram algo difícil de prever por sua natureza.

Popper desprezava o que ele chamava de definições "essencialistas" de um tipo que entra em voga profissionalmente e oferecia equivalências verbais para algum termo recentemente lançado. Ele expandiu a "engenharia social fragmentada" por meio de exemplos. Eles fugiram de lições banais da vida cotidiana, como quando, por exemplo, nós "experimentamos" ao perder tempo na fila por uma passagem de ônibus e concluímos que seria mais barato comprar uma com antecedência, da mesma forma que com relação a um seguro de saúde público e "uma apólice para combater os ciclos comerciais". A lista de Popper mostrava o quão longe ele estava de Hayek na prática. Seu amigo reprovou Popper, dizendo que a própria ideia de engenharia pressupunha uma centralização do conhecimento que nunca foi possível. Em uma nota de rodapé contorcida, Popper respondeu que, em seu método de tentativa e erro, os engenheiros também admitiam a ignorância.

Em espírito similarmente indefinido, Popper não disse o que eram sociedades abertas e fechadas, mas forneceu conjuntos de marcas identificadoras de cada uma. Em seus relacionamentos sociais, as sociedades fechadas eram totalitárias, orgânicas, mágicas, concretas e organizadas de acordo com o acidente de nascimento. As sociedades abertas eram abstratas, despersonalizadas, racionais e regidas por trocas e cooperações e nelas as relações sociais surgem por escolha, não por nascimento ou decisões de outros. Popper não se expandiu muito nesses termos. As sociedades abertas, ele admitiu, pagaram um preço pela perda da intimidade, embora valha a pena pagar. Sua imagem de tal separação era em si um belo exemplo de seu tema da imprevisibilidade da mudança técnica. Em uma sociedade aberta, escreveu Popper, as pessoas andavam "em carros fechados" e se comunicavam "por cartas datilografadas ou por telegramas".

Popper tornou o liberalismo atraente em uma época voltada para a tecnologia, comparando seu espírito e práticas aos da ciência, enquanto relegava os de seus inimigos à quase ciência ou pseudociência. Ele o fez de maneira sofisticada por meio de métodos de analogias de alto nível. O sonho de conferir à política e à história a autoridade da ciência conquistou muitos pensadores no século 19. Comte tinha uma história do avanço da compreensão humana dos estágios "teológicos" e "metafísicos", onde forças inapreciáveis norteiam o mundo, para o estágio "positivo" moderno da ciência factualmente orientada, que descreve a natureza e orienta a sociedade. Mill admirava o respeito de Comte pelos fatos, mas detestava sua tentativa de conferir à ciência a autoridade da religião. Mill achava que os princípios da sociedade poderiam um dia ser rigorosamente demonstrados como dependentes de fatos observáveis da psicologia humana. Spencer combinou o progresso passo a passo, uma teoria especulativa do desenvolvimento mental de uma pessoa e uma abrangente analogia entre evolução biológica e mudança histórica. Na época de Popper, esses mecanismos pareciam ultrapassados.

A ciência, disse-nos Popper, visava, mas nunca alcançava, a verdade. O liberalismo progrediu de pior para melhor, mas nunca atingiu um estado de equilíbrio ideal. A ciência era crítica e experimental. O liberalismo tinha a mente aberta e era reformista de maneira investigativa e gradual. As analogias não pararam por aí. A ciência como prática avançou propondo teorias que poderiam ser testadas, mas foram abandonadas quando falsificadas por evidências discordantes. O liberalismo como prática progrediu testando políticas, instituições e governos e reformulando ou removendo aqueles que não funcionavam. Nenhuma teoria na ciência, enfatizou Popper, era imune ao fracasso. Nenhuma política ou ministério estava acima de críticas ou reformas. Ao chamado por Popper por "falsificacionismo" na ciência correspondia uma via negativa na política, cuja máxima orientadora era minimizar os danos em vez de maximizar o bem. Um exemplo importante foi a democracia representativa. Ela permitiu que as pessoas se livrassem pacificamente de governantes indesejados. Esse benefício negativo foi o grande apelo da democracia e a justificativa mais convincente. Para completar sua grande analogia, a que Popper chamou de unidade do método científico, ele comparou o incrementalismo da ciência ao gradualismo da política liberal. Popper, que não era um homem modesto, estava merecidamente orgulhoso daquele quadro luminoso.

Engenhosamente, Popper estava dando novo uso à via negativa, menos para abrilhantar o liberalismo em contraste com um inimigo do que para caracterizar o método liberal modelo. O método adequado na política não era visar à realização de ideais distantes e mal definidos, mas à remoção de erros locais e palpáveis. Ao fazer uma pergunta equivocada, Platão colocou o pensamento político na linha errada. A questão premente na política era menos "quem deve governar?" do que "como podemos organizar as instituições políticas de modo que governantes ruins ou incompetentes possam ser impedidos de causar danos?". Não vise a maximizar o bem, mas vise, ao invés disso, a minimizar o mal.

Se a grande analogia de Popper fosse adequada, três queixas comuns contra a sua imagem da ciência poderiam ser direcionadas igualmente contra a sua imagem da política. Assim como verificar e falsear teorias científicas pareciam diferentes aspectos da mesma tarefa, minimizar o ruim e maximizar o bom pareciam uma única tarefa com os sinais alterados. Se o conhecimento científico avançava extirpando teorias malsucedidas, por que era razoável confiar, como todos fizeram, em teorias aparentemente sólidas que ainda não haviam fracassado? Da mesma forma, se é previsível que uma estratégia na política tem probabilidades de fracassar no futuro, por que seria sensato confiar nela agora? Na ciência, por fim, raramente ocorreram testes decisivos que desacreditaram conclusivamente uma teoria. Cada teoria veio com uma rede de teorias e premissas auxiliares. O fracasso deixou os experimentadores com as seguintes escolhas: abandonar a teoria, rejeitar alguma premissa auxiliar ou pôr a culpa em uma falha do experimento. Assim também foi na política. Mesmo quando foi acordado que uma estratégia parecia não estar funcionando, restaram as escolhas: abandonar a estratégia, culpar uma ação conexa, que pode de fato estar causando o problema, ou rejeitar os resultados determinantes originais. Não havia mecanismos ou garantias. Análise e escolha eram inevitáveis. Como na ciência, a prática e a experiência orientaram a escolha do que corrigir ou reformar.

Em 1945, havia três grandes narrativas sobre o capitalismo liberal: declínio terminal, recuperação condicional e sucesso duradouro.

Lippmann e Hayek falaram pela recuperação condicional. Popper, um espírito mais confiante e exaltado, sentiu que a inventividade da mente técnica e científica na resolução de problemas deve, de algum modo, tornar-se mais frutífera na política liberal. Longe de ser uma fraqueza, como alegavam os críticos, a mentalidade aberta liberal era, para Popper, uma fonte de força e resistência. Em pouco tempo, em uma das mudanças de humor do liberalismo, tanto o declínio absoluto quanto o condicional foram esquecidos. Por volta de 1960, a narrativa liberal que veio a soar mais persuasiva era um conto de realização histórica. Nas décadas após 1945, os liberais começaram a dizer a si mesmos que seu sonho de ordem não parecia tão inatingível, afinal. Tampouco foi puramente um sucesso negativo, o menos ruim do ruim, uma superioridade da Guerra Fria do Mundo Livre sobre o Outro Comunista. O velho sonho liberal – uma ordem eticamente aceitável de progresso humano entre cidadãos iguais sem recurso ao poder indevido – deixou de parecer tão exigente, tão utópico. O sonho começou a parecer não só possível, como se tornou menos contestado e mais amplamente compartilhado.

PARTE TRÊS

SEGUNDA CHANCE E SUCESSO (1945-1989)

10.

CENÁRIO HISTÓRICO APÓS 1945

O NOVO COMEÇO DA DEMOCRACIA LIBERAL

Esta era a segunda chance dos liberais e eles a aproveitaram. De qualquer forma, no Ocidente, vencedores e perdedores agora sabiam igualmente o que evitar. A democracia liberal, esboçada na sombra por um opositor soviete e subscrita pelo estado de bem-estar social, tornou-se uma norma ocidental. Indivíduos ocupavam o centro do palco equipados com direitos recém-adaptados. Com o tempo, o pensamento liberal, profissionalizado nas universidades, começou a olhar para si mesmo e a refletir filosoficamente sobre os "porquês" superiores do liberalismo. Ao contrário do passado recente, a democracia liberal se constituía para a maioria das pessoas em um bom tipo de sociedade onde crescer. Para muitos, em outros lugares, era um regime invejável para se viver. Seu apelo se espalhou.

Assim como nos anos por volta de 1830, após o levante napoleônico divisivo, os políticos e empresários do pós-guerra do Ocidente começaram novamente a pensar em seus problemas de maneiras semelhantes. Eles liam e traduziam os livros um do outro e iam para as universidades um do outro. Eles se viram ligados pelas soluções uns aos outros e começaram a procurar soluções em conjunto. Eles desenvolveram formas comuns de pensar sobre política e pararam de tomar grandes decisões – sobre dinheiro, sobre exércitos, sobre leis – em isolamento nacional. Eles precisavam disso porque os custos da ruptura e do conflito eram agora muito grandes. Eles foram capazes de fazê-lo porque suas sociedades estavam crescendo de forma muito análoga. No que, historicamente falando, foi uma explosão de mudança surpreendentemente breve e pressionada, as sociedades camponesas, de trabalhadores rurais e analfabetas tornaram-se, durante a curta vida do liberalismo, primeiramente semialfabetizadas, urbanas e industriais. Agora, em um segundo avanço, as sociedades americanas e europeias estavam convergindo rapidamente para um pós-industrialismo suburbano plenamente alfabetizado. Nesse cenário, a cooperação política e econômica foi novamente possível. A nova experiência de erros liberais calamitosos tornou isso necessário.

Os governos europeus e americano combinaram-se em arranjos embaraçosos, desiguais, mas, no final das contas, duradouros de redução de tarifas, defesa mútua e coordenação monetária. A Europa passou de 150 anos de guerra civil entre suas nações para embarcar na criação de uma união pós-nacional. Quando as exceções ditatoriais da Europa – Espanha, Portugal e Grécia e, mais tarde, os países ex-comunistas europeus – pediram para entrar no jogo, a democracia ibérica era uma condição para entrar. O liberalismo ocidental não era uma caridade global. Para as colônias da Europa, as décadas de 1940 a 1970 foram uma época de guerras brutais de independência para garantir o que os liberais prometiam a si mesmos – autogoverno e defesa contra o poder indesejado –, mas que se estendeu apenas com relutância aos povos subjugados. No entanto, cresceu uma política de práticas internacionais compartilhadas com as quais os liberais, reconciliados com a democracia, esperavam estabilizar, ampliar e perpetuar tais promessas.

Do amplo centro liberal da política, homens e mulheres tecnicamente esclarecidos criaram uma nova ordem internacional. Eles se basearam na experiência dos erros liberais. A Alemanha foi culpada pela guerra, com mais justiça do que em 1918, mas as reparações foram limitadas e equilibradas pela ajuda e reconstrução. Como as prosperidades americana e europeia eram interligadas, a cooperação monetária e o livre comércio eram vitais. Como a rivalidade franco-alemã havia contribuído para duas guerras, a conciliação europeia era vital. Por meio do Plano Marshall, os Estados Unidos dispensaram à Europa, incluindo a Alemanha derrotada, US$ 13 bilhões em ajuda, os quais como parcela da economia equivaliam a cerca de meio trilhão de dólares em dinheiro de hoje. Desde a crise de 1873 até a recessão da década de 1930, a experiência havia ensinado aos liberais que, para um comércio aberto e próspero, as taxas de câmbio fixas eram boas e as guerras cambiais ruins, mas que as tensões de manter taxas fixas podiam sobrecarregar qualquer país. Harry Dexter White, para o Tesouro americano, e Maynard Keynes, para a Grã-Bretanha, conceberam um sistema monetário favorável ao livre comércio, de taxas de câmbio fixas, mas ajustáveis, ancoradas pelo dólar. Robert Schuman, para a França, e Walter Hallstein, para a Alemanha, lançaram as bases para uma união econômica e política na Europa que abriu meio século de paz e prosperidade após 150 anos de guerra. Economistas liberais de ambos os lados do Atlântico tiraram lições técnicas da década de 1930. Era melhor ajustar o câmbio e as taxas de juros à oferta monetária e a oferta monetária à produção e ao emprego, e não o contrário. Eles estavam recuperando a sabedoria pré-liberal de Adam Smith, de que a riqueza de uma nação estava na produção, no trabalho e nas habilidades, não em ouro ou prata.

O mundo liberal-democrático do pós-guerra era de riqueza crescente, mas também um mundo onde a riqueza era mais amplamente compartilhada. A renda *per capita* cresceu e a desigualdade de renda caiu. As vidas tornaram-se mais longas e saudáveis. As escolas públicas e, em seguida, as escolas de ensino médio públicas, tornaram-se universais. Eleger e exercer cargos políticos foi franqueado a todos. Muitas restrições legais sobre o que as pessoas poderiam fazer ou dizer deixaram de existir. O controle da imprensa e da televisão foi abrandado. A lei interferia menos na vida privada. Proibições ou limitações ao divórcio, à contracepção e ao aborto diminuíram ou desapareceram. A perseguição legal aos homossexuais acabou. A lei interferiu mais, por outro lado, para proteger os trabalhadores e não, como antes, apenas os patrões. Ela entrou em cena para limitar a discriminação racial e contra as mulheres. Os suspeitos enfrentaram atitudes mais enérgicas da polícia e dos tribunais. Na Europa – e logo em seguida nos Estados Unidos –, a pena de morte desapareceu. Considerada contrária aos ideais liberais, a sociedade liberal-democrática foi, em muitos aspectos, um sucesso. As pessoas tinham mais maneiras do que antes de resistir ao poder. A sociedade e a vida dos seus integrantes melhoraram em muitos pontos. O respeito e a preocupação pelas pessoas haviam se aprofundado e agora estavam amplamente incorporados aos costumes e à lei. O conflito entre as pessoas foi mais contido e direcionado para a competição pacífica e nenhum poder dominava. Para os povos da Europa Ocidental e dos Estados Unidos, o sonho liberal naquelas décadas do pós-guerra não parecia inatingível.

Da década de 1880 à década de 1940, um liberalismo democrático emergiu de um compromisso histórico. Nas décadas de 1950 a 1970, os termos desse compromisso foram reajustados e assentados. As proteções e os benefícios que os liberais reivindicaram para os cidadãos livres chegaram a todos. A democracia política era finalmente universal. Todos, exceto crianças e adolescentes, podiam votar. A democracia ética se espalhou à medida que a privacidade e as permissões que os liberais pensavam para os sábios e instruídos foram estendidas a todos. Deixar que as pessoas escolham seu próprio caminho para uma vida boa prevaleceu sobre o educador liberal paternalista. Constant havia prevalecido sobre Humboldt. A democracia econômica se espalhou. Mais pessoas tinham voz na economia. A sociedade cresceu menos como uma pirâmide e mais como um losango. Entre alguns ricos no topo e alguns pobres na base, crescia uma fatia cada vez mais espessa da classe média. O tipo de sociedade econômica que Fisher, Keynes e Hayek esperavam resgatar, cada um a seu modo, acabou por se concretizar.

Esses desenvolvimentos bem-vindos afetaram o pensamento liberal sobre o conflito na sociedade. Um pensamento que distinguia os liberais de seus rivais na política era que o conflito era interminável e inevitável. O próprio sucesso da democracia liberal depois de 1945 agora criava uma tentação para os liberais ignorarem sua própria sabedoria. À medida que a sociedade se tornava mais rica e de classe média, era atraente pensar que talvez estivesse se aproximando um estágio no qual o conflito poderia diminuir. O mundo das classes e propriedades do século 18 legara a Hegel, Guizot e Marx uma imagem do conflito político como uma luta de classes. Essa imagem era irresistível. Foi fácil de entender. Ofereceu uma maneira elegante de organizar pensamentos sobre outros conflitos na política. Deu sentido ao fluxo de eventos. Todos, inclusive os liberais, confiaram na imagem.

Em meados do século, a imagem já não era boa. À medida que a luta de classes estava acabando, era fácil pensar que o próprio conflito estava acabando. Os liberais, em seu sucesso, tiveram que se lembrar de que o conflito nunca terminava. As disputas econômicas não desapareceram. Tornaram-se multifacetadas: governos *versus* seus empregados, famílias jovens *versus* pensionistas, acionistas *versus* administradores, cidades ricas *versus* regiões pobres, novas tecnologias *versus* indústrias em declínio. À medida que a vida se tornava mais confortável, a política liberal se tornava mais complicada. Antigos campos políticos se desfizeram e as divisões partidárias não eram mais bem definidas. O conflito político não desapareceu. A política tornou-se "transversal". Particularmente quando os tempos econômicos melhoraram, as pessoas começaram a brigar sobre moral, lealdades – que logo seriam conhecidas como "identidades" – e fé. Para alguns liberais, a perda de clareza e a ausência de uma narrativa clara eram sinais de que a política estava escapando do controle prático e intelectual das pessoas. O próprio liberalismo, eles se perguntavam, não havia perdido sua forma e se fragmentado em distintos "liberalismos"? Para outros liberais, ao contrário, o abandono das narrativas simplificadoras e o reconhecimento da complexidade marcaram não a ruptura do liberalismo, mas uma conquista liberal.

11.

NOVAS FUNDAÇÕES: DIREITOS, UM ESTADO DEMOCRÁTICO DE DIREITO E BEM-ESTAR

i. Os redatores da Declaração de Direitos Humanos de 1948: a democracia liberal se torna global

"Intriga, *lobby*, acordos secretos, blocos", escreveu Charles Malik em seu diário. "Políticas de poder e barganha me dão náuseas". Malik, um filósofo libanês, não estava descrevendo lutas fiscais, orçamentos de armas ou guerra interconfessional, mas seu trabalho na Declaração Universal dos Direitos Humanos do pós-guerra. No final de 1946, a Assembleia Geral da ONU nomeou uma comissão de redação, que se reuniu devidamente em uma fábrica de giroscópios abandonada em Lake Success, perto da cidade de Nova York, em Long Island. Como um dos redatores, Malik achou os confrontos e os tecnicismos frustrantes. Para ele, a força e a clareza dos direitos humanos eram evidentes. Um cristão ortodoxo que tomou sua crença por uma celebração da personalidade humana, Malik conheceu em primeira mão a intolerância e o abuso tirânico. Ele vinha de uma região marcada por divisões confessionais em que as maiorias "manipulavam" ou intimidavam as minorias. Ele havia estudado na Alemanha com o controverso Martin Heidegger, mas partiu, em 1933, para os Estados Unidos, embora não antes de estudantes nazistas o terem espancado por confundi-lo com um judeu. Em Lake Success, Malik aprendeu como era difícil codificar o sentimento humano de indignação em termos legais. Aprendeu como era desconcertante confiar aos poderes da lei, do governo e das maiorias populares a tarefa de defender homens e mulheres dos abusos do próprio poder. A Declaração dos Direitos

Humanos de 1948 continuou a causar perplexidade, até mesmo desdém. Não obstante, como uma reafirmação pós-guerra dos ideais democrático-liberais, sobreviveu à frustração e ao desprezo com notável resistência.

Entre os colegas redatores de Malik, havia um outro "universalista" liberal de visão mais secular, René Cassin, um especialista francês em direito público e *résistant* à guerra em Londres. Havia, também, um advogado soviético astuto, mas de linha partidária, que tratava os direitos "burgueses" como um sucedâneo da solidariedade proletária. Um estudioso chinês não comunista, Pen-Chun Chang, encontrou paralelos confucionistas nas normas ocidentais e esmerou-se nas traduções. A reformadora social indiana e ativista pela independência Hansa Meta falou pelos direitos das mulheres. Quase todos concordaram que os direitos humanos se referiam à defesa do valor da personalidade e à defesa do povo contra os maus-tratos. Nem todos entendiam esses objetivos da mesma forma. Na cadeira estava Eleanor Roosevelt, a viúva do falecido presidente americano e uma experiente ativista por causas progressistas. Ela entreteve o diversificado público com o velho clarinete de seu tio Teddy Roosevelt e os guiou por 81 reuniões até uma conclusão quase unânime que muitas vezes parecia inalcançável.

A primeira tarefa foi elaborar uma lista verossímil de direitos amplamente reconhecidos. Uma equipe comandada por John Hunphrey, um advogado canadense, vasculhou os códigos e constituições em todo o mundo. A longa lista de Humphrey cresceu a partir de liberdades e proteções que de uma forma ou de outra estavam enraizadas ou proclamadas em países o suficiente para serem consideradas representativas, comuns e "universais". A lista, no entanto, não estava organizada. Estabelecida com base na ordem dos códigos legais devassados, Cassin foi encarregado de dar à lista um sentido de ordem e lógica. Cassin criou uma imagem: ele imaginou os direitos humanos como uma fachada clássica de um templo. Suas quatro colunas representavam os valores primordiais de dignidade, liberdade, igualdade e fraternidade. Esses valores sustentavam direitos, pomposamente gravados no frontão. Apenas o que exatamente apoiava o que era, observando bem, obscuro. A imagem de Cassin serviu ao seu propósito mesmo assim. Através das discussões subsequentes, a sua organização e também o que não estava vinculado a ela sobreviveram.

O artigo 1° da declaração final proclamava juntos esses quatro valores: "Todos os seres humanos nascem livres e iguais em dignidade e direitos.

São dotados de razão e consciência e devem agir uns para com os outros com espírito de fraternidade". O Artigo 2 exigia que os direitos fossem consagrados a todos em todos os lugares, sem discriminação ou exclusão. Os artigos 3 a 11 tratavam sobre as obrigações e os autocontroles que deveriam limitar o poder da autoridade nas suas relações com as pessoas, tais como: os direitos de "vida, liberdade e segurança pessoal", bem como a igualdade sob um Estado de direito. Os artigos 12 a 17 reuniam as liberdades das pessoas para agir como quisessem dentro de suas sociedades. Eles exigiam respeito por privacidade, liberdade de casamento e direitos de propriedade e circulação. Os artigos 18 a 20 diziam respeito aos direitos de expressão e participação na vida pública e na política: dizer e acreditar no que quiser, reunir-se, falar e ocupar cargos. Tomados em conjunto, esses primeiros 20 direitos podem ser vistos como refletindo elementos-chave de respeito cívico liberal, de não intrusão e de não obstrução exercidos democraticamente de maneira não exclusiva.

Os próximos sete artigos foram muito além dos antigos entendimentos sobre direitos. O artigo 21 estipulava o tipo de ajustes legais e políticos necessários para que o povo pudesse exercer os precedentes: "A vontade do povo deverá ser a base da autoridade do governo; essa vontade deverá ser expressa em eleições genuínas e periódicas, as quais deverão ocorrer por sufrágio igualitário e universal que deverá ser realizado por voto secreto ou por procedimentos equivalentes de votação livre". No espírito do "novo liberalismo" pré-1914, os artigos 22 a 27 trataram do que chamamos de respeito cívico para incluir a preocupação comum pelas necessidades do povo. O artigo 22 dizia: "Toda pessoa, como membro da sociedade, tem direito à segurança social". Outros "direitos sociais" seguiram-se tranquilamente. Eles incluíam bem-estar social, igualdade de remuneração, direito ao trabalho, direito a férias e direito a cuidados especiais para crianças e mães. Considerados em conjunto e ao pé da letra, os artigos 21 a 27 proclamavam um direito universal à democracia liberal com forte cunho "social".

Os redatores optaram por não fazer menção a "leis da natureza", "Deus da natureza" ou um "ser supremo" que os constitucionalistas americanos e franceses do século 18 invocaram para abençoar seu empreendimento. O acordo sobre o conteúdo não se deve deter, insistia Cassin, sobre divergências insanáveis como quanto a que tipo de coisas, metafisicamente falando, os direitos eram, de onde vinha sua autoridade ou o que nos ligava a eles moralmente. Nem, pensou ele, a declaração deveria tropeçar em imagens concorrentes de pessoas e da sociedade do gênero "quem veio primeiro". O esboço presumia que os direitos eram reconhecidos em vez de conferidos, que eram, em certo sentido, independentes e vinculados a nós, observados ou não, e que eram, portanto, menos uma descrição de proteções reais do que um "padrão de conquistas" para "todos os povos e todas as nações". Além disso, a declaração deixou em aberto questões mais polêmicas sobre o *status* preciso e o propósito geral dos direitos humanos.

Em setembro de 1948, os especialistas de Roosevelt aprovaram um esboço quase sem discordância. Os governos agora ponderavam diretamente em um comitê superior da ONU que realizou mais de 100 reuniões adicionais. Os britânicos fizeram uma tentativa sem muita convicção de excluir os direitos sociais e de negar o mandado de declaração dentro de suas colônias. Os iugoslavos perguntaram aos americanos por que eles se opunham ao *apartheid* sul-africano, mas não à segregação no sul. Os sauditas resistiram aos direitos das mulheres. Os soviéticos abandonaram qualquer pretensão e se opuseram abertamente à declaração como uma interferência na soberania nacional. Mesmo assim, um projeto final foi encaminhado à Assembleia Geral, que o aprovou em 10 de dezembro por 48 votos a zero. Os sete estados comunistas se abstiveram, juntamente com a Arábia Saudita e a África do Sul. A maior parte da África e da Ásia estava ausente. Na verdade, faltavam, na época, três quartos das nações que a autodeterminação e a descolonização logo trariam ao mundo.

A conquista foi, contudo, expressiva e assim reconhecida na época. O clima moral era patente. Desde a década de 1930, o mundo testemunhou "recaídas na barbárie, por todos os lados, que chocaram a humanidade com a percepção do que, apesar de toda a sua suposta civilização, ela era capaz de fazer", como o advogado de direitos humanos James Fawcett – o pai deste autor, que esteve na ONU em 1948 pelo Ministério das Relações Exteriores britânico e que mais tarde foi presidente da Comissão Europeia de Direitos Humanos – escreveu em *The Law of Nations* (1968). Vista sob esse ângulo, a Declaração dos Direitos Humanos foi uma penitência. Foi igualmente uma carta global para uma nova política. Dezembro de 1948 pode ser devidamente considerado como um momento em que a democracia liberal foi reconhecida como uma aspiração global, não estritamente ocidental.

O reconhecimento, embora generalizado, não foi universal. Outras aspirações políticas persistiram. A propriedade privada constante da declaração e as eleições livres, em particular, separaram os princípios liberais-democráticos dos comunistas excludentes ou autocráticos, como realçado na votação final. Muitas nações coloniais estavam mais interessadas na independência e autodeterminação do que nos direitos de seus futuros cidadãos. Mesmo entre os liberais democratas, não demorou muito para que a excitação por ter encontrado, como parecia, um ponto fixo reconhecido dentro da moralidade da política abrisse espaço para o questionamento e o desencanto. Surgiram dúvidas sobre a declaração, assim como sobre os direitos humanos em geral. Essas dúvidas eram legais, intelectuais e políticas. Na verdade, cada um desses pontos foi superestimado, mas vale a pena insistir neles, pois foram e continuam sendo amplamente sentidos.

As dúvidas legais se voltaram para o que parecia uma escolha intragável. Ou os direitos humanos deveriam ser codificados em leis aplicáveis, quando enfrentassem o perigo da superformalização como questões quase técnicas, muito afastadas da preocupação central de proteger as pessoas de evidentes maus-tratos e abuso de poder; ou os direitos humanos deveriam permanecer como material de discurso para uso pelos governos como varas para bater uns nos outros, como: povos do terceiro mundo contra o colonialismo, comunistas contra as iniquidades ocidentais e ocidentais contra comunistas e déspotas do terceiro mundo.

Para céticos e negadores, ocorreu a pior de ambas as alternativas. Os europeus ocidentais seguiram o caminho da coação. Em 1950, eles concordaram com a sua própria convenção de direitos humanos, com um tribunal com poderes para conter os governos em violação. Logo, os cidadãos poderiam apelar diretamente contra os abusos dos direitos humanos. As esperanças eram justificadamente altas. Mesmo assim, muitos temiam que o que a lei europeia de direitos humanos ganhasse em força arriscava-se a perder em foco e lucidez. Uma convenção para prevenir abusos cruéis e flagrantes começou a se voltar, como os críticos temiam, para infrações formais e processuais das quais seus perpetradores governamentais podem nem sequer estar cientes. Com o tempo, até mesmo os contratos civis entre particulares ficaram sujeitos a restrições de direitos humanos. Em pouco tempo, o acúmulo de casos cresceu para mais de 100 mil.

Na ONU, o problema com os direitos humanos não era o uso excessivo, mas o uso indevido. Como aspiração, a Declaração de Direitos Humanos da ONU não previa implementação nem o cumprimento. No entanto, surgiu um emaranhado de organismos de direitos humanos da ONU, o que gerou mais compromissos no papel. Os ocidentais queixaram-se de que as nações recentemente independentes exploravam a máquina de direitos da ONU mais para criticar o Ocidente do que para respeitar seus próprios cidadãos. Os países do terceiro mundo replicaram que o Ocidente fazia a mesma coisa. Ambos estavam corretos, de certa forma, pois o problema mais crucial estava em esperar que governos de qualquer tipo honrassem ou promovessem os direitos humanos, salvo sob pressão constante. Em seu estudo de 1975 sobre a ONU, o estudioso britânico Herbert Nicholas comentou acidamente sobre "o absurdo inerente a uma organização de governos que se dedica à proteção dos direitos humanos quando, em todas as épocas e climas, são os governos que têm sido seus principais violadores". Todos os governos poderiam ser considerados para pregar os direitos humanos, dizia a sugestão, mas não se deveria esperar que nenhum os defendesse.

O desencanto intelectual com os direitos humanos cresceu com uma aparente incapacidade de encontrar defesas estáveis e publicamente disponíveis para eles contra debochados, céticos e negadores. Em 1948, um painel da UNESCO, que incluía o filósofo francês Jacques Maritain, o historiador britânico E. H. Carr e o líder indiano Mahatma Gandhi, foi solicitado a revisar os fundamentos filosóficos dos direitos humanos. Ao chegar à conclusão de que esses fundamentos eram um tópico vexatório sobre o qual o acordo era improvável, os revisores não esmoreceram. A Declaração dos Direitos Humanos foi redigida em uma espécie de vácuo intelectual sobre a natureza dos direitos civis e políticos que ela reconheceu ou colocou em pauta. O pensamento antigo e moderno sobre justiça e direitos estava disponível, mas em princípio só podia ser interpretado por especialistas. Nas tradições anglófonas, uma filosofia articulada de direitos, particularmente os direitos humanos universais, mal existia. O pensamento jurídico mais rico era o alemão, mas, em 1948, poucos olhavam para a Alemanha quando tinham por foco os direitos humanos.

Os primeiros liberais, vimos, clamaram em nome do povo contra o poder. Eles exigiam proteções, permissões e direitos de expressão. Eles raramente fizeram tais reivindicações em termos do que hoje chamamos de direitos comuns, universais ou humanos. Os direitos privados eram geralmente considerados como decorrentes de contrato ou costume, adjudicados nos tribunais de um país. Os direitos políticos – votar, reunir-se e ocupar cargos, por exemplo – eram direitos dos cidadãos. De qualquer forma, os direitos eram nacionais. Na medida em que as reivindicações fundamentadas sobre o tratamento adequado das pessoas cruzavam fronteiras, eram menos direitos do que esperanças declaratórias. Na medida em que os direitos juridicamente consolidados eram políticos, eles eram nacionais, não universais.

Direitos civis e políticos estavam presentes nos Estados Unidos, mas a Declaração de Direitos de 1791 trazia proteções apenas para os cidadãos em relação ao governo federal, não aos governos dos estados, muitos dos quais reconheciam a Declaração de Direitos seletivamente, se tanto. O direito constitucional americano no século 19 enfrentou uma tarefa primordial, pressionando os negócios e as finanças, para criar uma lei nacional a partir de uma colcha de retalhos de leis estaduais e federais. Quando os casos constitucionais envolveram cidadãos diretamente, os tribunais americanos do século 19 tendiam, como visto, a ler a Declaração de Direitos mais como uma defesa para contratos livremente firmados do que como uma carta para liberdades civis. Até a década de 1930, os defensores das liberdades civis da Suprema Corte, Holmes e Brandeis, comumente formavam uma minoria dissidente de dois. As coisas também não eram muito diferentes na Grã-Bretanha, onde uma concepção jurídica de liberdades civis e direitos políticos exigíveis em tribunal contra a vontade do Parlamento era em grande medida estrangeira. Tomadas como um todo, as declarações francesas de grande ressonância da década de 1790 tiveram pouco impacto direto na tarefa prática que os advogados franceses enfrentaram ao redigir os códigos civis e administrativos do início do século 19: moldar um acervo dissonante de regras romanas, feudais e tradicionais existentes em um único arcabouço de direito nacional.

Tal como Cassin fez durante a elaboração da Declaração, os pensadores liberais antes de 1945 tinham procurado evitar questões filosóficas sobre onde enquadrar os direitos no acervo jurídico mundial e onde identificar a fonte de sua autoridade. Na época do nascimento do liberalismo, no início do século 19, a ideia de direitos naturais (do tipo que as pessoas em qualquer lugar tinham simplesmente por serem pessoas ou pelo menos por serem homens europeus) havia desaparecido com o declínio da lei natural (padrões indiscutíveis de justiça para leis e povos em todos os lugares). Havia diversas razões para esse declínio, assim como para outras doutrinas universalistas de direitos no século 19. Se a lei natural fosse considerada um compêndio dos mandamentos de Deus, era vulnerável à difusão do secularismo. Se sua fonte era considerada como sendo a nossa sociabilidade inata, então sua orientação já não era mais clara, pois embora possa ser natural pertencer à sociedade, independentemente de qual fosse a sociedade real a que as pessoas "naturalmente" pertenciam, estava ela agora em permanente convulsão. Os hábitos sociais e as expectativas materiais do tipo que geravam reivindicações de categorias específicas de direitos estavam, por sua vez, mudando. "Natural", além disso, estava deixando de exprimir "universal" e estava começando a se confundir na mente das pessoas com "nacional". A ascensão do Estado-nação moderno valorizou a redescoberta ou invenção de características nacionais que dividiram o mundo em sociedades reconhecidamente distintas, cada uma supostamente com seus próprios costumes éticos que embasaram tradições legais distintas. Kant, é verdade, transmitiu ao pensamento liberal uma visão universalista concorrente da razão e da lei humanas, segundo a qual os padrões de justiça não se baseiam em mandamentos impostos por Deus, nação ou sociedade, mas em regras que qualquer criatura egoísta, mas ainda assim razoável, aceitaria em uma base *tu quoque* como vinculante para todos. Apesar de todo o seu poder teórico e apelo intelectual, o kantismo parecia abstrato demais para justificar os tipos de permissões e proteções juridicamente respaldadas que as pessoas realmente exigiam ou requeriam. Nenhuma das duas tradições parecia oferecer o que os liberais queriam de uma filosofia do direito: justificativas prontas para uma fonte flexível de ordem e pulsão de reforma em sociedades incessantemente em mudança. Para tanto, a lei natural era muito silenciosa, muito universal ou muito estável, e o kantismo muito abstrato.

Na medida em que os liberais anteriores tinham ou sentiam necessidade de uma filosofia jurídica, ela tendia a vir de um utilitarismo cotidiano, particularmente na Grã-Bretanha. O utilitarismo serviu na prática como crítico e excludente do direito obsoleto ou contestado. Ninguém sabia disso nas décadas de 1940 a 1950, mas, como o teórico do direito britânico Herbert Hart disse mais tarde, a filosofia do direito e da política no mundo de língua inglesa estava começando sua difícil travessia da "velha fé no utilitarismo" para "a nova fé nos direitos". Um capítulo posterior sobre o trabalho e a influência de John Rawls observa como, ao chegar à terra, os filósofos do direito encontraram em grande quantidade novas justificativas para os direitos humanos. Isso provocou a queixa ingrata de que, não tendo antes nenhuma teoria sobre direitos humanos, os pensadores liberais agora tinham muitas.

A decepção política com a Declaração dos Direitos Humanos de 1948 se concentrou no "desaparecimento da missão". O discurso sobre direitos encorajou a disseminação de reivindicações em áreas cada vez mais amplas. Logo, praticamente qualquer questão política era enquadrada como uma questão de direitos. Essas eram as queixas e havia material de apoio em abundância. Na ONU, a "inflação de direitos", tal como foi chamada, seguiu a sequência bíblica: a primeira geração de direitos humanos cívicos e políticos gerou uma segunda de direitos sociais e econômicos, que deram origem a uma tereira dos direitos de grupos e minorias. Cada geração tinha uma certidão de nascimento da ONU em sucessivos convênios acordados na Assembleia Geral sobre discriminação racial (1965), direitos econômicos, sociais e culturais (1966), discriminação contra mulheres (1979) e direitos das crianças (1989). Os direitos sociais e econômicos, esboçados em 1948, mas agora explicitados em detalhes, foram bombardeados por serem muito caros, onerosos demais para os países pobres e elásticos em demasia para uma ideia de direito. O problema da extensão demasiada era paralelo ao da "legalização excessiva" com os direitos humanos na Europa. Se qualquer demanda política se tornasse uma reivindicação de direitos humanos, o risco era que um movimento para proteger as pessoas de flagrantes abusos de poder pudesse se manifestar em demandas abertas e conveniências insaciáveis. Tal era a preocupação.

Por uma estranha reviravolta histórica, essas decepções levaram a uma segunda onda dos direitos humanos. No ativismo cívico, ela se configurou na tomada de decisões pelas próprias mãos. Talvez os direitos humanos, carentes de fundamentos teóricos consensuais e enfraquecidos por excessos, estivessem agora enredados na lei e assim cooptados e explorados pelos governos. As principais demandas contra o tratamento desumano e o abuso de poder não perderam nada de sua força moral ou política. Tal foi a profunda convicção de Peter Benenson, um advogado britânico que em 1961 iniciou uma campanha em Londres em nome dos presos políticos chamada Anistia.

O objetivo de Benenson ao defender "prisioneiros esquecidos" era humano e não geopolítico ou doutrinário. Para ele, os prisioneiros de consciência – pessoas encarceradas em decorrência da expressão de suas opiniões não violentas – exigiam defesa não para promover seus pontos de vista ou para atacar os de seus opressores, mas porque encarcerar pessoas por seus pontos de vista era errado. Ao mesmo tempo, ele era rigoroso em não sair em defesa de todos os infratores políticos. Não havia sentido, pensava Benenson, em defender os direitos dos prisioneiros que, uma vez estando no poder, cometeriam os mesmos erros e prenderiam seus oponentes. Tampouco se propôs a defender da violência estatal aqueles que advogavam pela sua própria violência.

Peter Benenson (1921-2005) nasceu da não ortodoxia e da dissidência. Sua mãe, Flora Solomon, era uma socialista e sionista que organizou trabalhadores nas lojas de departamentos da *Marks and Spencer*. Entre seus tutores domésticos estava incluído o poeta W. H. Auden. Em sua adolescência, Benenson organizou uma ajuda para as vítimas da Guerra Civil na Espanha. Após a guerra de 1939-45, durante a qual decifrou códigos em Bletchley Park, ingressou na Ordem dos Advogados. Na década de 1950, ele fez campanha contra os abusos britânicos em Chipre e contra os excessos assassinos das ditaduras apoiadas pelo Ocidente na Espanha e em Portugal. Com o tempo, a Anistia se transformou em uma campanha mundial. Assim como Roger Baldwin na União Americana pelas Liberdades Civis (ACLU), Benenson trabalhou mais pelo carisma do que pelo método. Ele era a pessoa errada para administrar um órgão que acabou se transformando em uma organização com milhares de voluntários e uma equipe de mais de 500 funcionários. Benenson renunciou em 1966, reclamando que os serviços secretos britânicos haviam se infiltrado em sua campanha, que, seja qual for a verdade, eles tinham plena capacidade de levar adiante.

Nesse mesmo ano começou uma nova fase ainda mais difícil de ativismo cívico, focada em "prisioneiros de consciência" no mundo comunista, em dois, em particular: Yuli Daniel e Andrei Sinyavsky, presos em 1966. Seguindo os passos da Anistia, a campanha em favor dos dissidentes soviéticos uniu forças internacionais a partir de um início reduzido formado por governos pressionados no Oriente e no Ocidente, mas que, em 1975, deu frutos com as disposições de direitos humanos dos Acordos de Helsinque, que formalizaram a distensão Leste-Oeste após a Primeira Guerra Fria (1947-70). Ativistas de direitos humanos de ambos os lados pressionaram os governos a cumprir seus compromissos. Eles foram acompanhados por ativistas antinucleares pedindo aos governos que honrassem suas promessas de controle de armas. Na Tchecoslováquia, o foco da campanha foi a Carta 77, iniciada pelo dramaturgo Vaclav Havel, que logo se viu na prisão. Ativistas não comunistas tomaram nota. Em Nova York, Aryeh Neier, ex-diretor da ACLU, fundou a *Human Rights Watch* para defender prisioneiros como Havel.

Movimentos pró-dissidentes no Ocidente desempenharam seu papel na dissolução do comunismo soviético. À medida que os governos ocidentais assumiram o clamor dos direitos humanos, os céticos ocidentais adotaram uma história reducionista dos direitos humanos. Como eles contaram, os direitos humanos eram invisíveis antes de 1945, falados em 1948, descartados por três décadas e depois apreendidos pelos governos ocidentais como uma arma na Segunda Guerra Fria (1978-85). Esses céticos dos direitos humanos não apenas simplificaram uma história complexa, como negligenciaram a força das palavras declarativas e dos empreendimentos na política. Eles menosprezaram a consolidação dos direitos humanos na prática jurídica da Europa Ocidental, em si um modelo de justiça criminal internacional que muitos alegaram que nunca se estabeleceria como uma nova e incontestável norma em um tribunal criminal mundial, mas isso ocorreu na década de 1990. Os céticos subestimaram a influência de "atores" não estatais na política mundial. Uma falha subjacente a esses erros cometidos pelos céticos foi que eles não conseguiram entender o poder da indignação.

"Um movimento humanitário", Benenson disse uma vez, "deve decidir suas ações pelo coração e não pelo livro da lei." Os desmistificadores atacaram essa conversa por falta do que chamaram de "realismo". O que os desmistificadores não perceberam foi que a indignação mobilizou as pessoas. Mobilizou em particular pessoas cuja imaginação moral deu lugar especial à figura de uma vítima exemplar ou sacrificial. Duzentos anos antes, o deísta Voltaire havia entendido, melhor do que os desmistificadores, esse fato sobre as intuições morais das pessoas. Por seu Tratado da Tolerância (1763), Voltaire é justamente lembrado como padrinho intelectual do movimento moderno de defesa dos direitos humanos. Uma característica notável do Tratado era que ele parecia defender um homem já morto. A vítima foi Jean Calas, um protestante obscuro, horrivelmente sacrificado ao fanatismo católico em um erro grosseiro da justiça no ano anterior, em Toulouse. O livro de campanha de Voltaire levou, é verdade, à defesa póstuma do morto, à absolvição de sua família falsamente acusada do mesmo crime e a uma bela indenização por parte da coroa francesa. O Tratado de Voltaire olhava mais para frente do que para trás. Mesmo assim, oferecia uma lição sobre o valor de destacar erros exemplares, que dois séculos depois Peter Benenson compreendeu plenamente.

Voltaire viu isso sem um *Aqui, olhe para isso!* para chamar a atenção; as pessoas podem perder o senso de indignação contra um poder que deveria ser absolutamente proibido. As pessoas poderiam, enunciou Voltaire, refletir que a morte de uma pessoa era sempre pequena na escala das coisas. Elas podem se acomodar com o pensamento conveniente de que os soldados morriam aos milhares sem provocar indignação. Para colocar o medo de Voltaire em termos modernos, as pessoas podem concluir com base em um espírito utilitarista que emocionar-se por causa de uma só morte envolve a superação de apenas um único erro na escala de maus resultados. Eles podem concluir, em termos ainda mais modernos, que o foco em uma única falha judicial envolvendo um erro de "relevância" significaria focar no horror do fato apesar de sua raridade. Sem persegui-los, Voltaire colocou essas dúvidas de lado. Ele entendeu o significado do martírio. Se uma só morte fosse comparada com muitas outras mortes, o martírio do primeiro era inútil. Mas, evidentemente, o martírio tinha algum sentido. A mensagem do mártir era desafiar e desmascarar o poder.

Os primeiros liberais absorveram a lição de Voltaire. Eles mantinham cuidadosamente um Livro dos Mártires Liberais. Lá estava incluído o nome do duque d'Enghien, sequestrado e fuzilado em 1804 para a indignação dos antigos partidários de Napoleão, após um julgamento espúrio com o assentimento do imperador. Incluía também o liberal saxão executado pelo pelotão de fuzilamento austríaco na revolução de 1848, Robert Blum, que se tornou um herói morto em todas as terras alemãs. O Livro dos Mártires Liberais prosseguiu com Dreyfus, Sacco e Vanzetti, os Scottsboro *Boys*, Caryl Chessman e outros. Tais casos eram diferentes em seus pormenores. Muitas das vítimas eram culpadas das acusações.

Mártires geralmente são. Cada sacrifício ao poder tornou-se mesmo assim uma causa – contra a discriminação e a intolerância, contra o racismo, contra a pena de morte – à qual o poder com o tempo teve que dar uma resposta. Lincoln e Gladstone entendiam a indignação liberal. Assim, por mais utilitarista que fosse, Mill o fez. Em sua *Autobiografia*, Mill destacou entre as muitas qualidades admiráveis de sua esposa, Harriet Taylor, "uma indignação ardente contra tudo que é brutal ou tirânico". Você é um tipo estranho de liberal se não pode ceder à indignação e ao repúdio.

A conquista de dezembro de 1948 foi duradoura e considerável. O desencanto surgiu principalmente das excessivas expectativas de justiça da lei, dos argumentos finais dos filósofos e do mercado das ideias políticas. Seja qual for a forma precisa dos padrões, cresceu depois de 1948 uma aceitação em todo o mundo de que o Estado de direito incluía altos padrões no tratamento adequado das pessoas. Não era mais aceito como desculpa para maus-tratos, discriminação ou abuso que eles fossem permitidos pelas leis de um país ou dispensados em seus tribunais. Tornou-se amplamente aceito que os estados e os titulares de seus mais altos cargos poderiam ser responsabilizados por crimes, o que representava o banimento de uma ideia então vigente nas relações entre os estados que prevalecia desde o século 17. Estados ou sociedades que se comportavam mal com seu próprio povo não estavam mais a salvo de julgamentos ou interferências externas simplesmente porque seus malfeitos não perturbavam a vizinhança. Tornou-se amplamente percebido que o poder era vergonhoso e que, com exceções, mesmo os abusadores habituais preferiam cometer seus crimes fora de vista, um passo visível no caminho ascendente do comportamento bruto para uma conduta humana. O ativismo cívico internacional do tipo iniciado pela Anistia em nome dos direitos humanos e da justiça internacional foi aceito como um *player* na política mundial, mesmo pelos "realistas" do pensamento político internacional que antes admitiam no jogo do poder apenas os Estados e seus agentes. Nenhum desses progressos foi completo ou irreversível. Ainda assim, foi uma vitória para os princípios que os liberais há muito apoiavam e para a prática liberal. Para os princípios, porque no que quer que os direitos humanos se baseassem ao fim das contas, como agora expressos, eles refletiam os princípios liberais centrais de resistência ao poder e respeito cívico pelas pessoas, fossem elas quem fossem. Para a prática, porque a experiência depois de 1945 ensinou que a lei, o governo, os ativistas e a indignação tinham seu papel na defesa e aplicação desses princípios.

Um país que não participou da vitória dos direitos humanos em 1948 foi a Alemanha. Derrotada, ocupada e agora dividida, havia perdido seu *status* de nação soberana e estava ausente da elaboração e assinatura da Declaração dos Direitos Humanos. Não obstante, na parte ocidental da Alemanha, as negociações constitucionais estavam em andamento. O objetivo imediato era criar um estado semi-independente e autogovernado e viável. As conversações levaram à criação de uma democracia liberal exemplar. À medida que tomava forma, essa nova ordem liberal exemplificou muito do espírito da declaração. Colocou a Alemanha no caminho da recuperação de uma reputação moral no mundo.

ii. Liberais alemães do pós-guerra: a lei básica de 1949 como Carta Exemplar da democracia liberal

Seria agradável, sendo verdadeiro, dizer que depois de 1945 os aliados ocidentais vitoriosos levaram a democracia liberal para uma Alemanha quebrada. É também tentador, dada a escala em que as coisas aconteceram, tratar a recuperação dos princípios liberais no pós-guerra como uma maravilha histórica, o equivalente político do "milagre" econômico da Alemanha dos anos 1950, apenas mais difícil de explicar. No entanto, vislumbramos o suficiente das raízes do liberalismo no passado alemão moderno de sorte a evitar tratar a democracia liberal na República Federal como uma importação ou uma maravilha histórica. Ao reconstruir uma vida liberal-democrática, os alemães do pós-guerra tinham três coisas em que se basear. Eles tiveram um experimento autoinfligido e moralmente ruinoso com extremos de não liberalismo. Eles tinham um modelo contrário, o soviético, que um quarto aliado vitorioso estava impondo a 18 milhões de compatriotas orientais vizinhos. E, embora quase todos tivessem motivos para duvidar disso na época, os alemães tinham fortes tradições liberais próprias para se basear.

A constituição que surgiu foi menos a execução obediente dos desejos dos aliados ocidentais do que uma criação alemã que intermediou com sucesso os conflitos alemães. Cada aliado, é verdade, tinha prioridades. A segurança da Alemanha preocupava a França. A Grã-Bretanha queria acabar com a drenagem econômica da ocupação. Os americanos se concentraram na ampla disputa ocidental com a Rússia soviética. A deterioração das condições na Alemanha preocupava a todos. Embora o grande estoque de capital que a Alemanha acumulou de 1936 a 1942 estivesse praticamente intacto no final da guerra, os russos começaram a remover equipamentos industriais do Leste, os mercados estavam em colapso e, em alguns lugares, os alemães estavam quase morrendo de fome. As condições a princípio melhoraram, mas pioraram novamente no inverno de 1947. Essas várias preocupações do pós-guerra convergiram em junho de 1948 em um apelo dos aliados ocidentais por um estado autônomo da Alemanha Ocidental. Despojado da Áustria, o novo estado deveria ser liberal, democrático e descentralizado. Os aliados insistiram nisso, mas deixaram o assunto para os alemães. Em julho, os aliados instruíram os primeiros-ministros dos Länder ou estados ocidentais, que haviam sido reconstituídos com seus próprios governos após 1945, a enviar delegados a um conselho parlamentar para redigir uma constituição federal. Ela foi renomeada como lei básica para honrar a literalidade dos acordos de rápida harmonização dos aliados com os russos, mas também para manter aberta a perspectiva de uma eventual unidade.

Assim como em 1787 na Filadélfia ou em 1848 em Frankfurt, o conselho de redação alemão refletiu as divisões sociais e políticas. No norte industrial e urbano, a esquerda e a direita queriam uma autoridade central efetiva. Os sulistas queriam autonomia regional. A Baviera católica suspeitava do norte protestante e uma tradição de localismo liberal permaneceu forte nas indústrias artesanais e pequenas fazendas de Baden e Württemberg. Os social-democratas queriam uma tributação mais centralizada e mais divisão de receitas do que os Democratas Cristãos, o partido majoritário à direita. Com velocidade notável, tais conflitos foram negociados em concessões mútuas que se mostraram mais duráveis do que os péssimos compromissos da Filadélfia. Foi mais fácil do que o esperado, pois os princípios liberais-democráticos foram amplamente aceitos desde o início.

Ao buscar formas duradouras de dominar o poder constitucionalmente, os redatores da Lei Fundamental da Alemanha em 1949 tinham a memória histórica da resistência liberal ao autoritarismo. Eles tiveram as disputas orçamentárias militares da década de 1860 e as posições anti-Bismarck dos liberais de Richter nas décadas de 1870 a 1880. Mais diretamente, eles tinham a constituição de Weimar como um modelo para simultaneamente copiar e evitar. O objetivo era o mesmo de 1919, criar um governo que fosse receptivo, mas eficaz, porém sem as falhas da constituição de Weimar.

Em Weimar, em 1919, os redatores tinham como objetivo moderar a tradição autoritária e a imposição executiva consolidando a soberania popular com uma variedade de dispositivos constitucionais. Seus resultados não foram estáveis. Para a presidência, eles deram à Alemanha um chefe de Estado eleito diretamente. Eles tornaram os referendos relativamente fáceis de convocar. Seu sistema de votação parlamentar encorajou vozes minoritárias e pequenos partidos. Contra isso, eles deram ao presidente poderes de emergência para sobrepor-se ao parlamento. Para os redatores de 1949, essas várias fraquezas contribuíram para a ascensão constitucional de Hitler ao poder.

A Lei Básica de 1949 foi construída sobre a precedente, de Weimar, e a corrigiu. A nova Alemanha deveria ser democrática, federal, republicana e "social", ou seja, comprometida em algum grau com o Estado de bem-estar social. Os princípios que orientavam o governo eram a soberania popular, o primado do direito, a separação de poderes e os direitos humanos. Esses fundamentos tornaram-se constitucionalmente inatacáveis por uma "cláusula de eternidade". O guia legislativo do governo federal era o *Bundestag* (órgão representativo do Parlamento da República Federal da Alemanha), que era de responsabilidade do chanceler e dos ministros. O *Bundestag* foi eleito popularmente em um arranjo de voto duplo que combinou voto distrital majoritário e representação proporcional por lista dos partidos. Um artifício engenhoso que evitou inconvenientes decorrentes de versões puras de cada sistema. Ele ligava os eleitores a um determinado representante, o que não acontecia com a representação proporcional pura. Ao mesmo tempo, deu voz parlamentar aos pequenos partidos, que os sistemas de circunscrições eleitorais puros tendiam injustamente a excluir. Foram estabelecidos 5% dos votos da lista partidária como um limite para a obtenção de cadeiras, de modo a excluir partidos marginais e desencorajar coalizões fragmentadas. Embora o governo federal detivesse os principais poderes de tributação, foi feita uma tentativa de equilibrar a autoridade central e a regional. As responsabilidades federais incluíam relações exteriores, defesa e economia. Os estados mantinham amplos poderes sobre escolas, planejamento, polícia e assuntos locais. Os estados foram representados federalmente em uma câmara alta, o *Bundesrat*.

Os redatores concordaram que o novo parlamento da Alemanha seria mais forte do que sob a constituição de Weimar e seu presidente teria menos poder. A divergência era essencial, mas oposição não deve se tornar obstrução. Ministérios sucessivos precisavam governar e não podiam cair ou serem frustrados continuadamente como tinha ocorrido de 1918 a 1933. Os governos agora seriam derrubados no parlamento apenas se existisse uma maioria de oposição para formar um voto de desconfiança. O presidente seria um testa de ferro nacional eleito indiretamente. O espaço para apelo direto aos eleitores em referendos nacionais seria limitado. Tanto na esquerda quanto na direita, foi acordado que a democracia liberal deveria desta vez ser capaz de se defender. Além da cláusula de "eternidade" que consolida a democracia liberal – muito parecida com a insistência da constituição americana no governo republicano, isto é, não monárquico –, não deveria haver nenhum artigo "suicida", como o artigo 48 da constituição de Weimar que dava ao presidente da República poderes emergenciais para suspender o governo parlamentar e fazer dele um ditador temporário.

Os redatores mostraram "a coragem de ser intolerantes com aqueles que procuram utilizar a democracia para matá-la", como disse o social-democrata Carlo Schmid. A nova constituição deu autoridade ao tribunal constitucional da Alemanha para banir partidos e movimentos "anticonstitucionais". Pela primeira vez, reconheceu o direito legal de resistência dos cidadãos. Se não houvesse outro caminho, qualquer um poderia e deveria resistir pela força às tentativas de subverter ou derrubar a ordem democrática liberal. Os liberais alemães sempre encontraram dificuldades para distinguir em suas mentes entre resistência legítima ao poder indevido e a franca desordem de uma rebelião. Essa confusão se foi. A obediência à autoridade legítima não podia mais ser incondicional. A capacidade de resistência tornou-se uma virtude cívica.

O dever da lei e da sociedade de mostrar respeito cívico às pessoas individualmente e não simplesmente às pessoas como membros de grupos, classes ou tipos sociais estava presente na longa e clássica lista de direitos civis e pessoais da constituição de Weimar. Mas aqueles mandados de 1919 contra intrusão, obstrução e exclusão eram mais declarações de esperança do que proteções consolidadas com força de lei.

Tais direitos poderiam ser e foram suprimidos em tempos de emergência. Eles foram supervisionados por tribunais conservadores que aplicaram brutalmente uma lei para insurgentes à esquerda e outra com leniência culposa para assassinos à direita. Em 1949, o dever da autoridade administrativa e judiciária de observar direitos civis e pessoais tornou-se lei alemã. A constituição de Weimar começou com a política e quase como uma reflexão tardia voltou-se para as pessoas somente após o artigo 108. A constituição de 1949 começou com as pessoas e depois passou para a política.

Os redatores tinham não apenas experiência alemã, mas também tradição liberal. Percorrendo a nova constituição alemã estavam três pensamentos liberais orientadores sobre o respeito cívico, a inevitabilidade do conflito e a necessidade de resistir ao poder. As palavras de abertura da Lei Básica apontavam para um fundamento moral para a existência do dever do Estado de respeitar os direitos individuais. Fazia parte da dignidade humana. "A dignidade humana deve ser inviolável", o artigo 1º dizia: "Respeitá-lo e protegê-lo deve ser o dever de toda autoridade estatal". O conflito de ideias e crenças era aceito como uma parte normal da vida pública que não podia ser eliminada por legislação ou sufocada por decreto estatal. Não há repetição do *Kulturkampf*. Os estados, e não o governo federal, tornaram-se supremos em questões de cultura, religião e educação. Sustentando o todo, como disse o redator democrata-cristão Adolf Süsterhenn, estava o desejo de evitar o que os liberais desde o início temiam, "uma concentração de poder em algum lugar".

Observando de longe, se via o ex-especialista constitucional nazista Carl Schmitt (1888-1985) em desgraça em sua casa natal em uma pequena cidade perto de Düsseldorf. Ambíguo como sempre, ele se lamentou como um "Rei Lear do direito público" e escreveu questionamentos acadêmicos sobre a nova lei básica. Eles focavam particularmente nos poderes do tribunal constitucional para revogar as decisões do parlamento e do governo. A Lei Básica de 1949 representou a vitória e a derrota de Schmitt. Como advogado de mentalidade teórica, Schmitt, nas décadas de 1920 e 1930, tomou partido em uma longa disputa sobre o escopo e a natureza do direito que era particularmente agitada na Alemanha. O quebra-cabeça era este. Se a lei é o que a autoridade legisladora soberana ordena, quão legalmente essas ordens podem ser recusadas ou anuladas, exceto pelo soberano?

A pergunta não era acadêmica. Em uma nação com um serviço público outrora admirado com justiça e uma tradição de seguir as regras e ter forte respeito pela lei, era uma questão urgente encontrar maneiras de a lei desafiar a lei; de, na verdade, dar às pessoas formas para desafiar e resistir às regras vigentes ordeiramente e dentro da legalidade. Para os "positivistas jurídicos" da Alemanha, a lei era qualquer coisa que a autoridade legislativa dissesse ser lei. As leis na visão positivista podem ser injustas, desiguais, perversas e ainda serem leis. Os positivistas jurídicos podiam e comumente reclamavam de leis ruins. No entanto, deixaram aos tribunais muito pouco espaço para aplicar padrões mais elevados de direito ao interpretá-los e aos cidadãos muito poucos meios legais de dissidência. Assim parecia aos críticos do positivismo jurídico. À esquerda, os críticos incluíam Hermann Heller (1891-1933), um advogado social-democrata que buscava princípios legais para conter o abuso de poder que não se baseassem em doutrinas religiosas contestáveis ou intrincadas construções morais. No centro, os críticos incluíam Rudolph Smend (1882-1975), filho de um teólogo, que buscava nas tradições sociais padrões legais com a finalidade de avaliar as leis vigentes.

Na direita alemã, o principal crítico do positivismo jurídico foi Schmitt. A política para Schmitt era o poder e a lei era a voz do poder, mas o poder pensado de uma maneira maliciosa e sutil. A lei, ele acreditava, poderia de fato ser "legalmente" contornada ou suspensa em emergências, para a segurança da nação. Pois a autoridade suprema está, na visão de Schmitt, não no poder de fazer leis ordinárias, mas sim no poder de anular as leis, declarar emergência e governar por exceção. Schmitt, em resumo, estava tentando legitimar a ditadura temporária para a proteção do Estado. Os redatores de 1949 concordaram com Schmitt que o Estado deveria ser capaz de se proteger contra seus inimigos, mas viam esses inimigos de maneira diferente de Schmitt. Para os redatores, a constituição precisava de proteção contra forças "anticonstitucionais" que pretendiam minar seus princípios democrático-liberais. Schmitt via os inimigos do Estado como inimigos do Estado e ponto, fossem democráticos, liberais ou qualquer outra coisa. Os redatores concordaram igualmente com Schmitt, Heller e Smend ao rejeitar o positivismo jurídico: a lei existente para eles não era a última palavra da lei. Ao contrário de Schmitt, os redatores fizeram dos direitos individuais, não do poder e da segurança nacional, o padrão pelo qual a lei ordinária deveria ser avaliada. Eles estabeleceram uma hierarquia de tribunais, com um tribunal constitucional no topo, que arbitrava até que ponto esses padrões valiam. Assim como nos Estados Unidos e mais claramente do que na França ou na Grã-Bretanha, a constituição alemã de 1949 fez do direito um crítico do direito.

Um documento que deu à Alemanha do pós-guerra uma reputação institucional de ponderação e cautela foi aprovado com rapidez executiva. A aprovação foi democrática, mas não direta ou popular. A constituição não foi submetida a um referendo, que se temia que os comunistas explorassem. Em 8 de maio de 1949, o conselho votou com resultado de 53 a 12 pela Lei Básica. Entre os estados, a Bavaria votou contra, 101 a 63, mas concordou em aderir se dois terços dos demais estados concordassem, o que eles fizeram. Os aliados ocidentais aceitaram a Lei Básica no dia 12 e ela foi promulgada no dia 23. Na primeira eleição da Alemanha Ocidental do pós-guerra, em agosto, os partidos de direita conquistaram cerca de 60% dos votos.

A Lei Básica de 1949 tinha pouco da voz alta e dos objetivos insaciáveis da oratória constitucional do final do século 18 da França e dos Estados Unidos, que inauguraram a era liberal. O tom sofrido e o escopo reduzido deram peso. Se você quer um modelo nacional de objetivos e ideais liberais-democráticos do século 20 moldados em uma forma realizável, é difícil encontrar uma declaração mais clara do que a Lei Básica da Alemanha de 1949.

Medidas econômicas drásticas ajudaram a fornecer as condições materiais para que essa carta constitucional sobrevivesse e operasse. Em meio à quase fome de 1946-47, os pensamentos punitivos de Churchill, Henry Morgenthau e Jean Monnet de dividir ou saquear a Alemanha Ocidental, como os russos estavam fazendo no Leste, foram postos de lado. Em 1949, uma reforma monetária que trocou o antigo *Reichsmark* por novos marcos alemães, numa proporção de 10 para cada 1, absorveu as economias involuntárias dos anos de guerra, quando havia pouco para comprar, e evitou uma inflação de demanda do tipo que sobrecarregara a República de Weimar em 1918-23. Em 1957, o banco central da Alemanha, o *Bundesbank*, conquistou sua independência legal do governo federal como guardião da estabilidade monetária. Em 1961, em uma indicação da força financeira da Alemanha, o marco alemão foi reavaliado em 5% em relação ao dólar americano.

Um sistema tripartidário reconhecível da República de Weimar surgiu para administrar a negociação. A direita política se reuniu em um único e amplo partido comprometido com a democracia liberal, os Democratas Cristãos (CDU). Em um casamento turbulento, mas duradouro, com seu aliado bávaro, a CDU uniu velhas divisões entre Norte e Sul, protestantes e católicos, classe média e classe trabalhadora. Ao abraçar uma economia moderada de livre mercado, superaram as suspeitas católicas do capitalismo liberal que permaneciam no Partido do Centro. Os social-democratas aceitaram na prática as mesmas regras econômicas básicas, embora tenham esperado para admiti-lo até o final da década de 1950. Os democratas-cristãos marginalizaram a direita nacionalista que alvejava Weimar, excluindo-a da política dominante ou reunindo-a, drenada de seu veneno. Ao contrário de Stresemann, o primeiro chanceler da Alemanha Ocidental no pós-guerra, Konrad Adenauer, foi capaz de buscar a conciliação com a França no contexto da Europa Ocidental, sem se incomodar com o niilismo da direita ou com as demandas econômicas radicais da esquerda. O sonho liberal de Naumann de uma ordem pacífica e negociada de livre comércio na Europa, voltada para o Oeste e expurgada de sua aversão à França, começou a tomar forma.

Como o espectro da política democrática na Alemanha Ocidental era liberal, não havia expressamente a necessidade de um partido liberal. Dentro do consenso liberal-democrático ainda havia muito o que discutir e totens do partido a honrar. Os sucessores dos partidos liberais de Weimar reagruparam-se como democratas livres em novembro de 1948, sob o comando de um antigo jornalista de Weimar, Theodor Heuss (1884-1963), que estudou economia com Brentano e escreveu uma vida de Friedrich Naumann. A reunião de fundação ocorreu em Heppenheim, não muito longe de Frankfurt, onde os "*Halves*", ou liberais moderados de 1848, emitiram seu manifesto. Os Democratas Livres se tornaram o partido da Alemanha Ocidental, ganhando entre 6% e 15% dos votos. Eles derrubaram os democratas-cristãos em 1966, julgando-os muito *laissez-faire* e muito hostis ao relaxamento das tensões com a Alemanha Oriental. Em 1982, eles derrubaram os social-democratas, julgando sua economia muito estatista e sua política externa muito amigável aos interesses soviéticos na Segunda Guerra Fria (1978-85). Não foi uma mudança chocante ou repentina, mas refletiu a mudança de humor. O ajuste gradual foi explicado em longas cartas de intenção política e meses de discussão entre partidos em um sistema onde todos os partidos gravitavam para um centro que mudava lentamente.

A sensatez constante da Alemanha Ocidental contrariou e provocou críticas intelectuais à direita e à esquerda. Entre os liberais de direita, duas primeiras celebridades insatisfeitas foram Alexander Rüstow (1885-1963), que cunhou o termo "neoliberalismo", e seu colega economista, Wilhelm Röpke (1899-1966). Ambos haviam participado do Colóquio de Walter Lippmann de 1938 e eram membros da Sociedade *Mont Pelerin* de Hayek, embora nenhum deles subscrevesse um purismo ultraliberal. Como parte da escola de livre mercado de Freiburg, os dois entraram em conflito com o centralismo nazista. Ambos deixaram a Alemanha em 1933 para ensinar em Istambul. Rüstow retornou em 1949 para a Alemanha, onde fundou o periódico *Ordo*, tomando seu nome sofisticado do termo "ordem" em latim. O periódico promovia uma economia de mercado sustentada por um Estado responsável e eficaz que policiava as regras, promovia a competição e operava dentro dos limites das necessidades sociais. Sob o comando de Ludwig Erhard, ministro da Economia e mais tarde chanceler que supervisionou o "milagre econômico" da Alemanha na década de 1950, essas ideias ficaram conhecidas como economia social de mercado, expressão cunhada por Alfred Müller-Armack, assessor de Erhard no ministério.

Röpke nunca retornou à Alemanha, mas viveu e trabalhou na Suíça. Na Genebra do pós-guerra, ele assumiu um cargo no *Institut Universitaire de Hautes Études Internationales* que era apoiado por Rockefeller, como colega de Mises. Em artigos de jornal elegantes e claros ao longo da década de 1950, Röpke manteve viva a chama antikeynesiana, lamentou as compulsões do estado de bem-estar social, sinalizou os perigos da inflação e, menos profeticamente, fez campanha pelo retorno ao padrão-ouro. Ele estava convencido de que a estabilização monetária e a economia de livre mercado no final da década de 1940 salvaram a Alemanha Ocidental da socialização ou coisa pior. Ao contrário de Mises, com seu faro para o que seus apoiadores de negócios queriam, Röpke era tanto moralista quanto economista. Röpke se expressou mais em prosa do que em equações e por um tempo usou títulos em latim, como se a língua alemã precisasse de tempo para desinfecção. Ele sugeriu em *Civitas Humana* (1944) e *Beyond Supply and Demand* (1958) que havia mais na ordem liberal do que no livre mercado. Assim como Lippmann e Hayek, Röpke culpou os excessos do capitalismo do final do século 19 pelas reações do coletivismo e da social-democracia. O consumismo em massa o chocou. Ele temia a concentração dos negócios. O problema foi que as soluções de Röpke se mostraram tão ilusórias quanto para os liberais anticentralizadores do século 19, Tocqueville e Schulze-Delitzsch. Os liberais gostavam do capitalismo, mas o capitalismo precisava de grandes escalas.

O individualismo de Röpke estava na tradição nostálgica da localidade e da pequena escala. Uma Suíça imaginária, com democracia cantonal e cidadãos responsáveis e de pensamento independente, ocupava em sua geografia ideal um lugar equivalente ao ocupado pela Dinamarca ou pela Suécia na cabeça dos liberais de mentalidade social. Como sugerido anteriormente no final da Parte Um, o capitalismo robusto não exigia apego à localidade nem autodirecionamento crítico entre os cidadãos. Exigia mobilidade, escala e mercados amplos. O liberalismo empresarial e o liberalismo ético não concordavam perfeitamente. O conflito entre a eficiência comercial e o que poderia ser chamado de moral comunitária tornou-se preocupante na década de 1970 e depois. Os partidos de direita adotaram agendas morais. Liberais problemáticos flertavam com o comunitarismo.

Na Alemanha, os artigos de Röpke sobre os limites do mercado ecoaram em um movimento diferente. Os membros do Verdes, fundado em 1980 e três anos depois contando com 28 cadeiras no *Bundestag*, concordaram com os ordoliberais que havia mais na vida do que apenas o crescimento da economia. Sua preocupação era menos com danos à iniciativa ou à comunidade do que ao meio ambiente. Os Verdes presumiam que no mundo capitalista, de qualquer forma, as pessoas estavam ficando ricas o suficiente. O "estado estacionário" de Smith e Mill talvez estivesse finalmente à vista. O velho radicalismo marxista havia ensinado que o capitalismo precisava ser substituído, pois estava vacilante nas tarefas da história. O radicalismo Verde ensinava que o capitalismo estava com uma saúde robusta, mas havia concluído sua tarefa e agora precisava desacelerar. Caso contrário, se continuasse a aumentar a riqueza, corria o risco de despojar o espaço de vida humano em que qualquer um poderia usar e desfrutar dessa riqueza.

Para 18 milhões de alemães que se tornaram cidadãos da República Democrática Alemã em 1949, a normalidade teve que esperar. À medida que duas sociedades alemãs se distanciavam, a democracia liberal da Alemanha Ocidental tornou-se, para os orientais, uma atração sempre presente, mas inacessível. As posições dos partidos políticos ocidentais sobre a divisão da Alemanha não seguiram linhas claras. Nas décadas de 1940 a 1950, durante a liderança do católico renano Adenauer, os democratas-cristãos exibiam um falso respeito pela unidade alemã, buscando, em vez disso, o suporte ocidental e a reconciliação franco-alemã. Kurt Schumacher, líder dos social-democratas, nasceu em uma parte da Prússia que agora ficava na Polônia. Seu partido tinha forte apoio no Leste, especialmente na Saxônia industrial, agora sob controle soviético. Schumacher se apegou às esperanças de que a Guerra Fria pudesse ser evitada e defendeu uma Alemanha neutra e não dividida.

A visão de Adenauer prevaleceu. Duas Alemanhas surgiram e logo era difícil para qualquer um imaginar como elas poderiam se unir novamente. As divisões tornaram-se tão profundas e visíveis que foi fácil esquecer o que as unia: a língua, os laços familiares, a terra e o passado. Entre essas coisas estava o sistema previdenciário do Estado alemão. Ele sobreviveu ao colapso da República de Weimar, à derrota do nazismo e à divisão da Alemanha. Isso era familiar para um oficial britânico pouco conhecido que havia estudado pessoalmente as políticas de bem-estar social alemãs antes da Primeira Guerra Mundial. Ele era William Beveridge e deu seu nome na Grã-Bretanha a mais um passo gigante no compromisso econômico do liberalismo com a democracia.

iii. Beveridge: liberalismo e bem-estar

Uma das poucas revoltas de bancada significativas no parlamento da Grã-Bretanha durante a Segunda Guerra Mundial ocorreu devido à relutância do governo em apoiar um esquema estatal abrangente para o seguro social do pós-guerra. O plano era cobrir a todos e proporcionar segurança material ao longo da vida. Incluiria seguro-desemprego, pensões por idade, abonos familiares e um serviço nacional de saúde gratuito. O governo de coalizão entre conservadores e trabalhistas foi bom. O custo inicial, que prometia dobrar os gastos sociais de uma só vez, incomodou o Tesouro. O público britânico viu as coisas de forma diferente.

O Relatório do Comitê Interdepartamental de Seguro Social e Serviços Afins, que delineou o plano, esgotou sua publicação de dezembro de 1942. Pesquisas indicaram a popularidade do plano. No Parlamento, 121 deputados votaram contra o adiamento e o governo mudou de ideia. Dois meses depois, o primeiro-ministro da Grã-Bretanha, Winston Churchill, comprometeu-se a introduzir a implementação pós-guerra do "seguro nacional obrigatório para todas as classes e para todos os fins, do berço ao túmulo".

O vice de guerra de Churchill e sucessor pós-1945, o líder trabalhista Clement Attlee, cumpriu essa incumbência. A legislação de 1946-48 implementou o essencial das quatro principais disposições do plano. O *Welfare State*, como os itens juntos eram conhecidos, tornou-se uma parte sagrada da constituição não escrita da Grã-Bretanha. De uma forma ou de outra – pois havia muitas formas –, o *Welfare State* tornou-se uma parte insubstituível do capitalismo liberal do pós-guerra em toda a Europa Ocidental. Com exceção do seguro nacional de saúde que, no final da década de 1940, de acordo com pesquisas de opinião, a maioria dos americanos queria, embora sem sucesso, um tipo de Estado de bem-estar também surgiu nos Estados Unidos. Se o keynesianismo representou o compromisso econômico do liberalismo com a democracia, o assistencialismo representou um novo e grande passo em seu compromisso social.

O autor do modelo britânico foi um liberal vitalício, William Beveridge (1879-1963). Ele o chamou de "revolucionário", o que de certa forma ele foi, embora tenha vindo a redigi-la quase por acidente. O pai de Beveridge era um funcionário público colonial que acreditava na autonomia para a Índia. Sua mãe fez campanha para educar as mulheres hindus. Para um menino inteligente de tal origem, teria sido uma catástrofe natural não chegar ao *Balliol College*, Oxford, então a casa intelectual obrigatória dos futuros reformadores liberais. Ao ganhar um diploma de primeira classe em clássicos e matemática, abriu-se para Beveridge uma carreira de alto nível com o título honorífico de "don" ou como um advogado de tribunais superiores. Em vez disso, ele se tornou um escritor destacado no *Morning Post* e fez trabalho social na parte leste de Londres.

Após uma visita obrigatória de inspeção na Alemanha para observar as reformas sociais bismarckianas, Beveridge ingressou na Câmara de Comércio e ajudou a redigir as disposições sobre desemprego do projeto de lei de seguro social de Lloyd George de 1911. Duro e determinado, ele era um engenheiro social que pensava em termos de agrupamento e resultados, com pouca consideração pelas pessoas no caminho. No Ministério de Munições durante a guerra de 1914-18, ele exigiu disciplina quase militar nas fábricas de armas e limites rígidos na negociação coletiva. No entanto, Beveridge respondeu também por erros particulares. Na década de 1930, ele persuadiu o governo a relaxar as regras de trabalho e imigração para professores universitários alemães e austríacos que fugiam do fascismo. Beveridge estava, então, fora de *Whitehall* e era diretor da *London School of Economics*, um centro de ortodoxia em oposição à Cambridge keynesiana. Nessa disputa, Beveridge era a favor do padrão-ouro e duvidava do keynesianismo, mas seu foco de interesse e sua verdadeira experiência estavam nos mercados de trabalho e no seguro social. Quando a guerra voltou, ele estava de volta ao governo sob a direção de Bevin no Ministério do Trabalho. Beveridge pediu para dirigir a mão de obra. Afinal, ninguém sabia mais sobre isso do que ele. Bevin era uma presença espaçosa e inabalável, não intimidada por cérebros ou *status*. Ele havia dirigido o maior sindicato da Grã-Bretanha e se lembrava dos modos impositivos de Beveridge desde a primeira guerra. Bevin ignorou a sua exigência, deixando-o de lado para destiná-lo, como Beveridge pensou inicialmente, a um trabalho menor. Ele recebeu a decisão de Bevin com lágrimas nos olhos. O trabalho menor era redigir um relatório sobre o futuro do seguro social.

Embora muito do que Beveridge propôs já estivesse em andamento, seu relatório levou dois anos para ser concluído. Sua genialidade foi apresentar vários elementos como um todo, sublinhar sua urgência com abundantes estatísticas sociais e unificá-los com uma visão moral e política geral. Seu biógrafo, José Harris, descreveu Beveridge como oferecendo uma "visão Bunyanesca" da batalha da sociedade contra o que ele chamou de "cinco gigantes da ociosidade, doença, ignorância, miséria e carência". Quanto ao que fornecia, os elementos do plano se interligavam. Benefício familiar diminuiria a pobreza infantil sem remover a diferença entre salários e assistência, o que era essencial na mente de Beveridge para que o bem-estar não desencorajasse o trabalho. Um serviço de saúde aliviaria o seguro social de subsidiar a ausência do trabalho por doença. Uma saúde melhor controlaria o crescimento dos custos do tratamento de doenças.

Assim como fez Cobden ao promover o livre-comércio, Beveridge argumentou que o plano produziu vencedores em todo lugar. A cobertura era universal. Os custos eram compartilhados. Destinatários de alto risco foram diretamente beneficiados. Os não destinatários de baixo risco foram beneficiados indiretamente por viver em uma nação mais saudável e segura. Ele explorou os detalhes do plano para reduzir as possibilidades do surgimento de objeções doutrinárias. Estava acabado o legado de Chadwick no século 19 de "menor elegibilidade" e o teste de elegibilidade do *welfare* eduardiano, odiado pela esquerda como humilhante. Tratar elementos não relacionados à saúde como seguro, que era pago por contribuições, era admitido como suficiente para silenciar os temores conservadores sobre os custos. O esboço de Beveridge abarcava até duas visões do estado liberal-democrático que estavam começando a emergir: mantenedor neutro e defensor da igualdade legal (favorecida à direita) ou foco ativo de preocupação e solidariedade (favorecido à esquerda). Os planos nacionais de bem-estar social atraíam a todos de maneiras mais práticas e não apenas na Grã-Bretanha. Eles compraram partidos de esquerda. Arrumaram e controlaram, ou assim se esperava, a dispendiosa colcha de retalhos da provisão existente. Eles responderam a uma preocupação sempre presente sobre qual seria o melhor tipo de liberalismo para melhorar a "saúde social" elevando a condição moral e material das massas. Essa mistura de motivos e justificativas para o bem-estar social foi no início um argumento de venda. Com o tempo, a falta de um objetivo de consenso ou de uma lógica comumente aceita tornou-se uma desvantagem, especialmente com o aumento dos custos.

Beveridge viu que, sem uma economia forte que criasse trabalho, o estado de bem-estar social poderia rapidamente se tornar inacessível. Uma amizade com Keynes no Tesouro ajudou a endurecer Beveridge nesse ponto. Ele seguiu com um segundo relatório, *Full Employment in a Free Society* (1944). Ambos estavam pensando na década de 1930. Sua preocupação principal era uma economia instável. Nenhum dos dois se deteve no fato de que o motor do custo crescente do bem-estar universal seria uma saúde melhor, ela própria assegurada pelo Serviço Nacional de Saúde fundado em 1948. Uma saúde melhor provou ser cara porque as pessoas mais saudáveis viviam mais, os idosos precisavam de mais cuidados médicos do que os jovens e porque os custos na área da saúde aumentaram à medida que a medicina se tornou mais complexa e sua gama de tratamentos se ampliou.

O problema era comum, mas, em 2010, para continuar com o exemplo britânico, a expectativa de vida livre de deficiência ao nascer era de cerca de quatro quintos da expectativa de vida, uma maneira indireta de dizer que as pessoas passariam cerca de um quinto da vida doentes e necessitadas de cuidado. Ao chegar aos 65 anos, o britânico médio poderia esperar oito a nove anos de piora da saúde.

Por mais consagrado e popular que fosse, o serviço de saúde da Grã-Bretanha tornou-se objeto de estudo, crítica e reengenharia contínuos em um ciclo ininterrupto de reformas e reformas. Em 1951, o governo trabalhista impôs taxas de serviços de saúde para medicamentos, próteses dentárias e óculos. Aneurin Bevan, que passou pelo Serviço Nacional de Saúde do Reino Unido (NHS) como Ministro da Saúde, renunciou em protesto. Na França e na Alemanha, os governos se envolveram menos diretamente no pagamento de médicos e na administração de hospitais. Nem esses países nem os Estados Unidos escaparam dos custos crescentes de manter as pessoas saudáveis. Como os governos nesse período se comprometeram também a fornecer pensões estatais aos idosos, as contas cresceram. Quase ninguém viu isso na época, mas o compromisso social do liberalismo com a democracia tornou-se cada vez mais e mais caro. Especialmente em tempos econômicos ruins, a política interna nas democracias liberais frequentemente parecia girar em torno de pouco mais do que isso.

A provisão de assistência médica universal levantou um quebra-cabeça para os liberais sobre o progresso e o sonho de melhoramento humano que Adam Smith havia previsto e Mill insistido. Uma sociedade saudável era um alvo fixo ou móvel? Essa questão problemática surgiu com outros benefícios da vida: moradia, alimento e instrução, por exemplo. A questão enfrentava as sociedades liberais-democratas por mais que elas promovessem o bem-estar humano. Se o bem-estar humano incluísse tais benefícios, como certamente incluía, o bem-estar não poderia ser melhorado para sempre com casas melhores, comida mais rica e variada, educação mais longa e exigente? Ou o bem-estar material, em contraste, era um alvo fixo, um mínimo amplo, mas alcançável, sobre o qual era possível dizer, uma vez distribuído de forma justa e universal: "Isso é suficiente?".

12.

PENSAMENTO LIBERAL DEPOIS DE 1945

No século 19, a maior parte do que se pensava ou se dizia sobre o liberalismo podia ser expressa em termos que um público leitor interessado pudesse entender. A forma característica do pensamento liberal era o ensaio ou palestra pública. Constant dirigiu seus pensamentos sobre a democracia antiga e moderna a um clube político. Mill escreveu sobre política para revistas literárias. O pensador liberal era tipicamente também um político. Constant foi um membro na assembleia, Guizot era primeiro-ministro, Mill era membro do parlamento. Eles estavam escrevendo para um grande público. Eles sabiam, por experiência, sobre o que estavam escrevendo. Essa amplitude e essa intimidade começaram a diminuir no final do século 19, particularmente quando a economia técnica passou a ocupar mais espaço nas mentes liberais. Depois de 1945, a separação das ideias e da política parecia completa, à medida que cada lado se profissionalizava. Especialmente nos Estados Unidos e na Grã-Bretanha, o pensamento liberal caiu nas mãos de profissionais em tempo integral. Lá foi disciplinado com um rigor de análise e argumentação que não se encontra fora das universidades, embora sem aquela familiaridade anterior com a prática política que suas ideias pretendiam iluminar. A política liberal caiu nas mãos de políticos em tempo integral que, mesmo sendo ex-*think-tankers*, tinham pouco tempo para pensar e muito menos para escrever pensamentos políticos.

Mesmo assim, as ideias continuaram a fluir dos pensadores para a política. Termos como "sociedade aberta", de Karl Popper, ou "liberdade negativa", de Isaiah Berlin, entraram no debate público. A "ordem espontânea", de Friedrich Hayek, e o "princípio da diferença", de John Rawls, nunca saíram completamente da Academia, mas a imagem bruta da sociedade que cada pensador tinha em mente sim. Todos podiam ver uma sociedade do tipo que Hayek imaginou, onde a pobreza era deixada para a caridade e a sorte de uma sociedade onde, como Rawls imaginava as coisas, a pobreza era uma questão de prioridade pública e de política governamental. O clima da política continuou a influenciar o que os pensadores pensavam. A ênfase na justiça e nos direitos no pensamento político depois de 1945 fazia sentido para as pessoas que tinham visto quais erros poderiam ser aplicados às pessoas com a ajuda de falsos apelos ao bem comum.

A modéstia exigida da política por Isaiah Berlin e Michael Oakeshott foi em parte um pedido de silêncio após os rugidos totalitários e patrióticos dos 20 anos anteriores. *A Theory of Justice,* de Rawls, era tanto um protesto contra a injustiça econômica e racial da sociedade americana quanto uma intrincada peça de engenharia teórica. O flerte dos pensadores liberais com a "comunidade" na década de 1980 refletiu, entre outras coisas, a preocupação com os danos sociais provocados pela estagflação da década anterior. Nem as universidades monopolizaram totalmente as ideias liberais. Os escritores liberais George Orwell e Albert Camus, bem como Jean-Paul Sartre, que apesar de sua política declarada e errante era liberal por temperamento, continuaram uma prática mais antiga do ensaio político.

i. Oakeshott e Berlin: deixando a política sozinha e a liberdade "negativa"

Oakeshott e Berlin tiveram uma visão modesta do que a política poderia realizar ou do que as ideias políticas poderiam explicar. Ao pedir silêncio político, cada um deles se fixou em um aspecto das restrições que os liberais impõem à ordem social aceitável. Embora liberal em tom e atitudes éticas, Oakeshott fez a reclamação conservadora de que os liberais negligenciavam a tradição como fonte de ordem política. Berlin enfatizou que o conflito entre nossos objetivos e ideais era indestrutível e que as tentativas de os harmonizar levavam à frustração ética e à calamidade política.

Michael Oakeshott (1901-90) era um *refusenik* da vida moderna. Como um jovem filósofo em uma época empirista e anti-idealista, ele adotou uma forma de idealismo filosófico. Ao se voltar para o pensamento político, ele rejeitou todo o espírito "novo liberal" por trás do estado de bem-estar social de Beveridge. Ao suceder um sumo-sacerdote da engenharia social, Harold Laski, como professor de ciência política na *London School of Economics*, a palestra inaugural de Oakeshott, "*Political Education*" (1951), deixou claro que ele não acreditava no assunto. Oakeshott argumentou que a política pertencia às humanidades e tentar transformar as humanidades em ciências foi um erro. Compreender uma sociedade saudável não era uma tarefa técnica, muito menos uma tarefa puramente econômica. Os resultados materiais importavam, mas também as virtudes públicas, como integridade, autocontrole e civilidade. Com razão, seu biógrafo, Paul Franco, concedeu a Oakeshott o elogio nietzschiano "prematuro".

Sua vida pessoal era alegre e agitada. Ele foi casado três vezes e teve muitos casos amorosos. Cresceu nos arredores de Londres em uma casa de classe média. Seu pai, um funcionário público e socialista fabiano, mandou-o para uma escola mista e progressista. Ele chegou a Cambridge, se saiu bem lá e ganhou uma bolsa de estudos. Dois anos nas escolas teológicas de Tübingen e Marburg imergiram Oakeshott no pensamento alemão moderno, convenceram-no de que a fé religiosa poderia prescindir da teologia e persuadiram-no de que o conhecimento poderia sobreviver sem fundamentos.

Na Segunda Guerra Mundial, ele serviu como oficial alvo da artilharia. Depois, passou a escrever e a ensinar pelo resto de sua vida. Na aposentadoria, ele partiu para uma vila de Dorset, onde curtia o *pub* e consertar seu próprio telhado. Ele já era uma celebridade acadêmica e recebeu o segundo maior prêmio da Grã-Bretanha por empreendimento intelectual, o Companheiro de Honra. Oakeshott, um alto boêmio, recusou. Embora os seguidores começassem sociedades em seu nome, ele odiava seguidores. Sua ideia de diversão eram festas e a companhia dos jovens, bebendo e discutindo com eles noite adentro.

Oakeshott escreveu dois livros grandes e difíceis e, entre eles, vários ensaios legíveis, embora alusivos. O primeiro livro, *Experience and Its Modes* (1933), partiu do pensamento de que a mente humana faz um quadro de ideias para ordenar o fluxo da experiência e guiá-lo através de um mundo caótico em que se encontra. Oakeshott viu três quadros e não apenas um: científico, histórico e prático, em que no último quadro ele incluiu política e moral. Ele os chamou de "modos de experiência". Cada um tinha seu lugar e nenhum era dominador. Entre os modos não poderia haver "nem disputa nem acordo" – e presumivelmente nenhuma comunicação também. Em vez de um quebra-cabeça de como a mente se relaciona com o mundo, Oakeshott agora tinha três. Muito depois, em *The Voice of Poetry in the Conversation of Mankind* (1962), ele acrescentou um quarto elemento, a imaginação poética. Para substituir "modos de experiência" separados e não comunicantes, Oakeshott agora escrevia sobre "vozes" distintas conduzindo "conversas" com seus próprios padrões de aptidão.

A essa altura, a modalidade de filosofia de Oakeshott estava fora de moda e ele a havia deixado para o pensamento político, levando consigo suas convicções de base. Não havia uma história de conduta humana e nenhuma lei explicativa para ela, apenas um dar e receber do tipo de razão que se encaixava na "conversa" em que você estava. A falta de interesse de Oakeshott em fundamentos, a indiferença à análise detalhada e a desconfiança de grandes sínteses o alinharam com os pragmatistas liberais americanos como John Dewey e Richard Rorty. O liberal de esquerda Rorty fez uma reverência ao tradicionalista Oakeshott no final de *Philosophy and the Mirror of Nature* (1980) por captar melhor o "tom em que a filosofia deve ser discutida".

Para Oakeshott, o pecado capital da política moderna era pensar demais. Em *Rationalism in Politics* (1947), ele descreveu os elementos do pecado como acreditando que nenhum arranjo social estava imune à crítica racional, que as políticas corretivas devem ser uniformes, baseadas em princípios e universalmente aplicáveis e que, dadas as políticas adequadas, a sociedade como um todo era melhorável. Esses erros juntos fundamentam o que ele chamou de perspectiva técnica. A perspectiva "prática", que ele defendia, se destacou principalmente em contraste com as falhas da "técnica". Oakeshott deu uma lista provocativa dos malefícios que a mente "racionalista" causa na política: a Declaração dos Direitos do Homem, o mérito do serviço público, o voto para as mulheres, a destruição do Império Austro-Húngaro, a Lei de Salários de Catering [*Catering Wages Act*] e o renascimento do gaélico na Irlanda. Os *bien pensants* estavam sendo provocados, mas com um propósito sério. A sugestão de

Oakeshott foi que os racionalizadores causaram os problemas que suas reformas pretendiam corrigir. Os exemplos estavam sempre à disposição. Como uma verdade geral, a afirmação de Oakeshott era fraca. Sua crítica antirracionalista da reforma pode atrair uma sociedade estática. Nas sociedades dinâmicas do capitalismo liberal, as coisas estavam mudando o tempo todo, querendo ou não. Algumas mudanças foram para o bem, outras para o mal. As para o mal precisavam de correção. Existem outras visões da incansável reforma das reformas de que Oakeshott zombou. Talvez como um idealista filosófico ele tenha exagerado os poderes da mente. Ele tratou o gerencialismo político como o produto evitável da loucura racionalista. Uma visão mais simpática é tomá-la como uma reação atormentada, mas às vezes eficaz, a uma situação moderna inevitável.

O segundo grande livro de Oakeshott, *On Human Conduct* (1975), elaborou o contraste entre técnica e prática. Ele sugeriu que dois guias competiam na sociedade moderna. Uma era a "nomocracia" e a outra "teleocracia". Um falava sobre seguir a tradição e se contentar com o reparo sob regras processuais amplamente aceitas. O outro apelava para planos, princípios, objetivos, na verdade, para quase qualquer teste geral pelo qual o real pudesse ser julgado contra uma melhor ordem possível e deixar a desejar. Dois tipos de associação humana correspondiam à nomocracia e à teleocracia. Uma "associação civil" era cívica e moral. As pessoas reconheceram a participação em tal associação aceitando a autoridade moral de suas regras. Uma "associação empresarial" era gerencial e prudencial. As pessoas se juntaram a ele por um propósito comum. Ambos os tipos eram voluntários. Mas a justiça e a bondade da associação civil podem ser testadas apenas contra a tradição e a lei prevalecentes, não contra algum modelo perfeito de sociedade ou contra o que melhorou a condição humana. Oakeshott baseou-se em seus dois heróis intelectuais, Hobbes e Hegel. De Hobbes, Oakeshott tomou o pensamento de que a autoridade moral absoluta da associação civil não era obstáculo à liberdade, entendida como a ausência de restrição externa. De Hegel, ele tirou o pensamento de que a moralidade estava enraizada na tradição social. A moral era um "sedimento", sem significado, a menos que "suspenso em uma tradição religiosa ou social". Para durar, a tradição tem de se adaptar às circunstâncias em constante mudança.

A erudição e os termos clássicos de Oakeshott não podiam esconder seu alvo político, o "estado gerencial" do capitalismo de bem-estar. Seu quadro da política moderna presidida por um anjo bom e um anjo mau era como a sociedade aberta e fechada de Popper e a ordem "feita" e "espontânea" de Hayek, uma semelhança que Oakeshott relutava em admitir. Ele não era muito generoso com seus colegas. Ele feriu o amante da música Berlin, cuja insistência na diversidade das preocupações humanas era muito parecida com a sua, chamando Berlin de "um Paganini de ideias", como se dissesse que ele era um virtuoso brilhante, mas superficial. Oakeshott culpou Hayek, que compartilhava sua desconfiança do gerencialismo reformista, pelo "mais triste dos mal-entendidos", sugerindo que o "plano de Hayek para resistir a todo planejamento pode ser melhor do que seu oposto, mas pertence ao mesmo estilo de política".

Oakeshott permaneceu distante. Ele deixou imagens impactantes: a busca do conhecimento como "conversa" e a política como uma embarcação sem porto de origem, arando o mar sem parar. Porém, quais eram as regras de conversação? A viagem tinha mapas e uma bússola? Oakeshott não disse. Ele enganou os rotuladores. Ele era liberal ou conservador? Ele não era completamente nenhum dos dois. Ele era um caso limítrofe. Oakeshott enfatizou algo que Constant tinha visto nas pessoas modernas: suas vidas estavam cheias de coisas além da política. Oakeshott descreveu ouvir as notícias como uma queixa nervosa. Ele parecia estar lembrando aos pensadores políticos como as pessoas pensam pouco sobre política. Não estava claro que eles precisavam ser lembrados sobre isso e a afirmação de Oakeshott era além de uma meia verdade. As pessoas pensam pouco em política a maior parte do tempo, mas depois, abruptamente e com grande impacto, pensam muito nela. Oakeshott deixou grandes questões pendentes ao negar que muitas questões políticas fossem abordáveis ou solucionáveis. Sua abertura a modos distintos de pensamento, nenhum dos quais dominava, era liberal de uma maneira imprecisa. Por outro lado, Oakeshott tratou a preocupação liberal com a melhoria humana como uma ilusão "racionalista" e "administrativa" excessivamente geral. Apesar de sua popularidade e sucesso, ele era hostil às políticas dos "novos liberais" de redistribuição e bem-estar. Com a idade, tornou-se nacionalista e, por ignorância, menosprezou a União Europeia. Quanto ao conteúdo de "civilidade" – agindo sobre as virtudes públicas que ele valorizava e resistindo aos poderes que detestava –, Oakeshott permaneceu vago, embora vago no modo sugestivo e atraente. Embora "prematuro" quando escreveu, a suspeita de Oakeshott sobre a tecnocracia antecipou o aumento das preocupações ecológicas com os danos que a tecnocracia estava causando ao ambiente natural. No entanto, ele desdenhava do ativismo. O quietismo liberal de Oakeshott era adequado para um navio em mares calmos.

Também foi difícil categorizar Isaiah Berlin (1909-97). Como Oakeshott, ele viveu e respirou ideias, mas se afastou da filosofia técnica. Politicamente, a esquerda desconfiava dele, enquanto a direita se apropriava dele e distorcia suas ideias. Ele era um intelectual estudioso que operava socialmente no topo. "Eu não tenho sentimentos sobre pessoas que eu nunca vi", ele escreveu zombando de si mesmo para um amigo em 1934, "a menos que elas sejam muito, muito grandiosas de fato". No entanto, ele era extremamente generoso com todos os interessados em suas ideias e seu tempo. Ele trabalhou na Universidade de Oxford sem adquirir um traço de estreiteza acadêmica. História, filosofia e literatura eram como um só tema para ele. Berlin tinha o dom de um dramaturgo de personalizar ideias e de trazê-las vivas em pares opostos. Pensadores dos quais ele discordava particularmente o atraíam. Filho do Iluminismo, Berlin era fascinado pelo pensamento anti-Iluminista. O conflito o preocupava, e o conflito era mais fácil de dramatizar digitalmente, em duplas, ligado ou desligado, preto ou branco. Como escritor e professor, Berlin compreendeu a irresistibilidade do contraste puro. Ele dividiu os pensadores políticos em ouriços com uma ideia e raposas com muitas. Ele dividiu o maior totem do liberalismo em liberdade negativa (boa) e liberdade positiva (ruim).

Quando Berlin foi condecorado, um amigo o parabenizou pelos serviços à conversação. Ele era um falador talentoso e fofoqueiro que escrevia enquanto falava em um fluxo borbulhante de erudição, malícia, sagacidade e percepção humana. Depois da guerra, Berlin explicou que ia "evaporar" como filósofo em tempo integral. Isso era uma meia verdade. Em muitas variantes e muitas vezes através da voz de pensadores do passado que pareciam presentes na sala com ele, mas sempre em sua própria prosa imparável, Berlin continuou retornando a três ideias centrais: que a liberdade da restrição de outros (liberdade negativa) é mais urgente ou básica do que a liberdade de florescer ou "realizar-se" (liberdade positiva); que o liberalismo falha se não puder validar a necessidade universal de pertencer e encontrar um lar com outros em um grupo humano distinto que se escolhe ou no qual se nasce; e que nossos compromissos básicos – com a amizade e verdade, justiça e liberdade, família e realizações, nação e princípios – colidem rotineiramente e não podem ser facilmente reconciliados. Berlin sugeriu que pensadores e políticos deveriam admitir os conflitos e não os cobrir com doutrinas simplificadoras ou tentativas tirânicas de subordinar certas preocupações a outras. O conflito não precisa significar violência ou agressão. Aceitar o desacordo e evitar a violência andavam de mãos dadas para ele. Toda violência, mesmo a de tipo argumentativo, aterrorizava-o e repelia-o. Ele nunca esqueceu ter visto uma multidão enfurecida bater em um policial russo quando criança. Um colega de Oxford, o filósofo moral e lógico David Wiggins, lembrou que se alguém demonstrasse a menor agressão verbal em uma discussão, Berlin sairia da sala.

O conselho "pluralista" de Berlin era claramente liberal em seu reconhecimento do conflito e recusa da dominação. Também era fácil de compreender de forma errada, pois era ético primeiro, político depois. O ponto de Berlin era menos que as pessoas discordavam sobre os propósitos da vida entre si do que o de que os objetivos da vida competiam dentro de nós. O suposto fato da diversidade na crença moral era muito exagerado, pensou Berlin. "Mais pessoas em mais países e em mais ocasiões aceitam valores mais comuns do que se acredita", ele disse uma vez a Steven Lukes. O pluralismo para Berlin era menos sobre dividir o poder político ou acolher uma variedade de pontos de vista. Não que a diversidade ética tenha enriquecido a sociedade ou que ter um amplo "cardápio" de "escolhas" éticas fosse bom para as pessoas individualmente. O pluralismo de Berlin era uma doutrina mais forte e exigente sobre os fatos éticos. Ele sugeria que existiam muitos valores éticos básicos que não eram de nossa escolha. Cada um fazia suas exigências sobre nós e qualquer um poderia colidir com os outros sem esperança de reconciliação.

Tal pluralismo ético, devidamente entendido, teve importância para o liberalismo. Se for verdade, ofereceu um argumento em favor da tolerância e da mente aberta. Se todos nós somos seres complexos com objetivos irreconciliáveis, então colocar as pessoas em campos sociais, religiosos ou culturais em conflito como se esses campos fossem conjuntos uniformes e coerentes era absurdo. Isso deslocou a fonte do conflito. Ao atacar os outros por seus valores e apegos, você pode estar atacando algo meio reconhecido em si mesmo. Esse argumento poderoso e atraente ecoou o argumento pré-liberal da ignorância em favor da tolerância religiosa. Baseou-se na tradição liberal subsequente de aceitar a "diferença" e não excluir dissidentes ou *outsiders*. Falou pelo lado mais esperançoso da aceitação do conflito pelo liberalismo como natural e frutífero para os humanos.

Berlin viu que a maioria dos grupos sociais depende, para seu apelo, de negar ou suspender a atenção à própria complexidade em que ele insistiu. Submergir-se em um grupo e ouvir as demandas conflitantes de seu coração respondia a diferentes necessidades humanas. Berlin reconheceu a tensão em si mesmo. Pertencer era vital para ele, como ele acreditava que deveria ser para todos os liberais. Ele nasceu em Riga, capital da Letônia, então parte do Império Russo. Considerava sua Inglaterra, onde morou, o melhor dos países, fazia campanha por um Estado judeu na Palestina e, embora detestasse a União Soviética, nunca perdeu um profundo apego à Rússia, de onde seus pais o trouxeram aos 11 anos em 1920. Ele era fervoroso em seu sionismo. Na transferência do Ministério das Relações Exteriores na embaixada britânica em Washington durante a guerra, onde Berlin reportava sobre a política americana, ele foi solicitado a descobrir quem havia vazado, e efetivamente matado, uma proposta de que a Grã-Bretanha e os Estados Unidos declarassem que o futuro da Palestina estava suspenso até depois da guerra. Berlin relatou devidamente em uma carta de ambiguidade magistral. O vazador era Berlin. A Rússia e seus pensadores, sobretudo seu herói liberal Alexander Herzen, mantiveram seu domínio. Uma carta para seus pais de Moscou em 1945, onde ele trabalhou brevemente como diplomata, parecia um regresso à casa imaginária. Ele precisaria descrever, perguntou-lhes, "a neve esmagada" ou o "timbre de soldados cantando ao longe" enquanto marchavam? Esperar de Berlin uma resposta à tensão dos liberais entre individualidade e pertencimento era perder seu objetivo. Apontar a existência da tensão e insistir que todos tinham que negociá-la à medida que avançavam era para ele o melhor que alguém poderia fazer.

"*Two Concepts of Liberty*" (1957), a palestra inaugural de Berlin como professor de pensamento político em Oxford, foi uma lição sobre o caráter escorregadio de um termo presente nas bandeiras liberais e sobre não confiar em títulos. A palestra tocou em muitos tópicos, mas foi lembrada por canonizar uma distinção de dois campos entre liberdade "negativa" e liberdade "positiva". A liberdade negativa, insistia Berlin, era o único tipo com o qual os liberais deveriam se preocupar, mas ele não acreditava que os liberais deveriam se importar com nada além da liberdade. A segunda parte da mensagem de Berlin tendia a se perder, assim como sua crença sobre a importância da liberdade. Quase igual a Constant em suas palavras, Berlin afirmou a privacidade das pessoas: "alguma parte da existência humana deve permanecer independente da esfera de controle social". Isso porque, quaisquer que fossem seus fundamentos metafísicos, que eram uma questão de "debate infinito", existia um núcleo de valor humano que era universal e intocado por diferenças culturais ou nacionais. Berlin, como "pluralista", acreditava que muitas coisas importavam na vida e não havia garantias de que todas pudessem ser alcançadas ou desfrutadas juntas. O que importava, porém, era praticamente o mesmo em todos os lugares; Berlin era pluralista, não relativista.

No contraste polarizado de Berlin, a liberdade positiva era uma liberdade de desenvolvimento humano, para promover e exercitar as próprias capacidades ou, para usar uma frase obscura com a qual Berlin fez uma brincadeira, com "realizar seu verdadeiro eu". A liberdade negativa parecia mais simples. Era a liberdade de restrições externas para fazer o que você desejava. Ele pensava que o compromisso com a liberdade negativa como um ideal político era recente, difícil para utilitaristas como Mill e compatível com formas antidemocráticas de governo. A liberdade negativa, dizia Berlin, exigia do Estado e da sociedade a não intrusão e a não obstrução. Aqui Berlin traçou uma linha: a liberdade negativa era o único tipo que os liberais deveriam perseguir. A busca da liberdade positiva levou a erros e males. Eles incluíam o erro de T. H. Green de igualar os desejos reais e comuns das pessoas com desejos falsos e baixos e então tratar a ascensão, sem dúvida com a ajuda mandona de seus superiores, em direção a desejos mais elevados e verdadeiros como uma forma de liberação; a ilusão de Spinoza de que as imposições, cujas causas entendíamos, não restringiam nossa liberdade; e o mito do "templo de Sarastro", de que a própria sociedade poderia ser "libertada" para encontrar uma ordem racional mais elevada, um mito que desencadeou o pior erro de todos: imaginar que na moral e na política existia uma única ordem ideal se apenas pudesse ser encontrada. A liberdade positiva, por conta de Berlin, tinha muito a responder.

Seguiram-se argumentos intrincados sobre o caráter da liberdade política. As restrições externas aos nossos desejos não eram tão simples como

Berlim dizia. Ele rapidamente reconheceu a dificuldade das "preferências adaptativas", um novo nome para a velha sabedoria de que uma maneira de nos libertarmos quando impedidos do que queremos fazer era parar de querer fazê-lo, de maneira ácida. Também foi apontado que poderíamos ter desejos que não queríamos. Podemos ter crenças de má fé ou convicções que nos são impostas pela mistificação. Ressuscitou a objeção do "novo liberal" de que, sem os meios ou a capacidade de usá-los, muitas liberdades eram em si de pouco valor. Sugeriu-se, ainda, que qualquer liberdade dada era uma tríade envolvendo pessoas, restrições e objetivos: uma pessoa livre estava sempre livre de um certo tipo de obstáculo para perseguir um objetivo ou levar sua vida de uma maneira particular. Até que tais detalhes fossem corrigidos, as queixas de falta de liberdade política e as demandas por liberdade política não tinham aderência suficiente. Muitas pessoas se perguntavam quão profunda era realmente a distinção conceitual entre liberdade "negativa" e "positiva". Muito se ligou ao que parecia ser apenas uma questão de palavras. Qualquer suposta liberdade negativa poderia ser descrita como positiva e vice-versa. Ser livre para passear no parque era, afinal, não ser disposto para não andar no parque. Assim como quando Popper exortou políticos e autoridades a evitar o pior em vez de buscar o melhor, Berlin estava fazendo um ponto mais político do que filosófico. Ele não estava esclarecendo tanto o conceito de *liberdade*, mas recomendando atitudes e prioridades políticas.

Com o tempo, a liberdade "republicana" foi adicionada ao pensamento liberal como um refinamento da liberdade negativa em uma "terceira via", espírito de compromisso. A liberdade republicana foi dada como uma proteção confiável da dominação por outros. Não bastava, na visão republicana de liberdade, estar livre de interferências arbitrárias. Você tinha que estar seguro contra isso. Para os defensores da liberdade "republicana", liberdade política significava liberdade confiável do poder arbitrário. Em uma tirania, por exemplo, o simples fato de que você foi deixado em paz pode ser devido à sorte. A polícia secreta pode ter o endereço errado. Você pode estar muito distante ou obscuro para se preocupar. A não intrusão em tal tirania ainda não podia ser contada. Uma pessoa sábia temeria a intrusão e viver com medo de intrusão não era viver, em seu sentido republicano, em liberdade. Nem toda restrição social ou interferência política era um ato de dominação. Restrições sociais eram necessárias e muita interferência do Estado era bem-vinda e justificada. O rótulo de "terceira via" para a liberdade republicana foi merecido. Ela plantou a bandeira liberal da "Liberdade" no centro político, ladeada por liberdade negativa e *laissez-faire* de um lado, e liberdade positiva e "coletivismo" do outro.

A lição de Berlin foi uma lição liberal esperançosa, não desesperadora. Se fosse verdade, o pluralismo de Berlin oferecia esperança de engajamento ético entre pessoas que o relativismo, se coerente, negava. Berlin retratou todos como conflitantes dentro de si mesmos e, portanto, talvez capazes, em espírito de reconciliação, de reconhecer conflitos semelhantes nos outros. O relativista ético retratava as pessoas como mantidas dentro de um quadro de objetivos e ideais que não precisam ter nada a dizer àqueles em outros quadros, talvez até mesmo nenhum meio eficaz e comum de comunicação. Como prática política, o liberalismo não está vinculado a nenhuma teoria particular sobre a natureza da moral. Ainda assim, deve haver algo para explicar por que um "monista" ético como Mill e um "pluralista" ético como Berlin se sentem menos em oposição e, juntos, mais liberais em espírito do que os relativistas na ética com suas divisões sectárias do mundo. Talvez fosse porque Mill e Berlin falavam como se estivessem se dirigindo para uma humanidade governada por um conjunto comum de exigências morais, independentemente se o conjunto fosse complicado ou simples.

Oakeshott era um quietista liberal de temperamento conservador que desconfiava da própria ideia de ideias políticas. Ele não gostou da sociedade que viu crescer ao seu redor, mas pediu que ninguém tomasse medidas ofensivas. Berlin aprovou como a política estava se afastando de grandes reivindicações e demandas indevidas em direção à reforma centrista e à conciliação. Gracejos vieram à sua mente ao imaginar qualquer resposta completa, qualquer ideologia pretensiosa. Berlin dizia que o liberal genuíno aceitava que atingir qualquer objetivo sério na vida ou na política envolvia frustração e arrependimento por não conseguir outra coisa. Sua visão modesta da política era diferente da de Hayek, a quem agora retornamos para sua terceira encarnação como pensador político. A antipolítica de Hayek era um programa de ação do tipo radical.

ii. Hayek (iii): antipolítica política

Deixamos Friedrich Hayek em 1944 como uma celebridade na América por conta de *O Caminho da Servidão*. Sua vida agora mudou. No divórcio de Hayek, seu mentor ofendido na *London School of Economics*, Lionel Robbins o afastou profissional e pessoalmente. Marcado negativamente do ponto de vista profissional na Grã-Bretanha, onde suas ideias eram consideradas fora de alcance ou chatas, Hayek olhou para os Estados Unidos. Os amigos de negócios de Mises juntaram dinheiro para fazer um posto para Hayek em Chicago, uma potência da economia técnica. Para sua decepção, o trabalho era no departamento de política. Sua depressão piorou. No início de sua velhice, sua reputação e carreira estavam em declínio. No entanto, Hayek foi obstinado e riu por último. Nos *think tanks* políticos de Londres e Washington, uma mudança no pensamento econômico estava em andamento. Hayek tornou-se seu padrinho intelectual. Em 1974, ele ganhou o Prêmio Nobel do Banco da Suécia em economia, dividindo-o com Gunnar Myrdal, um economista sueco e defensor social-democrata do bem-estar e dos direitos civis.

Hayek terminou a tarefa que sobrou de *O Caminho da Servidão*. Ele havia dito às pessoas o que os liberais eram contra. Hayek ainda precisava dizer para que serviam os liberais. Essa foi a tarefa de *The Constitution of Liberty and Law* e *Legislation and Liberty*. Nesses livros, Hayek voltou a três temas orientadores: sob o Estado de direito, regras gerais fortes são melhores do que autoridade discricionária; como não existe justiça social, não se pode esperar que a renda reflita a necessidade; e a democracia liberal deve ser mais do que uma ditadura temporária de partido único ou competição crua entre grupos de interesse, o que não era liberdade, mas licença. Os pensamentos de Hayek sempre tocaram na tensão entre ordem e liberdade. Quanto mais ele via o capitalismo "realmente existente", mais ele enfatizava a ordem, a lei e as limitações da escolha democrática.

Em *The Constitution of Liberty*, cuja maior parte ele escreveu na década de 1950, Hayek expandiu os temas indicados em *O Caminho da Servidão*: a ignorância econômica tornou o planejamento e a regulação central vazios; a lei deve prevalecer sobre os interesses; dinheiro e liberdade eram gêmeos éticos, pois "controle econômico" equivalia a "controle de todos os nossos fins"; apenas a igualdade perante a lei importava, não a igualdade de resultados. Ele invocou a liberdade genialmente. Os mercados de trabalho não sindicalizados eram livres na medida em que qualquer um era livre para escolher um novo chefe. Os monopólios podem ser tão coercitivos quanto os Estados. Repetindo uma sugestão de Berlin, Hayek enfatizou que o liberalismo não exigia e nem se opunha à democracia. Os inimigos do liberalismo eram o totalitarismo e o controle central da vida. O inimigo da democracia era a autocracia, que era compatível com a liberdade.

Embora Hayek tenha se esforçado para responder ao desafio de Keynes de dizer onde estava a linha entre a "agenda" e a "não agenda" do governo, sua resposta tomou a forma mais de uma lista exemplar do que de um princípio discriminatório. O governo, escreveu Hayek, não deve controlar os preços, interferir na livre negociação trabalhista para proteger os sindicatos, limitar a liberdade contratual ou buscar justiça distributiva com tributação destinada a dar dos ricos aos pobres. A segunda metade do livro explicitou essa agenda restritiva em vários campos da política. Hayek sentiu que ele ainda precisava garantir sua visão liberal de ordem sem tutores. Ele escreveu que "Os inimigos da liberdade sempre basearam seus argumentos na alegação de que a ordem nos assuntos humanos exige que alguns deem ordens e outros obedeçam". Hayek precisava de algo além de autoridades e comandantes para dar ordem, mas o quê? Ele foi honesto sobre o que estava faltando e manteve várias respostas em jogo.

Uma era elaborada, ambiciosa e, no final, pouco convincente. Hayek acreditava que a ordem evoluiu. Em *Law, Legislation and Liberty*, ele contrastou "ordem feita", ou táxis, com "ordem encontrada" ou catalaxia. Assim como em Oakeshott, o uso de nomes de um baú de disfarces sugeria ansiedade por parte de Hayek de que as distinções em si não fossem totalmente sólidas ou convincentes. Como uma história da sociedade atual, o relato de Hayek sobre a evolução da ordem espontânea não era diferente da sociobiologia de Spencer, que Sidgwick havia atingido com tanta força. Um problema era a imagem de mudança social de Hayek. A ordem imposta ou "feita" na sociedade era, em sua história evolutiva, não-adaptativa e socialmente inadequada, ou seja, ruim. À medida que a sociedade evoluiu, ela perdeu características não adaptativas e inconvenientes. No entanto, a ordem "feita" tinha sobrevivido. Sobreviveu, por exemplo, no controle excessivo do reformismo social. Para ele, essas alegações não eram mutuamente consistentes. A metáfora evolucionária era a mais fraca. Na biologia, a evolução funcionou em vasta escala de tempo com um mecanismo claro de mudança: variação aleatória causada por mutação genética. Na vida social, não havia um mecanismo óbvio e a mudança era rápida demais para que a evolução de um tipo biológico funcionasse. Na biologia, a utilidade ou conveniência das características era inferida de sua sobrevivência e não o contrário. A utilidade não tinha qualquer valor preditivo. Quando a biologia foi poeticamente inserida na vida social, os adeptos da evolução viraram essa sequência de cabeça para baixo: eles inferiram a sobrevivência da utilidade. "Nenhuma instituição sobreviverá", ele escreveu em *The Constitution of Liberty*, "a menos que desempenhe alguma função útil". No entanto, o mundo social estava cheio de normas antissociais e inconvenientes que sobreviveram, mas que não deveriam ter sobrevivido se a peneira da evolução social orientada para a utilidade tivesse feito seu trabalho. Hayek não deixou claro quais de suas alegações inconsistentes abandonar.

Em *Law, Legislation and Liberty*, Hayek retornou à crítica econômica liberal da democracia política. Era estranho para os liberais de direita que a crença em mercados eficientes não se encaixasse bem com o apoio ao governo da maioria. Os dois pareciam incompatíveis. Hayek encarou o problema de frente. Ele admitiu que a democracia de massa poderia ser prejudicial à eficiência econômica de duas maneiras. Ela abriu o governo aos interesses, à manipulação do sistema e, de fato, à compra de votos. A democracia também encorajou os governos a interferir economicamente. Isso os levou a prometer altos empregos e salários altos. Juntos, eles levaram à inflação e, com ela, à erosão dos valores e ao desestímulo à poupança. Contra esses riscos, ele propôs a proteção geral da limitação da interferência regulatória e a discricionariedade oficial do tipo que os interesses econômicos procuravam manipular. Mais especificamente, ele propôs limitar a democracia eleitoral criando uma poderosa câmara superior de homens e mulheres com 45 anos ou mais. Ela faria leis e supervisionaria o Estado de direito. Uma câmara inferior administraria as leis como um executivo subserviente.

Law, Legislation and Liberty também reafirmaram a desconfiança de Hayek em relação à justiça social. Sobre danos econômicos distantes e impessoais, Hayek adotou uma linha severa. Alguns sugeriram que, como tais danos interferiam na liberdade das pessoas, suas causas poderiam ser regulamentadas ou proibidas sem ferir os cânones do livre mercado. Hayek acreditava que não era bem assim. Decisões econômicas de outras pessoas podem fazer com que uma pessoa perca seu emprego ou acabe com suas economias, limitando assim sua gama de ações. Tais decisões não poderiam, no entanto, ser contadas como limitações da liberdade de ninguém. Pois as limitações de liberdade eram pessoais e intencionais, enquanto os efeitos distantes das decisões de mercado não eram. Ninguém o escolheu com a intenção de arruinar sua empresa ou destruir seu emprego. Você estava no caminho de consequências não intencionais. Essa resposta de livre mercado dada por Hayek tocava na distinção de Rousseau entre ser preso em sua casa por uma tempestade de neve e ser trancado erroneamente nela contra sua vontade. Ambos obstruíram sua liberdade. Apenas o segundo foi condenável. De acordo com a sugestão, julgamos as restrições naturais e humanas de forma diferente ao enfrentarmos as limitações à nossa liberdade. Os maus resultados econômicos, insistia Hayek, eram como tempestades de neve e ninguém culpava as tempestades de neve. Por mais que tentasse fazer a economia parecer uma ciência natural, não havia fatos naturais aqui. Hayek, na verdade, estava recomendando que deveríamos tratar os danos econômicos como se fossem tempestades de neve, não culpando ninguém – uma grande reivindicação moral para a qual faltavam justificativas claras de Hayek.

Uma dúvida persistente sobre o liberalismo de Hayek era se, em sua mente, havia alguma preocupação que superasse o aumento da prosperidade. A suspeita nunca desapareceu de que seu sistema se baseava na conveniência – que nenhuma preocupação, em outras palavras, fosse com justiça, lei, direitos ou privacidade, importava, exceto a forma como promovia o crescimento econômico. Hayek estava ciente dos perigos. De volta a Paris, no Colóquio Lippmann, em 1938, ele havia aceitado que o liberalismo *laissez-faire* puro estava morto como programa político. Ele reconheceu que tornar a prosperidade um objetivo moral não era suficiente para conquistar a fidelidade das pessoas. No entanto, o avanço em relação à conveniência era pouco ou nenhum ao fazer da fidelidade popular o teste de uma moralidade. Hayek não deixou claro se ele tinha uma resposta de princípios para esses desafios.

Em vez disso, ele encerrou seu resumo mais claro, *The Constitution of Liberty*, com entusiasmo partidário com um capítulo, "Por que não sou um conservador". Foi escrito com o entusiasmo com que *O Caminho da*

Servidão conquistou a seus seguidores. O capítulo listava dez falhas conservadoras, nenhuma das quais Hayek disse que compartilhava. Ele não era socialista desde os 18 anos. Sua reputação como homem de direito era bem merecida e não estava em questão. A lista de verificação de Hayek forneceu uma linha clara de separação para distinguir conservadores de liberais. Os conservadores, segundo Hayek, sofriam das seguintes fraquezas: eles temiam a mudança indevidamente; eles tinham um medo irracional de forças sociais descontroladas; eles gostavam muito de autoridade; eles não tinham conhecimento de economia; eles não tinham a sensação de "abstração" necessária para se envolver com pessoas de perspectivas diferentes; eles eram muito confortáveis com as elites e estabelecimentos; eles cediam ao jingoísmo e ao chauvinismo; eles tendiam a pensar de forma mística, assim como os socialistas tendiam a racionalizar excessivamente; eles eram, por último, desconfiados demais da democracia. Hayek, como mencionado, fraquejou na democracia eleitoral. De resto, ele estava correto ao se classificar como liberal. Ele desconfiava do poder. Ele acreditava no progresso. Ele insistia no respeito cívico, tomado como requisito para igualdade legal e proteção da privacidade. Ao mesmo tempo, ele era implacável sobre até que ponto os liberais deveriam ter que prometer seus ideais a todos. Ele era obstinado e honesto sobre onde estavam os problemas, mas não era um democrata incondicional.

A modéstia política de Hayek tomou forma abertamente política. Ao contrário do cético Oakeshott, Hayek tinha uma doutrina e um programa de ação. Ao contrário do pluralista Berlin, Hayek parecia colocar todos os valores em uma equação instável de prosperidade, bem-estar e probidade. Sua influência foi igualmente profunda. Ao que parecia, ele ofereceu uma justificativa para todos os propósitos para desmantelar a legislação social. Sua distinção entre ordem "construtiva" e "espontânea" tornou-se um fio condutor para os radicais neoliberais da década de 1980. Encorajou o hábito confortável de analisar qualquer problema público em partes econômicas e políticas e culpar a política pelo problema. Herbert Stein, que aconselhou o esquecido liberal Richard Nixon em economia, costumava brincar que, qualquer que fosse o problema, ele diria aos repórteres políticos que era econômico e aos repórteres econômicos que era político. A diferença pode ser pequena, mas Stein e seus ouvintes perceberam que a observação era uma piada. Talvez a filosofia da economia de Hayek tenha atraído tanto empresários de mentalidade prática porque visava tirar a política da economia política.

iii. Orwell, Camus e Sartre: liberais na Guerra Fria

O pensamento liberal depois de 1945 não era apenas sobre economia. Nem foi limitado a universidades e *think tanks*. O clima liberal de meados do século deve muito a três escritores de prosa notável, George Orwell, Albert Camus e Jean-Paul Sartre. Eles eram todos ensaístas que escreveram obras com temas políticos em torno da figura do solitário problemático e irreconciliável. Tomar uma posição contra as probabilidades ou sem conhecê-las era para eles não uma evidência de imprudência, mas um sinal de seriedade moral. Orwell havia lutado contra fascistas na Espanha. Camus havia editado um jornal clandestino para a resistência francesa. Sartre era um filósofo de estatura que por 30 anos editou o principal jornal de esquerda da França do pós-guerra, *Les Temps Modernes*. Suas posições eram mais declarativas, mas Sartre também interpretou David para uma sequência de Golias: anticomunismo ocidental, colonialismo ocidental, gaulismo na França. Nenhum dos três pensadores era partidário e cada um era difícil de definir politicamente. Todos eles, mesmo Sartre, eram liberais por temperamento.

George Orwell (1903-1950), que insistiu no uso e abuso de palavras na política, chamava-se socialista, anticomunista e anarquista *Tory*. Tímido pessoalmente, embora veemente em suas escritas, ele era um intelectual que zombava dos intelectuais e um velho etoniano de esquerda que zombava de socialistas privilegiados. Suas duas parábolas antitotalitárias, *A Revolução dos Bichos* (1945) e *1984* (1949), fizeram dele uma estrela global precoce, embora ele tenha morrido de tuberculose antes que pudesse desfrutar e sem dúvida ridicularizar sua fama.

Ele nasceu Eric Arthur Blair em Bengala, onde seu pai trabalhava para o Departamento de Ópio do Serviço Público Indiano. Enviado para a escola na Inglaterra, ele era jovem o suficiente para escapar do massacre da Primeira Guerra Mundial. Em vez de seguir os amigos de Eton para Oxford ou Cambridge, juntou-se à polícia colonial na Birmânia, uma experiência que rapidamente o tornou um anticolonialista. Ele escreveu que ficou cansado de prender as pessoas por fazerem o que ele faria no lugar delas. De seu tempo na Birmânia vieram dois ensaios de renome, "*Shooting an Elephant*", uma autorrecriminação por ceder ao poder de uma multidão assustada, e "*A Hanging*", uma polêmica silenciosa contra a pena capital.

A compreensão do liberalismo por Orwell era intuitiva, mas profunda. Ele odiava poder indevido e entendia que ele vinha em inúmeras formas. Ele escreveu: "Eu não tenho nenhum amor especial pelo trabalhador idealizado da mente comunista burguesa, mas quando vejo um trabalhador de carne e osso em conflito com seu inimigo natural, o policial, não preciso me perguntar de que lado estou". Ele reconheceu as exclusões da sociedade quando as viu: "Um homem gordo comendo codornas enquanto as crianças estão pedindo pão é uma visão repugnante". Orwell viu que havia mais na política do que ideais e políticas. "Seu radicalismo é do tipo mais vago, mas sempre se sabe que ele existe", escreveu Orwell sobre Charles Dickens. "Ele não tem sugestões construtivas, nem mesmo uma compreensão clara da natureza da sociedade, apenas uma percepção emocional de que algo está errado. Tudo o que ele pode finalmente dizer é: comporte-se decentemente, o que não é necessariamente tão superficial quanto parece." Orwell, como liberal, reconheceu o que socialistas e conservadores achavam tão difícil de ver, que a fixidez não estava disponível e que a política nunca parava: "A maioria dos revolucionários são *Tories* em potencial, porque imaginam que tudo pode ser corrigido alterando a forma da sociedade", escreveu Orwell. "Uma vez que essa mudança é efetivada", ele continuou, "eles não veem necessidade de qualquer outra".

Em "*Politics and the English Language*", Orwell expressou talvez sua única convicção mais forte, de que mau discurso reflete mau pensamento e que, como a política é conduzida principalmente em palavras, mau discurso pode levar à loucura política, violência e opressão. Sua cunhagem "novilíngua", introduzida no romance 1984 para descrever a ofuscação intimidadora, foi apreendida sem necessidade da menor explicação por todos que entenderam a ligação entre o mau uso das palavras de uma autoridade e o mau uso de seus poderes. A "novilíngua" de Orwell teve muitos descendentes, incluindo notavelmente a "fala da administração". Rigoroso ao ponto da autopunição, Orwell combinou a convicção de que nosso dever de resistir à injustiça era praticamente ilimitado com a crença de que nossa capacidade de fazer qualquer coisa a respeito era estritamente limitada. Ele era alérgico à teoria e à especulação e teria odiado a palavra. Mas, de certo modo, a moralidade infrutífera de Orwell de altas exigências e baixas capacidades fez dele um existencialista inglês.

Albert Camus (1913-60) também estava preocupado com o papel do pessimista em uma sociedade hostil e intratável. Como Orwell, Camus era um fumante inveterado com problemas nos pulmões. Ambos morreram aos 46 anos, embora Camus tenha morrido ao retornar a Paris como passageiro em um *Facel Vega* batido em uma árvore por seu editor. Camus nasceu de pais franceses na classe trabalhadora de Argel e foi para a Universidade de Argel, onde jogou no gol do time de futebol da universidade. Camus relataria que aprendeu sobre política com a pobreza e não em Marx. Ao contrário de Sartre, cujo anti-anticomunismo nunca se somou ao próprio comunismo, Camus pertencia ao Partido Comunista da Argélia em 1935-37. Durante a ocupação alemã, Camus editou o *Combat*, um jornal proibido da resistência francesa. Assim como com Orwell, o envolvimento pessoal importava mais para Camus na política do que política ou doutrina. Ambos ouviram suas respostas e suas repulsas: ao comunismo, ao colonialismo e à pena capital. Nenhum dos dois era santo nem mártir. Orwell deu ao Ministério das Relações Exteriores Britânico nomes de amigos de esquerda que ele não achava que deveriam trabalhar em seu trabalho de propaganda. Camus publicou durante a ocupação, atendendo às exigências de seus censores alemães para remover a menção a Kafka, como escritor judeu, em um livro de ensaios. Camus não idolatrava os combatentes da independência da Argélia, pois ele temia que eles também se tornariam opressores uma vez no poder.

Embora mais conhecido por sua ficção e suas peças, Camus também escreveu ensaios políticos. Em *The Rebel* (1951), ele expôs suas mercadorias como um liberal anticomunista. No estilo francês característico, Camus elaborou questões historicamente de princípio político. Por que, ele perguntou, os projetos emancipatórios do Iluminismo terminaram em terror revolucionário? Por que a busca moderna pela liberdade levou não apenas ao progresso material e à democracia, mas também à tirania e ao massacre em escala industrial? As perguntas não eram novas. Mas elas pareciam urgentes quando ele começou a escrever o que chamou de "uma tentativa de entender meus tempos". De todos os seus escritos políticos, Camus se orgulhava mais de *The Rebel*. *The Rebel* atraiu o desprezo dos cérebros mais bem treinados da esquerda marxizante e rompeu para sempre sua amizade com Sartre.

Camus refez a pergunta que os conservadores fizeram após a Revolução e Napoleão: os crimes da modernidade foram devidos à liberdade ou à sua perversão? Burke suavemente e Maistre selvagemente culparam a liberdade. Uma vez livres do costume e do bom senso, ficou claro para Burke que as pessoas eram capazes dos piores crimes. Maistre pensou o mesmo quando as pessoas foram libertadas de Deus e de seus ministros terrenos. A desobediência e a dissidência, para a mente conservadora, levavam moralmente à confusão e perplexidade, e politicamente à revolução, ao colapso e à contrarrevolução. O espírito de liberdade tornou a vida humana pior, não melhor. A revolta não era progressiva, como afirmavam os defensores da liberdade, mas regressiva. Como os primeiros liberais, Camus discordou. Como eles, ele culpou os excessos da modernidade na perversão da liberdade e não a própria liberdade.

Camus, como Constant e Guizot, via o mal e o bem na revolução. Como resistência ao poder indevido, Camus assumiu a rebelião por um dever universal obrigatório para todos os humanos. Diante da mudez de Deus, da indiferença da natureza e da dominação do homem pelo homem, a única reação decente, pensou Camus, foi a revolta. A rebeldia, em certo sentido, definia nossa humanidade. A revolta era inevitavelmente social e nos engajava com os outros, ou como Camus colocou em um epigrama que compreensivelmente não pegou: "Eu me revolto, logo nós existimos". Com vários graus de simpatia, Camus descreveu a mente e os atos de muitos tipos de rebeldes: escritores, dândis, antimoralistas, niilistas, administradores jacobinos do terror revolucionário e lançadores de bombas antitsaristas solitários. Bem-vinda e necessária como a rebelião foi, por que, perguntou Camus, ela também levou a tais calamidades?

O ensaio de Camus era mais rico em perguntas do que respostas. Ele concluiu com esperanças de uma política descontraída e humana, não impulsionada por ideias que ele chamou de "mediterrâneas". Sua visão de um meio-termo entre a opressão totalitária e o excesso ocidental era notavelmente livre de detalhes. Os homens fortes da esquerda intelectual atacaram. Um editor da *Les Temps Modernes,* Francis Jeanson, escreveu uma crítica condenatória, intitulada "*The Soul in Revolt*" [A Alma em Revolta]. Ele sugeriu que Camus estava menos preocupado com a injustiça do que com a pureza da consciência. Como um membro corajoso da resistência francesa ajudando argelinos anticoloniais, as credenciais de Jeanson à esquerda eram impecáveis. As hesitações liberais de Camus sobre as consequências opressivas da independência colonial deram a Jeanson um alvo, para quem uma Argélia argelina era algo absolutamente virtuoso. Imprudentemente, Camus respondeu soando pomposo e ferido. Sartre então interveio com uma carta aberta em *Les Temps Modernes* (agosto de 1952) que ainda é lida como uma horrível obra-prima de assassinato literário. Ele e Camus mal se falaram novamente.

The Rebel foi significativo por marcar uma viragem corretiva que o liberalismo estava tomando de maneira mais geral e não tanto por seus argumentos ou por provocar uma ruptura político-literária. Após as enormidades de 1914-1945, os liberais estavam se lembrando de que a preocupação com o que o Estado e a sociedade poderiam fazer pelas pessoas não deveria cegá-las para o que o Estado e a sociedade poderiam fazer com as pessoas. Assim como *The God That Failed* (1950), livro de retratações de ex-comunistas ocidentais, o livro de Camus também marcou o fim da inibição da esquerda intelectual em se manifestar contra os males stalinistas. As razões para o silêncio não foram todas tolas ou desonrosas. A lealdade foi sentida a uma nação que a grande custo havia resgatado os europeus ocidentais do nazismo. O Ocidente também sofreu graves danos e crueldades na defesa de si mesmo e de seus valores liberais. Para Camus e Orwell, essas razões para o silêncio já não eram suficientes. Era hora de falar. Goste ou não, a Guerra Fria impôs uma escolha, a favor ou contra, e eles escolheram o Ocidente. Enquanto isso, os escritores Orwell e Camus abriam um espaço onde era novamente possível ser liberal, anticomunista e de esquerda.

Nem todos escolheram habitar aquele espaço. Na França, o líder intelectual daqueles para quem liberal e esquerda eram contradições em termos era Jean-Paul Sartre (1905-80). No entanto, o próprio Sartre era mais liberal do que gostaria de admitir ou do que alguns revisores da primeira edição deste livro pareciam pensar. Chamar Sartre de liberal por temperamento era considerado uma excentricidade ou um erro. Se assim for, foi um erro compartilhado por quem conhece e admira seu trabalho, como, por exemplo, o pensador político americano Michael Walzer. Walzer escreveu sobre Sartre em uma introdução a uma tradução inglesa de seu "*Anti-Semite e Jew*" (1946; 1995): "Na verdade, ele era um liberal, apesar de sua sociologização marxista".

No entanto, não havia necessidade de citar autoridades para sentir o temperamento liberal de Sartre. Ele vivia da oposição numa espécie de revolta declarativa permanente contra os poderes dominantes e as convenções vigentes. Sua palavra de ordem filosófica era "apenas diga não". As probabilidades sombrias pareciam atraí-lo. Seus projetos intelectuais eram incontrolavelmente vastos. Não terminar era quase uma marca de sucesso. Aos 60 anos, ele escreveu 2.300 páginas de um estudo de Gustave Flaubert antes de declará-lo incompleto. Ele se gabava de nunca ter crescido. Indiferente às honras, em 1963 recusou um Prêmio Nobel. Sartre era, em suma, um personagem. Na Inglaterra, onde os personagens são valorizados, Sartre poderia ter sido levado a sério pelas pessoas caso ele não odiasse animais de estimação, caminhadas no campo e ser francês.

Ele teve muitas amantes e um amor duradouro, Simone de Beauvoir, uma romancista e pensadora que compartilhou sua vida, trabalho e duplicidades como amiga, amante, enfermeira, juíza e igual, embora nunca tenha sido sua esposa. Quase cego de um olho pela juventude, Sartre era robusto. Ele precisava ser. Sua ingestão diária incluía 40 cigarros *Boyard*, litros de café e álcool, bem como uma dúzia de comprimidos de *corydrane*, uma mistura de anfetamina e aspirina então disponível sem receita médica (a dose diária recomendada era duas).

O medicamento real de Sartre era escrever. Sua produção bruta foi calculada em 20 páginas publicadas por dia ao longo de uma vida profissional. Ele se recusava a reler ou corrigir o que escreveu. Uma vez escrito na página, ele não pensava mais sobre aquilo. Amante de frases curtas, ele disse que seu melhor livro sempre foi aquele que ele estava prestes a escrever. Por trás dessa piada havia uma ideia que dava cor à sua filosofia: o passado não tinha autoridade sobre nós. A qualquer momento, éramos livres para fazer de nós mesmos o que quiséssemos.

Para Sartre, o fato central da vida humana era um conflito entre essa convicção de liberdade e a experiência de coação. Estávamos livres em nossos pensamentos, mas presos em nossa situação. A mudança era possível, mesmo que apenas na margem: éramos livres para "negar" nossa situação imaginando-a de outra forma. Essa liberdade mental era evidente para nós em nossos projetos e esperanças. Sartre pensou que poderíamos esconder nossa liberdade de nós mesmos por autoengano ou má-fé. Esses assumiram a forma de aceitar nosso grupo social, nossas limitações corporais ou as restrições da moralidade como limites à nossa liberdade. O reconhecimento da liberdade tornou-se um indicador de autoconsciência. Sartre expôs esses pensamentos em *Being and Nothingness* (1943). O livro oferecia uma nitidez de percepção, esperada de um romancista, sobre experiências humanas subanalisadas, como desejo, nojo e ser observado. Ele se concentrava em fenômenos mentais familiares, mas pouco examinados, como autoengano e sinceridade. Ele oferecia uma visão mais ampla da prioridade absoluta da autonomia humana e uma explicação correspondentemente exigente da responsabilidade moral. No final da década de 1940, Sartre deixou de lecionar e viveu da escrita. Sua obra mais filosófica, *Nausea* (1938), vendeu mais de 1,6 milhão de cópias em sua vida, sua peça sobre responsabilidade política, *Dirty Hands* (1948), quase 2 milhões. Em sua inacabada *Critique of Dialectical Reason* (1960), Sartre tentou conciliar sua visão exigente da liberdade humana com um relato altamente personalizado do marxismo.

Sartre podia estar perversa e irresponsavelmente errado: mais pacifista que antifascista nos anos 1930, pró-soviético no início dos anos 1950, depois pró-Castro em 1960 e pró-Mao depois de 1968. Sua raiva contra a convenção "burguesa" permitiu que a convenção burguesa estabelecesse sua agenda. A raiva de Sartre também o levou a uma admiração imprudente pelo anti-herói satânico, o niilista, até mesmo o terrorista. Sartre também poderia estar brilhantemente certo: condenando a invasão soviética da Hungria em 1956, pedindo por uma Argélia argelina (terroristas de direita bombardearam duas vezes seu apartamento em Paris, quase o matando uma vez) e apoiando Israel contra ameaças de vizinhos árabes em 1967. Uma das últimas campanhas de Sartre foi ocasião para uma aparição conjunta que, intencional ou não, foi amplamente tomada por uma reconciliação simbólica. Em 1979, Sartre e Raymond Aron, seu velho amigo dos anos 1930 e parceiro de disputa liberal dos anos 1950 aos 1960, apareceram juntos no Eliseu para pedir ao governo francês que ajudasse os vietnamitas que fugiam de seu país após a queda de Saigon para os comunistas em 1975.

Sartre era uma criança solitária e sem pai, criada por uma mãe amorosa e um avô professoral. Único, egocêntrico e vivendo em sua cabeça, ele ansiava por camaradagem. Ele falou de seus meses em um campo de prisioneiros de guerra alemão, em 1940, como os mais felizes de sua vida. O romance com multidões imaginárias o levou à tolice totalitária. Contra isso estava sua desconfiança de autoridade e de violência que ele sempre poderia invocar. "Comandar ou obedecer, é tudo a mesma coisa", escreveu ele em uma maravilhosa autoanálise disfarçada de memórias da infância, *Words* (1963). O epigrama poderia ter vindo de Alain, cujos aprendizes de filosofia Sartre convivera quando estudava na *École Normale.* Sartre detestava anticomunistas liberais. Mas ele fez mais com a liberdade humana ilimitada e exigente do que a maioria dos liberais. Sartre nunca teve o desejo de pertencer e ser livre em equilíbrio, mas quem teve? Ele zombou do pensamento de que o equilíbrio era alcançável. A questão para Sartre era manter os dois em movimento e ver aonde cada um levava. A defesa dos direitos civis dos radicais perseguidos pelo Estado francês estava entre as campanhas mais corajosas de Sartre. Pode-se ver um dissidente liberal por trás das palavras antiliberais de Sartre.

iv. Rawls: justificando o liberalismo

John Rawls (1921-2002) passou a carreira pensando em duas questões: "O que dizemos aos perdedores?" e "Como podemos viver juntos, dadas nossas divergências éticas?". Essas questões correram como um fio duplo através de *A Theory of Justice* (1971), sua obra mais conhecida e, de certa forma, sua única, visto que escritas posteriores amplamente amplificaram ou corrigiram para melhor defendê-la. Como resposta, Rawls retratou uma sociedade "bem ordenada" ou "justa" que não excluía ninguém de suas vantagens e que aceitava profundas discordâncias sobre a forma de uma vida digna em condições de paz cívica. O tipo de justiça que Rawls tinha em mente estava no título de um pequeno artigo, "*Justice as Fairness* [Justiça como Equidade]", que ele escreveu em 1957 e depois defendeu, reformulou e estendeu até se tornar um livro de 87 seções de mais de 580 páginas atentamente argumentadas. *A Theory of Justice* começou a circular em rascunho logo depois que Rawls chegou a Harvard vindo de Cornell e do MIT em 1962. Quando finalmente foi lançado, Rawls havia trabalhado em respostas para as muitas objeções que ouvira ou em que poderia pensar.

Essa assiduidade fez com que o livro tivesse dificuldades. Um revisor britânico, o filósofo moral Richard Hare, relatou que ele largou o livro muitas vezes em desespero. O ritmo deliberado de Rawls e o escrúpulo altruísta na argumentação também significaram que seu livro enfrentou um teste que Hilary Putnam, um lógico e colega filósofo, certa vez propôs para um clássico filosófico: quanto mais inteligente você fica, mais inteligente ele fica. Entre os filósofos políticos de língua inglesa, o livro de Rawls rapidamente se tornou um texto de referência e um ponto de partida na argumentação. Duas gerações de rawlsianismo produziram mais de 5 mil artigos eruditos de interpretação, comentário, objeção e defesa. O livro tornou-se um texto universitário com alcance educacional não muito diferente do *Economics,* de Paul Samuelson, publicado pela primeira vez em 1948. Com a morte de Rawls, *A Theory of Justice* havia vendido mais de 400 mil exemplares e estava traduzido em muitos idiomas, incluindo chinês e árabe.

Em um alto nível de argumentação, Rawls ofereceu uma justificativa de meados do século 20 de dois ideais políticos que sustentavam a democracia liberal e comumente mencionados como liberdade e igualdade. Rawls tinha como certo que a autoridade tutorial dos "juízes competentes", que Mill pensava poder mostrar às pessoas formas de vida melhores e piores, agora havia desaparecido. Em tais condições democráticas, Rawls queria saber quais princípios poderiam existir para sustentar uma ordem liberal aceitável que os cidadãos modernos e imparciais reconheceriam e apoiariam.

Rawls, como Mill, era um reconciliador. Ele considerava as pessoas egoístas, mas abertas às demandas de equidade e justiça. Sua resposta ao velho quebra-cabeça: "Uma sociedade justa faz cidadãos justos ou vice-versa?" era de fato "ambos". Rawls baseou-se em várias fontes para suas ideias: a teoria do contrato social da obrigação política, a ética universalista de Kant, a ciência social atual, a teoria da escolha racional e, não menos importante, suas próprias intuições morais. Ele parecia estar fazendo o que os pensadores liberais haviam aprendido sozinhos a não fazer, para explicar tudo sobre política em um sistema coerente. As complexidades da máquina rawlsiana derivavam em parte da esperança de que suas diversas partes funcionassem juntas.

Rawls acertou em cheio seu tema na frase de abertura de *A Theory of Justice*: "A justiça é a primeira virtude das instituições sociais, assim como a verdade é dos sistemas de pensamento". Leis e instituições injustas podem proporcionar segurança e prosperidade. Se as leis e instituições não fossem justas, elas "deveriam ser reformadas ou abolidas". À medida que o livro avançava, os leitores aprendiam o que mais Rawls pensava que deveria acontecer em uma sociedade justa. Os funcionários deveriam ser mantidos em padrões mais elevados de responsabilidade moral do que os cidadãos comuns. Poderia haver momentos em que um cidadão obediente deve desobedecer à lei. A sociedade não deve negligenciar os excluídos ou desfavorecidos.

O tom imperativo de Rawls era novo. Seu parágrafo de abertura parecia uma pregação de Channing ou uma campanha de Thoreau. *A Theory of Justice* pode ser lida como se fosse escrita por uma inteligência neutra e sem Estado, sem morada fixa. Seus silêncios e complexidades são mais fáceis de entender se tivermos em mente que Rawls foi um cidadão profundamente engajado escrevendo nos Estados Unidos da década de 1960. Ele tinha fortes convicções sobre as pragas da sociedade americana. Seu racialismo e militarismo o apavoravam. No entanto, ele se esforçou para observar a ordenança abnegada de sua profissão de confiar apenas no argumento e não tomar posições.

O campo áspero da justiça social era bastante familiar. A abordagem de Rawls era nova. A justiça legal dizia respeito à punição, compensação e devido processo. A justiça social dizia respeito a porções justas de benefícios e encargos na sociedade. Estas eram perguntas óbvias de justiça social: que partilhas eram justas? As partilhas justas devem ser partilhas iguais? Se não, quanta desigualdade era aceitável? As questões eram antigas e controversas. Em vez de responder diretamente, Rawls olhou para as fontes de justiça e injustiça. Ele começou não com cotas justas ou injustas de benefícios e encargos, mas com procedimentos e instituições que distribuíam as cotas. Ele invocou a noção razoável de que um procedimento justo era aquele com o qual as pessoas poderiam concordar antecipadamente sem saber o resultado. Se o negócio fosse justo, não poderiam reclamar das cartas. Procedimentos e instituições justos, ao que parecia, não deveriam ser difíceis de encontrar: eram aqueles procedimentos e instituições com os quais as pessoas podiam concordar. O problema era que todos iriam querer instituições que favorecessem seus interesses.

Por instituições básicas, Rawls tinha em mente o mobiliário constitucional familiar de executivos e legislativos, mas também mercados, leis de propriedade, procedimentos de disputa e outras regras básicas da vida comum. Embora comumente retratadas assim, essas instituições básicas eram, na opinião de Rawls, raramente árbitros neutros. Eles tendiam a favorecer algumas pessoas – os ricos, os brancos, os fortes, os inteligentes, por exemplo – em vez de outros. Uma maneira de tornar as instituições mais justas era remover esse viés. Assim, instituições justas produziriam resultados mais iguais. Rawls insistiu que isso foi rápido demais. Tal resposta envolveu um erro oposto. Ela permitiria que uma maioria menos privilegiada restringisse e prejudicasse uma minoria privilegiada. Como um liberal levemente igualitário, Rawls queria identificar instituições justas que não obstruíssem os ricos e capazes nem excluíssem os pobres e menos capazes.

Os leitores que procuravam uma conclusão rápida recorreram aos "princípios de justiça" de Rawls. Embora estranhamente lembrados como dois, Rawls na verdade deu três. Primeiro, todos deveriam ter o mesmo conjunto de liberdades invioláveis que eram necessárias para uma vida de respeito próprio. Segundo, as oportunidades justas deveriam ser iguais para todos. Terceiro, embora algumas desigualdades fossem inevitáveis em uma sociedade livre, produtiva e próspera, essas desigualdades tinham como prioridade permitir e promover a ajuda aos desfavorecidos. Rawls chamou o último de "princípio da diferença".

Seus três princípios eram ideais familiares para uma democracia liberal de mentalidade social. A privacidade de ninguém deveria ser invadida, os objetivos de ninguém deveriam ser obstruídos e ninguém deveria ser excluído de tais direitos ou meios práticos para os exercer. Como se repetisse certas ações dos "novos liberais" do final do século 19 e início do século 20, Rawls estava hasteando uma bandeira de três listras de liberdade, igualdade de oportunidades e – para usar a palavra de Léon Bourgeois – solidariedade. No entanto, Rawls acrescentou um cavaleiro revelador. A sociedade do final do século 20 era muito mais rica do que era quando os novos liberais escreviam. Uma vez que a sociedade fosse próspera o suficiente, Rawls julgou, os três princípios de justiça deveriam ser aplicados em ordem estrita. Em um determinado caso, se sua orientação entrar em conflito, a liberdade era a melhor oportunidade igual e a igualdade de oportunidade era a melhor solidariedade.

Para alcançar seus princípios, Rawls tirou do acervo do museu um dispositivo antigo, o contrato social. Ele imaginou possíveis cidadãos de uma sociedade ordenada, velados do conhecimento de seus talentos, riquezas e lealdades, escolhendo entre um menu de princípios para guiar sua sociedade, notadamente o bem comum, excelência meritocrática ou equidade. Se estivessem escolhendo imparcialmente sem favorecer seus próprios objetivos e capacidades, Rawls sustentou que as pessoas escolheriam equidade ou justiça. Apresentado, então, com princípios alternativos de equidade ou justiça social, incluindo o utilitarismo, Rawls sustentou que as pessoas prefeririam seus três. Na segunda parte do livro, os cidadãos imaginários de Rawls escolheriam, então, uma constituição, arranjos para a economia e procedimentos de disputa. O resultado seria uma democracia liberal moderna, como poderia ser idealmente. As derivações de Rawls eram intrincadas e controversas. Uma queixa comum de colegas filósofos era que as intuições morais de Rawls guiavam as escolhas de seu povo imaginário. A democracia liberal resultante foi assegurada pela democracia liberal de partida. A maquinaria não fez nenhum trabalho justificativo. O pensador britânico John Gray tinha algo parecido com essa reclamação em mente ao chamar *A Theory of Justice* "uma dedução transcendental" da política de William Beveridge.

A reclamação pode ser respondida. Rawls, no fundo, queria sua "posição original" de verificar a justiça das instituições. Rawls sugeriu que qualquer um poderia pedir um arranjo social contestado – remuneração desigual para as mulheres, um salário mínimo, discriminação racial, ação afirmativa para corrigir a discriminação; era isso em que qualquer um, definindo seus próprios talentos, interesses, objetivos e ideais, poderia razoavelmente concordar? Intuitivamente, a verificação de Rawls parecia um indicador revelador. No entanto, a denúncia de circularidade voltou em um patamar mais elevado. As pessoas imaginárias de Rawls não poderiam se recusar razoavelmente a deixar de lado tanto de si mesmas antes de decidir sobre regras sociais básicas aceitáveis? Além disso, era difícil transformar a verificação intuitiva de Rawls em critérios práticos para uso em direito e política. A dificuldade era maior porque os liberais já tinham um critério ao qual eles se acostumaram no século 19 e nunca o abandonaram por completo: o bem comum ou o bem-estar geral invocado pelo utilitarismo.

Rawls quebrou a tradição ao abandonar esse critério. De Constant a Berlin, os liberais insistiram na inviolabilidade da pessoa humana. Poucos se ofereceram, em princípio, para dizer por quê. Eles não deram nenhum jeito de diminuir a tensão liberal entre o progresso da sociedade como um todo e o respeito cívico pelas pessoas uma a uma. Mill fizera a tentativa mais franca de conciliar as demandas dominantes do bem comum com a proteção da liberdade pessoal e a promoção da individualidade. Desde então, os liberais caíram em um utilitarismo rotineiro. Eles tinham, na opinião de Rawls, adquirido o mau hábito de tratar a sociedade como beneficiária do progresso. Como um padeiro pesando farinha, os utilitaristas concentravam os ganhos líquidos dos vencedores em uma panela e as perdas líquidas dos perdedores em outra. Se a panela dos vencedores se mostrasse mais pesada, a sociedade "como um todo" estaria em melhor situação. A segunda frase de *A Theory of Justice* anunciou a rejeição de Rawls do utilitarismo. "Cada pessoa", dizia, "possui uma inviolabilidade fundada na justiça que nem mesmo o bem-estar da sociedade como um todo pode substituir".

Rawls contestava dizendo que ninguém experimentou o progresso da própria sociedade. Depois de um "avanço" social, todos os afetados eram um vencedor líquido ou um perdedor líquido. O utilitarismo não tinha como justificar quem era quem. Em uma frase retumbante, embora gnômica, que Rawls tornou famosa, o utilitarismo não "levava a sério a distinção entre pessoas". O utilitarismo não tinha resposta sobre por que certas pessoas, em vez de outras, eram apontadas como perdedoras. Os vencedores podem dizer: "Alguém tem que pagar", com o que os perdedores podem concordar, mas ainda querem saber: "Por que nós?". Ao que os vencedores podem replicar com Hayek: "Ninguém destacou você. Os resultados não foram planejados. Eles simplesmente aconteceram".

Para Rawls, apelar para a má sorte não bastava. Isso sugeria que os resultados da mudança social eram arbitrários e, portanto, nem justos nem injustos. No entanto, a justiça era cega, não arbitrária. A justiça era imparcial, não caprichosa. As pessoas queriam viver em uma sociedade onde pudessem olhar os perdedores nos olhos e dizer mais do que "má sorte". Rawls acreditava na contingência da vida e, particularmente, na loteria do talento. Uma frase reveladora da primeira edição de *A Theory of Justice* que sumiu da segunda em 1999 foi: "Em justiça como equidade, os homens concordam em compartilhar o destino uns dos outros". Rawls reconheceu que cérebro, energia e coragem eram necessários para criar prosperidade e ele aceitou que eles deveriam ser bem recompensados. Ele não aceitava que essas excelências tivessem mérito em si mesmas. Finalmente, Rawls temia que as expectativas do que a vida poderia oferecer com base apenas no acaso eram uma consideração muito fraca para vincular a lealdade de pessoas imparciais à sociedade e desencorajá-las de "se aproveitarem" ou desfrutarem de seus benefícios gratuitamente.

Os perdedores de Rawls não precisavam ser pobres. Havia muitos negócios injustos que uma sociedade injusta poderia dar às pessoas além da falta de dinheiro. Os perdedores podem ser membros ricos de uma seita excluída. Eles podem ser grupos habitualmente derrotados em democracias majoritárias com bases institucionais e com proteções adequadas às minorias. Nem sempre era óbvio, mas em *A Theory of Justice* Rawls estava pensando tanto na intolerância quanto na indigência. A justiça distributiva não era só sobre dinheiro. Uma sociedade justa precisava de tolerância mútua, bem como de ajuda mútua.

Os hipotéticos escolhidos de Rawls pareciam compartilhar moralidade suficiente para concordar em viver em justiça, mas não o suficiente para concordar com bons objetivos na vida. Parecia que Rawls presumia unanimidade moral sobre justiça e desacordo ético em todo o resto. Por isso, foi amplamente contestado. Rawls poderia responder que não estava em pior situação do que outros liberais. Todos queriam manter a política fora da vida privada. Nenhum deles queria que a vida pública fosse um "livre para todos" amoral. Nenhum liberal tinha respostas decisivas sobre onde é o limite. Em uma sociedade moderna e aberta, Rawls esperava que as pessoas concordassem em ser hiperexigentes sobre liberdades e equidades, mas ultrapermissivas sobre se as pessoas escolhiam ser puritanas ou libertinas, cristãs devotas ou secularistas militantes, cosmopolitas ou sectárias. Bouglé, como vimos, tinha uma esperança semelhante na época do caso Dreyfus na França. Era uma visão atraente. Mas era crível?

Rawls se inclinou desta e daquela maneira sobre a viabilidade de tornar a política justa, enquanto mantinha a moralidade fora da política. Às vezes, ele expressava dúvidas sobre se as pessoas compartilhavam base moral suficiente para concordar, quanto mais permanecer, com a equidade. Ele se inclinava para um lado e para o outro sobre se o compromisso com a equidade em si era uma questão de moralidade ou prudência. Em *A Theory of Justice*, ele escreveu como o confiante Rawls. Na terceira parte da obra, ele levantou uma questão não muito diferente daquela que deixou Mill mudo no momento de seu colapso juvenil. Mill perguntou se a conquista da felicidade humana o faria feliz. Rawls perguntou se uma sociedade justa encorajaria as pessoas a agirem com justiça. Rawls concluiu que idealmente seria: "Assumir o ponto de vista da justiça promove o próprio bem". Instituições justas e cidadãos justos se reforçariam entre si. A sociedade justa de Rawls seria seguramente justa ou, para usar seu termo, "estável". O conhecimento público de que era justo desencorajaria a deserção e parasitismo. Uma sociedade justa ganharia lealdade. Por implicação, uma sociedade injusta com grandes desigualdades não exigiria lealdade e, consequentemente, não seria estável.

O pensamento é especulativo, mas é difícil não pensar que o tom imperativo de Rawls tenha algo a ver com sua formação. O estado de Maryland, onde ele nasceu em 1921, tinha uma história de preconceito intercomunitário em que os católicos intimidavam os protestantes e depois os protestantes intimidavam os católicos. Um estado fronteiriço escravista, Maryland foi mantido relutantemente na União no início da Guerra Civil em 1861 sob a lei marcial. O pai de Rawls era um rico advogado tributário de Baltimore que compartilhava os preconceitos de sua classe e época. Ele presidiu conselhos estaduais que monitoravam uma receita regressiva e pró-negócios e supervisionava as escolas segregadas de Maryland. O patrono do pai era o governador de Maryland, um democrata conservador que considerava Herbert Hoover um perdulário irresponsável e que se opunha ao sufrágio feminino. A mãe de Rawls era uma progressista de origem alemã, que fazia campanha pelos direitos das mulheres e outras causas radicais.

Em 1928, quando o jovem Rawls teve difteria, um irmão mais novo pegou a infecção dele e morreu. Um ano depois, Rawls pegou pneumonia, que matou outro irmão. Rawls atribuiu sua gagueira ao longo da vida a essas mortes. Em 1949, ele se casou com uma professora, Margaret Fox. Ela compartilhou seu amor pelos livros e na lua de mel eles encontraram tempo para indexar um comentário sobre Nietzsche. Rawls morava com ela e seus dois meninos e duas meninas, desfrutando dos prazeres ao ar livre de caminhar e velejar.

Devoto quando jovem, Rawls já havia pensado em se tornar um ministro protestante. Embora desvinculado de uma igreja e sem crenças teológicas, essa formação religiosa permaneceu em suas tentativas de conciliar moralidade e sorte. Tendo aprendido tanto "todos são iguais aos olhos de Deus" quanto "aqui pela graça de Deus eu vou", a suspeita de Rawls sobre o mérito e o senso de contingência da vida permaneceram fortes. Os colegas lembram-se de sua bondade e humor irônico. Ele era amplamente admirado, até amado. Era tímido em público, recusava a maioria das honras e reclamava regularmente dos efeitos corruptores do privilégio. Em viagens a Washington, DC, Rawls gostava de visitar o memorial de seu herói reconciliador, Lincoln. Embora pessoalmente ele fosse autodepreciativo e pouco pregador, seu pensamento político, como sua visão da vida, era colorido por uma fé na moralidade que poderia ser chamada em certo sentido religiosa. Quando Isaiah Berlin falou de Rawls como "Cristo", havia sentido em sua provocação mundana. Rawls era uma evidência oficial, como se mais fosse necessário, de que não havia uma conexão estreita entre o liberalismo político e a descrença secular. O trabalho acadêmico desde a morte de Rawls confirmou o fio ético-religioso em seu pensamento.

Alguns achavam que Rawls exagerava a decência humana e subestimava o egoísmo. Um escritor conservador o chamou de inocente. Mais sagrado do que alguns poderiam desejar, possivelmente. Inocente, nunca. Ele viu, em primeira mão, do que as pessoas eram capazes. Em 1943, Rawls se alistou como soldado de infantaria e lutou nas praias do Pacífico. De um trem de tropas que o levava para a ocupação no Japão, ele viu as ruínas de Nagasaki, destruída apenas algumas semanas antes por uma bomba nuclear americana. Ele acreditava que não era tarefa de um filósofo político dizer às pessoas o que fazer ou pensar. Mas, em um raro julgamento público na revista *Dissent* (1995), Rawls condenou o bombardeio atômico do Japão como imoral.

O trabalho de Rawls provocou uma resposta de toda a profissão, criando uma indústria virtual de teoria rawlsiana e contrarrawlsiana. Houve também menos críticas técnicas daqueles que se afastaram da própria maquinaria do argumento. Os críticos de direita perguntaram por que as classes médias deveriam ter que resolver os problemas dos pobres. *In a Different Voice* (1982), da filósofa feminista Carol Gilligan, sugeriu que Rawls exagerou no valor ético da imparcialidade em detrimento da ética do cuidado e da preocupação com a necessidade. Os críticos pós-modernos consideraram o apelo de Rawls à justiça como uma desculpa liberal tipicamente hipócrita para a dominação, pouco melhor do que uma erudita intimidação em nome do interesse e da autoridade.

Igualitários como Gerry Cohen (1941-2009), sucessor de Isaiah Berlin como professor de pensamento político em Oxford, achavam Rawls muito tolerante com a desigualdade. Cohen era um canadense de Montreal que se descrevia como "marxista de nascimento". Ele usou a filosofia analítica contra liberais de livre mercado e liberais "de meio-termo" como Rawls. Cohen disse que a justiça social era mais simples do que Rawls a fez parecer. Uma sociedade justa era uma sociedade igualitária. Qualquer afastamento da igualdade era, por presunção, injusto e exigia uma defesa extraordinariamente forte. O pensamento de Cohen era atraente. Parecia se encaixar melhor na intuição cotidiana e nas tradições radicais do que realmente importava para a *justiça* social, que era a igualdade não apenas de oportunidades, mas de meios materiais para fazer uso de oportunidades. Por mais importantes e urgentes que fossem, nem direitos, méritos ou necessidades pareciam chegar ao centro da questão.

Rawls, segundo a reclamação de Cohen, parecia querer tudo de todas as maneiras: permitir a desigualdade, mostrar que a desigualdade pode ser justa e insistir que sua sociedade ideal ainda poderia estar do lado dos desprivilegiados. Cohen concentrou-se no "princípio da diferença" de Rawls: "As desigualdades sociais e econômicas devem ser organizadas de modo que se espere razoavelmente que sejam vantajosas para todos". O pensamento de Rawls dizia que salários altos para alguns beneficiavam a todos, porque salários altos eram um incentivo para iniciativa e trabalho árduo, dos quais todos se beneficiavam. Por que Cohen perguntou se os mais bem pagos *precisavam* de tais incentivos? Exigi-los não estava em desacordo com o espírito de igualdade em que o "princípio da diferença" supostamente repousava? Na verdade, Cohen admitiu que incentivos eram necessários para estimular os esforços dos ricos e talentosos. Essa concessão prática de Cohen não significava que altos salários e incentivos fossem justos. Cohen comparou aqueles que comandavam altos salários a sequestradores que diziam: "É melhor se você pagar o resgate". Isso é verdade, mas não tornou a transação justa. Cohen argumentou no espírito de Lincoln quando questionado antes da Guerra Civil sobre a escravidão no Sul. A escravidão era perversa, mas "necessária", disse Lincoln. O que ele queria dizer era que não havia uma maneira prática ou pacífica de acabar com ela. A escravidão ainda era perversa para sua mente. Cohen acreditava que a desigualdade poderia ser uma necessidade prática, mas ainda assim estava errada.

O economista Nobel Amartya Sen, embora de mente filosófica, também pensava que a justiça social era mais simples do que Rawls a fez. Sen era menos radicalmente igualitário do que Cohen e acreditava no livre mercado. Ele compartilhava a crença de Rawls de que a justiça social estava, francamente falando, na liberdade e na igualdade juntas. Ao contrário de Rawls, Sen não achava que para diferenciar justiça social de injustiça social era preciso julgar instituições reais contra instituições ideais. As construções rawlsianas, Sen sugeriu em *The Idea of Justice* (2009), desviaram os filósofos políticos da atenção para males reconhecíveis e corrigíveis no mundo real. Como alternativa ao "institucionalismo transcendental" de Rawls, Sen ofereceu "realizações comparativas".

Teoricamente falando, a ênfase de Sen nos resultados pode parecer colocá-lo no lado oposto de Rawls de uma antiga divisão filosófica na ética entre aqueles que enfatizam os deveres e aqueles que enfatizam as consequências, entre aqueles, como Rawls colocou, que pensavam como ele que "certo vinha antes de bom" e aqueles que, na tradição de Mill, pensavam o contrário. Na prática, as linhas se confundiam, pois Sen rejeitou uma ideia estritamente material de bem-estar. Assim como Mill, Sen tomou a liberdade útil de desenvolver suas capacidades como estando no centro do bem-estar humano, na verdade, da felicidade. A noção ampliada de bem-estar de Sen, juntamente com sua experiência técnica, ajudou a transformar a forma como os economistas mediam e comparavam o bem-estar em diferentes países. O Índice de Desenvolvimento Humano das Nações Unidas, que Sen e outros economistas criaram no final da década de 1980, acrescentou à medida comumente usada de renda *per capita* a expectativa de vida, que refletia saúde e educação. Com o tempo, o relatório anual do Programa das Nações Unidas para o Desenvolvimento (PNUD) tabulou outras medidas de capacidade ou incapacidade, como desigualdade econômica e discriminação de gênero.

A extensão da ideia dos economistas de uma vida boa para incluir o quadro político em que as pessoas se encontravam era tanto um eco de Mill quanto um aceno para Rawls. Desde o início, Rawls insistiu que "o bom" dependia do "certo". Na linguagem técnica da filosofia recente, Rawls estava reformulando o que os liberais do século 19 em regimes progressistas, mas autocráticos, como Laboulaye e Richter, haviam entendido por experiência: a melhoria material poderia vir de maneiras não liberais. Sem o respeito devido às pessoas, quem quer que fossem, o avanço econômico bruto por si só não era suficiente.

v. Nozick, Dworkin e MacIntyre: respostas a Rawls, direitos e comunidade

A obra de Rawls e as respostas que ela provocou marcaram a conclusão da travessia para os filósofos políticos de uma antiga confiança no utilitarismo para uma nova ênfase nos direitos, no mundo liberal, que Herbert Hart havia observado. As questões filosóficas que Cassin e Maritain haviam deixado de lado em 1948 sobre onde os direitos humanos pertenciam no universo e quais reivindicações eles faziam sobre a política agora eram respondidas em profusão. Rawls havia defendido direitos, na forma de liberdades, sobre o bem comum. Os direitos tornaram-se uma chave conceitual no pensamento liberal. Os direitos pareciam destrancar qualquer porta. Eles foram invocados contra o liberalismo de mentalidade social de Rawls e em sua defesa.

Robert Nozick argumentou em *Anarchy, State and Utopia* (1974) que os princípios de justiça de Rawls estavam em conflito irreconciliável. Nozick acreditava que tentar redistribuir a riqueza para reduzir a desigualdade estava fadado a infringir os direitos pessoais. No mercado político, comentaristas de direita invocaram a crítica de Nozick ao sugerir que a preocupação superficial de Rawls por procedimentos justos velava sem sucesso um desejo igualitário por resultados iguais.

Com base na liderança de Rawls, em *Taking Rights Seriously* (1978) e em trabalhos posteriores que culminaram em *Sovereign Virtue* (2000), Ronald Dworkin assumiu uma posição sobre direitos iguais de um ponto de vista liberal de esquerda. Tanto Nozick quanto Dworkin escreviam em função dos transtornos econômicos da década de 1970, à medida que os compromissos bem-estaristas do pós-guerra se desfaziam. Para Nozick, a igualdade de direitos expressava uma liberdade natural irrefutável nas pessoas que nenhum governo poderia restringir adequadamente, a não ser para proteger sua segurança e fazer cumprir os contratos livremente firmados. Para Dworkin, direitos iguais surgiram de uma exigência obrigatória do Estado e da sociedade para mostrar a todos igual respeito e preocupação. Até que ponto suas diferenças eram acentuadas dependia de como elas eram apresentadas.

Nozick buscou argumentos para barrar políticas redistributivas como tal. Dworkin pretendia equilibrar a insistência da direita política em assumir a responsabilidade pela própria vida com a preocupação da esquerda com a equidade econômica. Dworkin argumentou que não havia liberdade como tal, mas certas liberdades particulares que, como nossos direitos morais, eram intransponíveis pela ação do governo ou pela pressão da maioria. Pois Dworkin argumentou que restringir os direitos de uma pessoa significaria tratá-la com menos que igual respeito. Entre as liberdades que as pessoas usufruíam por direito, Nozick enfatizou a liberdade de tributação, de regulamentação econômica, de recrutamento ou de outras formas de serviço e de policiamento moral. Dworkin enfatizou a liberdade de expressão, as liberdades sexuais e a ausência de discriminação social. A linguagem dos direitos, ao que parecia, poderia ser colocada para propósitos liberais notavelmente diferentes.

Uma resposta diferente ao rawlsianismo foi perguntar se todo o empreendimento escolástico não era um beco sem saída. Longe de revigorar um sujeito marcado pelo positivismo e pelo Marxismo, o rawlsianismo havia cortado as amarras do sujeito no mundo real. Assim eram feitas as críticas, que eram uma de forma e uma de conteúdo, embora a diferença não fosse acentuada. Em princípio, é bom fazer uma separação clara entre as próprias convicções políticas e o escrutínio filosófico das ideias e argumentos dos quais essas convicções dependem. Na prática, convicções e escrutínio podem ser difíceis de separar.

Quanto à forma, a crítica ao rawlsianismo era de que o pensamento político acadêmico havia se tornado distante, escolástico e sobrecarregado. Tinha esquecido a advertência do constitucionalista britânico A. V. Dicey, em 1898, para não "pesar carne de açougueiro em balanças de diamante", uma advertência repetida um século mais tarde pelo filósofo britânico Bernard Williams, de que "ideias básicas" na política eram difíceis de lidar e foi um erro tentar torná-las "tão metafisicamente sensíveis". O novo estilo exigente e profissionalmente satisfatório deu aos liberais que acreditavam na democracia liberal poucas ferramentas críticas para melhorá-la na prática e poucas defesas confiáveis contra seus atacantes no mercado político.

Quanto ao conteúdo, vimos na reclamação de Sen uma linha de preocupação: que o rawlsianismo separou o liberalismo progressista da correção dos males sociais reais. Outra linha de preocupação era que o rawlsianismo se encobria de uma imparcialidade espúria. Alegou não fazer nenhum julgamento sobre maneiras boas ou dignas de viver, mas continuamente fez tais julgamentos, os quais, no entanto, era incapaz de defender ou tornar persuasivo, exceto em seus próprios termos contestáveis. Ao exaltar a escolha enquanto ficava em silêncio sobre o que foi escolhido, os rawlsianos ofereceram uma imagem reduzida do cidadão liberal. O melhor que a tradição podia encontrar para elogiar nas pessoas era que elas eram habilidosas e eficientes em fazer escolhas, não que o que elas escolheram fosse bom ou valesse a pena. Os rawlsianos, acima de tudo, estavam tão presos ao seu tempo e ao seu *ethos* que não conseguiam imaginar uma ordem social e moral diferente. Tais críticas vieram de forma abrangente e menos abrangente.

Em sua forma menos abrangente, as críticas ao rawlsianismo e ao liberalismo baseado em direitos vieram de críticos "comunitários". A acusação dizia que o rawlsianismo prejudicava a sociedade ao enaltecer a escolha. O pensador americano Michael Sandel, por exemplo, sustentou em *Liberalism and the Limits of Justice* (1982) que Rawls e os liberais modernos geralmente subestimavam o peso moral do sentimento de família, lealdades de grupo e apegos à comunidade. A imagem real de Sandel de uma sociedade justa era próxima da de Rawls. Sua queixa, ampliada mais tarde, era menos de que a democracia liberal estava equivocada em seus ideais, do que de que a sociedade liberal real falhou em viver de acordo com eles. Em particular, muitos tipos de coisas eram agora negociáveis por dinheiro, pois os valores de mercado ameaçavam excluir todos os outros valores. Em "*Philosophy and Democracy*" (1981) e *Spheres of Justice: A Defense of Pluralism and Equality* (1983), Michael Walzer, outro americano, argumentou que a justiça não era uma distribuição igualitária de nada. Dinheiro, escritório e educação eram diferentes esferas de poder e influência. O objetivo liberal deveria ser proibir que uns poucos dominem ou que qualquer um seja excluído de todos eles.

Um sintoma de seu desconforto intelectual foi um movimento do final da década de 1980 conhecido como "comunitarismo". Oferecido como a recuperação do meio-termo entre Estado e mercado, seus objetivos políticos eram vagos. Com seus vínculos com o fascismo e o corporativismo católico amplamente esquecidos, o termo "comunidade" voltou ao argumento político de *think tanks* e universidades na década de 1980. Os estrategistas eleitorais estavam à procura de eleitores flutuantes que gostavam de impostos mais baixos e governo limitado, mas se sentiam pouco à vontade com o egoísmo dos anos Thatcher-Reagan. A comunidade e as palavras de ordem de voluntariado, virtude cívica e responsabilidade de vizinhança pareciam úteis para "redefinir" o governo, o que geralmente significava descartar responsabilidades de longa data, "terceirização" e parcerias público-privadas. Apoiar agitação fiscal era um alarme moral sobre a aparente erosão do "capital social." Os males variavam de pobreza, crime de rua e habitação pública prejudicada a doenças menos tangíveis, como anomia urbana e não ingressar em ligas de boliche.

A persuasão dos argumentos do "capital social" era sensível ao ciclo econômico. Quando os bons tempos voltaram, o crime diminuiu, a renda dos pobres aumentou e os lugares públicos precários foram limpos. A mensagem moral do movimento também foi questionada. Separação não precisava significar egoísmo. Algumas pessoas eram integrantes, outras não. Seria terrível, foi apontado, se todo mundo fosse ou um integrante ou um forasteiro. Além disso, as metáforas de "desvendamento" e "esvaziamento" sociais pareciam tendenciosas e nostálgicas. À medida que as velhas formas de associação deixaram de existir, novas surgiram. Por último, grupos sociais podem ser sufocantes, egoístas e, de fato, cruéis.

A suspeita de que os comunitaristas procuravam a virtude social a baixo custo nunca acabou. Quando o estudante britânico de política R. M. MacIver escreveu *Community* (1917), ele estava pensando no tipo de compromisso cívico subjacente aos compromissos democráticos do "novo" liberalismo de mentalidade social. Nem o comunitarismo se livrou de sua reputação de interferir no moralismo. A pensadora liberal americana Amy Gutmann uma vez brincou que os comunitários queriam que as pessoas vivessem em uma Salém puritana, mas que não acreditassem em bruxas.

Uma rejeição mais ampla do liberalismo rawlsiano, na verdade de qualquer tipo de liberalismo, deveu-se a Alasdair MacIntyre, um filósofo moral anglo-americano. Em *After Virtue* (1981), MacIntyre objetou que o liberalismo se baseava em uma falsa imagem da moralidade. Os liberais supunham que o que as pessoas desejavam determinava seus valores e ideais, ao passo que, na verdade, valores e ideais determinavam o que as pessoas deveriam querer. Além disso, valores e ideais surgiram de práticas compartilhadas na sociedade, que por si só deram às pessoas um propósito na vida. A modernidade liberal deslocou a sociedade e destruiu suas práticas. Sem práticas compartilhadas que dessem propósito às pessoas, falar até de valores e ideais era uma espécie de disparate, um eco de um discurso moral que outrora, mas não mais, teve coerência.

A incoerência moral era o pecado original do liberalismo de MacIntyre. A mácula passou tanto para marxistas quanto para utilitaristas liberais. O liberalismo, para MacIntyre, enclausurou os modos de vida. Longe de ser uma filosofia de liberdade, o liberalismo era uma doutrina de coerção. Os liberais haviam herdado sua falha fatal do Iluminismo do século 18, "uma máquina de demolir perspectivas". Ao abandonar uma imagem aristotélica do homem como encontrando propósito em sua natureza social, o Iluminismo rompeu o vínculo entre moralidade e sociedade.

Uma "desordem do discurso moral" prevaleceu na sociedade liberal, cujos sintomas eram a abstração, a falta de ancoragem social, a impessoalidade e a indecisão. MacIntyre se queixava de que a moral era supostamente autoritária, mas a discussão liberal sobre ela era interminável. Os únicos guias que restaram foram "o esteta" e o "terapeuta" na moral privada e "o gerente" na moral pública. Sob o "gerencialismo", a principal tarefa da sociedade tornou-se o equilíbrio imparcial e eficiente dos desejos das pessoas. Sem propósito, a conversa moral continuou sob o liberalismo em três formas características: reivindicações de direitos, que MacIntyre comparou à afixação de avisos de "não ultrapasse" por posseiros em terras comuns; desmascaramento ou exposição de verdadeiros interesses por trás de seu disfarce moralista; e protesto, que era tudo o que restava para discordar agora que a guerra civil não era mais uma opção e a esperança de persuasão por meio de argumentos havia desaparecido.

MacIntyre rejeitou o rótulo de comunitário. O comunitarismo era para ele uma briga entre liberais. Um ponto de referência melhor talvez fosse o pós-modernismo. O relato sombrio de MacIntyre de uma situação moral desordenada era paralelo à história pós-modernista do pensamento atual em geral. Ambos enfatizaram a incoerência teórica e a fragmentação prática. Em *The Post-Modern Condition* (1978), o pensador francês Jean-Paul Lyotard descreveu a ciência atual da mesma forma que MacIntyre tratou a moralidade liberal. Para Lyotard, o conhecimento científico na sociedade pós-industrial tornou-se uma força de produção entre outras. Tinha perdido ambas as antigas fontes de legitimação da ciência. Ninguém, assim se dizia, acreditava então no Iluminismo "metanarrativo" de libertação da humanidade através do avanço do conhecimento. Tampouco acreditavam no superconto idealista alemão, tipificado por Hegel, de verdade e liberdade desdobrando-se juntas em uma progressiva histórica em duas etapas. O conhecimento científico, para Lyotard, agora se justificava em uso pragmaticamente. O conhecimento, ele previu, ficaria mais disperso, despersonalizado, legível por computador e comercialmente negociável. A imagem de desordem moral de MacIntyre, na qual os valores apareciam para as pessoas como questões de escolha e o gerencialismo capitalista estabelecia os limites da razão prática, espelhava a descrição de Lyotard do conhecimento técnico e científico como de fato mercadorias negociáveis.

Em suas convicções pessoais, MacIntyre passou do liberalismo de esquerda para o marxismo antiliberal e daí para o catolicismo antiliberal de esquerda. O que para alguns parecia uma vagabundagem modista, para outros parecia uma autêntica busca no espírito das experiências de vida de Mill. Críticos amigáveis suspeitavam que MacIntyre era, na verdade, um liberal enrustido. Levando em conta suas concessões e ressalvas, a sociedade virtuosa de MacIntyre não era radicalmente diferente do tipo de lugar que os liberais de mentalidade local, como os cooperativistas alemães, esperavam, embora talvez com mais conformidade mental do que os liberais geralmente gostavam. MacIntyre esperava uma ética de "resistência moral" em "pequenas comunidades", por exemplo, sociedades autogeridas ou universidades confessionais.

No entanto, deixar para lá seria minimizar as dúvidas de MacIntyre. Por que, ele perguntou, a sociedade liberal era tão rica em seus próprios sonhos não realizados e tão cheia de danos a coisas de valor que todos, liberais ou não, deveriam valorizar? Por que, ele queria saber, a sociedade liberal era tão eficaz em arruinar instituições colegiais, corroer a excelência, mercantilizar a cultura e marginalizar os necessitados? Tais males, sugeriu MacIntyre, não eram fracassos em atender aos ideais liberais. Eles surgiram como consequências previsíveis dos ideais liberais. O pecado liberal, para MacIntyre, era incitar a sociedade a deixar as pessoas irem e encorajar as pessoas a seguirem seu próprio caminho. Aos liberais que objetavam que MacIntyre exagerava os males da sociedade moderna e ignorava suas realizações, ele respondeu que os liberais estavam tão confusos com seu "individualismo moral" que não podiam mais ver as falhas. Orwell, Camus e Sartre tinham uma imagem do solitário moralmente escrupuloso, dolorosamente consciente de sua liberdade, mas esmagado por um Moloch de forças sociais além de seu controle. MacIntyre imaginou a sociedade liberal como um jardim de infância de eus egoístas e isolados, incapazes de reconhecer os bens coletivos que estavam destruindo.

Ao culpar o "individualismo moral" pelas falhas do liberalismo, Macintyre ofereceu uma saída que ele mesmo escolheu não tomar. Todo o ataque de MacIntyre amarrou o liberalismo mais firmemente a uma imagem controversa da moralidade quando, igualmente, ele poderia ter quebrado o vínculo. Uma visão mais calma foi adotada pelo filósofo britânico Joseph Raz em *The Morality of Freedom* (1986). Raz favorecia fortemente a prática liberal da política, mas queria libertá-la de uma bagagem ética contenciosa de que não precisava. Ele se afastou dos rawlsianos ao negar que o liberalismo pudesse ser conjurado a partir de direitos ou que exigia da política um silêncio estrito sobre os melhores ou piores propósitos na vida. Ele se inclinou para MacIntyre em sua suspeita de "individualismo moral", uma doutrina que implica que bens coletivos, como aprendizado, arte ou lei, estritamente falando, não têm valor em si mesmos, mas apenas como instrumentos de satisfação para aqueles que os valorizam. O reconhecimento de Acton dos deveres liberais conflitantes de deixar as pessoas em paz e ensiná-las, ecoou no liberalismo de Raz. "É o objetivo de toda ação política", escreveu Raz, "permitir que os indivíduos busquem concepções válidas do bem e desencorajar as más ou vazias". Ao rejeitar o individualismo moral, Raz pensava em si mesmo como descartando a carga doutrinária de que os liberais não precisavam. MacIntyre esperava que a carga afundasse o navio liberal.

Um amigo e colega acadêmico de Rawls, Thomas Nagel, certa vez comentou ironicamente que Rawls "mudou de assunto". É discutível o quanto Rawls mudou o mundo fora das universidades. Seu impacto foi muitas vezes contrastado com o de Oakeshott, digamos, ou Hayek. Sua influência acadêmica foi pequena, mas forte na política. Dizia-se que, com Rawls, o oposto era verdadeiro. Isso foi injusto com Rawls. Ele contribuiu para uma compreensão mais ampla da melhoria humana entre economistas e cientistas políticos e, consequentemente, para os formuladores de políticas. Ele insistiu que os liberais não se esquecessem, como poderiam querer, dos perdedores da sociedade. Ele deixou uma medida bruta de justiça que qualquer um poderia usar como uma verificação em arranjos sociais controversos: "É esse o tipo de coisa que qualquer um de nós poderia ter escolhido, quem quer que fôssemos?"

13.

A AMPLITUDE DA POLÍTICA LIBERAL NAS DÉCADAS DE 1950-1980

i. Mendès-France, Brandt e Johnson: liberalismo de esquerda nas décadas de 1950-1960

Os "problemas fundamentais da revolução industrial foram resolvidos: os trabalhadores conquistaram a cidadania industrial e política". O estudante americano de política Seymour Martin Lipset escreveu isso em "*The End of Ideology?*", o capítulo final de *Political Man* (1960). Seu livro, que tratava principalmente da Europa Ocidental e dos Estados Unidos, oferecia abundantes evidências estatísticas para confirmar os vínculos virtuosos e mutuamente reforçados que Lipset via entre prosperidade, urbanização, educação e democracia "estável", generosamente entendida como o tipo de política encontrada na Grã-Bretanha, Estados Unidos, Suíça e Escandinávia. Grande parte do trabalho de Lipset foi feito um pouco antes de o livro ser publicado e ele manteve as democracias francesa e alemã do pós-guerra em observação, incluindo-as entre as "democracias instáveis". Havia poucos sinais da reviravolta que a política americana estava prestes a sofrer, embora Lipset tenha concluído prudentemente, permitindo que o sucesso material ainda deixasse muitos negócios liberais inacabados.

O finalismo liberal estava no ar. Lipset tirou o título do capítulo de um artigo, "*End of Ideology*? [Fim da ideologia?]" em *Encounter* (novembro de 1955), uma excelente revista de esquerda liberal que, embora os leitores não soubessem na época, foi indiretamente paga pelos serviços de inteligência americanos. O artigo relatava uma conferência realizada em Milão sobre "O Futuro da Liberdade", na qual intelectuais liberais e pensadores sociais se reuniram para marcar a resolução da luta de classes e a conquista ocidental, como achava um social-democrata sueco, de tornar a política "chata". As coisas não pareciam chatas para três liberais de esquerda então no meio da política, Pierre Mendès-France, na França, Willy Brandt, na Alemanha Ocidental, e Lyndon Johnson, nos Estados Unidos. No Ocidente da década de 1950, o sonho liberal de melhoria humana, materialmente falando, começava a parecer viável. As economias estavam crescendo fortemente. O conflito industrial do tipo que contrariou o capitalismo liberal de 1880 a 1945 estava começando a declinar mesmo na Grã-Bretanha mal administrada e mal instruída. A briga entre coletivistas econômicos e individualistas havia perdido o fogo. Os partidos à esquerda e à direita estavam convergindo para um capitalismo liberal preparado e apoiado por um Estado atento.

O sucesso material ainda deixou muito trabalho para garantir o tipo de ordem que os liberais esperavam. Mendès-France, Johnson e Brandt se destacam como praticantes que iniciaram esse trabalho nas décadas de 1950 a 1970. Todos os três eram pós-ideológicos e desiludidos – o tipo de liberal de esquerda que Max Weber esperava. Eles representavam outra coisa que Weber dissera sobre responsabilidade na política. Nem tudo era uma rotina burocrática, insistia Weber. A política também exigia a defesa de ideais e a tomada de posição. Mendès, Johnson e Brandt tinham ideais liberais. Eles tomaram posições.

Eles nasceram com seis anos de diferença um do outro, pouco antes da guerra de 1914-18. Todos eram estranhos e entenderam desde cedo pessoalmente sobre a exclusão, seja étnica, social ou econômica. Mendès-France era judeu, Brandt era ilegítimo e Johnson era filho de um fazendeiro-político falido do Texas Hill Country. Todos eles eram movidos pela ambição e passavam por cima de qualquer um em seu caminho. Cada um alcançou o topo, Mendès-France passageiramente, Brandt por 20 anos de altos e baixos e Johnson por acidente. Cada um carimbava a política com sua voz e estilo distintos. Cada um tinha alguém contra o qual se destacar. Mendès teve Charles de Gaulle, a figura dominante da política francesa do pós-guerra – primeiro-ministro de 1944 a 1946 e novamente em 1958, e presidente de 1959 a 1969. Brandt tinha dois, o astuto operador do Partido Social-Democrata Herbert Wehner e o executor de política, Helmut Schmidt, sucessor de Brandt como chanceler da Alemanha Ocidental. Lyndon Johnson teve John Kennedy. Seus registros incluíam grandes fracassos, bem como sucessos. Até os admiradores acrescentam um "mas" qualificativo. Cada um, no entanto, tinha um estilo liberal distinto. Cada um tinha uma imagem abrangente de como a política liberal-democrática deveria ser.

Pierre Mendès-France (1907-82) deixou sua marca em três repúblicas francesas e ilustrou suas continuidades liberais. Na Terceira República (1870-1940), Mendès liderou os Jovens Turcos tentando reviver um Partido Radical envelhecido, retornando às suas raízes progressistas. Na Quarta (1944-1958), ele foi primeiro-ministro por um período relativamente longo de oito meses a partir de junho de 1954, quando enfrentou e foi desfeito pelo desafio da descolonização francesa. Na Quinta, que começou em 1958 sob a figura dominante de Charles de Gaulle, Mendès se opôs à abordagem de grande homem de Gaulle ao poder e à abordagem de grande nação à França.

Advogado formado nas escolas de elite de Paris, Mendès mostrou-se promissor desde o início. Dotado e corajoso, ele combinou as habilidades de um tecnocrata de elite com engajamento pessoal, uma união de qualidades que lhe rendeu um lugar duradouro no coração da centro-esquerda da França. Aos 25 anos, Mendès entrou no parlamento como o deputado mais jovem da França. Aos 31 anos, ele estava aconselhando Léon Blum sobre contenção econômica. Nos discursos, ele era espirituoso e direto. Ele entendeu que as finanças públicas eram agora a chave. Ele não era dogmático, sempre superlativamente instruído e pessoalmente corajoso, voluntariando-se, em 1939, quando, como membro do parlamento, foi dispensado do serviço militar. Na queda da França, Mendès juntou-se à resistência no Marrocos, mas foi preso pelas autoridades de Vichy e condenado à prisão por deserção. Na fuga para a Inglaterra, ele inexperientemente navegou bombardeiros para a França Livre.

Os anos da França sob ocupação alemã deixaram à França dois caminhos para a recuperação da vergonha nacional: o apelo de De Gaulle à nacionalidade e grandeza e as lições de Mendès-France sobre franqueza e decência comum. A maioria dos franceses não era de resistentes ativos nem colaboradores ativos. Falando no documentário de Marcel Ophuls sobre a ocupação, *The Sorrow and the Pity* (1969), Mendès foi um dos primeiros políticos da França nacionalmente conhecidos a perfurar os mitos de oposição heroica e colapso covarde.

O hábito obstinado de presumir que estava certo e o amor à oposição eram os defeitos das virtudes de Mendès. Ele era mais claro em ver do que em vender suas soluções. O Parlamento recusou seu plano de resgate econômico em 1938. No Tesouro, em 1945, ele elaborou uma proposta contra inflacionária bem argumentada que De Gaulle rejeitou por ser excessivamente zelosa e rígida. Reconciliado com a cooperação franco-alemã, Mendès favoreceu a cooperação militar e econômica na Europa, mas não sem a Grã-Bretanha, que rejeitou a primeira e não estava pronta para a segunda. Ele foi um anglófilo ao longo da vida que, como outros liberais franceses, de esquerda ou de direita, olhava para a Grã-Bretanha como um aliado apenas para ficar desapontado. A descolonização foi seu ponto alto e sua ruína. Em 1954, com a derrota das forças francesas em Dien Bien Phu, no Vietnã, Mendès reconheceu que a França havia perdido a guerra na Indochina. Seu primeiro passo como primeiro-ministro foi abrir negociações de paz com os vietnamitas. A eclosão da violência anticolonial na Argélia no início do ano seguinte pegou Mendès, em contraste, desprevenido. Ele reagiu com coerção e conciliação, unindo esquerda e direita contra ele, o que garantiu sua queda.

Ele defendeu Edgar Faure, um radical mais negociável. Mendès chamou sua autobiografia da época *To Govern is to Choose* [Governar é Escolher]. Faure chamou a sua de *Being Right All the Time is a Big Mistake* [Estar certo o tempo todo é um grande erro]. Quando a crise argelina levou ao impasse parlamentar em 1958, De Gaulle assumiu o poder no que Mendès e o resto da esquerda francesa saudaram como um golpe. Ninguém havia tomado o poder, foi a resposta desdenhosa de De Gaulle. Ele simplesmente "varreu-o" de onde um parlamento infeliz o havia espalhado pelo chão. De Gaulle refletiu uma vertente de providencialismo na política francesa, evidente quando o partido da ordem confiou o poder a um homem forte, como em 1799, 1848 e 1940. Mendès defendia uma tradição compensatória de resistência ao poder concentrado, uma tradição conhecida localmente como "republicana", embora completamente liberal em substância. Mendès, um seguidor de Alain, não se deixaria enganar pelo semblante de "personagem importante" e desconfiava do poder indevido, principalmente quando concentrado em um líder carismático. Ele se opôs menos à mecânica da Quinta República, que favorecia a iniciativa executiva sobre a responsabilidade parlamentar, do que à personalização da autoridade governamental por De Gaulle.

O funcionamento real da Quinta República logo mostrou que sua mecânica não era tão *top-down* [de cima para baixo] e presidencial como De Gaulle fazia parecer.

Ator além de tecnocrata, Mendès ocupou o palco como dissidente e oposicionista, nem sempre a seu favor. Quando as manifestações abalaram Paris em maio de 1968, Mendès foi atraído para o teatro de protesto, marchando com estudantes e se dirigindo à multidão. Ele e seu rival da esquerda parlamentar, François Mitterrand, falaram publicamente como se o poder tivesse caído. O liberal de direita Raymond Aron reprovou os dois. Em uma democracia liberal, a remoção de um presidente eleito pelo povo, argumentou Aron, não poderia ser conduzida como destronar um rei. A eleição antecipada que De Gaulle convocou em junho puniu brutalmente a esquerda parlamentar e confirmou sua autoridade como presidente.

Mendès enfrentou De Gaulle, mas seu próprio partido o enfraqueceu quando ele mostrou uma liderança forte. Ele acreditava na força da persuasão, mas perdeu seus grandes argumentos. Uma testemunha hostil poderia razoavelmente alegar que, para um liberal, Mendès se opôs à personalização do poder estatal mais do que ao próprio poder estatal, depositou confiança indevida em especialistas como ele e, no entanto, contraditoriamente, não permitiu nenhuma autoridade superior a um parlamento eleito pelo povo. Sua visão liberal não estava livre de purismo. Um crente na integração europeia, ele se opôs ao Mercado Comum na década de 1950 porque era economicamente muito liberal e politicamente muito mais um clube de governos nacionais.

Mais amplamente, a política de Mendès foi amplamente compartilhada na França e provou ser duradoura. Era um liberalismo de aspiração da classe média, compromisso e equilíbrio pragmático entre a iniciativa privada e a necessidade pública. Foi antinacionalista na sua abertura ao mundo no comércio e na cultura, na reconciliação e integração europeias. "Somos um partido de esquerda", Mendès disse em uma conferência do Partido Radical em 1955. Ele não viu nenhuma contradição em acrescentar: "Sempre defendemos os interesses das classes médias". Mendès representou o centro gravitacional da política francesa que Guizot havia sonhado tristemente que poderia formar uma vez que as batalhas de "boné e chapéu, batina e paletó" terminassem. Mendès representou um centrismo liberal que um ex-estudante de finanças dele, Valèry Giscard d'Estaing, seguiu como presidente de 1974 a 1981. Mitterrand, rival de Mendès, virou presidente após Giscard em 1981-95. Após um breve flerte tático com a economia "socialista" para aplacar sua própria ala esquerda, ele seguiu um centrismo liberal semelhante.

Mendès era um homem de sistemas e único, um tecnocrata e um esportista político. Como intelectual anti-ideológico, ele apreendeu a política do gesto, o que talvez fosse parte do motivo pelo qual Camus o admirava e a esquerda marxista, banhada de teoria, o detestava. Mendès pessoalmente parecia responder à velha ansiedade de Tocqueville e Alain de que em uma sociedade complexa e democrática pouco importava o que se fazia na política. Muito do apelo liberal de Mendès era que ele tratava o governo democrático com seriedade e ainda assim tomava posições pessoais.

Como chanceleres da Alemanha Ocidental, Konrad Adenauer e Willy Brandt cumpriram cada um duas tarefas históricas. Adenauer uniu a direita alemã em um único partido democrático amplamente tolerante aos ideais liberais e ancorou a Alemanha Ocidental no Ocidente. Brandt garantiu os social-democratas como um partido governante de centro-esquerda e recuperou o respeito pela Alemanha no mundo.

Willy Brandt (1913-92) nasceu fora do casamento em 1913, na classe trabalhadora de Lübeck, o outro lado da cidade da fictícia família Buddenbrooks do escritor Thomas Mann. O avô do menino tinha sido um trabalhador vinculado em Mecklenburg, uma parte notavelmente atrasada do Norte da Prússia. Bismarck aconselhou: "Quando o mundo acabar, vá para Mecklenburg. As notícias chegam lá com um século de atraso". O jovem Brandt, um bolsista com uma mãe de esquerda e um pai ausente, aprendeu a cuidar de si mesmo cedo em uma escola de classe média entre colegas conservadores que não gostavam de suas opiniões pró-Weimar. Ele mergulhou com extraordinária precocidade na política de esquerda, encontrou um patrono entre os social-democratas, mas rompeu com o partido em 1932 por sua passividade diante da ameaça da extrema direita. Quando os nazistas tomaram o poder, Brandt escapou para a Noruega e se tornou um homem procurado aos 20 anos. Quando a Noruega foi ocupada em 1940, ele escapou pela segunda vez para a Suécia. Na década de 1930, ele viveu, por um tempo, disfarçado em Berlim. Trabalhou como repórter na Espanha durante a guerra civil e, fingindo ser norueguês, levava mensagens para antinazistas no exterior.

Ao retornar a Berlim em 1945, Brandt esperava, talvez ingenuamente, que os aliados ocidentais acolhessem pessoas de esquerda como ele para ajudar a reconstruir a democracia. Para sua raiva, Brandt alegou que os aliados ocidentais estavam tratando todos os alemães como simpatizantes do nazismo. Brandt não tinha ilusões sobre os comunistas. Ele os vira trabalhando inutilmente para dividir a esquerda prussiana na década de 1930. Ele os vira esmagar a esquerda não comunista em Barcelona em 1937. Ele agora via os comunistas fazendo o mesmo em Berlim. Quando os social-democratas derrotaram os comunistas nas eleições municipais de 1945, os russos em seu setor simplesmente subordinaram os vencedores aos perdedores e fundiram os partidos rivais por *force majeure.*

Brandt tornou-se um protegido de Ernst Reuter, um ocidentalizador e um modernizador social-democrata. O adversário de Reuter era Kurt Schumacher, um veterano rígido de 1914-18. Schumacher via os social-democratas como um partido dos trabalhadores, sabia que o voto socialista era forte no Leste, especialmente na Saxônia, e defendia uma Alemanha unida. Brandt, como Reuter, tomou isso como uma fantasia que ignorava os desejos evidentes das potências ocupantes, ocidentais e soviéticas. Brandt acreditava em ancoragem no Ocidente agora, união depois. Ele era anticomunista, mas acreditava em conversar com comunistas. Essa abordagem característica de "mas-por-outro-lado" de Brandt lhe causava problemas em uma atmosfera em que todos eram suspeitos de serem diferentes do que pareciam, mas também o mantinha com aliados em muitos campos.

A linha de Brandt gradualmente prevaleceu entre os social-democratas de Berlim. O partido se saiu mal em duas eleições na década de 1950, o que permitiu que os modernizadores de Bad Godesberg derrubassem tudo, exceto o mais tênue véu de pretensão de que eram um partido socialista, muito menos marxista, em vez de um partido de democratas liberais de esquerda. Embora eles demorassem mais para admitir, os socialistas na França e o Partido Trabalhista na Grã-Bretanha estavam seguindo um caminho semelhante. Modernizar os social-democratas e torná-los um partido nacional e não de classe valeu a pena nas urnas. Quando, em 1966, uma mini recessão derrubou o governo de Ludwig Erhard, mestre do milagre econômico do pós-guerra da Alemanha Ocidental, os democratas-cristãos e os social-democratas formaram uma coalizão.

O novo governo mestiço incluía um ex-nazista, Kurt Kiesinger, como chanceler, um ex-comunista, Wehner, e um bávaro de direita, Franz-Josef Strauss. Brandt preferiu uma coalizão com os Democratas Livres. Mas os liberais da Alemanha estavam divididos sobre o compromisso aberto com a social-democracia. Três anos depois, a esquerda dos Democratas Livres havia prevalecido. Eles formaram um governo com os social-democratas. Brandt era chanceler.

Ele havia alcançado seu primeiro objetivo, de fazer dos social-democratas um partido do governo. Ele se voltou para a Alemanha e para o mundo. Após a crise de 1961 e a construção do Muro de Berlim, o Ocidente e a União Soviética concordaram, de fato, em congelar o *status quo*, incluindo a divisão de Berlim. Brandt tinha uma visão curta e uma longa. Seus objetivos de curto prazo eram a distensão com o Oriente, mantendo a Alemanha Ocidental claramente alinhada com o Ocidente. Mais à frente, ele esperava, como Stresemann tinha esperado, que uma Alemanha unida recuperasse sua liberdade de manobra em uma "ordem europeia de paz". A abertura de Brandt para a Alemanha Oriental e o bloco comunista em 1970-72 ganhou elogios e críticas em igual medida. Ela deu concessões à Alemanha Oriental, à Polônia e aos russos de forma muito barata. Legitimou um sistema ilegítimo. Tais eram as críticas. Como em 1945-49 e novamente em 1989-90, era mais fácil jogar "e se" e adivinhar o tratamento da questão alemã do que tomar decisões. Como Brandt gostava de apontar, seus críticos tinham uma vantagem na argumentação, pois suas alternativas favoritas nunca foram tentadas. Talvez a abertura para o Leste o tenha sustentado por mais tempo do que o necessário. Talvez, por outro lado, o atraso trouxesse um fim mais tranquilo do que o contrário. Quando em 1989 o fim chegou, a Alemanha Oriental caiu nos braços da Alemanha Ocidental de forma pacífica com quase nenhuma violência. É difícil pensar que o fim poderia ter chegado tranquilamente sem relaxamentos e trocas anteriores. Poucos esperavam ou imaginavam tal resultado. Na Segunda Guerra Fria do final dos anos 1970 e início dos anos 1980, uma distinção aprendida que estava em voga no Ocidente foi traçada entre regimes autoritários como o do general Pinochet no Chile, que era assassino, mas removível, e sistemas "totalitários" como a União Soviética, que eram opressivos e inamovíveis. Brandt, para seu crédito, viu mais profundamente, embora até mesmo sua confiança na mudança tenha vacilado no final.

O que a maior parte do mundo lembrava da política oriental de Brandt não era visão estratégica ou detalhes diplomáticos, mas um simples gesto em Varsóvia em dezembro de 1970. No Monumento aos Heróis da Revolta do Gueto de Varsóvia, Brandt caiu de joelhos e baixou a cabeça. Uma pesquisa de opinião dos alemães ocidentais descobriu que quase metade dos entrevistados considerou o gesto exagerado. Para o mundo em geral, Brandt havia lembrado às pessoas que nem todos os alemães eram ruins. Em 1972, o partido de Brandt derrotou os democratas-cristãos pela primeira vez desde 1949. Foi seu ponto alto.

A crise do petróleo de 1973 e a subsequente recessão puseram fim à gloriosa corrida pós-guerra do Ocidente liberal. Um embargo de petróleo árabe na guerra árabe-israelense levou economias superaquecidas à recessão. Brandt foi incapaz de superar as brigas euro-americanas. Os social-democratas caíram nas pesquisas. Funcionários públicos alemães entraram em greve. Quando um espião da Alemanha Oriental foi revelado no escritório particular de Brandt, ele renunciou ao cargo de chanceler, mas permaneceu como chefe do partido. Ele o havia mantido no centro e agora observava os eleitores da classe trabalhadora se aproximarem dos democratas-cristãos e os jovens radicais se juntarem aos Verdes ambientalistas ou à oposição extraparlamentar. Ele voltou seus interesses para fora. Liderou a Internacional Socialista e tornou-se um elemento importante em grupos internacionais para promover o desenvolvimento e a democracia em todo o mundo. Brandt já estava olhando além dos limites da Guerra Fria para como a democracia liberal poderia se espalhar. Nem tudo era conversa. Os sociais-democratas alemães sob sua liderança desempenharam um papel vital no apoio aos democratas espanhóis e portugueses nos complicados anos 1970, quando suas ditaduras terminaram, numa época em que as autoridades americanas estavam se preocupando desnecessariamente com o eurocomunismo.

Se Lyndon Johnson (1908-1973) tinha uma regra na política, era que fazer o bem importava mais do que estar certo, embora para fazer qualquer um dos dois você primeiro tivesse que seguir em frente. Assim que ele avançou, Johnson rompeu uma barreira política que estava segurando a sociedade americana. As mudanças remodelaram a democracia liberal nos Estados Unidos, tornando-a mais justa, mais atenta aos perdedores da sociedade, mais confortável para a classe média e mais parecida com a Europa, razão pela qual "liberal" e "europeu" tornaram-se termos de abuso virtualmente intercambiáveis na boca dos republicanos de direita. Meio século depois, os americanos ainda discutiam furiosamente sobre esse legado da década de 1960.

Johnson era politicamente mais esperto do que os intelectuais que o ridicularizavam e provavelmente mais esperto do que John Kennedy, cujo assassinato em 1963 colocou Johnson na Casa Branca. Kennedy trabalhou para a política democrática a partir de uma facilidade recém-descoberta em uma elite liberal na qual seu pai bostoniano-irlandês havia entrado. Johnson conhecia a sujeira da democracia desde a infância como filho de um populista liberal do interior do Texas. Suas raízes eram menos obscuras do que ele imaginava. Ele também teve a ajuda de um pai político, que serviu por três mandatos na legislatura do Texas, onde as opiniões se dividiram sobre se Johnson Sr. lutou contra ou serviu aos grandes interesses. A vida doméstica foi difícil no começo, mas o pai se reagrupou e comprou uma fazenda, um hotel e uma imprensa. A mãe de Johnson, com formação universitária, incentivou a leitura ampla e, na segunda tentativa, Lyndon ingressou na faculdade de professores. As conexões de seu pai lhe renderam um emprego de escritório com um congressista texano em Washington. Ele escalou o poste sugando os texanos ricos primeiro para obter seu próprio assento no Congresso, depois para Sam Rayburn, o presidente da Câmara e solteiro viciado em trabalho que tratava Johnson como um filho, e finalmente para Richard Russell, o reitor dos dixiecratas do Sul no Senado, cujo poder Johnson cortejou, se conciliou e, em 1964-65, com sua histórica legislação de direitos civis, superou.

Johnson usou mais do que bajulação. Ele sabia vender, um talento que lhe rendeu a atenção dos *New Dealers*. As obras federais não eram populares entre os empresários texanos. Johnson usou um argumento simples para incentivá-los: o dinheiro gasto no Texas em projetos federais vinha de impostos arrecadados dos orientais, enquanto, Johnson os lembrou, "não pagamos impostos no Texas". Aos críticos à sua esquerda que se queixavam de que ele estava desviando projetos para os grandes interesses, ele respondeu que os grandes interesses eram grandes contratações. Johnson ganhou seu assento no Senado dos Estados Unidos em 1948 por roubar mais votos do que a oposição e se, uma vez lá, como os defensores alegaram, ele era um reformador liberal esperando seu momento, ele levou seu tempo para mostrar isso. Ele seguiu a linha do Sul e demorou a agir contra o senador anticomunista, Joe McCarthy.

Sua sutileza processual era insuperável. Ele podia calcular quase até a hora em que um liberal do Norte cederia em princípio ou um conservador do Sul que se colocasse no caminho de alguma reforma urgente exigiria um aumento de preço em seu veto.

A habilidade de comando no Senado, no entanto, não rendeu grandes resultados, nem para o legislativo nem para Johnson. Em 1956, ele falhou em uma tentativa de ganhar a indicação democrata para presidente, subestimando muito a dureza do candidato real, Adlai Stevenson, um democrata liberal que Johnson confundiu, como ele disse, com "um bom homem com rendas demais em suas gavetas". Em 1960, Kennedy, um católico do norte, escolheu Johnson como seu companheiro de chapa na vice-presidência, em parte para equilibrar a chapa no Sul protestante, mas também para quebrar o domínio de Johnson no Senado. A câmara superior tinha sido concebida originalmente como uma câmara de "refresco" para moderar os impulsos democráticos da câmara baixa. Desde a Guerra Civil, os sulistas, quando necessário, transformaram o Senado com habilidade consumada em um congelamento profundo contra mudanças que ameaçavam os interesses regionais. Kennedy não tinha certeza de qual era o verdadeiro Johnson, se é que havia um: o reformador liberal ou o sulista leal.

A personalidade de Johnson impressionou e repeliu. Ele tinha que ser o centro das atenções e dominar todos os encontros, quer precisasse de charme, intimidação, palavrões, grosseria, encurralamento, cotovelada ou chute na canela. Ben Bradlee, o editor do *Washington Post*, comparou "o tratamento Johnson" a ser lambido por um São Bernardo. Johnson empregou a palavra falada da mesma forma que usou seu corpo gigante e dominador. Ele sentia, em um instante, com o que as pessoas queriam ir para casa, não apenas em seus bolsos, mas em suas cabeças. Quando ele dizia às pessoas o que achava que elas queriam ouvir, era para ele uma forma de dizer a verdade. Como vice-presidente, Johnson fez um trabalho ingrato, pior para si mesmo, rastejando para os homens de Kennedy, poucos dos quais confiavam nele ou o respeitavam. Se não fosse a bala de um atirador desequilibrado, Johnson provavelmente teria sido lembrado, se é que o seria, como um retrocesso, uma enormidade fracassada. Uma vez na Casa Branca, Johnson aproveitou sua chance. Ele chegou lá por acidente, mas entendeu o cargo. Ele captou uma verdade intrigante sobre a democracia liberal mais forte do mundo: quando as forças do partido estavam alinhadas, a opinião era mobilizada e o momento era certo, o poder de um presidente americano não tinha limites claros.

Em seu discurso sobre o Estado da União em 8 de janeiro de 1964, Johnson entoou: "A administração hoje, aqui e agora, declara guerra incondicional à pobreza". Foi o início de uma explosão de reforma legislativa conhecida como a Grande Sociedade, uma expressão transmitida pelo liberal americano Lippmann de seu professor de Harvard, o britânico fabiano Graham Wallas. Uma mudança no governo liberal-democrático que havia ocorrido na Europa 20 anos antes e em alguns estados do Norte, agora ocorria nacionalmente. Muitas das mudanças legislativas estavam pendentes há anos. Johnson não pensou nelas nem as redigiu, mas as transformou em lei.

As reformas incluíram seguro médico fornecido pelo Estado para idosos (*Medicare*) e pobres (*Medicaid*), dinheiro para habitação pública, leis de proteção ao consumidor, novos limites à poluição, programas de apoio escolar (*Head Start*), promoção cultural (*National Endowments for the Humanities and for the Arts*), uma Corporação de Radiodifusão Pública, a Lei de Liberdade de Informação e a abertura do Escritório de Igualdade de Oportunidades. Johnson também enfrentou os sulistas no Senado e ganhou a aprovação de uma Lei de Direitos de Voto (VRA) e uma Lei de Direitos Civis. "Não há problema dos negros. Não há problema do Sul. Não há problema do Norte. Há apenas um problema americano", disse Johnson em uma sessão conjunta do Congresso em março de 1965 para pedir o VRA: "Realmente somos todos nós, que devemos superar o legado devastador da intolerância e injustiça. E vamos superar". Juntos, os dois atos despojaram a segregação de seus escudos legais nos estados do Sul e, pela primeira vez, colocaram todos os cidadãos americanos, negros e brancos, dentro das proteções da Declaração Federal de Direitos.

Paralelamente, uma Suprema Corte liberal ordenou a dessegregação legal no Sul e a segregação de fato no Norte. Estendeu as proteções para pessoas presas e para réus em julgamentos criminais. Fortaleceu as liberdades de imprensa e de expressão e proibiu restrições legais à venda de contraceptivos. Vista por seus partidários, a Corte liberal tirou o Estado da vida das pessoas e ampliou o alcance da privacidade, na tradição de Holmes e Brandeis. Visto por outro ângulo, o Tribunal trouxe a lei federal, com sua Declaração de Direitos, para os estados.

É um pouco exagerado dizer que até a década de 1960 os Estados Unidos, em suas exclusões e restrições de respeito cívico, eram a sociedade menos completamente democrática dos quatro países liberais em discussão aqui. É preciso imaginação para quem não conhecia os Estados Unidos antes daquela mudança de cultura política no pós-guerra para sentir sua escala ou apreciar a força do contramovimento conservador que eles criaram.

Vários fatores foram juntados para negar crédito a Johnson por suas realizações. O maior foi a Guerra do Vietnã, a que a esquerda americana culpou Johnson por continuar, a direita por perder e *Wall Street* por lutar sem aumentar impostos. Em 1968, protestos de rua contra a guerra, pontuados por tumultos em bairros negros, deixaram os eleitores médios americanos ansiosos por calma e abertos a pedidos de ordem. Johnson se recusou a concorrer a um segundo mandato completo e se aposentou para o Texas. Sua reputação foi abalada e ele foi ignorado como um ancião do partido. Ele deixou o cabelo crescer, deixou de cuidar do seu peso e morreu de ataque cardíaco, o último de vários, aos 64 anos. Nenhum presidente americano do século 20 havia feito mais para mudar a política americana com tantas novas leis em tão pouco tempo. Uma reação era de se esperar e seu impacto foi grande.

O impacto mais óbvio foi no próprio partido de Johnson. Na política nacional, os direitos civis e a Grande Sociedade perderiam os democratas do Sul por uma geração, previu Johnson. Ele subestimou por meio século ou mais. Em uma "reação branca", o Partido Democrata perdeu o Sul e grande parte da classe trabalhadora do Norte, especialmente depois que os tribunais ordenaram o transporte de ônibus da cidade para as escolas do bairro que eram totalmente negras ou brancas por causa dos padrões de moradia. O núcleo liberal progressista dos democratas, mantido anteriormente por Roosevelt e pelo *New Deal*, dividiu-se em uma coalizão "arco-íris" de causas especiais com o surgimento da "política de identidade", negra, feminista e, depois, gay. Essas várias campanhas eram liberais em seu objetivo. Elas faziam parte de uma causa liberal tradicional: cegar o poder público para os muitos marcadores sociais da "diferença" e tornar o respeito cívico mais inclusivo. Em seus efeitos mais imediatos, a política de identidade enfraqueceu o liberalismo político nos Estados Unidos. A política de identidade não apenas dividiu os liberais, especialmente os democratas, uns dos outros. Fortaleceu uma reação conservadora moralizante.

As mudanças sociais estavam conduzindo a política, que repercutiu na sociedade. O Sul estava se tornando mais rico e deixando de ser um lugar atrasado. Em todo o país, a geração *baby-boom* estava entrando na idade adulta com mais escolaridade e mais dinheiro para gastar do que seus pais tinham. Velhas fontes de autoridade estavam se esgotando ou passando despercebidas. Os negócios foram rápidos em explorar e promover um clima ético mais permissivo e menos solene. A vida americana estava, de muitas maneiras, melhorando para mais e mais pessoas. Mas a política não funciona perfeitamente por agregados. Muitas pessoas se sentiram abaladas e ofendidas pela mudança para gritar "pare", especialmente quando a mudança estava acontecendo tão rápido.

O impacto sobre os republicanos foi adiado. Como presidente, de 1969 a 1974, o republicano Richard Nixon aprofundou e ampliou as reformas liberais dos anos de 1960, lançando paliativos à direita republicana enquanto se comportava como o Liberal Oculto, na linha de descendência de Hoover, o Liberal Esquecido. Nixon tendia a classificar a dissimulação como mais eficaz na política do que a transparência. Pitorescamente, ele disse à sua equipe, em particular, que ele era um "liberal que fazia mais do que podia prometer".

Os anos de Johnson nos Estados Unidos foram uma conquista histórica na busca de uma ordem liberal aceitável. Décadas depois, seus fundamentos ainda estavam em vigor. O mesmo aconteceu nas décadas de 1950 a 1970 na França, Grã-Bretanha e Alemanha. A vida das pessoas, por medidas de saúde, alimentação e escolaridade, estava melhorando rapidamente. As desigualdades diminuíam, as oportunidades cresciam. As pessoas eram menos controladas do que seus pais e eticamente mais livres para se comportar como quisessem. Na Grã-Bretanha, as penalidades criminais para conduta homossexual foram abolidas. Na França, a censura da radiodifusão e o monopólio estatal da televisão foram encerrados. O divórcio por consentimento e, mais tarde, o aborto tornaram-se legais. Restava uma dívida pendente para com a causa liberal. Foi um teste tão bom quanto qualquer atitude completamente liberal em relação aos limites do poder estatal. Condorcet havia proposto a medida em seu projeto rejeitado para a constituição da França de 1793. A Alemanha, para relembrar, a havia consolidado na Lei Básica de 1949. A França e a Grã-Bretanha agora se juntaram aos alemães ocidentais e aboliram a pena capital.

O progresso material do pós-guerra diminuiu os conflitos econômicos e deu conteúdo ao respeito cívico de novas maneiras. Ele não acalmou a política. Novos conflitos surgiram sobre os poderes do Estado e as liberdades dos cidadãos, a justa medida de respeito cívico e a acomodação de profundas divergências éticas. Uma vez que o período de bons tempos econômicos do pós-guerra terminou em 1973, o próprio conflito material retornou sobre o que aqueles no auge e no meio da pirâmide social deviam aos que estavam na base. As mudanças das décadas de 1950 a 1970 foram para muitos uma reviravolta bem-vinda. Ainda assim, elas eram uma reviravolta. Elas aumentaram as expectativas. Elas perturbaram padrões familiares. Elas armazenaram uma poderosa contrarreação misturando oposição indignada e esperanças desapontadas.

ii. Buchanan e Friedman: economistas liberais contra o Estado

Em uma votação ouvida em todo o mundo liberal, os californianos, em novembro de 1978, escolheram por uma margem de dois para um cortar seus impostos sobre a propriedade. Alguns anos antes, a Suprema Corte da Califórnia havia ordenado que localidades prósperas compartilhassem receitas com localidades pobres. A questão era incômoda, pois os impostos prediais pagos pelas escolas eram bons nos bairros prósperos e ruins nos pobres. A decisão do tribunal mal tocou os californianos mais ricos. Isso enfureceu os californianos de classe média, especialmente porque a inflação na década de 1970 continuou a aumentar o valor de suas casas e, com isso, seus impostos sobre a propriedade. Os eleitores do meio não conseguiam entender por que deveriam ter que trocar as escolas de seus filhos para pagar as escolas dos pobres. O fato da considerável sobreposição entre as categorias de "branco" e "classe média" de um lado e de "preto ou latino" e "pobre" de outro não ajudou. A raiva cresceu e a Proposição 13, como era conhecida a proposta de escrever um teto de imposto predial na constituição estadual, foi aprovada em todos os lugares, exceto em um condado rural pouco povoado, na capital do estado de Sacramento, dominada pelos democratas, e na liberal de esquerda San Francisco.

A iniciativa de votação usada na Califórnia e em outros estados do Meio-Oeste e do Oeste deu aos eleitores uma medida de democracia direta. Foi um legado do movimento progressista antes da Primeira

Guerra Mundial, quando liberais do governo eficiente e democratas populares buscavam meios estaduais e locais para contornar as corrupções da política eleitoral. A Proposição 13 agora anunciava um contramovimento contra 70 anos de mudança progressiva. A Proposição 13 da Califórnia representou em microcosmo um conflito que veio a dominar a política liberal-democrática tanto nos Estados Unidos quanto, com variações locais, na Grã-Bretanha e, mais tarde, embora menos divisiva, na França e na Alemanha.

A revolta fiscal de novembro de 1978 teve raízes orçamentais e intelectuais profundas e amplas. Ambas se estendiam muito além da Califórnia. Um primeiro fator foi o próprio progresso material. À medida que a forma da sociedade cresceu menos como uma pirâmide e mais como um losango, a carga de impostos aumentou. Quando introduzido pela primeira vez na Europa e nos Estados Unidos nas décadas de 1880 a 1910, o imposto de renda progressivo tinha amplo apelo porque poucas pessoas ganhavam o suficiente para pagar. Os governos gostavam do imposto de renda, pois era um gerador de receita útil. Os eleitores de classe média gostavam porque cobrava mais impostos dos ricos ociosos. Depois de 1945, o imposto de renda começou a sobrecarregar as classes médias trabalhadoras. Além disso, o contraste moralizante entre dinheiro suado e dinheiro não conquistado que Mill invocara e a que os reformadores progressistas recorreram para obter apoio para suas propostas, agora soava peculiar. Praticamente todos trabalhavam. Renda não conquistada pagava não apenas pelas peles e cavalos de polo dos cortadores de cupons. Pagou as pensões de pessoas de classe média, muitas das quais pouparam para a aposentadoria por meio de fundos de investimento. A democracia liberal havia quebrado a resistência fiscal dos ricos no início do século. A resistência fiscal das classes médias era uma nova ordem de dificuldade, pois as classes médias eram agora, em termos representativos, uma maioria democrática.

Um terceiro fator foi a rigidez das estruturas fiscais. A dificuldade tomou forma própria em cada país. O problema amplo era comum. Nenhum imposto é totalmente neutro em seus efeitos. O imposto pode fisgar rendimentos ou vendas. Pode favorecer os ricos ou os pobres. Pode atingir famílias ou empresas. Cada sistema fiscal tem seu próprio *mix* de impostos. Por exemplo, os Estados Unidos dependem muito das receitas federais em impostos de renda, a França paga mais ao governo central com impostos sobre vendas e contribuições para a previdência social, quase 70% dos quais os empregadores pagam. Um problema bastante geral é que, uma vez estabelecido um padrão de tributação, é politicamente difícil mudá-lo. É uma sabedoria tão antiga quanto Maquiavel que as pessoas suportam as extorsões às quais se acostumaram, mas lutam contra aquelas que não esperam. Mudar o peso da tributação de um grupo de pessoas para outro é bastante provocativo quando o nível geral de impostos é estável. Na década de 1970, a inflação estava em toda parte elevando não apenas os impostos que as pessoas pagavam sobre suas propriedades, mas também os impostos que pagavam sobre seus rendimentos, à medida que ganhos mais altos os empurravam para faixas de impostos mais altas. No final da década, esses três fatores – a amplitude da tributação, a substituição dos ricos ociosos pelos cobrados de impostos como foco da raiva pública e a rigidez estrutural – se combinaram para criar uma explosão fiscal.

A inflação deixou de ser um fenômeno primariamente nacional. Internacionalmente falando, o equilíbrio econômico do pós-guerra em que a Europa Ocidental e os Estados Unidos haviam enriquecido se rompeu. A inflação na década de 1950 estava amplamente sob controle. No final da década de 1960, foi reconhecida como um perigo crescente, especialmente na Grã-Bretanha e nos Estados Unidos. Após a Segunda Guerra Mundial, os dólares inundaram o mundo. Para começar, as pessoas queriam dólares. Elas negociaram e investiram em dólares. Consequentemente, elas queriam acreditar em dólares. Porém, quanto mais dólares havia, mais difícil se tornava sustentar sua crença. No final da década de 1960, quando os Estados Unidos tomavam empréstimos pesados para pagar uma guerra contra a pobreza e uma guerra no Vietnã, o dólar estava sob pressão constante. Uma fraqueza do sistema monetário de Bretton Woods era que a pressão sobre as moedas devedoras para desvalorizar era maior do que sobre os países credores para reavaliar. No final da década de 1960, a Alemanha e o Japão tornaram-se grandes credores, relutantes em importar preços mais altos barateando o marco alemão e o iene. Em 1971-72, os Estados Unidos, os banqueiros do mundo, suspenderam os pagamentos em ouro, e o sistema de Bretton Woods se desfez. Com o tempo, o sistema globalizado provaria ser um motor de nova prosperidade. Na década de 1970, isso significava que os choques econômicos viajavam de país para país sem obstáculos.

As raízes intelectuais da revolta da classe média contra o governo estavam na economia de livre mercado. Na década de 1930, caiu em desgraça. Economicamente, não ofereceu nenhuma resposta à queda. Politicamente, as ideias de direita ficaram manchadas, de forma justa ou não, com o cheiro de fracasso e extremismo. Na década de 1960, o clima intelectual começou a mudar. As ideias de direita se recuperaram do descaso e da desgraça. O peso do "radical" e do "conservador" mudou. Os conselheiros sociais do democrata Johnson e do republicano Nixon agora representavam um *status quo* vulnerável. Eles tinham um recorde de 30 anos para seus rivais radicais na direita para atacar. Entre os economistas, dois radicais que mais golpearam foram James Buchanan, um dos fundadores da teoria da escolha pública, e Milton Friedman, o monetarista antikeynesiano.

James Buchanan (1919-2013) exortou as pessoas a pensarem mais uma vez no Estado como lobo. Buchanan via a "política sem romance", como ele dizia, de "maneira dura". Em linguagem mais técnica, Buchanan reformulou os pensamentos céticos de críticos econômicos anteriores da democracia, como Michels e Schumpeter. Seu próprio passado foi difícil. Ele cresceu na fazenda de seu pai em Murfreesboro, Tennessee, que, como ele pode lembrar aos ouvintes, foi o local da batalha mais mortal da Guerra Civil. Depois de um emprego na Marinha na Segunda Guerra Mundial, Buchanan estudou em Chicago, o centro americano de economia de livre mercado. Buchanan saiu determinado a aplicar a economia à política. Ele notou que os governos em tempo de paz estavam gastando de um terço a dois quintos da renda nacional, mas os economistas não estavam analisando como ou por quê. Um ano de estudo na Itália expôs Buchanan a professores de economia que compartilhavam uma antiga suspeita italiana do poder do governo e que tratavam políticos e funcionários não como defensores do bem comum, mas como raposas e lobos egoístas.

Buchanan voltou a um cargo na Universidade da Virgínia, onde conheceu Gordon Tullock. Seu novo colega estava analisando os estudos de Duncan Black sobre controle de agenda em comitês e o trabalho de Kenneth Arrow sobre paradoxos de votação. Os resultados de Black sugeriram como os resultados eleitorais podem ser manipulados pela maneira ou ordem em que as escolhas foram apresentadas. Refinando o paradoxo de Condorcet das maiorias circulares e autodestrutivas, Arrow, em 1950, sugeriu que, em suposições plausíveis sobre métodos de votação justos, não havia maneiras claras de derivar uma escolha "coletiva" consistente de preferências individuais. A votação por maioria, ao que parecia, era manipulável e não decisiva. Para Buchanan, isso era uma boa notícia. Pois, nos passos de Schumpeter, ele tratou a democracia majoritária como um problema. Ela apresentava uma perspectiva que havia ocupado Madison e assombrado Calhoun: a dominação semipermanente de minorias derrotadas. Buchanan e Tullock combinaram esses vários pensamentos em *The Calculus of Consent: The Logical Foundations of Constitutional Democracy* (1962).

Se suas suspeitas de governo estivessem corretas, sugeriram os autores, era provável que bens públicos como estradas, hospitais e escolas estaduais fossem superabastecidos. A sabedoria predominante era que não precisava haver ligação entre o que um contribuinte pagava e os benefícios que recebia. Em tais condições, políticos e funcionários que controlam o fornecimento de bens públicos os "vendem" por votos ou mandato. Se, por outro lado, todos que obtivessem um serviço do Estado tivessem que concordar em pagá-lo, os bens públicos seriam insuficientes. A exigência funcionaria como regra de unanimidade, dando direito de veto a todos. Os *free riders*, que queriam apenas serviços públicos pelos quais não tinham que pagar, e os libertários, que se opunham aos gastos públicos por princípio, bloqueariam qualquer proposta de gastos. Os contribuintes responsáveis, por um lado, mereciam proteção dos redutos eleitorais majoritários que superava os bens públicos. Por outro lado, as necessidades da sociedade não devem ser frustradas por fanáticos libertários ou aproveitadores. Se recebessem um veto, criariam uma suboferta de bens públicos. Em algum lugar entre esses extremos, Buchanan e Tullock buscaram uma "unanimidade viável". Para encontrá-la, Buchanan levou sua busca a um nível superior. As regras do jogo, concluiu ele, devem ser unanimemente acordadas. Uma vez que tais regras estivessem em vigor, a votação por maioria poderia prevalecer. A construção de Buchanan era notavelmente parecida com a de Rawls. Em pontos opostos do espectro liberal, eles chegaram a tirar conclusões semelhantes de seus experimentos mentais. Rawls pensava que, obrigados a escolher como se fosse para todos, as pessoas escolheriam regras que protegessem os piores. Buchanan achava que, se fosse necessária unanimidade, ninguém concordaria com regras que ameaçassem transformá-los em perdedores permanentes.

Buchanan e Rawls eram próximos de outra maneira. À medida que os americanos começaram a discutir mais abertamente sobre boas maneiras e moral, Buchanan ficou desapontado, assim como Rawls, sobre as chances de acordo em questões de princípio. Ao contrário de Hayek, Buchanan não achava que a coesão ética e social pudesse simplesmente ser contada da maneira, por exemplo, que Adam Smith e David Hume haviam contado com ela na aparente quietude histórica antes que o capitalismo revirasse a estabilidade social e ética para sempre. Ao contrário de Rawls, o impacto de Buchanan fora das universidades era grande. Direta ou indiretamente, as ideias de Buchanan para os limites constitucionais de impostos e gastos se espalharam da Califórnia a Washington. Lá, os republicanos começaram a explorar ordenanças autolimitantes para limitar ou reduzir o tamanho dos gastos do governo. O trabalho de Buchanan deu peso acadêmico a um crescente clima antipolítico entre o público americano em geral, especialmente quando explicado em palestras públicas claras e simples em seu sotaque irônico.

Nenhum economista fez mais do que Milton Friedman (1912-2006) para mudar o foco do debate público de manter o emprego alto para manter a inflação baixa. Historiador do dinheiro, além de teórico econômico de primeira linha, Friedman acreditava, como Irving Fisher, que a má gestão monetária havia transformado uma recessão empresarial no final da década de 1920 em uma depressão de uma década. Acertar a política monetária era a principal tarefa econômica do governo, na visão de Friedman. Muitas vezes ele soava como se fosse a única tarefa econômica do governo, pois as outras tarefas que as pessoas esperavam eram, na opinião de Friedman, positivamente prejudiciais quando executadas pelo governo ou melhor executadas de outras maneiras. Nascido no Brooklyn, filho de imigrantes de primeira geração das fronteiras austro-russas, Friedman passou pela escola e foi para Chicago, onde foi rapidamente reconhecido por seus excelentes dons em matemática e disputa.

Friedman sabia como comercializar ideias. Ao contrário de Hayek, que depois de *O Caminho da Servidão* trabalhou no atacado por meio de *think tanks* e grupos de *lobby*, Friedman vendia no varejo. Como vendedor de ideias, Friedman era alegre e eletrizante. Seu tratado de livre mercado, *Capitalismo e Liberdade* (1962), foi um *best-seller* mundial. Friedman e sua esposa, Rose, tinham um programa de sucesso na televisão pública chamado *Free to Choose*. Por 18 anos, Friedman escreveu uma coluna na *Newsweek*. Seu ataque ao keynesianismo foi mais nítido e menos oblíquo do que o de Hayek. Os keynesianos ensinavam que os governos deveriam gastar e emprestar quando necessário para manter a demanda da economia aquecida e o desemprego sob controle. Não, respondeu Friedman. O governo deve fornecer estabilidade monetária e deixá-la lá. A falta de trabalho era o mal a ser curado na década de 1930, como reconheceu Friedman. Ele próprio trabalhou na Washington de Roosevelt, ajudando a recolher impostos retidos durante a guerra. Os tempos e o pensamento econômico haviam mudado. A inflação era o perigo. Friedman se ofereceu para explicar como surgiu e como deveria ser interrompida.

"Há sempre uma compensação temporária entre inflação e desemprego. Não compensação permanente." Essas palavras de Friedman em um discurso a colegas economistas americanos, publicado como "*The Role of Monetary Policy*" (1968), marcaram um ponto de virada no pensamento pós-guerra sobre a economia. O aumento da inflação criou empregos, dizia Friedman. A alta inflação os destruiu. A sabedoria keynesiana ensinava que, com dinheiro mais flexível ou mais gastos, os governos poderiam comprar um pouco menos de desemprego por um ligeiro aumento na inflação. Friedman discordou. Como os radicais devem fazer, Friedman configurou os keynesianos como uma oposição desacreditada e exagerou sobre até que ponto ele e eles diferiam. Keynes não fez menos com seu inimigo "clássico". O economista matemático de Friedman se aliou com o grande debatedor com grande sucesso.

Atendendo ao conselho de Marshall, Friedman insistiu em que a escala de tempo do ajuste era importante. Ele reclamou que os keynesianos ignoraram o médio prazo. As empresas e os consumidores levaram a sério. Eles viam os empréstimos do governo ou reduções de impostos agora como promessas de inflação vindoura. Ter mais dinheiro para gastar pode, a princípio, levar as pessoas a comprar mais. Pressionar a demanda com mais força do que a oferta logo aumentaria os preços. Seria claro, não haveria ganho. A compra diminuiria. O desemprego voltaria a subir. Como todos podiam ver isso chegando, Friedman argumentou que a ferramenta favorita dos keynesianos, a política fiscal, era inflacionária ou ineficaz. Friedman estava ecoando a teoria quantitativa da moeda de Fisher. O único efeito duradouro de criar mais dinheiro foi aumentar os preços. O efeito sobre a produção e empregos foi menor. Friedman havia argumentado isso em "*The Quantity Theory of Money*" (1956).

A descrença de Friedman na política fiscal, sua convicção de que "a inflação é sempre e em toda parte um fenômeno monetário" e sua explicação para a Grande Depressão juntaram-se em uma recomendação positiva. O dinheiro era importante demais para ser deixado ao critério dos banqueiros centrais. Em vez disso, os governos deveriam estabelecer uma "regra monetária" para o crescimento da oferta monetária. A ideia de "regras, não autoridades" estava no ar. Hayek achava que as regras poderiam controlar funcionários e reformadores que interferiam. Buchanan pensou que elas poderiam conter as maiorias democráticas. Para domar a inflação na Grã-Bretanha, o governo de Margaret Thatcher tentou, mas logo abandonou, as metas monetárias de Friedman durante a década de 1980. Nenhuma medida da quantidade de dinheiro na economia parecia funcionar. Hayek não ficou surpreso. Ele não acreditava mais nas metas monetárias de Friedman do que em quaisquer agregados macroeconômicos. Friedman resmungou que o Tesouro britânico havia entendido mal suas ideias.

A cura de Friedman na Grã-Bretanha talvez tenha sido vítima da lei de Goodhart, batizada em homenagem a um economista britânico, Charles Goodhart: "Qualquer regularidade estatística observada tenderá a entrar em colapso quando a pressão for colocada sobre ela para fins de controle" ou, como disse um colega economista, "quando uma medida se torna um alvo, deixa de ser uma boa medida". Um pensamento paralelo sustentou uma nova escola de economia conhecida como "expectativas racionais". Essa escola também colocou em dúvida a capacidade do governo de orientar a economia. Sua sugestão era que as suposições das pessoas sobre preços e salários futuros estavam mais certas do que erradas. Se isso fosse verdade, as medidas do governo agora para afetar os preços e salários futuros seriam ineficazes, pois as previsões amplamente corretas das pessoas sobre o futuro já haviam levado em consideração as ações do governo. O efeito esperado da ação presente para alterar os preços futuros já estava refletido nos preços presentes. Os monetaristas, para esquematizar, ensinavam que a gestão da demanda keynesiana era autodestrutiva. As expectativas racionais ensinavam que todas as intervenções governamentais nos mercados eram autodestrutivas.

Em 1973, terminou o bem-vindo *boom* do pós-guerra que os alemães chamavam de *Wirtschaftswunder* e os franceses de *Trentes Glorieuses.* O problema havia se formado na Grã-Bretanha e nos Estados Unidos. Uma quadruplicação dos preços do petróleo e um embargo de petróleo após uma terceira guerra árabe-israelense em 1973 pararam as economias ocidentais. Não pararam a inflação. O novo mal foi chamado de "estagflação". Os keynesianos não haviam dito que isso não poderia ocorrer. Só que era improvável e evitável. Friedman disse que a estagflação era provável e difícil de evitar se o governo aumentasse artificialmente o poder de compra. O curso da década de 1970 pareceu provar que Friedman estava certo.

O manifesto popular de Friedman foi *Capitalismo e Liberdade* (1962). Assim como Hayek, ele argumentou que a liberdade política exigia liberdade econômica. Os mercados estavam cegos para as diferenças não monetárias das pessoas. Os mercados encorajavam a tolerância e a aceitação mútuas. Quanto mais mercados se espalhavam na sociedade, menos espaço havia para a intolerância, opressão e facciosismo político nocivo. Depois de 1973, o regime corrupto e homicida de Pinochet, no Chile, ofereceu um teste para essa afirmação. O regime adotou ideias de Friedman com resultados econômicos mistos, embora Friedman não estivesse envolvido pessoalmente. Se fosse verdade que a liberdade política requeria liberdades econômicas, o inverso não era necessariamente o caso. O regime de Pinochet durou 17 anos. Para vincular a liberdade econômica e política de forma mais convincente, era preciso dizer mais sobre a escala de tempo do ajuste. Por quanto tempo uma tirania de livre mercado pode continuar antes de se tornar um contraexemplo à afirmação comumente ouvida de que os próprios mercados fomentavam a liberdade política?

Friedman achava que os governos deveriam limitar-se a fazer cumprir os contratos, promover a competição, proteger "os irresponsáveis, sejam loucos ou crianças", e garantir dinheiro estável. Essas restrições ao Estado eram paralelas às de Hayek, exceto a última, que Hayek tomou como ilusória. Friedman, em *Capitalismo e Liberdade,* listou 14 coisas que o governo *não* deve fazer, incluindo subsidiar fazendas, controlar aluguéis, administrar parques nacionais, obrigar as pessoas a pagarem contribuições previdenciárias, permitir o licenciamento de médicos – um dos bichos-papões de Spencer –, recrutar jovens e regular bancos.

Muitos não foram ouvidos. Por outro lado, em um momento de orgulho para Friedman, o alistamento militar americano foi encerrado em 1973. Os bancos foram posteriormente desregulamentados. Ambas as reformas tiveram consequências não intencionais. O livro foi presciente internacionalmente. No capítulo 4, *Capitalismo e Liberdade*, recomendou taxas de câmbio flutuantes. A proposta parecia acadêmica. Dez anos depois, o sistema monetário de Bretton Woods, que Keynes ajudou a fundar, ruiu. Uma economia globalizada que Friedman esperava, na qual trabalho, bens e capital fluíssem livremente através das fronteiras nacionais, veio à tona. Schuman e Hallstein colocaram a França e a Alemanha no caminho da criação de uma Europa aberta. Friedman, pensando globalmente como um americano, queria um mundo aberto.

Na década de 1970, o centro de gravidade mudou nas atitudes liberais em relação ao Estado. Quase 100 anos de aceitação e acolhimento agora abriram caminho para desconfiança e retraimento. Os liberais, que se concentraram em quanto os governos poderiam fazer, agora pensavam mais sobre o que não deveriam fazer. Antes, várias suposições eram amplamente compartilhadas dentro e fora do governo. As restrições orçamentárias eram "leves": como tomadores confiáveis, os Estados podiam ir fundo nos bolsos dos credores. Os mercados tendiam ao desemprego e tendiam a operar injustamente em detrimento dos pobres. O conflito econômico estava diminuindo, pois a administração e os trabalhadores viam vantagens mútuas na cooperação. O sucesso moderno nos negócios dependia menos de superar os rivais do que da organização e do domínio da escala. A competição não estava em desacordo com a regulamentação. Nem toda a vida social era uma competição. Os mercados eram parte da sociedade e não toda a sociedade.

A partir do trabalho de Buchanan, Friedman e outros, surgiu uma descrição simplificada do trabalho para o governo. Seu único trabalho macroeconômico caro era manter os preços baixos. Caso contrário, os governos deveriam parar de compartilhar o dinheiro dos mais ricos com os pobres. Eles deveriam baixar impostos para incentivar o trabalho e cortar gastos para evitar empréstimos. Eles devem assegurar o Estado de direito e os direitos de propriedade, mas limitar outras tarefas. Os mercados eram melhores em fornecer muitos serviços que as pessoas e as empresas esperavam do governo. Um novo vocabulário econômico entrou na política. Cidadãos tornaram-se clientes, pacientes hospitalares tornaram-se clientes. Difundiu-se a ideia subversiva de que, como qualquer transação entre pessoas poderia ser descrita em termos econômicos, estava sujeita às leis do mercado.

Por mais vitoriosas e oportunas que fossem, as ideias de tais pensadores não prevaleceram sozinhas. As universidades e, sobretudo, os *think tanks* transmitiram suas ideias para a política. Os liberais de mercado no século 19 tinham popularizadores e a imprensa empresarial. Os liberais reformistas tinham universidades, onde não fazia muito tempo que a toga do erudito havia substituído a túnica do clérigo. Agora as ideias neoliberais fermentavam em institutos, comumente pagas com dinheiro de negócios e energizadas por empreendedores intelectuais talentosos. Eles incluíram William Baroody no *American Enterprise Institute* em Washington (fundado em 1943), Anthony Fisher no *Institute of Economic Affairs* (1955) e Alfred Sherman no *Center for Policy Studies* (1974), ambos em Londres.

O clima liberal mudou mais tarde e de forma mais gradual na Alemanha e na França, mas novas ideias também se infiltraram na vida política de institutos e *think tanks*. Todos os partidos alemães do pós-guerra tinham alas de pesquisa ativas. A mais antiga era a Fundação Friedrich Ebert dos social-democratas (1925). Os Democratas Cristãos criaram a Fundação Konrad Adenauer (1955), os Democratas Livres a Fundação Friedrich Naumann (1958). Bancos e empresas alemãs também promoveram o tráfego de ideias por meio de fundações e departamentos de pesquisa. Uma fundação notável foi a Fundação Bertelsmann, criada pelo editor Reinhard Mohn, em 1977, para promover o centrismo de livre mercado. Os departamentos de pesquisa do *Bundesbank* e do *Deutsche Bank*, antes de sua transformação em um gigante global, tiveram um papel ativo no debate econômico alemão.

Apesar da alergia francesa à palavra "liberal" e da atenção indevida ao intelectualismo marxizante, as ideias liberais desempenharam um papel central na política francesa do pós-guerra. Uma lista de banqueiros, empresários, funcionários, políticos e jornalistas em *Le Siècle*, um clube político apartidário fundado em 1944 com um escritório na *Avenue de l'Opéra*, oferecia uma ideia melhor do centro de gravidade liberal na vida do público francês do que os escritos dos críticos da ala esquerda. Na década de 1980, o argumento econômico para mais competição e menos regulamentação estava ganhando adeptos tanto da centro-direita quanto da centro-esquerda. Surgiram também periódicos com uma visão politicamente liberal. Eles incluíam *Commentaire*, fundado por Raymond Aron em 1978 e editado por Jean-Paul Casanova, conselheiro do primeiro-ministro de centro-direita Raymond Barre, e *Débat*, fundado em 1980 pelo historiador Pierre Nora e editado pelo estudioso de Benjamin Constant, Marcel Gauchet.

As ideias precisam de mensageiros especializados. Mas mensageiros especializados não são suficientes. Algo mais é necessário. Uma mudança nas atitudes políticas também exige políticos excelentes. Não que eles criem um novo clima. Ninguém faz isso, embora a vontade de acreditar na figura poderosa que "marca seu tempo" pareça inquebrantável. Uma mudança política, em vez disso, precisa que os políticos mostrem às pessoas que estão em um novo clima. Na década de 1970, o neoliberalismo teve dois desses líderes.

iii. Thatcher, Reagan, Mitterrand e Kohl: liberalismo de direita nas décadas de 1970-1980

O Centro de Estudos Políticos em Londres foi a criação de Sherman, um ex-escritor e jornalista comunista que lutou pelos republicanos na Guerra Civil Espanhola, e Keith Joseph, um advogado, professor de Oxford e deputado conservador. Ambos os homens acreditavam que o consenso pós-1945 estava paralisando a Grã-Bretanha. Logo após o lançamento do centro, em 1974, Joseph pediu a uma colega parlamentar, a pouco conhecida Margaret Thatcher, para ser vice-presidente de sua campanha contra o compromisso e a confusão. Um ano depois, para grande surpresa, ela se tornou líder dos conservadores, então na oposição. Em 1979, ao fim de anos desgastantes de inflação e desemprego, os conservadores conquistaram o poder. Sua vitória e a presidência de Thatcher, que durou até 1990, coincidiram com uma mudança radical na forma como o Estado e o governo eram pensados. Embora Thatcher não tenha levado as pessoas a pensar no governo mais como inimigo do que como amigo, sua coragem, sentimento pela política e determinação deram voz a essa nova atitude. Com habilidade oratória, ela assustou críticos e questionadores em seu próprio partido, bem como na oposição trabalhista e liberal. Embora ela não precisasse de *think tankers* para saber o que pensar, colegas como Joseph deram a suas convicções detalhes políticos e fundamentos econômicos. As convicções eram dela.

Quanto à sua visão mais ampla da política e da sociedade, Thatcher disse ter mostrado aos colegas uma cópia da *Constitution of Liberty,* de Hayek, bateu forte em sua capa e anunciou: "É nisso que acreditamos". Quaisquer que sejam as linhas de influência, seus pensamentos se assemelhavam aos dele. "O que é a sociedade?", ela perguntou retoricamente a um entrevistador em 1987. "Isso não existe! Existem homens e mulheres individuais; e há famílias, e nenhum governo pode fazer nada exceto através das pessoas, e as pessoas olham para si mesmas primeiro. É nosso dever cuidar de nós mesmos e também ajudar a cuidar do próximo".

O comando de Thatcher sobre seu resumo e suas palavras foram vitais para sua ascensão no Partido *Tory*, seu sucesso com os eleitores britânicos e sua reputação no mundo. Como se ignorasse as probabilidades, ela enfrentou a oposição. Como se fosse indiferente à opinião, ela defendia o que acreditava. Por mais irritante que tenha sido para os liberais de esquerda no Ocidente, a política ocidental que os orientais no mundo comunista provavelmente mais admiravam na década de 1980, quando o mundo se desintegrou, foi Margaret Thatcher.

Ao encorajar as pessoas a olhar com bons olhos para os mercados e desfavoravelmente para o Estado, Thatcher espalhou o pensamento de que a política era o problema e a economia a resposta. Para efetuar tal mudança, no entanto, exigia não apenas influência e carisma, ambos os quais Thatcher tinha em abundância. Exigia poder. E aí reside um primeiro enigma sobre o caráter do liberalismo de Thatcher. Seus governos quebraram o poder dos sindicatos industriais, quebraram a loja fechada (acordo de contratação exclusiva de sindicalizados) dos bancos britânicos, quebraram o poder dos conselhos locais e quebraram o *esprit de corps* dos departamentos ministeriais. Embora comumente faladas como uma vitória para a "liberdade", essas mudanças concentraram o poder econômico nas mãos de grandes empresas, principalmente bancos, o poder do governo na administração central em Whitehall e o poder de Whitehall no gabinete do primeiro-ministro. Poucos primeiros-ministros desde o "novo" liberal Lloyd George fizeram tanto para concentrar o poder quanto Thatcher. Foi um legado estranho para uma primeira-ministra cercada por intelectuais neoliberais comprometidos com a dispersão do poder e a promoção da ordem espontânea.

Outro elemento notável que deu cores ao liberalismo de Thatcher foi seu sentimento nacional. Em sua morte em 2013, David Cameron, um ex-relações públicas e, mais tarde, primeiro-ministro conservador, chamou Thatcher de "primeira-ministra patriota". A frase era adequada. Mais do que tudo, ela apelou ao orgulho britânico, ou estritamente inglês. Thatcher amava a Inglaterra com uma paixão divisionista. Ela e seus seguidores contaram uma história cativante de resgatar a Grã-Bretanha do declínio nacional provocado por seus adversários, dentro e fora. Sua narrativa radical de impotência e decadência ecoou o direitismo antiparlamentar da década de 1920 e 1930. Não foi apoiada nem pelos eventos da década de 1970, quando a Grã-Bretanha sofria de uma crise geral das economias ocidentais, nem pelo subsequente fracasso da Grã-Bretanha, apesar da sorte da *North Sea Oil*, em igualar seus parceiros continentais do Norte, especialmente a Alemanha, em estabilidade de preços, criação de empregos ou produtividade do trabalho.

Os fatos econômicos não diminuíram o épico patriótico em que Thatcher acreditava sinceramente. Ela tocou efetivamente no orgulho inglês – não britânico – e para a suspeita de estrangeiros, especialmente a suspeita de franceses e alemães. Ela jogava com um obstinado gosto nacional por jogar contra as probabilidades e por bater acima do peso do país na confiança, nem sempre bem colocada, de que os Estados Unidos juntariam os cacos. Em tudo isso, Thatcher era a menos cobdenita dos liberais. De outras maneiras, ela era totalmente cobdenita: não se impressionava com classe ou *status* e desejava deixar homens e mulheres com iniciativa avançarem em seus vários empreendimentos sem inveja ou interesses pessoais em seu caminho. Natural na política, ela era cada vez mais flexível na prática do que soava nos discursos. "Nunca negocie com terroristas", ela disse em público. Secretamente e com sucesso, seus funcionários falaram em seu nome com "terroristas" na Irlanda e na África Austral.

Quando, em 1990, a crescente fraqueza de Thatcher ameaçou seu partido, ela se portou com dureza com a eficiência habitual. Ao se demitir de seu governo, um colega próximo, Geoffrey Howe, falou na Câmara dos Comuns como um senador romano poderia ter falado de um pretenso tirano nos dias da República. A hostilidade de Thatcher para com a Europa e sua surdez para discordar estavam colocando em perigo não apenas seu partido, mas seu país. No final de seu governo, essas críticas de um ex-ministro foram fatais. Eles apontaram ao mesmo tempo para as fontes da antiga força de Thatcher: convicção e força de vontade.

Nos Estados Unidos, os *think tanks* desempenharam seu devido papel no realinhamento republicano de 1980. Em Washington, dois conservadores católicos, Edwin Feulner e Paul Weyrich, fundaram a *Heritage Foundation* (1973) e, no ano seguinte, Murray Rothbard, um pensador libertário, fundou com amigos o *Cato Institute*. Ambas as instituições atacaram a política de Washington, para começar, como uma casa de repouso para excêntricos envelhecidos. A política de Washington logo teve que se repensar. Sob Ronald Reagan, a economia libertária e o moralismo conservador entraram nos panfletos e discursos dos republicanos. Logo, libertários, ativistas antigovernamentais e moralizadores se tornaram a corrente principal do partido, empurrando os republicanos moderados para sua margem ou para fora dele.

Thatcher atacou o Estado enquanto usava seu poder para libertar o poder do mercado. Reagan também se opôs ao governo para administrá-lo com o mesmo propósito. Enquanto Thatcher fazia o governo parecer egoísta ou travesso, Reagan o fazia parecer cômico. "As nove palavras mais aterrorizantes da língua inglesa", ele costumava dizer, "são, 'eu sou do governo e estou aqui para ajudar'." As diferenças eram mais profundas. Na Grã-Bretanha, as discussões dos anos 1970 e 1980 estavam entre os liberais. Era uma reprise da velha tensão liberal interna, encontrada muitas vezes nesta história liberal, entre mais governo e menos governo. Thatcher era de direita e, apesar de tudo, sua conversa sobre liberdade era exagerada em poder, mas ela ainda era liberal. Apesar de seu rótulo partidário, Thatcher passou na lista de critérios de Hayek por não ser conservadora com relativa facilidade. Nos Estados Unidos, as coisas eram mais complicadas, pois a direita americana tinha correntes liberais e não liberais.

Politicamente falando, na década de 1950, democratas e republicanos convergiram para o centro liberal. O historiador liberal Hartz e o estudante liberal de política Lipset não foram os únicos a tratar os Estados Unidos como se de fato fosse como John Rawls achava que deveria ser: um país de desacordos gerenciáveis emoldurados por uma concórdia liberal abrangente. Os políticos americanos sempre se envolveram na bandeira da liberdade. Da mesma forma, eles alegaram defender a América acima do partido. Em meados do século, à esquerda e à direita, era possível acreditar em uma oportuna dupla de liberalismo e americanismo, aquela mistura de orgulho cívico, lealdade nacional e superioridade previdente que servira de imagem de união em um período de rápida imigração antes de 1914 e em duas guerras mundiais.

Na década de 1970, o pareamento entre liberalismo e americanismo era mais contestado do que se acreditava. Cada elemento estava sob desafio. À esquerda, a política identitária ajudou a dividir a antiga coalizão democrata Roosevelt-Truman. O partido começou a se fracionar menos por estado e cidade do que por cor, etnia e gênero. À direita, a política moral começou a endurecer e estreitar o Partido Republicano, transformando uma ala outrora minoritária em um núcleo dominante e iliberal. Cruamente, você não precisava mais ser totalmente americano para ser um bom democrata. Para ser um bom republicano, você não precisava mais ser totalmente americano. Você simplesmente precisava ser bom, o que significava correto, temente a Deus e, em uma mudança de significado partidária, ter aversão liberal. Seja como a descrição de uma conquista histórica, a delineação de um ideal social ou como um rótulo político partidário, a palavra "liberal" na política americana tornou-se uma bandeira de guerra.

À medida que a direita americana do pós-guerra recuperou sua autoestima intelectual, quatro grupos se destacaram. Um, mencionado anteriormente, foi representado por economistas de mercado e antigos críticos do *New Deal*. Um segundo grupo incluía anticomunistas, exterminando coletivistas em uma sociedade anticoletivista. Um terceiro grupo era de conservadores tradicionais, perturbados pela democracia cultural, permissividade e perda de "civilidade". William Buckley, um polêmico católico perspicaz, uniu e modernizou os anticomunistas e os tradicionalistas. Buckley iniciou a *National Review* (1955), que desempenhou um papel semelhante no renascimento da direita como a Nova República havia desempenhado na maré liberal 40 anos antes. Buckley tinha um *talk show*, *Firing Line* –novamente, na televisão pública – no qual convidados esquerdistas *bien pensants* às vezes ficavam surpresos ao encontrar um adversário bem informado e dialeticamente formidável. A conquista de Buckley foi extirpar os malucos e fazer valer novamente as ideias da direita intelectual. Um quarto grupo eram os neoconservadores de Nova York. Muitos eram ex-marxistas e todos eram liberais, embora liberais que haviam sido "assaltados pela realidade", nas palavras de um de seus luminares, Irving Kristol. Os neoconservadores coabitaram com Nixon e Reagan, mas abandonaram principalmente os republicanos quando os republicanos abandonaram o centro.

Entre os ativistas republicanos, o movimento "antigovernamental" tinha correntes transversais. Uma era uma direita *libertária*, quase anarquista, com raízes no passado americano, no antifederalismo e no localismo. Outra era uma multidão diversificada de *conservadores ressentidos*, que não aceitaram a sociedade americana moderna, seja por seu multirracialismo ou por seu secularismo permissivo. A suspeita das elites, a aversão aos "litorais" e o discurso dos direitos dos estados ou da comunidade local ligaram os dois primeiros grupos. Um fluxo maior do que qualquer um foi contabilizado por *liberais desapontados*. Tais eleitores esperavam que o governo os protegesse dos altos e baixos do capitalismo. Eles esperavam que os Estados Unidos não apenas vencessem suas guerras, mas fossem amados pelo mundo por isso. Ao contrário dos libertários, os decepcionados não queriam um refugo político. Eles não telefonaram para o rádio para gritar sobre grandes conspirações do governo e da elite. A política, se tanto, entediava os desapontados. Muitos eram independentes, sem lealdade partidária duradoura. Às vezes eles votavam nos republicanos, às vezes nos democratas. Eles eram o centro de gravidade nas eleições americanas, seu meio-termo amplo e pragmaticamente conservador que era necessário para vencer as eleições nacionais. Ao contrário dos libertários e dos ressentidos, os desapontados se sentiam à vontade com o governo moderno na sociedade moderna. Seus pais ou avós votaram nos democratas Roosevelt-Truman. Os desapontados, no sentido amplo, não no sentido partidário, eram liberais. Em 1972, liberais desapontados votaram em Nixon e 12 anos depois em Reagan. Embora o termo *jars* seja usado atualmente nos Estados Unidos, a inclusão dos desapontados como liberais descreve melhor o terreno político real. Um quarto elemento no clima antigovernamental da década de 1970 não deve ser esquecido. Ele veio de liberais democratas que expuseram o uso indevido de espiões do estado de guerra e o abuso político de poder, principalmente no escândalo de *Watergate* que levou à renúncia de Nixon em 1974. Esses liberais não queriam dizer isso, mas suas campanhas de investigação e exposição, então como agora, também encorajaram o desencanto com o governo.

Reagan compreendia essas muitas correntes antigovernamentais. Como um velho democrata rooseveltiano e ex-chefe do sindicato dos atores de Hollywood, ele próprio foi um dos desapontados. Apesar de divorciado, não frequentador da igreja, ele podia dizer a um público cristão fundamentalista com sinceridade que havia "pecado e mal" e que todos eram "ordenados pelas escrituras e pelo Senhor Jesus a se oporem a isso" com todas as suas forças. Ele sabia, como Lincoln sabia, como se esgueirar por trás das propriedades e apelar para o preconceito branco. Ele abalou o público com zombarias às custas do governo grande com tanta habilidade que eles esqueceram em sua alegria que o governo grande era o que Reagan estava pedindo para eles deixarem-no administrar.

Reagan era cortês, relaxado, divertido no jantar para seus convidados, impaciente com detalhes e implacável com os colegas. Dizia-se que ele fazia os americanos se sentirem melhor consigo mesmos, mas era indiferente quantos deles viviam. Ele aproveitou ao invés de fazer suas oportunidades. Ele herdou uma indústria de defesa iniciada por seu antecessor. Herdou uma explosão de criatividade de alta tecnologia que o acúmulo havia nutrido. Herdou um presidente da reserva federal, Paul Volcker, que havia empurrado as taxas de juros para 11,5% um ano antes de Reagan assumir o cargo, um passo brutal que, no início da nova presidência, havia reduzido a inflação de dois dígitos para 3,5%, suavizando um caminho para o longo *boom* econômico que durou até o novo século. Reagan herdou uma rivalidade de superpotência que os Estados Unidos estavam prestes a vencer quando seu rival soviético, atolado em seus próprios fracassos e obscurecido por uma China em ascensão, começou a implodir. Com graça e habilidade praticadas, Reagan aproveitou ao máximo essas oportunidades. Ele sabia quando empurrar uma porta aberta, chamando dramaticamente em Berlim em junho de 1987, "sr. Gorbachev, derrube este muro".

Reagan disse ao seu barbeiro, Milton Pitts, que havia chegado ao cargo com cinco objetivos: restaurar a moral, reduzir os impostos, aumentar os gastos com defesa, enfrentar a União Soviética e reduzir o governo. Ele disse que tinha feito tudo, menos o último. Se um político tão habilidoso como Reagan, que recebeu cartas tão boas e que tinha seguidores tão populares, foi incapaz, com todos os poderes do cargo, de completar sua quinta tarefa, talvez a resposta fosse que a maioria decepcionada da

América realmente não queria que isso fosse concluído. Talvez eles não quisessem menos governo, mas um governo melhor e um governo em que pudessem novamente depositar sua confiança.

Reagan foi notável em combinar em um corpo vários seres políticos. Ele apelou para duas alas do liberalismo americano, os democratas do *New Deal* e os republicanos das grandes empresas. Ele sabia como apelar, também, para cristãos não liberais do Cinturão Bíblico e para libertários além da margem liberal. Depois de Reagan, o republicanismo caiu cada vez mais nas mãos da direita religiosa e dos fundamentalistas antigovernamentais à medida que um partido liberal de direita começou a se transformar em algo próximo ou além do liberalismo.

Na França e na Alemanha, a mudança no clima contra o Estado no centro político foi mais sutil de reconhecer, menos doutrinária e, para começar, com menos raiva. Nas décadas de 1970 e 1980, a autoridade *top-down* [de cima para baixo] na Quinta República da França relaxou. Na década de 1970, após os choques político-culturais de 1968 e a aposentadoria de De Gaulle no ano seguinte, as instituições da política francesa tornaram-se menos rígidas e pesadas. A mudança se acelerou depois de 1974, quando a direita liberal ganhou o poder sob Valéry Giscard d'Estaing. Seu partido, os Independentes Republicanos, era centrista, pró-europeu e, nas palavras de seu manifesto, liberal "no sentido político do termo", o que significava diálogo público, liberando a mídia da influência do governo, mais voz ativa para o parlamento e maiores poderes locais para as regiões. A aderência presidencial na Quinta República da França afrouxou ainda mais depois que o socialista Mitterrand ganhou a presidência em 1981. Cinco anos depois, seu partido perdeu uma eleição parlamentar, obrigando-o a "coabitar" com um governo de direita.

Independentemente do partido que estivesse no comando, as décadas de 1970 e 1980 trouxeram à França muitas mudanças liberais. O monopólio da televisão estatal e a censura da transmissão terminaram. O divórcio por consentimento e o aborto tornaram-se legais. Poderes foram devolvidos às assembleias regionais eleitas. À medida que o apelo do Gaullismo na França desvanecia, a França se comprometeu com a União Europeia e com uma moeda única europeia. Os poderes do tribunal constitucional aumentaram. O Estado francês aceitou que os cidadãos pudessem apelar diretamente contra seus crimes à Comissão Europeia de Direitos Humanos.

O centro liberal exerceu sua influência sobre a esquerda francesa. Mitterrand havia conquistado a presidência com apoio comunista e seguiu-se um breve experimento com tentativas lideradas pelo Estado de estimular uma economia em declínio. O experimento terminou, como os liberais econômicos haviam previsto, pois um franco enfraquecido e a inflação crescente provocaram uma reviravolta e uma contenção fiscal. Em condições modernas de exposição cambial e de integração europeia, concluiu-se que as políticas "albanesas" isoladas não eram mais possíveis. Em 1985, um quarto de século depois dos social-democratas alemães em Bad Godesberg, o Partido Socialista francês em Toulouse abandonou formalmente os últimos resquícios do socialismo. A mudança doutrinária refletiu uma mudança na sociedade. Em 1930, a força de trabalho francesa ainda estava dividida quase igualmente em três entre agricultura, indústria e serviços. Agora estava predominantemente em serviços. Quase ninguém trabalhava na terra e apenas 20% dos franceses viviam no campo. A força de trabalho industrial havia diminuído. Apesar da reputação da "rua" da França, a França no final do século 20 tinha uma das taxas mais baixas de filiação sindical na Europa.

Uma esquerda contraliberal sobreviveu em uma efervescência de verdes radicais, antineoliberais e trotskistas modernos. Nenhum tinha uma alternativa coerente ou confiável ao centrismo liberal. Cada um representava um prego afiado e eficaz para perfurar a complacência liberal. A extrema direita continuou, marginal para começar, mais ameaçadora com o tempo. Ela combinava o ressentimento populista contra o grande governo e as grandes empresas, familiar à direita republicana nos Estados Unidos, com o chauvinismo francês e preconceitos antigos, mas vilanescos.

Em 1989, a lenda histórica da revolução inacabada na esquerda socialista da França estava morrendo, assim como o mito da resistência heroica e orgulho nacional na direita gaullista. Para marcar o bicentenário da Revolução Francesa, um desfile espetacular foi montado em 14 de julho na *Champs-Elysées*, em Paris. Ele celebrou todos os aspectos da vida e da história francesas imagináveis. Descolado e atual, a *mise-en-scène* ficou por conta de um publicitário, Jean-Paul Goude, conhecido por promover a água mineral *Perrier*. O centenário da Revolução Francesa, em 1889, tinha sido uma afirmação de princípio político, uma chance de defender a república liberal da França contra seus inimigos conservadores e reivindicar o manto da Revolução de seus rivais socialistas. Se o espetáculo lúdico e caótico dos *Champs-Elysées* tinha um propósito político, não era para derrubar opressores ou combater a guerra de classes, mas para acolher a abertura, a diversidade e a "diferença". A Revolução Francesa sempre foi mais do que um complexo de eventos históricos. Era também uma galeria de imagens da imaginação política em que o vermelho lutava contra o branco, a esquerda lutava contra a direita e o certo lutava contra o errado. Ao tomar o poder em 1799, Napoleão e seus colegas cônsules anunciaram, prematuramente, que a revolução havia acabado. Imagens de conflitos polarizados ininterruptos deram cores à política francesa por mais de um século e meio. Em 1989, o conflito não havia de modo algum desaparecido da França. Suas cores haviam mudado. À moda liberal, as cores do conflito eram muitas e misturadas. O conflito, como os liberais sempre aceitaram, era interminável. Se o desfile de Goude era algum sinal, o conflito na França não era mais visto como polarizado, mas como multicolorido e caleidoscópico.

Ninguém sabia disso naquele verão de 1989, mas no Leste da Alemanha uma revolução diferente estava se formando. Em 1953, 1956 e 1968, a União Soviética havia defendido o controle comunista na Europa Oriental à força. Economicamente arruinados e minados por uma guerra perdida no Afeganistão, em meados da década de 1980, os comunistas soviéticos perderam a vontade de sobreviver à força. Em 1989, eles perderam a vontade de sobreviver. À medida que a dissidência varria a Alemanha Oriental, seus líderes comunistas foram informados pelo líder reformista soviético Mikhail Gorbachev de que eles estavam por conta própria.

Em novembro, as restrições de viagem da Alemanha Oriental foram suspensas. Alemães orientais invadiram o Ocidente. Em novembro, foi derrubado o Muro de Berlim. Dentro de um ano, as duas Alemanhas eram uma só, dentro da aliança de defesa do Ocidente e com sua fronteira oriental com a Polônia estabelecida para sempre. Um emaranhado de conflitos que colocou duas superpotências com armas nucleares uma contra a outra por 40 anos foi resolvido por conversas em um espaço de tempo surpreendentemente curto. Que uma reviravolta histórica de tal escala ocorresse sem violência dependia de suficiente confiança e falta de medo de ambos os lados. Muitos elementos contribuíram para sustentar aquele clima de distensão, nunca seguro, mas sempre em risco. Eles incluíam o poder militar inigualável do Ocidente, bem como o apelo e a estabilidade de uma União Europeia em expansão. Na medida em que o crédito pessoal era devido para aliviar as tensões estratégicas, ele pertencia ao chanceler alemão Willy Brandt. Ele não estava empurrando uma porta aberta em Moscou em 1960 quando, como prefeito de Berlim Ocidental, falou na televisão soviética de um povo alemão dividido por arame farpado. A Primeira Guerra Fria estava no auge e Brandt dava corajosamente o primeiro passo pessoal no longo caminho para a distensão Leste-Oeste.

Que a Revolução de novembro de 1989 tenha levado à unificação alemã com tanta rapidez e determinação se deveu a outro chanceler alemão, Helmut Kohl (1930-2017). Defeituoso e subestimado, Kohl aproveitou o momento. Ele havia chegado ao poder em 1982, quando os liberais alemães abandonaram os social-democratas para buscar uma política econômica mais "de mercado". Kohl agora contava com essa solidez para seu golpe de mestre. Enquanto as pessoas do Oriente e do Ocidente se perguntavam, no inverno de 1989-90, o que aconteceria a seguir, Kohl decidiu. A Alemanha se tornaria uma, não em etapas, mas de uma só vez. Era para ser uma, não tão neutra, que era a única Alemanha unida em que alguém poderia pensar durante a era dos Dois Blocos. A Alemanha Unida pertenceria diretamente à Europa e ao Ocidente. Seria uma não após negociação entre dois estados, concordando em se unir sob talvez uma nova constituição. A Alemanha se tornaria uma sob a Lei Básica de 1949. Levaria décadas para que a quebrada Alemanha Oriental se tornasse economicamente uma com a Alemanha Ocidental. Mas a Alemanha Ocidental era próspera o suficiente para pagar pela árdua transição. Os alemães orientais poderiam, relativamente falando, ser indigentes. Eles não deveriam começar como cidadãos de uma Alemanha unida e destituída. Suas economias eram inúteis. O marco da Alemanha Ocidental valia talvez dez vezes o marco da Alemanha Oriental. Kohl insistiu, contrariando o conselho de banqueiros e especialistas em tesouraria, que as moedas seriam trocadas uma a uma. Quase ninguém pensou que poderia ser feito, mas Kohl o fez, surpreendendo talvez até a si mesmo.

Até 1989, Kohl nunca havia abalado a reputação de gerente de partido, de arranjador e de político sem visão. Mesmo depois, em 1990, seu partido realizou uma campanha eleitoral bem-sucedida, mas indigna, na Alemanha Oriental, difamando os social-democratas como comunistas.

Após sua aposentadoria, antigas suspeitas foram confirmadas de que Kohl há muito dispensava dinheiro político por baixo da mesa. Nada disso cancelou a conquista de Kohl em 1989-90. Sua decisão exigia um raro ato de imaginação política. Ele eliminou as alternativas e deixou de lado as dificuldades, projetando sua mente para um resultado que as pessoas lhe diziam ser quase impossível e, quando chegou, eles olharam para trás como virtualmente inevitável. A decisão de Kohl também foi um ato de confiança liberal, uma expressão de crença na democracia liberal, particularmente na democracia liberal alemã.

As conquistas dos líderes liberais de 1945-89, tanto da esquerda quanto da direita, foram notáveis. Eles aprenderam com os fracassos e erros liberais. Eles aceitaram que os valores liberais eram universais, não ocidentais. Eles incorporaram um liberalismo democrático em instituições mais justas. No Estado de bem-estar social, eles aceitavam que direitos sem os meios para exercê-los eram direitos superficiais. Eles aprenderam com suas próprias reformas, como quando as ações econômicas se mostraram perversas e quando os custos sociais aumentaram demais. Eles fizeram com que partidos e eleitores vissem que as mentalidades políticas haviam mudado. Após anos de estagflação, a inflação caiu e as economias cresceram. Eles trouxeram paz e união a um continente fratricida. É fácil replicar e dizer que "eles" não fizeram nada disso. Forças históricas maiores estavam em ação. Talvez sim. Mas tudo aconteceu sob o comando deles e a regra comum na política é dar crédito aos capitães, para o bem ou para o mal e por mais breve que o crédito dure.

Os liberais de 1945-89 aprenderam, expiaram e entregaram. Eles deixaram resultados fortes. Ao remover barreiras, eles criaram um mundo globalizado. Também deixaram, em certo sentido, uma história sobre aquele mundo, mas uma história que muitas vezes não soava como uma. Os pensadores liberais de 1945-89 deixaram lições sobre o que não fazer e o que não pensar. Além da eminente construção de Rawls e dos argumentos que ela gerou, o pensamento liberal após 1945 tendia a ser negativo. Ele exortou as pessoas a não esperarem padrões grandes e duráveis na história ou na política. Exortou-os a esperar fluidez, escolhas infinitas e arrependimentos inevitáveis. Falava menos de livre escolha desenfreada do que de escolhas restritas particulares, de dilemas e trilemas. Os economistas ensinavam que uma nação poderia ter duas, mas não três taxas de câmbio fixas, livre fluxo de capital e controle nacional das taxas de juros. Em um mundo global, uma nação pode esperar duas, mas não três aberturas econômicas, soberania nacional e equidade social. No mesmo espírito, o pensamento liberal enfatizou que os três elementos do sonho liberal estavam em tensão um com o outro: progresso humano, respeito cívico por quem quer que fosse e a prevenção da dominação por qualquer interesse ou poder único. No entanto, a lição da experiência em si não foi negativa. De 1945 a 1989, o sonho liberal chegou mais perto de se realizar do que antes. Após a guerra de 1914-18, Keynes lamentou a perda de confiança liberal que admirava em seus predecessores do século 19. Em 1989, os liberais puderam sentir por algum tempo que a confiança havia voltado.

"O que você aprendeu?" um repórter perguntou a Vaclav Havel durante uma entrevista coletiva em Praga em 7 de dezembro de 1989. Os comunistas da Tchecoslováquia estavam em plena retirada. O partido deles passou por três líderes em um mês. O Fórum Cívico, o movimento de oposição, era legal e às portas do poder. Havel, dramaturgo tcheco e ex-prisioneiro de consciência, estava prestes a se tornar presidente de seu país. Sua resposta à pergunta do jornalista foi caracteristicamente séria e irônica: "Quando uma pessoa tenta agir de acordo com sua consciência, quando tenta falar a verdade, quando tenta se comportar como cidadão mesmo em condições de degradação da cidadania, não necessariamente levará a lugar algum, mas pode". Uma coisa certamente atrapalharia o sucesso, acrescentou. Isso foi angustiante sobre se a dissidência funcionaria. Havia uma lição nas palavras de Havel para a democracia liberal.

Após os auges coletivos de 1989, muitos liberais logo começaram a se preocupar, com razão. Eles se preocupavam se a democracia liberal era sustentável, se as tensões entre suas várias promessas, outrora fortes, não se transformaram em fraquezas e se em todo o mundo a democracia liberal estava ganhando rivais mais rápido do que aliados. Diante da ascensão de uma direita iliberal nas próprias democracias liberais, os liberais se perguntavam inquietos se não estariam entrando em um mundo pós-liberal. O alerta deles era justificado. Mas importava focar o alerta nos lugares apropriados. Importava distinguir o alerta corretivo do destrutivo. E importava, essa era a lição de Havel, não deixar o alerta se atolar em desespero.

PARTE QUATRO

SONHOS E PESADELOS LIBERAIS NO SÉCULO 21

14.

DUAS DÉCADAS QUE ABALARAM A DEMOCRACIA LIBERAL

i. A ascensão da extrema direita

Em um clima de desconhecimento, em 23 de junho de 2016, 52% dos que votaram em um referendo nacional pediram que a Grã-Bretanha deixasse a União Europeia, apesar da constatação coletiva quase unânime de políticos tradicionais de esquerda e direita, líderes empresariais, economistas, historiadores, cientistas, especialistas militares e especialistas em política externa que a retirada com o tempo se revelaria um erro econômico e estratégico. Em 8 de novembro, o promotor imobiliário e personalidade televisiva Donald Trump, fazendo uma campanha de direita "*America First* [América primeiro]" como um republicano dissidente, ganhou a presidência dos EUA com uma minoria do voto popular, mas uma grande maioria no colégio eleitoral, apesar das suspeitas cáusticas de seu partido adotivo e as previsões dos pesquisadores de que ele perderia por muito. Em 23 de abril de 2017, Marine Le Pen, à frente da Frente Nacional, avançou para o segundo turno das eleições presidenciais da França, derrotando partidos convencionais de centro-esquerda e centro-direita. Embora tenha perdido o segundo turno, Le Pen obteve 34% dos votos, um avanço popular para um partido de extrema-direita anteriormente contido nos extremos. Em 24 de setembro de 2017, nas eleições nacionais da Alemanha, a *Alternative für Deutschland* também saiu das margens e conquistou 94 cadeiras, um sétimo do total, no *Bundestag*, o parlamento federal. Desde a década de 1950, a extrema-direita da Alemanha não havia conquistado representação nacional e nunca com tanta força.

Reunidos em 15 meses, esses resultados em quatro nações do núcleo liberal ocidental aguçaram as ansiedades sobre a saúde da própria democracia liberal.

Eleições inesperadas como essas normalmente não causam tal alarme. No entanto, esses choques de votação seguiram uma década e meia de eventos desconcertantes e episódios punitivos: ataques terroristas que mataram cerca de 3.000 pessoas em Washington e Nova York (2001), o ataque inicial de uma campanha incessante de militantes islâmicos para abalar as sociedades liberais e provocar guerras de fé; uma ocupação do Iraque justificada de forma espúria pelos EUA e pela Grã-Bretanha (2003), os fracassos pós-invasão que aprofundaram a desconfiança dos eleitores na experiência e na liderança eleita; um *crash* financeiro mundial (2008) que trouxe uma profunda recessão econômica seguida por uma recuperação lenta. Durante todo o tempo, governos liberais de direita e liberais de esquerda lutaram da mesma forma. Economicamente, nem as políticas voltadas para o mercado nem as políticas voltadas para o social pareciam estar funcionando ou funcionando rápido o suficiente. Tendências perturbadoras foram detectadas por trás do choque dos eventos. Os números das manchetes que os pais e avós das pessoas, desde 1945, se acostumaram a ver – renda mais igualitária, menos pobreza, melhor saúde, vidas mais longas – começaram a cair em muitas partes da Europa e dos Estados Unidos. O descontentamento cresceu com os partidos tradicionais e com sua presunção comum de um meio-termo político compartilhado. Em todo o mundo, a onda de mudanças liberais e democráticas prometidas na década de 1990 pareceu diminuir. Nas terras centrais da democracia liberal, Europa e Estados Unidos, os políticos eleitos pareciam perplexos, os eleitores ficaram mais irritados e os observadores políticos, quaisquer que fossem seus pontos de vista, se viram perdidos.

Nem toda a ansiedade foi bem colocada. Os perdedores das eleições ficaram mais angustiados do que os vencedores das eleições. Os mercados financeiros em crescimento acolheram ou desconsideraram os choques políticos. O dano imediato à democracia liberal era discutível. A extrema direita venceu na Grã-Bretanha e nos Estados Unidos, mas por pouco. Ao entrar no *mainstream*, a extrema direita francesa foi redondamente derrotada. Na Alemanha, o apoio à extrema direita foi forte na Saxônia e em outros *Länder* orientais, mas fraco nacionalmente.

As preocupações com a integridade da democracia liberal não eram novidade. Falhas de desempenho, falhas estruturais e desacordo sobre objetivos foram reconhecidos pelos liberais e discutidos durante grande parte do meio século anterior ou mais. Relatos otimistas das perspectivas da democracia liberal, com os reparos necessários, estavam disponíveis, mas careciam de relevância e plausibilidade em meio a recorrência de más notícias. Os choques políticos de 2016-17 deram ao desconforto uma nova autoridade. Os liberais ouviram com atenção renovada enquanto os preocupados expuseram os problemas da democracia liberal camada por camada: a ascensão de uma extrema direita, tendências econômicas desanimadoras, solidão geopolítica, conflitos de identidade e sentimento de nação e desafeto intelectual. Nestes capítulos finais, cada camada será considerada por vez.

Poderia haver pouca discussão sobre o caráter disruptivo de uma direita extrema e nacionalista nos Estados Unidos e na Grã-Bretanha, a fluidez imprevisível de eleitores céticos em ambos os países e a desorientação do centro liberal. No entanto, a visão turva nos Estados Unidos era a figura descomunal de um presidente difícil de categorizar, amado e odiado em ambos os lados da política, que – nas palavras do colunista de centro-direita David Brooks do *New York Times* – parecia ser ao mesmo tempo um nixoniano autoritário e cínico e um republicano dos grandes negócios. A visão turva na Grã-Bretanha era uma Europa imaginária, uma confusão histórica de inveja e desrespeito, amor e admiração, odiado na ignorância pelos *Brexiteers* e venerado, apesar das falhas reconhecidas da União Europeia, pelos *Remainers*. A intensidade do sentimento nos Estados Unidos e na Grã-Bretanha causou surpresa, principalmente para observadores que antes se preocupavam com o desengajamento popular da política. No entanto, ficou claro que uma extrema direita, iliberal em sua atitude em relação ao poder e populista em sua visão de democracia, havia entrado no *mainstream* político em ambos os países.

Nos Estados Unidos, todos os três poderes do governo federal, 32 das 50 legislaturas estaduais e mais da metade dos governos estaduais estavam, depois de 2016, no controle de um partido republicano de extrema direita cujos poucos moderadores estavam isolados ou intimidados. Na Grã-Bretanha, um governo conservador dividido partiu em um curso desconcertante de improvisação e erro, atormentado pela direita na "Pequena Inglaterra (*Little England*)". Dias após o referendo de junho de 2016, uma nova primeira-ministra, Theresa May, comprometeu a nação com um curso estratégico de destino desconhecido contra o qual ela mesma havia feito campanha. Cerca de dois terços dos parlamentares conservadores também eram favoráveis à permanência na União Europeia, mas, ansiosos por seus assentos e pela sobrevivência de seu partido, seguiram lealmente o líder. Em vez de reivindicar a decisão radical e disruptiva como sua, May transferiu a responsabilidade apelando para a autoridade contestável da vontade popular. O referendo tinha sido consultivo, o resultado próximo de 52% a 48% mostrou, na melhor das hipóteses, não uma vontade, mas duas e duas nações descentralizadas do Reino Unido – Escócia e Irlanda do Norte – registraram grandes maiorias para *Remain*. À acusação de improvisação arriscada com as normas liberal-democráticas, os defensores da decisão do governo, que foi secundada pelos trabalhistas, responderam que, politicamente, a instrução para sair era imperativa e que o resultado não deixou escolha. Errado, constitucionalmente, sobre a força imperativa do referendo, o governo ficou perplexo com seu conteúdo. Ficar ou sair foi enganosamente apresentado como uma escolha. Como logo ficou claro, não havia uma saída da União Europeia, mas muitas, e ninguém sabia qual levava para onde.

Como exemplificado pelos republicanos americanos sob Trump e pelos conservadores britânicos capturados por seus nativistas, a nova elite política de extrema direita tinha várias características comuns: prontidão para negligenciar normas familiares do governo representativo; impaciência com a divisão de poderes; rapidez, quando desafiados, em responder que estavam fazendo o que as pessoas queriam; e vontade de reverter ou ignorar elementos de longa data de compromissos internacionalmente acordados, alegando colocar sua própria nação em primeiro lugar.

Para os apoiadores, os líderes da extrema direita estavam dando direção às sociedades divididas em tempos difíceis e usando os poderes do cargo ao máximo à maneira dos líderes arrogantes reverenciados do passado – Roosevelt, Churchill ou De Gaulle, por exemplo –, todos os quais dobraram ou violaram as normas constitucionais. Eles estavam defendendo famílias trabalhadoras e pressionadas contra as promessas vazias de elites cosmopolitas e fortalecidas que por muito tempo dominaram a política. Para os críticos, o republicanismo de Trump e o conservadorismo do *Brexit* marcaram um rumo perigoso para a democracia liberal, com limitadores em direção a formas de poder não liberais ou não democráticas. Onde alguns críticos viram incompetência governamental, improvisação e confusão, outros viram um leve autoritarismo, enquanto outros ainda notaram que os dois muitas vezes andavam juntos. Quando regras suficientes são distorcidas e a desordem se torna a norma, os eleitores muitas vezes recorrem a líderes fortes para restaurar a ordem com soluções não liberais. O que causou o alerta dos críticos e justificou o rótulo de "extrema direita" foi que os republicanos de Trump e os conservadores do *Brexit* estavam à beira da democracia liberal, direita ou esquerda, como se tornou familiar desde meados do século 20. Como coalizões estranhas, cada uma uniu liberais econômicos extremos, felizes em sacrificar a democracia econômica, com nativistas antiestrangeiros, felizes em sacrificar as normas liberais de respeito cívico.

Paralelos históricos e novas categorias políticas foram lançadas. Comentários sérios levantaram questões que antes soariam exageradas. Um ex-embaixador dos EUA, Daniel Fried, entrevistado na MSNBC (9 de março de 2017), questionou se a atmosfera em seu país não era "como a década de 1930, quando a própria ideia de democracia liberal [estava] sendo questionada". Em *Foreign Affairs* (maio-junho de 2017), o jornal do centenário Conselho de Relações Exteriores foi perguntado se os EUA ainda estavam "seguros para a democracia". Em uma edição anterior dedicada ao populismo (novembro-dezembro de 2016), o espectro do fascismo foi considerado, mas sabiamente posto de lado, como um paralelo improvável com a atual extrema direita na Europa e nos EUA. O fascismo foi historicamente específico. Surgiu na década de 1920-30 após uma guerra mundial desastrosa e sem vencedores europeus. Baseava-se em um culto ao líder à frente de um partido de massas, uma visão totalizante da sociedade, um inimigo bolchevique unificador, uma indiferença à legalidade e um incentivo à violência contra os adversários políticos. Os ecos eram claros e perturbadores, mas as diferenças de escala e contexto eram grandes demais para tornar o paralelo convincente.

A democracia liberal, no entanto, pode ser corroída de muitas maneiras. Como um corrosivo dos dias de hoje, o populismo foi amplamente oferecido como uma explicação melhor do que estava em andamento. O populismo, devidamente entendido, não é um arranjo institucional ou uma forma de democracia, mas um estilo de autojustificação política. Para usar sua própria linguagem contenciosa, o populismo é um fenômeno de elite. Embora muitas vezes apresentado erroneamente como uma disputa entre o povo e as elites, o populismo é uma disputa entre as elites em que um lado, os populistas, afirma falar pelo povo. Os populistas de direita afirmam defender uma nação virtuosa, muitas vezes etnicamente imaginada, contra estabelecimentos corruptos e estrangeiros ameaçadores. Os populistas de esquerda afirmam defender os trabalhadores contra os estabelecimentos corruptos e os ricos. Direita ou esquerda, os populistas são comumente políticos que exploram o ódio eleitoral contra os ins. Como insurgentes, eles podem perturbar os padrões partidários familiares, dando força à astuta definição de "populista" como o que os perdedores chamam de vencedores após uma derrota eleitoral inesperada ou o colapso de um partido bem estabelecido. Como perturbadores da paz política, os populistas podem formar um novo partido ou capturar um partido existente, como a minoria do *Brexit* fez na Grã-Bretanha com os conservadores e os apoiadores de extrema esquerda de Corbyn fizeram com os trabalhistas. Façam o que fizerem e por mais alto que falem por esse ser mítico, o povo, eles são ativistas, muitas vezes da mesma formação – e no caso dos conservadores, das mesmas duas universidades – dos oponentes que pretendem afastar.

O populismo é fácil de confundir com a democracia direta ou participativa, em contraste com a democracia representativa. Isso é um erro, no entanto, como Jan-Werner Müller deixou claro em *What is Populism?* (2016). Ele observou que os populistas eram a favor do governo representativo desde que eles fossem os representantes. Uma vez eleitos ao poder por meios representativos, eles recorreram a plebiscitos ou referendos para confirmar os cursos de ação já decididos. Os populistas não se sentiam à vontade com a competição multipartidária ou com o governo de coalizão e mais felizes quando a oposição eleita era desmoralizada e ineficaz. Os populistas agiam como guardiões da vontade do povo, alegando conhecê-la melhor do que seus concorrentes. Invejosos de sua autoridade, os populistas eram indiferentes ou hostis aos poderes compensatórios dentro do Estado e da sociedade. No cargo, eles tendiam a intimidar os críticos, favorecer os comparsas e atacar os juízes cujas decisões eles não gostavam.

O populismo é inepto como descrição de como a política e o governo funcionam em sociedades grandes, complexas e constitucionalmente intrincadas. Para a mente liberal, não existia a vontade do povo e, portanto, nada para o poder eleito saber ou representar. A soberania popular, como por exemplo Guizot entendia, era uma ideia negativa: a negação da soberania a um único interesse ou classe. Ao falar pelo povo, a soberania falou pelos cidadãos e respondeu aos cidadãos. Ao falar por todos, a soberania não falou por ninguém em particular. A decisão soberana resultou não de intuição ou adivinhação, mas de procedimento constitucional muitas vezes frustrante. Em contraste, para a mente populista, a vontade do povo era única, indivisa e intuída com autoridade pelo poder. O povo não era a cidadania, mas uma mistura de nação cultural, que o distinguia dos estrangeiros, e de gente comum, que o distinguia das elites. Se o populismo foi entendido como envolvendo um apelo retórico distinto, o governo de direita confirmado na eleição britânica (junho de 2017) era populista. A complexidade social e o mecanismo constitucional não desapareceram. Institucionalmente, a Grã-Bretanha permaneceu liberal e democrática. Politicamente, por enquanto, estava nas mãos de um partido cujo *slogan* não dito era "nós sabemos o que você quer".

Os assuntos eram mais sutis nos Estados Unidos. Historicamente, os populistas americanos eram radicais das pradarias da década de 1890, a metade da classe trabalhadora de um movimento cuja outra metade era o progressismo da classe média. Como o termo "populista" reivindicado, chamar a onda republicana de 2016 de "populista" era enganoso. Em um artigo perspicaz escrito antes de Trump entrar na política nacional, Walter Russell Mead defendeu o rótulo apropriado de "jacksoniano". Um jacksoniano, em sua opinião, era um tipo distinto de eleitor que, apenas por classe ou educação, poderia ter sido considerado um democrata natural, mas que desde a década de 1960 tendia a votar nos republicanos. Conforme caracterizado em "*The Jacksonian Tradition*" (2000), esses americanos brancos de classe média baixa eram hostis ao governo federal, a fazer o bem em casa ou no exterior e a impostos, desde que programas que os favorecessem, como *Medicare*, deduções de hipotecas e a Previdência Social não fossem prejudicados. Eles acreditavam na honra, em virtudes militares e na igualdade com aqueles acima deles, um código ético, sugeriu Mead, que muitos americanos negros compartilhavam.

Jacksonianos brancos eram reconhecíveis nos comícios de Trump, nos seus *slogans* e discursos, mas eles não eram seus únicos eleitores. Por mais poderoso que fosse o retrato do tipo ideal de Mead, o eleitor de Trump não podia ser tipificado com precisão, exceto tautológica e inutilmente como um típico republicano. O mesmo aconteceu com o eleitor do *Brexit* na Grã-Bretanha, um típico conservador, e os eleitores de partidos de extrema-direita na Europa, típicos de extrema-direita. Em toda a Europa, eles eram de fato um tipo heterogêneo, não um único tipo: nativistas anti-imigrantes, tradicionalistas morais, libertários anti-UE e defensores dos valores cristãos-ocidentais contra a temida invasão do Islã.

Como explicação instantânea dos votos americanos e britânicos, o "Democrata Branco Esquecido" e o "Eleitor Trabalhista Insatisfeito" ganharam atenção indevida. Alegava-se que eles estavam angustiados com a recente globalização, incomodados com novos imigrantes em seus bairros e, quando instigados por indagadores, dominados por uma sensação de terem perdido o controle para forças distantes, um eco do grito reacionário contra a modernidade liberal ouvida em todas as classes sociais desde o início do século 19 e notada por cientistas políticos alemães e americanos que estudavam atitudes autoritárias em meados do século passado, agora devidamente registrada em pesquisas de opinião como se fosse uma nova descoberta. O fato de a esquerda liberal não possuir o voto da classe trabalhadora não deveria ter surpreendido ninguém. Um segmento da classe trabalhadora branca anteriormente leal aos democratas votava nos republicanos desde o final dos anos de 1960. A participação dos trabalhistas no voto da classe trabalhadora já havia caído na década de 1970 de dois terços para a metade. A sociologia eleitoral pouco convincente sobre eleitores negligenciados e marginalizados serviu de deslocamento aos liberais democráticos abalados, especialmente aqueles liberais que haviam esquecido o dano causado à solidariedade e à autoestima dos povos pela erosão dos sindicatos industriais. O eleitor típico de Trump ou *Brexit* não era da classe trabalhadora, mas confortável, conservador e suburbano. A dura verdade era que, de qualquer forma, na Grã-Bretanha e nos Estados Unidos, a maioria votante de seus concidadãos havia escolhido a extrema direita. A escolha foi insensata, mas tomada livremente e não imposta aos eleitores por fatos sociais.

Havia formas mais exatas e menos autoflageladoras de obter os votos de 2016 do que como consequência do desdém cosmopolita ou da desatenção liberal. É verdade que as deserções marginais de apoiadores democratas ou trabalhista levaram a perdas. Trump levou de três grandes estados que contribuíram para sua vitória no colégio eleitoral – Michigan, Pensilvânia e Wisconsin – menos de 80.000 votos no total. Esses foram comumente e enganosamente descritos como estados democratas, enquanto todos os três haviam se tornado republicanos nas vitórias esmagadores de Nixon (1972) e Reagan (1984), e nas décadas de 1940 e 1950 os eleitores de Wisconsin enviaram duas vezes ao Senado dos EUA um republicano intolerante, Joseph McCarthy. Se insistisse em uma explicação com uma resposta para o resultado presidencial, um candidato igualmente plausível seria a queda acentuada na participação dos democratas negros. Na Grã-Bretanha, da mesma forma, a idade ofereceu uma explicação melhor do que a classe. Os jovens eleitores foram fortemente pró-Permanecer [*pro-Remain*] e a participação entre eles foi, em 65%, apenas um pouco abaixo da participação nacional de 72%. No entanto, entre os eleitores com mais de 65 anos, que eram fortemente pró-*Brexit*, a participação foi de cerca de 90%.

Os democratas liberais poderiam se consolar com duas questões em aberto. A extrema direita estava no poder nos Estados Unidos e na Grã-Bretanha, mas não estava claro por quanto tempo eles permaneceriam ou quão coerentes eles governariam. Pode-se argumentar que ambas as vitórias apertadas foram casos isoladose que a coalizão eleitoral da extrema direita seria difícil de reunir em outra ocasião. Também se poderia argumentar que a extrema direita no poder não poderia honrar todas as suas promessas e estava fadada a decepcionar uma grande parte de adeptos incoerentes. Como Huey Long e padre Coughlin na década de 1930, Trump se comprometeu a ajudar o rapaz sem prejudicar os ricos. Os *Tories* na Grã-Bretanha também se comprometeram a ajudar os pobres e desfavorecidos enquanto continuavam a comprimir os gastos públicos e a favorecer seus doadores ricos. A extrema direita era de fato um par não natural. Ela uniu conservadores de livre mercado e governos pequenos que favoreciam o livre comércio e tinham a mente aberta sobre a imigração para conservadores nativistas, os primeiros conservadores de nossa nação, que alegavam falar pelo povo contra o que chamavam de elites. Seu programa comum não entregue prometia doações do governo e impostos baixos, ajuda para os trabalhadores e mão livre para os negócios.

Pensamentos desse tipo eram reconfortantes para os liberais democráticos apenas até certo ponto. A extrema direita pode ter chegado ao poder pela sorte eleitoral. Poderia ser dividida programaticamente. Seus eleitores principais eram idosos e logo partiriam. Não importava, a extrema direita estava no poder. De alguma forma, teve que ser eliminada do poder, que foi onde o conforto parou, pois, alternativas eleitorais organizadas e eficazes eram fracas ou ausentes. Em teoria, a direita liberal e a esquerda liberal deveriam ter sido capazes de encontrar uma causa comum para resistir à extrema direita e recuperar o meio-termo. Ambas, no entanto, enfrentaram graves desvantagens.

Nos Estados Unidos, os conservadores moderados, preocupados igualmente com os excessos de Trump e com a política republicana do "não", estavam perdidos. Eles não tinham certeza se deveriam abandonar a moderação e seguir Trump ou abandonar o conservadorismo e abandonar a direita. O descendente neoconservador William Kristol e o professor liberal de política William Galston bravamente posicionaram uma pequena bandeira conjunta no meio-termo político ao convocar os eleitores a se unirem a um Novo Centro.

Evidências de pesquisas de opinião se acumularam por alguns anos sugerindo que os americanos estavam politicamente menos divididos do que seus políticos, que a independência do partido estava crescendo e que um grande meio-termo estava lá para ser disputado. No entanto, evidências contrárias também existiam, de que os americanos não apenas estavam tão divididos sobre política quanto seus políticos, mas estavam com raiva uns dos outros politicamente e não estavam dispostos a se misturar ou se casar com pessoas do partido errado. Um novo partido unindo liberal-esquerda e liberal-direita no centro era bom de se esperar, mas perigoso de se contar em um sistema eleitoral que era cruel com terceiros. Restava uma má escolha para os liberais, de direita ou de esquerda, entre republicanos inaceitáveis ou democratas malsucedidos.

Os democratas otimistas aguardavam com expectativa as futuras maiorias democratas. Os republicanos eram velhos, eles pensavam, enquanto os jovens votavam nos democratas, uma esperança que parecia não entender que os jovens também envelhecem e não é certo se eles mantêm as mesmas opiniões na velhice. Na Grã-Bretanha, um partido trabalhista dividido mostrou a escassa resistência da extrema direita onde era importante. O Partido Trabalhista cedeu primeiro ao *Brexit*, embora a maioria de seus membros no Parlamento, como a maioria dos parlamentares conservadores, tenha sido por ficar na Europa. Em seguida, fez uma campanha atraente, mas sem custos, em uma plataforma de ajuda para o povo, que em junho de 2017 conquistou dois quintos do eleitorado, mas não colocou os trabalhistas em posição para governar. Seu líder, o subestimado Jeremy Corbyn, provou ser um ativista bem-sucedido, mas o surpreendente sucesso do Partido Trabalhista se deveu mais à inépcia e ao descrédito dos conservadores. Se a Grã-Bretanha tivesse um sistema eleitoral mais democrático e proporcional, o Partido Trabalhista de esquerda poderia ter conquistado uma posição minoritária permanente como uma âncora necessária contra a deriva para a direita. Os trabalhistas, no entanto, há muito lutavam contra a representação proporcional, agarrando-se à esperança de se tornarem novamente um partido do governo. Um Partido Trabalhista revitalizado poderia ter oferecido uma oposição clara à extrema direita de mentalidade nacionalista da Grã-Bretanha. Mas agora estava nas mãos de uma esquerda de mentalidade nacionalista que havia conspirado com a imprudência estratégica do *Brexit*.

Os partidos de centro-esquerda da França e da Alemanha, pilares da prosperidade e estabilidade pós-1945, estavam divididos e em declínio eleitoral. Em todos os lugares, as estruturas da vida da classe trabalhadora das quais os partidos tradicionais de esquerda dependiam estavam sendo esvaziadas. A filiação sindical na Grã-Bretanha caiu de 13 milhões (1979) para 6 milhões em meados da década de 2010. Erosões semelhantes ocorreram nos Estados Unidos. Lá, os republicanos fizeram uso habilidoso das estruturas favorecidas pela direita à medida que as estruturas da classe trabalhadora democrata se desintegravam: igrejas, *think-tanks* e *lobbies* empresariais. É verdade que apelos apaixonados e convicção para mudar o *status quo*, ainda serviam à esquerda. Discursos empolgantes de Bernie Sanders nos Estados Unidos, Jeremy Corbyn na Grã-Bretanha e Jean-Luc Mélenchon na França reuniram multidões, especialmente os jovens, e reviveram esperanças radicais, mas era mais fácil ver os três, cuja idade média era de 69 anos, como tios favoritos à frente dos movimentos de protesto do que futuros líderes de um governo de esquerda durável. Eles foram menos radicais apenas em um espectro de opinião que mudou como um todo para a direita ao longo de 50 anos. As políticas que eles propuseram teriam parecido receosas para os partidos governantes das décadas de 1950 e 1960, incluindo partidos conservadores.

Para um quadro sombrio da integridade da democracia liberal na Grã-Bretanha e nos Estados Unidos, a França e a Alemanha ofereceram um contraste encorajador, bem como motivos de preocupação. Os liberais democratas prevaleceram na França em maio de 2017, mas tanto porque os extremos de esquerda e direita eram inaceitáveis quanto pelo apelo ou coerência do próprio centro liberal. Um ex-socialista centrista e ex-banqueiro, Emmanuel Macron, ganhou a presidência confortavelmente e seu novo grupo político venceu as eleições parlamentares que se seguiram, embora com uma participação muito baixa. Na Alemanha, o centro liberal também prevaleceu, embora seus principais partidos, os democratas-cristãos e os social-democratas, estivessem enfraquecidos.

Contra esse contexto político, os democratas liberais enfrentaram preocupações econômicas e geopolíticas a serem tomadas agora por vez. A principal questão econômica era se o modelo de capitalismo pós-1945 de crescimento-mais-bem-estar no qual a democracia liberal dependia economicamente era sustentável em termos políticos que os democratas liberais pudessem aceitar. Geopoliticamente, a estatura e o apelo da democracia liberal eram menos certos do que pareciam recentemente, principalmente por causa de suas próprias divisões. Em 2016-17, um centro liberal se manteve na França e na Alemanha, mas não conseguiu se manter na Grã-Bretanha e nos Estados Unidos. Não se podia mais supor que um Ocidente outrora coerente ainda estivesse unido por uma perspectiva liberal-democrática comum.

Os primeiros liberais do século 19 esperavam uma ordem sem governo, sem autoridades absolutas ou poderes indivisos. O liberalismo democrático do século 20 estendeu essa visão de uma ordem liberal para incluir todos, quem quer que fossem. O aspecto econômico dessa visão ampliada era a promessa de proteger a todos do domínio absoluto do mercado ou do poder indiviso da riqueza. Para a esquerda irreconciliável, tal promessa era vazia, e para a direita inflexível, um ato de roubo. No entanto, o suficiente da promessa foi entregue nas décadas pós-1945 para tornar as democracias liberais a inveja material do mundo. Como o cumprimento da promessa só foi possível por meio de um crescimento econômico suficientemente forte, garantir um futuro para a democracia liberal significava recuperar um ritmo econômico que por duas décadas havia escapado tanto da Europa quanto dos Estados Unidos.

ii. Descontentamentos econômicos

Na lenta e morna recuperação da profunda recessão que começou após o colapso financeiro de 2008, tornou-se comum afirmar que, independentemente da política, o capitalismo liberal entrou em uma era de crescimento econômico lento. Caso fosse verdade, isso seria ruim para a democracia liberal. Desde a Grande Depressão da década de 1930, a suposição comum tanto da centro-direita quanto da centro-esquerda era que os inevitáveis conflitos sociais só seriam administráveis se houvesse um forte crescimento econômico.

Se, quaisquer que fossem as políticas seguidas, o crescimento adequado não pudesse ser alcançado, os problemas de pobreza, desigualdade e desconfiança política observados em todo o mundo democrático-liberal se tornariam mais difíceis de gerenciar e poderia ser razoavelmente esperado que piorassem. O trabalho fiscal e monetário pós-1945 do governo para suavizar os ciclos do capitalismo e remediar suas falhas distributivas seria, com menor crescimento, menos eficaz e menos acessível. O prestígio e a autoridade do governo continuariam caindo e o descrédito da política continuaria a aumentar.

Se, por outro lado, com as políticas certas, um crescimento mais rápido pudesse ser alcançado, uma dificuldade política teria que ser enfrentada. Os economistas podiam concordar ou discordar tecnicamente sobre quais eram, na prática, as políticas adequadas, embora o alcance de sua discordância fosse comumente exagerado por não-economistas. O problema era que campos políticos opostos dentro da tenda liberal alegavam que as políticas econômicas favorecidas por seus rivais retardavam o crescimento ou exacerbavam os problemas sociais que o crescimento deveria resolver.

Liberais à esquerda e à direita perseguiram esse argumento de crescimento por quase um século. O debate começou durante a primeira crise do capitalismo liberal no século 20 (década de 1930), conforme descrito na Parte Dois, e continuou na segunda crise do capitalismo liberal no século 20 (década de 1970), conforme descrito na Parte Três. Cada campo liberal, a direita econômica ou a esquerda econômica, culpou o outro por buscar o tipo errado de promoção do crescimento ou por buscar o tipo correto por muito tempo, de modo que se tornou contraproducente.

Para confundir as coisas, as políticas concorrentes do meio-termo liberal, nominalmente de esquerda ou direita, tendiam a se unir em torno de uma ortodoxia econômica predominante. A esquerda econômica, como se viu, ganhou o debate após a década de 1930 e orientou governos de quaisquer influências nas décadas de 1950 e 1960. Sob a ortodoxia pós-1930, os governos assumiram a responsabilidade de apoiar a economia e corrigir os males sociais. Eles combinaram a busca do crescimento com o propósito social, entendido como a provisão de bens públicos apoiada pelo Estado, incluindo assistência universal à saúde e ajuda a quem precisa, que os mercados não supriam naturalmente.

Na década de 1970, quando o baixo ou nenhum crescimento combinou com o aumento dos preços, a direita econômica ganhou o argumento contra a esquerda econômica, culpando em grande parte a ortodoxia pós-1930 pela inflação ruinosa da economia. Primeiro na Grã-Bretanha e nos Estados Unidos, depois em toda a Europa, a alternativa da direita econômica – crescimento não inflacionário, impostos baixos e orçamentos equilibrados – tornou-se, apesar de suas tensões internas, uma nova ortodoxia. Auxiliado pela abertura e decolagem na China e na Índia, a nova ortodoxia parecia ter sucesso na baixa inflação e forte crescimento da década de 1990. Foi abraçada pelos partidos de centro-esquerda, que se tornaram economicamente difíceis de distinguir dos partidos de centro-direita.

Os críticos da ortodoxia pós-1970 questionaram sua coerência. Para estimular os falcões, ela prometia déficits incontroláveis, para os defensores do bem-estar, cortes de gastos inaceitáveis. Economistas de todas as convicções notaram que isso pouco fazia para mudar as tendências subjacentes preocupantes. A produtividade do trabalho continuou a cair e os salários reais aumentavam lentamente, se é que aumentavam. Não até o colapso financeiro de 2008 e suas consequências, no entanto, a ortodoxia do pequeno governo de livre mercado foi finalmente exposta e, aberta ou efetivamente, abandonada. Empurrada longe demais e perseguida por muito tempo, a ortodoxia do livre mercado não conseguiu gerar um crescimento estável. Além disso, os cortes nos gastos sociais, perseguidos ao longo de três décadas, pioraram os custos sociais quando o colapso veio.

No entanto, nada novo o substituiu. Não houve resposta, fosse keynesiana, hayekiana ou friedmanita. Os governos improvisaram. Os impostos foram reduzidos para encorajar as pessoas a gastar e os governos aumentaram seus próprios gastos. Como os impostos já eram baixos, no entanto, as ferramentas fiscais eram de uso limitado. Além disso, fora os Estados Unidos emissores de dólares, cujo crédito era bom para o mundo e que, portanto, precisavam se preocupar menos com déficits orçamentários, os governos logo cortaram os gastos novamente.

Embora a doutrina estivesse agora confusa e as ortodoxias em desvantagem, como na década de 1930, os desafios eram claros. O desafio de curto prazo era evitar que a Grande Recessão se tornasse uma segunda Grande Depressão. O desafio de longo prazo era restaurar o crescimento econômico nas economias ricas, sem o qual as promessas sociais em aberto da democracia liberal correriam o risco de tornarem-se impossíveis de serem cumpridas.

O resgate de curto prazo contou com bancos centrais, nominalmente independentes, mas atuando efetivamente como parte do governo. Para estabilizar os bancos instáveis, a Reserva Federal dos EUA vendeu-lhes dinheiro bom por ruim. Em outubro de 2014, quando sua ajuda direta terminou, o Fed havia comprado US$ 4,5 trilhões em ativos de bancos enfraquecidos e outros credores. Em 2015, um Banco Central Europeu anteriormente apertado seguiu o exemplo em menor escala. A recuperação foi espasmódica, mas o crescimento econômico e, eventualmente, os salários aumentaram. À primavera de 2017, os mercados de ações estavam em alta e os brotos verdes, juntamente com outras metáforas sazonais, voltaram aos comentários econômicos. Prematuramente ou não, a crise imediata foi sentida como tendo passado.

Os julgamentos sobre o desempenho dos formuladores de políticas liberais após 2008 foram influenciados pelas expectativas. Aqueles que esperavam um retorno rápido ao rápido crescimento dos anos de 1990 ficaram desapontados. Os formuladores de políticas da zona do euro, que preferiram a estabilidade monetária à promoção de empregos, foram criticados por fazer muito pouco e muito lentamente. Centristas liberais foram ridicularizados de ambos os extremos da política por tentar resgatar o irresgatável. A extrema esquerda e a extrema direita consideraram o capitalismo do bem-estar social como condenado – a extrema esquerda porque era capitalista, a extrema direita porque era assistencialista. Houve, é verdade, calamidades piores evitadas. Na Grande Depressão, a produção *per capita* nos Estados Unidos caiu 30% de 1929 a 1933 e não se recuperou totalmente por uma década. Essa queda foi muito mais acentuada do que a queda em uma medida equivalente após 2008. No entanto, a recuperação desde 2008 tem sido mais lenta do que na década de 1930. Estimou-se que, 12 anos após o início da crise, o produto interno bruto por adulto americano trabalhador teria crescido apenas 11%.

As corrosões sociais ligadas ao baixo desempenho econômico foram incontestadas. A pobreza, o crescimento dos baixos salários, a insegurança no trabalho, o desemprego de longo prazo e a desigualdade de renda aumentaram. Os danos humanos eram inaceitáveis, principalmente nas economias ricas, mas não eram distribuídos uniformemente nem eram todos do mesmo tipo. Algumas tendências de longo prazo observadas na década de 1980 – crescimento lento dos salários reais, por exemplo – pioraram no novo século, mas depois de 2015 pareceram desacelerar, senão reverter. Grandes cidades, cidades universitárias, zonas de alta tecnologia e, nos EUA, regiões de petróleo, gás e agroquímicos foram menos afetadas. Na Alemanha, fortes empresas exportadoras de médio porte encontraram em todo o país uma rede de segurança social confiável e familiar de 120 anos, bem como as reformas do mercado de trabalho de 2005 ajudaram a garantir que o país sofresse menos do que em outros lugares. Em grande parte da França rural, em contraste, como fortemente registrado pelo geógrafo social antiglobalista Christophe Guilluy, cidades outrora prósperas tornaram-se cascas vazias à medida que os empregos foram abandonados e as lojas fechadas. No Cinturão da Ferrugem americano e no norte industrial da Inglaterra, as grandes cidades foram esvaziadas. Nas áreas mais atingidas dos Estados Unidos, a saúde e a expectativa de vida diminuíram.

A corrosão mais severa foi a pobreza, que, de acordo com a Organização para Cooperação e Desenvolvimento Econômico (OCDE), em medidas absolutas na década de 2010, prendeu um americano em cinco e um britânico em oito. Mas a pobreza raramente protesta com os pulmões das classes médias decepcionadas, o que chamou mais atenção. A interrupção do progresso material de meio século para a grande classe média da sociedade foi um choque quando veio nos anos 2000 e se desenrolou politicamente muito depois. As queixas mais agudas variaram de país para país. Elas vieram como custos de saúde crescentes nos Estados Unidos, moradias inacessíveis no sudeste da Inglaterra e desemprego juvenil duradouro de cerca de 20% ou mais na França. Em comum em grande parte do Ocidente rico, a vida material para muitas pessoas parara de ficar mais fácil da maneira que elas haviam se acostumado. Ambos os parceiros com filhos agora trabalhavam, como regra. Duas rendas sustentavam os rendimentos das famílias, mas grande parte do excedente ia para a creche. Para aqueles que os tinham, os empregos eram menos seguros e empregos para toda a vida tornaram-se antiguidades preciosas. De 60% da classe média, vieram queixas cada vez mais altas de pagar impostos injustamente para ajudar os pobres e a sensação de injustiça aumentou à medida que os rendimentos dos 10% do topo aumentaram acentuadamente e os do 1% do topo aumentaram para proporções grotescas.

Um termo esquecido, desigualdade, voltou a entrar na discussão pública, embora tenha obscurecido tanto quanto iluminado. A desigualdade irritou os ricos quando os hiper-ricos saíram de vista na competição por bens "posicionais", do tipo que perdem valor à medida que um número maior de pessoas os desfruta. Tais bens posicionais eram bens de privilégio econômico. Alguns vinham com prestígio social cobiçado, por exemplo, as melhores escolas e os melhores hospitais. Outros eram bens que isolavam seus compradores dos espaços públicos lotados e ampliavam as comodidades da vida comum, por exemplo, acesso a aeroportos privados ou bairros tranquilos e exclusivos. A desigualdade irritou as classes médias, que se consideravam injustamente arcando com os encargos da sociedade, embora um olhar mais atento dos economistas sugerisse que, nos Estados Unidos, os incentivos fiscais da classe média – deduções de juros de hipotecas ou baixas de empresas para planos de saúde de empregadores, por exemplo – teriam aliviado muito o fardo e, quando levados em consideração, indicado que a renda real da classe média havia desacelerado ou ficado menos atrás de 2000 a 2015 do que os números sugeridos nas manchetes. A desigualdade, finalmente, irritou os defensores do bem-estar social para os pobres negligenciados e muitas vezes sem voz, que viam amplos recursos disponíveis em uma sociedade rica que não eram aproveitados ou, quando aproveitados, empregados tolamente.

Estava claro que um capitalismo liberal que visava combinar crescimento com progresso social – isto é, compromisso com o Estado de bem-estar social – estava tendo um desempenho insatisfatório em ambas as tarefas. Quanto ao que fazer, havia respostas destrutivas e construtivas. Respostas destrutivas atrairiam campos opostos em teoria entre si, a extrema direita libertária e a extrema esquerda antiliberal.

Para a extrema direita libertária, o capitalismo saudável só seria sustentável se o progresso social, entendido como proteção contra os riscos de vida e alívio das dificuldades às custas das ações, fosse abandonado como objetivo político. Conforme incorporado no estado de bem-estar moderno, esse objetivo era inatingível na prática e equivocado em princípio. Os liberais de mentalidade social se esforçaram para diminuir a pobreza por mais de um século. Apesar de seus esforços, a pobreza estava crescendo novamente. Os liberais persistiram no fracasso, equivocados por uma busca injusta e infundada por igualdade. Nenhuma das queixas era verdadeira. Ambas, no entanto, ganharam ampla circulação. As queixas eram iliberais ao rejeitarem o objetivo do progresso social para todos e ao distorcer o apelo liberal para resistir ao poder. A direita libertária queria limitar o poder do Estado para liberar o poder de mercado. Respondia à questão de como conciliar o capitalismo e o bem-estar de forma destrutiva, ao negar que o bem-estar era necessário.

Para a extrema esquerda, o capitalismo estava historicamente condenado, seja porque suas desigualdades morais levariam à derrubada política ou porque sua mecânica incoerente levaria ao colapso econômico. A moderação do capitalismo pelo bem-estar pago pelo seguro social e pela tributação progressiva fora descartada, seja como cobertura pública para injustiças ou como cuidados paliativos para um paciente moribundo. A extrema esquerda afirmava acreditar, como os liberais, no progresso social. No entanto, sua convicção era mais teatral do que real. Ao atuar na defesa do progresso, a extrema esquerda negava o progresso. Aos seus olhos, nada contava como progresso a não ser a chegada a uma sociedade justa, mas não explicava como seria uma sociedade justa. Dizendo isso, ela poderia ver quando a justiça social estava em falta. Com razão, insistia que a sociedade liberal era organizada de modo a criar injustiça social, pois a sociedade liberal dependia de uma economia capitalista e o capitalismo dependia de uma desigualdade inaceitável. Os liberais progressistas tiveram duas respostas. A resposta mais fraca foi que, sem falar mais sobre o destino, deixar para trás o liberalismo injusto poderia muito bem não levar a mais justiça, e a experiência sugeria que poderia facilmente levar a menos. A resposta mais forte foi que, embora como efeito colateral prejudicial da criação de riqueza benéfica, a sociedade liberal de fato criava injustiça, mas também criava formas de política que poderiam ser usadas para corrigir a injustiça. A extrema esquerda estava relutante em ouvir. Intelectualmente, obstruía o progresso liberal abandonando a política e a economia pela crítica cultural ou oferecendo alternativas visionárias que não eram descritíveis ou, se descritíveis, inatingíveis. Praticamente obstruiu o progresso liberal ao rotular todos os liberais como libertários econômicos sob o falso, mas amplamente usado, rótulo de "neoliberais". Com inveja de seu nicho, a extrema esquerda foi imprudente ao recusar a cooperação com o centro liberal, um parceiro natural na redução alcançável dos danos sociais declarados do capitalismo.

As respostas construtivas ao baixo desempenho do capitalismo liberal visavam salvá-lo, encontrando um novo equilíbrio entre crescimento e propósito social. Quanto a garantir o crescimento, economistas honestos não ofereceram certezas, apenas experimentos de mente aberta e desconfiança de respostas mágicas. A economia dos EUA, medida como produto *per capita*, cresceu historicamente a 2% ao ano no último século e meio, a 2,5% nos anos de glória de 1950-73 e novamente durante o estrondo da década de 1990, apenas para se estabilizar novamente após o *crash* de 2008-2009 a uma tendência histórica de 2% prevista para 2017. Contra esse recorde, a meta de crescimento de 3% sugerida no início do governo Trump parecia promissora. No entanto, um crescimento médio de 2% ao longo de um século foi compatível com surtos repentinos de forte crescimento, que os partidários do governo acreditavam que os Estados Unidos estavam prestes a desfrutar.

Por que a economia se recuperava tão lentamente encontrou uma variedade de respostas. O ex-chefe da Reserva Federal. Ben Bernanke, culpava a lentidão na dolorosa redução de um excesso de poupança criada pelo crescimento da Índia, China e outras economias em rápido avanço. Larry Summers, uma das principais vozes da escola secular da estagnação, considerou que as economias ricas sofriam de "superpoupança" crônica e subinvestimento. Os governos, pensava ele, deveriam intervir com "política fiscal expansionista": déficits maiores, mais gastos, especialmente em reparos e obras públicas atrasadas e impostos comerciais mais baixos, para trazer crescimento mais rápido e salários mais altos para os não-ricos, que economizavam menos e gastavam mais, relativamente falando, do que os ricos.

Os historiadores econômicos previam um futuro sombrio julgado contra um passado dourado. O economista francês Thomas Piketty em *Capital in the 21st Century* [O Capital no Século XXI] (2014) considerou os bons anos da democracia liberal na segunda metade do século passado como excepcionais e irrepetíveis. Em uma economia capitalista, argumentou ele, a participação do capital na renda tendia a crescer, deprimindo as economias a longo prazo, à medida que a poupança superava o crescimento. As projeções de Piketty se estenderam por 80 anos no futuro, o que até mesmo economistas simpatizantes consideraram pouco mais do que suposições. Seu livro foi, no entanto, um *best-seller* mundial. O desencorajamento paralelo a pensar que os anos pós-1945 poderiam ser repetidos veio do economista americano Robert Gordon em um estudo sobre mudança técnica e produtividade, *The Rise and Fall of American Growth* (2016). Em comparação com as inovações produtivas que ajudaram a multiplicar o tamanho da economia americana sete ou oito vezes no "século especial" (1870-1970) – eletricidade, automóveis, vacinas, produtos químicos e similares – a alardeada revolução da tecnologia da internet dos anos de 1980, argumentou Gordon, deu à economia americana um impulso muito menos mensurável.

Os tecno-otimistas responderam a Gordon evocando futuros avanços putativos na medicina que, se realizados, presumivelmente prolongariam a vida e piorariam a carga econômica do improdutivo sobre o produtivo ou avanços na inteligência artificial, o que presumivelmente tornaria mais difícil encontrar trabalho intencional para pessoas ociosas. A verdade era que ambos os lados estavam conjecturando. Os críticos mais cuidadosos de Gordon apontaram que a inovação tecnológica sempre houvera impulsionado o avanço capitalista e que, como Popper havia argumentado contra o determinismo econômico na década de 1940, a inovação futura juntamente com seus efeitos econômicos não eram cognoscíveis. Esse argumento de incerteza foi revelador, mas não decisivo. Talvez as previsões de Gordon acabassem erradas. Talvez elas dessem certo. Se ele estivesse errado e o crescimento forte retornasse, o capitalismo de bem-estar poderia continuar a se sustentar. Se ele estivesse certo e o crescimento forte não voltasse, ou o bem-estar ou o capitalismo sofreria. O problema para os democratas liberais era que eles tinham, na ignorância, que estar prontos para qualquer eventualidade.

Além da ameaça de inacessibilidade, o capitalismo do bem-estar social enfrentava acusações, já mencionadas, de ineficácia e perversidade, para as quais os liberais de mentalidade social tinham respostas. A acusação de ineficácia era verdadeira para alguns programas sociais, em alguns lugares, em alguns países. Não era verdade para todos os programas, em todos os lugares, em todos os países. A alegação grosseira de que os estados de bem-estar social não funcionavam era historicamente falsa. Mais de um século de experiência sugeriu que fazer com que todos se assegurassem por meio do governo contra os riscos da vida (previdência social) ou pagando uma minoria carente diretamente dos impostos (bem-estar) tirava as pessoas da pobreza ou as impedia de cair nela. Os inegáveis custos sociais observados pelos liberais econômicos raramente eram compensados adequadamente contra os inegáveis benefícios sociais. Tampouco tinham os liberais econômicos histórias críveis de como as sociedades ocidentais pós-1945 poderiam ter se desenvolvido sem a proteção do estado de bem-estar social.

A previdência e o bem-estar social, isto é, podiam funcionar, mas muito dependiam de que tipo fossem. As nações ricas poderiam gastar dinheiro para fins sociais bem ou tolamente. Algumas sociedades tinham economias socialmente mais eficientes do que outras. Isto é, eles usavam a riqueza nacional para melhor efeito humano. A Dinamarca, por exemplo, tem uma classificação mais baixa em renda *per capita* do que os Estados Unidos, mas na Escala de Desenvolvimento Humano da ONU de 2016, obteve uma classificação mais alta. O norte da Europa geralmente tinha sistemas de bem-estar coerentes, transparentes e eficazes. Os Estados Unidos gastavam muito dinheiro de impostos para fins sociais, mas gastavam de forma incoerente e ineficaz. Essa crítica era um lugar-comum e o era desde a década de 1960, mas no confronto de interesses, *lobbies* e partidarismo, nenhuma reforma jamais tinha sido ampla o suficiente e nenhuma reforma pequena tinha conseguido seu objetivo por muito tempo. Colocar pequenas sociedades coesas como a Dinamarca contra grandes sociedades divididas como os Estados Unidos criava, é verdade, falsas comparações. Por outro lado, um sistema federal tinha vantagens, pois vários estados podiam experimentar diferentes programas.

Nenhuma lei de ferro existia para estabelecer objetivos sociais contra a busca pelo crescimento. Um estudo do Fundo Monetário Internacional, de 2014, usando dados de várias décadas sobre a desigualdade de renda de 173 nações, compilados pelo cientista político Frederick Solt, sugeriu que em nações desenvolvidas e democráticas, grandes desigualdades de renda provavelmente desaceleraram o crescimento e que um grau de redistribuição do governo poderia corrigir alguma desigualdade, mas essa distribuição persistente e em grande escala tornava o crescimento forte sustentável mais difícil do que se feito de outra forma. Essas descobertas foram úteis até certo ponto, mas levaram políticos e eleitores pouco além da banalidade: não vá longe demais.

Abalados por anos econômicos difíceis, pelos choques políticos de 2016-17 e pelas fraquezas estruturais do capitalismo de bem-estar, os liberais foram tentados a contar uma história sombria do que estava por vir. Essa história falava do desaparecimento do crescimento do emprego em meio à crescente automação, da rápida deterioração fiscal à medida que a sociedade envelhecia e a dependência social crescia, de um enfraquecimento ainda maior da soberania econômica à medida que a globalização acelerava, da intensificação do conflito social, de mais fuga do centro político e de apelos mais altos por ordem coercitiva. Havia também uma história esperançosa para contar. Aguardava-se com expectativa o retorno do crescimento do emprego, uma estabilização dos orçamentos, uma redução dos desequilíbrios comerciais e a restauração da estabilidade liberal-democrática.

Ninguém sabia o que estava mais próximo do que de fato estava por vir. Uma política liberal alegre contaria a história esperançosa. Diria, por exemplo, que futuros novos dispositivos e mercados livres, se permitidos a funcionar, trariam crescimento para suprir as necessidades sociais. Uma política liberal cautelosa enfatizaria a possibilidade sombria e tentaria cobri-la.

O dilema não era diferente daquele da mudança climática. O futuro climático era incerto. A inação a pouco ou nenhum custo pode levar à calamidade mais tarde. A prevenção a um alto custo pode revelar-se inútil. Assim com o capitalismo de bem-estar. Os democratas liberais não podiam fazer nada, exceto confiar nas bênçãos futuras e enfrentar o conflito social caso as bênçãos não chegassem. Ou, para garantir um futuro socialmente pacífico, eles poderiam tomar medidas socialmente caras para promover o crescimento econômico que as bênçãos de dispositivos e mercados estavam prestes a proporcionar de qualquer maneira. Os economistas podem concordar sobre quais medidas técnicas promoveriam o crescimento. Houve pouco acordo político sobre como os custos sociais dessas medidas deveriam ser arcados. Se as respostas mágicas fossem deixadas de lado, seria necessária uma renegociação do compromisso histórico entre liberalismo e democracia. Envolveria mercado e governo, economia e sociedade.

Além de imaginação, ousadia e paciência, tal renegociação exigiria várias coisas, em ordem crescente de dificuldade. Precisaria repensar, não simplesmente ajustar, o estado de bem-estar social. As democracias liberais prometeram, desde os anos de 1900, seja por seguros apoiados pelo Estado ou diretamente, cuidados ou apoio a uma lista cada vez maior de idosos, doentes, deficientes, pobres, desempregados, desabrigados, estudantes universitários, jovens casais com filhos. Para garantir que a promessa fosse viável, seria necessária uma mudança radical. As ideias eram abundantes. Uma renda básica universal, por exemplo, poderia substituir um emaranhado de programas separados repletos de *lobbies* e interesses. Se uma renda básica universal não fosse uma promessa para o mundo, no entanto, seria limitada aos cidadãos. Alternativamente, o teste de recursos poderia ser aceito e os benefícios da classe média limitados. Ou o antigo preconceito liberal contra esmolas aos necessitados sem fazê-los trabalhar, visto em "menor elegibilidade" por Chadwick na década de 1830, e revivido nas reformas previdenciárias pós-1980, poderia ser abandonado em favor de um bem-estar que não estigmatizasse a pobreza.

Os trabalhos eram uma ordem de dificuldade seguinte. As pessoas querem escapar da necessidade, mas ainda mais querem um trabalho recompensador. Um novo compromisso econômico teria que reconhecer que muitas pessoas que perderam seus empregos e que não os recuperariam, seja por causa da globalização ou da automação, queriam não apenas uma renda, mas um trabalho recompensador. Se, em vez de um trabalho estável, decentemente pago e bem-visto, mais e mais pessoas tivessem que esperar apenas por um trabalho inseguro, mal pago e mal visto, então só dois remédios estavam disponíveis. Ou devia haver uma revalorização do trabalho que conferia satisfação e estima ao trabalho subalterno e mal pago, ou era preciso encontrar maneiras de reabastecer o tipo de trabalho gratificante e produtivo que havia sido perdido. A não ser por mudanças improváveis nas atitudes e ambições sociais, uma revalorização do trabalho mal visto parecia outra resposta mágica. O reabastecimento de empregos produtivos e recompensadores, por outro lado, levantou o desafio sobre o qual tudo se baseava: restaurar um crescimento econômico mais forte e uma produção por hora mais alta do que as economias ricas desfrutavam desde o final da década de 1960.

Falar em equilibrar crescimento com propósito social seria vazio se o crescimento em uma das balanças não fosse suficiente para equilibrar as promessas sociais abertas na outra. Falar de trabalho recompensador seria vazio se, salvo uma reviravolta nos valores capitalistas que elevasse radicalmente as recompensas não econômicas, o trabalho não fosse economicamente produtivo. Um nível final de dificuldade seria equilibrar um crescimento mais rápido, se possível, para os povos do presente, com ações preventivas, se necessário, contra mudanças climáticas catastróficas que podem prejudicar as gerações futuras. Colocado em termos simples, aqui estava um conflito de objetivos – crescimento mais rápido ou proteção do meio ambiente – que nem os liberais nem ninguém tinha ainda formas estáveis e convincentes de pensar ou resolver. As tarefas pareciam assustadoras e vozes abundavam alegações de que a democracia liberal não era mais igual a elas. Como essas mesmas vozes não sabiam dizer qual prática alternativa de política seria igual à tarefa de equilibrar economia e meio ambiente, a afirmação era menos uma crítica séria da democracia liberal do que um grito de perplexidade.

Tarefas intimidadoras não haviam antes se provado além da imaginação dos intelectuais liberais ou das improvisações dos governos liberais. O liberalismo teria sobrevivido por uma combinação de visão estratégica, experimento local e aprendizado com erros muitas vezes desastrosos. O desafio econômico agora era menos técnico do que político.

Os primeiros liberais sonhavam com uma ordem econômica livre da dominação da Coroa ou do Estado, de privilégios de monopólio e de obstáculos locais aos mercados nacionais. Ao final do século 19, esse sonho havia sido amplamente realizado. Em meio aos conflitos sociais que o capitalismo de mercado tinha causado, os liberais do início do século 20 negociaram um compromisso histórico do qual surgiu a democracia eleitoral e o capitalismo de bem-estar. Depois que o compromisso falhou catastroficamente na década de 1930 em grande parte da Europa e quase falhou na Grã-Bretanha e nos Estados Unidos, os liberais castigados pós-1945 renegociaram com sucesso esse compromisso histórico. Para os liberais pós-1989, os desafios sociais e econômicos eram de ordem semelhante, mas permanecia em aberto se eles tinham vontade política para enfrentá-los. Permaneceu em aberto se os liberais democráticos poderiam manter o terreno central contra os extremos políticos. Ficou também em aberto se o capitalismo de bem-estar poderia ser defendido contra uma direita dura que queria que ele fracassasse porque não acreditava no bem-estar e uma esquerda dura que queria que ele fracassasse porque não acreditava no capitalismo.

No final da década de 2010, ninguém sabia que padrões de crescimento econômico estavam por vir. Ninguém sabia se a ordem liberal internacional do pós-guerra que havia beneficiado o Ocidente agora sobreviveria para beneficiar o mundo ou se romperia para deixar blocos hostis e mercantilistas. Ninguém sabia se o liberalismo democrático de 1945-1989 que havia prevalecido no Ocidente seria uma fase passageira, a ser seguida por sociedades egoístas de crescente desigualdade. Em um clima de incerteza, ninguém sabia se a política raivosa e tingida de nativistas da Grã-Bretanha e dos Estados Unidos ou a política mais convergente e pragmática da França e da Alemanha iria prevalecer. Nada, porém, estava fadado. Não havia necessidades aqui. Uma maneira segura de os liberais perderem o argumento era abandonando-o.

iii. Solidão geopolítica

Os primeiros liberais sonhavam com uma ordem internacional na qual a negociação prevalecesse sobre a guerra e a concórdia sobre a força. Constant e Cobden esperavam que entre nações igualitárias, independentes e pós-imperiais, uma ordem mundial pacífica pudesse se fortalecer à medida que os ganhos mútuos do comércio e da abertura aumentassem os despojos da guerra. Esse sonho liberal esperançoso sobreviveu à competição imperial do final do século 19 entre as potências comerciais da Europa e o massacre mútuo de 1914-18 ao qual liderou. Com o fim da guerra, o economista historicamente consciente Schumpeter pesquisou o capitalismo liberal e julgou-o, apesar das aparências, como pacífico. As guerras, ele escreveu em *A Sociologia dos Imperialismos* (1919), foram causadas por poderes atrasados lutando para preservar seus "atavismos" da única maneira que sabiam, por expansão e conquista. Na sociedade capitalista, pelo contrário, tudo, incluindo a vantagem nacional, era negociável. A cultura democrática dificultou a mobilização das pessoas para a bandeira. À medida que as nações se tornassem capitalistas e democráticas, a guerra se tornaria menos provável e mais absurda.

As esperanças liberais por uma ordem comercial pacífica sobreviveram à guerra de 1939-45. Essa guerra tinha acontecido, de modo que os liberais autolisonjeiros poderiam dizer a si mesmos, a partir das disputas mútuas e predações da Rússia bolchevique, Alemanha nazista e Japão imperialista, que haviam se arrastado em democracias liberais relutantes por causa da autodefesa. O sonho liberal, então, sobreviveu à guerra incessante da era 1945-89: Grécia, Israel-Palestina, Coreia, Quênia, Malásia, Indochina, Argélia, Congo, Indonésia, Índia-Paquistão, Nigéria, África Central, América Central e Afeganistão. Essas guerras, assim argumentaram os liberais pós-1945, eram guerras de descolonização, guerras entre nações pré-democráticas ou guerras civis dentro delas. Elas eram, apesar de todos os seus horrores, não guerras mundiais entre potências, mas guerras locais e que podiam ser contidas. Nem a esperança liberal foi perturbada pelo hiper crescimento do Estado de guerra liberal, notadamente nos Estados Unidos que, com o seu poder destrutivo e alcance global, defendeu o liberalismo e a democracia de um Estado de guerra soviético igualmente hiper armado.

Quando o império soviético, embora não seu Estado de guerra, entrou em colapso e uma China capitalista se abriu para o mundo, muitos liberais ansiavam por uma disseminação global do liberalismo e da democracia. Naquele momento promissor, os liberais se confortaram com uma terceira visitação do sonho de Constant e Cobden. Schumpeter tinha, na verdade, razão, afinal, o teórico da política externa americana Michael Doyle sugeriu, em livros e artigos que ganharam muito seguidores nas décadas de 1980 e 1990: democracias liberais não faziam guerra entre si. O aviso cuidadoso de Doyle de que os liberais, no entanto, entraram em guerra contra os não liberais para defender ou estender o liberalismo recebeu menos atenção. Depois de 1989, em um mundo rico em possibilidades, uma tolerância liberal assim estabelecida – como as três Graças: liberalismo, democracia e paz –, agora abençoaria uma modernidade estável, mas vigorosa. Embora os duvidosos zombassem, o sonho não era inteiramente ilusório. Os liberais aprenderam muito nos últimos 100 anos sobre seu sonho de paz e ordem internacional.

A experiência histórica demonstrou que o aumento do comércio e da riqueza em todo o mundo não seria capaz isoladamente de manter a paz. Sem um líder respeitado que ditasse as regras e as policiasse, a guerra eclodiu em 1914 entre as potências de uma economia global marcada, como agora, pelo alto comércio transfronteiriço, investimento estrangeiro e migração. Quando o crescimento global desacelerou e caiu nas décadas de 1920-30, um conflito político inconfundível levou a uma segunda guerra global. O apelo dos puristas do mercado livre de que a economia global se recuperaria a tempo se fosse deixada livre era, se verdadeiro, inútil. Nem politicamente nem humanamente havia tempo suficiente.

Essas lições históricas foram as mais altas nas mentes dos liberais pós-1945 que, sob a liderança e a salvaguarda americana, estabeleceram uma nova ordem econômica liberal. No comércio, no dinheiro e na defesa foi negociado com seus aliados o estabelecimento de arranjos multilaterais, sacrificando algum espaço de soberania nacional em prol de vantagens mútuas: o Acordo Geral de Redução de Tarifas e Comércio (GATT), que mais tarde se tornou a Organização Mundial do Comércio, os sistemas monetários de taxa fixa e flutuante pós-1945, cada um com sua âncora de dólar, declarado ou presumido; e a OTAN, a aliança militar com membros compromissados a se defenderem, se atacados. A orientação dos arquitetos desses arranjos econômico-estratégicos foi a convicção de que a abertura fomentava a prosperidade e que as nações, portanto, deveriam se comprometer a não interromper a abertura.

Essa ordem econômica ocidental, liderada pelos americanos, foi globalizada nas décadas de 1980 e 1990 para incluir a Ásia, a América Latina e grande parte da África: o rótulo "Ocidental" foi descartado e ficou conhecido como a Ordem Internacional Liberal (OIL). Em 1949, 13 países participaram das primeiras negociações tarifárias pós-guerra. Em 2001, 159 negociavam comércio livre entre si. O OIL prometeu ao mundo os benefícios que a abertura econômica trouxe ao Ocidente. No entanto, as diferenças entre o ocidentalismo liberal e o globalismo liberal rapidamente se revelaram aparentes. De uma ordem imobilizante da Guerra Fria emergiu não uma fluidez pacífica, mas uma desordem geopolítica, cheia de promessas, mas também cheia de fraturas e perigos. Uma economia globalizada e aberta entre os anos 1980 e 2010 tornou os países pobres mais ricos e tirou mais de um bilhão de pessoas da pobreza. Essa abertura estava, no entanto, agora em risco devido a economias de crescimento mais lento, à necessidade de proteção comercial e às tensões financeiras entre as nações devedoras e credoras. Nem a ordem econômica estava sozinha em perigo. Por mais que o crescimento mais lento dificultasse a contenção dos conflitos dentro das nações, a contração global ou a disrupção prometiam inflamar os atritos geopolíticos entre elas.

Os liberais temiam que, por todos os seus atrativos, o globalismo liberal fosse frágil e não testado. Eles se perguntavam como poderia ser policiado, não mais por um único e incontestável poder, mas por cinco ou seis poderes concorrentes. A vitória global para o capitalismo, eles perceberam, tinha acabado com o conflito ideológico, não com o conflito geopolítico. Eles temiam que o apoio político que muitos acreditavam vital para uma ordem econômica liberal – a disseminação global da democracia liberal – tivesse desacelerado ou revertido. Eles temiam que o antigo globalismo estivesse crescendo e com ele uma direita híbrida dura, comprometida em teoria com os negócios internacionais, mas, para pacificar o descontentamento local, perseguindo na prática um unilateralismo disruptivo. No final dos anos de 2010, a desordem, não a ordem, parecia fortalecida.

Dois poderes revisionários e três poderes de influência enfrentaram-se sem limites reconhecidos de conduta ou compreensão clara das intenções uns dos outros. Das potências revisionárias, a Rússia era construtivamente fraca, mas destrutivamente capaz e em mãos imprevisíveis. A China era forte e se o aperto durasse permaneceria em mãos firmes e determinadas. Das potências de influência, os Estados Unidos eram incomparáveis, estrategicamente, em termos de poder transversal, mas incertos de seu papel mundial e imprevisivelmente liderados. A Europa era forte em *soft power,* mas politicamente ainda não era coerente o suficiente para jogar seu peso econômico e apelo social na disputa geopolítica. O Japão era economicamente forte, mas, como a Europa, envelhecido e inseguro de suas parcerias estratégicas. A Índia pairava como possível sexta potência, nem obviamente revisionária nem obviamente por influência.

O fim do conflito ideológico não significava que os concorrentes globais não tinham mais perspectivas ideológico-políticas sob outro nome. Isso significava que eles não se esforçavam abertamente para impor suas ideologias aos outros. Se a ordem internacional emergisse após o fim da Guerra Fria, prometia ser mais assim após o Tratado de Westphalia (1648), quando as potências europeias terminaram um século e meio de guerra religiosa, concordando que as nações deveriam escolher suas próprias crenças cristãs e tolerar cristãos não conformes, ou mais como o Concerto pós-Napoleônico da Europa após 1815, quando foi acordado que as potências nacionais não deveriam interferir nos arranjos políticos uns dos outros, a menos que perturbassem a paz internacional, uma brecha declaradamente grande. Uma vez que a fé e a política foram removidas como justificativas para o conflito, os poderes dos séculos 17 a 19 ainda tinham muito o que discutir, e assim foi no século 21.

Capitalista, a China unipartidária competiu com os Estados Unidos capitalistas e democráticos com vistas a que um deles viesse a definir e policiar as normas comerciais e monetárias do capitalismo global. Os dois discutiram sobre o comércio e os déficits, que, em princípio, funcionavam em favor da vantagem mútua, mas que, dada a sua escala, estavam repletos de potenciais de conflito. Em 2016, os Estados Unidos compraram US$ 350 bilhões a mais de mercadorias da China do que venderam e, no final do ano, a China detinha US$ 1,1 trilhão em dívida oficial americana, com talvez o mesmo montante em outros negócios em dólar. A Rússia capitalista e iliberal e a Europa capitalista e liberal estavam engajados em uma competição antiga em áreas centrais europeias ricas em focos de conflitos territoriais e memórias vingativas. China e Japão pressionaram os interesses estratégicos um do outro em seus mares vizinhos. Em todo o Oriente Médio, as guerras civis dentro do Islã passaram sem perspectiva de assentamento a um custo crescente de vidas, deslocamento e pobreza, com o risco de contágio extrarregional, já que os combatentes tinham patronos entre os poderes.

Longe de diminuir após a década de 1990, a solidão liberal cresceu. Em vez de uma democracia liberal no horizonte, as pessoas falavam de "retrocesso democrático" e "recuo do liberalismo". Os índices internacionais de progresso liberal e democrático mostraram estagnação ou reversão. O *Economist Intelligence Unit's Democracy Index* (2016) registrou que, enquanto metade das pessoas do mundo viviam em democracias plenas ou defeituosas, apenas 4,5% viviam em democracias plenas, uma parcela menor do que uma década antes, em parte porque os Estados Unidos haviam sido rebaixados para "falhas", já que sua pontuação sobre a confiança pública na política havia desmoronado. O desacoplamento do progresso político e econômico não deveria ter sido nenhuma surpresa. A experiência histórica sugeriu que uma economia liberal florescente exigia comércio livre, direitos de propriedade, tribunais independentes para defender esses direitos, governo sem corrupção e tributação popularmente aceita. Tal economia poderia assumir várias formas políticas, liberais ou iliberais, democráticas ou não democráticas.

Considerando que a Guerra Fria consolidou politicamente cada um dos blocos concorrentes, a desordem pós-Guerra Fria revelou agora falhas dentro dos antigos blocos, notadamente no Ocidente. Os atritos da Guerra Fria entre as três potências ocidentais tinham sido difundidos, mas controláveis. O mesmo já não acontecia quando europeus e japoneses assistiram ao surgimento de um Estados Unidos isolado e uma Grã-Bretanha autoisoladora. A ascensão ao domínio de uma direita dura em ambos os países contrastou fortemente com a continuidade liberal-democrática na Europa e no Japão. Não só um Ocidente coerente foi se separando. Uma nova segmentação apareceu dentro das nações do antigo Ocidente. Dividiu globalistas de localistas, multilateralistas de unilateralistas. Os vencedores imediatos de perdedores imediatos. Essas divisões internas levantaram os temas incômodos de nacionalidade e patriotismo sobre os quais os liberais do século 20 tinham sido comumente silenciosos ou confusos. A divisão foi mais dura nos Estados Unidos.

Graças ao incomparável poder econômico, monetário e estratégico, os EUA, antes de 1989, tinham sido os primeiros entre iguais, sempre reconhecidos, embora frequentemente contestados. Como entendido pelas sucessivas administrações americanas, a liderança do multilateralismo liberal ocidental envolveu uma feliz coincidência de interesse nacional e missão liberal. Mercados livres, empréstimos baratos e localização global de suas forças armadas serviram aos interesses americanos. Os valores econômicos liberais foram estendidos e sustentados em todo o Ocidente por um comércio mais livre e fluxos financeiros mais fáceis. Os valores políticos liberais foram servidos, por sua vez, enquanto as defesas americanas protegiam o Ocidente contra o comunismo antiliberal. Em um consenso de política externa americana notavelmente durável, aceito em fundamentos por democratas e republicanos, o americanismo se misturou suavemente com o ocidentalismo e o liberalismo. A consolidação política nos Estados Unidos nunca foi total. À esquerda, a missão liberal foi tomada como manto para o interesse imperial, à direita, particularmente quando a Guerra Fria terminou, por idealismo infrutífero e ingrato. No entanto, durante 70 anos, um amplo acordo considerou que a ordem liberal era boa para os Estados Unidos e boa para o mundo.

Se o fim da Guerra Fria quebrou o quadro geopolítico que tornou possível o consenso da política externa nos Estados Unidos, se após o consenso da guerra do Vietnã estava agora em tempo emprestado ou se, ao contrário, o consenso se renovou nas décadas de 1980-90 apenas para ser quebrado pela Guerra do Iraque, são perguntas para os futuros historiadores. Em 2016, o consenso americano havia ido embora. Um presidente que prometeu colocar a América em primeiro lugar e que rapidamente agiu para mostrar ao mundo que a promessa era mais do que um *slogan* eleitoral foi eleito. Não só o novo presidente dividiu os Estados Unidos de seus aliados europeus e se retirou de acordos multilaterais, como o fez de forma calculada para lançar dúvidas sobre o valor das alianças e do próprio multilateralismo. Sua Casa Branca, é verdade, foi dividida entre os Primeiros Americanos competindo pelo ouvido de um presidente astuto imprevisível e defensores de um antigo consenso de política externa, mas isso só aumentou as incertezas do mundo exterior.

America Firstism não era tão novo ou estranho como foi amplamente feito para parecer. Tinha raízes em uma convicção original de autossuficiência americana e suspeita de envolvimento estrangeiro, bem como no unilateralismo americano do início do século 20. Após a Primeira Guerra Mundial, o Republicano Cabot Lodge, como observado na Parte Dois, havia liderado a rejeição da participação americana na Liga das Nações. Após a Segunda Guerra Mundial, seu sucessor à frente do republicanismo conservador, Robert Taft, havia liderado a oposição do partido à OTAN. Tais atitudes eram menos nacionalistas ou isolacionistas do que unilateralistas. A presidência de Trump marcou uma reafirmação da tradição unilateralista na política americana em relação ao resto do mundo. Em termos familiares por Walter Russell Mead, Trump reintroduziu o jacksonianismo americano. Ele colocou a nação em primeiro lugar, reverenciava a força militar e preferia o comando à persuasão. Para o internacionalismo lei e paz de Wilson, ele não teve tempo e ficou feliz em questionar o comércio aberto hamiltoniano. Aos olhos da administração Trump e da direita republicana, a Ordem Internacional Liberal não poderia mais ser assumida para servir aos interesses dos Estados Unidos. Liberalismo e americanismo tinham, por enquanto, desmoronado.

Como substituta testada e potencial para os Estados Unidos em seu papel de campeã da democracia liberal, a Europa tinha pontos fortes e fracos. Se o poder inflexível era o padrão, a Europa não poderia competir. Foi um ponto fraco frente aos Estados Unidos, cujos US$ 611 bilhões em defesa (2016) foram mais do que as seis nações armadas mais pesadas do mundo juntas. No entanto, no poder geopolítico de *soft power* – o poder da atração, cooptação e persuasão – a Europa era igual aos Estados Unidos, se não superior. As nações europeias superaram coletivamente todos os índices internacionais de bem-estar humano, abertura social e responsabilidade política. Seus cidadãos não eram tão bem pagos em média como os americanos. Mas se o tempo livre, a saúde e a longevidade fossem custeados no cálculo, os cidadãos franceses e britânicos, que ganhavam cerca de um quinto a menos que os americanos em termos monetários, quase atingiram os níveis americanos de bem-estar material. Como modelo de sociedade, a Europa era admirada não apenas pelos liberais democráticos. Pessoas de todo o mundo, liberais ou não, queriam viver lá. Nem foram atraídos apenas por dinheiro ou impulsionados pela guerra. Em quase todos os testes comparativos, a Europa era um lugar aberto, justo e decente para se viver. Ao expiar as enormidades morais e curar males históricos, os europeus desde 1945 criaram uma normalidade continental que era fácil de tomar como certa. As realizações incluíram a democratização da Espanha ditatorial, Portugal e Grécia, o alargamento pacífico da União Europeia em um continente outrora dividido e a unificação da Alemanha, um crédito ao governo paciente, míope e à política democrática responsável.

As fraquezas da Europa tropeçaram nas línguas anglo-americanas hostis, escorrendo das manchetes da imprensa antieuropeia, e reuniram europeus de mente nacional à esquerda e à direita. Muitas eram caricaturas, uma mistura de jingoísmo, inveja e ignorância monofônica, mas muitas eram queixas genuínas. As queixas econômicas incluíam baixo crescimento, produtividade lenta, alto desemprego juvenil e as dificuldades monetárias de uma única moeda. As queixas políticas incluíam a opacidade institucional da União Europeia, sua falta de legitimidade democrática e o compromisso desigual das nações-membros com os valores liberais. Muitos dos problemas da Europa eram comuns ao mundo rico e nem todos eram igualmente sentidos em todo o continente. Tomada, no entanto, como um todo, a Europa mostrou três linhas claras de tensão: entre um Norte rico, credor e um Sul menos rico e devedor; entre um Ocidente liberal e um Leste menos liberal ou francamente iliberal; entre pró e antieuropeus, uma linha política mais do que geográfica que corre menos entre o núcleo da Europa e sua periferia do que dentro dos eleitores nacionais.

Estirpes semelhantes estavam presentes no projeto europeu desde o início. Eles moldaram sua nova arquitetura e afetaram sua história. O alargamento – de originalmente 6 nações (1950) para 9 (1970), 12 (anos 1980) e 28 (1990-2000) – tinha aumentado as cepas. Se as tensões seriam agravadas ou aliviadas pela saída da Grã-Bretanha, os europeus não tinham certeza. O núcleo franco-alemão permaneceu, fortalecido por necessidade mútua pela virada da América, pela decisão da Grã-Bretanha e pela pressão oriental constante da Rússia. Apesar das dificuldades de patente, não foi tolice pensar que os choques de 2016-17 seriam salutares para a Europa. Em parceria, a França e a Alemanha tiveram uma abertura, no esperado fluxo político mais calmo após 2017, para enfrentar os desafios mais profundos da Europa. As discordâncias franco-alemãs sobre a partilha de cargas monetárias e a bolsa apertada da Alemanha pareciam mais tratáveis, a morte muitas vezes prevista do euro menos segura e uma Europa de muitas velocidades, com uma união mais próxima e menos próxima, não mais tabu.

Uma Europa de 27 nações, se desmembrada da Grã-Bretanha, igual na voz, mas desigual de fato, não estava estável em sua forma atual. Um mercado único de 450 milhões de pessoas, uma zona do euro de 340 milhões de habitantes e uma associação supranacional híbrida de pequenos e grandes estados não poderiam concordar tranquilamente sem instituições centrais mais fortes e responsáveis ou termos de adesão mais flexíveis e mais soltos. Se a Europa tivesse o primeiro caminho para uma união mais próxima, ela poderia se tornar uma defensora ativa da democracia liberal, não do campeão passivo que havia se tornado, um jogador geopolítico, não um modelo sociopolítico. Esse primeiro caminho para uma união mais próxima foi o caminho menos provável, mas não um curso impossível. A capacidade da Europa para visão estratégica e ação arrojada foi combinada com hábitos de compromisso e uma propensão para o erro histórico. Erros recentes incluíram a cessão da Alemanha à adesão antecipada ao euro de Espanha, Portugal, Itália e Grécia, propícia ao endividamento. A Europa, por outro lado, era capaz também de sucesso diplomático, notadamente sua interlocução paciente do acordo nuclear com o Irã. Muito iria depender da força da parceria franco-alemã. A França e a Alemanha criaram a União Europeia e trouxeram seu sucesso, mas cada uma também jogou a Europa para sua própria vantagem. O superávit comercial de US$ 280 bilhões da Alemanha (2016), equivalente a 8% do produto interno bruto, permaneceu como fonte de controvérsia sobre quais parceiros europeus de menor economia vinculada compartilhariam uma demanda com os Estados Unidos. Parecia, no entanto, que o isolamento repentino ainda poderia chocar a Europa ao encontrar algumas das ousadias que levaram seus fundadores, desde que a energia e a atenção necessárias para a reforma não fossem drenadas pela negociação da saída da Grã-Bretanha, caso essa loucura fosse levada adiante.

A dupla franco-alemã deveria ter sido um trio de França, Alemanha e Grã-Bretanha. Tal trio teria reforçado a voz e as capacidades da UE no mundo. Nenhum dos dois principais partidos britânicos, conservadores e trabalhistas, estavam totalmente comprometidos, no entanto. Após 1989, os britânicos jogaram um jogo longo destrutivo, uma nova variação da velha estratégia britânica de resistir ao surgimento de uma potência continental dominante. Nos séculos 17 e 18, esse poder era a França; no século 19 era a Alemanha; e no final do século 20, a própria Europa. Para enfraquecer o núcleo franco-alemão da Europa, os britânicos pressionaram pela expansão imediata para incluir os orientais ex-comunistas. Fiéis a uma visão estreitamente econômica da Europa, eles pressionaram simultaneamente para uma rápida criação de um mercado único, com livre circulação de bens, serviços, capital e pessoas. O tempo todo, eles obstruíram passos para uma integração política mais estreita sem a qual tais arranjos econômicos não eram sustentáveis, guiados por uma fé delirante nas capacidades de autocorreção dos mercados. Quando os mercados não conseguiram se corrigir em 2008, a falta de coordenação da Europa tornou o custo de recuperação mais profundo do que o necessário. A ala anti-UE dos conservadores britânicos, preparando então a sua aquisição de um partido pró-europeu, aproveitou as dificuldades do continente para se gabar da suposta superioridade britânica e reunir apoio financeiro na cidade de Londres de fundos de *hedge* que ganham dinheiro com a incerteza. Os anti-*Brexiteers* reuniram apoio popular ao pedir o desimpedimento da imigração da Europa, uma consequência direta do mercado único europeu pelo qual o Partido Conservador havia lutado.

A hipocrisia dos *Brexiteers* e a complacência dos Remanescentes falavam mal de ambas as campanhas. A segurança nacional, a integridade institucional e o futuro bem-estar do povo britânico estavam em jogo. A escolha subjacente era clara. Poderia ser colocada em termos de um trilema estabelecido por Lawrence Summers. As nações, ele sugeriu, poderiam ter dois, não três, entre abertura econômica, controle nacional e propósito público, assim dizendo que não haveria provisão governamental de necessidades dos mercados. O objetivo da União Europeia era ceder o controle nacional em nome da abertura econômica e do propósito público, sustentado a nível europeu. O ideal europeu era equilibrar o livre comércio e a concorrência econômica com o bem-estar social. Ao rejeitar esse ideal, os *Brexiteers* estavam desejando à Grã-Bretanha um dos dois resultados: provisão social do governo em uma economia fechada e carente ou uma economia aberta sem propósito público onde o diabo tomou o perdedor. Esse segundo resultado tinha sido o objetivo estratégico da direita econômica inflexível desde a década de 1970. Era como se, julgando a Grã-Bretanha incapaz de competir com a Alemanha mais forte e justa, a direita econômica quisesse que a Grã-Bretanha competisse por baixos salários e insegurança social com a Índia e a China. Se eles entenderam essa estratégia subjacente ou não, os eleitores do *Brexit* estavam dando as costas para a experiência mais esperançosa do mundo na democracia liberal pós-nacional.

O referendo do *Brexit* e a eleição do presidente Trump provocaram uma cascata de falsa sociologia sobre o desafeto político entre os eleitores negligenciados e de esquerda. A especulação social parecia sentir falta de que os eleitores da classe trabalhadora votassem à direita desde a década de 1960. Embora Trump não fosse um republicano clássico, sua vitória foi de certa forma uma vitória republicana clássica. Os ricos em 2016 votaram à direita, a maioria dos menos ricos votaram à esquerda. A maioria dos brancos votou à direita, a maioria dos não brancos votaram à esquerda. Apenas entre os brancos com graduações mais altas, na verdade, o candidato democrata à presidência ganhou apoio majoritário. Na Grã-Bretanha, a votação do *Brexit* foi igualmente uma vitória clássica de *Tory*, realizada com uma habilidade que surpreendeu até mesmo os vencedores entre os antigos nos subúrbios e no campo.

O apoio republicano e do *Brexit* veio também, é verdade, de uma pequena parcela de eleitores em zonas desfavorecidas, em cidades desertas que tiveram um papel importante nas explicações dos resultados. Tais eleitores disseram que o livre comércio e a exportação de empregos eram os culpados por sua situação, embora a automação e a mudança técnica fossem os prováveis culpados. Como confirmou uma pesquisa da *Pew* sobre atitudes globais para o comércio e investimento (setembro de 2014), a hostilidade ao livre comércio vinha crescendo nas nações ricas desde o início dos anos 2000. Nos Estados Unidos e na França, por exemplo, a pesquisa informou que cerca de metade das pessoas entrevistadas acreditavam que o comércio matava empregos e reduzia os salários. Nas nações pobres, onde a globalização estava retirando as pessoas dos níveis de pobreza, a pesquisa constatou sem surpresas que cerca de 90% dos entrevistados favoreciam o livre comércio e apenas pequenos percentuais pensavam que o comércio prejudicava empregos e salários. Eleitores descontentes em nações ricas, no entanto, julgaram sua situação não pelos padrões das nações pobres, mas contra uma expectativa habitual, agora frustrada, de progresso material constante. Após o subsídio para essas verdades familiares, o que a sociologia instantânea não explicou foi por que o descontentamento econômico tomou forma nacionalista. A história, em contraste, oferecia precedentes. Sociedades liberais já haviam sofrido tempestades de raiva nativista antes. Eles varreram a Europa e os Estados Unidos nas décadas de 1890 e novamente nas décadas de 1920 e 1930. Os liberais ficaram intrigados, mas isso, novamente, não era novidade. Os liberais muitas vezes se encontravam em uma perda para compreender o apelo da nação excludente.

iv. Nacionalidade, cidadania e identidade

Diante de uma revoltada reversão à xenofobia e à intolerância durante a década de 1890, o pensador social francês Célestin Bouglé perguntou, em *The Crisis of Liberalism* (1902), como os liberais deveriam responder quando as pessoas, deixadas como deveriam para decidir por si mesmas, escolhessem ser intolerantes, antiliberais e excludentes. Bouglé, como foi dito na Parte Dois, exortou os liberais complacentes a não contarem com o progresso antes do estabelecimento de abertura e aceitação dos outros. A modernidade liberal, assim como agora, estava virando de cabeça para baixo os padrões econômicos e sociais familiares. Recém-chegados do campo e migrantes de outras terras estavam perturbando os padrões familiares de vida em bairros lotados. Não apenas na França, mas em toda a Europa e nos Estados Unidos, a direita política nutriu e encorajou reações nativistas contra imigrantes e pessoas de fora da sociedade à medida que um nacionalismo iliberal e excludente tomava conta.

Bouglé detestava patriotismo do tipo que odeia estrangeiros, mas reconheceu a reclamação conservadora de que os liberais subestimavam o amor à nação e o desejo de pertencer. Para os conservadores, a nação dava foco à cidadania e coerência à sociedade. Sem um forte senso de nacionalidade, muito pouco unia as pessoas para que uma ordem política durável existisse. Os liberais, prosseguia a queixa, enfatizavam demais o que a sociedade devia às pessoas e o que as pessoas deviam umas às outras. Seus ideais de enfrentar o poder e defender as pessoas eram muito negativos ou muito fracos para criar os laços sociais necessários por conta própria. Os liberais mantinham-se distantes do patriotismo, isto é, mas presumiam a nação. Sem uma nação, os cidadãos não tinham mais coesão do que um mercado movimentado ou uma estação de trem lotada. O desafio para os liberais era encontrar um patriotismo que respondesse a essas queixas conservadoras, mas não fosse intolerante e excludente.

Em *Teaching Patriotism* (1904), Bouglé defendia um patriotismo que combinasse ideais políticos compartilhados com memória histórica e sentimento comum de um tipo que a sociedade compartilharia. Esse patriotismo liberal descendia da esperança de Guizot de combinar o princípio liberal com uma reverência imaginativa pelo passado francês. Correu paralelamente à convicção de Mill, expressada em *On Representative Government* (1861), de que no cerne do "sentimento de companheirismo" necessário para uma ordem política liberal e democrática estava "a posse de uma história nacional" e uma "comunidade de lembranças".

A primeira metade do início do século 20 foi cruel com o patriotismo liberal. Em 1914, a guerra silenciou a política e a sociedade foi chamada a se unificar. Clemenceau proclamou em Paris: "Quando nossos soldados marcham em direção ao inimigo, os radicais devem marchar com os reacionários". Em Berlim, o *kaiser* anunciou: "Não reconheço mais partidos ou confissões; hoje somos todos irmãos alemães e apenas irmãos alemães". Quando, no final de uma segunda guerra, as nações ocidentais abandonaram a matança mútua, o chauvinismo obcecado por estrangeiros deu lugar ao patriotismo liberal. A nação depois de 1945 estava com desconto e a vizinhança internacional premiada. Muitos liberais se viram prontos para concordar com o velho ditado cínico citado pelo estudioso americano nascido em Praga, Karl Deutsch, em *Nationalism and its Alternatives* (1956), de que uma nação era um grupo de pessoas unidas por um erro comum sobre sua ascendência e uma antipatia compartilhada por seus vizinhos.

O tipo de patriotismo excludente e de ódio aos estrangeiros sobreviveu, é verdade, mas clandestinamente ou disfarçado, por exemplo, como anticomunismo macarthista nos Estados Unidos ou como pró-colonialismo de direita durante as vãs guerras francesas e britânicas para segurar seus impérios quebrados. Na década de 1990, mesmo essas paixões persistentes pareciam ter morrido. Objetos estrangeiros de ódio não eram mais necessários para reunir os cidadãos e agitar o sentimento nacional. Entre os liberais de mentalidade universal, as esperanças de um patriotismo liberal em um mundo pós-nacional ressuscitaram. Tal patriotismo combinaria a reverência cultural pelos deuses locais ou nacionais com o compromisso político com os ideais universais de abertura econômica, direitos humanos e cuidado planetário. Misturar objetivos e apegos conflitantes em um objeto aspiracional de afeição global pode parecer um sonho nobre, mas tolo. No entanto, havia razões para os liberais pós-nacionais pensarem que um começo poderia ser feito.

Os ideais econômicos e humanitários liberais estavam se espalhando. As ligações de lugar e memória estavam se tornando menos nacionais e novamente mais locais, como haviam sido antes do século 19. Com viagens transcontinentais baratas, comércio global e comunicação instantânea, os modos de vida nacionais e as atitudes em relação à vida tornaram-se turvos, primeiro no mundo rico e depois entre as classes médias do mundo menos rico. O próprio governo estava mudando à medida que as responsabilidades nacionais se espalhavam em sistemas centralizados, como Grã-Bretanha e França, para nações ou regiões componentes, ou em sistemas federais como Estados Unidos e Alemanha, para os estados. Ao mesmo tempo, a soberania nacional estava sendo compartilhada com órgãos supranacionais, na Europa, notadamente com a União Europeia. No início do século 21, as grandes nações ocidentais haviam renunciado ao seu maior domínio sobre os cidadãos: o comando das vidas jovens. O serviço militar obrigatório terminou na Grã-Bretanha, que achava caro demais treinar jovens reservistas (1960), nos Estados Unidos, após seus fracassos político-militares no Vietnã (1973), depois na França (1996) e, finalmente, em uma Alemanha unida (2011). A rivalidade nacional sobreviveu em formas deslocadas e pacíficas, como a Copa do Mundo de futebol, mas, no final do século, as maiores rivalidades estavam entre times de clubes pós-nacionais, cujos jogadores vinham de um globalizado mundo jogador de futebol.

O clima liberal de confiança pós-nacional após 1989 foi obscurecido por uma combinação nociva de terror, guerra e tempos difíceis que se seguiram no novo século. À medida que a atmosfera se tornava defensiva, crescia um desejo de abrigo, parcialidade e segurança que os ideais do liberalismo pareciam pobres em fornecer. Reclamações contra o fracasso do liberalismo em reconhecer o apego das pessoas à nação e à comunidade ressurgiram de forma isolada entre pensadores e escritores na década de 1980, mas encontraram pouco apoio imediato e logo desapareceram. Agora, as dúvidas sobre o poder de atração dos ideais liberais voltaram. A perspectiva liberal, acusava-se, era fraca demais para substituir o amor pela pátria como ancoragem comum entre os cidadãos ou, se forte o suficiente dentro de um país, era esvaziada quando se estendia além das fronteiras de uma nação. Os críticos esperavam, assim, enfrentar os liberais com um dilema. Se diluídas e universalizadas para o mundo em geral, no compromisso cego do país com os direitos humanos e com o fim da pobreza global, por exemplo, as demandas liberais para resistir ao poder indevido e respeitar a todos se tornariam nevoentas demais para servir como foco de um patriotismo durável. Se, por outro lado, esses dois ideais liberais tivessem corpo prático suficiente para conquistar o apego duradouro de um povo, eles não poderiam ser estendidos sem limites além das fronteiras de uma nação.

À medida que o prestígio do liberalismo democrático caía ainda mais após a crise financeira de 2008, suas dificuldades com a nacionalidade pioravam. Os primeiros liberais sobrecarregaram a diversidade cultural. Agora, eles tinham exagerado sobre abertura econômica. De ambos os modos, os liberais haviam esquecido o que eram as nações e por que elas importavam, por isso eram amplamente criticados. Sem um forte senso de nação, os liberais foram enganados por três tópicos em particular que apodreceram na imaginação política e obscureceram o debate público: imigração, assimilação muçulmana e as reivindicações divisivas da política de identidade. Cada um colocava questões para os liberais sobre nacionalidade. A imigração colocava a questão de quem pertencia a uma nação, a assimilação colocava questões sobre o que aqueles que pertenciam a ela deviam à nação e a política de identidade colocava questões sobre o que o grupo nacional devia a grupos menores dentro dele, fossem eles reconhecidos ou autodeclarados.

Embora os liberais tivessem respostas para a acusação de não entenderem a nação, em um clima de rancor e impaciência eles acharam difícil rebatê-la. Eles foram importunados também por seus próprios medos de que seus críticos pudessem, afinal, estar certos. Eles se preocupavam com o fato de que o sonho liberal originário de uma ordem social sem mestre, sustentada pelo progresso econômico e pelo contentamento pessoal, estivesse de fato vazio sem um "Outro" estrangeiro hostil para dar a necessária coesão à sociedade. Sem um inimigo real ou imaginário, os liberais temiam que seu sonho de uma ordem autossustentável fosse vazio mesmo em sua versão democrática pós-1945 bem-sucedida. Aquele sucesso havia dependido fortemente do compromisso compartilhado com a inclusão social e o bem-estar comum. Mas ambos estavam agora sob desafio. Talvez o início do século 21, assim como o início do século 20, não seria gentil com o patriotismo liberal.

As nações modernas, para esquematizar, têm aspectos culturais e políticos. Elas podem ser pensadas como entidades ético-culturais de algum tipo ou como o corpo político. Uma nação, isto é, pode ser considerada um *ethos*, um povo que compartilha ideais éticos e vínculos culturais. Ou pode ser considerada um *demos*, um corpo de cidadãos. Os conservadores enfatizavam o aspecto ético-cultural da nação, os liberais, o aspecto político, embora qualquer nação real, certamente qualquer nação moderna, envolvia ambos. Cada lado tendia a construir seus ideais políticos sobre suas ideias preferidas de nação. A nação para os conservadores era unificadora, para os liberais a nação era útil.

Os conservadores consideravam a nacionalidade como algo dado e não como uma escolha, e as nações como imemoravelmente antigas, de composição étnica e valiosas não para outros propósitos, mas em si mesmas, portanto, objetos de admiração e piedade. Os liberais, por outro lado, consideravam a nacionalidade como uma escolha em vez de algo dado e as nações como modernas, cívicas e políticas. A nação como tal não merecia nem admiração nem piedade, já que a nação, aos olhos liberais, era um recurso frutífero. A nação era um território delimitado, um campo utilizável limpo e preparado para a busca dos fins escolhidos pelo povo, fosse empresa capitalista, interesse privado ou progresso liberal.

Os liberais eram bem capazes de ver os laços não-políticos de imaginação e afeto que ligavam as pessoas a seus países. Eles apenas negavam que esses laços pudessem ser capturados em uma fórmula ou que houvesse uma resposta oficial sobre quais laços, caso houvessem, importavam mais do que outros. A maioria das pessoas tinha uma imagem imaginativa de seu país, muitas vezes várias, mas nem todos tinham ou precisavam ter a mesma imagem. Ressaltar de forma conservadora a continuidade, as raízes e a história compartilhada como elemento vital da consciência nacional enfrentou a dificuldade, já reconhecida por Mill, de que todo passado nacional foi também de ruptura, desenraizamento e história disputada.

Os Estados Unidos eram imaginados biblicamente por Winthrop como uma "cidade na colina", profeticamente por Tocqueville como um laboratório democrático, poeticamente por Whitman como uma "fervilhante nação de nações" e reprovadoramente por Douglass como o impossível emparelhamento de liberdade e escravidão. É inútil perguntar qual deles estava certo. Três canções reivindicam ser canções nacionais: o hino à terra de Katharine Lee Bates, "*America the Beautiful*" (1893), o chamado à fraternidade de Woody Guthrie, "*This Land is Your Land*" (1944) ou a elegia de Bob Dylan à inquietação americana, "*Like a Rolling Stone*" (1965).

Quanto à inglesidade, ao primeiro-ministro conservador Stanley Baldwin, proprietário de uma siderúrgica em Midlands que empregava 4.000 pessoas, a Inglaterra havia evocado "o tilintar do martelo na bigorna", "o som da foice contra a pedra de amolar" e "as anêmonas selvagens na floresta em abril, a carga à noite de feno". Um amor por aquelas imagens e sons que ele escreveu em *On England* (1926) foi "inato e inerente ao nosso povo". Quando, por outro lado, o cineasta britânico Danny Boyle coreografou uma evocação do britanismo para a cerimônia de abertura dos Jogos Olímpicos de Verão de Londres, *Isles of Wonder* (2012), a terra verde e agradável do país se transformou em sujeira industrial antes que enfermeiras, pacientes e médicos se agitassem em gigantes leitos hospitalares em comemoração ao Serviço Nacional de Saúde, objeto de admiração patriótica amplamente reconhecido.

Na França e na Alemanha, o apego nacional *à la carte* do tipo aqui sugerido foi exemplificado em duas grandes produções literárias. A evocação histórico-literária da França e da francesidade em *Les Lieux de Mémoire* (1984-1992), editada por Pierre Nora, chegou a sete volumes com 130 ensaios. Uma sequência alemã, *Errinerungsorte* (2001-2008), editada por Etienne François e Hagen Schulze, teve 122 ensaios alocados a uma ou outra das 18 categorias díspares nas quais os sentimentos e reflexões nacionais podem ser levados a cair: o reino e o território, escritores e pensadores, povos, inimigos, divisões, culpa, revolução, liberdade, disciplina, eficiência, jurisprudência, modernidade, educação, sentimento, fé e denominações, pátria, romantismo e identidades.

Um conservador patriótico poderia replicar que tais produções não mostram amor à nação, mas o distanciamento do erudito ou o gosto do turista pelo *kitsch* patrimonial. A zombaria erraria o alvo. Os liberais não ignoram nem negam a nação. Eles têm uma compreensão sobre nação diferente da dos conservadores, considerando-a mais fiel à história e aos apegos reais das pessoas. Enquanto os conservadores, ao explicar a nação, apelam para a piedade e a mística, os liberais, como eles a veem, apelam para história e princípios. Para os liberais, a nação ético-cultural cresceu junto com o Estado-nação e o mercado nacional no século 19, cada um fomentando os outros.

Essas visões conservadoras e liberais contrastantes da nação foram moldadas pelos ideais políticos que cada um defendia. Os conservadores consideravam as nações, assim como as sociedades, como unidades incriadas ou naturais de um tipo. Eles aceitavam o domínio autoritário e indiscutível das nações sobre seus membros. Os liberais consideravam as nações como criações artificiais do Estado e da sociedade, sendo eles mesmos campos de conflito. O caráter de uma nação, para os liberais, era inevitavelmente contestado e suas reivindicações sobre os membros precisavam de justificativa. O liberalismo oferecia proteção às pessoas das demandas da nação, incluindo a liberdade de deixar a nação e adotar uma nova nacionalidade. O conservadorismo considerava a nacionalidade como algo dado ou imposto e mutável apenas de maneira superficial e legalmente formal. Para os conservadores, a nação entendida como uma unidade cultural era uma fonte de ordem política; para os liberais, era a consequência disso. O filósofo britânico Roger Scruton enfatizou esse ponto em *How to be a Conservative* (2014). A ordem política, escreveu ele, exigia "unidade cultural, algo que a própria política nunca poderá fornecer".

Por mais arrumados que fossem esses contrastes, uma reconciliação era possível. Se por unidade cultural se entendesse um conjunto estreito e exclusivo de ligações culturais, os liberais não poderiam concordar. Eles não aceitariam uma versão de francesidade, britanismo, germanidade ou americanidade, principalmente uma versão silenciosamente carregada com um "Outro" excludente ou com ideais políticos não liberais. Se, por outro lado, a unidade cultural significasse um conjunto amplo e aberto de ligações culturais, juntamente com um compromisso compartilhado com os ideais democrático-liberais, muitos liberais poderiam concordar. A unidade cultural e o patriotismo liberal, como entendidos pelos conservadores de mentalidade social e pelos liberais democráticos, não estariam tão distantes. Cada um poderia abrir espaço para o que temiam que o outro deixasse de fora. Os liberais podiam aceitar, como insistiam os conservadores, que os cidadãos pertencessem, gostando ou não, a um todo nacional maior, com reivindicações sobre seus sentimentos morais, especialmente solidariedade e orgulho, e sobre sua aceitação, gostasse ou não, das normas liberal-democráticas. Os conservadores podiam reconhecer, como insistiam os liberais, que a solidariedade e o orgulho nacionais não eram incondicionais. Ou seja, eles podiam concordar que os ideais políticos de uma nação eram importantes e que quando uma nação tinha os ideais errados, ou ideais certos que não conseguia cumprir, o orgulho nacional deveria se transformar em vergonha e a solidariedade em dissidência. No espaço das ideias, havia lugar no meio para um amor à nação com o qual conservadores e liberais pudessem concordar.

Tudo isso estava muito bem, mas por mais estreitamente ou vagamente as nações fossem imaginadas e pensadas, perguntas práticas tinham que ser respondidas sobre quem pertencia à nação, bem como perguntas sobre quais direitos e deveres vinham com a nacionalidade. Por mais longe que o liberal patriota tenha ido ao encontro do conservador patriota na argumentação, o fato embaraçoso de que nunca houvera um organizado "Nós" nacional, ou um organizado "Eles" estrangeiro, permaneceu. Raramente havia respostas estáveis sobre quem poderia se estabelecer em um país (imigração) ou qual *status* as pessoas tinham uma vez estando lá (nacionalidade). A história da nacionalidade e da imigração revelou não fatos preciosos sobre personagens nacionais distintos, mas um emaranhado de leis e definições mutáveis. Parte do motivo pelo qual ambos os tópicos permaneceram politicamente divisivos e aparentemente imunes a negociações imparciais foi um descompasso duradouro entre a paixão que cada um provocava e a tecnicidade envolvida no conhecimento seguro de cada um.

Países que precisavam de mais pessoas, novas mãos ou novos soldados tendiam a receber estrangeiros. Após a Revolução, quando as classes sociais foram abolidas e uma cidadania criada, a francesidade foi legalmente definida como nascida de um pai francês. A preocupação com a subpopulação e a falta de homens jovens para o serviço militar levou, em 1889, a uma extensão da nacionalidade francesa aos nascidos na França de pais não franceses. Em 1927, a França, sangrada pela guerra, relaxou as restrições à imigração, apenas para ser atacada de forma vil à direita por deixar entrar o tipo errado de estrangeiro, notadamente os judeus, uma exclusão codificada nas leis de nacionalidade de Vichy. A descolonização, particularmente da Argélia, apresentou à França enigmas irritantes sobre quem do ex-império poderia vir para a França.

A guerra e a descolonização também moldaram o caráter britânico. A Grã-Bretanha ficou sem definições legislativas de nacionalidade até 1915, quando, para distinguir súditos leais de estrangeiros inimigos, o Parlamento primeiro definiu quem era e quem não era britânico. A concessão da independência das colônias depois de 1945 deixou a Grã-Bretanha pós-imperial com um emaranhado de categorias nacionais e *status* de residentes, que continuaram a refinar e confundir em mais de meia dúzia de grandes revisões de suas leis de nacionalidade nas décadas seguintes. A adesão à UE trouxe um certo grau de coerência e estabilidade, mas a decisão do governo britânico de deixar a UE colocou em questão quais europeus poderiam continuar a viver e a trabalhar lá, mais uma vez contrariando expectativas enraizadas e comprometendo direitos de contrapartida na Europa aos quais os cidadãos britânicos tinham se acostumado. Os compromissos europeus da Grã-Bretanha, por outro lado, reduziram as oportunidades para cidadãos ex-imperiais da comunidade de se estabelecerem na Grã-Bretanha. A liberdade das restrições europeias permitiria que essa exclusão fosse corrigida, um argumento pressionado pelos *Brexiteers* pela abertura a um mundo não europeu ligado à Grã-Bretanha pela família e pela memória. De qualquer maneira, o britanismo estava novamente se provando uma contingência aberta ao reajuste legal e aos ventos políticos inconstantes.

A Europa, por sua vez, era aberta em alguns aspectos, fechada em outros. Na estagflacionária década de 1970, suas nações fecharam suas fronteiras para imigrantes estrangeiros. Quando a UE se expandiu nas décadas de 1990 e 2000, manteve suas fronteiras externas fechadas, mas abriu suas fronteiras internas à livre circulação de qualquer cidadão da UE de um país para outro. A pressão de migrantes econômicos do norte da África e refugiados da guerra síria, haviam previsto, separaria a UE. Mas, assim como as previsões de que os conflitos sobre o euro quebrariam a UE, o horizonte da calamidade da Europa continuou recuando.

Nos Estados Unidos, onde o capital era historicamente abundante e a mão de obra escassa, suas fronteiras estavam abertas ao mundo até a década de 1920, depois fechadas, apenas para serem reabertas um pouco na década de 1960. Após isso, a imigração tornou-se novamente uma disputa política não resolvida, embora uma disputa em que os lados partidários haviam mudado. Nas décadas de 1970 e 1980, indústrias e produtores do Texas à Califórnia queriam mão de obra barata. "Fronteiras abertas!" era o grito republicano. Os sindicatos do Norte, ainda uma força entre os Democratas, resistiam em proteger os salários americanos. Michael Walzer, que defendia os controles de imigração em *Spheres of Justice* [Esferas da Justiça] (1983), não era uma voz solitária na esquerda liberal. As posições então se inverteram. Os republicanos começaram a pedir um aperto nas fronteiras dos Estados Unidos, os democratas a mantê-las abertas ou, pelo menos, a não fechar de maneira discriminatória. Prontamente, o meio-termo foi perdido. Para um republicano, qualquer um contra os controles era antiamericano, para um democrata, qualquer um que não resistisse aos controles era antiliberal.

Essa fluidez política refletiu-se intelectualmente. Entre os pensadores liberais não havia uma filosofia única de cidadania e nacionalidade. Os liberais universalistas propuseram uma compreensão global, não nacional, do respeito cívico exigido pelas pessoas do Estado e da sociedade. Para eles, o respeito era devido pelas pessoas, não importa onde se encontrassem ou a que nação pertencessem. Não havia, eles alegavam, qualquer bom argumento contra as fronteiras abertas. O filósofo canadense Joseph Carens, por exemplo, defendia as fronteiras abertas com base no fundamento nozickiano de que elas eram um direito universal, no fundamento rawlsiano, que elas eram uma exigência de justiça, e no fundamento utilitarista, onde eram de maior benefício geral do que as fronteiras fechadas. O estrito universalista insistia que as necessidades do camponês pobre de Bangladesh deveriam ser avaliadas igualmente com as do trabalhador demitido em Sunderland ou Lille. Entre os economistas liberais, insistia-se nos benefícios líquidos das fronteiras abertas, que, embora difusas e graduais, podiam ser confiadas com o tempo. O desafio para o político liberal era fazer reivindicações filosóficas ou econômicas enquanto olhava nos olhos de um trabalhador local demitido.

Os pensadores liberais de mentalidade nacional estavam mais dispostos a aceitar as reivindicações de parcialidade e as necessidades do local. O pensador político britânico David Miller, por exemplo, argumentou em *On Nationality* (2005) que uma nação liberal-democrática era unida, entre outras coisas, por um compromisso compartilhado de ideais políticos e conquistas sociais que se tinha interesse em manter e proteger. Os liberais universalistas estavam, sem dúvida, corretos ao dizer que todas as vidas humanas tinham o mesmo valor e que todos compartilhavam igualmente os direitos humanos. No entanto, com exceção dos refugiados, Miller sustentava que os Estados não coagiam os imigrantes em potencial fechando suas fronteiras para eles. Recusar um pedido não era impor uma exigência indevida. Os controles de imigração em si não eram, portanto, injustos. Todos os Estados tinham deveres humanitários para com o bem-estar humano, aceitava Miller, mas seu exercício poderia ser justificadamente limitado pelo apelo às capacidades e obrigações locais. Dito isso, os liberais de mentalidade nacional tendiam a concordar com os liberais universais que era errado controlar a imigração de maneiras claramente não liberais que discriminavam as pessoas por motivos religiosos ou étnicos.

O desacordo apaixonado sobre quem e quantos deixar entrar se estendia a como as pessoas que se estabeleceriam em um novo país poderiam ser incitadas a se comportar. O questionamento raivoso e forçado sobre a imigração foi acompanhado de um questionamento raivoso e forçado sobre a assimilação, particularmente a assimilação muçulmana. Assim como as complexidades da imigração foram simplificadas em argumentos públicos por estereótipos nacionais e estrangeiros, as complexidades de assimilação foram simplificadas por estereótipos muçulmanos e ocidentais. Insistia-se que o Ocidente estava sob a ameaça do Islã e quem não entendesse isso, especialmente o liberal bem-intencionado, era cego. Essa era a mensagem gritada à direita na Europa e nos Estados Unidos por 20 anos ou mais. Sob tal barragem, não foi surpreendente que 43% das pessoas entrevistadas para uma pesquisa francesa (2012) pensassem que os muçulmanos do país constituíam uma "ameaça à identidade da França", 51% dos entrevistados para uma pesquisa alemã (2013) pensavam O Islã ameaçava o modo de vida alemão e 27% dos jovens de 18 a 24 anos em uma pesquisa de rádio britânica (2013) declararam não confiar em muçulmanos, enquanto apenas 13% desconfiavam de budistas e 12% desconfiavam de cristãos.

A narrativa de direita de uma ameaça islâmica extraiu força de sua simplicidade. Era muito parecida com a narrativa racial nos Estados Unidos pós-Guerra Civil. Essa narrativa racial dividia os brancos pobres dos negros pobres, jogando e, até certo ponto, inventando uma oposição racial binária que encorajava e codificava o preconceito. A narrativa da ameaça islâmica dependia de duas mentiras, cada uma contendo verdade suficiente para manter viva a inverdade maior.

A primeira mentira foi que a imigração e as dificuldades sociais que ela causava eram novas, em caráter ou escala. As tensões sobre a imigração haviam aumentado nos Estados Unidos (décadas de 1890 e 1900), França (década de 1920), Grã-Bretanha (década de 1950) e Alemanha (década de 1960) entre as pessoas mal pagas que competiam por moradias escassas em cidades lotadas e bairros carentes. A história de grandes movimentos de pessoas e as mudanças deletérias que eles supostamente trouxeram era invocada, mas geralmente era uma história, com distância segura, de um tipo de livro majoritariamente ilustrado: tribos alemãs do século 4 nas fronteiras romanas, por exemplo, ou otomanos do século 16 pressionando contra Viena.

A segunda mentira era que existia uma sociedade ocidental homogênea sob a ameaça de um povo homogêneo, os muçulmanos. Os fornecedores da mentira não sabiam como caracterizar a homogeneidade social ameaçada. Foi o liberalismo, o secularismo, o cristianismo, o judaico-cristianismo, o ocidentalismo ou alguma mistura de todos eles, que recebeu o rótulo presunçoso e escorregadio de "sociedade de herança cristã"? Quanto à ameaça coesa, os promotores da mentira não tinham certeza se era um povo (os muçulmanos em toda a sua diversidade) ou uma fé (o Islã em suas muitas correntes).

Estima-se que em 2010, cerca de 5 milhões de cidadãos de origem norte-africana viviam na França. A maioria, segundo as pesquisas, era secular, e dos 40% que se consideravam vigilantes, apenas um quarto comparecia às orações de sexta-feira. Seus avós, nas décadas de 1960 e 1970, eram conhecidos não como muçulmanos, mas como *Árabes* ou *beurs*. Eles eram de todas as classes e tinham visões muito variadas. Dizer, em outras palavras, que havia de 5 a 6 milhões de muçulmanos na

França era tão pouco informativo sobre a sociedade e a política francesas do momento quanto dizer que havia 44 milhões de cristãos. Tampouco alguém tinha certeza do número. Algumas pesquisas sugeriram 6 milhões de muçulmanos, outras 3,5 milhões. Não havia contagem oficial. Diferente da Grã-Bretanha e dos Estados Unidos, desde 1978 a França tinha, com exceções, proibido por lei a coleta e distribuição de estatísticas étnicas ou religiosas. Consciente do tratamento vergonhoso da França aos judeus sob o regime de Vichy (1940-1944), o Estado francês não desejava creditar categorias contenciosas e potencialmente prejudiciais. Embora tal abnegação tornasse mais difícil refutar a alegação da direita francesa de que o número de muçulmanos na França era subestimado, a política de "igualdade através da invisibilidade" fora mantida. A crença da França na assimilação gradual foi reforçada pela *laicité*, um princípio de longa data que não apenas exigia a separação legal entre Igreja e Estado, como nos Estados Unidos, mas também expressava a determinação de manter a religião fora do debate público.

Em vez de seguir a França na busca por uma assimilação cega à religião, a Grã-Bretanha adotou um multiculturalismo limitado, a política de estender certas proteções culturais e privilégios locais a grupos de imigrantes ou seus líderes nomeados. Seu contexto institucional para absorver o Islã era diferente do da França. Embora a sociedade britânica fosse tão secularizada quanto a da França, a Grã-Bretanha não separava Igreja e Estado: seu monarca era o chefe da Igreja da Inglaterra e os detentores de cargos religiosos tinham uma voz reconhecida, embora marginal, na vida pública. O respeito liberal tornava errado tratar um imã muçulmano de maneira diferente de um vigário anglicano. Diferente dos muçulmanos da França, os da Grã-Bretanha vieram principalmente do Paquistão e de Bangladesh, com suas próprias origens e tradições. A necessidade de ação havia sido reconhecida depois que motins urbanos entre os asiáticos muçulmanos e os negros nas décadas de 1970 e 1980 abalaram as esperanças de que bairros minoritários concorrentes se misturassem por si mesmos em paz cívica. Um grau de separação social fora reconhecido. Líderes comunitários tomaram parte representativa nos assuntos cívicos. Nas grandes cidades, os enclaves paquistaneses e de Bangladesh cresceram onde uma pequena minoria de líderes locais encorajava o separatismo franco e uma minoria ainda menor defendia a violência militante. A abordagem da Alemanha estava entre o multiculturalismo e a assimilação. Tinha uma grande população turca socialmente estabelecida, filhos e netos de trabalhadores convidados trazidos na década de 1960, agora com direitos de cidadania.

Dadas as tensões e problemas sociais, as previsões de corrosão e colapso cívico foram ouvidas nos três países por quatro ou cinco décadas. Os motins britânicos na década de 1980 e os motins franceses em 2005 receberam mais atenção do que as tendências positivas. Embora lenta, a integração imperfeita era difícil de tornar tópica, a face pública do Islã na Europa era mais variada, mais familiar e menos perturbadora do que sugeria a história da ameaça do Islã. De maneira desajeitada e incompleta, a Europa estava absorvendo os recém-chegados em termos que equilibravam a aceitação e a defesa dos valores liberais. David Miller expressou esses termos em sua obra de 2005 sobre nacionalidade. Um liberalismo de mentalidade nacional, escreveu ele, deveria exigir dos recém-chegados uma "disposição para aceitar as estruturas políticas atuais e se envolver com a comunidade anfitriã para que uma nova identidade possa ser forjada". Na década de 2010, havia sinais de que algo como essa esperança estava de fato sendo realizada. A comunidade islâmica e os líderes religiosos começaram a desempenhar um papel maior na tomada de decisões locais e governamentais em troca de um reconhecimento público mais rápido das normas liberal-democráticas. Os eleitores de Londres, em 2016, elegeram como prefeito um ex-parlamentar trabalhista comedido, nascido em Londres, Sadiq Khan, filho de imigrantes muçulmanos sunitas da década de 1960 do Paquistão. Muçulmano praticante, Khan por profissão era um advogado antidiscriminatório. Sua eleição era um lembrete da abertura e adaptabilidade das culturas. Costumava-se dizer que a comunicação global, que permitia aos imigrantes manter contato com uma cultura antiga em sua língua materna, desencorajava o aprendizado da língua e dos costumes de seu novo país. Isso talvez fosse verdade, mas ignorava o fato de que a comunicação global também estava mudando a velha cultura com a qual eles mantinham contato.

Isto é, havia motivos razoáveis para pensar que a história da ameaça islâmica estava errada. A sociedade europeia não estava sendo sobrecarregada, demograficamente, culturalmente ou politicamente. A história da ameaça islâmica pegou as antigas taxas de natalidade e as colocou em linha reta 50 anos ou mais no futuro. Ignorou a complexidade social e a sedução cultural da modernidade liberal. Apelou a paralelos históricos rebuscados de migração e conquista desde os tempos pré-modernos. Confundiu a questão do que ameaçava o Ocidente ao alinhar muçulmanos com islamistas antiliberais e islamistas antiliberais com militantes islâmicos. Se os princípios democrático-liberais estavam sob pressão na Europa e nos Estados Unidos, era porque a democracia liberal estava falhando em suas próprias promessas, não por causa do Islã.

A Europa, como os Estados Unidos, fora exposta a um violento retrocesso das guerras civis que engolfaram sociedades islâmicas no Oriente Médio. O retrocesso tomara a forma de ataques terroristas incessantes, que tanto alarmaram quanto mobilizaram. Embora comumente perpetrados por recrutas nascidos ou educados no Ocidente, os ataques terroristas foram inspirados por movimentos antiliberais no Oriente Médio. O terror era uma tática em uma campanha estratégica para impor uma interpretação rígida e aprisionadora da fé nas sociedades islâmicas e bloqueá-las de formas mais abertas de modernidade. O duplo propósito do terror era sacudir europeus e americanos para que tratassem seus cidadãos muçulmanos como um bloco hostil e estrangeiro e sacudir esses mesmos cidadãos muçulmanos para que tratassem as reconhecidas queixas sociais como causa de guerra com a sociedade ocidental. Os efeitos desestabilizadores do terror nunca devem ser subestimados, mas um pequeno e encorajador sinal foi que os imãs e líderes da comunidade muçulmana na Europa mostraram uma crescente disposição de se juntar ao luto e demonstrações de solidariedade após os ataques terroristas cometidos em nome do islamismo militante.

A extensão e o caráter do apelo do islamismo militante na Europa e nos Estados Unidos foram disputados. Alguns observadores destacaram o caráter desorganizado e imitador dos ataques e o isolamento social dos agressores. Outros enfatizaram os propósitos ideológicos por trás do terror. O contraste de pontos de vista era vívido na França, onde dois notáveis estudantes do Islã, Olivier Roy e Gilles Kepel, tomaram lados opostos. Para Roy, o terror que afligia a Europa era mais criminoso do que político. Ele escreveu sobre isso como uma islamização da marginalidade e pequenos crimes. Kepel considerou o islamismo militante como um movimento antiliberal, liderado por políticos e intelectuais que leram os escritores fascistas do Ocidente dos anos 1920-30 e que compreenderam o poder da violência terrorista. O estudo de jihadistas britânicos nos últimos anos pelo Centro Internacional de Estudo da Radicalização no

King's College, em Londres, sugere que muitos são educados e de origens comparativamente confortáveis, mas à deriva, niilistas observadores e em busca de uma causa. Embora de nome religioso, eles não eram muito diferentes dos jovens europeus desancorados que na década de 1970 se juntaram à Facção do Exército Vermelho e às Brigadas Vermelhas ou quando, na década de 1920, formaram brigadas fascistas avulsas.

Os liberais, como sempre, puderam contar a si mesmos uma história esperançosa. O terror pode desaparecer quando exposto e atormentado pelo trabalho de inteligência policial e quando confrontado com o fracasso em desencadear a guerra social entre os povos que, apesar do atrito e da falta de entendimento, preferem viver juntos em uma tranquilidade relutante. Os liberais também podiam contar a si mesmos uma história sombria. O terror pode deixar as pessoas incapazes de avaliar a escala da ameaça. Poderia deixá-los sem saber discernir se o conhecido e pesado custo para as liberdades civis do contraterrorismo era superado por seus ganhos invisíveis e discutíveis. O terror podia ter sucesso em dividir ainda mais as democracias liberais em campos hostis.

Questões de unidade e diferença surgiram para o liberalismo democrático de maneiras menos alarmantes, mas mais penetrantes pelas políticas de identidade. Das importantes campanhas de direitos civis e da não discriminação, uma vez que os princípios por trás dessas campanhas se enraizaram na lei, surgiram novos movimentos que foram categorizados juntos como políticas de identidade. A política de identidade enfatizava não a classe social, mas o gênero, a raça, a fé, a etnia e a nacionalidade. Elementos não classistas haviam figurado na política desde sempre. No entanto, o rótulo "política de identidade", emprestado da psicologia social e do liberalismo do reconhecimento, era novo. A primeira citação relevante sobre "política de identidade" foi em 1989, no *Oxford English Dictionary.*

Em suas versões modernas, a política de identidade data da década de 1960. Nos últimos anos, foi ligado exclusivamente à esquerda e pendurado na esquerda por seus críticos como um albatroz. Na verdade, a política de identidade foi exercida desde o início por ambos os lados da política, muitas vezes com mais habilidade pela direita. Quando, nos Estados Unidos, os democratas promoveram os direitos civis e a antidiscriminação, os republicanos ganharam votos "étnicos" a partir da década de 1970 em uma reação da classe trabalhadora branca. Usando "étnico" como código para "branco", os republicanos criaram o democrata Nixon, que na década de 1980 se tornou o democrata Reagan apenas para ser redescoberto como se nunca tivesse ouvido falar como o democrata Trump em 2016. Algo semelhante ocorreu na Grã-Bretanha e no resto da Europa na década de 1970, quando a esquerda começou a perder o apoio da classe trabalhadora sobre a imigração para partidos nativistas de direita. Os eleitores em questão poderiam razoavelmente ter refreado ao serem considerados intolerantes, mas os gerentes de campanha de direita, desde antes adeptos da política de identidade, mesmo assim buscaram tais eleitores de forma intolerante e apelaram para eles de maneiras intolerantes.

À esquerda, particularmente nos Estados Unidos e na Grã-Bretanha, a política de identidade era divisiva de outras maneiras. Como *slogan* e categoria, a identidade ganhou asas apenas na última das três fases distintas das campanhas históricas para tornar o respeito cívico por todos mais do que uma esperança limitada. A primeira fase foi contra a discriminação e pela igualdade de direitos, principalmente para os negros americanos, campanha com a qual a maioria dos liberais concordou. A segunda fase foi de ajuda seletiva para equalizar oportunidades de emprego e educação, conhecida como ação afirmativa ou discriminação positiva. Com isso, a maioria dos liberais de esquerda concordou. Na terceira fase, no entanto, uma demanda bastante nova foi ouvida. Não apenas para proteção contra o preconceito. Não apenas para ajudar a reparar danos de preconceitos passados. A demanda agora era reconhecer, respeitar e celebrar grupos previamente estigmatizados como tal e com isso poucos liberais de qualquer tipo concordaram. Na esquerda pensante, uma linha de batalha foi traçada: pela política de identidade ou contra ela.

Defensores da política de identidade colocaram um argumento negativo contra o universalismo liberal e um argumento positivo para um novo tipo de lealdade de grupo. Negativamente, acusaram os ideais liberais, de cegueira à diferença e respeito igual, de serem incoerentes ou opressivos. A cegueira à diferença era discriminatória na prática. O respeito igual ou era tão abrangente a ponto de ser vazio ou era, quando dado conteúdo, sufocante em sua uniformidade. Um ataque clássico ao princípio liberal desse tipo foi *Polity and Group Difference: A Critique of the Ideal of Universal Citizenship* (1989) de Iris Marion Young. Positivamente, as reivindicações da política de identidade foram bem resumidas mais tarde por Sonia Kruks, especialista no pensamento e escrita de Simone de Beauvoir. Kruks considerou a política de identidade, em suas palavras, "como uma exigência de reconhecimento com base nos próprios fundamentos em que o reconhecimento fora anteriormente negado". Era como mulheres, como negros, como lésbicas, escreveu Kruks, que os grupos exigiam reconhecimento. Nenhum estava pedindo respeito, como ela disse, "apesar de sua diferença". A nova exigência, disse Kruks, era "respeito a si como diferente".

Interpretar essa frase sombria seria um retorno à ideia clínica de um eu desejavelmente integrado, que havia sido popularizado na década de 1950 por dois psiquiatras freudianos, um do centro liberal, Erik Erikson, o outro da esquerda radical, Frantz Fanon. Seria necessário voltar às ideias heideggerianas e existencialistas de um eu autêntico e voltar à ideia hegeliana recentemente revivida, de não reconhecimento como uma unidade comum que servisse para todas as formas de opressão social ou política. Nessas brumas, porém, um pensamento incômodo jamais se desvaneceria: não seria exigir respeito para *si* mesmo sinal, não de solidariedade, mas de vaidade? Não seria exigir respeito para si mesmo algo *diferente*, uma espécie de individualismo radical por trás de uma máscara coletivista? Se desigualdades injustas de poder estavam em jogo, e estavam, então falar de si próprio e de identidade era uma maneira lamentavelmente indireta e confusa de prosseguir com o argumento.

A política de identidade, devidamente compreendida, é uma maneira de praticar a política de categorização, e os liberais são alérgicos, ou deveriam ser, a colocar as pessoas em categorias sociais e mantê-las lá. Os liberais não são tolos. Eles reconhecem categorias de necessidade e *status*. Ao longo de um ciclo de vida, as pessoas são jovens, velhas, solteiras, casadas, bem, doentes, em melhor situação, em pior situação, capazes, menos capazes. Essas são categorias sociais às quais os liberais prestam atenção ou deveriam. Os liberais são cegos, ou deveriam ser, a identidades socialmente carregadas que encharcam uma pessoa ao nascer e a encobrem por toda a vida.

Se a política de identidade envolvia a afirmação de que ninguém deveria ser rebaixado ou discriminado por causa de suas roupas sociais e se ela celebrava a substituição do monopólio cultural pela diversidade cultural, muito bem. Se a política de identidade significava o reconhecimento de que os grupos culturais e suas tradições tinham valor nutritivo próprio, muito bem. Se a política de identidade conclamava a política liberal a reafirmar suas promessas de respeito cívico por todos com sólidas proteções e empoderamento, então muito bem. Se, por outro lado, a política de identidade era entendida de forma divisiva e individualista, de forma a diluir ou negar a cidadania comum e a moralidade política compartilhada, então a política de identidade ameaçava o liberalismo democrático em suas raízes.

Depois de tal catálogo de desafios, pode parecer que pouco restava a esperar do patriotismo liberal com o qual este capítulo começou. Abundavam os céticos e zombadores apáticos que consideravam os liberais como sonâmbulos. Diante do retorno da paixão nacionalista, os liberais não tinham por que se desesperar. O que importava era ser claro sobre os ideais democrático-liberais, apegar-se a eles sem titubear ou se desculpar e, acima de tudo, evitar ingenuidades distrativas.

Uma dessas ingenuidades distrativas foi a sugestão em *The Clash of Civilisations* (1993), do estudante de política americano Samuel Huntington, de que o conflito ético-cultural havia substituído a competição de classes. As civilizações eram difíceis de definir, quanto mais mapear de forma convincente em geopolítica. A ideia de que a cultura havia substituído a classe e a economia como fontes de conflito na política era prematura, como os anos posteriores a 2008 deixaram claro, quando classe e desigualdade retornaram à política com força. Não precisa haver guerra civilizacional a menos que tal guerra seja buscada e promovida.

Uma segunda ingenuidade foi supor que o liberalismo veio com um passaporte ocidental. Isso foi tanto uma caricatura quanto afirmar que o liberalismo veio com roupas do século 19. A sugestão zombeteira "universalismo para o Ocidente, imperialismo para o resto" distraía quem era "o resto". O "resto" que afirmava que os valores liberais eram ocidentais ou imperialistas eram geralmente líderes autosselecionados, em maioria homens, que alegavam falar em nome de outros com menos poder, pouca ou nenhuma voz própria e que haviam sido tipificados com uma identidade contenciosa que eles não necessariamente aceitavam. A afirmação de que o liberalismo pode florescer apenas no Ocidente é tão vazia quanto a afirmação de que ele deve, de alguma forma, varrer o globo.

A última ingenuidade a evitar era a caricatura do liberal sem apegos apaixonados. Entre as falsidades da campanha do *Brexit* estava uma falsidade sobre o sentimento nacional. Os franceses amavam a França. Os alemães amavam a Alemanha. Os ingleses amavam a Inglaterra. Eles não amavam a Europa. Nem podiam amar a Europa, pois a Europa era o tipo errado de objeto de afeição patriótica. A Europa não era uma nação, mas um emaranhado distante e burocrático de comitês mal definidos, sem história ou cultura comum.

Assim fora acusado, mas a acusação era falsa, como mostraram os grandes votos europeus de 2016-17. Após a derrota do *Brexit* na Grã-Bretanha, a explosão de emoção política foi amplamente comentada. Os sentimentos eram muitos, mas um deles era o senso de patriotismo ferido pela Europa. O amor pela Europa mostrou-se derrotado na França para a extrema direita antieuropeia. Nas décadas de 1950 e 1960, De Gaulle havia silenciado e absorvido a extrema direita da França no conservadorismo gaullista, apelando ao amor pela França. Em 2017, Macron derrotou a extrema direita da França ao apelar ao amor pela Europa. O patriotismo europeu estava tomando conta entre os jovens europeus. Eles amavam a Europa com o tipo de patriotismo liberal que mistura memória e ideais pelos quais Bouglé ansiava. Eles amavam a Europa por causa e apesar de seu passado, tanto quanto qualquer patriota cujo orgulho do país implica uma capacidade de vergonha. Eles amavam a Europa porque ela incorporava ideais democrático-liberais que eles temiam estar sendo ameaçados em seu próprio país e porque representava, apesar de todas as suas falhas, apego a uma sociedade aberta sustentada pela preocupação social. Eles amavam a Europa porque amavam seus próprios países e pensavam que seus próprios países seriam melhores e mais seguros em uma Europa de vizinhos com ideias semelhantes.

As alegações de que as pessoas têm apenas uma identidade social e não podem sentir patriotismo supranacional são falsas. Nem a nação nem o grupo subnacional têm uma reivindicação final e decisiva sobre a lealdade ou o senso de si mesmo de alguém. Se tudo isso for verdade, os liberais podem insistir, contra seus críticos, que eles entendem, sim, a nação e são de fato patriotas, ainda que de maneira liberal. Quando seus críticos reclamarem que, ao insistir na escolha e na responsabilidade em questões de vinculação nacional, os liberais estão endossando o distanciamento disfarçado, os liberais podem responder que os críticos estão confundindo a força ou a origem de um vínculo com a que o vínculo te vincula. Existe o risco de que a variedade de maneiras de manter ou expressar anexos nacionais possa se ampliar a um ponto em que tratá-los como anexos compartilhados seja vazio de sentido. Há um risco maior de que os anexos nacionais fluidos congelem em duas metades hostis, combinando com os campos partidários, uma metade reivindicada pelos liberais, a outra por uma direita implacável agitante da bandeira.

v. Dúvidas intelectuais e desafetos

Apesar da reputação de complacência do liberalismo, a autocrítica é seu segundo nome. O liberalismo não esconde suas falhas nem de si mesmo nem de seus oponentes. Se você pegar qualquer década desde a década de 1930, encontrará liberais verificando ansiosamente os sinais vitais do liberalismo ou não liberais calmamente declarando o paciente morto. Entre *The Strange Death of Liberal England* (1935), de George Dangerfield, e *The Strange Death of American Liberalism* (2001), de H. W. Brands, John Hallowell julgou, em *The Decline of Liberalism* (1942), que a sociedade de massa havia tornado obsoleto o "*Weltanschauung* individualista" no qual o liberalismo se baseava; Arthur Ekirch se preocupou, em *The Decline of American Liberalism* (1955), que de Lincoln a Eisenhower o Estado de guerra americano havia minado a resistência liberal ao poder autoritário; Theodore Low se preocupou, em *The End of Liberalism* (1969), que o liberalismo de mentalidade cívica estava sendo minado pelo clientelismo burocrático, favores do governo aos negócios e pelos crescentes encargos do Estado de bem-estar social à medida que a política de grupos de interesse sufocava os ideais mais amplos do liberalismo; Daniel Bell preocupou-se, em *The Cultural Contradictions of Capitalism* (1976), que as virtudes do trabalho árduo, da parcimônia e da responsabilidade social, nas quais o capitalismo liberal se baseava para seus sucessos históricos, estavam dando lugar à permissividade ética, à autopreocupação e a um espírito infantil de jogo de curto prazo; Samuel Huntington, escrevendo com colegas acadêmicos franceses e japoneses em nome da Comissão Trilateral, preocupou-se, em *The Crisis of Democracy: On the Governability of Democracies* (1975), que os governos democrático-liberais estavam se autossabotando ao empreender muitas tarefas e por causa da carga resultante de expectativas inatingíveis. Ecoando uma preocupação expressa pelo historiador liberal alemão Friedrich Meinecke no final da década de 1920, Ronald Terchek se preocupou, em um capítulo de *Liberals on Liberalism* (1986) chamado "Os Frutos do Sucesso e a Crise do Liberalismo", que as conquistas liberais eram facilmente esquecidas e que a sobrevivência do liberalismo estava sendo complacentemente presumida; Roger Kimball e Hilton Kramer reclamaram, em sua coleção de ensaios *The Betrayal of Liberalism* (1999), que as reivindicações divisivas e excludentes da política de identidade e a disseminação de direitos imerecidos haviam debochado do mérito do respeito liberal pelas pessoas e seus projetos escolhidos; em *Liberalism and its Discontents* (2002) e *Philosophy and Real Politics* (2008), Raymond Geuss, um diagnosticador político da esquerda intelectual, elaborou uma lista sinistra de doenças das quais o liberalismo contemporâneo era amplamente considerado acometido: era desapaixonado e pouco inspirador; não podia substituir os antigos laços sociais que dissolveu; encarnava o mercantilismo em sua pior forma; prometia ao planeta apenas danos, não proteção; mascarava o privilégio ocidental com um universalismo espúrio e não tinha respostas para a pobreza ou a desigualdade. Em *Why Liberalism Failed* (2018), o estudioso americano católico Patrick Deneen acusou o liberalismo de promulgar direitos iguais, mas criar desigualdade material, baseando sua legitimidade no consentimento, mas desencorajando o compromisso cívico e afirmando defender a autonomia pessoal enquanto sustenta um Estado com o mais profundo alcance já visto.

Nem todos aqueles escritores tinham o mesmo argumento. Alguns eram amigáveis ao liberalismo, outros hostis. Alguns queriam possuir o liberalismo e negar seu rótulo a outros liberais. Alguns queriam impingir ao liberalismo uma caricatura ou uma defesa contenciosa do liberalismo para desacreditá-lo. Alguns queriam derrotar ou substituir completamente o liberalismo. No entanto, por conta de quase 100 anos de autoanálise e crítica, havia uma seleção generosa de queixas nas quais os preocupados e críticos do século 21 poderiam se basear, e assim eles o fizeram – com gosto. O fato de quase todas as dúvidas e críticas do século 21 terem sido ouvidas antes não significava que fossem infundadas. O fato de dúvidas liberais e vozes críticas de descontentamento virem de muitos quadrantes e em uma variedade de registros não significava que elas se anulassem. Quase todo mundo poderia concordar que algo estava errado com o estado atual da democracia liberal, mesmo que houvesse muitas maneiras de mostrar como.

Cientistas políticos simpatizantes se preocupavam com a forma como a democracia liberal deveria ser reforçada politicamente. Filósofos simpatizantes questionavam a melhor forma de defendê-la filosoficamente. Embora sem alternativas próprias estabelecidas ou palatáveis, intelectuais hostis à direita e à esquerda criticaram as falhas evidentes da democracia liberal.

Para confundir ainda mais um cenário já em desordem, relatos não políticos dos conflitos políticos atuais se tornaram populares, o que encorajava as pessoas a ceder ao que poderia ser chamado de sedução do mecanismo, a crença de que a política era governada por forças profundas além do controle de qualquer um, seja a história da implausível *longue durée*, a biologia evolutiva, a mudança demográfica de longo prazo ou uma geografia cultural global que tratava as disputas políticas como diferenças éticas e culturais difíceis de negociar.

A atração de tais narrativas era resolver a discussão mudando o assunto de política para outra coisa. Havia sido sugerido pela história da desigualdade humana desde a Idade da Pedra, por exemplo, que a ação política para reduzir a desigualdade funcionava brevemente, se é que funcionava. Mais uma vez, foi proposto que as diferenças de opinião entre liberais e conservadores poderiam ser entendidas menos em termos de fatos, argumentos e interesses conflitantes do que em termos de respostas morais, arraigadas e contrastantes, transmitidas geneticamente pelos primeiros humanos. Ou, novamente, foi sugerido que a variedade política em todo o mundo poderia ser melhor vista culturalmente e mapeada de acordo com o grau de comprometimento de um povo com valores "tradicionais" ou "racionais-seculares", por um lado, e com a "sobrevivência" ou valores de "autoexpressão" do outro. Apesar de seu alcance factual imponente e apelo explicativo, esses eram tipos de contos redutivos em que nenhum liberal podia acreditar inteiramente. Eles eram muito gerais para fornecer um controle sobre as disputas práticas. Na melhor das hipóteses, eles ofereciam confirmação em uma nova roupagem do que sempre se acreditou sobre a humanidade imperfeita; na pior, desculpas para tratar o conflito político como fora de controle. Tais contos deixavam pouco ou nenhum espaço para discussão ou negociação e, para a mente liberal, sem isso, não havia política.

Ouvia-se de todos os lados o pensamento comum de que o compromisso histórico do século 20 entre liberalismo e democracia estava sob séria tensão. Seja qual for a forma como era expressa, se era mantida com tristeza ou alegria, estava se espalhando uma crença de que a promessa democrática do liberalismo para todos, em vez da promessa não democrática do liberalismo para alguns, poderia ser impossível de ser cumprida em seus termos antigos e familiares.

Entre os próprios liberais, o trabalho de Francis Fukuyama ofereceu uma amostra central da mudança liberal da esperança cautelosa na década de 1990 para a preocupação ansiosa na década de 2010. Quando a Guerra Fria terminou, Fukuyama, então pesquisador da *Rand Corporation* em Santa Monica, Califórnia, escreveu um ensaio ousado: *The End of History?* (1989), cujo título de trocadilho era fácil de ser mal interpretado e que perdeu seu ponto de interrogação quando uma versão alongada apareceu em forma de livro como *The End of History and the Last Man* (1992). O colapso do comunismo soviético, argumentou Fukuyama, havia deixado a perspectiva liberal-democrática como a única perspectiva política com apelo amplo e duradouro. Havia outras perspectivas, aceitava ele: autoritarismo, capitalismo de Estado, capitalismo criminoso, teocracia, populismo de homem forte. Nenhum, em sua opinião, era durável. Cada um tinha falhas decisivas: conflitos internos destrutivos, ineficiências econômicas incuráveis e uma incapacidade de satisfazer a demanda cotidiana das pessoas pelo que os liberais chamavam de "liberdade" e o que Fukuyama, escrevendo em modo neo-hegeliano, chamou de anseio por reconhecimento. Por reconhecimento, ele quis dizer respeito dos poderes da sociedade para com cada um de nós, como pessoas autocontroladas, com vidas e compromissos próprios.

Embora Fukuyama estivesse escrevendo sobre os objetivos e ideais da democracia liberal, não as realizações do Ocidente, ele foi amplamente confundido com um triunfalista ocidental. Ignorando a caricatura, Fukuyama começou um estudo de 20 anos sobre atitudes cívicas, padrões sociais e instituições governamentais que ele acreditava serem necessárias para democracias liberais fortes. Ele ampliou sua visão para o mundo e voltou no tempo para produzir dois estudos maciços sobre como a ordem política havia crescido e como ela poderia desmoronar. O segundo desses livros, *Political Order and Political Decay* (2014), teve como foco a modernidade capitalista desde a revolução industrial. Sugeriu que a responsabilidade popular, uma economia saudável e o progresso social dependiam de um Estado incorrupto servindo ao interesse público de acordo com leis reconhecidas. Os Estados Unidos, democráticos e liberais, haviam avançado bastante na criação de tal modelo de república ao final do século 20, mas agora estavam, julgou ele, em "decadência política".

Fukuyama generalizou essa lição. A democracia liberal, disse ele, na verdade pode enfraquecer ou ruir se não for mantida em reparos e protegida da captura por interesses corruptos. Sentindo a reação econômica iminente contra os partidos estabelecidos, ele escreveu *Can Liberal Democracy Survive the Decline of the Middle Class* (2012). Em resposta à pergunta do título, Fukuyama duvidava que a democracia liberal pudesse sobreviver, a menos que "as classes médias do mundo desenvolvido" abandonassem a narrativa predominante dos últimos 30 anos de que seus interesses eram mais bem atendidos por "mercados cada vez mais livres e Estados menores". Apesar de compartilhar as preocupações sociais do neoconservadorismo, ele já havia abandonado as antigas simpatias por ele, porque suas esperanças de espalhar a democracia pela força eram, antes de mais nada, ilusórias, e porque sua hostilidade econômica ao governo ignorava um elemento essencial da ordem política.

Dois anos depois, seguiu-se o sombrio relato de Fukuyama sobre o impasse político e o fracasso governamental nos Estados Unidos, *America in Decay* (2014). Logo após, no entanto, ao escrever sobre as insurgências de Trump e Sanders em 2016, ele viu sinais de que a democracia americana podia estar "em alguns aspectos em melhores condições de funcionamento do que se esperava'. Ele não acreditava em qualquer dos candidatos, particularmente em Trump, "um instrumento singularmente inadequado" para a reforma. No entanto, ele viu oportunidade na raiva popular. Os eleitores, segundo Fukuyama, estavam tentando "arrancar o controle" da narrativa política de uma "vetocracia" representando "grupos de interesse organizados e oligárquicos". A mobilização popular era bem-vinda, concluiu ele, mas não o suficiente por si só para restaurar a saúde liberal-democrática, e não sem perigo. A raiva generalizada e o bom governo, como na Era Progressista e no *New Deal*, trouxeram "grandes coisas". A raiva generalizada e o mau governo, no entanto, também eram capazes de "coisas terríveis", como na Europa na década de 1930.

Uma perda de confiança depois de 1989 foi perceptível também entre os filósofos do liberalismo, mas talvez uma perda de influência limitada nas políticas. Para um olho incauto, a mudança filosófica de humor podia ser confundida com um abalo da fé política. Mas as dúvidas tinham mais a ver com como defender o liberalismo do que com o próprio liberalismo. O objeto de questionamento era menos a democracia liberal do que o liberalismo rawlsiano de justificação que havia dominado a filosofia política da língua inglesa nas décadas de 1970 e 1980. Entre os mais marcantes dos que duvidavam, estavam Judith Shklar, Richard Rorty, John Gray, John Skorupski e Bernard Williams. Eles não fizeram uma escola filosófica, embora o rótulo multitarefa "realista" fosse comumente ligado a eles. Tampouco formaram um grupo político, embora todos eles, exceto o difícil de localizar Gray, fossem do tipo liberais de esquerda. O que os agrupou como pensadores na hora de defender ideias políticas foi a preferência pela modéstia filosófica em oposição à ambição rawlsiana.

Uma objeção familiar à defesa rawlsiana dos princípios liberais era que a justificativa parecia se mover em um círculo – democracia liberal entrava, democracia liberal saía. O círculo seria inofensivo se o rawlsianismo fosse levado a oferecer aos liberais democráticos de mentalidade social razões filosoficamente mais articuladas para acreditar no liberalismo democrático de mentalidade social. Se o rawlsianismo, por outro lado, fosse tomado como um argumento para todos, ele presumia demais sobre o que se esperava convencê-los. O liberalismo da justificação demandava uma ordem política legítima que fosse "justificável para todos os cidadãos" (Rawls), justificável para "todos os que são obrigados a viver sob ela" (Thomas Nagel) ou "enraizada no consentimento de todos aqueles que vivem sob ela" (Jeremy Waldron). Em uma sociedade de "profunda diversidade", como os críticos a chamavam, onde as pessoas discordavam sobre o que mais importava para elas, particularmente fés e morais, não era razoável esperar que elas aceitassem regras políticas comuns. Eles podiam tolerá-los, mas isso não significava que elas os consideravam justificáveis ou legítimos. A escola rawlsiana estava atenta às dificuldades e era fértil em soluções, nenhuma das quais, no entanto, levantava a suspeita de que os apelos argumentativos de alto nível em favor do liberalismo não iriam abalar os não liberais, mesmo os de tipo razoável que estavam abertos à discussão.

Em *Contingency, Irony and Solidarity* (1989), Richard Rorty defendeu, em vez disso, uma postura "irônica" de compromisso sincero com as crenças da democracia liberal e social, juntamente com a aceitação de que a filosofia não oferecia uma escada pela qual as pessoas pudessem sair de seu tempo para justificar essas crenças à moda kantiana para todos os de mentalidade racional que chegassem. Em *The Liberalism of Fear* (1989), outra pensadora americana, Judith Shklar, clamou com o mesmo espírito por uma redução das visões filosóficas e por um foco prático mais nítido. As tarefas liberais, sugeriu ela, eram evitar os piores danos (em vez de promover o bem maior, presumindo que os dois pudessem ser valorizados separadamente), se ater à política (em vez de buscar a elevação ética tentando melhorar uma cultura democrática grosseira) e, sobretudo, resistir ao abuso de poder. "Os governos deste mundo", escreveu Shklar, "com seu poder esmagador de matar, mutilar, doutrinar e fazer a guerra não devem ser confiados incondicionalmente". O tom de "o que evitar" do liberalismo de Shklar foi ouvido em Popper e Berlim. Sua suspeita de poder tomou o caminho de realeza do liberalismo aberto por Constant e Guizot.

Pensamentos paralelos foram expressos na Grã-Bretanha. Em *Liberalisms* (1989) e *The Two Faces of Liberalism* (2000), John Gray abriu um ataque direto ao liberalismo rawlsiano, que ele julgava "hubrístico e defeituoso". Ele sofria, afirmou Gray, de universalidade espúria, usava a teoria liberal para guiar a prática liberal e não o contrário, falhava em fornecer testes claros do que era aceitável e inaceitável na política e fingia neutralidade ética enquanto procurava impor às pessoas a própria ética de vida do liberalismo. A discussão de Gray era mais de método e tom do que do objetivo liberal. Seu liberalismo "*modus vivendi*" de coexistência pacífica entre pessoas que discordavam sobre quais deuses adorar e quais modos de vida seguir era pouco diferente da esperança de Rawls de um "consenso sobreposto" sobre regras políticas básicas em meio à discordância moral e religiosa irreconciliável. Gray se apegou à tradição de tolerância na qual o liberalismo se baseara e à "herança histórica da sociedade civil liberal", mas com o tempo pareceu se afastar completamente do liberalismo. Ele não apenas achava que suas ideias não podiam ser justificadas filosoficamente, como também rejeitou a fé liberal no progresso como "ilusão". Em um veio menos cáustico, John Skorupski argumentou em *Liberalism's Hollow Triumph* (1999) que, como um arco de pedra, o liberalismo poderia resistir sem falsas metafísicas se seus elementos se mantivessem juntos em apoio mútuo. Surgindo, para continuar a metáfora de Skorupski, dos pilares gêmeos da igualdade perante a lei e do sentimento de humanidade comum, os ideais do liberalismo de decência cívica, responsabilidade pessoal e preocupação imparcial poderiam, acreditava ele, sustentar um ao outro sem que tudo desmoronasse.

A falta de apoio filosófico ambicioso não era em si preocupante. As chamadas defesas realistas do liberalismo eram, afinal, filosóficas à sua maneira. Nunca havia existido, de qualquer modo, uma só filosofia do liberalismo. O utilitarismo serviu aos liberais do início do século 19, o idealismo neo-hegeliano serviu aos liberais do final do século 19, a filosofia antimetafísica, voltada para a ciência, serviu aos liberais de meados do século 20, e o contratualismo moderno baseado em direitos serviu aos liberais do final do século 20. A maior preocupação política era quanto ao crédito público do próprio liberalismo. Por mais que o liberalismo democrático fosse defendido filosoficamente, permanecia a questão de quão bem ele poderia se posicionar politicamente sem campeões persuasivos em meio a tal descontentamento intelectual generalizado à direita e à esquerda.

Apesar de uma imagem liberal complacente dos conservadores como o partido imprudente, o pensamento antiliberal da direita fervilhava com novas revistas, novos livros e novas fundações, bem como novos pensamentos ou pensamentos revividos. O pensamento conservador tendia a se dividir em crítica cultural da sociedade liberal e crítica da política liberal-democrática, embora a distinção não fosse rígida.

O conservadorismo cultural nunca chegou a um acordo com a modernidade liberal. Reclamações conservadoras perenes, plantadas no final do século 18 e início do 19, foram ouvidas novamente contra o mercantilismo, o egocentrismo e a impiedade secular. Mais queixas nacionalistas também foram ouvidas sobre a corrosão liberal da nação cultural.

Os conservadores americanos tinham duas histórias sobre o que afligia a cultura atual, uma esperançosa e uma sombria. A história esperançosa contava da captura liberal. Nos anos 1950 e 1960, a história correu, uma elite secular-liberal não representativa havia tomado as igrejas, universidades, mídia e tribunais de um povo fundamentalmente temente a Deus e virtuoso. A tarefa dos conservadores era reconquistá-los. Esse objetivo inspirou a direita cristã em sua luta pela alma do Partido Republicano. Em seu auge, nos anos Reagan-Bush da década de 1980, a direita cristã chegou perto de acreditar que havia realinhado a maioria política dos Estados Unidos com uma maioria moral subjacente. A visão sombria era que a decadência secular era muito sedutora para não prevalecer. Mesmo quando os conservadores controlavam todos os três ramos do governo depois de 2016, os detentores da visão sombria não esperavam que as mudanças radicais nas leis relacionadas à moralidade privada dos últimos 40 anos pudessem ser revertidas.

De acordo com a visão sombria, declarada sem rodeios, os Estados Unidos tinham uma maioria imoral e os justos pouco podiam fazer a respeito. A resposta adequada não era a resistência política, mas a renovação espiritual e intelectual. Intelectualmente, uma publicação emblemática foi *First Things*, uma revista ecumênica, mas fortemente católica, fundada pelo falecido Padre John Neuhaus, um crítico neoconservador da sociedade liberal. *First Things* foi notável por publicar trabalhos de pensadores neotomistas centrados na Universidade de Notre Dame, na esperança de recriar uma nova moralidade da política, livre, como eles colocavam, do erro liberal. Menos filosoficamente, Rod Dreher assumiu a sombria visão da ação política em *The Benedict Option* (2017), que conclamava famílias americanas devotas a se retirarem de uma sociedade corrupta e levarem uma rotina monástica de oração, educação em casa e compras, sempre que possível, apenas em lojas administradas por outros refugiados espirituais. Tanto a versão filosófica quanto a de autoaperfeiçoamento da resistência religiosa se inspiraram no apelo de MacIntyre na década de 1980, anotado na parte iii do capítulo 12, a um arquipélago de instituições não liberais, especialmente faculdades ou universidades, para servir de abrigo da sociedade secular e hostil, onde as contratradições poderiam ser mantidas vivas, talvez para prevalecer novamente mais tarde.

Um crítico britânico da sociedade liberal, o filósofo Roger Scruton, ofereceu quatro ensaios em *On Human Nature* (2017) que reuniram reclamações que ele vinha fazendo desde seu clássico *The Meaning of Conservatism* (1980). Toda perspectiva política pressupunha uma imagem filosófica da pessoa humana, escreveu Scruton. Um quadro amplamente aceito nas sociedades liberais baseava-se em três erros. Estes podem ser rotulados, embora o próprio Scruton não tenha usado os termos, cientificismo, libertarianismo filosófico e transacionalismo. O cientificismo erroneamente usava a biologia e a psicologia evolutiva para prometer toda a verdade sobre quem éramos. A ciência explicava nossos *eus* animais. Não podia explicar a perspectiva irredutivelmente pessoal pela qual reconhecíamos quem éramos e responsabilizávamos uns aos outros pela forma como agíamos. O libertarianismo estava certo ao dizer que cada um de nós era moralmente livre e pessoalmente responsável, mas estava errado ao negligenciar laços sociais não escolhidos que impunham deveres e concretizavam quem éramos. O transacionalismo tratava qualquer coisa de valor como tendo adquirido valor por escolha ou consentimento, um erro que ameaçava igualar valor a preço e tornar tudo o que importava aberto ao comércio. Scruton respondeu que muitas coisas importavam por si mesmas, independentemente de quem as favorecesse, por exemplo, beleza, aprendizado, o ambiente natural e a nação de uma pessoa. Essas "coisas duradouras" precisavam ser valorizadas e protegidas. A atitude adequada para com elas não era perguntar "para que serve isso?", mas mostrar o que, em um sentido não religioso, Scruton chamou de piedade, isto é, reconhecimento e respeito inquestionáveis. Uma cultura liberal doente, acreditava ele, não precisa ser abandonada. Ela pode ser curada se mais pessoas se voltassem à piedade.

Muitos liberais poderiam concordar com a crítica ético-cultural de Scruton, sua preocupação com o meio ambiente e sua crença em valores intrínsecos. Eles não precisavam concordar com sua sugestão de que a perspectiva liberal dependia do cientificismo, do libertarianismo ou de um liberalismo econômico absoluto, segundo o qual qualquer coisa que importasse na vida humana fosse negociável a um preço de mercado por outra coisa que importasse. Como sugerido muitas vezes nestas páginas, o liberalismo não dependia, em princípio, de nenhum desses três erros, embora liberais honestos devam querer se perguntar por que tais erros foram tão amplamente creditados, talvez até fomentados, na sociedade liberal moderna e por que era tão fácil para os críticos se pendurar no pescoço dos liberais.

Na Alemanha e na França, a crítica cultural da direita à democracia liberal misturou-se à política e assumiu um tom nativista. Dois *best-sellers* na década de 2010 reviveram uma tradição popular de livros em declínio nacional que estigmatizavam desprezados de fora ou corruptos de dentro, que haviam florescido em ambos os países durante as décadas de 1920 e 1930 e nunca morreram completamente. Na Alemanha do século 21, os culpados eram imigrantes e beneficiários da assistência social. Em *Deutschland schafft sich ab: Wie wir unser Land aufs Spiel setzen* [*A Alemanha está se destruindo: como estamos jogando com nosso país*] (2010), o ex-banqueiro central alemão Thilo Sarrazin escreveu que o fracasso em assimilar imigrantes de nações muçulmanas e africanas estava minando a sociedade alemã e que o Estado de bem-estar social estava se tornando insustentável. Em *Le suicide français* (2014), Eric Zemmour culpou a geração da década de 1960 pelo "escárnio, desmantelamento e destruição" que ele acreditava ter minado a "virilidade" da França. A tolice irresponsável e antiautoritária dos bem-educados *soixante--huitards* havia, na visão de Zemmour, se tornado a perspectiva orientadora das elites da nação. A lista de males em seu discurso incluía a liberação das mulheres, aborto, direitos dos gays, imigrantes e práticas comerciais americanas. Os livros de Sarrazin e Zemmour eram modelos de patriotismo iliberal e excludente, do tipo que Bouglé havia lamentado. Ambos em seu tempo foram *best-sellers* descontrolados.

Nos Estados Unidos, o choque eleitoral da vitória de Trump deixou pensadores e escritores de centro-direita perdidos. Esperava-se que os colunistas conservadores George Will, do *Washington Post*, e David Brooks, do *New York Times*, fossem a favor de um republicano. No entanto, eles repudiaram Trump em termos brutais. Citando a "inabilidade perigosa" de Trump, Will convocou o público americano em maio de 2017 a "colocar esta presidência em quarentena". Só as manchetes das colunas de Brooks nos meses de primavera de 2017 já indicavam seu senso ferido de conservadorismo moderado traído: "A elite Trump: como a Velha Elite, Mas Pior!", "A Crise da Civilização Ocidental" e "Quando uma Criança Está Liderando o Mundo". Sua dificuldade era que, no momento, o conservadorismo de mente aberta e pronto para negociar estava sem-teto. A maioria dos republicanos se uniu a Trump e a lealdade partidária estava normalizando rapidamente sua presidência. O Novo Centro de William Galston (liberal) e William Kristol (conservador) – um movimento centrista lançado em novembro de 2016 com uma breve declaração de propósito que falava das "instituições e princípios da democracia liberal" como "sob ataque" – ainda era pouco mais que um abrigo para os politicamente deslocados. Algo semelhante foi observado na Grã-Bretanha, onde a opinião conservadora moderada parecia ter desmoronado diante da extrema direita do *Brexit* de um lado e, do outro, do esquerdismo popular do Partido Trabalhista liderado por Corbyn.

Nem todos os conservadores nos Estados Unidos sofreram as agonias anti-Trump da centro-direita. No *Harvard Club*, em Nova York, no início de 2017, um jovem direitista, Julius Krein, que havia saudado a vitória de Trump e anteriormente ajudado a administrar uma revista *online*,

The Journal of American Greatness, lançou uma nova revista, *American Affairs.* Embora mais tarde ele tenha esfriado com o próprio Trump, a revista, indicava Kerin, ofereceria uma plataforma para a direita pensante fornecer uma *Doutrina Trump* para substituir o consenso da política externa americana pós-1989.

Tampouco a vitória de Trump foi a única responsável pela preocupação da direita intelectual quanto à sabedoria da democracia eleitoral. A direita libertária estava preocupada há muito tempo. Em *Against Democracy* (2016), Jason Brennan, da *Georgetown University,* em Washington, DC, baseou-se em trabalhos recentes sobre estudos políticos para reviver velhas dúvidas levantadas por Schumpeter e Hayek sobre a compatibilidade entre capitalismo liberal e democracia eleitoral. Combinando habilidade argumentativa com apelo à pesquisa de opinião, Brennan defendeu a "epistocracia", isto é, um governo competente daqueles que sabiam o que estavam fazendo em oposição ao governo ignorante confirmado por eleitores ignorantes. Os cidadãos tinham o direito, argumentava Brennan, de serem protegidos de um governo incompetente. Uma teoria política correta mostrava que tipos de governos eram competentes: o tipo pequeno, com mentalidade de livre mercado de impostos baixos e socialmente liberal. Pesquisas políticas mostraram que a maioria dos eleitores não conseguia identificar a teoria correta e, em sua ignorância, não conseguia distinguir governos competentes de incompetentes. Brennan tinha a mente aberta sobre como a votação deveria ser filtrada para que o direito dos cidadãos à proteção contra incompetência pudesse ser mantido. Suas sugestões incluíam retirar os eleitores ignorantes das listas, dar votos extras aos eleitores informados ou dar a painéis de especialistas um veto sobre as decisões dos órgãos eleitos, particularmente sobre dinheiro e finanças. O livro de Brennan, assim como a nova revista de Krein, foram bons exemplos de uma confiança intelectual revivida na direita americana e uma prontidão sem remorso para direcionar o poder de fogo acadêmico, muitas vezes para surpresa de seus oponentes, em pressupostos democrático-liberais profundamente arraigados.

O pensamento antiliberal da esquerda tendia a saudar as dificuldades do liberalismo democrático no espírito do "nós avisamos". Se o liberalismo democrático havia acabado, neomarxistas e pós-marxistas declarariam poucos arrependimentos. As expressões do antiliberalismo de esquerda variavam desde as travessuras do ex-filósofo maoísta Alain

Badiou, que exortou os eleitores franceses em junho de 2017 a se absterem em vez de votarem em um liberal centrista contra a Frente Nacional de extrema-direita, por meio do partido anti-UE, o economista político alemão anticapitalista Wolfgang Streeck, a um estoico neomarxista crente em um futuro pós-liberal ainda por vislumbrar, o historiador Perry Anderson, que desde a década de 1960 editava e orientava a *New Left Review* [Revisão da Nova Esquerda], o principal jornal de língua inglesa da esquerda irreconciliável.

Em *How will Capitalism End?* (2014), Streeck sugeriu que o capitalismo não era mais compatível com a democracia. Schumpeter havia se preocupado 75 anos antes com a influência da democracia sobre o capitalismo, mas concluiu que os dois provavelmente poderiam se dar bem no final. O relato de Streeck sobre a influência do capitalismo sobre a democracia foi muito mais duro. O compromisso histórico entre o capitalismo liberal e a democracia que havia sustentado o sucesso ocidental pós-1945 estava quebrado, acreditava ele. O capitalismo havia esgotado as formas de atenuar os danos sociais que causara. Primeiro, tentara limitar os danos inflacionando os salários (década de 1970) e depois tomando empréstimos para pagar saúde e bem-estar (décadas de 1980-1990). A dívida insustentável causada pela desaceleração do crescimento econômico e o aumento dos custos sociais levaram os governos a abandonar seus esforços e a aceitar a austeridade incessante (2000s-2010s). A história de Streeck ignorava as variações entre as economias ricas. Ela tornava os governos obcecados por dívidas, prisioneiros da necessidade econômica, ao passo que provavelmente eram prisioneiros dos economistas hayekianos. O mais impressionante, no entanto, foi o nacionalismo econômico de Streeck, que era representativo de uma nova tendência de esquerda. O antiliberalismo de esquerda era por tradição internacionalista. O marxismo havia lutado contra o capitalismo pela propriedade do mundo, não da nação. Agora que o capitalismo havia ganhado o mundo, Streeck procurava o resgate da nação. A União Europeia pós-nacional não oferecia nenhum. Aos olhos de Streeck, o euro era antidemocrático e ele se opôs à adesão da Alemanha à UE. Somente a nação democrática, acreditava ele, poderia reconquistar o poder do capital globalizado e mesmo lá ele não tinha certeza. Ele sentia que o colapso era iminente, embora não tenha deixado claro se era a democracia ou o capitalismo que iria quebrar primeiro. Streeck hesitou entre dizer que o capitalismo se autodestruiria, abrindo caminho para um futuro verdadeiramente democrático, e dizer que o capitalismo esmagaria a democracia. Ele sugeriu que o segundo resultado era mais provável, já que a resistência democrática, por mais necessária que fosse, provavelmente era vã.

Nem todos na esquerda antiliberal se intimidaram com o gigante capitalista ou se conformaram a ser esmagados por seu poder. Como Corbyn, na Grã-Bretanha, e Sanders, nos Estados Unidos, Jean-Luc Mélenchon, na França, combinou discursos empolgantes que agitaram especialmente multidões de jovens com políticas que teriam parecido tímidas aos partidos da esquerda liberal nas décadas de 1950 e 1960. Em *L'ère du peuple* (2014), Mélenchon escreveu em tom simples e popular o livre comércio como um "veneno fatal" e uma "oligarquia financeira" que vetava as decisões do povo. O medo do populismo, escreveu ele, equivalia ao medo do povo, o novo ator político da época. A França, insistia ele, deveria ter uma "Sexta República" estabelecida por uma assembleia constituinte que redigiria uma nova constituição com representação proporcional, uma ideia bem-vinda para trazer vozes minoritárias ao Parlamento. Como Corbyn na Grã-Bretanha, Mélenchon oferecia as ideias mais esboçadas de como governar ou pagar propostas, mas prometia uma presença animada nas ruas políticas.

Surtos de descontentamento popular com o capitalismo liberal sempre entusiasmaram os editores da *New Left Review*, mas raramente por muito tempo. Anderson, particularmente, mantinha um olho dominante nas altitudes intelectuais onde, como um gramsciano dos últimos dias, ele acreditava que a verdadeira batalha deveria ser travada, não ficar nas ruas. Não havia falha pior em um general, compreendia ele, do que subestimar as forças do inimigo. Quando a *New Left Review* se relançou no milênio com uma renumeração simbólica da Edição 239 como Edição Um, Anderson escreveu um novo prospecto editorial, *Renewals* [Renovações] (2000), no qual reconhecia o domínio do liberalismo: "É improvável que o equilíbrio da vantagem intelectual se altere muito antes que haja uma mudança na correlação política de forças... Pouco menos do que uma queda de proporções entre guerras parece capaz de abalar os parâmetros do consenso atual". A esquerda intelectual, em contraste, havia sofrido, julgou ele, o "desenraizamento de todas as continuidades de uma tradição socialista" e, apesar da "impressionante energia e produtividade teóricas", não havia produzido "soma social", o que significava uma visão crível de uma alternativa viável à sociedade democrática liberal. Anderson, no entanto, expressava uma fé inabalável de que algo iria aparecer.

Logo depois, Anderson escreveu um pesaroso levantamento do cenário político na França, *Dégringolade* (2004). Em tom elegíaco, lamentou a ausência de pensadores franceses ambiciosos pós-1945, pertencentes a uma esquerda "rejeicionista", sobre os quais sua revista muito havia feito para apresentar aos leitores de língua inglesa. As narrativas grandiosas e muito explicativas caíram de moda na França nas décadas de 1970 e 1980. Os pensadores haviam redescoberto o liberalismo francês e as velhas linhas de batalha que separavam uma esquerda dominada pelo marxismo e uma direita rigidamente estabelecida, se dissolvido. A imagem de Anderson do que se seguiu nas décadas seguintes apresentava um cenário diluído, consensual e acrítico, pelo qual a discussão de ideias políticas na televisão parecia compartilhar uma culpa indevida. Outros menos arrependidos pelo passado viram uma efervescência de vozes que se estendiam da extrema esquerda inconciliável até a centro-direita pensativa, uma imagem de vitalidade na França bem desenhada pela obra *Intellectuals and the Crisis of Democracy* (2017) de Emile Chabal.

Sem ganhar as ruas, o liberalismo na França há muito conquistou as alturas em termos de ideias. A palavra "liberal" permaneceu para muitos como um termo de abuso, sinônimo de capitalismo descontrolado em sua forma mais corrosiva. O próprio liberalismo, a prática da política que a França, com exceção de Vichy, havia praticado desde o final do século 19, era agora abertamente abraçada e declarada. Revistas liberais como *Commentaire*, *Débat* e *Pouvoirs* substituíram as publicações marxistas de uma variante ou outra como a voz autorizada e informada do progresso, embora permanecessem redutos antiliberais como, por exemplo, o semanário *Le Monde diplomatique.* Pierre Rosanvallon, historiador de centro-esquerda do liberalismo e da democracia e animador do grupo de discussão *La République des idées*, exemplificou a mudança de clima. Sua obra *Society of Equals* (2011, 2013), traça a ascensão e queda da igualdade democrática desde as revoluções do final do século 18 até a recriação da desigualdade pelo capitalismo industrial, a redescoberta da igualdade pelo liberalismo democrático no século 20 e o posterior recuo da igualdade, com a qual a democracia liberal na década de 2010 estava lutando. Após a eleição de Macron, a quem Rosanvallon deu boas-vindas cautelosas, ele disse ao *Le Monde* que a escolha da França não era mais liberalismo ou antiliberalismo, mas que tipo de liberalismo seguir. A escolha, Rosanvallon de fato sugeriu, era entre o liberalismo voltado para o social e o liberalismo voltado para o mercado.

A partir dessa rápida visão geral de uma paisagem cheia de neblina, uma lição para terminar é que os liberais intelectuais tinham motivos para esperança e motivos para desespero, mas que nenhum dos dois deveria detê-los por muito tempo. O que importava não era o clima liberal, mas como os liberais entendiam e defendiam a democracia liberal. Afinal, os liberais haviam sempre alternado entre a esperança e o desespero. Tais pensamentos fundamentam a obra *The Confidence Trap: A History of Democracy in Crisis from World War I to the Present* (2013) do historiador político David Runciman. Ela oferece um paralelo histórico à lista de reclamações intelectuais sobre o liberalismo no início deste capítulo. Usando "democracia" como abreviação de democracia liberal e limitando seu estudo à Grã-Bretanha e aos Estados Unidos, Runciman relembrou em sete episódios críticos quando a confiança na democracia liberal havia sido gravemente abalada: guerra imprevista (1914), queda inesperada (1933), ameaças à Europa do pós-guerra (1947), possível aniquilação na crise dos mísseis de Cuba (1962), estagflação econômica (1974), triunfalismo de curta duração (1989) e colapso financeiro (2008). A democracia liberal havia sobrevivido, embora Runciman aceitasse, era muito cedo para saber até que ponto da última crise ela havia chegado.

A lição da história para os liberais, sugeriu Runciman, era não confiar na história. Problemas velhos voltavam, mas raramente da mesma forma. Diferente das pessoas nas autocracias, que eram "fatalistas" e inflexíveis, as das democracias esperavam que o futuro fosse diferente. Adaptar-se a mudanças incessantes deu às democracias liberais desenvoltura para lidar com elas. Runciman reconhecia que a desigualdade, a sobrecarga fiscal, as mudanças climáticas e o poder da China estavam testando duramente as democracias liberais. Ele não achava que a democracia liberal estivesse fadada ao sucesso ou fadada ao fracasso. Como historiador, ele não acreditava em leis maciças de história. Ele não cedeu à sedução do mecanismo para explicar a mudança política. Se a democracia liberal se concretizasse, no entanto, seria de maneiras que pegariam as pessoas de surpresa. O argumento de Runciman era um ponto forte, mas poderia ser colocado de uma forma que enfatizasse mais o que os liberais fizeram do que o que os surpreendeu ou aconteceu com eles. Se a democracia liberal surgisse, seria por causa do que os liberais democráticos fizeram ou deixaram de fazer em sua defesa. Ao perseguir seus ideais e sair dos buracos que cavaram para si mesmos, os liberais, ao serem fiéis a si mesmos, sempre aceitaram a primazia da política.

15.

A PRIMAZIA DA POLÍTICA

Em meio à ocorrência de convulsões sociais e econômicas em uma escala nunca antes imaginada, os primeiros pensadores e políticos liberais nos anos 1830-80 lançaram as bases de uma nova ordem política guiada por objetivos e ideais distintos, que juntos formavam um grupo flexível e atrativo de quatro elementos, referidos resumidamente ao longo deste livro, que eram o reconhecimento do conflito, a resistência ao poder, a crença no progresso e o respeito cívico por todos.

Conforme descrito na Parte Um, os primeiros liberais compreenderam que o conflito moral e material era inevitável na sociedade. Em vez de tentar conter o conflito com força desproporcional, eles procuraram, ao contrário, formas estáveis para resistir ao domínio monopolizador do poder, fosse ele o poder do Estado, o econômico ou a opinião da maioria. Como acreditavam no progresso, os primeiros liberais olharam para o aperfeiçoamento humano como uma fonte mais segura de paz social. Eles esperavam que o conflito poderia ser contido enquanto competição e utilizado com maior proveito no campo das argumentações, experiências e intercâmbios. Eles confiaram, por fim, que o aval libertador da individualidade, inovação e variedade cultural poderia ser combinado com uma civilidade comum, bem como através de padrões aplicáveis de como as pessoas deveriam ser consideradas e, acima de tudo, tratadas.

No período 1880-1945, conforme descrito na Parte Dois, os liberais enfrentaram o desafio de estender esses objetivos e ideais democraticamente a todos, não importando de quem se tratava, indo além dos círculos de pessoas diretamente interessadas compostos por homens instruídos e senhores de propriedades dos quais o liberalismo surgiu. Nos anos 1945-89, conforme descrito na Parte Três, liberais moderados construíram e defenderam uma nova ordem democrática liberal, conscientes das calamidades de guerra do século 20, do colapso político e outras situações piores a que o liberalismo deu causa ou falhou em evitar. Os pensadores liberais ofereciam defesa intelectual das realizações do pós-guerra das quais os liberais podiam se orgulhar. No entanto, como os capítulos anteriores da Parte Quatro mostraram, as esperanças liberais logo se obscureceram e nas primeiras décadas do século 21 a confiança liberal esvaiu-se por completo. Os liberais começaram a se preocupar, com relação ao ano de 1989, se ele, longe de marcar uma nova era liberal, não marcou o alvorecer de um pós-liberalismo indesejado. Eles temiam que o sucesso democrático liberal nos anos 1945-89 tivesse sido um interlúdio improvável e único entre períodos historicamente mais típicos de disrupção, desigualdade e guerra.

Deve-se resistir aos atrativos da profecia. Seria bom podermos prever o que está por vir. Seria bom podermos investigar, por exemplo, na pré-história humana, nas raízes evolucionárias de nossas respostas morais, na geografia global de mudanças demográficas ou culturas políticas discordantes e encontrar leis ou tendências que nos mostrariam o que estava reservado para a democracia liberal. Seria bom se os fortes princípios auto estabilizadores do mercado ou as leis de ferro do declínio capitalista pudessem nos dizer se a democracia liberal seria ou não capaz de pagar suas contas. Seria bom ceder aos interesses do sistema e assumir a política por uma questão de necessidade, em vez de discussões e negociações intermináveis e cansativas, governadas por contingência e escolha em circunstâncias muitas vezes imprevistas.

Seria bom, mas não liberal. Pois, assim como os liberais insistem em perseguir seus objetivos juntos, mesmo quando esses objetivos são conflitantes, eles insistem em assumir a política pelo que ela é e não para transformá-la em outra coisa. Os liberais acreditam na primazia da política. Para eles, a política é uma prática humana cotidiana na qual o debate, a barganha e o compromisso devem prevalecer. Ao insistir na primazia da política, os liberais reconhecem a força da contingência e da escolha na esfera pública. Apelar aos mecanismos e às profecias que neles repousam é uma forma de negar a primazia da política. O que acontecerá a seguir com a democracia liberal dependerá de muitas coisas, algumas imprevistas, outras fora do controle de ninguém, mas, quaisquer que sejam as circunstâncias, dependerá também de quanto os liberais entendem e defendem a democracia liberal.

Ao se perguntarem o que eles apoiam e o que está dando errado, os liberais têm por trás de si argumentos, tradições e experiências. Nos últimos dois séculos, os liberais aprenderam, ou deveriam ter aprendido, várias lições. Como a história do liberalismo sugeriu nestas páginas, a educação universal e o progresso cultural não garantem a sensatez humana. O zelo liberal de esclarecer e melhorar pode se tornar um desejo de controlar e dominar. As economias modernas não se estabilizam de forma consistente por si mesmas. O comércio internacional e o intercâmbio financeiro não garantem a paz. O capitalismo desenfreado e o domínio imperial não constituem, como afirmam os críticos, o liberalismo em si, mas são defeitos habituais de suas virtudes, a serem reconhecidos e combatidos. Os liberais do início do século 20 aprenderam, para sua surpresa, que a ordem pacífica do liberalismo poderia recair na guerra e na barbárie na mesma proporção em que o próprio capitalismo liberal havia, com êxito, se esforçado para se estabelecer. Os liberais do início do século 21 aprenderam que a democracia liberal não era nem autossustentável nem se disseminava tranquilamente pelo globo. Se todas essas lições fossem reunidas em uma única lição, ela seria a de que a democracia liberal não cuida de si mesma, mas precisa ser defendida e mantida.

Uma coisa óbvia é que os liberais indecisos devem manter seu vigor intelectual. Os primeiros capítulos desta quarta parte se debruçaram em detalhes sobre uma lista assustadora de preocupações e alertas: descrédito político, insustentabilidade econômica, isolamento geopolítico e enfraquecimento da inspiração dos ideais liberais quando confrontados com a forte sedução da nacionalidade ou da identidade de grupo. O capítulo sobre a discordância intelectual listou um pequeno léxico de críticas antiliberais e autocríticas liberais. Elas variavam de críticas abrangentes e descartáveis, passando por um tipo contundente, mas que podia ser contestado, indo até um tipo também contundente, embora ainda não passível de resposta.

As críticas abrangentes e descartáveis eram os alvos escolhidos para serem eliminados em um primeiro ataque. Vale a pena relembrar, brevemente, que isso se dava não pela sua eventual eficácia, mas porque essas críticas eram amplamente produzidas. A estratégia comum consiste em agrupar todas as dificuldades com o liberalismo em um só conjunto e declarar o projeto liberal não apenas imperfeito, mas sem futuro. Duas dessas críticas radicais se destacaram. Uma era a incoerência programática, a outra uma imagem falsa das pessoas e da sociedade.

O liberalismo era incoerente, acusavam, na medida em que seus objetivos e ideais não podiam ser alcançados em conjunto. O liberalismo oferecia progresso social, restrições ao poder e respeito cívico pelas pessoas. Mas os recursos, incluindo o tempo, eram limitados. Você poderia ter mais progresso social na forma, digamos, de crescimento econômico super-rápido. Você poderia ter mais restrição ao poder na forma de direitos locais e apoio popular. Mas você não poderia ter os dois ao mesmo tempo. O compromisso com objetivos inatingíveis transformou os liberais em utópicos sinceros ou hipócritas manipuladores.

Os liberais poderiam responder que a crítica sobre objetivos conflitantes não era séria ou não era exclusiva do liberalismo. Todos tinham objetivos conflitantes, mesmo quando optavam por perseguir um em detrimento de outros. A política, como a vida, produz demandas conflitantes. A política requeria atenção para uma variedade de tarefas. O liberalismo era caracterizado por aceitar todas as tarefas. Não sacrificou umas pelas outras no início nem as classificou antecipadamente como mais ou menos urgentes, de sorte a fazer as escolhas difíceis e inevitáveis parecerem mais simples. Os liberais podem renunciar a uma tarefa para tornar outras mais fáceis de alcançar: digamos, mais restrição ao poder e mais respeito cívico pelas pessoas ao custo de um progresso mais lento ou reprimir conflitos e garantir a ordem liberando as rédeas do poder estatal. Abandonar um objetivo conflitante dessa maneira, no entanto, seria renunciar ao liberalismo. Buscar atender a diversas demandas conflitantes na política torna o liberalismo não apenas distintivo. Torna o liberalismo atrativo.

Uma segunda crítica geral foi a de que, para as pessoas e a sociedade, a imagem do liberalismo era inepta. Não havia antropologia filosófica ou sociologia política digna de confiança. Os liberais, em poucas palavras, eram ignorantes sobre seus semelhantes. A acusação assumiu várias formas. Filosoficamente, censuravam que o liberalismo era individualista em sua forma de enxergar as pessoas e que o individualismo era falso. No entanto, como argumentado no capítulo sobre respeito cívico, tolerância e "o indivíduo", o individualismo na verdade retratava um amontoado de opiniões discordantes ou não essenciais para o liberalismo político ou, se essenciais – preocupação moral com as pessoas uma a uma, por exemplo –, não inerentes ao liberalismo.

Quanto à imagem do liberalismo visto pela sociedade, criticavam que os liberais contavam com um cidadão idealizado que nunca existiu. O mesmo pode ser dito de todas as perspectivas políticas, mas também não estava claro em qual tipo de cidadão super idealizado o liberalismo estava errado em confiar. Era ele o republicano cívico e desconfiado do poder que os pensadores pré-liberais dos séculos 16 e 17 celebraram, o universalista devotado de Kant, o experimentador da vida de Mill ou o calculador racional e egoísta de Schumpeter? Amarrar o liberalismo a qualquer um desses estereótipos negaria ao liberalismo sua amplitude. Amarrar o liberalismo a todos eles pode ser visto como um suporte, ou seja, ter em mãos um portfólio diversificado de muitos tipos de cidadãos ideais.

Historicamente, criticavam o liberalismo afirmando que ele era anacrônico. O liberalismo funcionou no século 19, afirmavam, porque suas virtudes sociais de responsabilidade e independência convinham a cidadãos independentes e de forte opinião. Não poderia funcionar na cidadania fluida e dócil da sociedade de massa. Como a Parte Um deste livro mostrou amplamente, não havia um liberal socialmente típico no século 19. Os liberais surgiram de proprietários/gerentes e trabalhadores de fábricas; proprietários de terras e escravos libertos; banqueiros, corretores, editores de jornais, professores e clérigos; e de ativistas contra a escravidão e o colonialismo, pelo livre comércio, pelos direitos das mulheres, pela extensão do sufrágio ou pela paz mundial. Alguns liberais eram várias dessas coisas ao mesmo tempo. A crença de Humboldt no crescimento das capacidades humanas e a insistência de Mill na proteção da individualidade não eram exclusividade de uma classe ou época. Ao contrário da caricatura que faziam dele, o liberalismo era uma prática política duradoura na qual se engajavam pessoas de vários tipos sociais com uma gama normal de atitudes e temperamentos pessoais diversos. Não era um conjunto simplesmente encapsulado de opiniões improvisadas, um extra final que poderia ser adicionado a um suposto tipo social como uma cartola.

Do outro lado do contraste, o cidadão pós-século 19, supostamente mal adaptado às rígidas demandas sociais do liberalismo, era difícil de ser visto. Ele, ou ela, era retratado alternadamente como roubado pela sociedade de massa de vontade e propósito independentes, ou eram retratados como trancados em suas próprias vidas, socialmente irresponsáveis e desengajados. O cidadão moderno típico era tão fraco a ponto de ser esmagado pela sociedade ou tão distante a ponto de dissolver a sociedade. As teorias mais engenhosas da inépcia social do liberalismo insistiam que o que parecia serem dois tipos de cidadãos modernos imperfeitos era, na verdade, um só. A fusão dos dois referidos tipos, em tal visão, era realmente uma perda de si mesmo, pois um verdadeiro sentido de si só poderia ser encontrado pelo engajamento na sociedade.

Tais críticas falharam em sentenciar quais pessoas, na variedade de suas inclinações e temperamentos, elas realmente eram. Além disso, raramente ficava claro em qual padrão implícito de autocontrole cívico e engajamento social o cidadão moderno falhava. A acusação de recuo para a privacidade e afastamento da comunidade havia sido feita contra a modernidade liberal desde o início do século 19, mas o liberalismo havia sobrevivido. O *flash mob*, a arrecadação de fundos *online* e os tuítes presidenciais foram lembretes de que novas formas de engajamento político surgem e outras morrem. A maioria das pessoas presta pouca atenção à política na maioria das vezes, embora sejam capazes de prestar muita atenção em situações especiais que ocorrem repentinamente e fora dos padrões comuns.

A maior fraqueza das críticas sociológicas do liberalismo foi confundir apoio político com engajamento político. Essas críticas não deixaram claro de quantos cidadãos ativos e engajados uma democracia liberal saudável precisava para ter um sucesso duradouro. Para ter legitimidade duradoura, o liberalismo exigia apoio. Não exigia que houvesse uma massa, muito menos uma maioria, de liberais ativos e engajados. A qualquer momento, os atores da política, ou seja, seus políticos, funcionários do governo, doadores, ativistas e voluntários são sempre uma pequena minoria. Para que suas instituições fossem mantidas em bom estado e suas falhas combatidas, a democracia liberal precisava de uma vigorosa minoria de liberais ativos e maiorias confiáveis de apoio passivo. Não precisava de mais, embora pedir qualquer um já fosse pedir muito.

Menos abrangentes e mais contundentes, mas ainda contestáveis, foram as acusações da esquerda antiliberal e da direita antiliberal. A esquerda antiliberal entendeu o liberalismo como hipócrita. O liberalismo preconizava oferecer respeito igual e inclusão de todos, mas, na verdade, autorizava e encorajava a criação de desigualdade porque dependia do capitalismo e o capitalismo dependia da criação de desigualdade e exclusão. Liberais honestos poderiam concordar que, como subprodutos indesejados da prosperidade frutífera, o capitalismo criou desigualdade e exclusão; mas eles poderiam acrescentar, contra a esquerda antiliberal, que o liberalismo concebeu meios políticos para temperar o capitalismo, corrigir a desigualdade e reduzir a exclusão.

Para a direita antiliberal, a promessa de progresso do liberalismo era vazia. Em termos de progresso material, o liberalismo não conseguiu diminuir a pobreza e a desigualdade material apesar de um século de tentativas. A pobreza nas sociedades ricas permaneceu e estava piorando em alguns lugares. O *welfare* liberal, além disso, debilitava a família, enfraquecia a responsabilidade e geralmente piorava a vida dos pobres. Os libertários gostavam de tais alegações, pois não acreditavam que alguém deveria ser obrigado a ajudar os pobres como a tributação liberal exigia. Os conservadores tradicionais também gostavam de tais afirmações ou porque achavam que os pobres deveriam reagir e não recorrer a esmolas ou porque não acreditavam no progresso em geral e julgavam que os pobres estavam sempre conosco. Essas duas famílias da direita moderna gostavam de tais críticas porque prometiam menos gastos sociais e a manutenção de impostos reduzidos. Os liberais tinham respostas para ambos, ensaiadas em vários pontos deste livro. A maior promoção do assim chamado "bem-estar" ("*welfare*") não provinha da caridade, mas de um seguro obrigatório que havia melhorado vidas.

As boas políticas reduziram historicamente a pobreza. Onde a pobreza estava crescendo novamente, isso se devia mais às baixas remunerações e à falta de garantia de emprego do que aos impostos que reduziriam o crescimento e ao bem-estar moralmente corrosivo.

Quanto ao progresso cultural, os conservadores antiliberais criticavam o fato de que a permissividade liberal e o desprezo pelas normas estavam de fato enfraquecendo a vida cultural e intelectual. Os liberais honestos poderiam, aqui novamente, concordar que uma sociedade aberta e liberal gera graves problemas culturais. A liberdade de expressão é frequentemente vulgar, odiosa ou irresponsável. Incentivar os jovens da escola e da universidade a crescer e assumir a responsabilidade por si mesmos os torna difíceis de ensinar quando se consideram adultos e responsáveis antes de o serem. Em uma cultura diversa, de ampla escolha, os objetivos comuns são muitas vezes perdidos de vista, o cânone esquecido e as grandes instituições que cresceram ao longo do tempo deixadas ao abandono, traídas pelo gerencialismo e asfixiadas financeiramente.

O erro conservador foi transformar todos os problemas culturais em um único problema civilizacional. Proteger e manter fora das mãos de interesses específicos os elementos atuantes de uma cultura compartilhada – escolas, universidades, as mídias, as artes, a vida intelectual, pesquisa pura, "lugares de memória" de uma nação – não era uma tarefa, mas muitas tarefas. Nenhuma delas acabou e todos precisavam pagar por isso. Todas envolviam conflito e política para os quais havia poucas ou nenhuma resposta simples e partidária. A crítica cultural conservadora do liberalismo era tão antiga quanto Chateaubriand e Coleridge. Apesar de todo o seu charme elegíaco, a crítica nunca foi politicamente sincera. Os conservadores tendiam a escrever sobre a cultura como uma doação ou herança misteriosamente gratuita que os liberais impensadamente desperdiçavam. Uma cultura, no entanto, não é uma relíquia de família, mas um trabalho em andamento. Como a democracia liberal, ela deve ser sustentada e mantida. A crítica cultural conservadora do liberalismo político subestima o custo, o trabalho e a resistência permanente aos interesses e seus agentes gestores, que são demandados para a manutenção de uma cultura variada e uma rica vida intelectual.

Críticas pontuais e ainda sem resposta foram sentidas pelos próprios liberais. Percorrendo os cinco capítulos anteriores, deparamo-nos com uma preocupação envolvendo a sustentabilidade da democracia liberal. Os liberais se preocupavam com razão sobre como os elementos liberais e democráticos poderiam manter-se unidos. O liberalismo para poucos, do tipo antidemocrático ou pré-democrático, era relativamente fácil de sustentar. O liberalismo para todos, do tipo democrático, sempre seria difícil.

Quando vai bem, a democracia liberal depende da política e do governo para manter seus dois elementos, liberalismo e democracia, juntos. Quando a democracia liberal vai mal, a política e o governo são capturados pelos interesses de poucos. Se a democracia liberal deve ser reparada, uma primeira tarefa não seria menos governo, mas um melhor governo. Pesquisas de opinião mostram um colapso na confiança pública no governo, o que não surpreende depois de meio século em que os governos sofreram interrupções, as pessoas foram levadas a pensar que governo não é a solução, mas o problema, e jovens inteligentes escolheram quase todas as carreiras, menos as carreiras do setor governamental.

A democracia liberal não se sustentará a menos que a autoridade e o prestígio do governo liberal sejam restabelecidos, uma grande tarefa com muitos elementos. Os liberais, por exemplo, precisam ser mais claros e firmes com relação aos respectivos deveres dos cidadãos e do governo. Assim como eles deveriam rejeitar a fantasia libertária de nenhum governo, eles deveriam lutar contra a perversão populista do governo como a voz do povo. Nas democracias representativas, os cidadãos escolhem os governos e estes governam os cidadãos.

Em termos práticos, uma exigência de equidade fiscal deve ser reconhecida. As pessoas recebem o governo e os bens públicos pelos quais pagam. Os liberais caem muito facilmente na cilada de ter que justificar a tributação como se ela pudesse ser tratada como uma cobrança presumível isolada da provisão pública de escolas, hospitais, estradas, tribunais e ordem social. Se, por outro lado, os direitos crescem sem que os impostos acompanhem o ritmo, as pessoas esperam muito do governo por muito pouco. Liberais sinceros deveriam admitir que uma sociedade mais justa com forte provisão pública requer impostos mais altos. Conservadores sinceros deveriam admitir que, se os impostos devem permanecer baixos, a sociedade deve ser menos justa e a provisão pública mais mesquinha.

Nenhum *slogan* causou mais danos à sociedade do que "O Governo é o problema". Quando as pessoas agora consideram o liberalismo uma doutrina do governo pequeno, os próprios liberais compartilham a culpa por isso. Ao se concentrar por muito tempo no poder estatal inadequado (décadas de 1970-2010), um liberalismo dogmático e de livre mercado contribuiu para os desafios políticos que a democracia liberal enfrenta agora na concentração excessiva de riqueza e na desconfiança popular sem base no governo.

Hoje é amplamente aceito entre os liberais de centro-direita e centro-esquerda que a desigualdade econômica corre o risco de dividir as democracias liberais. De forma sintética, isso está correto, mas aberto a mal-entendidos. A principal dificuldade econômica não é a desigualdade em si mesma e o problema com a desigualdade não é puramente econômico. Como salientado em um capítulo anterior da Parte Quatro, a dificuldade econômica subjacente é que o crescimento é muito lento, os salários muito baixos e a precariedade do trabalho mais alta do que os números oficiais de desemprego sugerem. A dificuldade social e política subjacente é a defesa dos privilégios e a indiferença quanto às suas exclusões, dois males dos quais as desigualdades de renda e riqueza são sintomas.

Na visão liberal, os poderes de um Estado – nação, riqueza e sociedade – devem ser equilibrados uns contra os outros para a vantagem do povo. Não era suficiente que nenhum interesse particular pudesse capturar qualquer um dos três poderes e exercê-lo em seu próprio benefício. Além disso, aos três poderes não deve ser permitido se aliarem em benefício de poucos – isto é, eles não deveriam ser autorizados a criar castas privilegiadas com a tripla proteção de riqueza sem empecilhos, sanção social e indulgência política. A falha mais gritante da democracia liberal nos últimos 30-40 anos é ter permitido um funcionamento conjunto do poder econômico, social e político a serviço de alguns, não de muitos.

Os primeiros liberais sonhavam com uma ordem social desobstruída que fornecesse escadas para a ascensão social de qualquer pessoa. Com o tempo, esse ideal se tornou conhecido como igualdade de oportunidades ou meritocracia. De certa forma, era um ideal admirável, mas não um ideal que pudesse ser alcançado e depois posto de lado como um trabalho concluído. Pode ser humano, ao subir a escada da oportunidade, derrubá-la de sorte a impedir que outros abaixo o sigam. O trabalho da política e do governo é colocar as escadas de volta.

Desde a década de 1970, as escadas foram derrubadas, mas não foram recolocadas. A concentração de riqueza, a elevação dos valores privados e comerciais em detrimento dos valores públicos ou sociais e a erosão da capacidade governamental encorajaram um acúmulo de privilégios não contestados entre uns poucos favorecidos que desfrutam de um controle indevido dos recursos que favorecem a qualidade de vida: não apenas dinheiro, mas educação, tranquilidade, relacionamentos e prestígio. Se o lema de 1% estiver correto, os privilegiados do mundo rico chegam a cerca de 10 milhões. Eles são muitos para serem uma panelinha e muito variados em localização e atitude para serem um *establishment* ou mesmo uma elite, muito menos uma elite liberal ou cosmopolita. Mesmo quando apresentada como descrição social em vez de ofensa partidária, tal rotulação perde o sentido. Falar de elites super personaliza e tira o foco do problema. A criação de privilégios inaceitáveis não vem da ganância ou da indiferença egoísta, mas do fracasso político. Os liberais deveriam defender a separação entre o poder estatal, econômico e social. Em vez disso, eles permitiram uma aliança crescente entre os três poderes para proteger não a maioria, mas alguns sortudos.

A história do liberalismo contada nestas páginas está aberta a duas objeções óbvias. Uma objeção é que ela não é uma história do liberalismo – pois o liberalismo tem tudo a ver com liberdade ou igualdade, que mal apareceram nas páginas deste livro. Pode-se responder que a liberdade e a igualdade em suas múltiplas variedades apareceram por toda parte, mas não sob esses nomes.

Diante das interferências e exigências de governantes, proprietários de terras e sacerdotes, proteção confiável do poder, mesmo do poder autorizado, era o que as pessoas, imemorialmente, chamavam de liberdade. Tal proteção para todos era o que, imemorialmente, eles chamaram de igualdade. Os primeiros liberais, dizia-se no início, esperavam por uma ordem ética sem apelar à autoridade divina, à tradição estabelecida ou ao costume paroquial. Baseando-se na experiência da tolerância, eles esperavam a aceitação da liberdade moral. Eles esperavam uma ordem social sem hierarquias legalmente fixadas ou classes privilegiadas. Eles esperavam a igualdade legal. Eles esperavam uma ordem econômica livre da interferência da coroa ou do Estado, privilégios de monopólio, obstáculos locais aos mercados nacionais ou tarifas internacionais bloqueando o comércio entre as nações. Eles estavam esperando por liberdade econômica. Eles esperavam uma ordem política sem autoridades absolutas ou poderes não partilhados que os cidadãos pudessem entender, aceitar e, até certo ponto, controlar. Eles estavam esperando por liberdade política. Quando pressionado democraticamente, o liberalismo estendeu essas esperanças para que ninguém fosse excluído do que as esperanças liberais prometiam. Os liberais democratas almejavam uma igualdade de liberdade moral, econômica e política. Como todos esses termos eram contestados e nenhum tinha significado transparente, parecia mais simples contar a história em termos desconhecidos, mas mais diretos.

A outra objeção óbvia é que a história contada aqui não é uma história do liberalismo, mas de liberalismos. É uma história de tradições distintas, cada uma com o rótulo de "liberal", mas apenas vaga e confusamente relacionadas umas às outras, se é que o são. Quando confrontados com a palavra "liberal" não há fatos semânticos decisivos que vão definir se há um liberalismo ou muitos. Não há fatos conceituais assentados sobre se o "liberalismo" é a expressão de uma prática ou tradição ou muitas práticas ou tradições. Há, no entanto, uma resposta histórica persuasiva à questão de haver um ou muitos liberalismos.

Ao longo do século passado, quatro países ocidentais distintos, agrupados aqui apenas para servir de exemplo – França, Grã-Bretanha, Alemanha e Estados Unidos –, convergiram em uma prática compartilhada de política que é incontroversamente reconhecida em sua continuidade e distinção. Isso é verdade especialmente agora que a saúde e a sobrevivência da citada prática são objeto de uma preocupação tão ampla, tanto entre amigos quanto inimigos do liberalismo. Chamar a prática em questão de "liberalismo democrático" é mais descritivo, porém chamar de "democracia liberal" dá a ela um significado mais próximo do seu uso comum. De qualquer forma, o que importa é a coisa nominada, não o nome. Se insistirmos que o que é o liberalismo permanece vago, pode-se responder que o tipo errado de clareza está sendo solicitado ou que a clareza está sendo buscada no lugar errado – no espaço semântico ou conceitual e não na história, onde pode ser encontrada. O liberalismo é o que levou à democracia liberal, uma prática política que, pelos padrões históricos, é, ou foi, bem-sucedida, até mesmo admirável, mas agora corre o risco de ser mal interpretada e negligenciada.

Para defender e reparar a democracia liberal, os liberais devem ter em mente o que ela alcançou. Olhando para trás na velhice, o filósofo Karl Popper elogiou os sucessos da democracia liberal em "*The History of Our Time: An Optimist's View*" (1986), uma palestra em memória da reformadora social britânica e ativista da beneficência infantil na Grã-Bretanha, Eleanor Rathbone. Sua homenagem merece ser lembrada pelos liberais autocríticos. Sem "se" ou "mas" e usando "homens" à moda antiga para significar homens e mulheres, Popper disse a seus ouvintes:

> Em nenhum outro momento, e em nenhum outro lugar, os homens foram mais respeitados, como homens, do que em nossa sociedade. Nunca antes tiveram seus direitos humanos e sua dignidade humana tão respeitados, e nunca antes tantos estiveram prontos para fazer grandes sacrifícios pelos outros, especialmente para aqueles menos afortunados do que eles; acreditem que estes são os fatos (POPPER, 1986).

Há outros fatos menos lisonjeiros sobre a democracia liberal, incluindo o Estado de guerra, um desejo imperial de ensinar e dominar, desigualdades persistentes e propensão a crises, por exemplo, que foram destacados ao longo deste livro. Ao escrever uma "biografia" do liberalismo que enfatizava suas fraquezas e falhas, bem como seus pontos fortes, a intenção era ser objetivo, não neutro. Este livro presumiu, não argumentou, que entre as práticas conhecidas de política que foram realmente testadas, a democracia liberal era a menos falha. O objetivo não era escrever "Democracia Liberal: a Favor ou Contra?". O objetivo era ver melhor o que era o liberalismo, para ter mais clareza sobre o que estava dando errado. Em suas anotações, o médico-escritor Anton Chekhov disse a respeito de seus companheiros humanos que eles só melhorariam se fossem levados a ver como eram. *Liberalismo: A Biografia de uma Ideia* foi escrito com esse conselho em mente. Se os liberais do século 21 podem esquivar-se de imitar seus críticos ao empilhar todas as suas dificuldades em um único amontoado intransponível; se, como os liberais anteriores, podem repensar seus objetivos de resistência, progresso e respeito para atender aos novos desafios; se podem encontrar a vontade política para começar a consertar até mesmo algumas das muitas falhas nas sociedades democráticas liberais, então ainda pode ser muito cedo para enterrar o liberalismo sob uma estátua de esperança.

REFERÊNCIAS

Para este livro sobre história e ideias políticas, eu contei com escritas de pensadores liberais e de políticos e com interpretações e comentários de muitos estudiosos e comentaristas. Estou em dívida com eles e agradeço a todos. Exceto quando citado diretamente, não os citei no próprio texto. Abaixo está uma lista de trabalhos que consultei para cada capítulo ou seção, incluindo, no início desta bibliografia, algumas obras gerais e fontes de referência. Títulos de livros e nomes de publicações estão em itálico; títulos de artigos, discursos e panfletos estão entre aspas. Para fontes *online* instáveis, são fornecidos o mês e o ano do *download*. No texto principal, para facilitar a leitura, todos os títulos estão em inglês. Aqui os títulos estão escritos em suas formas originais, com tradução quando relevante ou disponível. Para marcar dívidas notáveis de interpretação, avaliação e argumento, destaquei certos trabalhos à frente das seções, imediatamente após os escritos ou discursos de meus principais liberais. Seguem-se outros trabalhos que os leitores além de mim podem achar úteis, organizados por data de primeira publicação.

Obras gerais: Guido de Ruggiero, *Storia del liberalismo europeo* (1924); trad. Collingwood, *The History of European Liberalism* (1927); Harold Laski, *The Rise of European Liberalism* (1936); C. B. Macpherson, *The Political Theory of Possessive Individualism* (1962); Kenneth Minogue, *The Liberal Mind* (1963); Larry Siedentop, "Two Liberal Traditions" em *The Idea of Freedom* (1979), ed. Ryan; Rudolf Vierhaus, "Liberalismus" em *Geschichtliche Grundbegriffe, Vol. III* (1982), eds. Brunner, Conze, and Koselleck; Gerald Gaus, *The Modern Liberal*

Theory of Man (1983); Steven Seidman, *Liberalism and the Origins of European Social Theory* (1983); Ronald J. Terchek, "The Fruits of Success and the Crisis of Liberalism" em *Liberals on Liberalism* (1986), ed. D'Amico; Jeremy Waldron, "Theoretical Foundations of Liberalism", *Philosophical Quarterly* (Abril de 1987); Stephen Macedo, *Liberal Virtues* (1990); H. Q. Merquior, *Liberalism Old and New* (1991); Richard Bellamy, *Liberalism and Modern Society: An Historical Argument* (1992); Richard Bellamy and Martin Hollis, "Liberal Justice: Political and Metaphysical", *Philosophical Quarterly* (Janeiro de 1995); Immanuel Wallerstein, *After Liberalism* (1995); Michael Freeden, *Ideologies and Political Theory* (1996); Ralf Dahrendorf, "Squaring the Circle: Prosperity, Civility and Liberty" em *Liberalism and Its Practice* (1999), eds. Avnon and Shalit; Jörn Leonhard, *Liberalismus* (2001); Jörn Leonhard, "Semantische Deplazierung und Entwertung: Deutsche Deutungen von 'liberal' und 'Liberalismus' nach 1850 em europäischen Vergleich", *Geschichte und Gesellschaft* (jan.-mar. 2003); Gaus, *Contemporary Theories of Liberalism* (2003); Freeden, "Twentieth-Century Liberal Thought: Development or Transformation?" em *Liberal Languages* (2005); *Histoire du libéralisme en Europe* (2006), eds. Nemo and Petitot; Susan James, "The Politics of Emotion: Liberalism and Cognitivism" em *Political Philosophy* (2006), ed. O'Hear; Cathérine Audard, *Qu'est-ce que le libéralisme?* (2009); Alan Ryan, *The Making of Modern Liberalism* (2012).

Antologias e dicionários: *The Liberal Tradition* (1956), eds. Bullock e Shock; *Western Liberalism: A History in Documents from Locke to Croce* (1978), eds. Bramsted e Melhuish; *Blackwell Encyclopedia of Political Thought* (1987), eds. Miller et al.; Simon Blackburn, *The Oxford Dictionary of Philosophy* (1994); *A Companion to Contemporary Political Philosophy* (1995), eds. Goodin e Pettit; *The Routledge Encyclopedia of Philosophy* (1998), ed. Craig, disc version REP 1.0 (2001); *Liberalism, Critical Concepts in Political Theory: Vol. I, Ideas of Freedom; Vol. Il, Rights, Property and Markets; Vol. Ill, Justice and Reason; Vol. IV, The Limits of Liberalism* (2002) (artigos de jornais de língua inglesa de 1950-1990), ed. Smith; Roger Scruton, *Dictionary of Political Thought* (3rd 2007); lan Adams e R. W. Dyson, *Fifty Major Political Thinkers* (2007); *Freedom: A Philosophical Anthology* (2007), eds. Carter, Kramer e Steiner; *Les Penseurs libéraux* (2012), eds. Laurent e Valentin; *Dictionnaire du libéralisme* (2012), ed. Laine.

Fontes online: *Stanford Encyclopedia of Philosophy Online*; The Online Library of Liberty, a Project of the Liberty Fund; *German Historical Documents & Images* (GHDI), *site* do Instituto Histórico Alemão (Washington, D.C.); INSEE *online* database (France); *Social Trends* (2008-13), escritório de

Estatísticas Nacionais (Britain); *Destatis*, banco de dados *online* de Statistiches Bundesamt (Germany); *Statistical Abstract 2012*, Census Bureau (United States); OECD Data Lab (OECD statistics online); *American National Biography Online* (ANB Online); *Oxford Dictionary of National Biography Online* (ODNB *Online*).

Liberalismo na França: Michel Chevalier, "Power and Liberty" em *Society, Manners and Politics in the United States* (1835, trad. 1839); Charles Renouvier, *Manuel republicai des drouts de l homme et du citoven* (1848); Edouard Laboulaye, *Le parti liberal: son progres et son avenir* (1863); Emile Ollivier, *L'empire libérale* (1895-1907); Emile Faguet, *Le libéralisme* (1903); André Siegfried, *Tableau des partis en France* (1930); René Rémond, *Les droites en France* (1954; 3ª 1982); Raymond Aron, *Dix-huits lecons sur la société industrielle* (1962); *Démocratie et Totalitarianisme* (1965); *Trois essais sur l'âge industrielle* (1966); *Politics and Society in Contemporary France 1789-1971: A Documentary History* (1972), ed. Eric Cahm; Bertrand de Jouvenel, *Du pouvoir* (1972); Theodore Zeldin, *France 1848-1945: Vols. I & II, Ambition and Love* (1973): *Vol. III Politics and Anger* (1973); *Vol. IV Intellect and Pride* (1977): Joseph Amato, *Mounier and Maritain: A French Catholic Understanding of the Modern World* (1975); Adeline Daumard "Etat libéral et libéralisation économique" em *Histoire économique et sociale de la France III/2* (1976), eds. Braudel e Labrousse; William Logue, *From Philosophy to Sociology: The Evolution of French Liberalism, 1870-1914* (1983); Louis Girard, *Les libéraux français*: 1814-75 (1985): John Godfrey, *Capitalism at War: Industrial Policy and Bureaucracy in France, 1914-18* (1987); Vincent Wright, *The Government and Politics of France* (3ª 1989); Stephen Davies, "French Liberalism" em *A Dictionary of Conservative and Libertarian Thought* (1991), eds. Ashford and Davies; Rémond, *Notre Siècle, 1918-88* (1988) e "Liberal Models in France 1900-1930" em *Liberty/Liberté: The American and French Experiences* (1991), eds. Klaits e Haltzel; Jean Rivero, "The Jacobin and Liberal Traditions" e George Armstrong Kelly "The Jacobin and Liberal Contributions" em *Liberty/ Liberté*; Sudhir Hazareesingh, *Political Traditions of Modern France* (1994); Nicolas Roussellier, "Libéralisme" em *Dictionnaire historique de la vie politique française au XXème siècle* (1995), ed. Sirinelli; Jean-Claude Casanova, entrevista *online* nonfiction.fr (Tune 2010): Tain Stewart. "Ravmond Aron and the Roots of the french Liberal Renaissance", submissão de doutorado à universidade de Manchester (2011); Jeremy Jennings, *Revolution and the Republic: A History of Political Thought in France since the Eighteenth Century* (2011); Aurelian Craiutu, "Raymond Aron and the Tradition of Political Moderation in France"; Rat Geenens e Helena Rosenblatt, "French Liberalism, an Overlooked Tradition?"; William Logue, "The 'Sociological Turn' in French Liberal Thought"; Cheryl

B. Welch, "Anti-Benthamism: Utilitarianism and the French Liberal Tradition" todos em *French Liberalism from Montesquieu to the Present Day* (2012), eds. Geenens e Rosenblatt.

Liberalismo na Grã-Bretanha: A. V. Dicey, *Lectures on the Relation between Law and Public Opinion in England in the Nineteenth Century* (1898); Elie Halévy, *La Formation du radicalisme philosophique* (1901-4); trad. Morris, *The Growth of Philosophic Radicalism* (1928); George Dangerfield, *The Strange Death of Liberal England* (1935); John Plamenatz, *The English Utilitarians* (1949); Crane Brinton, *English Political Thought in the 19th Century* (1949); Stephen Koss, *Asquith* (1976); Tohn Dinwiddy, "The Classical Economists and the Utilitarians" em *Western Liberalism*, eds. Bramsted e Melhuish (1978); Koss, *The Rise and Fall of the Political Press in Britain: Vol Il, The Twentieth Century* (1984); Peter Stansky, "The Strange Death of Liberal England: Fifty Years"; *Albion: A Quarterly Journal Concerned with British Studies* (Winter 1985); Jonathan Clarke, *English Society 1688-1832* (1985); David Cannadine, "The Passing of the Whigs" em *The Decline and Fall of the British Aristocracy* (1990); Stefan Collini, *Public Moralists: Political Thought and Intelectual Life in Britain, 1850-1930* (1991); Jonathan Parry, *The Rise and Fall of Liberal Government in Victorian Britain* (1993); Martin Daunton, *Progress and Poverty: An Economic and Social History of Britain 1700-1850* (1995); Conrad Russell, *An Intelligent Person's Guide to Liberalism* (1999); G. R. Searle, *The Liberal Party: Triumph and Disintegration 1886-1929* (2001); G. R. Searle, *A New England? Peace and War 1886-1918* (2004); Boyd Hilton, *A Mad, Bad, Dangerous People? England 1783-1846* (2006); Parry, *The Politics of Patriotism: English Liberalism, National Identity and Europe, 1830-86* (2006); Collini, *Absent Minds: Intellectuals in Britain* (2006); Steve Pincus, *1688: The First Modern Revolution* (2009); Brian Harrison, *Seeking a Role: The United Kingdom 1951-70* (2009) e *Finding a Role? The United Kingdom1970-90* (2011).

Liberalismo na Alemanha: Paul von Pfizer, "Liberal, Liberalismus" em *Staatslexikon* (1840); Tohn Hallowell, "The Decline of Liberalism" em *Ethics* (Abril de 1942); Irene Collins, "Liberalism in 19th-Century Europe" e Franz Schnabel, "The Bismarck Problem" em *European Political History 1815-70: Aspects of Liberalism* (1966), ed. Black; Geoffrey Barraclough, "Mandarins and Nazis", *New York Review of Books* (NYRB) (19 out. 1972); Wilfried Fest, *Dictionary of German History 1806-1945* (1978): James Sheehan, *German Liberalism in the Nineteenth Century* (1978); Gordon A. Craig, *Germany 1866--1945* (1978); Thomas Nipperdey, *Deutsche Geschichte, 1800-1866: Bürgerwelt und starker Staat* (1983); trad. Nolan, *Germany from Napoleon to Bismarck,*

1800-1866 (1996); H. W. Koch, *A Constitutional History of Germany* (1984); E. L. Jones, *German Liberalism and the Dissolution of the Weimar Party System, 1918-33* (1988); Jarausch e Jones, "German Liberalism Reconsidered"; Marion W. Gray, "From the Household Economy to 'Rational Agriculture': The Establishment of Liberal Ideals in German Agricultural Thought"; Geoffrey Eley, "Notable Politics, the Crisis of German Liberalism, and the Electoral Transition of the 1890s"; Jarausch, "The Decline of Liberal Professionalism"; Thomas Childers, "Languages of Liberalism" todos em *In Search of a Liberal Germany* (1990), eds. Jarausch e Jones; Lothar Gall et al., *Bismarck: Preussen, Deutschland und turopa* (1990), *show catalog*, German Historical Museum, Berlin; Mary Fulbrook, *A Concise History of Germany* (1990); Winkler, "Nationalismus, Nationalstaat und nationale Frage em Deutschland seit 1945", em *Politik und Zeitgeschichte* (set. 1991); Stephen Davies, "German Liberalism" em *A Dictionary of Conservative and Libertarian Thought* (1991), eds. Ashford e Davies; Peter Pulzer, "Political Ideology" em *Developments in German Politics* (1992), ed. Smith; Otto Dann, *Nation und Nationalismus in Deutschland 1770-1990* (1993); Richard Bessell, *Germany after the First World War* (1993); Horst Möller, "Bürgertum und bürgerlich-liberale Bewegung nach 1918" em *Historische Zeitschrift*, Sonderheft 17 (1997) e Introduction por Gall; David Blackbourn, *Germany 1780-1918: The Long Nineteenth Century* (1997); August Winkler, *Der lange Weg nach Westen* (2000); trad. Sager, *Germany: The Long Road West* (2006); *Liberalism, Anti-Semitism and Democracy: Essays in Honor of Peter Pulzer* (2001), eds. Tewes e Wright; John Zmirak, *Wilhelm Röpke* (2001): Jonathan Wright, *Gustav Stresemann: Weimar's Greatest Statesman* (2002); William Hagen, *Ordinary Prussians* (2002); Niall Ferguson, "Max Warburg and German Politics" em *Wilhelminism and Its Legacies* (2003), eds. Eley e Retallack; Gerd Habermann, "La 'mesure humaine ou l'ordre naturel" em *Histoire du libéralisme en Europe* (2006), eds. Nemo e Petitot; Jonathan Steinberg, *Bismarck* (2011).

Liberalismo nos Estados Unidos: John Dewey, *Liberalism and Social Action* (1935): Richard Hofstadter, *The American Political Tradition* (1948); Arthur Schlesinger Jr., *The Vital Center* (1949); David Riesman, Nathan Glazer e Reuel Denney, *The Lonely Crowd* (1950); Louis Hartz, *The Liberal Tradition in America* (1955); Arthur Ekirch, *The Decline of American Liberalism* (1955); C. Wright Mills, *The Power Elite* (1956); Bernard Crick, *The American Science of Politics* (1959); Seymour Martin Lipset, *Political Man* (1960); Daniel Bell, *The End of Ideology* (1960); Christopher Lasch, *The New Radicalism in America 1889-1963* (1965); Hofstadter, *The Progressive Historians* (1968); Robert Paul Wolff, *The Poverty of Liberalism* (1968); Barton J. Bernstein, "The Conservative Achievements of Liberal

Reform" em *Towards a New Past: Dissenting Essays in American History* (1968), ed. Bernstein; Theodore Lowi, *The End of Liberalism* (1969); Gordon S. Wood, *The Creation of the American Republic* (1969); John Dunn, "The Politics of Locke in England and America in the Eighteenth Century" em *John Locke: Problems and Perspectives* (1969), ed. Yolton; Charles Reich, *The Greening of America* (1970); J.G.A. Pocock, "The Americanization of Virtue" cap. 15 de *The Machiavellian Moment* (1975); Bell, *The Cultural Contradictions of Capitalism* (1976); Ann Douglas, *The Feminization of American Culture* (1977); Lasch, *The Culture of Narcissism* (1979); Daniel Walker Howe, *The Political Culture of the American Whigs* (1979); William Galston, "Defending Liberalism", *American Political Science Review* (set. 1982): Stever Dworetz, *The Unvarnished Doctrine: Locke. Liberalism and the American Revolution* (1990); J. Isaac Kramnick, *Republicanism and Bourgeois Radicalism* (1990); Lasch, "The Fragility of Liberalism", *Salmagundi* (Fall 1991); *Debates on The Constitution I & II* (1993), ed. Bailyn; David Greenstone, *The Lincoln Persuasion: Remaking American Liberalism* (1993); *A Companion to American Thought*, eds. Fox e Kloppenberg (1995); Howe, *The Making of the American Self* (1997); Robert Remini, "The Age of Jackson and Its Impact" em *The Liberal Persuasion* (1997), ed. Diggins; David Kennedy, *Freedom from Fear: The American People in Depression and War, 1929-45* (1999); John Silber, "Procedure or Dogma: The Core of Liberalism" em *The Betrayal of Liberalism* (1999), eds. Kramer e Kimball; H. W. Brands, *The Strange Death of American Liberalism* (2001): James Hurtgen, *The Divided Mind of American Liberalism* (2002); Charles Noble, *The Collapse of Liberalism* (2004); *American Speeches I & Il* (2006), ed. Wilmer; Thomas Bender, *A Nation Among Nations: Americas Place in World History* (2006); Paul Starr, *Freedom's Power: The True Force of Liberalism* (2007); Arthur Schlesinger Jr., *Journals 1952-2000* (2007); Alan Wolfe, *The Future of Liberalism* (2009); Norman Podhoretz, *Why Are Jews Liberals?* (2009).

Humboldt: *Wilhelm von Humboldt, Ideen zu einem Versuch, die Grenzen der Wirksamkeit des Staats zu bestimmen* (escrito em 1791-92: pub. 1852); trad. Coulthard, *The Limits of State Action* (1969), rev. e ed. Burrow; Peter Berglar, *Wilhelm von Humboldt* (1970); Paul Sweet, *Wilhelm von Humboldt: A Biography I* (1978) and *II* (1980). Outras obras: Friedrich Meinecke, *Weltbürgertum und Nationalstaat* (1908); trad. Kimber. *Cosmonolitanism and the National State* (1970); Eduard Spranger, *Wilhelm von Humboldt und die Reform des Bildungswesens* (1910); F. Schaffstein, *Wilhelm von Humboldt: Ein Lebensbild* (1952); E. V. Gulick, "The Final Coalition and the Congress of Vienna" (1813-15) em *New Cambridge Modern History IX* (1965); Nicola Abbagnano, "Humboldt" em *Encyclopedia of Philosophy*, ed. Edwards (1967); Manfred Geier, "Die Brüder Humboldt" em *Deutsche Erinnerungsorte III* (2001), eds. François e Schulze; Detmar Doering, "Wilhelm von Humboldt et les origines du libéralismo allemande" em *Histoire du libéralisme en Europe*, ed. Nemo e Petitot (2006); Charles Esdaile, *Napoleon's Wars: An International History 1803-15* (2007); Frederick Beiser, "Humboldt" em *REP 1.0*; Kurt Mueller-Vollmer, "Humboldt" em *SEP Online* (dez. 2010); Franz-Michael Konrad, *Wilhelm von Humboldt* (2010).

Constant: Benjamin Constant, "De la force du gouvernement actuel de la France et de la nécessité de s'y rallier" (1796); "Des réactions politiques" (1797); "Des effets de la terreur" (1797) todos em *Des réactions politiques*, ed. Raynaud (1988); "De la perfectibilité de l'espèce humaine" (1805); "De L'esprit de conquête et de l'usurpation" (1814); "Principes de politique" (1815); "De la liberté des anciens comparée à celle des modernes" (1819); "Du développement progressif des idées religieuses" (1826) todos em *Ecrits Politiques* (1997), ed. Marcel Gauchet; Adolphe (1816); *Journaux Intimes*, eds. Roulin e Roth (1952); Stephen Holmes, *Benjamin Constant and the Making of Modern Liberalism* (1984); Pierre Manent, "Benjamin Constant and the Liberalism of Opposition" em *Histoire intellectuelle du libéralisme* (1987); trad. Balinski, *An Intellectual History of Liberalism* (1994); *The Cambridge Companion to Constant* (2009), ed. Rosenblatt. Outras obras: Harold Nicolson, Benjamin Constant (1949); Gall, *Benjamin Constant: Seine Politische Ideenwelt und der deutsche Vormärz* (1963); Georges Poulet, *Benjamin Constant par lui-même* (1965); *Benjamin Constant* (1767-1830), *Une Vie au Service de la Liberté* (1980), *show catalog*, Lausanne; Kurt Kloocke, *Benjamin Constant: Une Biographie Intellectuelle* (1984); Etienne Hoffman, "Constant" em *Dictionnaire Napoléon* (1988), ed. Tulard; Tzvetan Todorov, "Freedom and Repression during the Restoration" em *A New History of French Literature* (1989), ed. Denis Hollier; Biancamaria Fontana, *Benjamin Constant and the Post-revolutionary Mind* (1991); Dennis Wood, *Benjamin Constant, A Biography* (1993); Maurice Cranston, *review of* Wood, *Times Literary Suplement* (TIS) (3 set. 1993).

Guizot: François Guizot, *Histoire des origines du gouvernement représentatif en Europe* (1821-22); trans. Scoble, *Origin of Representative Government in Europe* (1861); *Histoire de la civilisation en Europe* (1828); trans. Hazlitt, *The History of Civilization in Europe*, com Introdução de Siedentop (1997); Douglas Johnson, *Guizot: Aspects of French History 1787-1874* (1963); *Guizot: Historical Essays and Lectures* (1972), ed. Mellon; Laurent Theis, *François Guizot* (2008).

Outras obras: Manent, "Guizot'" em *Histoire intellectuelle du libéralisme* (1987); Pierre Rosanvallon, "Guizot" em *Dictionnaire Critique de la Révolution Française* (1989), eds. Furet and Ozouf.

Madison e Calhoun: James Madison em *Federalist Papers* (1787-88); "Letter to Jefferson" (24 out. 1787) em *Debates on the Constitution, Vol. I* (1993), ed. Bailyn; John Calhoun, *Disquisition on Government* (posth.), ed. Lence, *Library of Liberty Online*; Discursos no Senado: "On Anti-slavery Petition" (1837); "On Compromise Resolutions" (1850) em *American Speeches* (2006), ed. Ted Wilmer.

Chadwick e Cobden: Edwin Chadwick, *The Poor Law Commissioners' Report* (1834); Pamphlets (mais tarde como livros): sobre entusiasmo pela América e Comércio como "Grand Panacea" em *England, Ireland and America* (1835); "Contra a Regulamentação do Comércio" em *Russia* (1836); "Contra a anexação da Birmânia e a Culpabilidade da Grã-Bretanha por 'Imperial Crimes'" em *How Wars Are Got Up in India* (1853); "Contra a parte britânica no conflito otomano-russo" e "Don Quixotes of the World" (1854); Campaigning Speeches: Free Trade as Fair to Laborers (8 fev. 1844): Free Trade versus Landed Interest (3 jul. 1844); Livre Comércio como Princípio Moral e "I Have a Dream" (15 jan. 1846); House of Commons Speeches: Against Armaments (12 jun. 1849); On Liberal Economic Doctrines, Nonintervention, Reform (ago. 1862); In Support of North in American Civil War and Against British Empire in India (24 nov. 1863); Richard Cobden, Letter to His Brother from Prussia (11 set. 1838) em Richard Cobden's *German Diaries* (2007), ed. R. J. Davis; John Morley, Life of Cobden (1879). Antony Brundage, England's "Prussian Minister"*: Edwin Chadwick and the Politics of Government Growth, 1832-54* (1988); Peter Mander, "Chadwick, Sir Edwin" *ODNB Online* (dez. 2010); Myles Taylor, "Cobden, Richard" *ODNB Online*. Outras obras: Frank Trentmann, *Free Trade Nation: Commerce, Consumption and Civil Society in Modern Britain* (2008); Jonathan Parry, revisão de *Letters of Richard Cobden, TLS* (10 dez. 2010).

Tocqueville e Schulze-Delitzsch: Tocqueville, *De la Démocratie en Amérique* (1835 e 1840); *Souvenirs* (1850), ed. Monnier (1942); *L'Ancien Régime et la Révolution* (1858); Hugh Brogan, *Alexis de Tocqueville: Prophet of Democracy in an Age of Revolution* (2006). Outras Obras: Alexander Herzen, *My Past and Thoughts* (1854-66); trad. Garnett, rev. Higgins (1968); André Jardin, *Aléxis de Tocqueville: 1805-1859* (1984); Alan S. Kahan, *Aristocratic Liberalism: The*

Social and Political Thought of Jacob Burckhardt, John Stuart Mill and Alexis de Tocqueville (1992).

"Schulze-Delitzsch" em *Dictionary of German Biography* (2001), eds. Killy e Vierhaus; Ulrike Laufer, "Schulze-Delitzsch" em *Gründerzeit 1848-71: Industrie und Lebenstraume zwischen Vormärz und Kaiserreich* (2008), *show catalog*, German Historical Museum, Berlin. Outras obras: Léon Walras, *Les associations populares de consommation, de production et de crédit* (1865); James Sheehan, *German Liberalism in the 19th Century* (1978) e *German History 1770-1866* (1989); R. J. Bazillion, "Liberalism, Modernization, and the Social Question in the Kingdom of Saxony, 1830-90" em *In Search of a Liberal Germany* (1990), eds. Jarausch e Jones; Timothy W. Guinnane, "A 'Friend and Advisor: External Auditing and Confidence in Germany's Credit Cooperatives, 1889-1914", *Business History Review 77* (2003).

Smiles e Channing: Samuel Smiles, *Self-Help* (1859); *Thrift* (1875); H.G.C. Mathew, "Smiles, Samuel", *ODNB Online* (fev. 2013); William Ellery Channing, "Self-Culture" (1838); Daniel Walker Howe, "Channing, William Ellery", *ANB Online* (fev. 2013). Outras obras: Herbert Wallace Schneider, "Intelectual Background of William Ellery Channing", *Church History* (mar. 1938); Sydney E. Ahlstrom, *A Religious History of the American People* (1975); Howe, *The Making of the American Self* (1997).

Spencer: "The Proper Sphere of Government" (1843) em *Spencer: Political Writings* (1994), ed. Offer; *Social Statics* (1851); *The Man Against the State* (1884) em Offer; "Justice", *Part IV of Principles of Ethics* (1891); *An Autobiography* (1904); David Miller, *Social Justice* (1976); José Harris, "Spencer, Herbert", *ODNB Online* (mai. 2012). Outras obras: Henry Sidgwick, "The Theory of Evolution in Its Application to Practice", *Mind* (jan. 1876); "Mr Spencer's Ethical System", *Mind* (abr. 1880); F. W. Maitland, "Mr. Herbert Spencer's Theory of Society", I & II,; Mind (jul./out. 1883); D. G. Ritchie, "The State v. Mr. Herbert Spencer", LSE Pamphlet (1886); Hillel Steiner, "Land, Liberty and the Early Herbert Spencer", *History of Political Thought 3* (1982); Tim Gray, "Herbert Spencer's Liberalism" em *Victorian Liberalism* (1990), ed. Bellamy; James Meadowcroft, *Conceptualising the State: Innovation and Dispute in British Political Thought 1880-1914* (1995); Tim Gray, "Herbert Spencer" em *REP 1.0*; Mark Francis, *Herbert Spencer and the Invention of Modern Life* (2007); Steven Shapin, "Man with a Plan: Herbert Spencer's Theory of Everything", *New Yorker* (13 ago. 2007): Jonathan Rée, "How to Be Happy", *TLS* (30 nov. 2007), ambas avaliações de Francis.

J. S. Mill: *Principles of Political Economy* (1848 e edições posteriores); *On Liberty* (1859); *Utilitarianism* (1861); *Representative Government* (1861); *The Subjection of Women* (1869); *Autobiography* (1873) todos em The Toronto Edition of Collected Works of *John Stuart Mill* (1963-91) em Library of Liberty *Online*; *Letters of John Stuart Mill* (1910), ed. Eliot; Michael St. Tohn Packe, *Life of J. S. Mill* (1954); John Gray, Introduction to *John Stuart Mill: On Liberty and Other Essays* (1991); Richard Wollheim, "J.S. Mill and Isaiah Berlin" em *J. S. Mill "On Liberty" in Focus* (1991), eds. Gray and Smith; Roger Crisp, *Mill on Utilitarianism* (1997). Outras obras: James Fitzjames Stephen, *Liberty, Equality, Fraternity* (1873); John Skorupski, "J.S. Mill" em *REP 1.0*; William Stafford, *J.S. Mill* (1998); Alan Ryan, Introdução a *J.S. Mill's Encounter with India* (1999), eds. Moir, Peers e Zastoupil; Ten Chin Liew, *Was Mill a Liberal?* (2004); David Weinstein, "Interpreting Mill" em *J.S. Mill and the Art of Life* (2011), eds. Eggleston, Miller e Weinstein; Agnar Sandmo, "Consolidation and Innovation: John Stuart Mill" em *Economics Evolving* (2011); José Harris, "Mill, John Stuart", *ODNB Online* (mar. 2012).

Lincolm: Richard Hofstadter, "Lincoln" em *The American Political Tradition* (1948): James McPherson, *Battle Cry of Freedom: The Civil War Era* (1988); Eric Foner, *Reconstruction* (1988); *Speeches and Writings, 1832-58 & 1859-65* (1989), ed. Fehrenbacher; David Donald, *Lincoln* (1995); *Our Lincoln: New Perspectives on Lincoln and His World* (2008), ed. Foner.

Laboulaye and Richter: Edouard Laboulaye, *Le parti libéral: son progrès et son avenir* (1863); Rosenblatt, "On the Need for a Protestant Reformation: Constant. Sismondi. Guizot and Laboulave" em *French Liberalism from Montesquieu to the Present Day* (2012), eds. Geenens e Rosenblatt. Eugen Richter, *Sozialdemokratischen Zukunftsbilder, frei nach Bebel* (1891); trad. Wright, *Pictures of a Socialistic Future* (1907) em Library of Liberty Online; Ina Susanne Lorenz, *Der entschiedene Liberalismus in wilhelminischer Zeit 1871 bis 1906* (1981), *Historische Studien, Heft 433*; Theodore Hamerow, revisão de Lorenz, *Journal of Modern History* (set.1983).

Gladstone: David Bebbington, "The Nature of Gladstonian Liberalism" em *The Mind of Gladstone* (2004); H. G. C. Mathew, "Gladstone, William Ewart" em *ODNB Online* (dez. 2010). Outras obras: Bullock e Shock, Introdução a *The Liberal Tradition* (1956); *Gladstone Diaries V, 1855-60* (1978), ed. Mathew; Gerhard Joseph, "The Homeric Competitions of Tennyson and Gladstone", *Browning Institute Studies 10* (1982); Andrew Adonis, "Byzantium and Liverpool:

Marx's Critique of Gladstone – and Gladstone's Refutation by Example", *TLS* (9 fev. 1996); Hoppen, *The Mid-Victorian Generation, 1848-1886* (1998).

Respeito cívico, indivíduos e individualismo: Steven Lukes, Individualism (1973); Colin Bird, *The Myth of Liberal Individualism* (1999). Outras obras: William Blackstone, "On the Nature of Laws in General", *Commentaries on the Laws of England* (1753); Bentham, "Attacks upon Security" em *Principles of the Civil Code* (post. 1843), ed. Bowring; Henry Sidgwick, *Elements of Politics* (1891); Zeldin, "Individualism and the Emotions" em *France 1848-1945: Intellect and Pride* (1977); Jon Elster, "Marxisme et individualisme méthodologique" em *Sur l'individualisme* (1986), eds. Léca and Birnbaum; Philip Pettit, *The Common Mind* (1993); Roy Porter, *Rewriting the Self* (1997); Lars Udehn, "The Changing Face of Methodological Individualism", *Annual Review of Sociology 28* (2002); Carol Rovane, "Why Do Individuals Matter?", *Daedalus*, "On Identity" (out. 2006); "Law of Persons: Family and Other Relationships"; pt. 4 de *The Oxford History of the Laws of England XIII 1820-1914: Fields of Development*, eds. Cornish et al. (2010); Marion Smiley, "Collective Responsibility" em *SEP Online* (fev. 2010); Joseph Heath, "Methodological Individualism" em *SEP Online* (dez. 2011); Jeremy Waldron, "Liberalism" em *REP 1.0*.

Tolerância: John Milton, *Areopagitica: A Speech for Liberty of Unlicensed Printing* (1644); John Goodwin, "Independency of God's Verity or the Necessity of Toleration" (1647); Benedict Spinoza, *Tractatus Theologico-Politicus* (publicado anon., 1670); Pierre Bayle, *Commentaire philosophique sur "Contrainsles d'entrer"*, trad. *Philosophical Commentary on "Compel Them to Come in That My House May Be Full"* (1686); John Locke, *Letter Concerning Toleration* (trad. do Latin, 1689); Daniel Defoe, "The True-Born Englishman" (1701); Ashley Cooper, Earl of Shaftesbury, "On Enthusiasm", *Characteristics* (1711); Thomas Gordon, *Cato's Letters* (1720); Montesquieu, *Notes sur l'Angleterre* (1730); Voltaire, *Traité sur la tolérance* (1763); Mill, *On Liberty* (1861); *On the Subjection of Women* (1869); Gerhard Besier e Klaus Schreiner, "Toleranz" em *Geschichtliche Grundbegriffe VI*, eds. Brunner, Conze, e Koselleck (1990); Bernard Williams, "Toleration: An Impossible Virtue?" em *Toleration: An Elusive Virtue* (1996), ed. Heyd; John Horton, "Toleration", *REP 1.0*; Cécile Laborde, "Toleration and laïcité" em *The Culture of Toleration in Diverse Societies: Reasonable Tolerance* (2003), eds. McKinnon e Castiglione; Rainer Forst, "Toleration", *SEP Online* (jul. 2012); John Christian Laursen, "Toleration", encyclopedia.com (ago. 2012). Outras obras: Charles Mullett, "Some Essays on Toleration in Late 18th-century England", *Church History 7* (1938); Herbert Marcuse, "Repressive Tolerance" em Marcuse, Barrington Moore e Robert Paul Wolff, *A Critique of Pure Tolerance* (1965); Robert N. Bellah, "Civil Religion in America", *Daedalus*, "On Religion in America" (inverno de 1967); Henry Kamen, *The Rise of Toleration* (1967); Hilary Putnam, "Reason and History", cap. 7 de *Reason, Truth and History* (1981); Joseph Raz, "Freedom and Autonomy", cap. 15 de *The Morality of Freedom* (1986); *On Toleration* (1987), ed. Mendus; *Justifying Toleration* (1988), ed. Mendus; Thomas *Nagel, Equality and Partiality* (1991); Jonathan Rauch, *Kindly Inquisitors* (1993); Alain Bergounioux, "La laïcité, valeur de la République"; Gérard Defois, "La laïcité vue d'en face"; Rémond, "La laïcité et ses contraires"; Jacques Zylberberg, "Laïcité, connais pas" todos em *Pouvoirs 75*, "La laïcité" (1995); *Toleration* (1996), ed. Heyd; Michael Walser, *On Toleration* (1997); Thomas Nagel, "Concealment and Exposure", *Philosophy and Public Affairs* (1998); Jeremy Waldron, "Political Neutrality", *REP 1.0*; *Toleration in Enlightenment Europe* (2000), eds. Grell e Porter; Christopher Hill, "Toleration in 17th-Century England: Theory and Practice" em *The Politics of Toleration in Modern Life* (2000), ed. Mendus; *Toleration, Neutrality and Democracy* (2003), ed. McKinnon; *Daedalus*, "On Secularism and Religion" (verão de 2003); Ronald Dworkin, *Is Democracy Possible Here?* (2006); Catriona McKinnon, *Toleration* (2006); Paul Starr, "Religious Liberty and the Separation of Church and State" em *Freedom's Power: The True Force of Liberalism* (2006).

Democracia política: Sièyes, "Qu'est-ce-que c'est le tiers état?" (1789); Condorcet, "Sur l'admission des femmes aux droits de Cité" (1790); Moisei Ostrogorski, *Democracy* (1902); Carta de Acton de 24 de abril de 1881, para Mary Gladstone em *Letters of Lord Acton* (1904), ed. Paul; Georges Sorel, *Réflexions sur la violence* (1908); trad. Jennings, *On Violence* (1999); *Les Illusions du progrès* (1908); Joseph Schumpeter, *Capitalism, Socialism and Democracy* (1942); Richard Wollheim, "A Paradox in the Theory of Democracy" em *Philosophy, Politics and Society* (1962), eds. Laslett e Runciman; Max Weber, *Political Writings*, eds. Lassman e Speirs (1994); Richard Bellamy, "The Advent of the Masses and the Making of the Modern Theory of Democracy" em *The Cambridge History of Twentieth-Century Political Thought* (2003), eds. Ball e Bellamy; John Dunn, *Setting the People Free: The Story of Democracy* (2005); Andreas Fahrmeir, *Citizenship: The Rise and Fall of a Modern Concept* (2007). Outras obras: Denis Brogan, *Citizenship Today* (1960); Robert A. Dahl, "Democracy" em *Blackwell Encyclopedia of Political Institutions* (1987), ed. Bogdanor; Benjamin Barber, "Democracy" em *Blackwell Encyclopedia of Political Thought (1987)*, eds. Miller et al.; Russell L. Hanson, "Democracy" em *Political Innovation and Conceptual Change* (1989), eds. Ball, Farr e Hanson; Amy

Gutman, "Democracy" em Goodin e Pettit (1995); Joseph Femia, "Complexity and Deliberative Democracy", *Inquiry 39* (1996); Charles Tilly, *Democracy* (2007); Adam Przeworski, *Democracy and the Limits of Self-Government* (2010); David Runciman, *The Confidence Trap: A History of Democracy in Crisis from World War I to the Present* (2013); Stein Ringen, *Nation of Devils: Democracy and the Problem of Obedience* (2013).

Democracia econômica: Hermann Levy, *Economic Liberalism* (1913); H. A. Shannon, "The Limited Companies of 1866-1883", *Economic History Review* (out. 1933); Pierre Caron, *Histoire économique de la France, XIXèmeXXème siècle* (1973); trad. Bray, *Economic History of Modern France* (1979); Wolfram Fischer e Peter Lundgren, "The Recruitment of Administrative Personnel" em *The Formation of Nation States in Western Europe* (1975), ed. Tilly; *United States Historical Statistics: Bicentennial Edition, Bureau of Census* (1976); W. H. Greenleaf, *The British Political Tradition (I): The Rise of Collectivism* (1983); Eberhard Kolb, revisão de Abelshauser, *Die Weimarer Republik als Wohlfahrtsstaat* (1987), *Historische Zeitschrift* (jun. 1989); Angus Maddison, *The World Economy in the 20th Century* (1989); H. J. Braun, *The German Economy in the Twentieth Century* (1990); Gosta Esping-Andersen, *The Three Worlds of Capitalism* (1990); Niall Ferguson, "Public Finance and National Security: The Domestic Origins of the First World War Revisited", *Past and Present* (fev. 1994); H. Berghoff e R. Moller, "Tired Pioneers and Dynamic Newcomers? English and German Entrepreneurial History, 1870-1914", *Economic History Review* (mai. 1994); *The Boundaries of the State in Modern Britain* (1996), eds. Green e Whiting; Clive Trebilcock, "The Industrialization of Modern Europe" e Harold James, "Fall and Rise of the Economy" em *Oxford Illustrated History of Modern Europe* (1996), ed. Blanning; *Creating Modern Capitalism* (1997), eds. Thomas McCraw; Vito Tanzi e Ludger Schuknecht, *Public Spending in the 20th Century: A Global Perspective* (2000); Niall Ferguson, *The Cash Nexus* (2001); Daunton, *Just Taxes: The Politics of Taxation in Britain*, 1914-1979 (2002): John Micklethwait e Adrian Wooldridge, *The Company* (2003); Werner Abelshauser, *Deutsche Wirtschaftsgeschichte seit 1945* (2004); *Cambridge Economic History of Modern Britain 1939-2000* (2004), eds. Floud e Johnson; Toni Pierenkemper e Richard Tilly, *The German Economy during the 19th Century* (2004); Christopher Kopper, "Continuities and Discontinuities", *Contemporary European History* (n. especial, nov. 2005); Maddison, *The World Economy* (2006); Daunton, *Wealth and Welfare: An Economic and Social History of Britain, 1850-1951* (2007); *State and Market in Victorian Britain: War, Welfare and Capitalism* (2008); *The European Economy in an American Mirror* (2008), eds. Eichengreen, Landesmann e Stiefel; Carmen

Reinhart e Kenneth Rogoff, *This Time is Different: Eight Centuries of Financial Folly* (2009); Philip Coggan, Paper Promises: *Money, Debt and the New World Order* (2011).

Democracia ética: Célestin Bouglé: "Crise du libéralisme" (set. 1902); *Solidarisme et libéralisme* (1904), com Introdução de Alain Policar (2009): "Le solidarisme" (1907); "Marxisme et sociologie" (nov. 1908); "Remarques sur le polytélisme" (set. 1914); Georges Davy, "Célestin Bouglé, 1870-1940", *Revue française de sociologie 8* (jan./mar. 1967); William Logue, "Sociologie et politique: le libéralisme de Célestin Bouglé" e William Logue, W. Paul Vogt, "Un durkheimien ambivalent: Célestin Bouglé (1870-1940)", ambos em *Revue française de sociologie*, "Les Durkheimiens" (jan./mar. 1979); Lavinia Anderson, *Windthorst: A Political Biography* (1981); David Blackbourn, "Catholics and Politics" pt. Ill de *Populists and Patricians: Essays in Modern German History* (1987); Ronald Ross, *The Failure of Bismarck's Kulturkampf* (1998).

Walras e Marshall: Léon Walras, *Eléments d'économie politique pure* (1874); "L'Etat et le chemin de fer", *Revue du Droit public et de la Science politique* (1875); "Théorie de la propriété", *Revue Socialiste* (jun. 1896) citado em *The Origins of Left-Libertarianism* (2000), eds. Vallentyne e Steiner; B. Bürgenmeier, "The Misperception of Walras", *American Economic Review* (mar. 1994); Donald A. Walker, "Walras, Léon" em *The New Palgrave: A Dictionary of Economics* (2ª 2008), eds. Durlauf e Blume; Sandmo, "The Marginalists: Léon Walras" em *Economics Evolving* (2011); Alfred Marshall, *The Principles of Economics* (1890); J. M. Keynes, "Alfred Marshall", *The Economic Journal* (set. 1924); Sandmo, "The Marginalists: Alfred Marshall" em *Economics Evolving* (2011); Rita McWilliams Tullberg, "Marshall, Alfred", *ODNB Online* (jun. 2012); sobre liberdade contratual: P. S. Atiyah, *The Rise and Fall of Freedom of Contract* (1979).

Bastiat, Martineau, Bagehot e Leroy-Beaulieu: Harriet Martineau, *Illustrations of Political Economy, Vol. 1: Life in the Wilds, Hill and the Valley, Brooke and Brooke Farm* (1832): Frédéric Bastiat, *Sophismes Economiques* (1845); Margaret G. O'Donnell, "Harriet Martineau: A Popular Early Economics Educator", *Journal of Economic Education* (outono de 1983); Eric Hobsbawm, Introdução de *The Communist Manifesto: A Modern Edition* (1998); Walter Bagehot, "Letters on the French coup d'état of 1851 in France", *The Inquirer* (1852); *The English Constitution* (1867); "Mr Robert Lowe as Chancellor of the Exchequer" (1871); *Physics and Politics* (1872); *Lombard Street* (1873); "The

Metaphysical Basis of Toleration" (1874); *Postulates of English Political Economy* (1876); "Adam Smith as a Person" (1876): "Adam Smith and Our Modern Economy" em *Economic Studies* (posth. 1915); Joseph Hamburger, "Bagehot, Walter", *ODNB Online* (nov. 2012).

Paul Leroy-Beaulieu, *De la colonisation chez les peuples modernes* (1874); *L'Etat moderne* (1890): *Les Etats Unis au XXième siècle* (1891); Zeldin, *France 1848-1945: Politics and Anger* (1973). Outras obras: Dan Warshaw, *Paul Leroy, Beaulieu and Established Liberalism in France* (1991); Sharif Gemie, "Politics, Morality and the Bourgeoisie: The Work of Paul Leroy-Beaulieu (1843-1916)", *Journal of Contemporary History* (abr. 1992); Pierre Lévêque, review of Warshaw, *Annales* (jan./fev. 1996).

Hobhouse e os "novos liberais" da Grã-Bretanha: T. H. Green, *Lectures on the Principles of Political Obligation* (1879-80); "Liberal Legislation and Freedom of Contract" (1881); Herbert Samuel, *Liberalism: Its Principles and Proposals* (1902); Leonard Hobhouse, *Morals in Evolution* (1906); *Liberalism* (1911); *The Metaphysical Theory of the State* (1918); J. A. Hobson and Morris Ginsberg, *L. T. Hobhouse* (1931); Collini, *Liberalism and Sociology: L. T. Hobhouse and Political Argument in England, 1880-1914* (1979); Michael Freeden, "Hobhouse, Leonard Trelawney", *ODNB Online* (dez. 2011). Outras obras: Gareth Stedman-Jones, *Outcast London* (1971); Collini, "Hobhouse, Bosanquet and the State: Philosophical Idealism and Political Argument in England 1880-1918", *Past and Present* (ago. 1976); Freeden, "The New Liberalism and its Aftermath" em *Victorian Liberalism* (1990), ed. Bellamy.

Naumann e Liberais sociais alemães: Friedrich Naumann, *Demokratie und Kaisertum* (1900); *Mitteleuropa* (1915); Tomas Masaryk, *The New Europe: The Slav Standpoint* (1917, trad. 1918); Theodor Heuss, *Friedrich Naumann: Der Mann, das Werk, die Zeit* (1937); Peter Theiner, *Sozialer Liberalismus und deutsche Weltpolitik: Friedrich Naumann in Wilhelminischen Deutschland, 1860-1919* (1983). Outras obras: Richard Nürnberger, "Imperialismus, Sozialismus und Christentum bei Friedrich Naumann"; *Historische Zeitschrift 170* (1950); William O. Shanahan, "Friedrich Naumann: A Mirror of Wilhelmine Germany", *Review of Politics* (1951); Heuss, *Vorspiele des Lebens* (1953); trad. Bullock, *Preludes to a Life* (1955) e "Naumann, Friedrich", *Neue Deutsche Biographie* (1955, rev. 1997); Shanahan, "Liberalism and Foreign Affairs: Naumann and the Pre-War German View", *Review of Politics* (jan. 1959); Beverly Heckart, *From Bassermann to Bebel: The Grand Bloc's Quest for Reform in the Kaiserreich 1900-14* (1974); Moshe Zimmermann, "A Road Not Taken: Friedrich Naumann's

Attempt at a Modern German Nationalism", *Journal of Contemporary History* (out. 1982); Hans Fenske, revisão de Theiner; *Historische Zeitschrift240* (1985); A. J. Nicholls, revisão de Theiner, *English Historical Review* 101 (1986); Michael Freeden, revisão de Schnoor, *Liberalismus zwischen 19. und 20. Jahrhundert, am Beispiel von Friedrich Naumann und Leonard Hobhouse* em *English Historical Review* (set. 1994); George Steinmetz, "The Myth of the Autonomous State: Industrialists, Junkers, and Social Policy in Imperial Germany" em *Society, Culture and State in Germany 1870-1930* (1996), ed. Eley; Frederic Schwartz, *The Werkbund: Design Theory and Mass Culture before the First World War* (1996); Chris Thornhill, *Political Theory in Modern Germany* (2000); Margaret Lavinia Anderson, *Practising Democracy: Elections and Political Culture in Imperial Germany* (2000); Joachim Radkau, *Max Weber* (2005), trad. Camiller (2009); Andrea Orzoff, *Battle for the Castle: The Myth of Czechoslovakia in Europe* (2009).

Bourgeois e Solidarismo Francês: Léon Bourgeois, *Solidarité* (1896); Zeldin, "Solidarism" cap. 8 de *France 1848-1945: Politics and Anger* (1974); James Kloppenberg, *Uncertain Victory: Social Democracy and Progressivism in European and American Thought, 1870-1920* (1986). Outras obras: Charles Renouvier, *Manuel républicain des droits de l'homme et du citoyen* (1848); Emile Durkheim, *De la division du travail social* (1893); Charles Gide e Charles Rist, "Les Solidaristes" V, iii, em *Histoire des doctrines économiques* (1909); trad. Richards, *A History of Economic Doctrines* (1915); Léon Duguit, *Souveraineté et liberté* (1922); Maurice Hamburger, *Léon Bourgeois* (1930); J.E.S. Hayward, "Solidarity: The Social History of an Idea in 19th Century France", *International Review of Social History* (ago. 1959); David Wiggins, "A First-Order Ethic of Solidarity and Reciprocity", aula nove em *Ethics: Twelve Lectures on the Philosophy of Morality* (2006); Wiggins, "Solidarity and the Root of the Ethical", *Tijdschrift voor Philosophie* (jun. 2010); Nicolas Delalande, "Le solidarisme de Léon Bourgeois: un socialisme libérale?" no *site la vie des idées.fr* (abr. 2012).

Croly, Weyl e Progressistas Americanos: Croly, *The Promise of American Life* (1909); Walter Weyl, *The New Democracy* (1912); Charles Forcey, *The Crossroads of Liberalism: Croly, Weyl, Lippmann and the Progressive Era 1900-1925* (1961); "Herbert Croly" em *A Companion to American Thought* (1995), eds. Fox and Kloppenberg; Steven L. Piott, *American Reformers 1870-1920: Progressives in Word and Deed* (2006); David W. Levy, "Croly, Herbert David", *ANB Online* (ago. 2010); David W. Levy, "Weyl, Walter Edward", *ANB Online* (ago. 2010).

Camareiro, Bassermann e imperialismo liberal: P. M. Kennedy, *The Rise of the Anglo-German Rivalry 1860-1914* (1980); Gall, *Bürgertum in Deutschland* (1989); Peter T. Marsh, "Chamberlain, Joseph", *ODNB Online* (dez. 2009). Outras obras: Friedrich Fabri, *Bedarf Deustchland der Kolonien?* (1879); Gustav Schmoller, *Studien über die wirtschaftliche Politik Friedrich des Großen* (1884); Introdução trad. Ashley, *The Mercantile System and Its Historical Significance* (1896); J. A. Hobson, *Imperialism* (1902: 2ª 1905); V. I. Lenin, *Imperialism: The Highest Stage of Capitalism* (1917); Winston Churchill, "Joseph Chamberlain" em *Great Contemporaries* (1937); William E. Leuchtenburg, "Progressivism and Imperialism", *Mississippi Valley Historical Review* (dez. 1952); George Lichtheim, *Imperialism* (1971); Sidney Morgenbesser, "Imperialism: Some Preliminary Distinctions", *Philosophy and Public Affairs* (outono de 1973); lan L. D. Forbes, "Social Imperialism and Wilhelmine Germany", *Historical Journal* (jun. 1979); Mathew Burrows, "Mission Civilisatrice: French Cultural Policy in the Middle East, 1860-1914", *Historical Journal* (mar. 1986); Anthony Pagden, *Lords of All the World: Ideologies of Empire in Spain, Britain and France c. 1500-1800* (1995); Douglas Porch, *Wars of Empire* (2000); Alan Ryan, "Liberal Imperialism" em *The Future of Liberal Democracy* (2004), eds. Fatton e Ramazani; Henk Wesseling, "Imperialism and the Roots of the Great War"; Robin Blackburn, "Emancipation and Empire from Cromwell to Karl Rove"; Anthony Pagden, "Imperialism, Liberalism and the Quest for Perpetual Peace"; Kenneth Pomeranz, "Empire and 'Civilizing Missions', Past and Present"; todos em *Daedalus*, "On Imperialism" (primavera de 2005).

Clemenceau, Lloyd George e Wilson: Woodrow Wilson, *Congressional Government* (1885); *The State* (1889); *The New Freedom* (1913); Henry Cabot Lodge, "Speech to Senate Against League of Nations" (ago., 1919), em *American Speeches* (2006), ed. Wilmer; *Lloyd George* (1968), speeches, writings, and assessments ed. Martin Gilbert; H. W. Brands, *Woodrow Wilson* (2003); Michel Winock, *Clemenceau* (2007); Kenneth O. Morgan, "George, David Lloyd", *ODNB Online* (jan., 2011). Outras obras: Keynes on Clemenceau in *Economic Consequences of the Peace* (1919); Churchill, "Clemenceau" em *Great Contemporaries* (1937); E. M. Hugh-Jones, *Woodrow Wilson and American Liberalism* (1947); Georges Wormser, *Clemenceau vu de près* (1979); *Clemenceau* (1841-1929); *Exposition du cinquantenaire* (1979), show catalog, Palais des Beaux--Arts, Paris; Niall Ferguson, "Germany and the Origins of the First World War: New Perspectives"; *Historical Journal* (set., 1992); Stephen Constantine, *Lloyd George* (1992); lan Packer, *Lloyd George* (1998); Margaret Macmillan, *The Peacemakers* (2001); Ronald Steele, "The Missionary", em Wilson, *NYRB* (20 nov., 2003); D. R. Watson, *Georges Clemenceau* (2008); Christopher Clark, *The Sleepwalkers: How Europe Went to War in 1914* (2012).

Alain, Baldwin e Brandeis: Alain, *Propos* (1906-36) (Pléiade ed. 1956); *Souvenirs de guerre* (1937); Ramon Fernandez, "Propos sur Alain"; *NRF* (julho, 1941); *Politique* (1951); *Les Passions et la Sagesse* (Pléiade ed. 1960); Paul Foulquié, *Alain* (1952); Raymond Aron, "Alain et la politique" em *NRF "Hommage à Alain"* (set., 1952); Ronald F. Howell, "The Philosopher Alain and French Classical Radicalism" em *Western Political Quarterly* (set., 1965); Simone de Beauvoir, on Alain's pupils, *La cérémonie des adieux* (1981); John Weightman, "Alain: For and Against", *American Scholar* (jun., 1982); Thierry Leterre em "Alain Colloque, 2009", *ENS Paris website* (out., 2010). Peggy Lamson, *Roger Baldwin: Founder of the American Civil Liberties Union: A Portrait* (1976); Norman Dorsen, "Baldwin, Roger Nas", *ANB Online* (jan., 2012). Louis Brandeis, *Brandeis and America* (1989), ed. Dawson; *Brandeis on Democracy* (1995), ed. Strum; Philippa Strum, "Brandeis, Louis Dembitz", *ANB Online* (jan., 2012). Outras obras: Arthur Schlesinger Jr., *War and the American Presidency* (2004); Geoffrey R. Stone, *War and Liberty: An American Dilemma, 1790 to the Present* (2007).

Keynes, Fisher e Hayek: J. M. Keynes, *The Economic Consequences of the Peace* (1919); "Am I a Liberal?" (1925); "The End of Laissez-Faire" (1926); *The General Theory of Employment, Interest, and Money* (1936); Robert Skidelsky, *John Maynard Keynes: Vol. I: Hopes Betrayed, 1883-1920* (1983); *Vol. II: The Economist as Saviour, 1920-37* (1992); *Vol. Ill: Fighting for Britain* (2000). Outras obras: Skidelsky, *Keynes* (1996); Samuel Brittan, "Keynes's Political Philosophy" em *Cambridge Companion to Keynes* (2006), eds. Backhouse e Bateman; Sandmo, "John Maynard Keynes and the Keynesian Revolution" em *Economics Evolving* (2011).

Irving Fisher, *Booms and Depressions* (1932); "The Debt-Deflation Theory of Great Depressions", *Econometrica* (out., 1933); "Destructive Taxation: A Rejoinder", *Columbia Law Review* (mar., 1943); James Tobin, "Fisher, Irving" em *The New Palgrave: A Dictionary of Economics* (2ª ed. 2008), eds. Durlauf e Blume. Outras obras: William J. Barber, "Irving Fisher of Yale" e Robert W. Dimand, "Fisher, Keynes and the Corridor of Stability", *American Journal of Economics and Sociology* (jan. 2005); "Out of Keynes's Shadow", on Fisher, *The Economist* (14 fev. 2009); Theodore M. Porter, "Fisher, Irving", *ANB Online* (ago. 2012).

Friedrich Hayek, "Economics and Knowledge, *Economica* (1937); *The Road to Serfdom* (1945); "The Uses of Knowledge in Society" (1945); "Individualism,

True and False" (1948); *The Constitution of Liberty* (1960); "Principles of a Liberal Social Order" (1966); *Law, Liberty and Legislation: Vol. I: Rules and Order* (1973); *Vol. II: The Mirage of Social Justice* (1976); *Vol. III: The Political Order of a Free People* (1979); Andrew Gamble, *Hayek: The Iron Cage of Liberty* (1996); Samuel Brittan, "Hayek, Friedrich August", *ODNB Online* (jun. 2011). Outras obras: Jacob Viner, "Hayek on Freedom and Coercion", *Southern Economic Journal* (jan. 1961); Lionel Robbins, "Havek on Liberty", *Economica* (fev. 1961); Fritz Machlup, "Friedrich Havek's Contribution to Economics", *Swedish Journal of Economics* (dez. 1974): John Gray, "Hayek on Liberty, Rights and Justice", *Ethics* (out. 1981): Jeremy Shearmur, "Hayek" em *Blackwell Encyclopedia of Political Thought* (1987), eds. Miller et al.; Richard Cockett, *Thinking the Unthinkable: Think-Tanks and the Economic Counter-Revolution, 1931-1983* (1994); Edna Ullman-Margalit, "The Invisible Hand and the Cunning of Reason", *Social Research* (verão, 1997); Mario Sznajder, "Hayek in Chile" em *Liberalism and Its Practice* em Avnon and de-Shalit (1999): Alan Ebenstein, *Friedrich Hayek: A Biography* (2001); Bruce Caldwell, *Hayek's Challenge: An Intelectual Biography* (2003); Roger W. Garrison, "Over-Consumption and Forced Savings in the Mises-Hayek Theory of the Business Cycle", *History of Political Economy* (2004); Kim Phillips-Fein, *Invisible Hands: The Businessman's Crusade Against the New Deal* (2009).

Hoover e Roosevelt: Herbert Hoover, discursos: "Business Ethics" (1924); "Rugged Individualism" (1928), "The Meaning of America" (1948); William Leuchtenburg, *Herbert Hoover* (2009): Joan Hoff, "Hoover, Herbert Clark", *ANB Online* (jun. 2012).

Franklin D. Roosevelt, *The Roosevelt Reader* (1957), selected speeches, messages, press conferences and letters, ed. Rauch; Alan Brinkley, "Roosevelt, Franklin Delano", *ANB Online* (jun. 2012). Outras obras: Ray T. Tucker, "Is Hoover Human?", *North American Review* (nov. 1928); Richard Hofstadter, "The Ordeal of Herbert Hoover" em *The American Political Tradition* (1948); Charles Kindleberger, *The World in Depression: 1929-39* (1973); David U. Romasco, "Herbert Hoover: The Restoration of a Reputation", *Reviews in American History* (mar. 1984); Barry Eichengreen e Peter Temin, "The Gold Standard and the Great Depression", *NBER Working Paper 6060* (jun. 1997); David Kennedy, *Freedom from Fear: The American People in Depression and War, 1929-1945* (1999); Amity Shlaes, The Forgotten Man (2007); Andrew B. Wilson, "Five Myths about the Great Depression: Herbert Hoover Was No Proponent of Laissez-Faire", *Wall Street lournal* (4 nov. 2008). H. W. Brands, *Traitor to His Class: The Privileged Life and Radical Presidency of Franklin Delano Roosevelt* (2008).

Lippmann: Walter Lippmann, *Drift and Mastery* (1914); *Public Opinion* (1922); *The Good Society* (1937); G. J. Morton Blum, *Public Philosopher: Selected Letters of Walter Lippmann* (1985); Ronald Steel, "Lippmann, Walter", *ANB Online* (ago. 2010). Outras obras: Christopher Lasch, "Walter Lippmann Today", *NYRB* (9 dez. 1965); e Steel, Walter *Lippmann and the American Century* (1980); François Denord, "Aux Origines du néo-libéralisme en France: Louis Rougier et le Colloque Walter Lippmann de 1938", *Le Mouve Friedman and the Birth of Neo-liberal Politics* (2012).

Popper: *Die Logik der Forschung* (1934); trad. autor, *The Logic of Scientific Discovery* (1959); "The Poverty of Historicism Vol. I" (mito da profecia) e Vol. II (engenharia social fragmentada), *Economica* (mai./ago. 1944); "The Poverty of Historicism Vol. III" (leis e tendências), *Economica* (mai. 1945); *The Open Society and Its Enemies* (1945); "Intelectual Autobiography" em *The Philosophy of Karl Popper* (1974), ed. Schillp: Anthony Quinton, "Popper: Politics without Essences" em *Contemporary Political Philosophers* (1975), eds. Crespigny e Minogue; Anthony O'Hear, *Karl Popper* (1980). Outras obras: Hilary Putnam, "The 'Corroboration' of Theories", William C. Kneale, "The Demarcation of Science" e W. V. Quine, "On Popper's Negative Methodology" em Schillp; Manfred Geier, *Karl Popper* (1994); Stephen Thornton, "Karl Popper", *SEP Online* (inverno, 2011).

Direitos humanos: William Paley, "The Division of Rights" em *Principles of Moral and Political Philosophy* (1775); Jeremy Bentham, *Anarchical Fallacies: An Examination of the Declarations of Rights Issued during the French Revolution* (1796); Max Weber, "Zur Lage der bürgerlichen Demoratie in Rußland" (1906); trad. Speirs, "On the Situation of Constitutional Democracy in Russia" (1994); Hannah Arendt, "The Perplexities of the Rights of Man", cap. 9, II de *Origins of Totalitarianism* (1951); Herbert Hart, "Are There Any Natural Rights?", *Philosophical Review* (abr. 1955); J. E. S. Fawcett, *The Law of Nations* (1968); *Historical Change and Human Rights* (1995), ed. Hufton; Mary Ann Glendon, *A World Made New: Eleanor Roosevelt and the Universal Declaration of Human Rights* (2001); Tom Bingham, *The Rule of Law* (2010); Samuel Moyn, *The Last Utopia: Human Rights in History* (2010); Andrew Vincent, *The Politics of Human Rights* (2010).

Lei Básica Alemã de 1949: J. F. Golay, *The Founding of the Federal Republic of Germany* (1958); Carlo Schmid, *Politik und Geist* (1961); Peter Merkl, *The Origin of the West German Republic* (1963); H. W. Koch, *A Constitutional History of Germany* (1984).

Beveridge: William Beveridge, *Social Insurance and Allied Services* (1942); José Harris, *William Beveridge* (1997); Michael Freeden, "The Coming of the Welfare State" em *Cambridge History of 20th-Century Political Thought* (2003), eds. Ball and Bellamy; Harris, "Beveridge, William Henry", *ODNB Online* (set. 2012).

Oakeshott e Berlin: Michael Oakeshott, *Experience and Its Modes* (1933); *The Social and Political Doctrines of Contemporary Europe* (1939); *Rationalism in Politics and Other Essays* (1962), contendo "Rationalism in Politics" (1947); "Political Education" (1951); "The Voice of Poetry in the Conversation of Mankind" (1959); "Political Discourse" (1962); *On Human Conduct* (1975); Paul Franco, *Michael Oakeshott* (2004). Outras obras: *The Intellectual Legacy of Michael Oakeshott* (2005), eds. Abel and Fuller; Andrew Gamble, "Oakeshott's Ideological Politics: Conservative or Liberal?" em *The Cambridge Companion to Oakeshott* (2012), ed. Podoksik.

Isaiah Berlin, "Two Concepts of Liberty' (1957); *Personal Impressions* (1981), ed. Hardy; *Flourishing: Letters*, 1928-46 (2004); *Enlightening: Letters 1946-60* (2009), eds. Hardy e Holmes; *Building: Letters 1960-75* (2013), eds. Hardy and Pottle; Michael Ignatieff, *Isaiah Berlin* (1998). Outras obras: Gerald C. McCallum, "Negative and Positive Freedom", *Philosophical Review* (jul. 1967); J. P. Day, "On Liberty and the Real Will", *Philosophy* (jul. 1970): John Gray, "On Liberty, Liberalism and Essential Contestability", *British Journal of Political Science* (out. 1978); Charles Taylor, "What's Wrong with Negative Liberty" em *The Idea of Freedom* (1979), ed. Ryan; Amartya Sen, "Individual Freedom as a Social Commitment", *NYRB* (14 jun. 1990); Chandran Kukathas, "Liberty" em *A Companion to Contemporary Political Philosophy* (1995), eds. Goodin e Pettit; *The Legacy of Isaiah Berlin* (2001), eds. Dworkin, Lilla e Silvers; lan Carter, "Positive and Negative Liberty" em *SEP Online* (dez. 2012).

Orwel, Camus e Sartre: *Homage to Catalonia* (1938); *The Collected Essays, Journalism and Letters Vols. I-IV* (1968-2000), eds. Sonia Orwell e Angus; Bernard Crick, *Orwell: A Life* (1980); Jeffrey Meyers, *Orwell: Wintry Conscience of a Generation* (2000); George Orwell, *Orwell and the Dispossessed: "Down and Out in London and Paris and Other Essays"* (2001), ed. Peter Davison.

Albert Camus, *Le mythe de Sisyphe* (1942); *L'Homme révolté* (1951); trad. Bower, *The Rebel* (1954); Francis Jeanson, "Albert Camus ou l'âme révoltée", *Temps Modernes* (mai. 1952); Camus, "M. le directeur", *Temps Modernes* (jun. 1952); Sartre, "Mon cher Camus", *Temps Modernes* (ago. 1952); Ronald Aronson, *Camus and Sartre: The Story of a Friendship and the Quarrel That Ended It* (2004).

Jean Paul Sartre: *L'Imaginaire* (1940); *L'être et le néant* (1943); trad. Barnes, *Being and Nothingness* (1957); *Les Mots* (1963); *Carnets de la drôle de guerre* (1983); Ronald Hayman, *Writing Against: A Biography of Sartre* (1986). Outras obras: *The Philosophy of Jean-Paul Sartre*, ed. Cumming (1968); Raymond Aron, *Mémoires* (1983); Annie Cohen-Solal, *Sartre 1905-1980* (1985); Nicolas Baverez, *Raymond Aron: un moraliste au temps des idéologies* (1993); Jean Sirinelli, *Deux Intellectuels dans le siècle: Sartre et Aron* (1995).

Rawls e rawlsianismo: John Rawls, *A Theory of Justice* (1971); *Political Liberalism* (2ª ed. 1996); *Collected Pavers* (1999), ed. Freeman; Chandran Ku kathas and Philip Pettit, *A Theory of Justice and Its Critics* (1990); G. A. Cohen, *Rescuing Justice and Equality* (2008). Outras obras: *Reading Rawls: Critical Studies on Rawls's "A Theory of Justice"* (1975), ed. Daniels; *The Philosophy of Rawls, a Collection of Essays: Vol. I, Development and Main Outlines of Rawls's Theory of Justice; Vol. Il, The Two Principles and their Justification; Vol. Ill, Opponents and Implications of a Theory of Justice* (1999), ed. Richardson; *Vol. IV, Moral Psychology and Community; Vol. V. Reasonable Pluralism* (1999), ed. Weithman; David Wiggins, "A Fresh Argument for Utilitarianism" e "Neo-Aristotelian Reflections" em *Wiggins, Ethics* (2006); Paul Graham, *Rawls* (2006); Thomas Pogge, *John Rawls* (2007), trad. Kosch; Joshua Cohen and Thomas Nagel, "Faith in the Community: A Forgotten Senior Thesis' that Signals John Rawls's Future Spiritual Force", TLS (20 mar. 2009).

Nozick, Dworkin e Macintyre: Robert Nozick, *Anarchy, State and Utopia* (1973); Ronald Dworkin, *Taking Rights Seriously* (1978); *Sovereign Justice* (2000); *Justice for Hedgehogs* (2011); Alasdair Macintyre, *A Short History of Ethics* (1967); *After Virtue* (1981); *Whose Justice, Which Rationality?* (1988); *Three Rival Versions of Moral Enquiry* (1990); *After Macintyre* (1994), eds. Horton e Mendus; *The MacIntyre Reader* (1998), ed. Knight; Leif Wenar, "Rights", *SEP Online* (dez. 2010).

Mendès-France, Brandt e Johnson: "Mendès-France, Pierre 1907-1982" em *Historical Dictionary of the French Illd Republic 1870-1940* (1980), ed. Hutton; e em *Dictionnaire de la résistance* (2006), eds. Marcot, Leroux, e Levisse-Touze; Jean Lacouture, *Mendès-France* (1981); *Pierre Mendès-France: La morale en politique* (1990), eds. Chêne et al.; Eric Roussel, *Pierre Mendès-France* (2005); Richard Vinen, "Writer's Choice" revisão de Roussel, *TLS* (18 mai. 2007).

Willy Brandt, *Erinnerungen* (1989); trad. Camiller, *My Life in Politics* (1992); *Die Spiegel-Gespräche*, 1959-1992 (1992); Barbara Marshall, *Willy Brandt: A Political Biography* (1997).

Merle Miller, Lyndon: An Oral Biography (1980); Robert Caro, *The Years of Lyndon Johnson: Means of Ascent* (1990); *Master of the Senate* (2002); *The Passage of Power* (2012); Lloyd Gardner, "Johnson, Lyndon Baines", *ANB Online* (dez. 2012). Outras obras: Rowland Evans and Robert Novak, *Lyndon Johnson: The Exercise of Power* (1966); Robert Dallek, *Lone Star Rising: Lyndon Johnson and His Times, 1908-60* (1991); James T. Patterson, *Grand Expectations: The United States 1945-74* (1996); Dallek, *Flawed Giant: Lyndon Johnson and His Times, 1961-73* (1998).

Buchanan e Friedman: James Buchanan e Gordon Tullock, *The Calculus of Consent* (1962); Buchanan, "The Justice of Natural Liberty", *Journal of Legal Studies* (jan. 1976); Lecture at Francisco Marroquin University, FMU *website* (mar. 2011); Steven Pressman, "What is Wrong with Public Choice", *Journal of Post Keynesian Economics* (outono, 2004). Friedman, *Capitalism and Freedom* (1962); com Anna J. Schwartz, *A Monetary History of the United States 1867-1960* (1963); "The Role of Monetary Policy", *American Economic Review* (mar. 1968).

Thatcher, Reagan, Mitterrand e Kohl: *Sincerely, Ronald Reagan* (1976), falas, pensamentos, e cartas, ed. Helene von Damm; Richard Reeves, President Reagan: The Triumph of Imagination (2005); "D'où venons nous? Que sommes nous? Ou allons nous?: A Survey of France", *The Economist* (12 mar. 1988); Franz-Olivier Giesbert, *Le Président* (1990) em Mitterrand. Horst Teltschik, *329 Tage* (1991); sobre Kohl e unificação alemã; "Not as Grimm as it Looks: A Survey of Germany", *The Economist* (23 mai. 1992).

Vaclav Havel: Letters to *Olga* (1983; trad. Wilson 1988); *Living in Truth* (1986, trad. vários); *Disturbing the Peace* (1990; trad. Wilson); *Open Letters* (1991; trad. Wilson); *To the Castle and Back* (2005; trad. Wilson 2007); Mark Frankland, *The Patriots' Revolution* (1990); Tony Judt, "Living in Truth", *TLS* (11 out. 1991); Michael Simmons, *The Reluctant President* (1991); John Keane, *Vaclav Havel: A Political Tragedy in Six Acts* (1999).

A Ascensão da Extrema Direita: Michael Mann, "The Social Cohesion of Liberal Democracy", *American Sociological Review* (jun. 1970); Charles Peters, "A Neo-Liberal's Manifesto", *Washington Monthly* (5 set. 1982); Fareed Zakaria, "The Rise of Illiberal Democracy", *Foreign Affairs* (nov./dez. 1997); Marc Plattner, "Liberalism and Democracy: Can't Have One Without the Other", *Foreign Affairs* (mar./abr. 1998); Morris Fiorina, *Culture War? The Myth of Polarized America* (2004); Tony Judt, "What is Living and What is Dead in Social Democracy?", *NYRB* (17 dez. 2009); Lane Kenworthy, "America's Social Democratic Future", *Foreign Affairs* (jan./fev. 2014); "What's Gone Wrong with Democracy", *The Economist* (4 mar. 2014); Thomas Meaney e Jascha Mounk, "What was Democracy?", *The Nation* (13 mai. 2014); "Beyond Distrust: How Americans View their Government", *Pew Research Center* (nov. 2015); Michael Ashcroft, "How the United Kingdom Voted on Thursday... and Why", *lordashcroftpolls.com* (24 jun. 2016); Ronald E. Inglehart, "The Danger of Deconsolidation: How Much Should We Worry?", *Journal of Democracy* (jul. 2016); Max Ehrenfreund e Jeff Guo, "A Massive New Study Debunks a Widespread Theory for Donald Trump's Success", *Washington Post* (12 ago. 2016); Victor Davis Hanson, "Why Trump Won", *Hoover Daily Report* (11 nov. 2016); William A. Galston e William Kristol, "A New Center", *The Weekly Standard* (29 nov. 2016); Kelefa Sanneh, "A New Trumpist Magazine Debuts at the Harvard Club", *New Yorker* (25 fev. 2017): Jennifer Schuessler, "Talking Trumpism: A New Political Journal Enters the Fray", *NYT* (8 mar. 2017); Ross McKibbin, "Labour in Crisis: The Red Sag", *Prospect* (10 mar. 2017); Christopher Caldwell, "The French: Coming Apart", *City Journal* (primavera, 2017); David Brooks, "Columns on Trump", *NYT* (24 mar.; 21 abr.; 16 mai. 2017); Suzanne Mettler, "Democracy on the Brink: Protecting the Republic in Trump's America", *Foreign Affairs* (abr. 2017); Robert Mickey, Steven Levitsky e Lucan Ahmad Way, "Is America Still Safe for Democracy? Why the United States is in Danger of Backsliding", *Foreign Affairs* (mai./jun. 2017); Michael Lind, "The New Class War", *American Affairs* (20 mai. 2017); "Macron's Victory in Charts", *Financial Times Online* (jun. 2017); Fiorina, "The 2016 Presidential Election: Identities, Class and Culture", *Hoover Institution Essays 11* (22 jun. 2017); "La France périphérique: comment on a sacrificié les classes populaires" em Christophe Guilluy, *fr.wikpedia* (jun. 2017).

Populismo, neoautoritarismo e fascismo: Seymour Martin Lipset, "Democracy and Working-Class Authoritarianism", *American Sociological Review* (ago. 1959); Robert Paxton, "Les fascismes: essai d'histoire compare", aula na *École des Hautes Études en Sciences Sociales* (13 jun. 1994); *The Anatomy of Fascism* (2004): Jan-Werner Mueller, *What is Populism?* (2016); Outras obras: *Fascists and Conservatives* (1900), ed. Blinkhorn: Pierre Milza, "Le Front National" em *Histoires des droites: Vol. I, Politique* (1992), ed. Sirinelli; Edwy Plenel e Alain Rollat, *La République ménacée: dix ans d'effet Le Pen* (1992), ed.; *Histoire de l'extrême droite en France* (1993), ed. Winock; Tim Mason, *Nazism, Fascism and the Working Class* (1995); Jonathan Marcus, *The National Front and French Politics: The Resistible Rise of Jean-Marie Le Pen* (1995); Axel Schildt,

Konservatismus in Deutschland (1998); Walter Russell Mead, "The Jacksonian Tradition", *National Interest* (inverno, 1999-2000); Slavoj Zizek, "Why We All Love to Hate Haider", *New Left Review* (mar./abr. 2000); Peter Davies, *The Extreme Right in France, 1789 to the Present* (2002); Catherine Fieschi, *Fascism, Populism and the French V Republic* (2004); "Le Front National", *Pouvoirs 157* (2016); Sheri Berman, "Populism is Not Fascism: But it Could be a Harbinger", *Foreign Affairs* (nov./dez. 2016); Hajo Funke, *Von Wutbürgern und Brandstiftern: AfD, Pegida, Gewaltnetze* (2016); Joshua Green, *Devil's Bargain* (2017); Martin Wolf, "The Economic Origins of the Populist Surge", *Financial Times* (27 jun. 2017).

Descontentamento econômico: Fred Hirsch, *The Social Limits to Growth* (1976); Richard Posner, *The Economics of Justice* (1981); Robert Skidelsky, "Thinking about the State and the Economy" (1996) em *The Boundaries of the State in Modern Britain* (1996), eds. Green e Whiting; John Willamson, entrevista sobre Consenso de Washington e Neoliberalismo, *Washington Post* (12 abr. 2009); John Cassidy, "After the Blowup: Laissez-faire Economists Do Some Soul-Searching, and Finger-Pointing", *New Yorker* (10 jan. 2010); Skidelsky, "Where Do We Go from Here?", *Prospect* (17 jan. 2010); Posner, *A Failure of Capitalism: The Crisis of 08 and the Descent into Depression* (2010); Zanny Minton Beddoes, "For Richer, for Poorer: Special Report on the World Economy", *The Economist* (13 out. 2012); Kimberley J. Morgan, "America's Misguided Approach to Social Welfare: How the Country Could Get More for Less", *Foreign Affairs* (jan./fev. 2013); Martin Wolf, *The Shifts and the Shocks: What We've Learned-and Have Still to Learn-from the Financial Crisis* (2014); "Inequality v Growth", *The Economist* (3 mar. 2014); Eugene Steuerle e Sisi Zhang, "Impact of the Great Recession and Beyond: Disparities in Wealth Building by Generation and Race", *Urban Institute Working Paper* (abr. 2014); Thomas Piketty, *Capital in the 21st Century* (2014); Charles J. Jones, "The Facts of Economic Growth", *Stanford GSB and NBER* (6 abr. 2015); Daron Acemoglu e James A. Robinson, "The Rise and Decline of General Laws of Capitalism", *Journal of Economic Perspectives* (inverno, 2015); Robert Gordon, *The Rise and Fall of American Growth* (2016); Tyler Cowan, "Is Innovation Over?", revisão de Gordon, *Foreign Affairs* (mar./abr. 2016); Bem Bernanke e Lawrence Summers, Exchange on Secular Stagnation, Ben Bernanke's Blog *brookings.edu* (jun. 2016); Lawrence Summers, "The Age of Secular Stagnation", *Foreign Affairs* (mar./abr. 2016); J. Tomilson Hill e Ian Morris, "Can Central Banks Goose Growth?", *Foreign Affairs* (mar./abr. 2016); Laurence Chancy e Brina Seidel, "Is Globalization's Second Wave about to Break?", *Brookings Global Views* (out. 2016); "Income Inequality Update: Table

1. Key Indicators on the Distribution of Household Disposable Income and Poverty", *OECD* (nov. 2016); "Inequality or Middle Incomes: Which Matters More?", *The Economist* (7 jan. 2017); "From Deprivation to Daffodils: The World Economy is Picking Up", *The Economist* (18 mar. 2017); "Union Membership has Plunged to an All-Time Low, says DBEIS", *Guardian* (1 jun. 2017); Jason Furman, "Looking Backward and Forward at the US Fiscal Trajectory", aula no *Peterson Institute for International Economics* (29 jun. 2017); *Human Development for Everyone: UNDP Human Development Report2016* (2017).

Solidão geopolítica: Joseph Schumpeter, "The Sociology of Imperialisms" (1919); Michael Dovle, "Liberalism and World Politics", *APSR* (dez. 1986); Stewart Patrick, "The Unruled World: The Case for Good Enough Global Governance", *Foreign Affairs* (jan./fev. 2014); "Faith and Scepticism about Trade, Foreign Investment", *Pew Research Center* (set. 2014); "Why is World Trade Growth Slowing?", *The Economist* (12 out. 2016); Robert Niblett, "Liberalism in Retreat: The Demise of a Dream", *Foreign Affairs* (jan./fev. 2017): "Donald Trump, Trade and the New World Order", *The Economist* (25 mar. 2017): John Peet, "Creaking at 60: The Future of the European Union", *The Economist* (25 mar. 2017); *Democracy Index 2016,* Economist Intelligence Unit (abr. 2017); Anatole Kaletsky, "Theresa May's Pyrrhic Victory", *projectsyndicate.org* (29 abr. 2017); "What Donald Trump Means by Fair Trade", "The Trump Trilemma: The Contradiction at the Heart of Trumponomics", *The Economist* (13 mai. 2017); "Why Trade is Good for You", *The Economist* (27 mai. 2017): "What the German Economic Model can Teach Emmanuel Macron" (27 mai. 2017); "An Interview with Wolfgang Ischinger", *The Economist Online* (30 mai. 2017); Richard Haass, *A World in Disarray: American Foreign Policy and the Crisis of the Old Order* (2017).

Nacionalidade, Cidadania e Identidade: W. H. Walsh, "Pride, Shame and Responsibility", *Philosophical Quarterly* (jan. 1970); Ernest Gellner, *On Nations and Nationalism* (1983); Eric Hobsbawm, *Nations and Nationalism since 1780* (1990); Fritz Gschnitzer, Reinhart Koselleck, Bernd Schönemann e Karl Ferdinand Werner, "Volk, Nation, Nationalismus, Masse" em *Geschichtliche Grundbegriffe 7* (1992), ed. Koselleck; David Miller, *On Nationality* (1995), *The Nationalism Reader* (1995), eds. Dahbour and Ishay; Miller, *Citizenship and National Identity* (2000); Patrick Weil, *Qu'est-ce qu'un Français?: Histoire de la nationalité française depuis la Révolution* (2002; 2005); trad. *How to be French: Nationality in the Making since 1789* (2008); Miller, "Democracy's Domain", *Philosophy and Public Affairs* 37.3 (2009); Nenad Miscevic, "Nationalism", *SEP Online* (dez. 2015); Dominique Leydet, "Citizenship", *SEP Online* (dez. 2015); Sabine Corneloup,

"Les modes actuels dacquisition de la nationalité française"; Dominique Schnapper, "Nationalité et citoyenneté"; Serge Slama, "Jus soli, jus sanguinis, principes complémentaires et consubstantiels de la tradition républicaine"; Hugues Fulchiron, "Les enjeux contemporains du droit français de la nationalité à la lumière de son histoire", todos em "La Nationalité", *Pouvoirs 1* (2017).

Free Movement: Ethical Issues in the Transnational Migration of People and Money (1992), eds. Barry e Goodin; Michael Walzer, *Spheres of Justice* (1983): Joseph Carens, "Aliens and Citizens", *Review of Politics 49* (1987); *International Handbook on the Economics of Migration* (2013), eds. Constant e Zimmermann; Samuel Scheffler, "Immigration and the Significance of Culture", *Philosophy and Public Affairs* (primavera, 2007); Stephen Macedo, "Should Liberal Democracies Restrict Immigration?" em *Citizenship, Borders, and Human Needs* (2011), ed. Smith; Chandran Kukathas, "Expatriatism: The Theory and Practice of Open Borders" em ibid.; Christopher Caldwell, "The Hidden Costs of Immigration", *Claremont Review of Books* (8 nov. 2016).

Multiculturalism Reconsidered (2002), ed. Paul Kelly; Will Kymlicka, *Liberalism, Community and Culture* (1989); *The Rights of Minority Cultures* (1995) e *Politics in the Vernacular: Nationalism, Multiculturalism and Citizenship* (2001); Kenan Malik, "The Failures of Multiculturalism", *Foreign Afairs* (mar./abr. 2015); e "Britain's Dangerous Tribalism", *INYT* (11 jul. 2015); Michael Ignatieff, *The Lesser Evil: Political Ethics in an Age of Terror* (2005); Malise Ruthven, "How to Understand Islam", *NYRB* (8 nov. 2007): Panka Mishra, "Islamism", *New Yorker* (7 jun. 2010); "Uneasy Companions: Islam and Democracy", *The Economist* (6 ago. 2011); Timothy Garton-Ash, "Freedom and Diversity: A Liberal Pentagram for Living Together", *NYRB* (22 nov. 2012); Malise Ruthven, revisão de Claire Adida, David Laitin e Marie-Anne Valfort, "Why Muslim Integration Fails in Christian-Heritage Societies", *Financial Times* (29 jan. 2016); Adam Nossiter, "That Ignoramus: Two French Scholars of Radical Islam Turn Bitter Rivals", *NYT* (12 jul. 2016); Cécile Laborde, Liberalism's Religion (2017).

Eric Hobsbawm, "Identity Politics and the Left", *New Left Review* (mai./jun. 1996); Brian Barry, *Culture and Equality* (2001); Amy Gutmann, *Identity and Democracy* (2003); Anthony Appiah, *The Ethics of Identity* (2005); Natalia Stoljar, "Feminist Perspectives on Autonomy", *SEP Online* (jan. 2016); Mark Lilla, "The End of Identity Liberalism", *NYT* (18 nov. 2016); Cressida Heyes, "Identity Politics", *SEP Online* (dez. 2015); Somogy Varga e Charles Guignon, "Authenticity", *SEP Online* (dez. 2015);

Dúvidas e desafetos intelectuais: George Dangerfield's *The Strange Death of Liberal England* (1935); John Hallowell, "The Decline of Liberalism", *Ethics* (abr. 1942); Arthur Ekirch, *The Decline of American Liberalism* (1955); Theodore Lowi, *The End of Liberalism* (1969); Daniel Bell, *The Cultural Contradictions of Capitalism* (1976); Samuel Huntington, Michel Crozier, and Joji Watanuki, *The Crisis of Democracy: On the Governability of Democracies* (1975); Ronald Terchek, "The Fruits of Success and the Crisis of Liberalism" em *Liberals on Liberalism* (1986); Meinecke citation, Rudolf Vierhaus, "Liberalismus" em *Geschichtliche Grundbegriffe 3* (1982), ed. Koselleck; Roger Kimball e Hilton Kramer, *The Betrayal of Liberalism* (1999); H. W. Brands, *The Strange Death of American Liberalism* (2001); Raymond Geuss, "Liberalism and its Discontents", *Political Theory* (2002) e *Philosophy and Real Politics* (2008); Patrick Deneen, *Why Liberalism Failed* (2018); Jonathan Haidt, *The Righteous Mind: Why Good People are Divided by Politics and Religion* (2012); Thomas Nagel, "The Taste for Being Moral", revisão de *The Righteous Mind, NYR* (6 dez. 2012); Ronald Inglehart e Scott C. Flanagan, "Value Change in Industrial Societies", *APSR* (dez. 1987); Ronald Inglehart e Chris Welzel, "The WVS Cultural Map of the World", *World Values Survey website* (jul. 2017); Walter Scheidel, *The Great Leveller: Violence and the History of Inequality from the Stone Age to the 21st Century* (2017); Francis Fukuyama, "The End of History?", *National Interest* (verão, 1989); *Political Order and Political Decay* (2014); "Can Liberal Democracy Survive the Decline of the Middle Class?", *Foreign Affairs* (jan./fev. 2012): "America in Decay", *Foreign Affairs* (set./out. 2014); "American Political Decay or Renewal? The Meaning of the 2016 Election", *Foreign Affairs* (jul./ago. 2016); Samuel Huntington, "The Clash of Civilizations?", *Foreign Affairs* (verão, 1993); *"The Clash of Civilizations": The Debate, 20th Anniversary Edition, Foreign Affairs* (ago. 2013); Azar Gat, "The Return of Authoritarian Great Powers", *Foreign Affairs* (jul./ago. 2007); Daniel Deudney e G. John Ikenberry, "The Myth of the Autocratic Revival: Why Liberal Democracy Will Prevail", *Foreign Affairs* (jan./fev. 2009); Azar Gat, "Which Way is History Marching? Democracy's Victory is Not Preordained", *Foreign Affairs* (jul./ago. 2009); Ikenberry, "The Future of the Liberal World Order", *Foreign Affairs* (mai./jun. 2011); "The Plot Against American Foreign Policy: Can the Liberal Order Survive?", *Foreign Affairs* (mai./jun. 2017); Andrew Levine, "A Conceptual Problem for Liberal Democracy", *Journal of Philosophy* (jun. 1978); Richard Rorty, *Contingency, Irony and Solidarity* (1989); Judith Shklar, "The Liberalism of Fear" em *Liberalism and the Moral Life* (1989), ed. Rosenblum; John Gray, *Liberalisms* (1989); Richard Bellamy e John Zvesper, "The Liberal Predicament: Historical or Logical?", *Politics* (fev. 1995); John Skorupski, "Liberty's Hollow Triumph", *Royal Institute of Philosophy Supplements* 45 (mar. 2000); Gray, *The Two Faces of Liberalism* (2000); Raymond Geuss, "Liberalism and Its

Discontents", *Political Theory* (jun. 2002) e *Philosophy and Real Politics* (2008); Jeremy Waldron, *Torture, Terror and Trade-Offs: A Philosophy for the White House* (2010); Marc Stears, "Liberalism and the Politics of Compulsion", *British Journal of Political Science* (jul. 2007); Matt Sleat, "Liberal Realism: A Liberal Response to the Realist Critique", *Review of Politics* (verão, 2011); Edward Hall, "Contingency, Confidence and Liberalism in the Political Thought of Bernard Williams", *Social Theory and Practice* (out. 2014); Steven Pinker e Andrew Mack, "The World is Not Falling Apart", *Slate* (22 dez. 2014); Charles Kenny, "2015: The Best Year in History for the Average Human Being", *The Atlantic* (18 dez. 2015); Peter Vallentyne e Bas van der Vossen, "Libertarianism", *SEP Online* (mai. 2017); "Le suicide français", *fr.wikipedia.org* (30 set. 2016); Alexander Stille, "The French Obsession with National Suicide", *New Yorker* (11 dez. 2014); Regina Krieger, "Wie Sarrazin Millionär wurde", *Handelsblatt* (21 mai. 2012); "Deutschland schafft sich ab", *de.wikipedia.org* (30 set. 2016); Jason Brennan, *Against Democracy* (2016); Roger Scruton, *On Human Nature* (2017); Rod Dreher, *The Benedict Option* (2017); Albert O. Hirschman, "Rival Interpretations of Markel Society: Civilizing, Destructive or Feeble?", *Journal of Economic Literature* (dez. 1982); Wolfgang Streeck, "How Will Capitalism End?", *New Left Review* (mai./jun. 2014); "Le retour des évincés" em *L'âge de la régression* (2017), ed. Geiselberger; on Streeck, Adam Tooze, "A General Logic of Crisis" revisão do trabalho de Streeck, *London Review of Books* (5 jan. 2017): Jean-Luc Mélenchon, *L'ère du peuple* (2014); Perry Anderson, "Renewals", *New Left Review* (jan./fev. 2000); "Dégringolade", *London Review of Books* (2 set. 2004): Emile Chabal, "Les intellectuels et la crise de la démocratie", *Pouvoirs* 2 (2017).